Schriften zum Medien- und Informationsrecht

herausgegeben von
Prof. Dr. Boris P. Paal, M.Jur.

Band 48

Marlene Voigt

Die datenschutzrechtliche Einwilligung

Zum Spannungsfeld von informationeller Selbstbestimmung und ökonomischer Verwertung personenbezogener Daten

Nomos

Onlineversion
Nomos eLibrary

Die Deutsche Nationalbibliothek verzeichnet diese Publikation in der Deutschen Nationalbibliografie; detaillierte bibliografische Daten sind im Internet über http://dnb.d-nb.de abrufbar.

Zugl.: Freiburg, Univ., Diss., 2020

ISBN 978-3-8487-7831-7 (Print)
ISBN 978-3-7489-2234-6 (ePDF)

1. Auflage 2020

Meinen Eltern

Vorwort

Die vorliegende Arbeit wurde im Sommersemester 2020 von der Juristischen Fakultät der Albert-Ludwigs-Universität Freiburg als Dissertation angenommen. Literatur und Rechtsprechung konnten bis einschließlich April 2020 berücksichtigt werden.

Herzlicher Dank gilt zuallererst meinem Doktorvater, Professor Dr. *Boris P. Paal*, M.Jur. (Oxford), für die in jeder Hinsicht hervorragende Betreuung meiner Promotion, für die Aufnahme der Abhandlung in die von ihm herausgegebene Schriftenreihe sowie für die lehrreiche Zeit am Institut. Ferner danken möchte ich Prof. Dr. *Hanno Merkt*, LL.M. (Univ. of Chicago) für die zügige Zweitbegutachtung und die damit einhergehende Auseinandersetzung mit meiner Arbeit.

Des Weiteren danke ich dem gesamten Lehrstuhlteam für die schöne gemeinsame Zeit sowie für inspirierende Gespräche und Anregungen. Besonders hervorgehoben seien Professor Dr. *Moritz Hennemann*, M.Jur. (Oxford), Dr. *Anne-Sophie Landwers* sowie Dr. *Aron Heidtke*.

Dank gebührt daneben all meinen Freunden und meiner Familie. Insbesondere danken möchte ich *Tim Siebert* für seinen unschätzbaren Rückhalt sowie meinen Eltern, *Matthias Voigt* und *Ursula Schiel-Voigt*, die mich auf meinem Lebensweg stets großzügig und liebevoll unterstützen. Ihnen, denen ich alles verdanke, ist diese Arbeit gewidmet.

Inhaltsverzeichnis

Abkürzungsverzeichnis

a.F.	alte Fassung
a.A./A.A.	andere Ansicht
Abl.	Amtsblatt der Europäischen Union
Abs.	Absatz/Absätze
AcP	Archiv für civilistische Praxis
aE	am Ende
AEUV	Vertrag über die Arbeitsweise der EU
AfP	Archiv für Presserecht
AGB	Allgemeine Geschäftsbedingungen
AGG	Allgemeines Gleichbehandlungsgesetz
allg.	allgemein/allgemeines/allgemeine/allgemeiner
AöR	Archiv für öffentliches Recht
Art.	Artikel
Aufl.	Auflage
ausf.	ausführlich
Ausg.	Ausgabe
Az.	Aktenzeichen
BB	Betriebsberater
Bd.	Band
BDSG	Bundesdatenschutzgesetz
Bearb.	Bearbeiter
BeckOK	Beck'scher Online-Kommentar
BeckRS	Beck-Online Rechtsprechung
Begr.	Begründer/Begründung
Beschl.	Beschluss
BGB	Bürgerliches Gesetzbuch
BGBl.	Bundesgesetzblatt

BGH	Bundesgerichtshof
BGHSt	Entscheidungssammlung BGH in Strafsachen
BGHZ	Entscheidungssammlung BGH in Zivilsachen
BIUZ	Biologie in unserer Zeit
BKartA	Bundeskartellamt
BR	Bundesrat
BR-Drs.	Bundesratsdrucksache
Bsp.	Beispiel/Beispiele
bspw.	beispielsweise
BT-Drs.	Bundestagsdrucksache
BVerfG	Bundesverfassungsgericht
BVerfGE	Bundesverfassungsgerichtsentscheidung
BVerwG	Bundesverwaltungsgericht
BVerwGE	Bundesverwaltungsgerichtsentscheidung
bzgl.	bezüglich
bzw.	beziehungsweise
CB	Compliance Berater
CR	Computer und Recht
ANA	Datenschutznachrichte
DB	Der Betrieb
DI-RL	Digitale-Inhalte-Richtlinie
digit.	Digitale/digitaler/digitales
DÖV	Die Öffentliche Verwaltung
DS	Datenschutz
DS-GVO	Datenschutz-Grundverordnung
DS-GVO(EP)	Zweiter Entwurf der DS-GVO durch das Europ. Parlament
DS-GVO(KOM)	Erster Entwurf der DS-GVO durch die Kommission
DS-GVO(Rat)	Dritter Entwurf der DS-GVO durch den Rat
DS-RL	Datenschutz-Richtlinie

DSB	Datenschutz-Berater
dsbzgl.	diesbezüglich
DSK	Datenschutzkonferenz
DSR	Datenschutzrecht
DuD	Datenschutz und Datensicherheit
DVBl	Deutsche Verwaltungsblätter
EDSA	Europäischer Datenschutzausschuss
EG	Europäische Gemeinschaft
EGMR	Europäischer Gerichtshof für Menschenrechte
Einl.	Einleitung
EL	Ergänzungslieferung
ELR	European Law Reporter
EMRK	Europäische Menschenrechtskonvention
endg.	endgültig
Entsch.	Entscheidung
ErwGr	Erwägungsgrund
etc.	et cetera
EU	Europäische Union
EuCML	Journal of European Consumer and Market Law
EuG	Europäischer Gerichtshof erster Instanz
EuGH	Europäischer Gerichtshof
EuR	Zeitschrift Europarecht
europ.	Europäische/europäischer/europäisches
EUV	Vertrag über die Europäische Union
EuZW	Europäische Zeitschrift für Wirtschaftsrecht
EWR	Europäischer Wirtschaftsraum
f.	folgend
ff.	folgende
Fn.	Fußnote
FS	Festschrift

gem.	gemäß
GG	Grundgesetz
ggf.	gegebenenfalls
GPR	Zeitschrift für das Privatrecht der EU
GRCh	EU-Grundrechtecharta
GRUR	Gewerblicher Rechtsschutz und Urheberrecht
GRUR-Prax	GRUR-Praxis im Immaterialgüter- und Wettbewerbsrecht
GRUR Int	GRUR International
GVBl.	Gesetz- und Verordnungsblatt
HB	Handbuch
hM	herrschende Meinung
Hrsg.	Herausgeber
Hs.	Halbsatz
i.d.F.	in der Fassung
i.d.R.	in der Regel
i.d.S.	in diesem Sinne
i.Erg.	im Ergebnis
i.e.S.	im engeren Sinne
i.R.d.	im Rahmen des/im Rahmen der
i.R.e.	im Rahmen einer/im Rahmen eines
i.S.d.	im Sinne des/im Sinne der
i.V.m.	in Verbindung mit
i.Z.m.	in Zusammenhang mit
inkl.	inklusive
insb.	insbesondere
InTer	Zeitschrift zum Innovations- und Technikrecht
ITRB	Der IT-Rechtsberater
IWRZ	Zeitschrift für Internationales Wirtschaftsrecht

JA	Juristische Arbeitsblätter
JR	Juristische Rundschau
JZ	Juristenzeitung
K&R	Kommunikation und Recht
Kap.	Kapitel
KG	Kammergericht
Kommission	Europäische Kommission
krit.	kritisch
KUG	Kunsturhebergesetz
LG	Landgericht
lit.	littera/Buchstabe
MarkenG	Markengesetz
m.w.N.	mit weiteren Nachweisen
mind.	mindestens
MMR	Multimedia und Recht
MüKo	Münchener Kommentar
m.v.B.	mit vielen Beispielen
n.F.	neue Fassung
NJW	Neue Juristische Wochenschau
NJW-RR	NJW-Rechtsprechung-Report Zivilrecht
NK	Zeitschrift Neue Kriminalpolitik
Nr.	Nummer
NStZ	Neue Zeitschrift für Strafrecht
NVwZ	Neue Zeitschrift für Verwaltungsrecht
NZKart	Neue Zeitschrift für Kartellrecht
o.ä.	oder ähnliche/oder ähnliches
OLG	Oberlandesgericht

PatG	Patentgesetz
PinG	Privacy in Germany
PNAS	Proceedings of the National Academy of Sciences of the United States of America
RDV	Recht der Datenverarbeitung
RegBegr.	Regierungsbegründung
RL	Richtlinie
Rn.	Randnummer/Randnummern
Rspr.	Rechtsprechung
S.	Satz/Seite
sog.	sogenannt/sogenannte/sogenanntes
sonst.	sonstiges
st.	Ständige
str.	strittig
StGB	Strafgesetzbuch
TKG	Telekommunikationsgesetz
TMG	Telemediengesetz
u.a.	unter anderem
UAbs.	Unterabsatz
Überbl.	Überblick
ULD	Unabhängiges Landeszentrum für Datenschutz Schleswig-Holstein
UrhG	Urhebergesetz
Urt.	Urteil
UWG	Gesetz über den unlauteren Wettbewerb
v.	von/vom
Verf.	Verfasser

VG	Verwaltungsgericht
vgl.	vergleiche
VO	Verordnung
Vorb.	Vorbemerkung
VuR	Verbraucher und Recht
WP	Working Paper
WRP	Wettbewerb in Recht und Praxis
z.Bsp.	zum Beispiel
z.T.	zum Teil
ZD	Zeitschrift für Datenschutz
ZEuP	Zeitschrift für Europäisches Privatrecht
ZfpW	Zeitschrift für die gesamte Privatrechtswissenschaft
Ziff.	Ziffer
ZIP	Zeitschrift für Wirtschaftsrecht
ZNeuropsych	Zeitschrift für Neuropsychologie
ZPO	Zivilprozessordnung
ZRP	Zeitschrift für Rechtspolitik
ZUM	Zeitschrift für Urheber- und Medienrecht
zust.	zustimmend

Kapitel 1: Einleitung

„Freie Entfaltung der Persönlichkeit setzt unter den modernen Bedingungen der Datenverarbeitung den Schutz des Einzelnen gegen unbegrenzte Erhebung, Speicherung, Verwendung und Weitergabe seiner persönlichen Daten voraus. Dieser Schutz ist daher von dem Grundrecht des Art. 2 Abs. 1 in Verbindung mit Art. 1 Abs. 1 GG umfasst. Das Grundrecht gewährleistet insoweit die Befugnis des Einzelnen, grundsätzlich selbst über die Preisgabe und Verwendung seiner persönlichen Daten zu bestimmen.“[1]

A. Einführung

Auf dieser Aussage aus dem „*Volkszählungsurteil*“ des Bundesverfassungsgerichts aus dem Jahre 1983 gründet sich das tradierte Datenschutzverständnis auf nationaler Ebene. Datenschutzrechtliche Normen gewähren demzufolge nicht nur einen Schutz vor staatlicher oder privater Datenerhebung, sondern lassen sich zugleich als rechtlicher Rahmen persönlichkeitsrechtlicher Entfaltung verstehen.[2] Denn Selbstbestimmung im persönlichkeitsrechtlichen Bereich erfordert beiderlei: Einen geschützten „*"Innenraum"* [...], *in dem* (der Einzelne) *"sich selbst besitzt"* [...]"[3] sowie die Möglichkeit des Einzelnen, „*seine Kommunikationsbeziehungen zu gestalten und in diesem Rahmen darüber zu entscheiden, ob er bestimmte Informationen preisgibt oder zurückhält*"[4].

Das Schlüsselinstrument zur Verwirklichung ebenjener informationellen Selbstbestimmung stellt nach (nationalem) Verständnis die daten-

---

1 BVerfGE 65, 1 (42) – *Volkszählung.*

2 Das Recht auf informationelle Selbstbestimmung i.d.S. zugleich als „*Instrument zur Umsetzung des Rechts auf Selbstdarstellung*“ begreifend *Britz*, Freie Entfaltung durch Selbstdarstellung, S. 4; kri. hingegen *v. Lewinski*, Die Matrix des Datenschutzes, S. 40 ff.

3 BVerfGE 27, 1, (6) – *Mikrozensus*. In diesem Sinne auch BVerfGE 35, 202, (220) – *Lebach*.

4 BVerfG MMR 2007, 93 (93) – *Schweigepflichtentbindung*.

schutzrechtliche Einwilligung dar.[5] Die datenschutzrechtliche Einwilligung ist insofern dem persönlichkeitsrechtlichen Bereich zuzuordnen. Die im gesamten Datenschutzrecht zu beobachtende Entwicklung hin zu einem (auch) wirtschaftsrelevanten Daten(verkehrs)recht lässt die datenschutzrechtliche Einwilligung indes nicht unberührt. Denn nicht nur rücken die Regelungen des Daten(schutz)rechts mit fortschreitender Technologisierung verstärkt in den Fokus wirtschaftlicher Akteure. Im Zuge des digitalen Wandels zeichnet sich überdies eine zunehmende Entwicklung des Datenschutzrechts als einem (reinen) Schutzrecht an Daten hin zu einem Daten(wirtschafts)recht ab, das neben dem Schutz natürlicher Personen vermehrt ökonomische Implikationen der Datenverarbeitung erfassen muss.[6] Die zunehmende Entwicklung daten(schutz)rechtlicher Normen zu einem wirtschaftsrelevanten Faktor prägt – faktisch – auch das Wesen der datenschutzrechtlichen Einwilligung. Zunehmend geht es (jedenfalls auch) um eine ökonomisch motivierte Preisgabe persönlicher Daten. Die Einwilligung lässt sich daher – neben ihrer Funktion als Verwirklichungsinstrument personaler Autonomie – vermehrt (auch) als Instrument wirtschaftlicher Verwertung persönlicher Daten begreifen.[7]

Dieser Bedeutungszuwachs verdeutlicht zugleich die Relevanz der tradierten Kritik an der datenschutzrechtlichen Einwilligung. Die Einwilligung – nach traditionellem datenschutzrechtlichen Verständnis Ausdruck autonomer Persönlichkeitsentfaltung und daher positive Ausübung des Rechts auf informationelle Selbstbestimmung – komme angesichts der datenschutzrechtlichen Realität einer „Fiktion“[8] gleich. Eine *tatsächliche* informationelle Selbstbestimmung erfordere eine *wirklich* freie Entscheidung auf informierter Grundlage.[9] Diese Bedingungen seien in der Praxis der Datenökonomie nicht gegeben. Vielmehr liege regelmäßig eine unter Druck abgenötigte, ohne Kenntnis von Umfang und Ausmaß der Daten-

---

5 So bspw. *Ernst*, ZD 2017, 110 (110); *Kastelitz* in: Knyrim, DS-GVO, S. 108; *Roßnagel/Pfitzmann/Garstka*, Modernisierungsgutachten DSR, S. 72; *Schantz* in: Simitis/Hornung/Spiecker gen. Döhmann, DSGVO, Art. 6 Abs. 1 Rn. 3; *Spindler*, GRUR-Beilage 2014, 101 (102).

6 *Schantz*, NJW 2016, 1841 (1841). So auch die Einschätzung der Europäischen Kommission vgl. *Europäische Kommission*, Fragen und Antworten – Datenschutzreform. Ausf. *Schneider* in: Körber/Kühling, Regulierung - Wettbewerb - Innovation S. 113 f.

7 *Spindler*, GRUR-Beilage 2014, 101 (103).

8 *Simitis* in: Simitis, BDSG 2014, § 4a Rn. 3; *Tinnefeld/Conrad*, ZD 2018, 391 (392).

9 *Beisenherz/Tinnefeld*, DuD 2011, 110 (112).

verarbeitung abgegebene Einwilligungserklärung vor.[10] Von einer Verwirklichung informierter Selbstbestimmung könne angesichts der datenschutzrechtlichen Realität keine Rede sein.[11]

Seit dem 25. Mai 2018 ist primärer und entscheidender Bezugspunkt datenschutzrechtlicher Konstellationen die europäische Datenschutz-Grundverordnung (DS-GVO)[12]. Nach Art. 1 DS-GVO zielt das unionale Regelungswerk einerseits auf den Schutz *„natürlicher Personen und insbesondere deren Recht auf Schutz personenbezogener Daten"* ab; andererseits soll das Normgefüge den *„freien Verkehr solcher Daten"* fördern. Erklärtes Ziel ist mithin sowohl die Anpassung an technologische Entwicklungen und die verstärkte Inblicknahme wirtschaftsrelevanter Aspekte, als auch eine Effektuierung des Schutzes betroffener Personen. Die Einwilligung bleibt dabei auch unter der DS-GVO ein *„entscheidender Pfeiler des Datenschutzes"*[13] und soll der betroffenen Person eine Kontrolle über sie betreffende Daten ermöglichen.[14] Verändert ist indes der grundrechtliche Bezugspunkt; ein Rekurs auf das nationale Grundrechtsverständnis ist aufgrund des Rechtscharakters der DS-GVO ausgeschlossen.[15] Auch und gerade eine (pauschale) Übernahme des bisherigen, auf den Aussagen des BVerfG fußenden Verständnisses der datenschutzrechtlichen Einwilligung ist daher ausgeschlossen.[16] Geboten ist mithin eine Neubestimmung der Einwilligung – sowohl mit Blick auf ihre konkreten Voraussetzungen, als auch hinsichtlich der ihr zugrundeliegenden Wertungen. Die (gesellschaftlichen) Erwartungen in die Wirkkraft der Neuregelung waren nicht zuletzt aufgrund der breitgefächerten medialen Berichtserstattung über das Gesetzgebungsverfahren

---

10 Vgl. bspw. *Kamp/Rost*, DuD 2013, 80 (80ff.); *Iraschko-Luscher*, DuD 2006, 706 (707 f.); *Spindler*, GRUR-Beilage 2014, 101 (103).

11 *Radlanski*, Die Einwilligung in der datenschutzrechtlichen Realität, S. 382.

12 Verordnung (EU) 2016/679 des Europäischen Parlaments und des Rates vom 27. April 2016 zum Schutz natürlicher Personen bei der Verarbeitung personenbezogener Daten, zum freien Datenverkehr und zur Aufhebung der Richtlinie 95/46/EG (Datenschutz-Grundverordnung), ABl. 2016 L 119.

13 *Albrecht*, CR 2016, 88 (91).

14 Vgl. ErwGr 7 S. 2 DS-GVO: *„Natürliche Personen sollten die Kontrolle über ihre eigenen Daten besitzen"*.

15 Vgl. BVerfG NJW 2020, 300 (302) – *Recht auf Vergessen I*; BVerfG NJW 2020, 314 (316 f.) – *Recht auf Vergessenwerden II*.

16 EuGH Rs. C-90/90 u. C-91/90. ECLI:EU:C:1991:303, Rn. 12 – *Neu u. a.*; Rs. C-305/05, ECLI:EU:C:2007:383, Rn. 28 – *Ordre des barreaux*; *Eichenhofer*, Der Staat 2016, 41 (42); *Jarass*, ZEuP 2017, 310 (319 f.); *Kingreen* in: Calliess/Ruffert, EUV/AEUV, Art. 8 GRCh Rn. 12; *Lenaerts*, EuR 2012, 3 (3); *Wagner*, Der Datenschutz in der Europäischen Union, S. 27.

enorm.[17] Ob und inwieweit die Einwilligung der DS-GVO den ihr entgegengebrachten Erwartungen gerecht werden kann, soll innerhalb dieser Arbeit ausführlich beleuchtet werden.

B. *Ziel der Arbeit*

Für die Bewertung der Einwilligung der DS-GVO ist insbesondere relevant, ob die Einwilligung nach der DS-GVO sowohl den praktischen Anforderungen der Datenökonomie gerecht wird als auch eine freie und informierte Entscheidung der betroffenen Person ermöglicht. Die vorliegende Arbeit verfolgt daher ein im Ansatz zweigliedriges Ziel: Zum einen soll eine Untersuchung der genauen Anforderungen der DS-GVO an eine wirksame datenschutzrechtliche Einwilligung in rechtspraktischer Hinsicht erfolgen. Ziel ist mithin die Klärung offener Rechts- und Anwendungsfragen durch die Neuregelung der gesetzlichen Bestimmungen. Ausgehend von den hierbei gewonnenen Erkenntnissen ist zu beleuchten, inwieweit die DS-GVO mit der Einwilligung eine praktikable Regelung für die Datenökonomie bereithält.

Zum anderen soll die so vorgefundene Einwilligungsgestaltung der DS-GVO auf die Frage hin untersucht werden, inwieweit sie die bisher im datenschutzrechtlichen Kontext bestehende Kritik zu überwinden vermag. Denn nur wenn und soweit die datenschutzrechtliche Einwilligung bestehende strukturelle Defizite bewältigt, kann die Einwilligung als Ausdruck personaler Autonomie des Einzelnen gewertet und mithin der Rolle gerecht werden, die ihr nach tradiertem Datenschutzverständnis zuerkannt wird. Anhand der gewonnenen Erkenntnisse wird abschließend zu ermitteln sein, ob und inwieweit das Konzept der Einwilligung ein zukunftsfähiges datenschutzrechtliches Institut darstellt.

C. *Gang der Untersuchung*

Ein tiefergehendes Verständnis der Einwilligung als Ausdruck autonomer Selbstbestimmung des Einzelnen bedingt eine eingehende Auseinandersetzung mit dem Grundgedanken der (zivilrechtlichen) Einwilligung i.S.d. Grundsatzes *volenti non fit iniuria*. Die Untersuchung nimmt ihren Anfang daher in einem allgemeinen Teil, in welchem Funktion, (Rechts-)Natur

---

17 Vgl. hierzu etwa *Die Zeit 08/2013*, Lobby Plag.

und Wirkung der zivilrechtlichen Einwilligung beleuchtet werden. Bedeutung kommt innerhalb dieser Darstellung insbesondere der Frage zu, ob und in welchem Umfang die Einwilligung als Dispositionsinstrument des Rechtsträgers auch und gerade im Bereich der Persönlichkeitsrechte aufzufassen ist. Ausgehend von den hierbei gewonnenen Erkenntnissen wird sodann die datenschutzrechtliche Einwilligung in den Blick genommen. Diese allgemeinen Inblicknahme dient der Herausarbeitung der tatsächlichen Kernelemente einer datenschutzrechtlichen Einwilligung, welche sich zugleich als wesentliche rechtliche Voraussetzungen für ihre Wirksamkeit darstellen. Daneben wird in diesem Rahmen der vielfach an der Einwilligung und ihrer Gestaltung geäußerten Hauptkritik und -Streitpunkten nachzugehen sein.

Auf den in diesem allgemeinen Teil herausgearbeiteten Erkenntnissen aufbauend wird der Fokus sodann im dritten Kapitel auf die konkreten Regelungen der DS-GVO zu richten sein. Hierbei werden die einzelnen Einwilligungsvoraussetzungen zunächst überblicksartig vorgestellt. Diese erste Annäherung an die gesetzlichen Vorgaben soll neben einer Darstellung der rechtlichen Wirksamkeitsvoraussetzungen einer datenschutzrechtlichen Einwilligung und der Berücksichtigung des bisherigen Meinungsstands auch und gerade dazu dienen, diejenigen Vorgaben für eine informierte und freiwillige Einwilligungserklärung herauszuarbeiten, über deren genaue Ausgestaltung bisher noch Unklarheiten bestehen. Ziel dieser Arbeit bildet indes nicht die umfassende Erörterung aller Einwilligungsvoraussetzungen nach der DS-GVO. Rekurs zu nehmen ist daher stets auf die Bedeutung der jeweiligen Voraussetzung für die Bewertung der Einwilligung als Ausdruck informationeller Selbstbestimmung oder ihre besondere Relevanz für die Datenökonomie. Nur diejenigen Voraussetzungen, welche sich in diesem Sinne als wesentlich für die Beurteilung der datenschutzrechtlichen Einwilligungsgestaltung der DS-GVO erweisen, werden sodann im weiteren Verlauf der Arbeit einer umfassenden Auslegung zuzuführen sein.

Wie stets bei der Auslegung einfachen Rechts zu berücksichtigen sind die fundamentalen Wertentscheidungen, welche insbesondere in den Grundrechten zum Ausdruck kommen. Ein besonderer Stellenwert kommt im datenschutzrechtlichen Kontext überdies den mit einer Datenverarbeitung möglicherweise verbundenen Risiken zu. Vor einer eingehenden Befassung mit einzelnen Einwilligungsvoraussetzungen ist daher im vierten Kapitel in einem ersten Schritt eine tiefergehende Auseinandersetzung mit der Interessenlage der Parteien erforderlich. Während für den Datenverarbeiter insbesondere die Möglichkeiten der Datenerhebung sowie die Potentiale der Datenverarbeitung zu beleuchten sind, rücken für die von der Verarbeitung betroffene Person auch und gerade die Gefährdungspotentiale (privater) Datenverarbeitungen in den Blickpunkt. In diesem Zusammenhang ist neben einer Untersuchung einzelner und in der Praxis relevanter Anwendungsfelder privater Datenverarbeitungen hin auf potentielle Gefährdungen auch eine differenzierende Aufarbeitung der Risikopotentiale angezeigt, welche das BVerfG und der EuGH im datenverarbeitenden Kontext benennen.

Die im Verlaufe dieser Untersuchung vorgefundenen Interessen und schutzwürdigen Belange der Parteien sind anschließend im grundrechtlichen Gefüge zu verorten. In diesem Kontext ausführlich zu untersuchen sein wird auch und gerade, inwieweit mit der Neujustierung des grundrechtlichen Bezugspunkts auch eine inhaltliche Änderung grundrechtlicher Wertungen verbunden ist. Denn als unionale, unmittelbar geltende Rechtsnorm ist die DS-GVO (allein) an den Vorgaben des Primärrechts zu messen. Ein Rückgriff auf das dem nationalen Recht auf informationelle Selbstbestimmung entstammende, tradierte (Begriffs-)Verständnis scheidet mithin aus. Ausführlich in Blick zu nehmen sein wird daher der europäische Grundrechte-Kanon, und in diesem speziell die europäische Grundrechte-Charta (GRCh). Im Rahmen dieser Untersuchung des einschlägigen Primärrechts wird auch und gerade die Frage zu beantworten sein, ob und inwieweit auch den unionalen Grundrechten ein „Recht auf informationelle Selbstbestimmung" i.S.d. nationalen Grundrechtsverständnis entnommen werden kann.

Unter Berücksichtigung der hierbei gewonnenen Erkenntnisse sollen im darauffolgenden Kapitel 5 hiernach die wesentlichen Voraussetzungen der datenschutzrechtlichen Einwilligung in Blick genommen und die diesbezüglichen gesetzlichen Vorgaben der DS-GVO einer eingehenden Auslegung unterzogen werden. Entsprechend der die Einwilligung konstituierenden Kernelemente sollen in diesem Rahmen insbesondere Umfang und Ausmaß der Informationspflicht des Verantwortlichen sowie die Anforderungen an die Freiwilligkeit der Einwilligung bei Koppelung von Leistung und Einwilligung untersucht werden. Daneben soll beleuchtet werden, in welchem Umfang die Einwilligungserteilung im Wege des *Opt-Out*-Verfahren – auch und gerade unter Berücksichtigung der Rspr. des EuGH – unter der DS-GVO ausgeschlossen ist Neben der Ermittlung des Bedeutungsgehalts der Normen mithilfe des klassischen Auslegungskanons des EuGH sollen in diesem Kontext auch verhaltensökonomische Implikationen und Erfordernisse der konkreten Praxis berücksichtigt werden.

Ausgehend von den im Rahmen der Auslegung gewonnenen Erkenntnissen soll die Einwilligung der DS-GVO sodann einer abschließenden Bewertung unterzogen werden. Unter Berücksichtigung der Interessen des Datenverarbeiters ist hierbei zunächst zu untersuchen, welche Effekte die Novellierung auf die Praxis zeigt. In diesem Kontext ist insbesondere zu betrachten, ob und inwieweit die Einwilligung ihrer (faktischen) Funktion als Verwertungsinstrument personenbezogener Daten gerecht zu werden vermag. Vertiefend gilt es daher das praxisrelevante Anwendungsfeld der datenschutzrechtlichen Einwilligung im Bereich datenfinanzierter Angebote und das hiermit verbundene Spannungsverhältnis zwischen (unionalem) Daten(schutz)recht und (nationalem) Schuldrecht auszuleuchten. Auch und gerade angesichts des zunehmenden Bedeutungswandels der Einwilligung unabdingbar bleibt die Untersuchung, ob und inwieweit die datenschutzrechtliche Einwilligung als Ausdruck informationeller Selbstbestimmung zu werten ist. Denn nur wenn die datenschutzrechtliche Einwilligung als ein solcher Akt autonomer Entscheidung des Einzelnen verstanden werden kann, verfängt das derzeitige Verständnis der Einwilligung als Zentralgestalt des Datenschutzrechts.

Unter Berücksichtigung der in der vorliegenden Arbeit gewonnenen Erkenntnisse sind die einwilligungsrelevanten Normen der DS-GVO daher daraufhin zu untersuchen, ob und inwieweit sie – auch und gerade angesichts der datenschutzrechtlichen Realität – eine informierte und freie Entscheidung des Betroffenen sicherzustellen vermögen. Nachzugehen ist in diesem Rahmen insbesondere dem Zusammenspiel zwischen rechtlicher Ausgestaltung der Einwilligung, faktischen Gegebenheiten des Einwilligungskontextes und verhaltensökonomischen Erkenntnissen über menschliches Entscheidungsverhalten.

Um für die in dieser Arbeit identifizierten Defizite alternative Lösungsansätze anzubieten, wird am Ende des Kapitel 6 ein Alternativkonzept vorgestellt, welches zu einer Abfederung identifizierter Schutzdefizite der Einwilligung beitragen kann und zugleich das grundlegende Verständnis der Einwilligung als Ausdruck personaler Selbstbestimmung unangetastet lässt. Indes ist – dem Ergebnis der Arbeit insoweit vorgreifend – anzumerken, dass die strukturellen Defizite des Einwilligungskonzepts die darüber hinausweisende, prinzipielle Frage aufwerfen, ob und inwieweit nicht eine grundlegende Abkehr vom privatistischen Verständnis des Datenschutzrechts angebracht ist. In einer Schlussbetrachtung im Kapitel 7 ist neben einer Zusammenschau der in der vorliegenden Arbeit gewonnenen Erkenntnisse daher ausblicksartig auch die Frage nach einer grundsätzlichen

Neujustierung des tradierten datenschutzrechtlichen Verständnisses aufzuwerfen.

Kapitel 2: Grundlagen der Einwilligung

Das vorliegende Kapitel 2 widmet sich der Einwilligung als allgemeiner Rechtsfigur des Zivilrechts. Ein solcher Blick auf die dogmatischen Grundlagen der allgemeinen zivilrechtlichen Einwilligung lohnt sich trotz der frühzeitigen spezifische Kodifikation der Einwilligung im Bereich des Datenschutzrechts[18]: Denn einige der für die datenschutzrechtliche Einwilligung vielfach diskutierten Problemfelder – beispielsweise die Bestimmung der Einwilligungsfähigkeit (Minderjähriger) oder die Bedeutung von Willensmängeln – stellen sich bei näherer Betrachtung nicht als Besonderheiten der datenschutzrechtlichen Einwilligung dar, sondern resultieren vielmehr aus dem Streit um die dogmatischen Grundlagen und die Rechtsnatur der Einwilligung im Allgemeinen. Zugleich lassen sich aus einer solchen Untersuchung grundsätzliche Vorgaben für die mögliche Ausübung sowie eventuelle Beschränkung der Einwilligung als Dispositionsinstrument ableiten. Insgesamt erleichtert eine Betrachtung der allgemeinen Einwilligung im Privatrecht daher die Herausarbeitung der Spezifika der datenschutzrechtlichen Einwilligung. In diesem Kontext zu beachten ist zwar, dass die angesprochenen Problemkreise mit Blick auf die Rechtsform der DS-GVO als unmittelbar geltende Verordnung grundsätzlich autonom anhand der Vorgaben unionaler Normen und insbesondere der DS-GVO selbst zu behandeln sind[19] – hinsichtlich vieler Konfliktfelder ist hier aber nur eine partielle Regelung vorzufinden. Insbesondere aufgrund des Fehlens eines allgemeinen, umfassenden Privatrechtsregimes auf europäischer Ebene ist insofern teilweise ein Rückgriff auf das nationale Recht erforderlich.[20] Entgegen mancher Stimmen[21] hat die Frage nach der dogmatischen Grundlage der Einwilligung im nationalen Recht mithin auch nach Erlass einer europarechtlichen Norm mit Verordnungscharakter nach wie vor Bedeutung.

Der Blick auf Anwendungsfelder und Funktion der allgemeinen zivilrechtlichen Einwilligung zeigt überdies in besonderer Weise ein grundle-

---

18 S. unten, Kap. 2, B. I.

19 *Ingold* in: Sydow, DS-GVO, Art. 7 Rn. 13.

20 *Stemmer* in: BeckOK DSR, Art. 7 DS-GVO Rn. 28; *Lang/Peintinger*, ELR 2013, 206 (210).

21 *Ingold* in: Sydow, DS-GVO, Art. 7 Rn. 13.

gendes rechtspolitisches Spannungsfeld auf: Die Diskussion, ob und inwieweit Persönlichkeitsrechte einer Kommerzialisierung durch den Einzelnen zugänglich sein sollten. Eine Frage, die aktuell auch im Datenschutzrecht diskutiert wird und das Verständnis der datenschutzrechtlichen Einwilligung in besonderer Weise tangiert.[22]

A. *Die Einwilligung im Zivilrecht*

Die Einwilligung kennzeichnet im allgemeinen Sprachgebrauch regelmäßig die „*Äußerung eines zustimmenden, erlaubenden Willens*"[23]. Im juristischen Kontext wird die Einwilligung, sowohl im Bereich des Strafrechts als auch im Zivilrecht,[24] zuvorderst als Rechtfertigungsgrund (bzw. Unrechtsausschluss)[25] im Sinne des Satzes „*volenti non fit iniuria*" verstanden: Der Inhaber eines Rechtsguts erteilt einem anderen eine rechtlich anerkannte Erlaubnis, in dieses Rechtsgut eingreifen zu dürfen.[26]

---

22 S. hierzu insb. unten, Kap. 6, A. I. 2. b.

23 *Geiger*, NVwZ 1989, 35 (36).

24 Entsprechend These von der Einheit der Rechtsordnung (S. zu diesem Begriff: *Engisch/Kaufmann*, Die Einheit der Rechtsordnung) wurde vielfach die These vertreten, der zivilrechtliche und strafrechtliche Rechtswidrigkeitsbegriff müsse derselbe sein, denn „[e]*s kann nicht dasselbe Verhalten zugleich verboten und geboten oder verboten und erlaubt sein*" (*Engisch/Kaufmann*, Die Einheit der Rechtsordnung, S. 53). Bei uneingeschränkter Anwendung dieses Ansatzes, wären somit auch die Voraussetzungen und die Reichweite der Einwilligung sowohl im Strafrecht als auch im Zivilrecht den gleichen Anforderungen unterworfen (*Ohly*, Volenti non fit iniuria, S. 108). Ohne die Frage nach Wesen und Umfang des Postulats erschöpfend behandeln zu können (s. hierfür bspw. *Engisch/Kaufmann*, Die Einheit der Rechtsordnung. Spezifisch zur Rechtswidrigkeit und der Einwilligung: *Kohte*, AcP 1985, 105 (156 ff.); *Kirchhof*, Unterschiedliche Rechtswidrigkeiten in einer einheitlichen Rechtsordnung, S. 5 ff.; *Rosener*, Die Einwilligung in Heileingriffe, S. 13 ff.; *Schenke*, Die Einwilligung bei Persönlichkeitsrechtsverletzungen, S. 5 ff.), wird vorliegend demgegenüber – auch und gerade aufgrund der grundlegende Funktions- und Strukturunterschiede zwischen dem Strafrecht und dem Zivilrecht – von einer spezifisch privatrechtlichen Einwilligung ausgegangen, deren Voraussetzungen und Umfang nicht notwendigerweise mit der rechtfertigenden Einwilligung im Strafrecht deckungsgleich sind. I. Erg. ebenso *Ahrens*, Die Verwertung persönlichkeitsrechtlicher Positionen, S. 313; *Engisch/Kaufmann*, Die Einheit der Rechtsordnung, S. 77; *Günther*, Strafrechtswidrigkeit und Strafunrechtsausschluß, S. 247; *Ohly*, Volenti non fit iniuria, S. 122.

25 So *Ohly*, Volenti non fit iniuria, S. 3.

26 *Ahrens*, Die Verwertung persönlichkeitsrechtlicher Positionen, S. 314; *Kohte*, AcP 1985, 105 (110).

I. Die Einwilligung als Ausdruck privatautonomen Handelns

Als Eingriffserlaubnis wurzelt die Einwilligung somit zunächst im Deliktsrecht und bewirkt dort einen Rechtswidrigkeitsausschluss.[27] Zugleich kommt ihr eine hierüber hinausgehende, die Privatautonomie realisierende Funktion zu, indem sie dem Rechtsinhaber ermöglicht, (insbesondere) über solche Rechtsgüter zu disponieren, bei denen klassische Verfügungsformen ausscheiden.

Die Möglichkeit des Rechtsinhabers, über seine Rechtsposition bzw. über bestimmte Teilaspekte dieser nach seinem Willen zu verfügen, ist Ausdruck der im Zivilrecht geltenden Privatautonomie. Durch die Zuordnung von (subjektiven) Rechten zu einer bestimmten Person wird dem Einzelnen die Möglichkeit zugesprochen, über diese Rechtspositionen im Rahmen seiner Dispositionsbefugnis privatautonom zu verfügen bzw. Eingriffe Anderer zu gestatten.[28] Ausgangspunkt ist der Gedanke, dass dem Einzelnen die Befugnis zukommen muss, über seine eigenen Angelegenheiten zumindest in einem gewissen Umfang selbstbestimmt zu entscheiden.[29] Auch die Einwilligung ist somit eine Form der Ausübung des (verfassungsrechtlich) geschützten Selbstbestimmungsrechts.[30] Hieraus folgt zum einen, dass der Einzelne grundsätzlich nur über solche Rechtspositionen verfügen kann, die ihm (allein) zugewiesen sind. Zum anderen, dass die Art der möglichen Verfügung bzw. Eingriffsgestattung von der Dispositionsbefugnis des Rechtsinhabers hinsichtlich des jeweiligen subjektiven Rechts abhängig ist.[31]

Als mögliche Dispositionsformen kennt das Recht von der schlichten Einwilligung über die konstitutive Rechtseinräumung bis hin zur translativen (Voll-)Rechtsübertragung verschiedene Gestattungsformen, die sich in Umfang und Intensität der Rechtseinräumung unterscheiden. Kann der Rechtsinhaber umfassend über die durch das subjektive Recht vermittelte Rechtsposition verfügen, so stehen ihm von der einfachen, widerruflichen

---

27 *Ahrens*, Die Verwertung persönlichkeitsrechtlicher Positionen, S. 326.

28 *Götting*, Persönlichkeitsrechte als Vermögensrechte, S. 143; *Kohte*, AcP 1985, 105 (110); *Schenke*, Die Einwilligung bei Persönlichkeitsrechtsverletzungen, S. 18; *Rosener*, Die Einwilligung in Heileingriffe, S. 83; grundlegende Herleitung *Ohly*, Volenti non fit iniuria, S. 179 ff.

29 *Ohly*, Volenti non fit iniuria, S. 69.

30 *Dasch*, Die Einwilligung zum Eingriff in das Recht am eigenen Bild, S. 36; *Resch*, Die Einwilligung des Geschädigten, S. 74 ff.

31 *Ohly*, Volenti non fit iniuria, S. 181; so auch schon *Kohte*, AcP 1985, 105 (110); *Resch*, Die Einwilligung des Geschädigten, S. 116.

Einwilligung bis hin zur translativen Rechtsübertragung regelmäßig alle Stufen der privatautonomen Gestaltung zu.[32] Umso weitgehender der Rechtsinhaber in seiner Dispositionsbefugnis beschränkt ist, umso weniger Formen der Gestattung stehen dem Rechtsinhaber dagegen zur Verfügung. Die verschiedenen Gestattungsformen stehen also – mit Blick auf die Intensität der jeweiligen Rechtseinräumung bzw. Befugniserteilung – zueinander in einem Stufenverhältnis.[33] Die frei widerrufliche Einwilligung, als unterste Stufe möglicher Gestattungsformen, bewirkt zwar einen Unrechtsausschluss – sodass man insofern davon sprechen könnte, der Begünstigte erhalte ein *„Recht zum Eingriff“*[34] – sie verleiht dem Begünstigten aber kein *„Recht auf den Eingriff“*, welches er gegenüber dem Verpflichteten durchsetzen könnte.[35]

Gerade im Bereich der Persönlichkeitsrechte erscheint die Einwilligung daher auf den ersten Blick als probates Mittel, um Dispositionen zu ermöglichen ohne den Grundsatz der „Unübertragbarkeit“ von Persönlichkeitsrechten anzutasten.[36] Die unklare dogmatische Verortung bedingt jedoch zugleich die – im Folgenden aufzuzeigende – Uneinigkeit hinsichtlich der Verankerung der Einwilligung im zivilrechtlichen Gesamtgefüge, also insbesondere die Frage nach Wesen, Rechtsnatur und Wirkung der Einwilligung.

II. Anwendungsbereiche der zivilrechtlichen Einwilligung

Die Schwierigkeiten, die Einwilligung als einheitliche Rechtsfigur innerhalb des Zivilrechts zu verorten, resultieren (jedenfalls auch) aus den vielfältigen Teilbereichen, in denen die Einwilligung als rechtliches Instrument gebräuchlich ist und den jeweiligen Besonderheiten dieser Teilbereiche Rechnung tragen soll (und muss).

---

32 So schon *Schenke*, Die Einwilligung bei Persönlichkeitsrechtsverletzungen, S. 19.

33 *Ohly*, Volenti non fit iniuria, S. 144; im Ansatz ähnlich *Schenke*, Die Einwilligung bei Persönlichkeitsrechtsverletzungen, S. 19.

34 *Rosener*, Die Einwilligung in Heileingriffe, S. 82.

35 *Rosener*, Die Einwilligung in Heileingriffe, S. 100 ff.; zustimmend *Ohly*, Volenti non fit iniuria, S. 177.

36 *Peifer*, Individualität im Zivilrecht, S. 326.

1. Kategorie der Rechtspositionen

Innerhalb des Zivilrechts lassen sich die Anwendungsfelder der Einwilligung zunächst mit Blick auf die jeweils zugrunde liegenden Rechtsgüter in drei Hauptkategorien einteilen: Die Einwilligung im Rahmen von (materiellen) Vermögensrechten, Immaterialgüterrechten sowie im Bereich der Persönlichkeitsrechte. Vergegenwärtigt man sich nun, dass die Möglichkeit zur selbstbestimmten Disposition des Inhabers vom jeweiligen Rechtsgut, über welches verfügt werden soll, abhängig ist,[37] so liegt es auf der Hand, dass die Einwilligung in den verschiedenen Teilbereichen unterschiedliche Aufgaben erfüllen und den spezifischen Problemfeldern Rechnung tragen muss.

a. Materielle Vermögensrechte

Die materiellen Vermögensrechte sind zumeist von translativen Rechtsübertragung bis hin zur einfachen, widerruflichen Einwilligung allen Arten der Gestattung zugänglich. Kontext der Gestattung sind regelmäßig wirtschaft(srecht)liche Austauschgeschäfte, also Geschäfte, die der klassischen Konstellation der Rechtsgeschäftslehre des BGB entsprechen.[38]

Die Einwilligung spielt bei Gestattungen über materielle Vermögensrechte vor allem im Rahmen sozialer Kontakte eine Rolle, also bspw. bei einfachen Gestattungen des täglichen Lebens wie der Einwilligung des Eigentümers, den Nachbarn einen Garten mitbenutzen zu lassen. Sobald zumindest eine der Parteien ein Interesse an einem rechtssicheren Verhältnis hat, also bspw. der Nachbar das Grundstück des Eigentümers überqueren muss, um sein eigenes Grundstück nutzen zu können, werden Rechtsinhaber und Begünstigter in der Regel auf andere Gestattungsformen zurückgreifen.[39]

Dementsprechend kommt der Einwilligung im Rahmen materieller Vermögensrechte regelmäßig nur eine untergeordnete Rolle zu. Auf die schlichte Einwilligung greifen die Parteien zumeist dann zurück, wenn sie eine rechtliche Bindungswirkung gerade nicht als beabsichtigt ansehen oder sich über diese keine Gedanken machen.

---

37 Vgl. oben, Kap. 2, A. II.

38 *Schenke*, Die Einwilligung bei Persönlichkeitsrechtsverletzungen, S. 26.

39 Im vorliegenden Fall beispielsweise auf die dingliche Belastung des Grundstücks mit einer Dienstbarkeit (§§ 1018, 1090 BGB) oder eine vertragliche Abrede.

b. Immaterialgüterrechte

Der Begriff der Immaterialgüterrechte umfasst Rechte an verselbstständigten, verkehrsfähigen geistigen Gütern.[40] Auch wenn die Möglichkeit einer translativen Rechtsübertragung im Bereich der Immaterialgüter abhängig vom jeweils in Frage stehenden Rechtsgut unterschiedlich beurteilt wird,[41] so ist nach der von *Kohler* entwickelten Definition der Grad der Verkehrsfähigkeit und damit Veräußerlichkeit doch das wesentliche Abgrenzungskriterium für die Unterscheidung zwischen Immaterialgüter- und Persönlichkeitsrechten.[42] Ebenso stehen im Bereich der Immaterialgüterrechte regelmäßig (jedenfalls auch) wirtschaftliche Interessen im Vordergrund.

Im ökonomischen Kontext kann der Inhaber im Bereich der Immaterialgüter insbesondere durch Lizenzerteilungen über sein Recht disponieren.[43] Dabei weist (zumindest)[44] die ausschließliche Lizenz dingliche Wirkung auf: Der Lizenznehmer erwirbt hier ein eigenes, an das Stammrecht gebundenes Tochterrecht welches ihn nicht nur gegenüber dem Vollrechtsinhaber, sondern auch gegenüber Eingriffen von Dritten schützt.[45] Wollen die Parteien rechtssicher über (Teil-)Rechte von Immaterialgütern verfügen, so stehen ihnen mit der Erteilung von Lizenzen im immaterialgüterrechtlichen Bereich (im Grundsatz) die konstitutive Rechtsübertragung sowie eine schuldrechtliche Abrede zur Verfügung.[46] Die Einwilligung wird im Bereich der (verkehrsfähigen) Immaterialgüterrechte daher

---

40 *Götting*, Persönlichkeitsrechte als Vermögensrechte, S. 9 f.

41 *McGuire*, Die Lizenz, S 2 3ff.; *Haedicke*, Patentrecht, S. 16. Sicher ausgeschlossen ist dies jedoch zumindest im Urheberrecht, vgl. § 29 Abs. 1 UrhG.

42 *Kohler*, Das Autorrecht, S. 74 f.

43 Vgl. § 15 Abs. 2 PatG; § 30 Abs. 1 MarkenG; im Wesen auch das „*Nutzungsrecht*“ nach § 31 Abs. 1 UrhG.

44 Bei der einfachen Lizenz ist dies umstritten. Während die dingliche Lizenz im Urheberrecht überwiegend bejaht wird (vgl. bspw. *Schack*, UrheberR, Rn. 604; *Ohly* in: Schrieker/Loewenheim, UrhR, § 29 Rn. 8233) wird dies im Patentrecht mehrheitlich verneint (vgl. bspw. *Ullmann/Deichfuß* in: Benkard, PatG, § 15 Rn. 99; *Moufang* in: Schulte, PatG, § 15 Rn. 40) Für eine umfassende Übersicht innerhalb der einzelnen Bereiche s. *Schmoll* in: Büscher/Dittmer/Schiwy, GewRS/UrhR/MedienR, Teil 3, Kap. 17 Rn. 47 ff.

45 *Forkel*, NJW 1993, 3181 (3182); *Haedicke* in: Haedicke/Timmann, PatG, § 4 Rn. 80.

46 Abhängig ist der Umfang der möglichen Dispositionsformen selbstredend auch in diesem Bereich vom jeweiligen konkreten Rechtsgut und dessen jeweiliger Verkehrsfähigkeit. So ist insb. im Kontext von Rechten an geistigen Werken i.S.d. UrhG eine Übertragbarkeit des Urheberrechts als Ganzes oder eine translative (Voll-)Rechtsübertragung einzelner Verbreitungsrechte nach § 29 Abs. 1

in erster Linie in Fällen herangezogen, in denen die Parteien eine genaue rechtliche Verortung der jeweiligen Disposition als nicht notwendig erachten, also etwa im Gefälligkeitsverhältnis. Daneben kommt der Einwilligung insbesondere dann eine Funktion zu, wenn eine ausdrückliche Abrede zwischen den Parteien fehlt: Hier dient die („schlichte")[47] Einwilligung, wenn und soweit aufgrund faktischer Gegebenheiten nach rechtlicher Wertung (jedenfalls) auf eine konkludente Einwilligung geschlossen werden kann, als Rechtswidrigkeitsausschluss[48] eines Eingriffs in immaterialgüterrechtlich geschützte Rechtspositionen.[49]

c. Persönlichkeitsrechte

Anwendung findet die Einwilligung somit vor allem im Bereich der Persönlichkeitsrechte, also dem allgemeinen Persönlichkeitsrecht sowie den besonderen Persönlichkeitsrechten, wie bspw. dem Recht am eigenen Bild, Namen und dem Recht auf körperliche Integrität. Zwar ist seit der „*Marlene-Dietrich Entscheidung*" des *BGH*[50] anerkannt, dass das allgemeine Persönlichkeitsrecht sowie seine besonderen Erscheinungsformen auch kommerzielle Interessen schützen können,[51] in erster Linie kommt ihnen aber die Funktion zu, ideelle Interessen zu bewahren[52]. Aufgrund ihrer besonderen Verwurzelung in der Persönlichkeit des Rechtsträgers gelten Persönlichkeitsrechte daher als grundsätzlich unübertragbar.[53]

UrhG aufgrund des persönlichkeitsrechtlichen Kerns ausgeschlossen (ausf. *Schulze* in: Dreier/Schulze, UrhG, Vorb. § 29 Rn. 1 ff.).

47 So betitelt durch NJW 2010, 2731 (2737) – *Vorschaubilder*.

48 Als „schlichte" Einwilligung wird die Einwilligung in solchen Situationen also gerade nicht als Disposition im eigentlichen Sinn verstanden, sondern in ihrer Grundfunktion als dem deliktsrechtlichen Bereich zuzuordnender Rechtswidrigkeitsausschluss.

49 So NJW 2010, 2731 (2736) – *Vorschaubilder*. Vgl. auch BGH NJW 2012, 1886 (1887) – *Vorschaubilder II*. Zur (teilweisen) Zur Kritik am Rückgriff auf die Einwilligung in solchen Konstellationen *Ohly*, GRUR 2012, 983 (987 f.) m.w.N.

50 BGHZ 143, 214 (219) – *Marlene Dietrich*.

51 So auch BGHZ 20, 345 (353) – *Paul Dahlke*; zustimmend bspw. *Götting*, NJW 2001, 585 (585).

52 *Peifer*, Individualität im Zivilrecht, S. 326; zu den verschiedenen Gründen, warum sich diese Auffassung entwickelte s. *Götting*, Persönlichkeitsrechte als Vermögensrechte, S. 4 ff.

53 BGHZ 50, 133 (137) – *Mephisto*; *Götting*, Persönlichkeitsrechte als Vermögensrechte, S: 132 f.

Gleichzeitig besteht jedoch, insbesondere angesichts der fortschreitenden Kommerzialisierung von Persönlichkeitsrechten, ein stetig wachsendes Bedürfnis nach bindenden Dispositionen über diese.[54] Während einige Autoren vor allem die ideellen Zwecke der Persönlichkeitsrechte in den Vordergrund stellen und sich gegen eine (weitergehende) wirtschaftliche Verwertung aussprechen[55] bzw. diese sogar als Gefahr ansehen[56], versuchen andere daher, die Persönlichkeitsrechte mit einer höheren Marktgängigkeit auszustatten. Zumeist wird in diesem Kontext eine stärkere schuldrechtliche Bindung befürworten, etwa, indem die Einwilligung auch in unwiderruflicher und auf Dritte übertragbarer Form zugelassen werden soll.[57] Teilweise wird darüber hinausgehend vorgeschlagen, die Übertragung gewisser Teile des jeweiligen Persönlichkeitsrechts auch im Sinne einer konstitutiven Rechtsübertragung zulassen. Grundgedanke hierbei ist, dass sich auch die Persönlichkeitsrechte aufspalten lassen in einen originär persönlichkeitsrechtlichen, also ideellen, und einen kommerziell geprägten, wirtschaftlichen Teil.[58]

De *lege lata* wird jedoch in erster Linie die Einwilligung als geeignetes Mittel zur Disposition über Persönlichkeitsrechte angesehen.[59] Hieraus folgt, dass die Einwilligung im Bereich der Persönlichkeitsrechte auch dann zur Anwendung kommt, wenn die Parteien eigentlich ein besonderes Interesse an der Rechtssicherheit und -beständigkeit der getroffenen Disposition haben. So ist es nicht überraschend, dass die Einwilligung vor allem im persönlichkeitsrechtlichen Bereich zum Teil sehr ausführlich un-

---

54 *Götting*, Persönlichkeitsrechte als Vermögensrechte, S. 142; *Wandtke*, GRUR 1995, 385 (391).

55 *Baston-Vogt*, Der sachliche Schutzbereich des zivilrechtlichen allgemeinen Persönlichkeitsrechts, S. 252; *Peifer*, Individualität im Zivilrecht, S. 320 ff.

56 So insb. *Schack*, JZ 2000, 1056 (1062); *Schack*, AcP 1995, 594 (594 f).

57 S. hierzu bspw. *Dasch*, Die Einwilligung zum Eingriff in das Recht am eigenen Bild, S. 85 ff; Götting, S. 14 9ff.; *Helle*, Besondere Persönlichkeitsrechte im Privatrecht, 109 ff.

58 *Beuthien*, NJW 2003, 1220 (1221 f.); *Forkel*, NJW 1993, 3181(3181 ff.). S. hierzu auch: *Peifer*, GRUR 2002, 495 (497). Für einen Überblick über die verschiedentlich diskutierten Standpunkte (insb. im Kontext eines dualistischen bzw. monistischen Ansatzes) *Jöns*, Daten als Handelsware, S. 127 ff.)

59 *Dasch*, Die Einwilligung zum Eingriff in das Recht am eigenen Bild, S. 35; *Götting*, Persönlichkeitsrechte als Vermögensrechte, S. 142; *Helle*, Besondere Persönlichkeitsrechte im Privatrecht, S. 103.

tersucht wurde.[60] Denn die Einwilligung muss hier zum einen all jene Funktionen erfüllen, für die dem Rechtsinhaber ansonsten auch andere Gestattungs- bzw. Verfügungsstufen zur Verfügung stehen. Zugleich weisen die Persönlichkeitsrechte aufgrund ihrer Verwurzelung in der Identität des Trägers eine erhöhte Sensibilität auf. Auch die hierdurch entstehenden Anforderungen muss die Einwilligung im persönlichkeitsrechtlichen Bereich bewältigen.

d. Zusammenfassung

Betrachtet man die verschiedenen Arten, über ein subjektives Recht zu disponieren, so stellt die Einwilligung grundsätzlich die unterste (und schwächste) Stufe der rechtlich möglichen Gestattungsformen dar. Aufgrund des Umstands, dass die Einwilligung im Rahmen der Persönlichkeitsrechte als „Mittel der Wahl" gilt, um über diese zu disponieren, kommt ihr in diesem Bereich jedoch auch eine verfügungsähnliche und zum Teil wirtschaftlich geprägte Funktion zu, die im Bereich materieller Vermögensrechte in der Regel durch die Wahl einer Gestattung auf höherer Stufe erzielt wird. Zugleich weisen Persönlichkeitsrechte aufgrund ihrer untrennbaren Verknüpfung mit dem jeweiligen Träger eine besondere Sensibilität auf, die auch im Rahmen der Einwilligung zu berücksichtigen ist.

Insgesamt lässt sich festhalten, dass die Einwilligung je nach Rechtsgut, in welches ein Eingriff gestattet werden soll, unterschiedlich hohen Anforderungen unterliegt und zum Teil unterschiedliche Zwecke verwirklichen soll. Umso stärker das jeweilige Rechtsgut einen Bezug zur Persönlichkeit des Trägers aufweist, umso weniger scheinen dabei die Vorschriften des BGB, die sich an wirtschaftlichen Austauschgeschäften orientieren, zu passen

60 So bspw. zur Einwilligung im Medizinrecht schon *Rosener*, Die Einwilligung in Heileingriffe; i.R.d. KUG *Dasch*, Die Einwilligung zum Eingriff in das Recht am eigenen Bild; allg. *Schenke*, Die Einwilligung bei Persönlichkeitsrechtsverletzungen.

2. Der Kontext

Nicht nur die Rechtspositionen, über die der Inhaber mit seiner Einwilligung disponiert, unterscheiden sich. Auch der Kontext und damit die Motivation, warum diese Einwilligung erteilt wird, ist keineswegs homogen.

a. Die Einwilligung im Rahmen sozialer Kontakte („simple Einwilligung")

So kann die Einwilligung zunächst im Rahmen sozialer Kontakte das Mittel der Wahl sein. Hier wird die Einwilligungserteilung von den Parteien vor allem als unentgeltliche Gefälligkeit wahrgenommen, bspw. bei der leihweisen Überlassung eines Autos, bei welcher der Entleiher durch die Einwilligung des Eigentümers zum Verbrauch des Benzins und der (wenn auch geringfügigen) Abnutzung des PKW's im Rahmen des üblichen Verschleißes befugt wird. Wie schon festgestellt,[61] spielt dieser Einwilligungskontext vor allem im Bereich (materieller) Vermögensrechte die Hauptrolle. Doch auch im Bereich der Persönlichkeitsrechte ist eine solche Einwilligung nicht unüblich. Als Beispiel sei hier nur der Fall aufgeführt, dass ein Gast bei einer Feier darin einwilligt, sich fotografieren zu lassen.

Kernelement der Einwilligung ist in diesen Fällen, dass sie ohne echte bzw. direkte Gegenleistung erfolgt. Ebenso beabsichtigen die Parteien in der Regel keine rechtliche Bindung oder machen sich über diese (zumindest) keine Gedanken. Dementsprechend ist auch nicht beabsichtigt, dem Begünstigten eine geschützte Rechtsposition zukommen zu lassen, die vom Rechtsinhaber nicht nach Belieben beseitigt werden könnte. Das der Einwilligung zugrundeliegende Verhältnis lässt sich dabei zumeist der Sphäre des Gefälligkeitsverhältnisses zuordnen.[62] Diese „simple Einwilligung" erschöpft sich somit darin, ein ansonsten rechtswidriges Verhalten nach Belieben des Rechtsinhabers zu erlauben.

---

61 Vgl. oben Kap. 2, A. II, 1. a.

62 *Freitag*, Die Kommerzialisierung von Darbietung und Persönlichkeit des ausübenden Künstlers, S. 172.

b. Die Einwilligung im rechtsgeschäftlichen Kontext

Daneben kann die Einwilligung auch in rechtsgeschäftlichen Kontexten erteilt werden. Dabei sollen vorliegend vor allem zwei Aspekte beleuchtet werden: Zum einen die Einwilligung als notwendige Voraussetzung einer Vertragsdurchführung, zum anderen die Einwilligung als geschuldete Leistung im Rahmen eines Austauschvertrages.

aa. Die Einwilligung als notwendige Voraussetzung („dienende Einwilligung")

Wer ein Unternehmen mit dem Abriss eines Hauses beauftragt, muss auch in die Zerstörung desselben durch das Unternehmen einwilligen. Ebenso liegt es im Falle eines ärztlichen Heileingriffs oder im Rahmen eines Fotoshootings durch einen gewerblichen Fotografen.[63] In all diesen Konstellationen ist die Einwilligung notwendiger Bestandteil der vertraglichen Abrede. Es stellt sich somit die Frage, ob die Einwilligung insoweit Teil des Vertrags selbst ist oder unter Umständen zwar zeitgleich aber gesondert – gegebenenfalls konkludent – miterteilt wird.[64]

Im Unterschied zur „simplen Einwilligung" ist die Einwilligung hier in einen rechtsgeschäftlichen Kontext eingebettet. Das Hauptaugenmerk des Rechtsinhabers liegt aber nicht auf der Einwilligung, sondern auf dem durch die Einwilligung ermöglichte Ziel des Eingriffs; also auf dem Abriss des Hauses, dem Schneiden einer neuen Frisur usw. Auch dem Begünstigten geht es hier nicht primär um den gestatteten Eingriff, sondern vielmehr um seine vereinbarte Gegenleistung. Der Rechtsinhaber hat in diesem Fall ein Interesse daran, die Einwilligung zu erteilen, um den durch die vertraglich geschuldete Leistung beabsichtigten Erfolg zu ermöglichen. Den Rechtsinhaber trifft insoweit zumeist auch eine Mitwirkungsobliegenheit.[65] Der Begünstigte ist dagegen in der Regel bei Verweigerung der Einwilligungserteilung ausreichend durch die vertragliche Grundabrede geschützt. Verweigert der Rechtsinhaber die Einwilligungserteilung, so

63 Zu dieser Einwilligungskonstellation schon Beispiele bei *Zitelmann*, AcP 1906, 1 (49).

64 S hierzu ausf. unten, Kap. 2, A. III. 2. a.

65 S. hierzu auch *Zitelmann*, AcP 1906, 1 (46).

bleibt der Gegenanspruch des Begünstigten hiervon grundsätzlich unberührt.[66]

Der Einwilligung kommt somit in solchen Konstellationen gleichsam eine „dienende“ Funktion zu. Sie ist in einen rechtsgeschäftlichen Kontext eingebettet, muss dem Begünstigten jedoch nicht notwendigerweise eine geschützte Position im Sinne eines „Rechts auf den Eingriff“ vermitteln.

bb. Die Einwilligung als synallagmatische Leistungspflicht

Schließlich kann die Einwilligung im rechtsgeschäftlichen Kontext auch den geschuldeten Vertragsgegenstand selbst darstellen.[67] So kommt es bspw. einem Medienunternehmen, welches das Bild einer Person abdrucken und veröffentlichen möchte, gerade darauf an, die hierfür erforderliche Einwilligung des Abgebildeten zu erhalten; dem Marketingunternehmen, gerade darum, mit Namen oder Gesicht eines Prominenten zu werben. Der Rechtsinhaber erhält als Gegenleistung für seine Einwilligung in der Regel eine Vergütung; die Einwilligung ist also synallagmatischer Bestandteil eines gegenseitigen Austauschverhältnisses.[68] Dabei hat der Einwilligungsempfänger zumeist ein Bedürfnis nach rechtsklaren und -sicheren Verhältnissen. Aufgrund der erbrachten Gegenleistung erscheint es auch grundsätzlich interessengerecht, dem Begünstigten eine – jedenfalls vor willkürlichen Entscheidungen des Rechtsinhabers – geschützte Rechtsposition zuzusprechen.[69]

Bereits die oben angeführten Beispiele zeigen indes, dass die Einwilligung in diesen Konstellationen vor allem im Rahmen von Persönlichkeitsrechten zum Zuge kommt. Da im Bereich der materiellen Vermögensrechte und der Immaterialgüterrechte auch Gestattungen auf höheren Stufen

66 So kann der Patient bspw. nach Abschluss eines Vertrages auf Durchführung eines medizinischen Heileingriffs den Eingriff in seine körperliche Integrität zwar verweigern, der Vergütungsanspruch des Arztes besteht dann jedoch auch unabhängig von der tatsächlichen Durchführung fort (Wobei sich der Arzt jedoch dasjenige anrechnen lassen muss, was er infolge des Unterbleibens erspart bzw. durch anderweitigen Einsatz erwirbt).

67 Zu dieser Konstellation auch: *Buchner*, Informationelle Selbstbestimmung im Privatrecht, S. 267 ff.

68 S. hierzu eingehend unten, Kap. 6 A. I. 2. a.

69 So auch *Ohly*, Volenti non fit iniuria, S. 159 f.

möglich sind[70], müssen die Parteien, soweit sie eine Bindungswirkung beabsichtigen, nicht auf die Einwilligung als unterste Stufe der Disposition über ein Recht zurückgreifen. Im Bereich der Persönlichkeitsrechte stellt die Einwilligung dagegen das rechtlich vorgesehene Instrument zur wirtschaftlichen Verwertung dar.[71]

Die Frage, ob und inwieweit dem Begünstigten durch die erteilte Einwilligung eine geschützte Rechtsposition zukommen soll, steht somit zugleich in einer Wechselwirkung mit den Besonderheiten des jeweiligen Persönlichkeitsrechts. In diesem Bereich kumulieren sich die Anforderungen an die Einwilligung daher in besonderem Maße: Die Einwilligung übernimmt hier eine ähnliche Funktion, wie sie im (sonstigen) Rechtsverkehr i.d.R. Verfügungen zukommt. Im Interesse des Begünstigten liegt es dabei, dieser Einwilligung eine möglichst bindende Wirkung zukommen zu lassen. Aber auch der Inhaber (bzw. Träger) des jeweiligen Persönlichkeitsrechts kann jedenfalls in wirtschaftlicher Hinsicht ein Interesse daran haben, über das jeweilige Recht so umfassend wie möglich disponieren zu können, um dessen Wert vollständig auszuschöpfen. Zugleich sind jedoch auch die Implikationen zu berücksichtigen, die aus der besonderen Sensibilität der Gestattung von Eingriffen in Persönlichkeitsrechte resultieren.[72]

3. Zusammenfassung

Zusammenfassend lässt sich somit festhalten, dass der Einwilligung je nach Konstellation verschiedene Funktionen zukommen: In ihrer Grundfunktion soll sie, als unterste Form der Dispositionsmöglichkeit über ein Recht, schlicht den Eingriff in bzw. die Ausübung dieses Rechts durch einen Dritten gestatten. Bei dem Rechtsgut kann es sich dabei sowohl um ein materielles Vermögensrecht, ein Immaterialgüterrecht oder ein (besonderes) Persönlichkeitsrecht handeln. Dabei spielt diese „simple Einwilligung“ vor allem im Bereich sozialer Kontakte bzw. in Gefälligkeitsverhältnissen eine wichtige Rolle. Eine tatsächliche Bindungswirkung im rechtlichen Sinne wird von den Parteien zumeist nicht gewollt oder bedacht.

Diametral hierzu findet die Einwilligung (insbesondere im Bereich der Persönlichkeitsrechte) auch dann Verwendung, wenn die Parteien eine

70 Mithin die konstitutive Rechtsübertragung und die schuldrechtliche Gestattung, vgl. oben, Kap. 2, A. II. 1.

71 Vgl. oben, Kap. 2, A. II. 1. c.

72 Vgl. oben, Kap. 2, A. II. 1. c.

rechtliche Bindungswirkung explizit anstreben. Zurückzuführen ist dies darauf, dass die Rechtsordnung im Rahmen von Persönlichkeitsrechten grundsätzlich nur eine Disposition in Form der Einwilligung zulässt. Angesichts der fortschreitenden Kommerzialisierung von Persönlichkeitsrechten gewinnt diese Einwilligungskonstellation dabei zunehmend an Bedeutung. Schließlich kann die Einwilligungserteilung auch notwendige Voraussetzung oder Nebenfolge einer vertraglichen Abrede der Parteien darstellen und somit ebenfalls in einen rechtsgeschäftlichen Kontext eingebettet sein.

III. Wesen der zivilrechtlichen Einwilligung

Betrachtet man diese vielfältigen Erscheinungsformen der Einwilligung bzw. die Konstellationen, in denen auf die Einwilligung als Gestattungsform zurückgegriffen wird, so überrascht es nicht, dass eine Kodifikation der Einwilligung bei Erlass des BGB (auch) aufgrund der Unklarheiten über das Wesen der Einwilligung scheiterte.[73] Die Geltung des Grundsatzes „*volenti non fit iniura*" wurde im Zivilrecht zwar allgemein anerkannt,[74] Ausmaß und Reichweite der Einwilligung sowie ihre dogmatische Verankerung innerhalb des Privatrechts zunächst aber (anders als im Strafrecht)[75] nicht näher diskutiert.

1. Die Rechtsnatur der Einwilligung

Erste Ansätze zur dogmatischen Verortung der Einwilligung als allgemeiner Rechtsfigur des Zivilrechts wurden 1906 von *Zitelmann* formuliert.[76]. Ausgehend von *Zitelmanns* Thesen und als Reaktion auf ein Grundsatzurteil des *BGH* im Jahr 1958 zur Einwilligungsfähigkeit Minderjähriger im Bereich ärztlicher Heileingriffe,[77] fokussierte sich die Auseinandersetzung mit der Einwilligung im Privatrecht insbesondere auf die Frage nach ihrer

---

73 Vgl. hierzu die ausf. Darstellung bei *Ohly*, Volenti non fit iniuria, S. 25 ff.

74 *Klass*, AfP 2005, 507 (507).

75 So bspw. *Wimmer*, Die Bedeutung des zustimmenden Willens; *Göbel*, Die Einwilligung im Strafrecht; vgl. hierzu auch die Nachweise bzw. Zusammenfassung bei *Rosener*, Die Einwilligung in Heileingriffe, S. 48 ff.

76 *Zitelmann*, AcP 1906, 1.

77 BGH NJW 1959, 811.

Rechtsnatur[78] sowie den jeweiligen Vorzügen eines deduktiven bzw. induktiven Vorgehens.

a. Die Einwilligung nach Zitelmann

Zitelmann vertrat die These, die Einwilligung könne nur aus einem bestehenden, positivrechtlichen Grundsatz hergeleitet werden. Als solcher biete sich nur der Grundsatz über Rechtsgeschäfte an, *„der Satz nämlich, daß im Privatrecht die Person innerhalb gewisser Schranken die Macht hat, ihre Rechtsverhältnisse zu gestalten“*[79]. (Auch)[80] *Zitelmann* verortet die Einwilligung in dogmatischer Hinsicht somit im Grundsatz der Privatautonomie.

Dabei sei die Einwilligung zu trennen von der zugrundeliegenden *causa*, aufgrund derer der Rechtsinhaber die Einwilligung erteile. Ähnlich wie bei der Erteilung einer Vollmacht, stelle die Einwilligung einen selbstständigen Rechtsakt dar.[81] Entgegen der zuvor von *Linckelmann* geäußerten These[82] komme der Einwilligung ein rechtsgeschäftlicher Charakter zu. Der für rechtsgeschäftliche Willenserklärungen erforderliche Wille zur Herbeiführung eines rechtlichen Erfolgs läge durchaus vor. Denn es genüge, so *Zitelmann*, wenn die Absicht des Erklärenden auf einen tatsächlichen Erfolg gerichtet sei, sofern *„nur der Handelnde diesen Erfolg zugleich als einen rechtliche bedeutsamen, von der Rechtsordnung anerkannten, beabsichtigt“*[83]. Der bezweckte Rechtserfolg sei dabei in der Einräumung einer Befugnis zur Vornahme der jeweiligen Handlung zu sehen.[84] Hieraus folge, so *Zitelmann*, dass die Einwilligung als Willenserklärungen den allgemeinen Vorschriften für Rechtsgeschäfte, also insbesondere auch dem Erfordernis der Geschäftsfähigkeit, uneingeschränkt unterfalle.[85]

---

78 S. unten, Kap. 2, A. III. 1.

79 *Zitelmann*, AcP 1906, 1 (48).

80 Vgl. oben, Kap. 2, A. I.

81 *Zitelmann*, AcP 1906, 1 (51).

82 *Linckelmann* vertrat 1898 die These, die Einwilligung sei kein Rechtsgeschäft, da sie nicht auf die Herbeiführung eines rechtlichen Erfolgs gerichtet sei, vgl. *Linckelmann*, Die Schadensersatzpflicht, S. 80 ff.

83 *Zitelmann*, AcP 1906, 1 (51).

84 *Zitelmann*, AcP 1906, 1 (55 f.).

85 *Zitelmann*, AcP 1906, 1 (48).

b. Die Grundsatzentscheidung des BGH (BGH NJW 1959, 811)

Das *RG* folgte – zumindest im Wesentlichen[86] – der Rechtsgeschäftstheorie *Zitelmanns* und auch der *BGH* wendete die §§ 104 ff. BGB zunächst uneingeschränkt auf Einwilligungserklärungen an.[87]

1958 leitete der *BGH* dann jedoch, angesichts einer Entscheidung zur Einwilligungsfähigkeit eines Minderjährigen in einen ärztlichen Heileingriff,[88] eine Kehrtwende ein: Die Einwilligung in einen die körperliche Integrität verletzenden Eingriff, so der *BGH*, sei weder eine i.S.d. § 183 BGB, noch sei sie Zustimmung zu einem Rechtsgeschäft. Sie sei somit nicht als Willenserklärung zu qualifizieren, sondern lediglich als *„Gestattung oder Ermächtigung zur Vornahme tatsächlicher Handlungen“*[89]. Da der Mensch über seine körperliche Integrität nicht wie über eine Sache frei verfügen könne, seien die §§ 107 ff. BGB nicht unmittelbar anwendbar.[90] Auch eine analoge Anwendung der Vorschriften über die Geschäftsfähigkeit komme nur insoweit in Betracht, als dies aus Gründen des Minderjährigenschutzes erforderlich sei.[91] Der BGH ordnet die Einwilligung in dieser Entscheidung somit wohl der Sphäre einer rechtsgeschäftsähnlichen Handlung zu.[92]

In der Folge entwickelte der BGH jedoch keine durchgehend stringente Linie.[93] So bezeichnet er die Einwilligung mal als Willenserklärung,[94] mal stellt der BGH auf die bestehende Verwandtschaft zwischen einer Willens-

---

86 Vgl. aber die umfängliche Auswertung dieser Rspr. bei *Ohly*, Volenti non fit iniuria, S. 38 ff.

87 S. hierzu bspw. die zahlreichen Nachweise bei *Dasch*, Die Einwilligung zum Eingriff in das Recht am eigenen Bild, S. 41; *Rosener*, Die Einwilligung in Heileingriffe, S. 44 ff.

88 BGH NJW 1959, 811.

89 BGH NJW 1959, 811 (811).

90 BGH NJW 1959, 811 (811).

91 BGH NJW 1959, 811 (811).Für den vorliegenden Fall verneinte der BGH diese Erforderlichkeit, weil der Minderjährige die geistige und sittliche Reife besaß, um die Bedeutung und Tragweite des Eingriffs ermessen zu können.

92 So auch *Dasch*, Die Einwilligung zum Eingriff in das Recht am eigenen Bild, S. 44; *Ohly*, Volenti non fit iniuria, S. 44. Anders zwar *Engels* in BeckOK UrhR, § 22 KUG Rn. 29 mit Verweis auf BGH NJW 1980, 1903 davon ausgehend, der BGH ordne die Einwilligung als Realakt ein. In dem entspr. Urteil stellt der BGH jedoch ebenfalls fest, die *„Behandlungseinwilligung“* sei *„immerhin verwandt*(..)*“* mit einer rechtsgeschäftlichen Willenserklärung (vgl. BGH NJW 1980, 1903 (1904)).

93 *Kohte*, AcP 1985, 105 (109).

94 BGH NJW 1984, 1395 (1396)

erklärung und einer geschäftsähnlichen Handlung ab.[95] Insgesamt lässt sich angesichts dessen wohl festhalten, dass der BGH einer schematischen Anwendung der §§ 104 ff. BGB zwar ablehnend gegenüber steht, diese Vorschriften aber bei Bedarf durchaus für (analog) anwendbar hält.[96]

c. Der Meinungsstand in der Literatur

In der Literatur wurden und werden sehr unterschiedliche Meinungen hinsichtlich Wesen und Rechtsnatur der Einwilligung geäußert.

aa. Die Einwilligung als Realakt bzw. rechtsgeschäftsähnliche Handlung

Während sich die meisten Autoren zunächst der Auffassung *Zitelmanns* anschlossen,[97] geriet dieser Standpunkt über die Zeit vermehrt in Kritik. So plädieren einige für eine gänzliche Entkoppelung der Einwilligung von der Rechtsgeschäftslehre und betrachten die Einwilligung in Folge dessen entweder als Realakt oder als Institut *sui generis*.[98] Die (derzeit) herrschende Meinung geht (wohl)[99] von einer Einordnung der Einwilligung als rechtsgeschäftsähnliche Handlung aus.[100] Argumentiert wird hierfür zum einen stets unter Hinweis auf die oben genannten Ausführungen des BGH, die Einwilligung sei lediglich die Gestattung zur Vornahme einer tatsächlichen Handlung.[101] Zum anderen wird angeführt, die zentralen Vorschrif-

---

95 BGH NJW 1980, 1903 (1904).

96 So auch *Dasch*, Die Einwilligung zum Eingriff in das Recht am eigenen Bild, S. 42; *Ohly*, Volenti non fit iniuria, S. 44.

97 *Schenke*, Die Einwilligung bei Persönlichkeitsrechtsverletzungen, S. 23 (m.w.N.). Umfassende Darstellung der einzelnen Meinungen bei *Rosener*, Die Einwilligung in Heileingriffe, S. 21 ff.

98 So bspw. *Deutsch/Ahrens*, Deliktsrecht, Rn. 106; *Hubmann*, Das Persönlichkeitsrecht, S. 171; *Schenke*, Die Einwilligung bei Persönlichkeitsrechtsverletzungen, S. 31. Speziell für die datenschutzrechtliche Einwilligung: Schaffland/Wiltfang, BDSG, § 4a Rn. 21; *Schulz* in: Gola, DS-GVO, Art. 7 Rn. 9.

99 Der Begriff „*geschäftsähnliche Handlung*" wird hierbei jedoch zumeist nicht verwendet.

100 *Staudinger* in NomosKommentar BGB § 823 Rn. 78; *Teichmann* in Jauerning, BGB, § 823 Rn. 52; *Wagner* in MüKo BGB, § 630d Rn. 9. Speziell für die datenschutzrechtliche Einwilligung als geschäftsähnliche Handlung: *Däubler* in: Däubler/Klebbe/Wedde/Weichert, BDSG, § 4a Rn. 5.

101 So auch *Larenz*, Schuldrecht II, § 71 I, 3, 1.

ten der Rechtsgeschäftslehre, insbesondere die Vorschriften zur Geschäftsfähigkeit, aber auch die grundsätzliche Unwiderruflichkeit nach § 145 BGB seien mit dem Wesen der Einwilligung oft nicht vereinbar[102] und die einzelnen Voraussetzungen einer Einwilligung mithin nicht deduktiv in Ansehung der Rechtsnatur der Einwilligung, sondern vielmehr induktiv im Einzelfall zu bestimmen.[103]

bb. Die Einwilligung als Rechtsgeschäft

Vereinzelt wird die Rechtsgeschäftstheorie nach *Zitelmann*, wenn auch in modifizierter Form, durchaus noch vertreten.[104]

(1) Induktive Herleitung nach Kohte

Beispielhaft sei hier *Kohte* genannt, der zwar die deduktive Herleitung *Zitelmanns* ablehnt und vielmehr die Anwendbarkeit der §§ 104 ff. BGB anhand ausgewählter Einwilligungsvoraussetzungen untersucht,[105] unter Anwendung dieser induktiven Methode aber ebenfalls zu dem Schluss kommt, die Vorschriften über Rechtsgeschäft seien mehrheitlich auf die Einwilligung anwendbar[106]. Ausnahmen, so *Kohte*, könnten jedoch insbe-

---

102 *Wagner* in MüKo BGB, § 630d Rn. 9; dies zwar bezogen auf die Einwilligung im Rahmen ärztlicher Heileingriffe, die dort getroffenen Feststellungen aber *„auch für das Deliktsrecht verbindlich"* haltend, vgl. *Wagner* in MüKo BGB, § 823 Rn. 78.

103 *Klass*, AfP 2005, 507 (510).

104 Über die hier behandelten Autoren hinaus bspw. auch *Helle*, Besondere Persönlichkeitsrechte im Privatrecht, S. 101 ff. Speziell für die datenschutzrechtliche Einwilligung: *Buchner*, Informationelle Selbstbestimmung im Privatrecht, S. 237 f.; *Funke*, Dogmatik und Voraussetzungen der Einwilligung, S. 82 ff; *Lindner*, Die datenschutzrechtliche Einwilligung, S. 109 ff.; *Rogosch*, Die Einwilligung im Datenschutzrecht, S. 37 f.; *Schuster/Simon*, NJW 1980, 1287 (1288); *Simitis* in Simitis, BDSG 2014§ 4a Rn. 20; *Taeger* in Taeger/Gabel, BDSG 2013, § 4a Rn. 29. Hierzu jedenfalls tendierend *Langhanke*, Daten als Leistung, S. 43 f.

105 *Kohte*, AcP 1985, 105 (120).

106 *Kohte*, AcP 1985, 105 (124 ff.).

sondere mit Blick auf die Vorschriften über die Geschäftsfähigkeit[107] sowie allgemein im Bereich höchstpersönlicher Rechte[108] bestehen.[109]

(2) Deduktive Herleitung nach Rosener

Noch expliziter bekennt sich *Rosener* zur Rechtsgeschäftstheorie. Er kritisiert die oft verwendete Argumentationsstrategie, die Rechtsgeschäftsnatur der Einwilligung mit der Begründung abzulehnen, dass die Anwendung bestimmter Vorschriften der allgemeinen Rechtgeschäftslehre als für die Einwilligung unpassend erscheine. Die Einordnung eines Vorgangs unter ein bestimmtes Rechtsinstitut habe nicht zwingend zur Folge, dass alle für dieses Rechtsinstitut vorgesehenen Vorschriften auch auf diese Vorgang anzuwenden seien.[110] Die Kategorisierung einer Erklärung als Rechtsgeschäft setze lediglich voraus, dass durch diese Erklärung eine Rechtsfolge bzw. Rechtswirkung eintrete, welche gerade auf den Rechtsfolgenwillen des Erklärenden zurückzuführen sei.[111] Dies sei bei der Einwilligung gegeben. Die eintretende Rechtsfolge sieht *Rosener* dabei darin, dass dem Erklärungsempfänger ein rechtliches Dürfen eingeräumt werde.[112] Dieses stelle zwar – insbesondere aufgrund der Widerruflichkeit der Einwilligung – kein subjektives Recht im eigentlichen Sinne dar,[113] dem Empfänger werde aber eine (wenn auch ungesicherte) „Dürfensposition“ vom Erklärenden eingeräumt.[114] Das so zwischen den Parteien geschaffene Verhältnis sei – ähnlich bspw. der Bevollmächtigung – als Rechtsverhältnis zu charakterisieren.[115] Die Einräumung dieser Dürfensposition werde darüber hi-

---

107 *Kohte*, AcP 1985, 105 (143 ff.).

108 So bspw. bei der Frage nach der Widerruflichkeit der Einwilligung, s. *Kohte*, AcP 1985, 105 (137 ff.).

109 So im Grundsatz auch *Götting*, Persönlichkeitsrechte als Vermögensrechte, S. 147 ff. hieraus jedoch den Schluss ziehend, ob man die Einwilligung als Rechtsgeschäft oder aber als rechtsgeschäftsähnliche Handlung qualifiziere sei *„letzten Endes Geschmackssache“* (S. 166).

110 *Rosener*, Die Einwilligung in Heileingriffe, S. 133. Hierdurch jedoch zugleich von der Ansicht Zitelmanns, aus der Einordnung der Einwilligung als Rechtsgeschäft folge zugleich die uneingeschränkte Anwendbarkeit der §§ 104 ff. BGB, abgrenzend.

111 *Rosener*, Die Einwilligung in Heileingriffe, S. 72.

112 *Rosener*, Die Einwilligung in Heileingriffe, S. 100 ff.

113 *Rosener*, Die Einwilligung in Heileingriffe, S. 105.

114 *Rosener*, Die Einwilligung in Heileingriffe, S. 111 ff.

115 *Rosener*, Die Einwilligung in Heileingriffe, S. 108.

naus vom Erklärenden – zumindest im Sinne einer *„Parallelwertung in der Laiensphäre“*[116] – als rechtlich gesichert angestrebt.[117] Somit läge auch der erforderliche Rechtsfolgenwille vor. Die Einwilligung ist nach Ansicht *Roseners* somit ein Rechtsgeschäft; die Anwendung der §§ 104 ff. BGB jedoch jeweils einzeln zu prüfen

(3) Dasch

Dasch schließt sich der Argumentation *Roseners* im Wesentlichen an.[118] Die Einwilligung bestehe aus den Elementen des Rechtserfolgs sowie eines hierauf gerichteten Willens und erfülle daher die Elemente des technischen Begriffs vom Rechtsgeschäft.[119]

Darüber hinaus betont *Dasch*, die Einwilligung erfülle auch den funktionsbestimmten Begriff vom Rechtsgeschäft.[120] Das Rechtsgeschäft stelle das vom Gesetzgeber zur Verfügung gestellte Mittel zur Ausübung der Privatautonomie dar[121]. Die Privatautonomie sei zwar in ihrem Grundsatz *„die Selbststeuerung des gesellschaftlich-ökonomischen Bereichs“* durch den Einzelnen. Folglich sei das Rechtsgeschäft funktional gesehen ein Instrument zum Güteraustausch, weshalb insbesondere der Kaufvertrag als Vorbild für die allgemeinen Vorschriften über Rechtsgeschäfte diente.[122] Hieraus, so *Dasch*, könne aber nicht geschlossen werden, dass die Einwilligung im Bereich der Persönlichkeitsrechte nicht als Rechtsgeschäft klassifiziert werden könne. Zwar sei der Grundbegriff der Privatautonomie sowie des Rechtsgeschäfts ökonomisch geprägt, doch umfasse das heutige Verständnis der Privatautonomie auch das Selbstbestimmungsrecht über Persönlichkeitsrechte. Da der Begriff der Privatautonomie somit über den ökonomisch geprägten Bereich hinaus erweitert worden sei, müsse sich auch der Grundbegriff des Rechtsgeschäfts dieser Entwicklung angleichen.[123] Im Übrigen zeigten auch die Vorschriften über personenrechtliche Rechtsgeschäfte, dass die rechtsgeschäftliche Einwilligung außerhalb des ökonomisch geprägten Bereichs des Güteraustauschs das vom Gesetzgeber bereitgestellte

---

116 *Rosener*, Die Einwilligung in Heileingriffe, S. 117.
117 *Rosener*, Die Einwilligung in Heileingriffe, S. 116 ff.
118 *Dasch*, Die Einwilligung zum Eingriff in das Recht am eigenen Bild, S. S. 46 ff.
119 *Dasch*, Die Einwilligung zum Eingriff in das Recht am eigenen Bild, S. 52.
120 *Dasch*, Die Einwilligung zum Eingriff in das Recht am eigenen Bild, S. 52 ff.
121 *Dasch*, Die Einwilligung zum Eingriff in das Recht am eigenen Bild, S. 53.
122 *Dasch*, Die Einwilligung zum Eingriff in das Recht am eigenen Bild, S. 54.
123 *Dasch*, Die Einwilligung zum Eingriff in das Recht am eigenen Bild, S. 56.

Mittel zur Ausübung der Privatautonomie darstelle.[124] Die Einwilligung erfülle somit auch den funktionalen Begriff des Rechtsgeschäfts. *Dasch* folgt daher im Ergebnis ebenfalls im Grundsatz der Rechtsgeschäftslehre. Eine pauschale Anwendung der §§ 104 ff. BGB sieht er hiermit jedoch nicht verbunden, sondern verweist, insbesondere im Rahmen der Einwilligung im Bereich der Persönlichkeitsrechte, auf die Möglichkeit einer teilweisen Modifikation dieser Vorschriften.[125]

(4) Ohly

Umfassend mit der dogmatischen Einordnung der allgemeinen Einwilligung im Zivilrecht beschäftigte sich zuletzt *Ohly*. Grundlegender Gedanke *Ohlys* ist, dass „die Einwilligung" in ihren verschiedenen Ausformungen und Anwendungsfeldern nicht als einheitliches Rechtsinstitut verstanden werden könne.[126] Es handele sich vielmehr um verschiedene Arten rechtlicher Gestattungen, deren Gemeinsamkeit darin zu sehen sei, dass der Unrechtsausschluss allein auf dem Willen des Rechtsinhabers, also dem Gedanken des *„volenti non fit iniura"*, beruhe[127]. Unter diese unrechtsausschließenden Gestattungen fasst *Ohly* insbesondere[128] die konstitutive Rechtsübertragung, bei der die Rechtsinhaberschaft unverändert bleibt und nur ein vom Stammrecht abgespaltener Teil als Tochterrecht bei dem Begünstigten entsteht (sog. gebundene Rechtsübertragung),[129] den schuldrechtlichen Gestattungsvertrag[130] sowie die (einfache, widerrufliche) Einwilligung.[131]

---

124 *Dasch*, Die Einwilligung zum Eingriff in das Recht am eigenen Bild, S. 54 f.

125 *Dasch*, Die Einwilligung zum Eingriff in das Recht am eigenen Bild, S. 56 f.

126 *Ohly*, Volenti non fit iniuria, S. 141.

127 *Ohly*, Volenti non fit iniuria, S. 146.

128 Die translative Rechtsübertragung, bei der der Übertragende seine gesamte Rechtsposition vollständig auf einen Dritte überträgt und somit seine eigene Rechtszuständigkeit endgültig verliert, bezeichnet *Ohly* insoweit als *„Grenzfall"*. Zwar beruhe auch sie auf dem Willen des Rechtsinhabers, sie erlaube aber nicht nur einen konkreten Eingriff, sondern übertrage die Rechteinhaberschaft insgesamt auf einen anderen, und weise somit einen grundsätzlichen Unterschied zur Einwilligung in den Eingriff einer Rechtsposition auf, vgl. *Ohly*, Volenti non fit iniuria, S. 147.

129 *Forkel*, Gebundene Rechtsübertragungen I, S. 20 ff; *Kraßer*, GRUR Int 1973, 230 (232).

130 S. zu diesem unten, Kap. 2, III. 2. c.

131 *Ohly*, Volenti non fit iniuria, S. 143 ff.

In Anlehnung an die sachenrechtliche Stufenleiter rechtlicher Gestattungen kategorisiert *Ohly* somit von der konstitutiven Rechtsübertragung bis zur einfachen, frei widerruflichen Einwilligung (Einwilligung im engeren Sinne) verschiedene Typen der *„Einwilligung im weiteren Sinne“*.[132] Hiervon ausgehend folgert *Ohly*, dass die Rechtsnatur der Einwilligung nicht einheitlich zu bestimmen sei, sondern vielmehr je nach Typus auch unterschiedlich ausfallen könne.[133] Im Ergebnis ordnet *Ohly* sowohl die (Voll-)Rechtsübertragung, die Einwilligung im Rahmen schuldrechtlicher Gestattungen als auch die einfache, frei widerrufliche Einwilligung den Rechtsgeschäften zu.[134]

Die einfache, frei widerrufliche Einwilligung räume dem Einwilligungsempfänger zwar, wie das Bild der Stufenleiter verdeutliche, gegenüber anderen Formen der Gestattung nur eine schwache Berechtigung ein;[135] doch werde auch durch sie das Rechtsverhältnis zwischen Erklärendem und Einwilligungsempfänger umgestaltet, indem das generell bestehende Eingriffsverbot durch eine spezielle Eingriffsbefugnis im Einzelfall modifiziert werde.[136] Der erforderliche Rechtsfolgenwillen sei ebenfalls gegeben, da sich der Erklärende durchaus bewusst sei, dass er eine Handlung erlaubt, die er ansonsten verbieten könne.[137] Nichts anderes gelte für die Einwilligung im Bereich der Persönlichkeitsrechte, bei denen die Dispositionsmöglichkeiten des Trägers zwar beschränkt seien, die Selbstbestimmung innerhalb dieser gesetzten Grenzen jedoch ebenfalls die Ausübung von Privatautonomie darstelle. Warum die Einwilligung als Mittel zur Disposition hierbei nicht als Minus zu einer Verfügung, sondern als *Aliud* zu begreifen wäre, sei nicht begründbar.[138]

Im Wesentlichen folgt *Ohly* somit (hinsichtlich der Frage nach der Rechtsnatur der einfachen, widerruflichen Einwilligung) der Argumentation *Roseners* und *Daschs*. Kritik über er darüber hinaus an der Zuordnung der Einwilligung unter die geschäftsähnlichen Handlungen oder Realakten, denn eine solche Verortung der Einwilligung würde lediglich die rechtsgeschäftliche Natur der Einwilligung bestreiten ohne eigene, konstruktive Ansätze zu entwickeln.[139] Insbesondere der Lehre von der Einwil-

---

132 *Ohly*, Volenti non fit iniuria, S. 151.
133 *Ohly*, Volenti non fit iniuria, S. 145.
134 *Ohly*, Volenti non fit iniuria, S. 170 ff.
135 *Ohly*, Volenti non fit iniuria, S. 211.
136 *Ohly*, Volenti non fit iniuria, S. 207.
137 *Ohly*, Volenti non fit iniuria, S. 208.
138 *Ohly*, Volenti non fit iniuria, S. 211 ff.
139 *Ohly*, Volenti non fit iniuria, S. 208.

ligung als geschäftsähnliche Handlung fehle ein tatsächlicher dogmatischer Erklärungswert. Sie sei insoweit nicht mehr als eine *„resignierende Feststellung, die Einwilligung sei ein der systematischen Einordnung nicht zugängliches Rechtsinstitut sui generis“*[140].

d. Stellungnahme

Die Einwilligung erlaubt einem Dritten, in eine eigentlich geschützte Rechtsposition einzugreifen. Das generelle Verbot wird somit ausschließlich aufgrund des Willens des Rechtsinhabers aufgehoben. Insofern ist die Einwilligung reiner Ausdruck der Selbstbestimmung des Einzelnen, der – vorausgesetzt das jeweilige Rechtsgut ist vollumfänglich disponibel – mit diesem nach Belieben verfahren kann.[141]

aa. Die Einwilligung als geschäftsähnliche Handlung oder Realakt

Aus dem Umstand, dass die Rechtsordnung den Eingriff gerade aufgrund der Willensentscheidung des Rechtsinhabers toleriert, ist die Kategorisierung der Einwilligung als rechtsgeschäftsähnliche Handlung abzulehnen: Denn grundlegendes Charakteristikum rechtsgeschäftsähnlicher Handlungen ist, dass die Rechtsfolge *qua* Gesetz und somit unabhängig vom Willen des Erklärenden eintritt.[142] Meist wird sogar überhaupt kein Wille erklärt[143] oder der durch Gesetz eintretende Erfolg ist ein anderer als der, der eigentlich mit der Erklärung bezweckt wird.[144] Gerade der Umstand, dass der Unrechtsausschluss auf dem Willen des Rechtsinhabers beruht ist jedoch die zu Grunde liegende Substanz der aus dem Prinzip *„volenti non fit iniura“* folgenden Einwilligung.

Noch eindeutiger ist die Einwilligung nicht den Realakten zuzuordnen, bei denen die Rechtsfolge nicht nur ebenfalls unabhängig von einem eventuell erklärten Willen eintritt, sondern die darüber hinaus in ihrer typischen Erscheinungsform schon äußerlich überhaupt keine Erklärung zu

140 *Ohly*, Volenti non fit iniuria, S. 210.
141 *Brox/Walker*, BGB AT, S. 17.
142 *Leipold*, BGB AT, S. 113.
143 *Medicus/Petersen*, BGB AT, S. 197.
144 S. hierzu die zahlreichen Bsp. bei *Ulrici*, NJW 2003, 2053 (2053).

Mitteilungs- oder Kundgabezwecken aufweist.[145] Realakte stellen somit gerade keine Realisierung von Privatautonomie dar.[146]

bb. Die Charakterisierung nach der Funktion des Rechtsgeschäfts

Die Privatautonomie ist das dem Zivilrecht zugrunde liegende Prinzip des Selbstbestimmungsrechts.[147] Denn sie ermöglicht die *„Selbstgestaltung der Rechtsverhältnisse durch den einzelnen nach seinem Willen“*[148]. Stellt nun das Rechtsgeschäft das klassische Mittel zur Ausübung dieser Privatautonomie dar,[149] so kann die Einwilligung dem funktionalen Begriff des Rechtsgeschäfts zugeordnet werden. Zwar mag es durchaus sein, dass das BGB dabei zunächst von einem ökonomisch geprägten Begriff der Privatautonomie – und somit auch des Rechtsgeschäfts – ausging.[150] Nach heutigem Verständnis umfasst die Privatautonomie aber darüber hinaus auch die Selbstverwirklichung im ideell geprägten Bereich.[151] Die rechtsgeschäftliche Willenserklärung ist somit als Mittel zur rechtserheblichen Regelung eigener Angelegenheiten zu begreifen.

cc. Der technische Begriff des Rechtsgeschäfts

Auch dem technischen Begriff des Rechtsgeschäfts kann die Einwilligung grundsätzlich zugeordnet werden. Nach diesem ist das Rechtsgeschäft *„eine Privatwillenserklärung, gerichtet auf die Hervorbringung eines rechtlichen Erfolges, der nach der Rechtsordnung deswegen eintritt, weil er gewollt ist“*[152]. Die Rechtsfolge bei der Einwilligung liegt in der Aufhebung des eigentlich bestehenden Verbots, also in der Einräumung eines rechtlichen Dürfens. Insofern ist die Einwilligung durchaus der Bevollmächtigung vergleichbar, bei welcher dem Bevollmächtigten eine ähnlich gelagerte Befugnis erteilt

---

145 *Medicus/Petersen*, BGB AT, S. 89 (mit Beispielen); *Ulrici*, NJW 2003, 2053 (2053).
146 *Dasch*, Die Einwilligung zum Eingriff in das Recht am eigenen Bild, S. 45.
147 *Medicus/Petersen*, BGB AT, S. 79.
148 *Flume*, BGB AT, S. 1.
149 *Flume*, BGB AT, S. 23; *Medicus/Petersen*, BGB AT, S. 79; *Leipold*, BGB AT, S. 104.
150 *Brox/Walker*, BGB AT, S. 21.
151 *Dasch*, Die Einwilligung zum Eingriff in das Recht am eigenen Bild, S. 55 f.
152 Mot, I 126 (Mugdan I 421).

wird.[153] Eben diese Befugniserteilung ist auch vom Erklärenden beabsichtigt. Dieser Umstand mag zwar – insbesondere angesichts der vielfältigen Konstellationen, in denen eine Einwilligung im Alltag und insbesondere im sozialen Näheverhältnis erteilt wird – nicht immer klar zu Tage treten: Wer einem Gast ein Glas Wein anbietet, macht sich nicht explizit bewusst, dass er hiermit zugleich die Einwilligung in einen Eigentumseingriff abgibt. Diese Feststellung ändert jedoch nichts an dem grundlegenden Umstand, dass der Erklärende zumindest im Rahmen eines sachgedanklichen Mitbewusstseins weiß, dass er dem Anderen das Trinken dieses Weins sowohl erlauben als auch verbieten kann, die Rechtmäßigkeit des Eingriffs somit auf seinem Willen beruht. Die Frage danach, in welchen Fällen die Erklärung des Einwilligenden tatsächlich einen Rechtsfolgenwillen aufweist, ist dagegen der allgemeinen Frage nach der Abgrenzung zwischen einem bloßen Gefälligkeitsverhältnis und einem Rechtsgeschäft zuzuordnen.[154]

dd. Schlussfolgerungen

Nach hier vertretener Ansicht ist die Einwilligung somit als rechtsgeschäftliche Willenserklärung zu qualifizieren. Dagegen spricht auch nicht, dass einige Vorschriften der §§ 104 ff. BGB bei der Einwilligung, insbesondere im Bereich der Persönlichkeitsrechte, durch ihre vom Vorbild des Güteraustauschs geprägte Ausgestaltung als unpassend erscheinen können. Zwar ist zu prüfen, ob diese Vorschriften – auch und gerade mit Blick auf das Rechtsgut, über welches durch die Einwilligung disponiert werden soll – im Einzelfall anwendbar sind. Dieser Umstand allein hat aber nicht zur Folge, dass die Rechtsnatur der Einwilligung als Rechtsgeschäft ausscheiden müsste.[155] So finden sich zum einen auch im sonstigen Bereich der Rechtsgeschäfte Modifizierungen, soweit diese aufgrund der jeweiligen Spezifika als notwendig erachtet werden,[156] zum anderen zeigen bereits gesetzlich normierte Sonderregeln, gerade im Bereich der Geschäftsfähig-

153 So auch *Petri*, RDV 2007, 153 (155). Vgl. hierzu auch die Motive des BGB, Mot. I, 246 (Mugdan I, 489).

154 S. hierzu bspw. *Medicus/Petersen*, BGB AT, S. 83.

155 S. hierzu schon *Dasch*, Die Einwilligung zum Eingriff in das Recht am eigenen Bild, S. 56; *Ohly*, Volenti non fit iniuria; S. 212; *Rosener*, Die Einwilligung in Heileingriffe, S. 133.

156 Bspw. die Wirkung der Anfechtung nur *ex nunc* bei bestimmten Dauerschuldverhältnissen.

keit,[157] dass einzelne Abweichungen von den §§ 104 ff. BGB nicht die generelle Annahme einer rechtsgeschäftlichen Erklärung ausschließen (sollen). Die Verortung der Einwilligung in den Bereich der rechtsgeschäftlichen Willenserklärungen betont zudem die Funktion der Einwilligung als Ausübung bewusster Selbstbestimmung und legt den Fokus somit auf die Befugnis des Einzelnen, sich gerade auch im Bereich persönlichkeitsrechtlicher Dispositionen rechtsgeschäftlich – und folglich privatautonom – zu betätigen.[158]

2. Das Rechtswesen der Einwilligung

Das Verständnis der Einwilligung als Disposition über eigene Rechtspositionen wirft zugleich die grundlegende Frage auf, welchem Typus diese Disposition zuzuordnen ist. Denn während zwar einhellig angenommen wird, die Einwilligung erlaube dem Erklärungsempfänger, in fremde Rechtspositionen einzugreifen, ist die dieser Befugnis zugrundeliegende Konstruktion demgegenüber höchst umstritten.

Nach dem ursprünglichen, klassischen Verständnis stellt die Einwilligung einen Rechtfertigungsgrund dar, der einer Handlung die Widerrechtlichkeit nimmt.[159] Diese, auf das Deliktsrecht zugeschnittene Einordnung der Einwilligung als bloßem Unrechtsausschluss verliert jedoch angesichts der immer häufiger anzutreffenden Verwendung der Einwilligung als Verwertungsinstrument im persönlichkeitsrechtlichen Bereich zunehmend an Bedeutung.[160] Angesichts dieser Entwicklung wurden und werden in der Literatur verschiedene Möglichkeiten einer Typisierungen der Einwilligung erwogen, welche sich – wie nachfolgend aufzuzeigen sein wird – in Wesen und Ausmaß der durch die Einwilligung vermittelten Rechtswirkung zum Teil erheblich unterscheiden.

---

157 Bspw. § 1303 BGB; § 2229 BGB.

158 Insoweit verfängt die Auffassung *Göttings*, die Einordnung der Einwilligung als Rechtsgeschäft oder geschäftsähnliche Handlung sei *„reine Geschmackssache"*, denn so oder so sei nach den vertretenen Auffassungen jeweils zu prüfen, ob die Vorschriften der §§ 104 ff. BGB im Einzelnen anwendbar seien (*Götting*, Persönlichkeitsrechte als Vermögensrechte, S. 166; ähnlich *Langhanke*, Daten als Leistung, S. 44.), gerade nicht.

159 *Kohte*, AcP 1985, 105 (110 f.), vgl. bereits oben, Kap. 2, I.

160 *Ahrens*, Die Verwertung persönlichkeitsrechtlicher Positionen, S. 365.

a. Die Einwilligung als Erfüllungsakt

Wird auf die Einwilligung als Dispositionsinstrument zurückgegriffen, so ist die Einwilligung regelmäßig in einen vertraglichen Kontext eingebettet, womit zunächst die Frage nach dem Verhältnis zwischen der Einwilligung und der vertraglichen (Grund-)Abrede aufgeworfen ist. Zu differenzieren ist also insbesondere, inwieweit die Einwilligung bereits in die vertragliche Grundabrede integriert, oder aber einen von diesem Verpflichtungsvertrag zu trennenden, eigenen Erfüllungsakt darstellt.

aa. Die Einwilligung als pactum de non petendo oder Erlassvertrag

Ursprünglich wurde die Einwilligung insbesondere im Namens- und Kennzeichenrecht diskutiert und sollte dort sowohl den (wirtschaftlichen) Interessen der Parteien, als auch der Unmöglichkeit einer Veräußerung des Namens gerecht werden.[161] Erreicht werden sollte dies durch die Konstruktion eines „Gestattungsvertrags", bei dem der Namensträger im Voraus auf die Geltendmachung seiner durch die unbefugte Namensverwendung entstehenden Ansprüche – also insbesondere auf sein Verbietungsrecht aus § 12 BGB – verzichtete.[162] Dabei wurde der Gestattungsvertrag entweder im Sinne eines Erlassvertrages konzipiert, bei dem die Ansprüche des Namensträgers durch den vorweggenommenen Verzicht gar nicht erst zur Entstehung gelangten, oder aber als *pactum de non petendo* konstruiert, mit der Folge, dass die Abwehransprüche des Namensträgers zwar entständen, dieser sie aufgrund der Gestattung jedoch nicht geltend machen konnte.[163]

Der Vorteil dieser Gestattung lag dabei vor allem in dem Umstand, dass dem die Verwendung des Namens Gestattetem keine direkte, sondern vielmehr lediglich eine indirekte Befugnis eingeräumt wurde, insoweit er sich keinen Ansprüchen des Namensträgers ausgesetzt sah. Disponiert wurde somit nicht über das Namensrecht an sich, sondern vielmehr lediglich über die hieraus resultierenden Ansprüche.[164] Zugleich wurde durch die

---

161 *Klippel*, Der zivilrechtliche Schutz des Namens, S. 527.

162 S. hierzu mit zahlreichen Beispielen aus der Rspr. des RG: *Bußmann*, Name, Firma, Marke II, S. 112 ff.

163 S. *Bußmann*, Name, Firma, Marke II, S. 117 (Fn. 5).

164 Zur allg. Unterscheidung zwischen einer „*Substanzverwertung*" von Rechten und einer bloßen „*Anspruchsverwertung*": *Ahrens*, Die Verwertung persönlichkeitsrechtlicher Positionen, S. 307.

Konstruktion einer vertraglichen Abrede ein gewisses Maß an rechtssicherer Bindung erreicht, da der Gestattende seine Zustimmung zur Namensnutzung nicht nach freiem Belieben widerrufen konnte. Über die genaue Bedeutung und Reichweite einer solchen Gestattung herrschte jedoch, insbesondere hinsichtlich der Frage nach einer Widerrufbarkeit und der Wirkung gegenüber Dritten, seit Aufkommen dieser Gestattungskonstruktion als Möglichkeit der Disposition über unübertragbare, persönlichkeitsgeprägte Rechte erheblich Uneinigkeit.[165]

Problematisch an einer solchen Konstruktion, deren Wirkung im Wesentlichen in einem Verzicht auf aus dem Eingriff resultierende Abwehr- und Schadensersatzansprüche besteht, ist, dass die Eingriffshandlung rechtswidrig bleibt – ein Dritter könnte den Eingriff somit (theoretisch) durch die Ausübung von Nothilfe verhindern.[166] Es liegt auf der Hand, dass dies nicht den grundlegenden Wertungen der Funktion und Bedeutung der Einwilligung entspricht.[167] Abgelehnt wird die Annahme eines Erlassvertrags darüber hinaus mit der Begründung, unter Berücksichtigung der gesetzgeberischen Wertungen in § 276 Abs. 3 BGB, welcher bestimmt, dass dem Schuldner die Haftung wegen Vorsatzes nicht im Voraus erlassen werden kann, sei die Konstruktion einer Einwilligung als antizipierter Erlassvertrag ausgeschlossen.[168] Die Konstruktion der Einwilligung als Vorauserlass bzw. Stillhalteabkommen erfasst zudem den Kerngehalt der Einwilligung nicht: Durch die Einwilligung möchte der Rechtsinhaber dem Begünstigten eine Befugnis zur Vornahme der entsprechenden Handlung einräumen, die Einwilligung erschöpft sich also nicht in einem bloßen Verzicht auf Abwehransprüche.[169] Vorausgesetzt, dem Einwilligenden ist als Rechtsinhaber eine Disposition über das jeweilige Rechtsgut möglich, entfällt die Rechtswidrigkeit des Eingriffs somit aufgrund der Einwilligung des Rechtsinhabers – erlassbare Ansprüche können folglich gar

165 *Klippel*, Der zivilrechtliche Schutz des Namens, S. 528.

166 *Zitelmann*, AcP 1906, 1 (53).

167 Vgl. hierzu oben, Kap. 2, A. I.

168 *Götting*, Persönlichkeitsrechte als Vermögensrechte, S. 146; *Zitelmann*, AcP 1906, 1 (53); a.A. *Ahrens*, Die Verwertung persönlichkeitsrechtlicher Positionen, S. 334 f. Zum Teil wird auch (entgegen der herrschenden Meinung) die Möglichkeit eines antizipierten Erlasses generell abgelehnt, so *Dasch*, Die Einwilligung zum Eingriff in das Recht am eigenen Bild, S. 29 (Fn. 13).

169 *Resch*, Die Einwilligung des Geschädigten, S. 92; *Zitelmann*, AcP 1906, 1 (56).

nicht erst entstehen.[170] Die Einwilligung ist somit kein bloßer Verzicht auf zukünftige (Abwehr-)Ansprüche, sondern eine Befugniserteilung durch den Rechtsinhaber.

bb. Die Trennung zwischen Schuldvertrag und Einwilligung

Als Befugniserteilung stellt die Einwilligung einen vom zugrundeliegenden Schuldverhältnis zu trennenden, selbstständigen Erfüllungsakt dar.

Vor allem früher wurde dagegen nicht selten vertreten, die Einwilligung sei im Falle einer solchen vertraglichen Einbettung kein selbstständiger Bestandteil, sondern erfolge automatisch mit Abschluss des zur Einwilligung verpflichtenden Vertrages. Eine besondere Erfüllungshandlung sei somit nicht erforderlich, sondern vielmehr schon im Vertrag selbst enthalten.[171] Auch in jüngerer Zeit wird eine – zumindest gedankliche – Trennung zwischen Einwilligung und zugrunde liegendem Verpflichtungsgeschäft insbesondere im persönlichkeitsrechtlichen Schrifttum teilweise abgelehnt.[172]

Richtigerweise stellt die Einwilligung aber auch im Falle einer vertraglichen Einbettung einen eigenständigen und von dem zugrundeliegenden Schuldverhältnis zu trennenden Akt dar:[173] Unterstellt, die Einwilligung räumt dem Begünstigten ein positives Benutzungsrecht ein,[174] so bedarf der hierauf gerichtete Verpflichtungsvertrag eines „Erfüllungsakts".[175] Ähnlich wie auch bei Gebrauchsüberlassungsverträgen an körperlichen Sachen (bspw. bei Miete, Pacht oder Leihe)[176] verpflichtet sich der Rechtsinhaber zunächst lediglich, den (rechtmäßigen) Eingriff (bzw. den Ge-

---

170 *Ahrens*, Die Verwertung persönlichkeitsrechtlicher Positionen, S. 339; *Dasch*, Die Einwilligung zum Eingriff in das Recht am eigenen Bild, S. 29; *Zitelmann*, AcP 1906, 1 (54).

171 So bspw. *Weinmann*, Die Rechtsnatur der Lizenz, S. 40 f.

172 *Helle*, Besondere Persönlichkeitsrechte im Privatrecht, S. 104.

173 So ebenfalls *Götting*, Persönlichkeitsrechte als Vermögensrechte, S. 158 f.; *Kohte*, AcP 1985, 105 (136); *Kraßer*, GRUR Int 1983, 537 (543); *Maurer*, Die Prinzipien der Abstraktion, Kausalität und Trennung, S. 53; *Langhanke*, Daten als Leistung, S. 150 f.; *Metzger*, AcP 2016, 818 (832) *Ohly*, Volenti non fit iniuria, S. 168 f.; *Peifer*, Individualität im Zivilrecht, S. 313; *Unseld*, Die Kommerzialisierung personenbezogener Daten, S. 187.

174 Anders natürlich, soweit man die Einwilligung als *pactum de non petendo* konstruiert, vgl. hierzu unten, Kap. 2, A. III, 2. a. aa.

175 *Kraßer*, GRUR Int 1983, 537 (543); *Maurer*, Die Prinzipien der Abstraktion, Kausalität und Trennung, S. 53.

176 S. hierzu *Diederichsen*, Das Recht zum Besitz aus Schuldverhältnissen, S. 106 ff.

brauch) durch seine Erlaubnis zu ermöglichen.[177] Die Befugniserteilung kann zwar auch zeitgleich mit Abschluss des Vertrags erfolgen, notwendig ist dies aber nicht.[178] Der Rechtsinhaber verpflichtet sich mit Abschluss des Verpflichtungsgeschäfts zunächst lediglich zur Gestattung bzw. Einwilligung. Dies allein macht einen Eingriff des Vertragspartners noch nicht rechtmäßig.[179] Bis zur Erfüllung des Verpflichtungsgeschäfts durch Erklärung der Einwilligung bleibt der Eingriff vielmehr rechtswidrig und der Eingreifende kann aus dem zugrunde liegenden Vertrag lediglich Einwendungen gegen aus dem Eingriff resultierende Verletzungsansprüche seines Vertragspartners geltend machen.[180] Erst die Einwilligungserklärung vermittelt dem Vertragspartner die entsprechende Dürfensposition. Mithin ist die Einwilligung als Befugniserteilung (jedenfalls gedanklich) vom zugrundeliegenden Verpflichtungsgeschäft zu trennen.

b. Die Rechtswirkung der Einwilligung

Stellt die Einwilligung einen vom zugrundeliegenden Verpflichtungsgeschäft zu trennenden Akt dar, verbleibt die Frage nach (Rechts-)Wesen und Wirkung dieses Erfüllungsakts.

aa. Die Einwilligung als verfügungsähnlicher Gestattungsvertrag

Zum Teil wird versucht, die Einwilligung, in Anlehnung an den zum Namens- und Kennzeichenrecht entwickelten Gestattungsvertrags,[181] ebenfalls als Vertrag zu konstruieren. So nimmt etwa *Ohly*[182] an, bei der Einwilligung handele es sich, soweit diese in einen vertraglichen Kontext eingebettet ist, um einen schuldrechtlichen, zweiseitigen Gestattungsvertrag.[183] Da niemandem ein subjektives Recht oder eine ähnliche Rechtsposition

177 *Ohly*, Volenti non fit iniuria, S. 168 f.

178 Vgl. hierzu: *Resch*, Die Einwilligung des Geschädigten, S. 39 f.

179 *Zitelmann*, AcP 1906, 1 (44).

180 *Kraßer*, GRUR Int 1983, 537 (543).

181 Vgl. oben, Kap. 2, A. III. 2. a.

182 *Ohly*, Volenti non fit iniuria, S. 165 ff; zustimmend: *Funke*, Dogmatik und Voraussetzungen der Einwilligung, S. 74; *Rogosch*, Die Einwilligung im Datenschutzrecht, S. 45.

183 In diesem Sinne wohl auch *Buchner*, Informationelle Selbstbestimmung im Privatrecht, S. 253 ff.

aufgedrängt werden könne,[184] müsse diese Erlaubnis einen verfügungsähnlichen Vertrag zwischen den Parteien darstellen.[185]

Gegen eine solche Konstruktion der Einwilligung als Vertrag spricht jedoch zunächst schon der Wortlaut[186], welcher die Einwilligung nicht als Teil eines zwischen den Parteien abzuschließenden Vertrages, sondern vielmehr als einseitige Erklärung des Rechtsgutsinhabers konzipiert.[187] Zudem würde die Annahme eines schuldrechtlichen Verfügungsvertrages ein bereits bestehendes Rechtsverhältnis als Objekt voraussetzen, auf welches durch die Verfügung unmittelbar eingewirkt wird.[188] Ein solches käme nur dann in Betracht, wenn man die durch die Rechtsinhaberschaft gewährte, absolute Ausschlussfunktion gegenüber allen Dritten als einzelne, bestehende Rechtsverhältnisse zu diesen Dritten verstehen würde. Eine solche Annahme erscheint indes unnötig konstruiert, zumal auch das Argument, niemandem könne eine Rechtsposition „aufgezwungen" werden, die Notwendigkeit eines Vertrages nicht zu begründen vermag: Denn die Einwilligung des Rechtsinhabers führt gerade nicht dazu, dass der Empfänger die ihm hierdurch eingeräumte Möglichkeit nutzen müsste.[189] Dem Begünstigen wird, ähnlich dem Falle der Bevollmächtigung, lediglich die Möglichkeit zu einem rechtmäßigen Eingriff, und somit eine „Dürfensposition"[190] eingeräumt, die seinen Rechtskreis folglich nur erweitert, ohne ihm Pflichten aufzuerlegen. Die Mitwirkung des Einwilligungsempfängers ist daher nicht zwingend vonnöten.[191]

In Anlehnung an die Grundsätze zur rechtsgeschäftlichen Vollmacht[192] bestehen somit keine grundsätzlichen Bedenken dagegen, dass der Rechts-

---

184 *Ohly*, Volenti non fit iniuria, S. 174.

185 *Ohly*, Volenti non fit iniuria, S. 170, indes selbst darauf hinweisend, der praktische Unterschied zwischen der Annahme eines Vertrages oder einer einseitigen Erklärung durch den Einwilligenden sei aufgrund der Regelung des § 151 BGB eher gering.

186 Zumindest in den Fällen, in denen die Einwilligung eine gesetzliche Regelung erfahren hat, also bspw. in § 22 KUG oder Art. 7 DS-GVO.

187 So auch *Dasch*, Die Einwilligung zum Eingriff in das Recht am eigenen Bild, S. 29; *Götting*, Persönlichkeitsrechte als Vermögensrechte, S. 145 (Fn. 17).

188 *Grüneberg* in: Palandt Überbl. § 311 Rn. 6.

189 So schon *Zitelmann*, AcP 1906, 1 (50).

190 *Rosener*, Die Einwilligung in Heileingriffe, S. 111 ff.

191 So auch *Götting*, Persönlichkeitsrechte als Vermögensrechte, S. 145 (Fn. 17).

192 Bei der Vollmacht wird unstreitig angenommen, dass die Bevollmächtigung durch eine einseitige Willenserklärung erfolgt, da der Bevollmächtigte seine Privatautonomie dabei durch bloßen Verzicht auf die Vollmachtsausübung oder Zurückweisung der Vollmacht analog § 333 BGB wahren kann, vgl. Schubert in MüKo BGB, § 167 Rn. 5.

inhaber die Einwilligung durch einseitige Erklärung erteilt.[193] Ebenso betont die Annahme der Einwilligung als einseitige Erklärung des Rechtsinhabers dessen Alleinherrschaft und Autonomie bezüglich der ihm zugeordneten Rechtspositionen.[194] Schließlich erscheint auch fraglich, inwieweit im Einzelfall tatsächlich eine Abgrenzung zwischen einer isolierten und einer vertraglich eingebetteten Einwilligung möglich wäre, zumal die Übergänge hier meist fließend sind.[195] Insofern erscheint die Qualifizierung der Einwilligung als verfügungsähnlicher Gestattungsvertrag kaum überzeugend und wenig praktikabel.

bb. Die Einwilligung als Verfügung

Die Frage nach Wesen und (Rechts-)Wirkung der Einwilligung führt damit letztlich zur strittig diskutierten Thematik, inwieweit es sich bei der Einwilligung um eine Verfügung handelt.

Schon bei *Zitelmann* finden sich Hinweise darauf, dass er die Einwilligung zumindest als verfügungsähnliches Institut begreift. So betont er, die Einwilligung verhalte sich zur Übertragung eines Rechts *„nur wie das kleinere zum größeren“*[196], und die Erlaubnis des Eigentümers, Früchte von seinem Baum zu essen, stelle sich als *„unentgeltliche Verfügung“*[197] dar. Auch in jüngeren Publikationen wird vermehrt die funktionale Ähnlichkeit der Einwilligung zu einer Verfügung betont.[198] Offen vertritt insbesondere *Resch*[199] den Standpunkt, bei der Einwilligung handele es sich um eine (klassische) Verfügung: Die Einwilligung sei *„die rechtsgeschäftliche Erklärung der Verfügung über das konkrete Rechtsgut“* und damit *„typisches Verfügungsgeschäft“*.[200] Die Annahme einer Gestattung anstelle einer Einwilli-

---

193 So auch *Götting*, Persönlichkeitsrechte als Vermögensrechte, S. 145 (Fn. 17).

194 *Freitag*, Die Kommerzialisierung von Darbietung und Persönlichkeit des ausübenden Künstlers, S. 166.

195 Vgl. hierzu ausf. *Radlanski*, Die Einwilligung in der datenschutzrechtlichen Realität, S. 117 ff.

196 *Zitelmann*, AcP 1906, 1 (74).

197 *Zitelmann*, AcP 1906, 1 (50).

198 So bspw. bei: *Dasch*, Die Einwilligung zum Eingriff in das Recht am eigenen Bild, S. 35; *Götting*, Persönlichkeitsrechte als Vermögensrechte, S. 144; *Kohte*, AcP 1985, 105 (116); *Ohly*, Volenti non fit iniuria, S. 167. Vgl. hierzu Kap. 2, A. II. 2. b. bb.

199 *Resch*, Die Einwilligung des Geschädigten, S. 35 ff.

200 *Resch*, Die Einwilligung des Geschädigten, S. 38.

gung sei dagegen „*eine rein begriffliche Differenzierung*“[201]. Denn soweit man eine solche Gestattung als wirksam anerkenne, erkenne man auch die Disponibilität des jeweiligen Rechtsgutes an. Warum in diesem Fall eine solche Gestattung zwar möglich, eine entsprechende Verfügung aber unzulässig sei, entbehre einer Begründung.[202]

(1) Die Verfügung als unmittelbare Änderung eines Rechts

Als Hauptargument gegen die Typisierung der Einwilligung als Verfügung wird zumeist das Dogma von der Unübertragbarkeit der Persönlichkeitsrechte herangezogen. Da diese nicht übertragen werden könnten, eine Disposition durch Einwilligung aber möglich sei, könne die Einwilligung keine Verfügung darstellen.[203]

Nach der klassischen Definition ist eine Verfügung ein Rechtsgeschäft, durch das ein Recht geändert, übertragen, belastet oder aufgehoben wird. Mit der Schwierigkeit, die Einwilligung – gerade im Bereich höchstpersönlicher bzw. persönlichkeitsrechtlicher Güter – in diese Definition zu integrieren, hat sich insbesondere *Rosener*[204] auseinandergesetzt: Der Begriff der Belastung passe im Rahmen der Einwilligung nicht, da er spezifisch für das Sachenrecht entwickelt worden sei und dem Berechtigten ein subjektives Recht am Gegenstand der Belastung gebe, was bei der Einwilligung in höchstpersönliche oder persönlichkeitsrechtliche Rechtsgüter zu verneinen sei. Auch eine Rechtsänderung, welche ein schuldrechtliches Institut darstelle und durch Vertrag oder Ausübung eines Gestaltungsrechts erfolge, trete durch die Abgabe einer Einwilligung nicht ein. Schließlich gelten höchstpersönliche Rechte im Allgemeinen als nicht übertragbar oder aufhebbar, sodass vordergründig der Schluss nahe liege, die Einwilligung sei auch diesen Begriffen der Verfügung nicht zurechenbar.[205] *Rosener* vertritt sodann jedoch die Position, der Begriff der „Übertragung“ sei weit auszulegen.[206] Er umfasse nicht nur die Übertragung im Ganzen, sondern darüber hinaus auch eine Teilübertragung. Bei der Einwilligung stelle dabei die mit dem Dürfen eingeräumte Ausübungsmöglichkeit den Teil dar, der

201 *Resch*, Die Einwilligung des Geschädigten, S. 36.
202 *Resch*, Die Einwilligung des Geschädigten, S. 35.
203 BGH NJW 1959, 811 (811)
204 *Rosener*, Die Einwilligung in Heileingriffe, S. 122 ff.
205 *Rosener*, Die Einwilligung in Heileingriffe, S. 123.
206 *Rosener*, Die Einwilligung in Heileingriffe, S. 121.

durch Erklärung der Einwilligung übertragen werde. Die Einwilligung sei daher als ein (von einem evtl. zugrunde liegenden Verpflichtungsgeschäft zu trennendes) Verfügungsgeschäft zu qualifizieren.[207] Die Annahme, dass über höchstpersönliche (bzw. persönlichkeitsrechtliche) Rechte nicht verfügt werden könne, beruhe insoweit *„vielleicht auf Ineinsetzung von verfügen und übertragen"*.[208] Insofern sei auch die Unterscheidung zwischen Rechten, an denen der Inhaber bzw. Träger eine Verfügungsbefugnis besitze, und solchen, bei denen dem Träger keine solche Befugnis zukomme, generell abzulehnen.[209] Auch *Ohly*[210] und *Forkel*[211] weisen darauf hin, dass der Einwand der Unübertragbarkeit in Hinblick auf die translative Rechtsübertragung konzipiert wurde und eine grundsätzliche Ablehnung einer eventuellen konstitutiven Rechtsübertragung somit nicht alleine zu begründen vermag.

Helle[212] spricht der Einwilligung ebenfalls eine Verfügungswirkung zu, möchte diese jedoch dem Begriff der Rechtsänderung zuordnen. Der Einwilligende gestalte durch die Erklärung seine Rechtslage mit unmittelbarer Wirkung insoweit, als der durch seine Erlaubnis legitimierte Eingriff keine tatbestandsmäßige Verletzung mehr darstelle. Durch Erklärung der Einwilligung schränke er sein Recht somit mit unmittelbarer Wirkung ein.

(2) Der Verbrauch der Verfügungsmacht

Der Annahme, bei der Einwilligung handele es sich um eine Verfügung, steht noch ein weiterer Einwand entgegen: Kennzeichnend für eine Verfügung ist, dass der Rechtsinhaber seine Verfügungsmacht in dem Umfang, in dem er über sein Rechts disponiert, verbraucht.[213] So kann beispielsweise ein Eigentümer, der einem anderen durch Belastung ein Recht an einer Sache eingeräumt hat, über diese Sache im Anschluss (vorbehaltlich der Möglichkeit eines gutgläubigen Erwerbs) nur noch unbeschadet der Rechte des beschränkt Berechtigten verfügen. Bei der Einwilligung wird ein solcher Verbrauch der Verfügungsmacht zum Teil verneint. Der Rechtsinhaber verliere durch seine Einwilligung nicht die Möglichkeit, später weitere

207 *Rosener*, Die Einwilligung in Heileingriffe, S. 123.
208 *Rosener*, Die Einwilligung in Heileingriffe, S. 122.
209 *Rosener*, Die Einwilligung in Heileingriffe, S. 88 ff.
210 *Ohly*, Volenti non fit iniuria, S. 162.
211 *Forkel*, NJW 1993, 3181 (3182).
212 *Helle*, Besondere Persönlichkeitsrechte im Privatrecht, S. 109.
213 *Kraßer*, GRUR Int 1973, 230 (232).

wirksame Einwilligungen zu erteilen. Bei der Einwilligung läge somit kein „Verbrauch“, sondern ein bloßer „Gebrauch“ von Verfügungsmacht vor, weshalb es sich bei der Einwilligung nicht um eine Verfügung handeln könne.[214]

Gegen eine solche Sichtweise wendet sich insbesondere *Kraßer*[215]. Am Beispiel der patentrechtlichen Lizenz führt *Kraßer* aus, der Patentinhaber begebe sich mit der Einwilligung seines ausschließlichen Benutzungsrechts.[216] Nicht erforderlich sei dabei, dass der Begünstigte spiegelbildlich erhält, was der Verfügende verliere.[217] Insbesondere die verlorene Verfügungsmacht des Rechtsinhabers müsse sich also nicht zwingend beim Erwerber wiederfinden; notwendig sei lediglich, dass der Begünstigte einen Teil der Befugnisse erhalte, welche den Inhalt des Rechts ausmachten.[218] Da der Begünstigte ein eigenes Benutzungsrecht erlange, welches im gleichen Umfang bestehe als sich der Rechtsinhaber seines ausschließlichen Benutzungsrechts begeben habe, könne eine Verfügungswirkung grundsätzlich angenommen werden.[219] Diese Überlegungen können auch im Rahmen der Typisierung der Einwilligung fruchtbar gemacht werden. Denn auch hier räumt der Rechtsinhaber einem anderen eine Befugnis zur Vornahme einer Handlung ein und begibt sich in diesem Umfang seines ausschließlichen Rechts.

(3) Wirkung gegenüber Dritten

Kraßer selbst weist indes darauf hin, dass eine solche Befugniserteilung auch ohne die Vornahme einer Verfügung durch eine bloße Verpflichtung

---

214 *Götting*, Persönlichkeitsrechte als Vermögensrechte, S. 144 f.

215 Vgl. *Kraßer*, GRUR Int 1983, 537 (538 ff.).

216 *Kraßer*, GRUR Int 1983, 537 (544).

217 In diese Richtung auch *Ahrens*, Die Verwertung persönlichkeitsrechtlicher Positionen, S. 400 f.

218 *Kraßer*, GRUR Int 1973, 230 (232). Eine ähnliche Überlegung bei *Diederichsen*, in Bezug auf das Verhältnis von Eigentum und Besitz davon ausgehend, das Vollrecht Eigentum werde durch die Überlassung einer Sache aufgrund eines obligatorischen Besitzrechts gemindert, so dass der Besitz zu einer korrespondierenden Einschränkung des Vollrechts Eigentum führe, vgl. *Diederichsen*, Das Recht zum Besitz aus Schuldverhältnissen, S. 89 ff.

219 *Kraßer*, GRUR Int 1983, 537 (544).

zur Duldung möglich wäre.[220] Entscheidend sei somit, ob dem Begünstigten eine selbstständige Befugnis zur Geltendmachung der mit dem Recht verbundenen Ausschlusswirkung auch gegenüber Dritten eingeräumt werde.[221] Damit wird die Frage aufgeworfen, inwieweit die Einwilligung dem Begünstigten eine Rechtsstellung einräumt, die eine absolute Wirkung auch gegenüber Dritten entfaltet. Nach dem klassischen Verständnis der Einwilligung entfaltet diese nur *inter partes* zwischen den Parteien Wirkung.[222]

Bei näherer Betrachtung scheint dieser statuierte Grundsatz jedoch mehr und mehr aufzuweichen. Aussagekräftigstes Beispiel ist hierfür wohl die „*NENA*"-Entscheidung des BGH[223], in welcher der BGH dem Einwilligungsempfänger auf bereicherungsrechtlicher Grundlage eine fiktive Lizenzgebühr gegenüber einem Dritten, der die in Rede stehenden Persönlichkeitsmerkmale[224] ohne entsprechende Erlaubnis nutzte, zusprach. Zwar ließ der BGH in seiner Entscheidung offen, ob das Recht am eigenen Bild als Persönlichkeitsrecht übertragbar sei und stützte die Aktivlegitimation des Einwilligungsempfängers auf eine von der Rechteinhaberin gleichfalls erteilte „*Generalermächtigung*"[225]. Läuft eine solche Konstruktion aber auf eine verfügungsgleiche Wirkung hinaus, so stellt sich die Frage, ob es nicht einfacher und auch angemessener wäre, eine echte Verfügungswirkung anzuerkennen.[226]

Auch die Diskussion darüber, ob es dem Begünstigten möglich sei, die durch die Einwilligung eingeräumte Rechtsstellung in entsprechender Anwendung der §§ 413, 398 ff. BGB auf einen Dritten zu übertragen,[227] nähert die Rechtsstellung des Einwilligungsempfängers *de facto* derjenigen

---

220 *Kraßer*, GRUR Int 1983, 537 (543). Die Einräumung des Benutzungsrechts als Verfügung zu begreifen aber für klarer und einfacher haltend, vgl. *Kraßer*, GRUR Int 1973, 230 (232).

221 *Kraßer*, GRUR Int 1973, 230 (233).

222 *Helle*, Besondere Persönlichkeitsrechte im Privatrecht, S. 109; *Götting*, Persönlichkeitsrechte als Vermögensrechte, S. 143 f.

223 GRUR 1987, 128 (129) – „*Nena*".

224 In diesem Falle ging es um das Recht am eigenen Bild, welches *Nena* einer Vermarktungsgesellschaft „*übertragen*" hatte.

225 GRUR 1987, 128 (129) – „*Nena*".

226 In diesem Sinne auch *Resch*, Die Einwilligung des Geschädigten, S. 35 f.; sowie – im Ansatz – *Bräutigam*, MMR 2012, 635 (639); *Jöns*, Daten als Handelsware, S. 151.

227 S. hierzu bspw.: *Ahrens*, Die Verwertung persönlichkeitsrechtlicher Positionen, S. 324 ff; *Götting*, Persönlichkeitsrechte als Vermögensrechte, S. 162 ff.; *Helle*, Besondere Persönlichkeitsrechte im Privatrecht, S. 109 f.

an, die typischerweise durch Verfügungen entsteht. Schließlich zeigt insbesondere die Diskussion um die Wirkung der einfachen Lizenz im Immaterialgüterrecht,[228] dass die Frage, inwieweit eine Befugniserteilung sogar quasidingliche Wirkung entfaltet, in vielfacher Hinsicht eine Wertungsfrage darstellt und die rein schuldrechtliche Wirkung nicht unumstößlich ist.[229]

c. Stellungnahme

Betrachtet man die verschiedentlich vorgebrachten Argumente und die daraus folgenden Typisierungsansätze, so wurzelt die uneinheitliche dogmatischen Verortung der zivilrechtlichen Einwilligung insbesondere in der gegensätzlichen Haltung zu der Frage, ob und inwieweit eine Übertragung persönlichkeitsrechtlicher Positionen möglich ist bzw. ermöglicht werden soll. Wird eine solche Übertragbarkeit abgelehnt, wird die Einwilligung als rein deliktsrechtliches Instrument, als schuldrechtlichen Verzicht von aus dem Persönlichkeitsrecht entstehenden Abwehransprüchen oder als sonstige, rein schuldrechtliche Gestattung interpretiert. Wird demgegenüber eine (zumindest konstitutive und auf vermögensrechtliche Aspekte beschränkte) Übertragbarkeit von Persönlichkeitsrechten anerkannt, führt dies jedenfalls tendenziell zu einer Qualifikation der Einwilligung als Verfügung oder zumindest der Zuerkennung einer verfügungsgleichen Funktion.

Im Ergebnis drängt sich die Vermutung auf, die Einwilligung stelle auch und gerade deshalb das „Mittel der Wahl“ zur Disposition über Persönlichkeitsrechte dar, weil ihre dogmatische Grundlage so ungeklärt ist. Dies ermöglicht, am Dogma der Unübertragbarkeit festzuhalten und gleichzeitig der immer weiter fortschreitenden, tatsächlichen Kommerzialisierung von Persönlichkeitsrechten in der Praxis Rechnung tragen zu können.[230] Zu bedenken ist dabei allerdings, dass die fehlende Klarheit über die genauen Voraussetzungen und die Reichweite einer Disposition im persönlichkeitsrechtlichen Bereich nicht nur fortlaufend Folgeproble-

---

228 Vgl. hierzu: *Forkel*, NJW 1993, 3181; *Forkel*, NJW 1983, 1764; *Forkel*, Gebundene Rechtsübertragungen I; *Helle*, Besondere Persönlichkeitsrechte im Privatrecht, S. 111 ff.; *Kraßer*, GRUR Int 1983, 537; *Kraßer*, GRUR Int 1973, 230; *McGuire*, Die Lizenz, S. 267 ff.

229 *Freitag*, Die Kommerzialisierung von Darbietung und Persönlichkeit des ausübenden Künstlers, S. 176 f; so auch *Peifer*, Individualität im Zivilrecht, S. 307.

230 So auch *Ahrens*, Die Verwertung persönlichkeitsrechtlicher Positionen, S. 311.

me[231] aufwirft und somit unter einem gewissen Maß an Rechtsunsicherheit leidet.[232] Durch die schleichende und, insbesondere in der Rechtsprechung,[233] zumeist stillschweigend erfolgende Abkehr vom Grundsatz der Unübertragbarkeit von Persönlichkeitsrechten besteht darüber hinaus die Gefahr, dass ebenjene Situation eintritt, die das persönlichkeitsrechtliche Schrifttum durch Festhalten an einer rein schuldrechtlich wirkenden Einwilligung zu vermeiden sucht: Soweit nämlich, angesichts des starken Bedürfnisses an der Verkehrsfähigkeit persönlichkeitsrechtlicher Positionen,[234] eine immer weitergehende Disposition zugelassen wird, indem die Einwilligung an den tatsächlichen Bedarfsfall anpasst wird, ohne zuvor die hieraus *de facto* resultierende (zumindest teilweise) Übertragbarkeit von Persönlichkeitsrechten offen anzuerkennen, wird die Möglichkeit vertan, klare Grenzen für diese Übertragbarkeit (gesamt-)gesellschaftlich auszudiskutieren und festzulegen.[235] Hieraus resultiert letztlich in viel stärkerem Maße die Gefahr einer schleichenden Aushöhlung des ideellen Gehalts von Persönlichkeitsrechten und eines „Ausverkaufs" der Persönlichkeit als durch die bewusste und explizite Anerkennung und Auseinandersetzung mit der Tatsache, dass die Kommerzialisierung persönlichkeitsrechtlicher Positionen in der heutigen Realität längst alltäglich und von der Rechtsordnung *de facto* gebilligt ist.

IV. Zwischenergebnis

Festzuhalten bleibt, dass die Einwilligung im Zivilrecht zwar allgemein anerkannt ist, ihre genaue dogmatische Grundlage aber (noch immer) als nicht hinreichend geklärt zu bewerten ist. Seit der Streichung der gesetzlichen Normierung der allgemeinen Einwilligung aus dem Entwurf zum

---

231 Genannt sei hier beispielhaft die Diskussion über die Möglichkeit der Einwilligung Minderjähriger, die Auswirkung von Irrtümern oder die Diskussion um eine mögliche Weiterübertragung der Einwilligung entsprechend §§ 413, 898 BGB.

232 So auch *Ahrens*, Die Verwertung persönlichkeitsrechtlicher Positionen, S. 39 f.; *Ohly*, Volenti non fit iniuria, S. 164. Für ein gesetzgeberisches Tätigwerden auch *Jöns*, Daten als Handelsware, S. 151.

233 *Ahrens*, Die Verwertung persönlichkeitsrechtlicher Positionen, S. 36 f.

234 S. hierzu bspw.: *Götting*, Persönlichkeitsrechte als Vermögensrechte, S. 134 ff.; *Unseld*, GRUR 2011, 982 (982)

235 Ähnlich auch *Metzger*, AcP 2016, 818 (826) speziell für die Verwertung personenbezogener Daten.

BGB 1906 aufgrund der Uneinigkeiten über Voraussetzung und Reichweite der zivilrechtlichen Einwilligung konnten die bestehenden Konflikte betreffend der Einordnung der Einwilligung in das zivilrechtliche Gesamtgefüge bis heute keinem allgemeinen Konsens zugeführt werden. Erschwerend kommt hinzu, dass die Einwilligung durch ihre vielfältige Verwendung insbesondere im persönlichkeitsrechtlichen Bereich zum Teil sehr unterschiedliche Funktionen erfüllen soll. Insbesondere die nicht abschließend geklärte Frage, ob und in welcher Form Persönlichkeitsrechte Dispositionen des Rechtsinhabers zugänglich sind, verstärkt insoweit die Problematik, die Einwilligung als einheitliches Rechtsinstitut zu erfassen.[236]

Vorliegend wurde (zumindest) festgestellt, dass es sich bei der Einwilligung (auch in vertraglichen Kontexten) um eine einseitige rechtsgeschäftliche Erklärung handelt. Auch wenn die Frage, welche Art von Disposition bei der Befugniserteilung durch eine Einwilligung vorliegt, nicht abschließend geklärt werden konnte, ist die Einwilligung jedenfalls als vom ggf. zugrundeliegenden Verpflichtungsgeschäft zu trennender (Erfüllungs-)Akt zu begreifen, welcher verfügungsähnliche Wirkung entfaltet. Grundlegende Bedeutung kommt der Einwilligung als Dispositionsinstrument dabei insbesondere im persönlichkeitsrechtlichen Bereich zu. In diesem Kontext stellt die Einwilligung zumeist die einzige Möglichkeit für den Rechtsträger dar, über die ihm zugewiesenen Rechtspositionen (im Rahmen der jeweiligen Grenzen) zu disponieren und dient mithin der selbstbestimmten Ausübung grundrechtlich verbürgter Privatautonomie.

B. Die datenschutzrechtliche Einwilligung

Der datenschutzrechtlichen Einwilligung liegt (ebenfalls) der Gedanke der Autonomie des Einzelnen zugrunde. Der Einzelne soll *„grundsätzlich selbst über die Preisgabe und Verwendung seiner persönlichen Daten […] bestimmen“*[237].

236 Eingehend zu Umfang und Ausmaß der Disposition über personenbezogene Daten durch den Betroffenen unten, Kap. 6, I. 2. b.

237 BVerfGE 65, 1 (39) – *Volkszählung.*

I. Die Entwicklung der Einwilligung im Datenschutzrecht

Die Einwilligung galt folglich im Datenschutzrecht von Beginn an als das zentrale Element zur Verwirklichung der informationellen Selbstbestimmung[238] und Grundpfeiler der Datenverarbeitung im nicht-öffentlichen Bereich.[239] So wurde schon 1970 die „*Zustimmung*" des Betroffenen im (weltweit ersten) Datenschutzgesetz Hessens[240] als Legitimationsgrundlage einer Datenverarbeitung genannt.[241]

1. Der Erlass des BDSG 1977

Mit Verabschiedung des ersten Datenschutzgesetzes des Bundes,[242] welches auch die Datenverarbeitung durch Private erfasste,[243] wurde die Einwilligung erstmals ausdrücklich normiert.

So hieß es in § 3 BDSG 1977:

> „Die Verarbeitung personenbezogener Daten, die von diesem Gesetz geschützt werden, ist in jeder ihrer in § 1 Abs. 1 genannten Phasen nur zulässig, wenn
> 1. dieses Gesetz oder eine andere Rechtsvorschrift sie erlaubt oder
> 2. der Betroffene eingewilligt hat.
> Die Einwilligung bedarf der Schriftform, soweit nicht wegen besonderer Umstände eine andere Form angemessen ist; wird die Einwilligung

---

238 *Stemmer* in BeckOK DS, Art. 7 Rn. 1.

239 *Frenzel* in: Paal/Pauly, DS-GVO, 7 Rn. 1; *Spindler* in: Verhandlungen des 69. Deutschen Juristentages F76.

240 Hessisches Datenschutzgesetz v. 1.10.1970, GVBl I 1970, 625 ff.

241 So lautete § 3 Abs. 1: „*Den mit der Datenerfassung* [...] *betrauten Personen ist untersagt, die dabei erlangten Kenntnisse über* [...] *Daten und Ergebnisse anderen mitzuteilen* [...] *soweit sich nicht eine Befugnis aus Rechtsvorschriften oder aus der Zustimmung derjenigen ergibt, die über die* [...] *Daten und Ergebnisse verfügungsberechtigt sind*". Dabei bezog sich dieses landesrechtliche Datenschutzgesetz allerdings schon aufgrund legislativer Kompetenzvorschriften (vgl. Art. 74 Abs. 1 Nr. 1 GG iVm. Art. 72 Abs. 1 GG) ausschließlich auf den Bereich der öffentlichen Datenverarbeitung (vgl. hierzu *Hessischer Datenschutzbeauftragter*, Tätigkeitsbericht 1972).

242 Gesetz zum Schutz vor Mißbrauch personenbezogener Daten bei der Datenverarbeitung (Bundesdatenschutzgesetz – BDSG) v. 27.01.1977, BGBl. I 1977, 201 ff. Für eine umfassende Darstellung der Geschichte des Datenschutzes s.: *Simitis* in: Simitis, BDSG 2014, Einl. Rn. 1 ff.

243 Vgl. § 1 Abs. 2 BDSG vom 27.01.1977.

zusammen mit anderen Erklärungen schriftlich erteilt, ist der Betroffene hierauf schriftlich besonders hinzuweisen."

Trotz fehlender expliziter Verankerung im Wortlaut der Norm wurde schon damals die freiwillige Abgabe durch den Betroffenen als Voraussetzung einer wirksamen Einwilligung begriffen.[244] Teilweise wurde diesbezüglich jedoch kritisiert, der Bürger habe gegenüber der Wirtschaft zumeist keine andere Wahl, als in die vom Unternehmen gewünschte Datenverarbeitung einzuwilligen.[245] Insofern könne nur von einer *„fingierte*[n] *Freiwilligkeit"*[246] gesprochen werden. Die Schranke der Sittenwidrigkeit sei nicht ausreichend, um diesem Umstand ausreichend Herr zu werden, da die Prüfung der Sittenwidrigkeit stets anhand der Verkehrssitte erfolge, in der Realität sei der *„fast unstillbare Informationshunger z.B. der Arbeit- oder Kreditgeber"* jedoch gang und gäbe.[247]

2. Die Novellierung des BDSG 1990

Trotz der bestehenden Kritik wurde die Einwilligung bei Änderung des BDSG im Jahre 1990[248] als Legitimationsgrundlage für eine Datenverarbeitung beibehalten. Gerechtfertigt wurde diese Entscheidung auch und gerade mit der Funktion der Einwilligung als Ausdruck informationeller Selbstbestimmung: Ein Absehen von einer solchen Einwilligungsmöglichkeit wäre eine Entmündigung des Betroffenen und mit dem Recht auf informationelle Selbstbestimmung unvereinbar.[249] Die genauen Voraussetzungen der Einwilligung wurden dabei im Zuge der Novellierung, insbesondere angesichts des 1983 ergangenen *Volkszählungsurteils*[250] des Bundesverfassungsgerichts,[251] leicht modifiziert. So bestimmte der nun für die Einwilligung relevante § 4 BDSG 1990 in Abs. 2:

---

244 Vgl. Ordermann/Schomerus, BDSG 1977, § 3, S. 82.
245 *Bull*, ZRP 1975, 7 (10); *Schapper/Dauer*, RDV 1987, 169 (170 f.).
246 *Schmidt W.*, JZ 1974, 241 (247).
247 *Schmidt W.*, JZ 1974, 241 (247).
248 Gesetz zur Fortentwicklung der Datenverarbeitung und des Datenschutzes v. 20.12.1990, BGBl. I 1990, 2954 ff.
249 Schomerus/Gola, BDSG 1990, § 4, S. 116.
250 BVerfGE 65, 1 – *Volkszählung*.
251 *Buchner*, Informationelle Selbstbestimmung im Privatrecht, S. 30; vgl. aber auch die Einschätzung von *Schomerus*, RDV 1986, 61 (66).

„Wird die Einwilligung bei dem Betroffenen eingeholt, ist er auf den Zweck der Speicherung und einer vorgesehenen Übermittlung sowie auf Verlangen auf die Folgen der Verweigerung der Einwilligung hinzuweisen. Die Einwilligung bedarf der Schriftform, soweit nicht wegen besonderer Umstände eine andere Form angemessen ist. Soll die Einwilligung zusammen mit anderen Erklärungen schriftlich erteilt werden, ist die Einwilligungserklärung im äußeren Erscheinungsbild der Erklärung hervorzuheben."

Ein Hauptaugenmerk lag somit vor allem darauf, sicherzustellen, dass sich der Eiwilligungserklärende seiner Einwilligung tatsächlich bewusst war sowie auf den Informationspflichten des Datenverarbeiters hinsichtlich Zweck und Ausmaß der geplanten Verarbeitung, um dem Betroffenen so eine autonome und selbstbestimmte Entscheidung zu ermöglichen.[252] Eine tatsächliche Änderung zur Rechtslage unter dem BDSG 1977 trat infolgedessen jedoch nicht ein.

3. Die EU-Datenschutzrichtlinie 1995 und die Anpassung des BDSG 2001

Umfassende Vorgaben für die Annahme einer wirksamen datenschutzrechtlichen Einwilligung stellte sodann 1995 die europäische Datenschutzrichtlinie[253] auf, welche erstmals explizit das Erfordernis einer freiwilligen Einwilligung statuierte. So fand eine Konkretisierung der Einwilligung insbesondere in Art. 2 li. h statt, welcher bestimmte:

„Im Sinne dieser Richtlinie bezeichnet der Ausdruck
„Einwilligung der betroffenen Person" jede Willensbekundung, die ohne Zwang, für den konkreten Fall und in Kenntnis der Sachlage erfolgt und mit der die betroffene Person akzeptiert, daß personenbezogene Daten, die sie betreffen, verarbeitet werden."

Art. 7 lit. a DS-RL verpflichtete die Mitgliedstaaten diesbezüglich, eine gesetzliche Regelung zu erlassen, die vorzusehen hätte, dass die Verarbeitung personenbezogener Daten erfolgen dürfe, soweit eine Einwilligung der betroffenen Person ohne jeden Zweifel vorläge. Der deutsche Gesetzgeber re-

252 Vgl. Auernhammer, BDSG 1993, § 4 Rn. 12 f.

253 Richtlinie 95/46/EG des Europäischen Parlaments und des Rates vom 24. Oktober 1995 zum Schutz natürlicher Personen bei der Verarbeitung personenbezogener Daten und zum freien Datenverkehr (DS-RL).

agierte hierauf mit einer zweiten Überarbeitung des BDSG[254] im Jahre 2001. Dabei wurden die Wirksamkeitsvoraussetzungen in dem neu konzipierten § 4a BDSG a.F. geregelt, dieser bestimmt:

> „Die Einwilligung ist nur wirksam, wenn sie auf der freien Entscheidung des Betroffenen beruht. Er ist auf den vorgesehenen Zweck der Erhebung, Verarbeitung oder Nutzung sowie, soweit nach den Umständen des Einzelfalls erforderlich oder auf Verlangen, auf die Folgen der Verweigerung der Einwilligung hinzuweisen. Die Einwilligung bedarf der Schriftform, soweit nicht wegen besonderer Umstände eine andere Form angemessen ist. Soll die Einwilligung zusammen mit anderen Erklärungen schriftlich erteilt werden, ist sie besonders hervorzuheben."

II. Hauptkritikpunkte

Trotz dieser verstärkten Ausdifferenzierung blieb (und bleibt) die Kritik an der Einwilligung ungebrochen.[255] Dabei wird insbesondere vorgebracht, die Einwilligung verfehle ihr Ziel, eine selbstbestimmte Entscheidung des Einzelnen zu ermöglichen, weil der Betroffene zum einen Ausmaß und Tragweite der erwünschten Datenverarbeitung nicht überblicken würde, zum anderen weil der Einzelne, selbst wenn Ausmaß und Risiken der Datenverarbeitung erfasse, oft keine echte Wahl hätte, ob er sich mit der Datenverarbeitung einverstanden erklärt.[256]

1. Kernelemente der Einwilligung

Diese Kritikpunkte wiegen auch und gerade so schwer, weil sie sich auf die Kernelemente der datenschutzrechtlichen Einwilligung beziehen. Soll die datenschutzrechtliche Einwilligung eine Verarbeitung personenbezogener Daten aufgrund der selbstbestimmten Entscheidung des Betroffenen legitimieren und es hiermit dem Einzelnen ermöglichen, sein verfassungsrecht-

---

254 Gesetz zur Änderung des Bundesdatenschutzgesetzes und anderer Gesetze v. 18.05.2001, BGBl. I, 904 ff.

255 S. *Buchner*, Informationelle Selbstbestimmung im Privatrecht, S. 108.

256 Vgl. bspw. *Kamp/Rost*, DuD 2013, 80 (80 ff.); *Iraschko-Luscher*, DuD 2006, 706 (707 f.); *Simitis* in Simitis, BDSG 2014, § 4a Rn. 3 ff.; *Spindler*, GRUR-Beilage 2014, 101 (103); für Einzelheiten s. unten, Kap. 2, B. II. 2.

lich verankertes Recht auf informationelle Selbstbestimmung aktiv auszuüben, so ist Kern der Einwilligung die autonome Entscheidung des Einzelnen.

Eine solche Entscheidung ist nur dann möglich, wenn die einwilligende Person diese Entscheidung bewusst und in Kenntnis der Sachlage trifft und darüber hinaus tatsächlich selbst entscheiden kann, ob sie sich mit der Datenverarbeitung einverstanden erklärt.[257] Die datenschutzrechtliche Einwilligung lässt sich daher auf zwei Kernelemente stützen: Zum einen auf ein kognitives Element, also das Wissen des Betroffenen darum, in was er tatsächlich einwilligt; zum anderen in ein voluntatives Element, also die Möglichkeit, auf Grundlage dieses Wissens eine freie und selbstbestimmte Entscheidung zu treffen. Nur wenn diese beiden Komponenten gleichermaßen gegeben sind, sind die Grundvoraussetzungen erfüllt, um die Einwilligung ihrem Zweck entsprechend als Ausübung der informationellen Selbstbestimmung des Einzelnen zu begreifen.[258]

2. Kognitive Elemente

Grundvoraussetzung für eine selbstbestimmte Entscheidung ist das Vermögen des Einwilligenden, Ausmaß und Tragweite der durch seine Einwilligung legitimierten Datenverarbeitung zu erfassen.[259]

a. Informiertheit

Im Rahmen der Einwilligung tragen die Informationspflichten somit in besonderer Weise dem Umstand Rechnung, dass von echter (informationeller) Selbstbestimmung nur dann ausgegangen werden kann, wenn und soweit die betroffene Person die nötige Informationsgrundlage besitzt, um mögliche Konsequenzen ihres Handelns abschätzen zu können (sog. *infor-*

---

257 So auch *Beisenherz/Tinnefeld*, DuD 2011, 110 (112).

258 Hieraus folgt zudem, dass strukturell bestehende Defizite der Einwilligung im voluntativen oder kognitiven Bereich zugleich die (Folge-)Frage aufwerfen, inwieweit sich die datenschutzrechtliche Einwilligung (noch) als grundrechtlich geboten darstellt, s. unten, Kap. 6, B. I. 1. b. aa. (1).

259 *Roßnagel/Pfitzmann/Garstka*, Modernisierungsgutachten DSR, S. 91. *DSK*, Orientierungshilfe Telemedien S. 8.

med consent)[260].[261] Der Grundsatz der Informiertheit ist daher als „*Wesensmerkmal*“[262] der Einwilligung zu bezeichnen, denn eine autonome Entscheidung kann nur treffen, wer die möglichen Folgen kennt.[263]

Bisher kommen die datenverarbeitenden (privaten) Stellen ihrer Informationspflicht zumeist durch Bereitstellen einer „Datenschutzerklärung“ nach, die dem Betroffenen ermöglichen soll, Umfang und Ausmaß der erwünschten Datenverarbeitung zu erfassen und mögliche Risiken für sich abzuschätzen. Dabei war der Betroffene unter Rechtslage des BDSG a.F. insbesondere auf Inhalt, Zweck und Umfang der beabsichtigten Datenverarbeitung hinzuweisen.[264] Bezüglich der datenschutzrechtlichen Einwilligung wird jedoch häufig in Zweifel gezogen, dass die bisher bestehenden Regelungen und insbesondere deren Umsetzung in der Praxis tatsächlich zu einer informierten Einwilligung des Betroffenen führen.

aa. Information overload

Diese fehlende Informiertheit des Betroffenen resultiere dabei zum einen aus der schieren Fülle an Informationen, mit denen der Einzelne im Rahmen eines Einwilligungsersuchens konfrontiert werde.[265] Die – vor allem im Internet anzutreffenden – zum Teil seitenlangen Ausführungen stießen den Betroffenen unweigerlich an seine kognitiven Kapazitätsgrenzen und führten somit zu einem sog. *information overload*[266]. Dem Betroffenen sei es in einem solchen Fall schlichtweg nicht möglich, die einzelnen Informa-

---

260 Zur Theorie des „*informed consent*“ s. *Ohly*, Volenti non fit iniuria, S. 381 ff.

261 So auch: *Beisenherz/Tinnefeld*, DuD 2011, 110 (111); *Buchner*, Informationelle Selbstbestimmung im Privatrecht, S. 240; *Klass*, AfP 2005, 507 (509); *Radlanski*, Die Einwilligung in der datenschutzrechtlichen Realität, S. 16; *Stemmer* in: BeckOK DSR, Art. 7 DS-GVO Rn. 52. So für das Datenschutzrecht allg. auch *Roßnagel/Pfitzmann/Garstka*, Modernisierungsgutachten DSR, S. 36.

262 So *Lindner*, Die datenschutzrechtliche Einwilligung, S. 130.

263 *Worms/Gusy*, DuD 2012, 92 (98).

264 Vgl. § 4a Abs. 1 S. 2 BDSG.

265 *Buchner*, Informationelle Selbstbestimmung im Privatrecht, S. 259; *Katko/Babaei-Beigi*, MMR 2014, 360 (362); *Pollmann/Kipker*, DuD 2016, 378 (378); *Roßnagel*, DuD 2016, 561 (563); *Stemmer* in: BeckOK DSR, Art. 7 DS-GVO Rn. 54. Zu diesem Schluss kam auch 2010 die für Datenschutz zuständige *FTC*, Protecting Consumer Privacy in an Era of Rapid Change, S. 19.

266 S. zu diesem Begriff *Hacker*, Verhaltensökonomik und Normativität, S. 116; *Lindstädt*, Beschränkte Rationalität, S. 19 sowie unten, Kap. 5, A. II. 4. c. bb. (2) und Kap. 6, A. II 1. a.

tionen tatsächlich zu verarbeiten und vor allem herauszufiltern, welche Informationen für ihn im Einzelfall relevant sind.[267] Kann der Betroffene die Informationen aufgrund ihres Umfangs jedoch in tatsächlicher Hinsicht gar nicht oder nur unvollständig aufnehmen, so verkommt das Erfordernis der informierten Entscheidung zu einer bloßen Formalie.[268] Ein „mehr" an Informationen führt somit nicht zwangsläufig zu einer besseren Entscheidung, sondern kann vielmehr sogar zu deren Gegenteil führen (sog. *Grenznutzen* zusätzlicher Information).[269]

Verstärkt wird dieses Phänomen des *information overload* zusätzlich durch den technischen und sozialen Wandel. So nutzen heute immer mehr Menschen eine immer größere Vielzahl von Diensten und Geräten, welche eine Datenverarbeitung auf Grundlage einer Einwilligung voraussetzen.[270] Eine empirische Studie stellte diesbezüglich (bereits) im Jahr 2008 fest, dass ein das Internet durchschnittlich nutzender US-Amerikaner für die vollständige Lektüre aller ihm im Netz vorgelegten Datenschutzerklärungen 244 Stunden pro Jahr bräuchte.[271] Angesichts dessen ist es nicht verwunderlich, dass die entsprechenden Datenschutzerklärungen aufgrund dieser enormen (Zeit-)Kosten für den Einzelnen zumeist gar nicht bzw. nicht vollständig gelesen werden.[272] Die Annahme einer informierten Einwilligung, so die Kritiker, komme daher einer Fiktion

---

267 *v. Lewinksi*, PinG 2013, 12 (13); *Radlanski*, Die Einwilligung in der datenschutzrechtlichen Realität, S. 83; *Robrecht*, EU-DSGVO: Transparenzgewinn oder Information-Overkill, S. 55 *Spindler* in: Verhandlungen des 69. Deutschen Juristentages F 105. S. näher hierzu unten, Kap. 5, A. II. 4. c. bb. (2) und Kap. 6, A. II 1. a.

268 *Worms/Gusy*, DuD 2012, 92 (98).

269 *Eidenmüller*, JZ 2011, 814 (816); *O'Reilly*, Academy of Management Journal 1980, 684 (685); *Pollmann/Kipker*, DuD 2016, 378 (379); *Spindler*, GRUR-Beilage 2014, 101(103). S. zum Ganzen näher unten, Kap. 5, A. II. 4. c. bb. (2) und Kap. 6, A. II. 1. a.

270 *Bäcker*, Der Staat 2012, 91 (112); *Pollmann/Kipker*, DuD 2016, 378 (378).

271 *McDonald/Cranor*, I/S: A Journal of Law and Policy for the Information Society 2008, 543 (563).

272 Zu diesem Ergebnis kommt bspw. eine Studie von *Bakos/Marotta-Wurgler/Trossen*, The Journal of Legal Studies 2014, 1 (1 ff.). Ebenso *Acquisti/Grossklags*, IEEE Security & Privacy 2005, 24(27); *Bolsinger*, DuD 2016, 382 (385); *Bull*, Sinn und Unsinn des Datenschutzes, S. 80; *Ernst*, ZD 2017, 110 (113); *Kamps/Schneider*, K&R-Beilage 2017, 24 (26); *Katko/Babaei-Beigi*, MMR 2014, 360 (362 f.); *Masing*, NJW 2012, 2305 (2308); *Spindler* in: Verhandlungen des 69. Deutschen Juristentages F99. Nach einer Umfrage des EU-Projekts CONSENT lesen nur 24% der Internetnutzer „öfters" oder „immer" die entspr. Datenschutzerklärungen, vgl. *Consent*, Final Report, S. 12.

gleich,[273] was sowohl dem Betroffenen, als auch den datenverarbeitenden Stellen und den Politikern gleichermaßen bewusst sei.[274]

Als Ursache dieses Informationsüberschusses werden zum einen die gesetzlichen Regelungen selbst angesehen. Durch die umfassende Aufklärungspflicht, der die datenverarbeitende Stelle nachzukommen hat, sei überaus zweifelhaft, ob die Möglichkeit, eine kurze, übersichtliche und bündige Datenschutzerklärung zu verfassen, überhaupt bestehe.[275] Zum anderen wird aber insbesondere Online-Unternehmen vorgeworfen, ihre Datenschutzerklärungen absichtlich aufzublähen, bspw. durch detailreiche Aufklärung über solche Datenverarbeitungsvorgänge, deren Verarbeitung ohnehin auch ohne Einwilligung zulässig sei, um den Betroffenen bewusst von der Kenntnisnahme abzuhalten oder diese zumindest durch das Hinzufügen unnötiger Informationen zu erschweren.[276]

bb. Verständnisprobleme

Bezweifelt wird darüber hinaus, dass der Einwilligende – sollte er die bereitgestellten Informationen tatsächlich lesen – überhaupt in der Lage sei, diese inhaltlich nachzuvollziehen.[277] Dies liege zum Teil daran, dass die Datenschutzerklärungen – entgegen den gesetzlichen Bestimmungen – nicht hinreichend klar und verständlich formuliert seien.[278] Zum Teil seien wichtige Informationen gar nicht oder nur unvollständig vorhanden.[279] Darüber hinaus würde das genaue Erfassen der Bedeutung und Tragweite der erwünschten Datenverarbeitung häufig ein umfassendes technisches Wissen voraussetzen, welches der normale Durchschnittsbürger wohl

---

273 *Bäcker*, Der Staat 2012, 91 (112); *Hermstrüwer*, Informationelle Selbstgefährdung, S. 77; *Maisch*, Informationelle Selbstbestimmung in Netzwerken, S. 298.

274 *Worms/Gusy*, DuD 2012, 92 (99).

275 *Radlanski*, Die Einwilligung in der datenschutzrechtlichen Realität, S. 82; *Spindler* in: Verhandlungen des 69. Deutschen Juristentages F105.

276 *Buchner*, Informationelle Selbstbestimmung im Privatrecht, S. 259; *Prantl*, DuD 2016, 347 (348); *Taeger*, K&R 2003, 220 (225).

277 *Katko/Babaei-Beigi*, MMR 2014, 360 (362); *Margraf*, DuD 2017, 21 (22); *Schweitzer* in: Körber/Kühling, Regulierung - Wettbewerb - Innovation S. 276 f.

278 *Beisenherz/Tinnefeld*, DuD 2011, 110 (111); *Caspar*, DuD 2013, 767 (768); *Culik/Döpke*, ZD 2017, 226 (228); *Menzel*, DuD 2008, 400 (407); *Worms/Gusy*, DuD 2012, 92 (98).

279 S. hierzu die eingehende Untersuchung von *Kühling/Sivridis/Schwuchow/Burghardt*, DuD 2009, 335 (337 ff.). A.A. aber *Härting*, CR 2011, 169 (174).

kaum besitzen dürfte.[280] Zudem sei zu bedenken, dass die Gefahr moderner Datenverarbeitung gerade in der mannigfaltigen Verknüpfung von Daten liegt.[281] Die Aussagekraft einer einzelnen Angabe nimmt somit durch jedes weitere Datum überproportional zu.[282] Eine realistische Risikobewertung sei dem einzelnen Betroffenen angesichts dessen kaum möglich.[283] Ein Folgeproblem hiervon sei, dass der Markt keine Bemühungen dahingehend anstrebe, datenschutzfreundliche bzw. sichere Alternativen zu entwickeln. Denn wenn Nutzer schlichtweg nicht in der Lage seien, zwischen den verschiedenen Angeboten zu differenzieren und das datenschutzfreundlichste Modell auszuwählen, fehle den Unternehmen der Anreiz, solche Angebote trotz erhöhter Investitionskosten zu entwickeln.[284]

cc. Rationalitätsdefizite

Zusätzlich weist insbesondere *Hermstrüwer* darauf hin, dass bei den Betroffenen ein Abwägungsdefizit vorläge. Dieses Abwägungsdefizit resultiere im Wesentlichen daraus, dass der Mensch bestimmten Rationalitätsdefiziten (sog. *cognitive bias*) unterläge und daher Vor- und Nachteile nicht rein rational bewerte.[285] Vielmehr seien seine Entscheidungen auch emotional beeinflusst.[286] Dabei gewichte der Mensch potentielle Nachteile umso geringer, je weiter diese in der Ferne lägen und mit diesen korrespondierende Vorteile als umso attraktiver, je früher diese einträten.[287] Da sich die

---

280 *Bull*, NVwZ 2011, 257 (259); *Buchner*, Informationelle Selbstbestimmung im Privatrecht, S. 106f.; *Lindner*, Die datenschutzrechtliche Einwilligung, S. 132; *Margraf*, DuD 2017, 21 (22); *Radlanski*, Die Einwilligung in der datenschutzrechtlichen Realität, S. 16; *Spindler* in: Verhandlungen des 69. Deutschen Juristentages F99. Auch bei einer Umfrage des EU-Projekts CONSENT gaben lediglich 11% der Befragten an, sie würden die entspr. Datenschutzerklärungen in Gänze verstehen, vgl. *Consent*, Final Report. 12. Zu diesem Schluss kam auch 2010 die für Datenschutz zuständige *Federal Trade Commission*, s. *FTC*, Protecting Consumer Privacy in an Era of Rapid Change, S. 19.

281 *Bäcker*, Der Staat 2012, 91 (97); *Margraf*, DuD 2017, 21 (22); *Peifer*, JZ 2013, 853 (853); *Roßnagel/Pfitzmann/Garstka*, Modernisierungsgutachten DSR, S. 27.

282 *Buchner*, Informationelle Selbstbestimmung im Privatrecht, S. 106 f.

283 S. hierzu ausf. auch unten, Kap. 6, A. II. 1. b. bb. (3)

284 *Hermstrüwer*, Informationelle Selbstgefährdung, S. 238.

285 Ausf. zu diesen Rationalitätsdefiziten im Einzelnen unten, Kap. 5, B. I. 4. c. bb. (1) (c) und Kap. 6, A. II.

286 *Hermstrüwer*, Informationelle Selbstgefährdung, S. 238.

287 *Hermstrüwer*, Informationelle Selbstgefährdung, S. 298 f. So auch *Eidenmüller*, JZ 2011, 814 (817).

möglichen Risiken einer Datenverarbeitung erst in ferner Zukunft auswirken können, führe dieses Phänomen gerade im Bereich der datenschutzrechtlichen Einwilligung dazu, dass der Betroffene Vor- und Nachteile nicht realistisch bewerte.[288] Zudem neige der Mensch grundsätzlich dazu, die Wahrscheinlichkeit selbstschädigender Ereignisse zu unterschätzen, er besitze mithin eine überoptimistische Grundhaltung gegenüber eigenen Gefährdungen und unterläge auch deshalb der Gefahr, Risiken nicht hinreichend zu gewichten.[289] Im Bereich der Datenverarbeitung komme hinzu, dass die Risiken hier meist diffus und nicht genau greifbar seien, was eine geringere emotionale Fassbarkeit dieser Risiken zur Folge habe.[290] All dies führe somit selbst dann zu einer teilweise irrationalen Entscheidung, wenn der Einwilligende die nötige Informationsgrundlage eigentlich besitze. Schließlich führe die Fülle an bereitgestellter Information oft zu einem Gefühl von (vermeintlicher) Kontrolle, welche in Wirklichkeit nicht gegeben sei und hierdurch zu einer höheren Bereitschaft, in Datenverarbeitungen einzuwilligen.[291] Führt man sich diese Rationalitätsdefizite vor Augen, so wirft dies die grundsätzliche Frage auf, inwieweit der einzelne Betroffene überhaupt in der Lage ist, eine sinnvolle Entscheidung zu treffen.[292]

dd. Hieraus folgende Anforderungen an die Informationspflicht

Zusammenfassend lässt sich somit feststellen, dass sich die bisher bestehenden Regelungen zur Informationserteilung dem Einwand ausgesetzt sehen, eine informierte Entscheidung des Betroffenen in der Realität nicht zu verwirklichen. Zurückgeführt wird dies zum einen auf die (zu große) Masse an Angaben, welche den Betroffenen überforderten, zum anderen auf die fehlende Verständlichkeit der Informationen sowie auf strukturelle Rationalitätsdefizite, welchen der Einwilligende im Rahmen der Informationsbewertung teilweises unterläge.

Zur Beseitigung bzw. Abschwächung dieser Problematiken fehlender Informiertheit wird gefordert, die datenverarbeitenden Stellen (stärker) zu verpflichten, ihre Datenschutzerklärungen auf die tatsächlich problemati-

---

288 In diese Richtung auch *Roßnagel*, DuD 2016, 561 (563).

289 *Hermstrüwer*, Informationelle Selbstgefährdung, S. 274 f. S. hierzu auch mit einzelnen Beispielen: *Eidenmüller*, JZ 2011, 814 (816 f.).

290 *Hermstrüwer*, Informationelle Selbstgefährdung, S. 278.

291 *Hermstrüwer*, Informationelle Selbstgefährdung, S. 309 f. So auch *Worms/Gusy*, DuD 2012, 92 (99).

292 S. hierzu eingehend unten, Kap. 6, A. II.

schen Punkte zu konzentrieren.[293] Verlangt wird darüber hinaus auch eine übersichtliche äußere Gestaltung,[294] wobei diesbezüglich vermehrt die Einführung von Symbolen, wie bspw. einer „Datenschutzampel“ vorgeschlagen wird.[295] Auch die bestehenden Abwägungsdefizite müssten und könnten zumindest teilweise durch eine bewusste Auswahl und Darstellung der Information abgeschwächt werden: Hierfür seien die relevanten Informationen kurz und prägnant zu erläutern.[296] Zu beachten ist jedoch, dass einer zu unterkomplexen Datenschutzerklärung nicht nur wichtige Informationen fehlen würden, sondern eine solche auch dazu führen kann, dass sie vom Betroffenen als irrelevant abgetan und somit wiederum nicht zur Kenntnis genommen wird.[297] Das richtige Verhältnis zwischen „zu wenig“ und „zu viel“ Information stellt mithin gewiss eine Herausforderung dar.[298]

b. Einwilligungsbewusstsein

Eine autonome Entscheidung setzt des Weiteren voraus, dass dem Betroffenen überhaupt bewusst ist, durch sein Verhalten in eine Datenverarbeitung einzuwilligen. Die „*Selbstverständlichkeit*“[299] dieser Aussage liegt mit Blick auf die allgemeine Zivilrechtslehre dabei keinesfalls auf der Hand. Dort nimmt die herrschende Meinung vielmehr an, der Handelnde trage (im Grundsatz)[300] das Erklärungsrisiko, soweit sein Verhalten oder seine

---

293 *Buchner*, Informationelle Selbstbestimmung im Privatrecht, S. 258 f.; *Hermstrüwer*, Informationelle Selbstgefährdung, S. 311 f.; *Spindler* in: Verhandlungen des 69. Deutschen Juristentages F105. So auch die Forderung der Konferenz der Datenschutzbeauftragten, s.: *DSK*, Ein modernes Datenschutzrecht für das 21. Jahrhundert.

294 *Buchner*, Informationelle Selbstbestimmung im Privatrecht, S. 260; *Hermstrüwer*, Informationelle Selbstgefährdung, S. 311 f.

295 So bspw. *Beisenherz/Tinnefeld*, DuD 2011, 110 (111). Dagegen aber: *Hermstrüwer*, Informationelle Selbstgefährdung, S. 310. S. näher zu einer solchen „Datenschutzampel“ sowie anderen Möglichkeiten der Informationserteilung mittels Visualisierung unten, Kap. 6, B. III. 1.

296 So am Beispiel des Kapitalanlagerechts *Eidenmüller*, JZ 2011, 814 (817 f.).

297 *Hermstrüwer*, Informationelle Selbstgefährdung, S. 312.

298 *Art. 29-Datenschutzgruppe*, WP 260 rev.01 S. 21 f.

299 *Hanloser*, CR 2008, 713 (714).

300 Natürlich nur insoweit, als dies dem Erklärenden „zugerechnet“ werden kann. Entscheidend ist dabei v.a., ob der Erklärende bei pflichtgemäßer Sorgfalt hätte erkennen können, dass sein Verhalten als Willenserklärung aufgefasst werden

Äußerungen von Außenstehenden als Willenserklärungen aufgefasst werden (können).[301] Das Fehlen des Erklärungsbewusstseins schließt somit die Annahme einer rechtlich relevanten Willenserklärung regelmäßig nicht aus. Diese Prämisse gilt grundsätzlich auch im Bereich der datenschutzrechtlichen Einwilligung.

aa. Hervorhebungsgebot

Um eine solche unbewusste Einwilligung in eine Datenverarbeitung zu verhindern, besteht im Datenschutzrecht indes ein sog. Hervorhebungsgebot.[302] Danach sind datenverarbeitende Stellen verpflichtet, das Einwilligungsersuchen besonders hervorzuheben, soweit die Einwilligung zusammen mit anderen Erklärungen[303] erteilt werden soll.[304] Auch das (unter dem BDSG a.F.[305] bestehende) Schriftformerfordernis reduzierte die Möglichkeiten der unbewussten Abgabe einer Einwilligung, insbesondere soweit es konkludente oder stillschweigende Einwilligungen ausschloss.[306] Beiden Bestimmungen kommt somit (auch) eine Warnfunktion zu, indem sie den Betroffenen darauf aufmerksam machen, dass er mit seiner Erklärung in eine Datenverarbeitung einwilligt.[307] Liest aber ein Großteil der Betroffenen die Ausführungen gar nicht, etwa weil sie zu lang oder zu unverständlich sind, so läuft das Hervorhebungsgebot leer.[308]

---

könnte. Vgl. hierzu bspw.: BGH, NJW-RR 2010, 1127 (1129); BGH, NJW 1991, 2084 (2086). S. hierzu auch unten, Kap. 5, B. I. 4. c. bb.

301 Vgl. hierzu: Palandt Einf v § 116 Rn. 17.

302 OLG Celle, VersR 2009, 224 (225); Auernhammer, BDSG 1993, § 4a Rn. 40.

303 Mithin insb. im Falle einer Integrierung der datenschutzrechtlichen Einwilligung in AGB.

304 Vgl. § 4a Abs. 1 S. 4 BDSG a.F.

305 Vgl. § 4a Abs. 1 S. 3 BDSG a.F.; zur Rechtslage unter der DS-GVO s. unten, Kap. 3, B. II. 1. e.

306 *Simitis* in Simitis, BDSG 2014, § 4a Rn. 44 u. 78. Wobei das Schriftformerfordernis gerade für den Online-Bereich nicht galt, vgl. § 13 Abs. 2 TMG bzw. § 94 TKG.

307 *Petri*, RDV 2007, 153 (158); *v. Raay/Meyer-v.-Raay*, VuR 2009, 103 (104).

308 *Rogosch*, Die Einwilligung im Datenschutzrecht, S. 128; *Wiesner*, DuD 2007, 604 (607).

bb. Opt-Out und Erklärungsbewusstsein

Als problematisch wird darüber hinaus die Praxis beurteilt, solche Einwilligungserklärungen in Form eines *Opt-Out* („Auskreuzlösung") zu gestalten. Bei einem solchen *Opt-Out*-Modell muss der Betroffene bspw. ein bereits vorangekreuztes Kästchen aktiv abwählen.[309] Bleibt er untätig, wird aufgrund des vorangekreuzten Kästchens eine Einwilligung angenommen. Der BGH hielt eine solche Ausgestaltung der Einwilligung unter Geltung des BDSG a. F. in ständiger Rechtsprechung für zulässig.[310] Soweit die entsprechende Klausel hinreichend überschaubar gestaltet sei,[311] sei „*auch von einem flüchtigen, aber durchschnittlich verständigen Verbraucher zu erwarten, dass er den Umstand der Einwilligung und die damit einhergehende Abwahlmöglichkeit zur Kenntnis nimmt*".[312]

In der Literatur wurde dagegen teilweise bezweifelt, dass dem Betroffenen die Einwilligungserteilung im Falle eines *Opt-Out* tatsächlich bewusst ist.[313] Die Kritiker dieser *Opt-Out*-Methode verweisen diesbezüglich auf Untersuchungen, welche belegen, dass generell nur wenige der Betroffenen im Rahmen solcher Formulareinwilligungen ein aktives Verhalten an den Tag legen und die vorgegebene Standardeinstellung abändern. In diesen Studien wurde zunächst das *Opt-In*-Modell verwendet. Dabei setzten etwa zwanzig Prozent der Betroffenen ein Kreuz und erklärten sich folglich mit der Datenverarbeitung einverstanden. Aus diesem Verhalten wäre eigentlich zu folgern, dass sich die restlichen achtzig Prozent der Teilnehmer entsprechend ihrer (anscheinend bestehenden Präferenz für Privatheit) auch im Rahmen eines *Opt-Out* gegen eine solche Datenverarbeitung aussprechen und mithin das bereits vorgegebene Kreuz zur datenschutzrechtlichen Einwilligung auskreuzen. Bei Durchführung der Untersuchung zeigte sich jedoch, dass bei der Wahl des *Opt-Out*-Modells erneut

---

309 S. hierzu eingehend: *Ehmann* in: Forgó/Helfrich/Schneider, Betrieblicher DS, S. 905 f., Rn. 4 ff.; *Hanloser*, CR 2008, 713 (714 f.); *Radlanski*, Die Einwilligung in der datenschutzrechtlichen Realität, S. 19 f.

310 BGH, NJW 2010, 864 (866 f.) – *Happy Digits* (zustimmend: *Funke*, Dogmatik und Voraussetzungen der Einwilligung, S. 312 f.; *Grapentin*, MMR 2008, 731 (736); krit.: *Nord/Manzel*, NJW 2010, 3756 (3756 ff.)); BGH NJW 2008, 3055 (3056 f.) – *Payback*, anders aber noch die Erstinstanz, s. LG München I, DuD 2006, 309 (310 f.); zum Verfahrensgang s. *Wiesner*, DuD 2007, 604 (604 ff.).

311 Die Klausel also insbesondere dem Hervorhebungsgebot genügt.

312 BGH NJW 2008, 3055 (3056 f.) – *Payback*, GRUR 2008, 1010 (1012); zustimmend: *Hanloser*, CR 2008, 713 (715).

313 *Hermstrüwer*, Informationelle Selbstgefährdung, S. 370 f.; *Spindler*, GRUR-Beilage 2014, 101 (102 f.); *Wiesner*, DuD 2007, 604 (607).

nur etwa zwanzig Prozent der Betroffenen aktiv wurden und das Kästchen abwählten, also ihre Einwilligung verweigerten.[314]

Aufgrund dieser Untätigkeit der Probanden wurde vielfach gefolgert, der Betroffene überfliege das „Kleingedruckte" nur flüchtig und überlese daher schlichtweg die Einwilligungserklärung.[315] Der „mündige Verbraucher" des BGH stelle insoweit ein „*Traumbild*" dar.[316] Die *Opt-Out* Variante führe zu einer „*untergeschobene*[n]" und mithin fiktiven Einwilligung.[317] Nur die *Opt-In*-Lösung – also eine Gestaltung von Formularverträgen, bei welchen der Betroffene aktiv werden muss um seine datenschutzrechtliche Einwilligung zu erteilen[318] – stelle sicher, dass der Betroffene sich „*auch tatsächlich aktiv und bewusst zu einer Einwilligung entschlossen hat*".[319] Ebenso würde die Pflicht zu einem *Opt-In*-Modell die Unternehmen davon abhalten, sich die Inaktivität des Betroffenen bewusst zunutze zu machen.[320] Infolgedessen wird vermehrt die Einführung einer *Opt-In*-Pflicht im Bereich der datenschutzrechtlichen Einwilligung gefordert.[321] Hierdurch werde zudem die Freiwilligkeit der Einwilligung erhöht.[322]

---

314 *Buchner*, DuD 2010, 39 (42); *Petri*, RDV 2007, 153 (156); *Rogosch*, Die Einwilligung im Datenschutzrecht, S. 117 f; *Weichert*, VuR 2006, 449 (452).

315 *Petri*, RDV 2007, 153 (156); in diese Richtung auch: *Radlanski*, Die Einwilligung in der datenschutzrechtlichen Realität, S. 20; *Rogosch*, Die Einwilligung im Datenschutzrecht, S. 118 f.

316 *Buchner*, DuD 2010, 39 (42); in diese Richtung ebenfalls: *Wagner*, DuD 2010, 30 (31 f.).

317 *Wagner*, DuD 2010, 30 (32).

318 S. zur Abgrenzung zwischen *Opt-In* und *Opt-Out* durch Abstellen auf das aktive Tätigwerden des Betroffenen: *Buchner*, DuD 2010, 39 (40); *Radlanski*, Die Einwilligung in der datenschutzrechtlichen Realität, S. 19.; *Rogosch*, Die Einwilligung im Datenschutzrecht, S. 115.

319 *Buchner*, Informationelle Selbstbestimmung im Privatrecht, S. 260 (Hervorhebungen im Original); in diese Richtung auch: *Lindner*, Die datenschutzrechtliche Einwilligung, S. 129; *Schmidt N.*, DuD 2009, 107 (109).

320 *Rogosch*, Die Einwilligung im Datenschutzrecht, S. 121; in diese Richtung auch *Petri*, RDV 2007, 153 (156).

321 *Brisch/Laue*, CR 2008, 724 (725); *Buchner*, DuD 2010, 39 (42 f.); *Caspar*, DuD 2013, 767 (769); *Rogosch*, Die Einwilligung im Datenschutzrecht, S. 125; *Schmidt N.*, DuD 2009, 107 (109); *v. Raay/Meyer-v.-Raay*, VuR 2009, 103 (109); *Wagner*, DuD 2010, 30 (32); *Wiesner*, DuD 2007, 604 (607). So auch die Forderung der Konferenz der Datenschutzbeauftragten, s.: *DSK*, Ein modernes Datenschutzrecht für das 21. Jahrhundert.

322 S. hierzu unten, Kap. 2, B. II. 3. a.

3. Voluntative Elemente

Die Freiwilligkeit ist auf der voluntativen Seite der Einwilligung anzusiedeln. Stellt sich die Einwilligung als Ausübung informationeller Selbstbestimmung dar, so muss die Entscheidung des Betroffenen, einer Verarbeitung seiner personenbezogenen Daten zuzustimmen, auf seinem eigenen Willen beruhen. Gerade dies gilt als Kernelement der Einwilligung.[323]

a. Opt-Out und Freiwilligkeit

Im Fall eines *Opt-Out* wird jedoch (neben dem Vorliegen eines tatsächlichen Einwilligungsbewusstseins)[324] auch infrage gestellt, ob der Betroffene tatsächlich eine autonome Entscheidung treffe. So zeige die Untersuchung zum Nutzerverhalten bei Einsatz des *Opt-Out*[325] nicht nur, dass das *Opt-Out*-Modell zu einer Risikoverlagerung zum Nachteil des Betroffenen führe,[326] sondern mache sich auch bewusst zunutze, dass der Erklärende bei solchen – quasi vorgegebenen – Einwilligungserklärungen regelmäßig dazu neige, keine aktive Entscheidung zu treffen.[327] Eine solche Voreinstellung führe vielmehr dazu, dass der Betroffene die – durch das bereits vorangekreuzte Kästchen vorgegebene – Zustimmung zur Datenverarbeitung als Empfehlung bzw. Referenzpunkt empfinde.[328] Der Betroffene, welcher mit einem solchen *Opt-Out*-Modell konfrontiert werde, entwickle daher eine grundsätzliche Hemmnis, die bereits vorgegebene Entscheidung aktiv zu revidieren. Grund hierfür könne eine Verlustaversion sein, d.h. der Betroffene habe die Befürchtung, etwaige Vorteile durch seine aktive Verweigerung zu verlieren.[329] Möglich sei auch, dass der Betroffene – soweit er die Standardeinstellungen als Referenzpunkt begreife und daher davon

---

323 Vgl. oben, Kap. 2, A. I.

324 Vgl. oben, Kap. 2, B. II. 2. c. bb.

325 Vgl. oben, Kap. 2, B. II. 2. c. bb.

326 *Buchner*, Informationelle Selbstbestimmung im Privatrecht, S. 260; *Rogosch*, Die Einwilligung im Datenschutzrecht, S. 119; *Wagner*, DuD 2010, 30 (32); *Wiesner*, DuD 2007, 604 (607).

327 *Hermstrüwer*, Informationelle Selbstgefährdung, S. 370; *Lindner*, Die datenschutzrechtliche Einwilligung, S. 127.

328 *Hermstrüwer*, Informationelle Selbstgefährdung, S. 265 ff. S. hierzu umfassend unten, Kap. 5, B. I. 4. c. bb.

329 *Hermstrüwer*, Informationelle Selbstgefährdung, S. 266; *Krönke*, Der Staat 2016, 319 (320 f.).

ausgehe, die überwältigende Mehrheit habe ebenfalls ihre Einwilligung erteilt – die Einstellung aus gefühltem sozialen Druck nicht abändere.[330]

Das Ergebnis der Studie zum Nutzerverhalten im Falle eines *Opt-Out* resultiere mithin zum Großteil (auch) daraus, dass der Mensch sich insbesondere bei Standardeinstellungen rein passiv verhalte.[331] Er treffe somit keine wirkliche Entscheidung, vielmehr werde seine Trägheit als Einwilligung gewertet.[332] Einer solchen „untergeschobene" Einwilligung durch die Nutzung der *Opt-Out*-Funktion ermangele es, so die Kritiker, daher auch an einer wirklich freiwilligen Entscheidung des Einwilligenden.[333]

b. Faktischer Zwang

Einer unfreiwilligen Einwilligung fehlt es an der legitimierenden Wirkung einer hierauf gestützten Datenverarbeitung. Dieser an sich klare Grundsatz gerät jedoch bei näherer Betrachtung ins Wanken, da die Statuierung dieses Freiwilligkeitsprinzips allein noch nicht beantwortet, wo genau die Grenze liegt zwischen einer (noch) freiwilligen und einer (schon) unfreiwilligen Entscheidung. Offensichtlich liegt dann keine freiwillige Einwilligung vor, wenn der Betroffene durch *vis absoluta* bzw. *vis compulsiva* zur Abgabe gezwungen wird. Einer solchen durch Gewalt abgenötigten Einwilligung fehlt es an der erforderlichen freiwilligen und autonomen Entscheidung als Ausdruck eigener Selbstbestimmung.[334] Die tatsächlichen und in der Praxis relevanten Konstellationen, in denen die Freiwilligkeit der abgegebenen Einwilligung in Frage gestellt wird, spielen sich indes zu-

---

330 *Radlanski*, Die Einwilligung in der datenschutzrechtlichen Realität, S. 15.

331 *Buchner*, DuD 2010, 39 (42); *Spindler*, DB 2016, 937, F108.

332 *Hermstrüwer*, Informationelle Selbstgefährdung, S. 371; *Rogosch*, Die Einwilligung im Datenschutzrecht, S. 119.

333 So bspw. *Buchner*, Informationelle Selbstbestimmung im Privatrecht, S. 260 f.; *Petri*, RDV 2007, 153 (156); *Spindler*, DB 2016, 937, F108. In diese Richtung auch: *Lindner*, Die datenschutzrechtliche Einwilligung, S. 127 f.; *Hermstrüwer*, Informationelle Selbstgefährdung, S. 370 ff. Anders aber BGH, (vgl. BGH, NJW 2010, 864 (866) – *Happy Digits*), zum *Opt-Out* feststellend es sei *„nicht erkennbar, dass dies eine ins Gewicht fallende Hemmschwelle darstellt, die den Verbraucher davon abhalten könnte, von seiner Entscheidungsmöglichkeit Gebrauch zu machen"*; insoweit zustimmend: *Grapentin*, MMR 2008, 731 (736); *Hanloser*, CR 2008, 713 (715).

334 *Lindner*, Die datenschutzrechtliche Einwilligung, S. 152; *Radlanski*, Die Einwilligung in der datenschutzrechtlichen Realität, S. 13; *Ingold* in: Sydow, DS-GVO, Art. 7 Rn. 27.

meist in Grauzonen ab, in denen nicht klar auf der Hand liegt, ob die Entscheidung des Betroffenen, in eine Datenverarbeitung einzuwilligen, als autonomer Entschluss gewertet werden kann.[335]

aa. Machtasymmetrie

So wird kritisiert, der Einwilligung läge dann keine tatsächlich freie Entscheidung des Erklärenden zugrunde, soweit zwischen ihm und dem potentiellen Datenverarbeiter ein nicht unerhebliches Machtungleichgewicht bestehe.[336] Im privatrechtlichen Bereich wird diesbezüglich insbesondere auf datenschutzrechtliche Einwilligungen im Arbeitsverhältnis,[337] im Wohnraummietverhältnis[338] sowie im Bereich des Kredit- Versicherungs- und Bankengeschäft[339] verwiesen. Soweit es zwischen den Parteien aufgrund eines disparaten Machtverhältnisses zu einer gestörten Vertragsparität komme, sei der strukturell Unterlegene nicht mehr in der Lage, tatsächlich selbstbestimmt über die Verwendung und Preisgabe seiner Daten zu entscheiden.[340] Dann aber stelle die Einwilligung eine reine Fiktion dar.[341] Zur Lösung dieses Defizits wird zum Teil vorgeschlagen, in diesen von einem strukturellen Machtungleichgewicht geprägten Fällen nur solche Einwilligungen zuzulassen, welche für den Betroffenen objektiv vorteilhaft sind.[342] Zum Teil wird sogar darüber nachgedacht, die datenschutzrechtliche Einwilligung in diesen Situationen gänzlich abzuschaffen.[343]

---

335 *Funke*, Dogmatik und Voraussetzungen der Einwilligung, S. 239; *Ingold* in: Sydow, DS-GVO, 7 Rn. 27.

336 Gola/Schomerus, BDSG 2015, § 4a Rn. 19; *Roßnagel/Pfitzmann/Garstka*, Modernisierungsgutachten DSR, S. 91.

337 *Funke*, Dogmatik und Voraussetzungen der Einwilligung, S. 249 f.; *Radlanski*, Die Einwilligung in der datenschutzrechtlichen Realität, S. 22 f; *Simitis* in: Simitis, BDSG 2014, § 4a Rn. 62. Dies ebenfalls andeutend *Art. 29-Datenschutzgruppe*, WP 48, S. 27 f.

338 *Radlanski*, Die Einwilligung in der datenschutzrechtlichen Realität, S. 14.

339 *Petri*, RDV 2007, 153 (155); Simitis, BDSG 2014, § 4a Rn. 3.

340 *Hermstrüwer*, Informationelle Selbstgefährdung, S. 61.

341 Simitis, BDSG 2014, § 4a Rn. 3.

342 *Radlanski*, Die Einwilligung in der datenschutzrechtlichen Realität, S. 215 ff., s. zu diesem Vorschlag ausf. unten, Kap. 6, B. I. 2.

343 So aufwerfend, i. Erg. aber ablehnend *Radlanski*, Die Einwilligung in der datenschutzrechtlichen Realität, S. 219 ff.; *Rogosch*, Die Einwilligung im Datenschutzrecht, S. 90 ff. S. zu einem solchen Ausschluss näher unten, Kap. 6, B. I. 1.

bb. Koppelung von Leistungserbringung und Einwilligung

Ebenso kritisch wird die häufige Praxis gesehen, die Erbringung einer Dienstleistung oder den Verkauf eines Produkts von der Einwilligung in eine Datenverarbeitung abhängig zu machen.[344] Sei der Betroffene auf die jeweilige Leistung angewiesen, so bestehe für ihn *de facto* keine andere Wahl, als seine datenschutzrechtliche Einwilligung zu erteilen.[345] Von einer tatsächlichen Freiwilligkeit könne angesichts dieser „*take it or leave it*"-Situation keine Rede sein.[346]Es mehrten sich daher die Stimmen, die die Einführung eines allgemeinen Koppelungsverbots forderten.[347] Nach einem solchen allgemeinen Koppelungsverbot soll es unzulässig sein, die Erbringung einer Dienstleistung bzw. den Verkauf eines Produkts von einer Einwilligung in solche Datenverarbeitungen abhängig zu machen, welche für die tatsächliche Vertragserfüllung bzw. -durchführung nicht erforderlich sind. Insbesondere wenn der Betroffene auf die entsprechende Leistung angewiesen sei, könne nur so die Autonomie des Einzelnen tatsächlich abgesichert und vermieden werden, dass dieser in eine ihm eigentlich unerwünschte Datenverarbeitung aus dem Gefühl heraus einwilligt, eigentlich keine andere Wahl zu haben.[348]

Während manche ein solches Koppelungsverbot für jeden Bereich möglicher Datenverarbeitungen schaffen woll(t)en,[349] wurde von anderen vorgeschlagen, dieses zumindest für solche Produkt- und Dienstleistungsangebote vorzusehen, welche für den Betroffenen schlichtweg unabdingbar sind – also bspw. im Bereich der Daseinsvorsorge.[350] Andere woll(t)en darauf abstellen, inwieweit es dem Betroffenen möglich sei, alternative, gleichartige Leistungen von anderen Anbietern in Anspruch zu nehmen.[351] Argumentiert wird in beiden Fällen mit dem Gedanken, dass nur

344 *Bolsinger*, DuD 2016, 382 (385); *Breinlinger/Scheuing*, RDV 2012, 64 (65); *Buchner*, Informationelle Selbstbestimmung im Privatrecht, S. 107 f.; Gola/Schomerus, BDSG 2015, § 4a Rn. 20; *Ohrtmann/Schwiering*, NJW 2014, 2984 (2988).

345 *Margraf*, DuD 2017, 21 (22).

346 *Kutscha*, DuD 2011, 461 (463); *Rogosch*, Die Einwilligung im Datenschutzrecht, S. 81.

347 *Buchner*, Informationelle Selbstbestimmung im Privatrecht, S. 226 f.; *Lindner*, Die datenschutzrechtliche Einwilligung, S. 155 f. In der Tendenz auch *Spindler*, GRUR-Beilage 2014, 101 (102).

348 *Roßnagel*, DuD 2016, 561 (563).

349 So wohl bspw. *Bolsinger*, DuD 2016, 382 (385).

350 *Buchner*, DuD 2010, 39 (41); *Iraschko-Luscher*, DuD 2006, 706 (708); *Roßnagel/Pfitzmann/Garstka*, Modernisierungsgutachten DSR, S. 92 f.

351 *Menzel*, DuD 2008, 400 (407).

in solchen Konstellationen, in denen der Betroffene keine Ausweichmöglichkeit habe, ein faktischer Zwang für den Betroffenen bestände, eine datenschutzrechtliche Einwilligung zu erteilen. Wäre er dagegen auf die entsprechende Leistung nicht angewiesen, sei durch die Koppelung von Leistung und Datenverarbeitung zwar ein Anreiz zur Abgabe der Einwilligung gesetzt, ein quasi unentrinnbarer Motivationsdruck, der juristisch zu berücksichtigen wäre, läge jedoch nicht vor.

cc. Setzung von übermäßigen Anreizen

Grundsätzlich durch die Rechtsprechung anerkannt ist, dass (auch) das Setzen übermäßiger Anreize zu einem derart starken Einwilligungsdruck führen kann, dass eine echte Freiwilligkeit des Betroffenen nicht mehr gegeben ist.[352] In der Literatur wird dementsprechend zum Teil vorgebracht, auch in diesen Fällen liege *de facto* eine Zwangslage vor.[353] Zumindest könne von einer selbstbestimmten Entscheidung des Betroffenen dann nicht ausgegangen werden, wenn der gesetzte Anreiz ein solches Maß erreiche, dass zwischen dem versprochenen Vorteil und den potentiellen Nutzungsmöglichkeiten der Daten ein krasses Missverhältnis bestehe.[354]

dd. Folgerungen

In all diesen Fällen wird somit kritisiert, die Einwilligung stelle aufgrund einer bestehenden faktischen Zwangslage keine freiwillige und autonome Entscheidung des Betroffenen dar. Die Freiwilligkeit, welche eigentlich ein konstituierendes Kernelement der Einwilligung ist, existiere zumeist *„nur auf dem Papier“*[355]. Dem Gesetzgeber wird dabei vorgeworfen bewusst an einer reinen *„Fiktion“* festzuhalten.[356] Eine freiwillige Entscheidung des Einzelnen bezüglich der Preisgabe „seiner“ personenbezogenen Daten sei angesichts der tatsächlichen Realität nicht möglich.

---

352 Vgl. BGH NJW 2008, 3055 (3056) – *Payback*; LG Stuttgart DuD 1999, 294 (295).

353 *Breinlinger*, RDV 1997, 247 (248); *Ernst*, ZD 2017, 110 (112); *Roßnagel/Pfitzmann/Garstka*, Modernisierungsgutachten DSR, S. 92; *Scheurer*, Spielerisch selbstbestimmt, S. 317; *Taeger*, K&R 2003, 220 (225).

354 *Iraschko-Luscher*, DuD 2006, 706 (708).

355 *Bull*, Informationelle Selbstbestimmung - Vision oder Illusion?, S. 45 f.

356 *Simitis* in: Simitis, BDSG 2014, § 4a Rn. 3.

4. Zwischenergebnis

Die datenschutzrechtliche Einwilligung legt ihren Fokus insbesondere auf eine informierte und freiwillige Entscheidung des Einzelnen. Trotz dieser gesetzlich normierten Absicherung wurde der Einwilligung jedoch seit jeher vorgeworfen, sie sei eine reine Fiktion. Ursache hierfür sei zum einen eine unzureichende Möglichkeit für den Betroffenen, eine hinreichend belastbare Risikoprognose vorzunehmen. Durch überlange, komplizierte und zum Teil versteckte Informationen hinsichtlich der geplanten Datenerhebung und -Verwendung lasse sich die betroffene Person zumeist sogar weitestgehend unbewusst auf eine Datenverarbeitung ein.

Zum anderen habe der Einzelne oft keine wirkliche Wahl, ob und inwieweit er einer solchen Datenverarbeitung zustimme. Durch objektiv bestehenden oder subjektiv wahrgenommenen Druck resultiere für die betroffene Person häufig eine Situation faktischen Zwangs, in der sich der Betroffene auch mit ihm eigentlich unerwünschten Datenverarbeitungen einverstanden erkläre. Die bestehenden datenschutzrechtlichen Regelungen seien insgesamt nicht in der Lage, die autonome Entscheidung des Einzelnen abzusichern.

C. Ergebnis

Die Einwilligung gilt sowohl im Bereich des Datenschutzrechts als auch im Privatrecht allgemein als Ausdruck selbstbestimmten Handelns. Sie ist als einseitige, rechtsgeschäftliche Erklärung zu qualifizieren, mit welcher der Einwilligende einem anderen die Erlaubnis erteilt, in ein ihm zugeordnetes Rechtsgut einzugreifen. Die Einwilligung räumt dem Begünstigten insoweit eine „Dürfensposition“ ein. Die vorliegend herausgearbeiteten Unsicherheiten hinsichtlich der dogmatischen Einordnung der Einwilligung lassen sich dabei auch und gerade aus dem fehlenden Konsens über Möglichkeit und Reichweite von Dispositionen über Persönlichkeitsrechte zurückführen.

Im Bereich des Daten(schutz)rechts rückt der potentielle Wert personenbezogener Daten vermehrt in den Fokus wirtschaftlicher Akteure.[357] Somit aktualisiert sich in diesem Kontext ebenfalls die Frage, in welcher Form und zu welchem Zweck der Einzelne die ihn betreffenden personenbezogenen Daten kommerzialisieren können sollte. Die datenschutzrechtliche

357 S. hierzu *Unseld*, Die Kommerzialisierung personenbezogener Daten, S. 3 f.

Einwilligung ist daher im grundsätzlichen Spannungsfeld zwischen Verwirklichung informationeller Selbstbestimmung und ökonomischer Verwertung personenbezogener Daten anzusiedeln. Zusätzlich wird insbesondere von Datenschützern kritisiert, eine tatsächlich selbstbestimmte Entscheidung sei dem Einzelnen angesichts der heutigen datenschutzrechtlichen Realität zumeist nicht möglich. Es fehle insofern sowohl an einer informierten wie auch einer freiwilligen Entscheidung des Betroffenen und infolgedessen an den beiden konstituierenden Wesenselementen der datenschutzrechtlichen Einwilligung.

Kapitel 3: Die Einwilligungsnormen der DS-GVO

Im Rahmen der europäischen Datenschutzreform wurden die Voraussetzungen einer wirksamen Einwilligung (auch) aufgrund der bestehenden Kritik[358] im Zuge des Erlasses der Datenschutz-Grundverordnung (DS-GVO) erneut spezifiziert. Nachfolgend wird zu prüfen sein, ob und inwieweit die datenschutzrechtliche Einwilligung tatsächlich die selbstbestimmte Entscheidung des Betroffenen in rechtlich relevanter Weise tangiert und ob die Neuregelung der Einwilligung in der DS-GVO in der Lage ist, etwaige Schutzlücken zu überwinden. Im vorliegenden Kapitel werden daher – nach einer kurzen Übersicht über die DS-GVO im Allgemeinen – die in der Verordnung normierten Anforderungen an eine wirksame Einwilligung in Blick genommen. Neben einer Darstellung der grundsätzlichen Voraussetzungen sollen dabei auch und gerade diejenigen Wirksamkeitskriterien herausgearbeitet werden, welche (noch) besondere Unklarheiten bei der zukünftigen Anwendung der Regelung aufweisen und zugleich – aufgrund ihrer Verortung im kognitiven bzw. voluntativen Kernbereich – die datenschutzrechtliche Einwilligung als Ausdruck informationeller Selbstbestimmung besonders prägen.

A. Die Datenschutz-Grundverordnung

Die bisher geltende EU-Datenschutzrichtlinie wurde aufgrund des technologischen Wandels und zahlreicher, durch diesen Wandel entstandener technologischer Entwicklungen zunehmend als veraltet angesehen,[359] eine Modernisierung des Datenschutzrechts vermehrt für notwendig erachtet.[360] Die Europäische Kommission kündigte daraufhin die Ausarbeitung eines neuen Datenschutzkonzepts an.[361] Nach zum Teil zähen und kontroversen Diskussionen innerhalb des Gesetzgebungsprozesses, welche unter anderem auch auf das enorme Interesse seitens der Wirtschaft, der Zivilge-

---

358 Vgl. oben Kap. 2, B. II.

359 So bspw. *Schneider/Forgó/Helfrich* in: Forgó/Helfrich/Schneider, Betrieblicher DS, S. 35 Rn. 122 ff; *Schwartmann*, RDV 2012, 55 (55).

360 *Bull*, NVwZ 2011, 257 (258); *Schneider/Härting*, ZD 2011, 63 (64).

361 *Europäische Kommission*, KOM(2010) 609 endg.

sellschaft aber auch Regierungen von Drittstaaten (insb. den USA)[362] zurückzuführen waren,[363] wurde die DS-GVO schließlich am 04.05.2016 als Verordnung (EU) 2016/679 (Datenschutz-Grundverordnung) im Amtsblatt veröffentlicht.[364] Zwanzig Tage später und vier Jahre nach Beginn des Gesetzgebungsverfahrens, am 24.05.2016, trat die DS-GVO in Kraft. Seit dem 25.05.2018, dem Beginn ihrer Geltung,[365] sind somit alle Verarbeitungen personenbezogener Daten an ihren Bestimmungen auszurichten.

I. Ziele

Die DS-GVO soll dem politischen Willen nach dazu beitragen, Europa für das digitale Zeitalter zu rüsten und den digitalen Binnenmarkt in der EU zu stärken.[366] Als Hauptziele definierte die Kommission dementsprechend den verstärkten Schutz der Rechte des Einzelnen, die Stärkung des internationalen Markts und die Unterstützung des Wirtschaftswachstums.[367] Gegenstand und Ziel der DS-GVO ist gem. Art. 1 DS-GVO zum einen der Schutz personenbezogener Daten, zum anderen der freie Datenverkehr innerhalb der europäischen Union, wobei diese beiden Komponenten schon begriffsnotwendig in einem gewissen Spannungsverhältnis zueinander stehen.[368]

Durch die Wahl einer Verordnung als Rechtsform soll die DS-GVO in besonderer Weise die europaweite Harmonisierung der datenschutzrechtlichen Vorschriften absichern,[369] sowie zugleich die Wirtschaft fördern, da sich unionsweit agierende Unternehmen nicht mehr an 28 verschiedenen Rechtsordnungen orientieren müssen (sog. „*level-playing-field*“).[370] Aufgrund der zahlreich enthaltenen Öffnungsklauseln verbleibt den nationalen Gesetzgebern jedoch vielerorts ein (zumeist fakultativer und bzw. oder

---

362 Vgl. hierzu: *Reding*, ZD 2012, 195 (196).

363 *Albrecht*, CR 2016, 88 (89); *Schrems* in: Knyrim, DS-GVO, S. 33; siehe hierzu auch die mediale Berichterstattung, bspw. *Die Zeit 08/2013*, Lobby Plag.

364 ABl. 2016 L 119, 1 ff.

365 Vgl. Art. 99 Abs. 2 DS-GVO.

366 *Europäische Kommission*, Pressemittleiung v. 15.06.2015.

367 *Reding*, ZD 2012, 195 (195 f.). Vgl. hierzu auch *Europäische Kommission*, KOM(2012) 9 endg.

368 *Bull*, NVwZ 2011, 257 (258).

369 *Reding*, ZD 2012, 195 (196).

370 *Europäische Kommission*, What benefits for businesses in Europe?.

konkretisierender)[371] Handlungsspielraum, weshalb die DS-GVO zum Teil auch als *„Richtlinie im Verordnungsgewand“*[372] betitelt und zumindest die Verwirklichung einer „echten“ Vollharmonisierungswirkung bezweifelt wird.[373]

II. Wesentliche Neuregelungen

Insgesamt lässt die DS-GVO eine starke Anlehnung an die bisher geltende DS-RL erkennen. So bleibt es – trotz zum Teil vehementer Kritik[374] – auch zukünftig bei dem Grundsatz des „Verbots mit Erlaubnisvorbehalt“[375] womit einer grundlegenden Neuordnung bzw. einer Liberalisierung des Datenschutzrechts auf Basis eines risikobasierten Ansatzes[376] (zumindest teilweise)[377] eine Absage erteilt wurde.[378] Eine Verarbeitung von personenbezogenen Daten ist somit auch weiterhin nur auf Grundlage einer entsprechenden Erlaubnisnorm zulässig. Eine Ausnahme hiervon gilt lediglich für den rein familiären bzw. privaten Bereich.[379] Auch die in Art. 5 DS-GVO statuierten Grundsätze für die Verarbeitung personenbezogener Daten finden weitgehend Entsprechungen in der DS-RL.[380] Die Reform des europäischen Datenschutzrechts beschränkt sich im Ergebnis (neben der Wahl der direkt anwendbaren Verordnung als Rechtsform) grundsätzlich auf die Veränderung einzelner bestehender Regelungen bzw. die Neuschaffung einiger Bestimmungen.

---

371 *Gola* in: Gola, DS-GVO, Einl. Rn. 46.

372 *Kühling/Martini*, EuZW 2016, 448 (488).

373 *Paal/Pauly* in: Paal/Pauly, DS-GVO, Einl. Rn. 2; *Wolff/Brink* in: BeckOK DSR, Einl. DS-GVO, Rn. 20; *Buchner*, DuD 2016, 155 (159 f).

374 Statt vieler: *Schneider/Härting*, CR 2014, 306 (306); *Bull*, NVwZ 2011, 257 (259); *Böhning*, ZD 2013, 421 (422); *Grimm*, JZ 2013, 585 (586).

375 Krit. zu diesem Begriff *Scholz/Sokol* in Simitis, BDSG 2014, § 4 Rn. 3.

376 Zu diesem Begriff *Buchner*, DuD 2016, 155 (157 f.).

377 Zum Teil lassen sich Ansätze eines solchen risikobasierten Ansatzes in der DS-GVO ausmachen, bspw. im Rahmen der Datenschutz-Folgeabschätzung. Näheres hierzu bei *Veil*, ZD 2015, 347 (347 ff.).

378 Vgl. Art. 5 Abs. 1 lit. a, Art. 6 Abs. 1 DS-GVO.

379 Vgl. Art. 2 Abs. 2 lit. c DS-GVO.

380 Vgl. Ehmann/Helfrich, EG-DS-RL, Art. 6 Rn. 1 ff.

1. Marktortprinzip

Während die Regelung zum sachlichen Anwendungsbereich keine Neuerungen aufweist, sodass es weiterhin entscheidend darauf ankommt, ob ein Datum einen Personenbezug aufweist oder nicht,[381] ist als Abkehr von der bisherigen Rechtslage unter der DS-RL (bzw. dem richtlinienumsetzenden BDSG a.F.) zunächst das in Art. 3 DS-GVO festgelegte Marktortprinzip hinsichtlich des räumlichen Anwendungsbereichs der DS-GVO hervorzuheben.[382] Zwar genügte es nach der Rspr. des EuGH auch unter der DS-RL für deren Anwendbarkeit, dass die verantwortliche Stelle eine Niederlassung in einem Mitgliedstaat unterhält, die bspw. Werbung für die Anzeige auf der für den entsprechenden Mitgliedsstaat bestimmten Internetseite akquiriert, obwohl die eigentliche Datenverarbeitung außerhalb des Unionsgebiets stattfindet.[383] Durch die Abkehr vom noch in der DS-RL geltenden Sitzlandprinzip[384] hin zum Marktortprinzip kommt es zukünftig aber nicht mehr notwendigerweise darauf an, ob überhaupt eine Niederlassung innerhalb der EU besteht. Ausreichend ist es darüber hinaus vielmehr auch, wenn lediglich Waren oder Dienstleistungen innerhalb des Unionsraums angeboten werden.[385] Ebenso ist der Anwendungsbereich eröffnet, soweit die Datenverarbeitung der Beobachtung des Verhaltens von Personen innerhalb der EU,[386] bspw. des Surfverhaltens im Internet,[387] dient.[388]

Hierdurch soll der effektive Grundrechtsschutz der Unionsbürger auch gegenüber datenverarbeitender Stellen außerhalb der EU abgesichert werden.[389] Zugleich besteht jedenfalls die Chance der Implementierung eines globalen Standards: Da es für Unternehmen einen nicht zu unterschätzenden (Mehr-)Aufwand bedeutet, ihre Geschäftsmodelle an unterschiedliche Datenschutzbestimmungen anzupassen, könnten die europäische Regelun-

---

381 *Kühling/Raab* in: Kühling/Buchner, DS-GVO, Art. 2 Rn. 14; krit. hierzu: *Schneider/Härting*, ZD 2012, 199 (200).

382 Für eine ausf. Darstellung bspw. *Klar*, DuD 2017, 533.

383 EuGH Rs. C-131/12, ECLI:EU:C:2014:317 – *Google Spain*.

384 Vgl. Art. 4 DS-RL.

385 Art. 3 Abs. 2 lit. a DS-GVO.

386 Vgl. Art. 3 Abs. 2 lit. b DS-GVO.

387 ErwGr 24 S. 2 DS-GVO.

388 S. für Einzelheiten bspw. *Hornung* in: Simitis/Hornung/Spiecker gen. Döhmann, DSGVO, Art. 3 Rn. 39 ff.

389 *Albrecht*, CR 2016, 88 (90); *Dammann*, ZD 2016, 307 (309); *Klar*, DuD 2017, 533 (535); *Piltz* in: Gola, DS-GVO, Art. 3 Rn. 25.

gen faktisch auch auf andere Rechtsräume übertragen und der europäische Datenschutzstandard infolgedessen „exportiert“[390] werden.[391] Es bleibt jedoch abzuwarten, inwieweit der grenzüberschreitende Geltungsanspruch der DS-GVO von datenverarbeitenden Stellen außerhalb der EU überhaupt beachtet wird.[392]

2. Betroffenenrechte

Hinsichtlich der Rechte der Betroffenen sind, neben der teilweisen Neugestaltung der Einwilligungsregelungen sowie des „Rechts auf Vergessenwerden“[393], gegenüber der bisher geltenden Rechtslage insbesondere die prozeduralen Neuregelungen[394] sowie das Recht auf Datenübertragbarkeit gem. Art. 20 DS-GVO (sog. „Daten-Portabilität“)[395] zu nennen. Insbesondere durch letzteres soll die Kontrolle des Betroffenen über seine eigenen Daten gestärkt werden.[396] Darüber hinaus erleichtert das Recht auf Datenportabilität die Möglichkeit eines Anbieterwechsels unter Mitnahme der bereits vom Nutzer bereitgestellten Daten – bspw. in ein anderes soziales Netzwerk.[397] Insofern handelt es sich bei Art. 20 DS-GVO (zumindest auch) um eine wettbewerbsrechtliche Vorschrift,[398] weil sie dem Kunden den Wechsel zu einem neuen Anbieter erheblich erleichtert und hierdurch dazu beiträgt, Lock-in-Effekte zu vermeiden.[399]

---

390 *Reding*, ZD 2012, 195 (196).

391 *Albrecht*, CR 2016, 88 (98); *Schantz*, NJW 2016, 1841 (1842).

392 *Klar* in: Kühling/Buchner, DS-GVO, Art. 3 Rn. 26 ff.; *Piltz* in: Gola, DS-GVO, Art. 3 Rn. 27; zweifelnd: *Leucker*, PinG 2015, 195 (197).

393 S. zum Recht auf Vergessen näher *Herbst* in: Kühling/Buchner, DS-GVO, Art. 17 Rn. 8 ff.; *Paal* in: Paal/Pauly, DS-GVO, Art. 17 Rn. 1 ff.

394 Hierzu zählt insb. die Pflicht der Mitgliedsstaaten zur wirksamer Rechtschutzmöglichkeiten des Einzelnen gegen Verantwortliche und Aufsichtsbehörden in den Art. 77 ff. DS-GVO (für einen Überblick s. *Bergt* in: Kühling/Buchner, DS-GVO, Vor. Art. 77 bis 84 Rn. 2; für Einzelheiten daneben *Boehm* in: Simitis/Hornung/Spiecker gen. Döhmann, DSGVO, Art. 77 ff.; krit. *Schwartmann*, RDV 2012, 55 (56 ff.)) sowie das Recht des Betroffenen nach Art. 80 Abs. 1 DS-GVO, , eine gemeinnützige, im Bereich des Datenschutz tätige Organisation mit einer Klage zu beauftragen (zu Einzelheiten – neben den bereits genannten – *Moos/Schefzig* in: Taeger/Gabel, DSGVO, Art. 80 Rn. 1 ff.).

395 *Paal* in: Paal/Pauly, DS-GVO, Art. 20 Rn. 4.

396 Vgl. ErwGr 68.

397 *Hornung*, ZD 2012, 99 (103).

398 *Dammann*, ZD 2016, 307 (309).

399 *Roßnagel/Richter/Nebel*, ZD 2013, 103 (107).

3. Pflichten des Verantwortlichen

Hinsichtlich der Datenverarbeiter statuiert die DS-GVO zum Teil eine verstärkte Verantwortlichkeit[400] gegenüber der DS-RL. Zum Teil entsprechen die aufgestellten Verpflichtungen im Grundsatz der unter dem BDSG a.F. geltenden Rechtslage.[401]

Als Erleichterung für Unternehmen[402] (und im Interesse der Rechtseinheitlichkeit) gilt unter der DS-GVO nun der sog. „*one stop shop*"[403]. Nach diesem gibt es für jeden zu regelnden Fall künftig eine federführend zuständige Aufsichtsbehörde, die als Ansprechpartner für das jeweilige Unternehmen dient, sodass sich Unternehmen für einen einzelnen Fall nicht wie bisher mit mehreren Aufsichtsbehörden auseinandersetzen müssen. Für die Praxis von besonderer Bedeutung sind schließlich auch die deutlich erhöhten Bußgeldbeträge.[404] Bei Nichteinhaltung der Bestimmungen bzgl. des Datenmanagements drohen Geldbußen bis zu 20 Mio. Euro bzw. 2% des weltweiten Jahresumsatzes; bei der Verletzung von Betroffenenrechten sogar jeweils das Doppelte.[405]

B. Das Einwilligungskonzept der DS-GVO

Die Einwilligung wurde als Legitimationsgrundlage für eine Datenverarbeitung innerhalb der DS-GVO beibehalten und steht – zumindest formal[406] – nach wie vor[407] an der Spitze der möglichen Rechtfertigungsgrundlagen für eine Datenverarbeitung.[408] Ihre einzelnen Voraussetzungen wurden dabei zum Teil wortgleich aus der DS-RL übernommen, zum Teil abgeändert bzw. präzisiert.

---

400 *Dammann*, ZD 2016, 307 (308).

401 *Gierschmann*, ZD 2016, 51 (52).

402 *Reding*, ZD 2012, 195 (197).

403 Das Prinzip des „*one stop shop*“ wurde auf Druck des Parlaments jedoch nicht in dem Umfang erlassen, wie zunächst im Vorschlag der Kommission vorgesehen; ausf. *Nguyen* in: Gola, DS-GVO, Art. 56 Rn. 1 f.

404 Für nähere Ausführungen *Bergt* in: Kühling/Buchner, DS-GVO, Art. 83 Rn. 1 ff.; *Faust/Spittka/Wybitul*, ZD 2016, 120.

405 Vgl. Art. 83 Abs. 4 u. 5 DS-GVO.

406 Vgl. Hierzu *Heckmann/Paschke* in: Ehmann/Selmayr, DS-GVO, Art. 7 Rn. 19.

407 So bereits unter der DS-RL, vgl. Art. 7 lit. a DS-RL.

408 Vgl. Art. 6 Abs. 1 lit. a DS-GVO.

I. Gesetzliche Vorgaben

In Art. 4 DS-GVO, welcher sich mit den allgemeinen Begriffsbestimmungen befasst, ist in Nr. 11 festgehalten, die Einwilligung sei *„jede freiwillig für den bestimmten Fall, in informierter Weise und unmissverständlich abgegebene Willensbekundung in Form einer Erklärung oder einer sonstigen, eindeutig bestätigenden Handlung, mit der die betroffene Person zu verstehen gibt, dass sie mit der Verarbeitung der sie betreffenden personenbezogenen Daten einverstanden ist"*.[409]

Art. 6 Abs. 1 lit. a DS-GVO konkretisiert diese Vorgabe insofern, als die Einwilligung nur insoweit als Rechtsgrundlage für eine Datenverarbeitung gelten soll, soweit diese für *„einen oder mehrere bestimmte Zwecke gegeben"* wurde.

Schließlich werden die Voraussetzungen einer wirksamen Einwilligung in Art. 7 DS-GVO – der Zentralnorm hinsichtlich der Einwilligung – weitergehend konkretisiert. Danach muss der *„Verantwortliche nachweisen können, dass die betroffene Person in die Verarbeitung ihrer personenbezogenen Daten eingewilligt hat"* (Art. 7 Abs. 1 DS-GVO). Ebenso muss, soweit die Einwilligung durch eine schriftliche Erklärung erfolgt, *„die noch andere Sachverhalte betrifft"*, *„das Ersuchen um die Einwilligung in verständlicher und leicht zugänglicher Form in einer klaren und einfachen Sprache so erfolgen, dass es von den anderen Sachverhalten klar zu unterscheiden ist"* (Art. 7 Abs. 2 DS-GVO). Präzisiert wird diese Vorgabe nochmals durch ErwGr 32 DS-GVO, welcher insbesondere für den digitalen Bereich ein Einwilligungsersuchen *„in klarer und knapper Form und ohne unnötige Unterbrechung des Dienstes, für den die Einwilligung gegeben wird"* vorsieht. Daneben fordert Art. 7 Abs. 4 DS-GVO, dass bei der Beurteilung, ob die Einwilligung freiwillig erteilt wurde, *„dem Umstand in größtmöglichem Umfang Rechnung getragen werden* [muss], *ob unter anderem die Erfüllung eines Vertrags, einschließlich der Erbringung einer Dienstleistung, von der Einwilligung zu einer Verarbeitung von personenbezogenen Daten abhängig ist, die für die Erfüllung des Vertrags nicht erforderlich sind"* und statuiert insofern erstmals ein „allgmeines Koppelungsverbot"[410] im Datenschutzrecht.

---

409 Ebenso auch der Wortlaut des ErwGr 32 S. 2 DS-GVO, für den Onlinebereich insb. das "*Anklicken eines Kästchens beim Besuch einer Internetseite*" sowie "*die Auswahl technischer Einstellungen für Dienste der Informationsgesellschaft*" als zulässige Erklärungsformen der Einwilligung benennend. "*Stillschweigen, bereits vorangekreuzte Kästchen oder Untätigkeit der betroffenen Person*" sollen nach ErwGr 32 S. 3 DS-GVO dagegen keine Einwilligung darstellen.

410 *Schulz* in: Gola, DS-GVO, Art. 7 Rn. 24.

ErwGr 42 DS-GVO bestimmt darüber hinaus, dass nur dann davon ausgegangen werden sollte, dass die Einwilligung durch die betroffene Person freiwillig erfolgte, soweit diese *„eine echte oder freie Wahl hat und somit in der Lage ist, die Einwilligung zu verweigern oder zurückzuziehen, ohne Nachteile zu erleiden"*. Weitergehend soll die Einwilligung nach ErwGr 43 DS-GVO *„in besonderen Fällen, wenn zwischen der betroffenen Person und dem Verantwortlichen ein klares Ungleichgewicht besteht, insbesondere wenn es sich bei dem Verantwortlichen um eine Behörde handelt, und es deshalb in Anbetracht aller Umstände in dem speziellen Fall unwahrscheinlich ist, dass die Einwilligung freiwillig gegeben wurde, keine gültige Rechtsgrundlage liefern"*. Eine einmal erteilte Einwilligung kann dabei nach Art. 7 Abs. 3 DS-GVO *„jederzeit* […] *widerrufen"* werden. Nach ErwGr 171 sollen bisher gegebene Einwilligungen, soweit *„die Art der bereits erteilten Einwilligung den Bedingungen dieser Verordnung entspricht"*, weiterhin gültig bleiben.[411]

Zusammenfassend ist eine Einwilligung somit jede unmissverständliche Willensbekundung des Betroffenen, die freiwillig und auf informierter Grundlage für einen bestimmten Fall erfolgt und hierdurch die Datenverarbeitung für diesen Zweck (widerruflich) rechtfertigt.

II. Reichweite der einzelnen Vorgaben

Die datenschutzrechtliche Einwilligung nach der DS-GVO zielt darauf ab, dem Einzelnen eine selbstbestimmte Entscheidung in Kenntnis der Sachlage zu ermöglichen. Hierfür stellt sie zum einen Vorgaben auf, inwieweit und in welcher Form der Betroffene bei Abgabe seiner Einwilligung über die geplante Datenverarbeitung zu informieren ist und trifft somit Regelungen zum kognitiven Bereich einer datenschutzrechtlichen Einwilligung. Zum anderen versucht die DS-GVO durch die Statuierung bestimmter Wirksamkeitshindernisse abzusichern, dass die Einwilligung tatsächlich auf einer autonomen Entscheidung des Betroffenen beruht und zielt insofern darauf ab, den voluntativen Bereich der datenschutzrechtlichen Einwilligung zu stärken.

---

411 Zu den Erfordernissen an Alteinwilligungen auch unten, Kap. 6, A. I. 1. sowie im Einzelnen *Art. 29-Datenschutzgruppe*, WP259 rev.01 S. 36 f.

1. Kognitive Elemente

Grundvoraussetzung für eine Entscheidung in Kenntnis der Sachlage ist zunächst, dass der Betroffene hinreichende Informationen über Art und Umfang der potentiellen Datenverarbeitung hat.[412] Daneben ist entscheidend, in welcher Form dem Betroffenen diese Informationen sowie das Einwilligungsersuchen insgesamt präsentiert werden.[413] Vorliegend werden somit neben den Regelungen zur Informationspflicht auch die Formanforderungen, welche die DS-GVO an ein solches Einwilligungsersuchen stellt, in Blick genommen.

a. Bereitzustellende Information

Der Inhalt der jeweiligen Informationspflichten ergibt sich nicht, wie noch vormals im BDSG,[414] aus einer zentralen Vorschrift, vielmehr sind die einzelnen Anforderungen über die gesamte DS-GVO (insbesondere in den Kapiteln I bis III) in den jeweils einschlägigen Normen verteilt.[415] Dabei wurden für die Informationen i.R.e. Einwilligungsverlangens – abgesehen von der Pflicht zur Information über die grundsätzliche Widerruflichkeit der Einwilligung gem. Art. 13 Abs. 2 lit. c DS-GVO – keine gesonderten, spezifischen Informationspflichten normiert. Zur genauen Bestimmung der erforderlichen Informationserteilung im Rahmen der Einwilligung kann sich der Datenverarbeiter jedenfalls an den allgemeinen Katalogen der Art. 12 ff. DS-GVO orientieren.[416] Danach sind dem Betroffenen

---

412 *Ingold* in: Sydow, DS-GVO, Art. 4 Rn. 176; *Kamps/Schneider*, K&R-Beilage 2017, 24 (25); *Lindner*, Die datenschutzrechtliche Einwilligung, S. 130. Vgl. auch oben, Kap. 2, B. II. 1.

413 Vgl. oben Kap. 2, B. II. 2.

414 Vgl. § 4a Abs. 1 S. 2 BDSG.

415 *Stemmer* in: BeckOK DSR, Art. 7 DS-GVO Rn 53.

416 EuGH Rs. C-673/17, ECLI:EU:C:2019:801, Rn. 76 ff. – *Planet 49*. So *Buchner/Kühling* in: Kühling/Buchner, DS-GVO, Art. 7 Rn. 59; auch *Heckmann/Paschke* in: Ehmann/Selmayr, DS-GVO, Art. 7 Rn. 40; *Ingold* in: Sydow, DS-GVO, Art. 7 Rn. 35; *Lutz* in: Specht-Riemschneider, Datenrecht in der Digitalisierung S. 225; *Schantz* in: *Schantz/Wolff*, Das neue Datenschutzrecht, Rn. 520; *Scheurer*, Spielerisch selbstbestimmt, S. 217; *Schulz* in Gola, DS-GVO, Art. 7 Rn. 36; *Stemmer* in: BeckOK DSR, Art. 7 Rn. 55; *Tinnefeld/Conrad*, ZD 2018, 391 (392 f.). Ob die Gegenmeinung (*Klement* in: Simitis/Hornung/Spiecker gen. Döhmann, DSGVO, Art 7 Rn. 73) angesichts der nun höchstrichterlichen Bestätigung dieser Auffassung durch den EuGH an ihrem Standpunkt festhalten wird, bleibt abzuwarten.

bzw. Einwilligenden je nach Art der Erhebung zum Teil divergierende Informationen zu Verfügung zu stellen, abhängig insbesondere davon, ob die Daten direkt bei ihm selbst oder aber bei einem Dritten erhoben werden.[417]

aa. „Pflichtinformationen" (Art. 13 Abs. 1 DS-GVO)

Werden die Daten bei dem Betroffenen direkt erhoben – was bei einer Datenverarbeitung aufgrund einer Einwilligung den Regelfall darstellen dürfte – sind ihm in jedem Fall[418] die in Art. 13 Abs. 1 DS-GVO aufgezählten Informationen bereitzustellen.[419] Dem Betroffenen sind somit Name und Kontaktdaten des datenschutzrechtlichen Verantwortlichen (sowie gegebenenfalls seines Vertreters) und der Zweck der Verarbeitung mitzuteilen. Des Weiteren sind die Kontaktdaten des Datenschutzbeauftragten anzugeben (soweit ein solcher vorhanden ist) und, im Falle einer beabsichtigten Übermittlung, die jeweiligen Empfänger(-kategorien).[420] Beabsichtigt der Verantwortliche, die Daten an ein Drittland oder eine internationale Organisation zu übermitteln, hat er den Betroffenen des Weiteren auf das Vorhandensein bzw. Fehlen eines Angemessenheitsbeschlusses bzw. auf das Bestehen geeigneter Garantien hinzuweisen.[421] Darüber hinaus ist der Einwilligende auf die bestehende Möglichkeit eines Widerrufs seiner Einwilligung und dessen Folgen zu informieren.[422]

Zu der Frage, ob und inwieweit eine den Art. 12 ff. DS-GVO nicht entsprechende Informationserteilung (pauschal) zu einer unwirksamen Einwilligung wegen fehlender Informiertheit führt s. unten, Kap. 5, A. III. 2.

417 Vgl. Art. 13 DS-GVO bzw. Art. 14 DS-GVO.

418 *Schantz*, NJW 2016, 1841 (1845) spricht insoweit von *„Pflichtinformationen"*.

419 Bei einer Erhebung personenbezogener Daten nicht direkt bei der betroffenen Person richtet sich die Informationspflicht des Verantwortlichen nach Art. 14 DS-GVO. Vorliegend konzentrieren sich die Ausführungen in erster Linie auf Art. 13 DS-GVO, da es sich bei einer einwilligungsbasierten DV regelmäßig um den Fall einer Direkterhebung handeln wird. Die Ausführungen lassen sich jedoch (weitestgehend) ebenso auf Art. 14 DS-GVO übertragen.

420 Vgl. Art. 13 Abs. 1 DS-GVO und Art. 14 Abs. 1 DS-GVO.

421 Vgl. Art. 13 Abs. 1 lit. f DS-GVO bzw. Art. 14 Abs. 1 lit. f DS-GVO. Für Einzelheiten zu den bereitzustellenden Informationen nach Art. 13 Abs. 1 DS-GVO s. bspw. *Bäcker* in: Kühling/Buchner, DS-GVO, Art. 13 Rn. 22 ff.; Franck in: Gola, DS-GVO, Art. 13 Rn. 8 ff.; *Paal/Hennemann* in Paal/Pauly, DS-GVO, Art 13 Rn. 13 ff.

422 Vgl. Art. 7 Abs. 3 S. 3 DS-GVO.

bb. Zusätzliche Informationen (Art. 13 Abs. 2 DS-GVO)

Zusätzlich hat der Verantwortliche dem Betroffenen Informationen zur Verfügung zu stellen, die *„notwendig“*[423] sind, *„um der betroffenen Person gegenüber eine faire und transparente Verarbeitung zu gewährleisten“*.[424] Im Falle der Direkterhebung gehören hierzu Informationen über die geplante Dauer der Datenspeicherung, die Auskunftserteilung hinsichtlich bestehender Rechte des Betroffenen, der Hinweis, ob und inwieweit der Betroffene aufgrund einer gesetzlichen oder vertraglichen Vorgabe verpflichtet ist, die Daten bereitzustellen sowie gegebenenfalls ein Hinweis darauf, dass der Verantwortliche die Daten im Rahmen einer automatisierten Entscheidungsfindung nutzen möchte.[425]

cc. Bisheriger Meinungsstand

Aufgrund der Formulierung, der Verantwortliche habe die *„weiteren Informationen zur Verfügung* [zu stellen], *die notwendig sind“* ist bisher weitestgehend unklar, ob diese Pflicht zur zusätzlichen Informationserteilung stets, im Regelfall oder lediglich im Bedarfsfall besteht.[426]

(1) Bedarfsabhängige Informationspflicht

Zum Teil wird davon ausgegangen, die nach Art. 13 Abs. 2 DS-GVO normierten Informationen seien nur situationsabhängig zur Verfügung zu stellen.[427] Die diesbezügliche Informationspflicht träte dementsprechend nur in den Fällen ein, in denen diese Informationen für eine faire und

---

423 Art. 13 Abs. 2 DS-GVO (bzw. *„erforderlich“* i.S.d. Art. 14 Abs. 2 DS-GVO).

424 Vgl. Art. 13 Abs. 2 DS-GVO bzw. Art. 14 Abs. 2 DS-GVO.

425 Vgl. hierzu Art. 13 Abs. 2 DS-GVO. Zu näherem s. unten

426 Der EuGH hat sich zu dieser Frage bisher nicht (explizit) geäußert, sondern lediglich wortgetreu die Formulierung des Art. 13 Abs. 2 DS-GVO aufgegriffen ohne sich mit einer möglichen Differenzierung auseinanderzusetzen (vgl. EuGH Rs. C-673/17, ECLI:EU:C:2019:801, Rn. 79 – *Planet49*).

427 *Albrecht/Jotzo*, Das neue Datenschutzrecht der EU, S. 84 Rn. 5; *Kamlah* in: Plath, DSGVO/BDSG, Art. 13 DS-GVO Rn. 16; *Piltz*, K&R 2016, 629 (630); *Pötters/Bausewein* in: Wybitul, HB EU-DS-GVO, S. 302 Rn. 8; *Schantz*, NJW 2016, 1841 (1845); *Schneider*, Datenschutz nach der DS-GVO, S. 189. In diesem Sinne wohl auch *Gola/Pötters/Wronka*, Arbeitnehmerdatenschutz, S. 415 Rn. 1433 sowie (im Grundsatz) *Paal/Hennemann* in: Paal/Pauly, DS-GVO, Art. 13 Rn. 22.

transparente Datenverarbeitung erforderlich seien.[428] Diese Lesart entspreche auch dem Art. 14 Abs. 1a des Ratsentwurfs der DS-GVO, welcher als Vorläufer des Art. 13 DS-GVO angesehen werden könne.[429] Dabei hieß es in der entsprechenden Norm des Ratsentwurfs, dass der Verantwortliche *„zusätzlich zu den Informationen gemäß Absatz 1* [...] *weitere Informationen zur Verfügung* [stellt], *die unter Berücksichtigung der besonderen Umstände und Rahmenbedingungen, unter denen die personenbezogenen Daten verarbeitet werden, notwendig sind, um (...) eine faire und transparente Verarbeitung zu gewährleisten"*. Da diese Regelung mithin von einer bedarfsabhängigen Bereitstellung dieser zusätzlichen Informationen ausgegangen sei,[430] sei auch die endgültige Fassung in Art. 13 DS-GVO entsprechend zu interpretieren. Dies lasse sich zudem daraus folgern, dass das Erfordernis der *„Berücksichtigung der besonderen Umstände und Rahmenbedingungen"* als Konkretisierung der „Notwendigkeit" einer weitergehenden Information des Betroffenen nun zumindest noch in ErwGr 60 enthalten sei.[431] Für eine solche differenzierende Auslegung spreche darüber hinaus, dass die Aufteilung der Informationen in zwei separate Absätze andernfalls nicht nur überflüssig sondern – durch die besondere Bezugnahme des zweiten Absatzes auf das Kriterium einer *„fairen und transparenten Verarbeitung"* – auch irreführend wäre.[432] Somit sei davon auszugehen, dass die in Art. 13 Abs. 2 DS-GVO enthaltenen Informationspflichten, zumindest im Grundsatz,[433] nur zur Verfügung zu stellen seien, soweit dies im Einzelfall erforderlich sei.

(2) Zusätzliche Pflichtangaben

Andere gehen davon aus, die benannte Aufteilung der informationspflichtigen Angaben führe nicht dazu, dass die zusätzlichen Informationen nur

428 *Kamlah* in: Plath, DSGVO/BDSG, Art. 13 DS-GVO Rn. 16; *Piltz*, K&R 2016, 629 (630); *Pötters/Bausewein* in: Wybitul, HB EU-DS-GVO, S. 302 Rn. 8; *Schantz*, NJW 2016, 1841 (1845); *Schneider*, Datenschutz nach der DS-GVO, S. 189. In diesem Sinne wohl auch *Gola/Pötters/Wronka*, Arbeitnehmerdatenschutz, S. 415 Rn. 1433.

429 So jedenfalls *Franck* in: Gola, DS-GVO 2017, Art. 13 Rn. 5; anders aber nun in der aktuellen Auflage, vgl. *Franck* in: Gola, DS-GVO, Art. 13 Rn. 6.

430 So in der Tendenz ebenfalls *Veil*, ZD 2015, 347 (349).

431 So in der Tendenz *Knyrim* in: Ehmann/Selmayr, DS-GVO, Art. 13 Rn. 29.

432 *Paal/Hennemann* in: Paal/Pauly, DS-GVO, Art. 13 Rn. 22.

433 Kap. 3, B. II. 1. a. cc. (3).

im Bedarfsfall mitzuteilen wären.[434] Der Wortlaut der endgültigen Fassung des Art. 13 DS-GVO zeige, dass sich der europäische Gesetzgeber hier gegen einen risikobasierten Ansatz entschieden habe.[435] Zudem seien die im zweiten Absatz enthaltenen informationspflichtigen Angaben gegenüber den Angaben des ersten Absatzes für den Betroffenen *„nicht durchweg weniger essentiell“*[436]. Auch hieraus könne somit gefolgert werden, dass diese Informationen stets zu erteilen seien. Somit habe der datenschutzrechtlich Verantwortliche dem Betroffenen in jedem Fall sowohl die in den Abs. 1 als auch die in den Abs. 2 enthaltenen Informationen zur Verfügung zu stellen.

(3) Folgerungen für die weitere Arbeit

Aufgrund der zurzeit bestehenden Unsicherheiten dahingehend, ob und in welchen Situationen weitergehende Informationen bereitzustellen sind, besteht für die datenverarbeitenden Stellen in der Praxis ein nicht unerhebliches Risiko.[437] Denn kommen sie ihrer Informationspflicht nicht vollständig nach, so kann dies als Verstoß gegen den Transparenzgrundsatz (und somit als Verstoß gegen eines der Grundprinzipien der DS-GVO)[438] mit einem Bußgeldrahmen von bis zu 20 Mio. Euro bzw. 4 % des weltweiten Jahresumsatzes geahndet werden.[439] Die für die Datenverarbeitung verantwortlichen Akteure haben daher ein hohes Interesse an einer hinrei-

434 *Art. 29-Datenschutzgruppe*, WP 260 rev.01 S. 16; *Bäcker* in: Kühling/Buchner, DS-GVO, Art. 13 Rn. 20; *Dix* in: Simitis/Hornung/Spiecker gen. Döhmann, DSGVO, Art. 13 Rn. 13; *Eßer* in: Auernhammer, DSGVO/BDSG, Art 13 DS-GVO Rn. 23; *Franck* in: Gola, DS-GVO, Art. 13 Rn. 6; *Härting*, DS-GVO, S. 18 Rn. 60; *Illibauer* in: Knyrim, DS-GVO, S. 122; *Laue/Nink/Kremer*, Das neue Datenschutzrecht, S. 129 Rn. 22; *Schmidt-Wudy* in: BeckOK DSR, Art. 13 DS-GVO Rn. 59. Ebenso wohl auch *Ingold* in: Sydow, DS-GVO, Art. 13 Rn. 20 ff; *Kamps/Schneider*, K&R-Beilage 2017, 24 (26).

435 *Bäcker* in Kühling/Buchner, DS-GVO, Art. 13 Rn. 20.

436 *Bäcker* in Kühling/Buchner, DS-GVO, Art. 13 Rn. 20; ähnlich *Franck* in: Gola, DS-GVO, Art. 13 Rn. 6.

437 *Piltz*, K&R 2016, 629 (630). Krit. insoweit auch *Knyrim* in: Ehmann/Selmayr, DS-GVO, Art. 13 Rn. 51. Der EuGH behandelt einzelne Informationspflichten zwar in einem der ersten Urteile zur DS-GVO, bezieht zur Frage des Verhältnisses zwischen Art. 13 Abs. 1 und Abs. 2 allerdings keine klare Stellung, vgl. EuGH Rs. C-673/17, ECLI:EU:C:2019:801, Rn. 79 f. – *Planet49*.

438 Vgl. Art. 5 Abs. 1 lit. a bzw. b. DS-GVO.

439 Vgl. Art. 83 Abs. 5 DS-GVO.

chend klaren Rechtslage, um diesem Haftungsrisiko zu entgehen. Die von der Datenverarbeitung betroffene Person hingegen hat ein Recht darauf, alle für sie relevanten Informationen zur Verfügung gestellt zu bekommen – denn nur dann kann sie auf informierter Grundlage und somit selbstbestimmt entscheiden, ob sie in eine Verarbeitung sie betreffender personenbezogenen Daten einwilligen möchte.

Der Frage, ob bzw. wann eine Pflicht zur zusätzlichen Informationserteilung besteht, kommt somit mitnichten nur akademische Bedeutung zu. Zugleich erfordert die Bestimmung des Umfangs der Informationspflicht in besonderem Maße, die zum Teil gegenläufigen Interessen des datenverarbeitenden Verantwortlichen und des Betroffenen einem angemessenen Ausgleich zuzuführen. Nimmt man den Betroffenen in Blick, so ist dabei zu untersuchen, welche Informationen eine Person im Einzelfall benötigt, um zu einer realistischen Einschätzung über die möglichen Folgen der Datenverarbeitung gelangen und evtl. hieraus resultierende Risiken abschätzen zu können. Der Verantwortliche ist dagegen darauf angewiesen, mit hinreichender Rechtssicherheit bestimmen zu können, durch welche Angaben er seine Informationspflichten erfüllt. Dabei ist auch im Blick zu behalten, dass eine gegebenenfalls vom Verantwortlichen durchzuführende Einzelfallprüfung für diesen nicht zu einer unangemessenen Belastung führen darf. Somit erscheint es – auch und gerade angesichts der essenziellen Bedeutung der Informationen als Voraussetzung einer autonomen Entscheidung des Betroffenen[440] – geboten, Art. 13 Abs. 2 DS-GVO umfassend und unter besonderer Berücksichtigung der widerstreitenden berechtigten Interessen auszulegen.[441]

dd. Zeitpunkt

Aus dem Erfordernis einer Einwilligung auf informierter Grundlage ergibt sich zwangsläufig, dass das Bereitstellen der entsprechenden Information der Einwilligungserklärung in zeitlicher Hinsicht vorgelagert sein muss.[442]

Diese Pflicht zur vorherigen Informationserteilung gilt auch im (insoweit seltenen)[443] Fall einwilligungsbasierten Datenerhebung bei Dritten.

---

440 Vgl. oben, Kap. 2, B. II. 1.

441 S. hierzu unten Kap. 5, A.

442 Für den Hinweis auf das Widerrufsrecht ergibt sich dies ausdrücklich aus Art. 7 Abs. 3 S. 3 DS-GVO.

443 Vgl. oben, Kap. 3, B. II. 1. a.

Zwar bestimmt Art. 14 Abs. 3 lit. a DS-GVO, dass der Verantwortliche dem Betroffenen die Informationen in einer solchen Konstellation *„innerhalb einer angemessenen Frist nach Erlangung der personenbezogenen Daten, längstens jedoch innerhalb eines Monats“* zur Verfügung zu stellen hat, sodass im Falle einer Dritterhebung im Einzelfall auch eine nachträgliche Informationserteilung zulässig sein kann. Art. 14 Abs. 3 lit. a DS-GVO kann den festgelegten Grundsatz, dass eine Einwilligung in informierter Weise zu erfolgen hat aber nicht tangieren. Vielmehr sind die besonderen Bedingungen für eine wirksame Einwilligung bei der Auslegung des Art. 14 Abs. 3 DS-GVO – der zudem lediglich als Orientierungspunkt im Rahmen der Informationserteilung dient[444] – zu berücksichtigen. Die Notwendigkeit einer Informationserteilung vor Abgabe der Einwilligungserklärung lässt sich zudem jedenfalls in Art. 14 Abs. 3 lit. a DS-GVO hineinlesen, denn dieser geht zwar grundsätzlich von einer Bereitstellung nach Erhebung der Daten aus, jedoch nur *„unter Berücksichtigung der spezifischen Umstände der Verarbeitung“*. Aus diesen *„spezifischen Umstände“* lässt sich im Falle der Erhebung auf Grundlage einer Einwilligung eine Pflicht zur zeitlich vorgelagerten Informationserteilung schlussfolgern.[445]

Abstellen ließe sich zudem auf Art. 14 Abs. 3 lit. b DS-GVO, welcher eine Pflicht zur Bereitstellung der Information *„spätestens zum Zeitpunkt der ersten Mitteilung“* an die betroffene Person vorsieht. Zwar gilt dies dem Wortlaut nach nur, *„falls die personenbezogenen Daten zur Kommunikation mit der betroffenen Person verwendet werden sollen“*.[446] Hieraus ließe sich aber generell der Schluss ziehen, dass die Informationen spätestens dann zu erteilen sind, wenn und soweit die verantwortliche Stelle mit dem Betroffenen in Kontakt tritt. Eine solche Kontaktaufnahme liegt bei Einholung einer Einwilligung regelmäßig vor, sodass die verantwortliche Stelle im Zuge dieser Kontaktaufnahme auch – vorgelagert – die entsprechenden Informationen bereitstellen könnte (und sollte). Nur durch eine zeitlich vorgehende Informationserteilung kann dem Gebot der Einwilligung auf informierter Grundlage Rechnung getragen werden.[447] Die Informationserteilung hat im Falle der durch eine Einwilligung legitimierten Datenverarbeitung somit ohne Ausnahme vor Abgabe der Einwilligungserklärung durch den Betroffenen zu erfolgen.

---

444 Vgl. oben, Kap. 3, B. II. 1. a.

445 So *Stemmer* in: BeckOK DSR, Art. 7 DS-GVO Rn. 69.

446 S. hierzu auch *Art. 29-Datenschutzgruppe*, WP 260 rev.01 S. 18.

447 *Ingold* in: Sydow, DS-GVO, Art. 7 Rn. 35; *Schulz* in: Gola, DS-GVO, Art. 7 Rn. 36; *Stemmer* in: BeckOK DSR, Art. 7 DS-GVO Rn. 69.

ee. Ausnahmen

Verfügt der Betroffene bereits über die entsprechenden Informationen, so entfällt die Aufklärungspflicht. Für eine Einwilligung in die Erhebung personenbezogener Daten ergibt sich dieses Entfallen ausdrücklich aus Art. 13 Abs. 4 DS-GVO bzw. Art. 14 Abs. 5 lit. a DS-GVO. Ein Entfallen der Informationspflicht aus anderen, in Art. 14 Abs. 5 DSGVO normierten Gründen (also bspw. aufgrund eines unverhältnismäßig hohen Aufwands für den Verantwortlichen) dürfte dagegen grundsätzlich ausscheiden, da eine Einwilligung – wie ausgeführt[448] – begriffsnotwendig in informierter Weise erfolgen muss, um Wirksamkeit zu erlangen.[449]

b. Transparenzgebot

Damit die bereitzustellenden Informationen zu einer bewussten und informierten Entscheidung des Einzelnen beitragen können, muss der Betroffene grundsätzlich in der Lage sein, die erhaltenen Informationen nachzuvollziehen. Die DS-GVO fordert daher, dass die Informationen *„in präziser, transparenter, verständlicher und leicht zugänglicher Form in einer klaren und einfachen Sprache"* zur Verfügung gestellt werden.[450] Diese allgemeine, für alle Informationen und Mitteilungen[451] bestehende Anforderung gilt auch für die Aufklärungspflichten i.R.d. Einwilligung.

aa. Art und Weise

Ebenso muss es dem Betroffenen auch zumutbar sein, die bereitgestellten Informationen zur Kenntnis zu nehmen. Versteckte Hinweise, unübliche technische Textformate oder eine sonstige Art der Darstellung, die dem Betroffenen die Kenntnisnahme erschwert oder unmöglich macht, sind daher unzulässig.[452] Für den Onlinebereich konkretisiert ErwGr 32 S. 6 DS-GVO die Pflicht zur Schaffung einer zumutbaren Kenntnisnahmemöglichkeit für den Betroffenen zusätzlich dahingehend, dass die Einwilligungser-

---

448 Vgl oben Kap. 2, B. II. 1.
449 So auch: *Stemmer* in: BeckOK DSR, Art. 7 DS-GVO Rn. 73.
450 Art. 12 Abs. 1 S. 1 DS-GVO.
451 Mitteilungen nach Art. 15 bis 22 DS-GVO und Art. 34 DS-GVO.
452 *Ernst*, ZD 2017, 110 (113).

klärung "*ohne unnötige Unterbrechung des Dienstes, für den die Einwilligung gegeben wird*", erfolgen soll. Eine Verteilung der gesetzlich geforderten Erklärungen an unterschiedlichen Stellen bzw. auf unterschiedlichen Webseiten, die nur anhand mehrerer Verweise auffindbar sind, ist daher mit Blick auf ErwGr 32 S. 6 DS-GVO nicht mit der DS-GVO vereinbar.

bb. Standardisierte Bildsymbole

Angesichts der weitreichenden Informationspflichten und der Forderung nach einer präzisen, nicht zu allgemein gehaltenen Ausgestaltung der einzelnen Angaben ist es Datenverarbeitern zudem möglich, die Erklärung mittels standardisierter Bildsymbolen zu ergänzen.[453] Diese Symbole können den eigentlichen Informationstext zwar nicht ersetzen, sollen aber zu einer besseren Vergleichbarkeit der Datenschutzstandards der jeweiligen Unternehmen führen[454] und verhindern, dass die Informationen aufgrund der weitreichenden Informationspflichten und der Forderung nach präzisen, nicht zu unspezifisch gehaltenen Angaben von einem durchschnittlichen Empfänger nicht mehr wahrgenommen werden (können).[455] Die Verwendung zusätzlicher Bildsymbole ist indes nicht obligatorisch, Datenverarbeiter können somit auch auf die Einführung solcher Symbole verzichten.[456]

cc. Allgemeine Anforderungen

Da es auf die Informiertheit des Einzelnen ankommt, ist dem Transparenzgebot entsprechend grundsätzlich vom Empfängerhorizont des betroffenen Personenkreises auszugehen.[457] Die Erklärungen im allgemeinen Geschäftsverkehr müssen mithin im Regelfall auch für Laien verständlich

---

453 Art. 12 Abs. 7 DS-GVO. Ausf. hierzu *Art. 29-Datenschutzgruppe*, WP 260 rev.01 S. 29 ff.

454 *Albrecht*, CR 2016, 88 (93).

455 *Kamps/Schneider*, K&R-Beilage 2017, 24 (26); *Pollmann/Kipker*, DuD 2016, 378 (380).

456 S. zu der Informationserteilung unter Zuhilfenahme von Bildsymbolen ausf. unten, Kap. 6, B. III. 1.

457 *Art. 29-Datenschutzgruppe*, WP259 rev.01 S. 16; *Lang/Peintinger*, ELR 2013, 206 (212). Zu Besonderheiten bei einer (in erster Linie) an Minderjährige gerichtete Erklärung *Scheurer*, Spielerisch selbstbestimmt, S. 198 f.

sein, was die Verwendung von übermäßigem (und bzw. oder unnötigem) technischem oder fremdsprachigem Fachvokabular ausschließt.[458] Der Betroffene soll weder durch besondere Fachtermini oder sprachliche Formulierungen überfordert, noch durch besonders wohlklingende aber wenig aussagekräftige Erklärungen zur Einwilligung verleitet werden.[459] Durch das Erfordernis einer *„präzisen"* Information ist diese Information darüber hinaus exakt, prägnant und – nach Möglichkeit[460] – kurz zu halten. Die Aufzählung unnötiger Angaben ist daher unzulässig.[461] Auch muss die Erklärung zum einen als Einwilligungserklärung erkennbar sein, d.h. auch als solche bezeichnet werden,[462] zum anderen muss sie inhaltlich hinreichend spezifisch sein, um den Einwilligenden in die Lage zu versetzen, das tatsächliche Ausmaß der Datenverarbeitung einschätzen zu können.[463]

c. Bestimmtheit

Schließlich ist eine Einwilligung *„für den bestimmten Fall"*[464] erforderlich. Um den Einzelnen in die Lage zu versetzen, die möglichen Konsequenzen seiner Einwilligung abschätzen zu können, muss für diesen erkenntlich sein, für welchen bestimmten Zweck er seine Einwilligung erteilt. Auch aus dem Grundsatz der Zweckbindung als tragendem Grundprinzip der DS-GVO[465] folgt somit, dass die Einwilligungserklärung hinreichend bestimmt sein muss.[466]

---

458 *Ernst*, ZD 2017, 110 (113); *Stemmer* in: BeckOK DSR, Art. 7 DS-GVO Rn. 63. S. ausf. *Scheurer*, Spielerisch selbstbestimmt, S. 196 f.

459 *Dammann*, ZD 2016, 307 (308).

460 An dieser Möglichkeit zweifeln bspw. *Kamps/Schneider*, K&R-Beilage 2017, 24 (25).

461 *Paal/Hennemann* in: Paal/Pauly, DS-GVO, Art. 12 Rn. 28.

462 *Schulz* in: Gola, DS-GVO, Art. 7 Rn. 46.

463 Vgl. hierzu ErwGr 58 DS-GVO: *„Der Grundsatz der Transparenz setzt voraus, dass eine* […] *Information präzise, leicht zugänglich und verständlich sowie in klarer und einfacher Sprache abgefasst ist* […]*.Dies gilt insbesondere für Situationen, wo die große Zahl der Beteiligten und die Komplexität der dazu benötigten Technik es der betroffenen Person schwer machen, zu erkennen und nachzuvollziehen, ob, von wem und zu welchem Zweck sie betreffende personenbezogene Daten erfasst werden* […]."

464 Vgl. Art. 4 Nr. 11 DS-GVO.

465 Vgl. Art. 5 Abs. 1 lit. b DS-GVO. Näheres zum Zweckbindungsgrundsatz und seiner Ausgestaltung in der DS-GVO *Culik/Döpke*, ZD 2017, 226.

466 *Buchner/Kühling* in Kühling/Buchner, DS-GVO, Art. 7 Rn. 61.

aa. Allgemeine Anforderungen

Personenbezogene Daten dürfen nur für festgelegte, eindeutige und legitime Zwecke erhoben werden. Soll die Datenverarbeitung auf eine Einwilligung gestützt werden, muss für den Betroffenen – um eine Entscheidung in Kenntnis der Sachlage zu ermöglichen – ersichtlich sein, welchem Zweck die Verarbeitung dienen soll. Der Verarbeitungszweck muss folglich (wie schon bisher nach der DS-RL)[467] hinreichend bestimmt sein.[468] Pauschale Einwilligungserklärungen können eine Datenverarbeitung somit grundsätzlich nicht legitimieren.[469] Vielmehr soll die Zweckangabe innerhalb einer Einwilligungserklärung so präzise wie möglich erfolgen, um zu verhindern, dass personenbezogene Daten nicht für Zwecke verarbeitet werden, mit denen der Einwilligende nicht gerechnet hat.[470]

bb. Berücksichtigung der Besonderheiten des Einzelfalls

Stets sind jedoch die Umstände des Einzelfalls in Blick zu nehmen.[471] Bei komplexen oder mehraktigen Datenverarbeitungen kann einerseits ein gewisses Maß an Verallgemeinerung schon aus Gründen der Verständlichkeit und Übersichtlichkeit hinzunehmen sein.[472] Andererseits sind umso höhere Anforderungen an die Bestimmtheit der Erklärung zu stellen, je größer die mit der Verarbeitung verbundene Persönlichkeitsgefährdung ist.[473] Das jeweils erforderliche Maß an Bestimmtheit hängt somit auch und gerade von der jeweiligen konkreten Verwendungssituation ab. I.d.R. gilt dabei, dass die Einwilligungserklärung den Zweck und das Ausmaß der beabsichtigten Verarbeitung präzise zu formulieren hat.[474] Nicht erforderlich ist dagegen, dass sich die Einwilligung auf nur einen einzigen Ver-

---

467 Vgl. Art. 2 lit. h DS-RL: Einwilligung *„für den konkreten Fall"*.

468 S. hierzu *Art. 29-Datenschutzgruppe*, WP259 rev.01 S. 13 ff.

469 *Frenzel* in: Paal/Pauly, DS-GVO, Art. 7 Rn. 8; *Ingold* in: Sydow, DS-GVO, Art. 7 Rn. 39; *Schulz* in: Gola, DS-GVO, Art. 7 Rn. 34.

470 *Schantz*, NJW 2016, 1841 (1844).

471 *Ingold* in: Sydow, DS-GVO, Art. 7 Rn. 39.

472 *Buchner/Kühling* in: Kühling/Buchner, DS-GVO, Art. 7 Rn. 65.

473 *Stemmer* in: BeckOK DSR, Art. 7 DS-GVO Rn. 76.

474 Besonderheiten gelten für den Bereich der wiss. Forschung; vgl. hierzu bspw. *Buchner/Kühling* in: Kühling/Buchner, DS-GVO, Art. 7 Rn. 64.

arbeitungszweck beschränkt.[475] Vielmehr kann die betroffene Person ihre Einwilligung auch für *„mehrere bestimmte Zwecke"* geben,[476] wenn und soweit diese Zwecke hinreichend deutlich bezeichnet sind.

d. Bisherige Schlussfolgerungen bzgl. der Informationspflicht

Die DS-GVO enthält somit in den Art. 12 ff. DS-GVO zum Teil klare Vorgaben, welche Informationen der betroffenen Person in welcher Art und Weise zur Verfügung gestellt werden müssen. Auch ergibt sich – zumindest mit Blick auf die Aufgabe der datenschutzrechtlichen Einwilligung, eine Datenverarbeitung aufgrund der selbstbestimmten Entscheidung des Einzelnen zu legitimieren –, dass diese Informationen stets vor Abgabe der Einwilligung zu erteilen sind. Hieraus folgt des Weiteren, dass die Informationspflicht entfällt, soweit der Betroffene bereits über die entsprechenden Informationen verfügt. Nicht eindeutig ist hingegen, ob und wann der Verantwortliche die *„zusätzlichen"*, *„notwendigen"* Informationen nach Art. 13 Abs. 2 DS-GVO (bzw. Art. 14 Abs. 2 DS-GVO)[477] bereitzustellen hat. Sowohl aufgrund der praktischen Relevanz dieser Frage als auch aufgrund ihrer besonderen Bedeutung für die Einwilligung als Ausdruck tatsächlicher informationeller Selbstbestimmung ist hierauf im weiteren Verlauf der Arbeit vertieft einzugehen.[478]

e. Form

Hinsichtlich der erforderlichen Form einer Einwilligungserklärung bestehen ebenfalls – insbesondere mit Blick auf die Diskussion über die Reichweite des Ausschlusses der Einwilligungserklärung im Wege des *Opt-Out* – zum Teil Unklarheiten. Die Einwilligung setzt nach dem Wortlaut der DS-GVO eine *„unmissverständlich abgegebene Willensbekundung in Form einer Erklärung oder einer sonstigen eindeutig bestätigenden Handlung"*[479] des Betroffenen voraus.

---

475 *Härting*, DS-GVO, S. 93; *Laue/Nink/Kremer*, Das neue Datenschutzrecht, S. 85 Rn. 13.
476 Vgl. Art. 6 Abs. 1 lit. a DS-GVO.
477 In diesem Fall die nach Art. 14 Abs. 2 DS-GVO *„erforderlichen"* Informationen.
478 S. hierzu unten, Kap. 5, A.
479 Vgl. Art. 4 Nr. 11 DS-GVO.

aa. Allgemeines

Aus dieser Formulierung folgt zum einen, dass die Einwilligung grundsätzlich keinem Formzwang unterliegt.[480] Somit führt die DS-GVO die schon unter der DS-RL geltende grundsätzliche Formfreiheit fort. Eine abweichende Regelung auf nationaler Ebene, wie bisher durch das im BDSG a.F. vorgeschriebene Schriftformerfordernis,[481] ist aufgrund des Verordnungscharakters der DS-GVO zukünftig nicht mehr möglich. Aufgrund der Beweislast der Datenverarbeiter bzgl. des Vorliegens einer wirksamen Einwilligung[482] ist jedoch damit zu rechnen, dass Einwilligungen in der Praxis wohl auch in Zukunft regelmäßig zumindest in dauerhaft fixierbarer Form eingeholt werden.[483]

bb. Konkludente Einwilligungen

Aus der Definition der Einwilligung, welche neben einer *„Erklärung"* auch eine *„sonstige (…) Handlung"* als Einwilligungserteilung zulässt,[484] ergibt sich zudem, dass konkludente Einwilligungen nicht *per se* durch die DS-GVO ausgeschlossen sind. Durch das Abstellen auf eine *„sonstige Handlung"* im Gegensatz zu einer ausdrücklichen Erklärung wird vielmehr unzweifelhaft zum Ausdruck gebracht, dass eine datenschutzrechtliche Einwilligung auch in anderer Form als einer ausdrücklichen Erklärung erfolgen kann.[485] Diese Interpretation wird zudem durch ErwGr 32 DS-GVO

---

480 Vgl. hierzu bspw. *Buchner/Kühling* in: Kühling/Buchner, DS-GVO, Art. 7 Rn. 27; *Lorenz*, K&R 2916, 450 (454); *Piltz*, K&R 2016, 557 (562); *Schulz* in: Gola, DS-GVO, Art. 7 Rn. 41; *Selk*, DANA 2016, 59 (60). Umfassend zur Ausgestaltung des Erklärungsaktes – insb. auch bzgl. elektronischer Einwilligungserklärungen – *Scheurer*, Spielerisch selbstbestimmt, S. 179 ff.

481 Vgl. § 4a Abs. 1 S. 3 BDSG a.F.

482 Vgl. Art. 7 Abs. 1 DS-GVO.

483 *Buchner/Kühling*, DuD 2017, 544 (546); *Schild* in: BeckOK DSR, Art. 4 DS-GVO Rn. 131. Näher zur Nachweispflicht *Scheurer*, Spielerisch selbstbestimmt, S. 204 ff.

484 Vgl. Art. 4 Nr. 11 DS-GVO.

485 So auch *Ehmann* in: Forgó/Helfrich/Schneider, Betrieblicher DS, S. 923 Rn. 80; *Ernst*, ZD 2017, 110 (114); *Funke*, Dogmatik und Voraussetzungen der Einwilligung, S. 321 f.; *Gola/Pötters/Wronka*, Arbeitnehmerdatenschutz, S. 153 Rn. 447; *Härting*, DS-GVO, S. 90; *Heckmann/Paschke* in: Ehmann/Selmayr, DS-GVO, Art. 7 Rn. 36 f.; *Ingold* in: Sydow, DS-GVO, Art. 4 Rn. 170; *Krohm*, ZD 2016, 368 (371); *Laue/Nink/Kremer*, Das neue Datenschutzrecht, S. 81 Rn. 5; *Reding*, ZD

bestätigt, der davon spricht, dass eine Einwilligung auch *„durch eine andere Erklärung oder Verhaltensweise (…), mit der die betroffene Person in dem jeweiligen Kontext eindeutig ihr Einverständnis mit der beabsichtigten Verarbeitung ihrer personenbezogenen Daten signalisiert“*[486] erfolgen kann. Als Beispiel genannt wird etwa das *„Anklicken eines Kästchens beim Besuch einer Internetseite“*[487]. Ausreichend soll nach der DS-GVO des Weiteren die *„Auswahl technischer Einstellungen für Dienste der Informationsgesellschaft“*[488] sein, worunter die Vornahme bestimmter Browsereinstellungen subsumiert wird[489] – jedenfalls, wenn und soweit diese Einstellungen von der betroffenen Person selbst vorgenommen wurden und nicht auf den Standardvoreinstellungen des Browsers beruhen.[490]

cc. Opt-Out

Der Annahme einer konkludenten Einwilligung sind jedoch insoweit Grenzen gesetzt, als die Einwilligungserteilung eine *„unmissverständlich abgegebene Willensbekundung“*[491] darstellen muss. Ebenso fordert die DS-GVO eine Handlung des Betroffenen,[492] welche die Einwilligung in die Datenverarbeitung kundtut. Hierdurch ist jedenfalls klargestellt, dass nur solche Gestaltungen der DS-GVO entsprechen, bei denen der Betroffene von sich aus tätig wird; ein bloßes Dulden ist insoweit nicht ausreichend.[493] Wo genau die Grenze zwischen einem rein passiven Dulden und einer aktiven, unmissverständlich bestätigenden Handlung liegt, ist dagegen nicht ohne weiteres zweifelsfrei zu bestimmen.

Bedeutung hat diese Differenzierung zwischen einer wirksamen, konkludenten Einwilligung und einer rechtlich unbeachtlichen bloßen „Nicht- Handlung“ auch und gerade für die in der Praxis oft praktizierte

---

2012, 195 (197); *Schneider*, Datenschutz nach der DS-GVO, S. 138; *Schulz* in: Gola, DS-GVO, Art. 7 Rn. 41.

486 Vgl. ErwGr 32 S. 2 DS-GVO.

487 ErwGr 32 S. 2 DS-GVO.

488 ErwGr 32 S. 2 DS-GVO.

489 So *Härting*, ITRB 2016, 36 (39); *Schantz*, NJW 2016, 1841 (1844); zweifelnd *Spindler*, DB 2016, 937 (938).

490 *Ernst*, ZD 2017, 110 (114); *Heckmann/Paschke* in: Ehmann/Selmayr, DS-GVO, Art. 7 Rn. 37; *Schantz*, NJW 2016, 1841 (1844).

491 Art. 4 Nr. 11 DS-GVO; vgl. auch ErwGr 32 S. 1 DS-GVO.

492 Vgl. Art. 4 Nr. 11 DS-GVO.

493 *Ernst*, ZD 2017, 110 (114).

Form der Einwilligung durch das *Opt-Out*-Modell.[494] Denn verhält sich der Betroffene angesichts eines solchen, dem *Opt-Out*-Modell folgenden bereits vorangekreuzten Kästchens schlicht passiv, ist in besonderer Weise die Frage aufgeworfen, ob und inwieweit von einer *„eindeutig bestätigenden Handlung"* ausgegangen werden kann. Dabei zeigt nicht zuletzt die zahlreiche und teils vehemente Kritik an der bisher bestehenden Zulässigkeit einer Einwilligung im Wege des *Opt-Out* (auf nationaler Ebene),[495] dass diese Frage einen derzeitigen Kernpunkt der datenschutzrechtlichen Diskussion darstellt. Ebenso kommt ihr angesichts des Umstands, dass von einer tatsächlich autonomen Entscheidung nur dann ausgegangen werden kann, wenn der Betroffene sich seiner Einwilligung überhaupt bewusst ist, ein besonderes Gewicht zu.

(1) Meinungsstand bei Erlass der DS-GVO

Überwiegend wurde aus dem Erfordernis einer *„eindeutig bestätigenden Handlung"* der Schluss gezogen, dass diese Einwilligung mithilfe eines *Opt-Out* unter der DS-GVO nicht mehr zulässig ist.[496] Belasse der Betroffene bestehende Voreinstellungen bzw. vorangekreuzte Kästchen, so verhalte er sich passiv bzw. schlicht gar nicht, so dass es an einer eindeutig bestätigenden Handlung fehle.[497] Teilweise wurde darüber hinausgehend – allerdings noch unter Bezugnahme auf das Erfordernis einer *„ohne jeden Zwei-*

---

494 *Buchner/Kühling* in: Kühling/Buchner, DS-GVO, Art. 7 Rn. 58; *Kipker/Voskamp*, DuD 2012, 737 (738); *Krohm*, ZD 2016, 368 (372) *Schantz*, NJW 2016, 1841 (1844); *Ziegenhorn/ v. Heckel*, NVwZ 2016, 1585 (1587).

495 Vgl. oben Kap. 2, B. II.

496 Vgl. *Albrecht/Jotzo*, Das neue Datenschutzrecht der EU, S. 70 Rn. 39; *Art. 29-Datenschutzgruppe*, WP259 rev.01 S. 19; *Buchner*, DuD 2016, 155 (158); *Buchner/ Kühling*, DuD 2017, 544 (545); *Buchner/Kühling* in: Kühling/Buchner, DS-GVO, Art. 7 Rn. 58; *Caspar*, DuD 2013, 767 (770); *DSK*, Orientierungshilfe Telemedien S. 8; *Härting*, DS-GVO, S. 90; *Funke*, Dogmatik und Voraussetzungen der Einwilligung, S. 324; *Ingold* in: Sydow, DS-GVO, Art. 7 Rn. 43; *Kastelitz* in: Knyrim, DS-GVO, S. 108; *Kipker/Voskamp*, DuD 2012, 737 (738); *Kühling/Martini*, EuZW 2016, 448 (451); *Laue/Nink/Kremer*, Das neue Datenschutzrecht, S. 84 Rn. 10 f.; *Schantz*, NJW 2016, 1841 (1844); *Scheurer*, Spielerisch selbstbestimmt, S. 160 f.; *Taeger* in: Taeger/Gabel, DSGVO, Art. 7 Rn. 27; *Wybitul* in: Wybitul, HB EU-DS-GVO, S. 96 Rn. 287; *Ziegenhorn/ v. Heckel*, NVwZ 2016, 1585 (1587). In diese Richtung auch *Ernst*, ZD 2017, 110 (112); *Gierschmann*, ZD 2016, 51 (54).

497 *Härting*, DS-GVO, Rn. 360. *Laue/Nink/Kremer*, Das neue Datenschutzrecht, S. 84 Rn. 11.

fel"[498] abgegebenen Einwilligung – eine solche „ohne jeden Zweifel" abgegebene Einwilligung mit dem einer „expliziten", also ausdrücklichen Einwilligung gleichgesetzt,[499] und die Möglichkeit konkludenter Einwilligungserteilungen generell hinterfragt.[500]

Vereinzelt wurde dagegen von einer weiterhin bestehenden Zulässigkeit (jedenfalls abgeschwächter Formen) des *Opt-Out*-Verfahrens im Rahmen des Einwilligungsersuchens ausgegangen[501]: So argumentierte insbesondere *Krohm*, eine konkludente Einwilligung sei auch anzunehmen, wenn ein Betroffener, der zu Beginn eines Telefonats über die Aufzeichnung der anfallenden Gesprächsdaten in Kenntnis gesetzt wurde, dieses Telefonat ohne Widerspruch fortsetze.[502] Denn in dem Fortsetzen des Telefonats liege eine Betätigung vonseiten des Betroffenen – das Erfordernis einer aktiven Handlung sei daher erfüllt. Durch die Fortführung des Gesprächs bringe der Betroffene sodann auch konkludent zum Ausdruck, dass er mit der Aufzeichnung des Gesprächs einverstanden sei – im Ergebnis könne demzufolge in solchen Fällen eine datenschutzrechtliche Einwilligung ange-

---

498 So ErwGr 25 DS-GVO[Trilog], jetzt in der dt. Fassung *„unmissverständlich"* in ErwGr 32 S. 1 DS-GVO.

499 *Albrecht*, CR 2016, 88 (91). I. Erg. überzeugt eine solche Gleichstellung indes jedenfalls unter Berücksichtigung der Tatsache nicht, dass die DS-GVO ebenjene Voraussetzung der „ausdrücklichen" Einwilligung gesondert für den Bereich besonders sensibler Kategorien von Daten vorsieht: So ist nach Art. 9 Abs. 2 lit. a DS-GVO eine solche ausdrückliche Einwilligungserklärung dann vonnöten, wenn der Verantwortliche eine Verarbeitung besonderer Kategorien personenbezogener Daten anstrebt. Daten dieser Kategorie wird ein besonders hohes Risikopotential für den Betroffenen zugeschrieben (vgl. Art. 9 Abs. 1 DS-GVO sowie ErwGr 51 DS-GVO), weshalb die Verarbeitung solcher Daten erhöhten Anforderungen unterliegt. Würde nun aber das Erfordernis einer *„unmissverständlichen"* (bzw. einer *„ohne jeden Zweifel"*) abgegebenen Einwilligungserklärung ebenso eine explizite, ausdrückliche Abgabe erfordern, würde die differenzierte Normierung für besonders sensible Daten leerlaufen (so auch *Stemmer* in: BeckOK DSR, Art. 7 DS-GVO Rn. 81). Wäre ein solcher Gleichlauf gewollt gewesen, hätte es dem Gesetzgeber darüber hinaus freigestanden, eben jenen Begriff der Ausdrücklichkeit auch im Art. 4 Nr. 11 DS-GVO zu verwenden. Durch Normierung eines hiervon abweichenden Begriffs ist davon auszugehen, dass die Wahl divergierender Begriffe einen (auch) inhaltlichen Unterschied der Verarbeitungssituationen bzw. der Erfordernisse für eine wirksame Einwilligung bezweckt.

500 In diesem Sinne, aber ebenfalls noch auf die Entwurfsfassung der DS-GVO bezogen: *Eckhardt*, CR 2012, 195 (197).

501 So etwa Klement in: Simitis/Hornung/Spiecker gen. Döhmann, DSGVO, Art. 7 Rn. 36; *Krohm*, ZD 2016, 368 (371); *Piltz*, K&R 2016, 557 (563).

502 Vgl. *Krohm*, ZD 2016, 368 (371).

nommen werden. Auch andere Konstellationen solcher „abgeschwächten Formen“ des *Opt-Out* seien denkbar: In einem Klicken auf den Bestellbutton einer Homepage könne bspw. zugleich auch eine eindeutige bestätigende Einwilligungshandlung zum Ausdruck kommen, wenn und soweit das die Einwilligung betreffende, bereits vorangekreuzte Kästchen unmittelbar oberhalb der Bestellschaltfläche angebracht sei.[503] Denn auch in dieser Konstellation stelle das Klicken auf den Bestellbutton eine aktive Handlung des Betroffenen dar, sodass diese aktive Handlung zugleich (auch) als Anknüpfungspunkt für die Einwilligungserteilung herangezogen werden könne.

(2) EuGH Urteil „Planet49“

Der EuGH nahm erstmals im Oktober 2019 zu einer möglichen (Un-)Wirksamkeit der Einwilligungserteilungen im Wege des *Opt-Out* Stellung.[504] Dem Urteil zugrunde lag eine Vorlagefrage des BGH (u.a.)[505] über die Auslegung des Art. 6 Abs. 1 lit. a DS-GVO bezogen auf die Frage, ob es sich um eine wirksame Einwilligung i.S.d. Vorschrift handele, *„wenn die Speicherung von Informationen oder der Zugriff auf Informationen, die bereits im Endgerät des Nutzers gespeichert sind, durch ein voreingestelltes Ankreuzkästchen erlaubt wird, das der Nutzer zur Verweigerung seiner Einwilligung abwählen muss“*[506].[507]

(a) Ausführungen des EuGH

Der EuGH verneinte dabei im Ergebnis die Wirksamkeit auf diese Weise abgegebener Einwilligungen. Zur Begründung führte der EuGH zunächst

503 Vgl. *Krohm*, ZD 2016, 368 (372); diese Überlegung ebenfalls aufgreifend *Piltz*, K&R 2016, 557 (563); anders aber *Art. 29-Datenschutzgruppe*, WP259 rev.01 S. 19.

504 EuGH Rs. C-673/17, ECLI:EU:C:2019:801 – *Planet49*.

505 Weitere Vorlagefragen bezogen sich auf die Auslegung der (zum Zeitpunkt der Vorlage noch gültige) DS-RL, vgl. EuGH Rs. C-673/17, ECLI:EU:C:2019:801, Rn. 37 – *Planet49*.

506 EuGH Rs. C-673/17, ECLI:EU:C:2019:801, Rn. 37 – *Planet49*.

507 Zum zugrundeliegenden Sachverhalt s EuGH Rs. C-673/17, ECLI:EU:C:2019:801, Rn. 25 ff. – *Planet49* sowie *Taeger/Schweda*, ZD 2020, 124 (125).

aus, schon die Vorgaben für eine wirksame Einwilligung unter der DS-RL, insbesondere das Erfordernis einer „*Willensbekundung*"[508] des Betroffenen „*ohne jeden Zweifel*"[509] deute „*klar auf ein aktives und nicht passives Verhalten hin*". Eine „*Einwilligung, die durch ein voreingestelltes Ankreuzkästchen erteilt wird, impliziert*" nach Ansicht des EuGH dagegen gerade „*kein aktives Verhalten*" des Betroffenen.[510] Darüber hinaus sei es im Falle einer solchen Einwilligungserteilung durch Nicht-Abwahl bereits vorangekreuzter Kästchen „*praktisch unmöglich, in objektiver Weise* [und somit „*ohne jeden Zweifel*"] *zu klären, ob der Nutzer einer Website dadurch, dass er ein voreingestelltes Ankreuzkästchen nicht abgewählt hat, tatsächlich seine Einwilligung zur Verarbeitung seiner personenbezogenen Daten gegeben hat; unklar* [bliebe] *jedenfalls, ob diese Einwilligung in Kenntnis der Sachlage erteilt wurde. Es* [könne] *nämlich nicht ausgeschlossen werden, dass der Nutzer die dem voreingestellten Ankreuzkästchen beigefügte Information nicht gelesen hat oder dass er dieses Kästchen gar nicht wahrgenommen hat, bevor er seine Aktivität auf der von ihm besuchten Website fortsetzte.*"[511]

Diese Wertung ist nach Ansicht des EuGH „*erst Recht*" unter der DS-GVO geboten.[512] Art. 4 Nr. 11 DS-GVO definiere die Einwilligung „n*och enger*" insoweit die Norm „*eine „freiwillig für den bestimmten Fall, in informierter Weise und unmissverständlich" abgegebene Willensbekundung der betroffenen Person in Form einer Erklärung oder „einer sonstigen eindeutigen bestätigenden Handlung*" verlange.[513] Die DS-GVO sehe mithin – auch unter Berücksichtigung des ErwGr 32 DS-GVO – „*ausdrücklich eine aktive Handlung*" vor.[514]

(b) Interpretation durch die Literatur

Der EuGH bestätigt, im Ergebnis wenig überraschend, das Erfordernis einer aktiven Handlung des Betroffenen als formale Voraussetzung einer wirksamen Einwilligungserklärung. Vorangekreuzte Kästchen und ähnliche – klare – Formen des *Opt-Out* sind mithin unter Geltung der DS-GVO

508 I.S.d. Art. 2 lit. h DS-RL.
509 I.S.d. Art. 7 lit. a DS-RL
510 EuGH Rs. C-673/17, ECLI:EU:C:2019:801, Rn. 52 und 54 – *Planet49.*
511 EuGH Rs. C-673/17, ECLI:EU:C:2019:801, Rn. 55 – *Planet49* ; krit. zu diesem Argument *Engeler/Marosi*, CR 2019, 707 (708).
512 EuGH Rs. C-673/17, ECLI:EU:C:2019:801, Rn. 60 – *Planet49.*
513 EuGH Rs. C-673/17, ECLI:EU:C:2019:801, Rn. 61 – *Planet49.*
514 EuGH Rs. C-673/17, ECLI:EU:C:2019:801, Rn. 62 – *Planet49.*

unzulässig.[515] Insbesondere nicht ausreichend ist folglich auch das Klicken auf den Bestellbutton einer Homepage, über welchem ein die Einwilligung betreffendes, bereits vorangekreuztes Kästchen angebracht ist.[516]

Dass die Entscheidung des EuGH (auch) abgeschwächte Formen des *Opt-Out* generell ausschließt, wird dagegen (bisher)[517] vereinzelt bezweifelt. So wird etwa angenommen, eine aktive Einwilligungshandlung *„könnte z.B. angenommen werden bei der Verwendung von „Cookie-Bannern" oder „Cookie-Pop-ups", welche die zu besuchende Webseite gänzlich oder zumindest zu einem großen Teil verdecken, und die zusätzlich transparent darstellen, dass die betroffene Person durch ein bestimmtes Verhalten (etwa Scrollen oder Klicken) ihre Einwilligung in die jeweils beschriebene Datenverarbeitung erteilt.*"[518] Soweit durch eine entsprechende Gestaltung sichergestellt sei, dass der Betroffene sich der Wirkung seines Verhaltens bewusst sei, könne somit ein solches (Weiter-)Scrollen bzw. Klicken als datenschutzrechtliche Einwilligungshandlung gewertet werden. Ähnliches könne dann für Bestellbuttons gelten, soweit auf diesen klar auf die Einwilligungserklärung hingewiesen werde.[519]

(3) Folgerungen für die vorliegende Arbeit

Im Ergebnis ist die Frage nach der genauen Grenze (noch) zulässiger Einwilligungshandlungen weiterhin nicht zweifelsfrei gezogen. Als vorherrschende Tendenz lässt sich zwar die Annahme einer prinzipiellen Unzulässigkeit sämtlicher *Opt-Out*-Variationen unter der DS-GVO feststellen, der genaue Umfang dieses Verbots weist allerdings (noch) gewisse Unschärfen auf.[520] Angesichts dessen erscheint es geboten, die entsprechenden forma-

---

515 *Engeler/Marosi*, CR 2019, 707 (708); *Moos/Rothkegel*, MMR 2019, 732 (737); *Taeger/Schweda*, ZD 2020, 124 (125 f.).

516 Vgl. zu diesem Vorschlag eines weiterhin zulässigen „abgeschwächten" *Opt-Out*-Verfahrens oben, Kap. 3, B. II. e. cc. (1).

517 Insgesamt beschränkt sich die Auseinandersetzung mit dem Urteil des EuGH bisher auf lediglich vereinzelte Veröffentlichungen. Die Meinungsentwicklung insgesamt ist daher zum gegenwärtigen Zeitpunkt noch nicht absehbar.

518 *Moos/Rothkegel*, MMR 2019, 732 (738).

519 *Taeger/Schweda*, ZD 2020, 124 (126); a.A. *GA Spuznar*, Schlussanträge Rs. C-673/17, ECLI:EU:C:2019:246, Rn. 89 – *Planet49*.

520 So auch – allerdings noch vor Stellungnahme des EuGH (vgl. oben, Kap. 3, B. II. 1. e. cc. (1)) – Ehmann in: Forgó/Helfrich/Schneider, Betrieblicher DS, S. 923 Rn. 81; *Piltz*, K&R 2016, 557 (563); *Voßhoff/Hermerschmidt*, DANA 2016, 68 (69).

len Voraussetzungen und Grenzen wirksamer Einwilligungserklärungen – sowohl unter Berücksichtigung der diesbezüglich gesetzlich normierten Voraussetzungen als auch den entsprechenden Ausführungen des EuGH – einer eingehenderen Betrachtung zu unterziehen, um die (Un-)Zulässigkeit der Einwilligung durch *Opt-Out* abschließend zu beurteilen.[521]

dd. Besondere Formvorgaben bei verknüpften Einwilligungsersuchen

Schließlich finden sich in der DS-GVO besondere Anforderungen, soweit die Einwilligung „*durch eine schriftliche Erklärung, die noch andere Sachverhalte betrifft*"[522] erfolgt. Aus dem Umstand, dass für eine solche integrierte Einwilligungserklärung besondere Voraussetzungen gelten, folgt zunächst, dass eine Integration der Einwilligung in eine mehrere Aspekte umfassende Erklärung, also bspw. in Allgemeine Geschäftsbedingungen (AGB), grundsätzlich möglich ist.[523] Auch ein textliches Zusammenführen von Einwilligungserklärung und Vertragsschluss – im digitalen Bereich etwa auf einem gemeinsamen Button einer Webseite – ist somit (jedenfalls in formaler Hinsicht)[524] nicht von vorneherein ausgeschlossen.[525] Denn stellt die DS-GVO besondere Anforderungen für eine solche Konstellation auf, muss eine dementsprechende Integration der Einwilligung in eine mehrere Aspekte umfassende Erklärung auch (wenn und soweit diese Anforderungen erfüllt sind) zulässig sein. Um bei einer solchen Kombination von Einwilligungs- und anderen Erklärungen zu verhindern, dass die datenschutzrechtliche Einwilligung gleichsam „versteckt"[526] wird, unterliegt die

521 Vgl. unten Kap. 5, B.

522 Art. 7 Abs. 2 S. 1 DS-GVO.

523 *Funke*, Dogmatik und Voraussetzungen der Einwilligung, S. 323; *Härting*, DS-GVO, S. 94; *Scheurer*, Spielerisch selbstbestimmt, S. 190; *Schulz* in: Gola, DS-GVO, Art. 7 Rn. 45; *Selk*, DANA 2016, 59 (60); *Spindler*, DB 2016, 937 (940).

524 In diesem Zusammenhang ausdrücklich anzumerken ist, dass die Einwilligung aufgrund einer durch diese Zusammenführung evtl. entstehenden Koppelung von Einwilligung und Vertragsschluss (trotz ihrer grundsätzlichen formalen Zulässigkeit) in solchen Konstellationen aufgrund fehlender Freiwilligkeit unwirksam sein könnte. Eine solche Unwirksamkeit könnte sich in diesem Kontext auch und gerade aus einem Verstoß gegen das Koppelungsverbot (s. dazu unten, Kap. 3, B. II. 3. a.) oder die Pflicht zur granularen Einwilligungserteilung (s. unten, Kap. 3, B. II. 3. d.) ergeben.

525 *Moos/Rothkegel*, MMR 2019, 732 (738 f.); ausf. zu dieser Thematik *Taeger/Schweda*, ZD 2020, 124 (127 ff.).

526 *Plath* in: Plath, DSGVO/BDSG, Art. 7 DSGVO Rn. 10.

Einwilligung hier indes zusätzlichen Anforderungen. Die DS-GVO statuiert für solche Konstellationen ein Unterscheidbarkeitsgebot (auch sog. Trennungsgebot)[527]. Das Einwilligungsersuchen muss danach klar und eindeutig von dem restlichen, mit ihm verbundenen Sachverhalt zu unterscheiden sein, damit *„die betroffene Person weiß, dass und in welchem Umfang sie ihre Einwilligung erteilt“*[528].

(1) Unterscheidbarkeitsgebot

Nach Art. 7 Abs. 2 DS-GVO muss das Ersuchen um die Einwilligung in einer solchen Konstellation *„so erfolgen, dass es von den anderen Sachverhalten klar zu unterscheiden ist“*. Wortwörtlich fordert die DS-GVO somit eine „Unterscheidbarkeit“ der Einwilligungserklärung von den mit ihr verbundenen Sachverhalten. Der Betroffene muss erkennen können, dass im Gesamttext verschiedene, nicht notwendig miteinander verknüpfte Einzelangaben enthalten sind.[529] Hiermit soll sichergestellt werden, dass das Einwilligungsersuchen für den Angesprochenen klar vom Rest der Erklärung zu unterscheiden ist und daher vom Betroffenen wahrgenommen wird bzw. werden kann.[530]

Ob dieses Gebot der Unterscheidbarkeit hinter dem bisher unter dem BDSG a.F.[531] bestehenden Hervorhebungsgebot, also der Verpflichtung, Einwilligungserklärungen in solchen Fällen durch Fettdruck, Umrandung oder ähnliches besonders kenntlich zu machen („hervorzuheben“),[532] zurückbleibt,[533] im Wesentlichen gleichläuft[534] oder sogar darüber hinaus

527 *Stemmer* in: BeckOK DSR, Art. 7 DS-GVO Rn. 66.

528 So ErwGr 42 S. 2 DS-GVO.

529 *Frenzel* in: Paal/Pauly, DS-GVO, Art. 7 Rn. 12; *Heckmann/Paschke* in: Ehmann/Selmayr, DS-GVO, Art. 7 Rn. 79; *Selk*, DANA 2016, 59 (60).

530 Vgl. ErwGr 42 S. 2 DS-GVO. So auch *Frenzel* in: Paal/Pauly, DS-GVO, Art. 7 Rn. 12; *Heckmann/Paschke* in: Ehmann/Selmayr, DS-GVO, Art. 7 Rn. 79.

531 Vgl. § 4a Abs. 1 S. 4 BDSG bzw. § 28 Abs. 3a S. 2 BDSG.

532 S. zu diesem Hervorhebungsgebot i.R.d. §§ 4a Abs. 1 S. 4, 28 Abs. 3a S. 2 BDSG bspw. *Simitis* in Simitis, BDSG 2014, § 4a Rn. 62.

533 So *Ziegenhorn/ v. Heckel*, NVwZ 2016, 1585 (1588); *Dammann*, ZD 2016, 307 (308); *Stemmer* in: BeckOK DSR, Art. 7 DS-GVO Rn. 66.

534 So *Ingold* in: Sydow, DS-GVO, Art. 7 Rn. 24; *Lang/Peintinger*, ELR 2013, 206 (210); *Schulz* in: Gola, DS-GVO, Art. 7 Rn. 44; *Selk*, DANA 2016, 59 (60).

geht[535] wird unterschiedlich beurteilt. Grund für diese divergierenden Wertungen ist insbesondere eine uneinheitliche Beurteilung dahingehend, inwieweit die DS-GVO eine (lediglich) graphische,[536] (lediglich) inhaltliche[537] oder beides verknüpfende[538] Unterscheidbarkeit verlangt.

(2) Inhaltliche Anforderungen

Art. 7 Abs. 2 S. 1 DS-GVO konkretisiert die Pflicht zur Kenntlichmachung des Einwilligungsersuchens durch eine hinreichende Unterscheidbarkeit vom übrigen Text durch die Vorgabe, das Einwilligungsersuchen müsse *„in verständlicher und leicht zugänglicher Form“* sowie *„in einer klaren und einfachen Sprache“* abgefasst sein. Anders als das BDSG a.F., welches durch das Hervorhebungsgebot insbesondere auf eine Kenntlichmachung durch die äußere Darstellung abstellte, muss die Unterscheidbarkeit unter der DS-GVO – zumindest dem Wortlaut nach – nicht notwendigerweise durch die äußere Form bewerkstelligt werden.[539] Auch die englische[540] und die französische[541] Sprachfassung stellen insoweit lediglich auf eine generelle Unterscheidbarkeit ab.

---

535 So *Buchner/Kühling* in: Kühling/Buchner, DS-GVO, Art. 7 Rn. 25; *Eckhardt*, CR 2012, 195 (197); *Heckmann/Paschke* in: Ehmann/Selmayr, DS-GVO, Art. 7 Rn. 75; *Rogosch*, Die Einwilligung im Datenschutzrecht, S. 130.

536 So *Stemmer* in: BeckOK DSR, Art. 7 DS-GVO, Rn. 66. In diesem Sinne wohl auch *Frenzel* in: Paal/Pauly, DS-GVO, Art. 7 Rn. 12 f.; *Ingold* in: Sydow, DS-GVO, Art. 7 Rn. 24; *Laue/Nink/Kremer*, Das neue Datenschutzrecht, S. 83 Rn. 9; *Schulz* in: Gola, DS-GVO, Art. 7 Rn. 44.

537 So *Dammann*, ZD 2016, 307 (308)

538 So *Buchner/Kühling* in: Kühling/Buchner, DS-GVO, DS-GVO, Art. 7 Rn. 25 f; *Heckmann/Paschke* in: Ehmann/Selmayr, DS-GVO, Art. 7 Rn. 75 ff. So i. Erg. auch *Plath* in: Plath, DSGVO/BDSG, Art. 7 DS-GVO Rn. 12.

539 *Stemmer* in: BeckOK DSR, Art. 7 DS-GVO Rn. 66; a.A. aber *Heckmann/Paschke* in: Ehmann/Selmayr, DS-GVO, Art. 7 Rn. 79.

540 In der englischen Fassung lautet Art. 7 Abs. 2 S. 1 DS-GVO: “*the request for consent shall be presented in a manner which is* ***clearly distinguishable*** *from the other matters*”.

541 In der französischen Fassung lautet Art. 7 Abs. 2 S. 1 DS-GVO: “*la demande de consentement est présentée sous une forme qui la* ***distingue clairement*** *de ces autres questions*”.

Insofern unterscheidet sich das Unterscheidbarkeitsgebot der DS-GVO von dem bisherigen Hervorhebungsgebot des BDSG a.F.[542] Legt man daher allein den Wortlaut der Norm zugrunde, könnte das Unterscheidbarkeitsgebot in Art. 7 Abs. 2 S. 1 DS-GVO lediglich als Pflicht zur Kenntlichmachung des Einwilligungsersuchens durch eine hinreichende inhaltliche Deutlichkeit verstanden werden.[543] Dies hätte indes zur Folge, dass Art. 7 Abs. 2 S. 1 DS-GVO weitestgehend ein lediglich proklamatorischer Charakter zukäme:[544] Denn dass der Datenverarbeiter dem Betroffenen jedwede Art von Informationen und Hinweisen *„in präziser, transparenter, verständlicher und leicht zugänglicher Form in einer klaren und einfachen Sprache"* zur Verfügung zu stellen hat, folgt bereits aus dem allgemeinen datenschutzrechtlichen Transparenzgebot.[545]

(3) Subjektiver Anknüpfungspunkt

Der entscheidende Unterschied liegt wohl darin, dass das Merkmal der „Unterscheidbarkeit" nicht auf eine besondere Gestaltung des Textes abstellt, sondern vielmehr auf die Perspektive des Empfängers. Insofern handelt es sich bei dem Unterscheidbarkeitsgebot – im Unterschied zu dem nach klaren, objektiven Vorgaben gestalteten „Hervorhebungsgebots" – eher um ein subjektives Kriterium. Hiermit geht die Frage einher, auf welche Wahrnehmung und Aufmerksamkeit i.R.d. Art. 7 Abs. 2 DS-GVO abzustellen ist: Je nachdem, ob als Maßstab ein (sehr) aufmerksamer, sorgfältiger Lesers (also der „mündige Verbraucher" des BGH)[546], oder ein (in der Praxis wohl überwiegend anzutreffender) flüchtiger Leser dient, divergieren die Anforderungen an die textliche und bzw. oder inhaltliche Gestaltung des Einwilligungsersuchens erheblich. Insgesamt kann das Merkmal der „Unterscheidbarkeit" somit gegenüber dem (insoweit) klareren Hervorhebungsgebot zu einer größeren Gestaltungsfreiheit für Datenverarbeiter führen, es trägt aber zugleich ein gewisses Maß an (Rechts-)Unsicherheit in sich.

---

542 So auch *Plath* in: Plath, DSGVO/BDSG, Art. 7 DS-GVO Rn. 12, davon ausgehend die DS-GVO stelle hiermit *„in erster Linie* [nicht] *auf die grafische Gestaltung"* ab. Ähnlich auch *Metzger*, AcP 2016, 818 (841).

543 So *Dammann*, ZD 2016, 307 (308).

544 So auch *Selk*, DANA 2016, 59 (60).

545 Vgl. hierzu oben Kap. 3, B. II. 1. b. sowie grds. zum datenschutzrechtlichen Transparenzgebot *Art. 29-Datenschutzgruppe*, WP 260 rev.01 S. 6 ff.

546 Vgl. oben, Kap. 2, B. II. b.

(4) Graphische Anforderungen

Durch das Abstellen auf eine Unterscheidbarkeit der Einwilligungserklärung vom übrigen Text unverändert bleibt, dass das Ersuchen um die Einwilligung klar zum Ausdruck kommen muss und nicht innerhalb des übrigen Textes untergehen darf. Der Betroffene muss zwischen den verschiedenen Bereichen ohne Mühe differenzieren können.[547] Ob dies lediglich durch eine inhaltliche Formulierung der entsprechenden Passage erreicht werden kann, erscheint – insbesondere bei längeren Texten – im Ergebnis zweifelhaft. Ebenso muss in diesem Kontext zur Kenntnis genommen werden, dass der Betroffene angesichts der schieren Menge an Informations- und Hinweistexten jedenfalls einzelne Passagen lediglich überblicksartig zur Kenntnis nimmt.[548] Insofern ist neben einem deutlichen Hinweis auf die datenschutzrechtliche Einwilligung in einer für den durchschnittlichen Betroffenen verständlichen Sprache auch eine graphische Abgrenzung des Einwilligungsersuchens vom übrigen Text zu fordern.[549]

(5) Zusammenfassung

Den Schwerpunkt legt die DS-GVO im Rahmen des Unterscheidbarkeitsgebots – dem Wortlaut nach – auf die inhaltliche Kenntlichmachung des Einwilligungsersuchens. Wird dieses Ersuchen in einen noch andere Sachverhalte umfassenden Text integriert, muss mithin eine Formulierung gewählt werden, welche klar und deutlich auf die datenschutzrechtliche Einwilligung hinweist. Daneben ist – zumindest um eine tatsächliche Unterscheidbarkeit zu gewährleisten – auch eine Kenntlichmachung des Einwilligungsersuchens durch eine graphische Gestaltung zu fordern. Da sich die Unterschiede zum bisher auf nationaler Ebene geltenden Hervorhebungsgebot im Ergebnis als marginal erweisen, ist – jedenfalls als Ausgangspunkt – eine grundsätzliche Orientierung an den bisher für das Hervorhebungsgebot geltenden Gestaltungsmöglichkeiten möglich.

---

547 So die Anforderung des Art. 7 Abs. 2 S. 1 DS-GVO; in diesem Sinne auch ErwGr 42 S. 2 welcher fordert, dass sicherzustellen ist *„dass die betroffene Person weiß, dass und in welchem Umfang sie ihre Einwilligung erteilt"*.

548 Vgl. hierzu oben Kap. 2, B. II. 2.

549 *Buchner/Kühling* in: Kühling/Buchner, DS-GVO, Art. 7 Rn. 25; *Härting*, DS-GVO, S. 94 Rn. 378 ff.; *Heckmann/Paschke* in: Ehmann/Selmayr, DS-GVO, Art. 7 Rn. 79; i. Erg. auch *Plath* in: Plath, DSGVO/BDSG, Art. 7 DS-GVO Rn. 12.

f. Bisherige Schlussfolgerungen zur Form

Die Einwilligung unterliegt nach der DS-GVO keinem Formzwang. Auch konkludente Einwilligungen sind grundsätzlich zulässig.[550] Zweifel bestehen hingegen an der genauen Abgrenzung zwischen (noch zulässigen) konkludenten Einwilligungserklärungen und schlichter Untätigkeit. So lässt sich der DS-GVO – auch und gerade unter Berücksichtigung der Rspr. des EuGH – eine grundsätzliche Pflicht zur Einwilligungseinholung im Wege des *Opt-In* entnehmen. Ob und inwieweit dieses grundsätzliche Bekenntnis zu einer vollumfänglichen Unzulässigkeit (auch) abgeschwächter *Opt-Out*-Varianten führt, ist dagegen nicht zweifelsfrei belegbar. Schließlich bestehen gewisse Unsicherheiten dahingehend, welche Anforderungen die DS-GVO an die Präsentation eines Einwilligungsersuchens innerhalb zusammengesetzter Erklärungen stellt. Relevanz hat dies insbesondere für den in der Praxis häufigen Fall, dass die Einwilligungserklärung in AGBs integriert ist. Angenommen werden kann, dass das Ersuchen um eine datenschutzrechtliche Einwilligung in diesen Fällen grundsätzlich sowohl klar und transparent zu formulieren, als auch äußerlich vom restlichen Text abzugrenzen ist.

2. Zusammenfassung

Hinsichtlich der Voraussetzungen der DS-GVO an die kognitive Seite einer Einwilligung lassen sich im Kern zwei Problemkreise ausmachen: Zum einen ist klärungsbedürftig, wie detailliert die vom Verantwortlichen bereitzustellenden Informationen im Einzelfall sein müssen.[551] Zum anderen ist zu untersuchen, in welcher Art und Weise dem Betroffenen das Einwilligungsersuchen zu präsentieren ist.[552] Vergleicht man diesen bestehenden Klärungsbedarf mit den Hauptkritikpunkten, welche im Allgemeinen bezüglich der datenschutzrechtlichen Einwilligung geäußert werden,[553] so weisen die Fragen nach dem jeweiligen Umfang der bereitzustellenden Information sowie nach dem möglichen Ausschluss einer Einwilligungserteilung im Wege des *Opt-Out* zugleich eine besondere Bedeutung für die Be-

---

550 Unter dem BDSG a.F. wurde die Möglichkeit konkludenter Einwilligungserklärungen vereinzelt bestritten, vgl. hierzu: *Voigt*, DuD 2008, 780, 780 (783).

551 Vgl. oben Kap. 3, B. II. 1. a.

552 Vgl oben Kap. 3, B. II. 1. e.

553 Vgl. oben Kap. 2, B. II. 2.

urteilung der Einwilligung als Ausdruck informationeller Selbstbestimmung auf. Daneben kommt ihnen auch eine erhebliche praktische Relevanz für die Datenökonomie zu. Im weiteren Verlauf der Arbeit werden diese beiden Fragestellungen daher näher zu untersuchen sein.[554]

3. Voluntative Elemente

Als zentrale „*Maxime*"[555] der Wirksamkeitsvoraussetzungen einer datenschutzrechtlichen Einwilligung gilt zu Recht in besonderer Weise deren Freiwilligkeit.[556] Die DS-GVO belässt es insofern nicht bei der allgemeinen Feststellung, dass eine Einwilligung „*freiwillig*"[557] zu erfolgen habe, sondern trifft (jedenfalls teilweise) Aussagen darüber, in welchen Konstellationen eine datenschutzrechtliche Einwilligung aufgrund fehlender Freiwilligkeit auf Seiten des Betroffenen, ausscheiden kann bzw. soll.[558]

a. Koppelungsverbot

Die wohl größte Aufmerksamkeit in der bisher erschienenen Literatur hat unter diesen (potentiellen) Ausschlussgründen wohl das in der DS-GVO statuierte „allgemeine Koppelungsverbot" erfahren. Verankert ist dieses Verbot in Art. 7 Abs. 4 DS-GVO, nach welchem „*der Beurteilung, ob die Einwilligung freiwillig erteilt wurde* [...] *dem Umstand in größtmöglichem Umfang Rechnung getragen werden* [muss], *ob unter anderem die Erfüllung eines Vertrags* [...] *von der Einwilligung zu einer Verarbeitung personenbezogener Daten abhängig ist, die für die Erfüllung des Vertrags nicht erforderlich sind*". Die DS-GVO verfolgt mit Art. 7 Abs. 4 DS-GVO das Ziel, die Freiwilligkeit des Einwilligenden zu gewährleisten. In Konstellationen, in denen der Betroffene nach dem *take-it-or-leave-it*-Prinzip keine andere Wahl hat, als der Verarbeitung ihn betreffender personenbezogener Daten zuzustimmen,[559] soll seine Autonomie dadurch gesichert werden, dass eine Einwilligung von

---

554 S. hierzu unten Kap. 5, A. und Kap. 5, B.

555 *Buchner*, DuD 2010, 39 (41).

556 *Buchner/Kühling* in: Kühling/Buchner, DS-GVO, Art. 7 Rn. 41; *Kutscha*, DuD 2011, 461 (463); *Ingold* in: Sydow, DS-GVO, Art. 4 Rn. 175; *Rogosch*, Die Einwilligung im Datenschutzrecht, S. 79; *Ingold* in: Sydow, DS-GVO, Art. 7 Rn. 25.

557 Art. 4 Nr. 11 DS-GVO.

558 *Buchner/Kühling*, DuD 2017, 544 (545).

559 Vgl. hierzu oben Kap. 2, B. II. 3. b. bb.

vorneherein unzulässig und somit unwirksam ist.[560] Neben der Frage, inwieweit ein kompletter Ausschluss der Einwilligungsmöglichkeit tatsächlich eine Erweiterung der Autonomie des Einzelnen darstellen kann,[561] ergeben sich jedoch bei näherer Betrachtung beträchtliche Unklarheiten schon hinsichtlich Voraussetzung und Reichweite des Koppelungsverbots selbst.

aa. Auslegungsmöglichkeiten

Nach dem Wortlaut des Art. 7 Abs. 4 DS-GVO ist für dessen Einschlägigkeit zunächst erforderlich, dass *„die Erfüllung eines Vertrags“* oder die *„Erbringung einer Dienstleistung“* von der Abgabe einer datenschutzrechtlichen Einwilligung abhängig gemacht wird. Richtigerweise ist davon auszugehen, dass hiervon auch das vorausgehende Leistungsversprechen, also der Vertragsschluss, umfasst ist.[562] Somit kommt ein Ausscheiden der Einwilligung als Legitimationsgrundlage zunächst immer dann in Betracht, wenn die Einwilligung in eine Datenverarbeitung als Voraussetzung für einen Vertragsschluss gemacht wird.

(1) Merkmal der Erforderlichkeit

Eine Einschränkung findet dahingehend statt, dass nur solche Datenverarbeitungen bei der Beurteilung ausgeschlossen werden sollen, die *„für die Erfüllung des Vertrags nicht erforderlich sind“*. Stellt sich die Datenverarbeitung als essenziell für die Leistungserbringung dar, liegt mithin keine von der DS-GVO missbilligte Koppelung vor.[563] Denn wird etwa in einem Internetversandhaus ein Produkt bestellt, muss für die Lieferung notwendigerweise eine (Wohn-)Anschrift als personenbezogenes Datum angeben und vom Verantwortlichen entsprechend erhoben und verarbeitet werden. Ein Verbot solcher vertragsbegleitenden Datenverarbeitungen wäre daher schlichtweg widersinnig. Unklar ist allerdings, warum diese Ausnahme ex-

560 *Art. 29-Datenschutzgruppe*, WP259 rev.01 S. 9.
561 Vgl. hierzu unten Kap. 6, B. I.
562 S. hierzu *Heckmann/Paschke* in: Ehmann/Selmayr, DS-GVO, Art. 7 Rn. 98; *Ingold* in: Sydow, DS-GVO, Art. 7 Rn. 31; zweifelnd dagegen *Schätzle*, PinG 2017, 203 (206).
563 *Art. 29-Datenschutzgruppe*, WP259 rev.01 S. 9; *Gola*, K&R 2017, 145 (147); *Krohm/Müller-Peltzer*, ZD 2017, 551 (552).

plizit in Art. 7 Abs. 4 DS-GVO und somit im Rahmen der Einwilligung als Legitimationsgrundlage erwähnt wird, da eine Datenverarbeitung, welche für die *„Erfüllung eines Vertrags, (...) erforderlich“* ist, schon gesetzlich nach Art. 6 Abs. 1 lit. b gerechtfertigt ist.[564] Eine Einwilligung ist in solchen Fällen also gar nicht erforderlich.[565]

Diese explizite Ausnahme „erforderlicher“ Datenverarbeitungen wirft die Frage auf, ob mit der Eingrenzung auf eine nicht erforderliche Datenverarbeitung nicht auch weitere Konstellationen aus dem Anwendungsbereich des Koppelungsverbots ausgeschlossen werden sollen. Insbesondere mit Blick auf das Geschäftsmodell „Dienst gegen Daten“[566] ließe sich bspw. argumentieren, entsprechende – für die originäre Leistungserbringung nicht notwendige – Datenverarbeitung seien angesichts der Grundstruktur dieses Geschäftsmodells ebenfalls „erforderlich“.[567] Schließlich bauen datenfinanzierte Angebote darauf auf, dass der Leistungsempfänger seine personenbezogenen Daten als Gegenleistung zur Verfügung stellt. In diesem Sinne ist die Verarbeitung personenbezogener Daten im Rahmen solcher Verträge jedenfalls insoweit „erforderlich“, als diese Geschäftsmodelle ansonsten nicht realisierbar wären.[568] Diese Argumentationslinie zeigt einerseits, dass hinsichtlich der Frage, welche Datenverarbeitungen jeweils (noch) erforderlich sind, ein nicht unerheblicher Beurteilungsspielraum besteht. Andererseits belegt gerade das angeführte Beispiel, dass der Definition der Erforderlichkeit im Rahmen des Koppelungsverbots eine richtungsweisende Stellung zukommt.[569]

(2) Qualität des Koppelungsverbot

Ist eine Datenverarbeitung im Ergebnis nicht erforderlich für die jeweilige Leistungserbringung, so besteht weiterhin die Frage nach den Folgen einer solchen Koppelung von Leistung und Einwilligung. Während

---

564 Zu Art. 6 Abs. 1 lit. b DS-GVO s. näher unten, Kap. 6, A. I. 2. e. aa.

565 Ebenso *Art. 29-Datenschutzgruppe*, WP259 rev.01 S. 10; *Schafft/Ruoff*, CR 2006, 499 (503).

566 S. zu diesem Geschäftsmodell und der (datenschutz-)rechtlichen Einordnung ausf. unten, Kap. 6, A. I, 2.

567 Tendenziell ebenso *Buchner*, DuD 2016, 155 (159); *Krüger*, ZRP 2016, 190 (191). S. zu dieser Frage ausf. unten, Kap. 5, C. II. 1. a.

568 In diese Richtung *Funke*, Dogmatik und Voraussetzungen der Einwilligung, S. 270.

569 S. zum Merkmal der Erforderlichkeit ausf. unten, Kap. 5, C. II. 1.

Art. 7 Abs. 4 DS-GVO insoweit nur besagt, dass dem Umstand *„Rechnung getragen werden"* muss, ob eine Leistung von der Einwilligung in eine Datenverarbeitung, welche für die entsprechende Leistungserbringung eigentlich nicht erforderlich ist, abhängig gemacht wird, scheint ErwGr 43 S. 2 Var. 2 DS-GVO davon auszugehen, dass die Einwilligung als Verarbeitungsgrundlage in solchen Fällen grundsätzlich ausscheide.[570] Je nach Lesart könnte das Koppelungsverbot somit sowohl in Voraussetzungen als auch Wirkung unterschiedliches Gewicht zukommen.

(a) Striktes Koppelungsverbot

Auch und gerade mit Blick auf ErwGr 43 S. 2 Var. 2 DS-GVO ließe sich Art. 7 Abs. 4 DS-GVO als striktes Koppelungsverbot interpretieren. Soweit der Verantwortliche einen Vertragsschluss bzw. eine Leistungserbringung von der Einwilligungserteilung in eine nicht erforderliche Verarbeitung personenbezogener Daten abhängig machen würde, würde diese Koppelung von Einwilligung und Leistung dann stets zu einer Beurteilung der Einwilligung als Unfreiwillig führen. Art. 7 Abs. 4 DS-GVO wäre in der Lesart eines strikten Koppelungsverbots insoweit als absoluter Einwilligungsausschluss zu verstehen, sodass dem Verantwortlichen im Ergebnis auch der Nachweis einer Freiwilligkeit im Einzelfall verwehrt wäre. Eine Freiwilligkeitsprüfung anhand der Gesamtumstände des Einzelfalls wäre insoweit weder notwendig noch möglich, da die Einwilligung die Datenverarbeitung bereits allein aufgrund des Vorliegens einer Koppelung i.S.d. Art. 7 Abs. 4 DS-GVO nicht rechtfertigen könnte. In letzter Konsequenz wäre eine Koppelung von Vertragsschluss und datenschutzrechtlicher Einwilligung unabhängig sonstiger Gegebenheiten des Einzelfalls *per se* ausgeschlossen.

(b) Relatives Koppelungsverbot

Angesichts der in Art. 7 Abs. 4 DS-GVO gewählten Formulierung wäre es indes ebenfalls möglich, dem Koppelungsverbot nur eine relative Wirkung zuzuschreiben. Dann wäre in einer Situation, in der der Betroffene in eine Datenverarbeitung einwilligen muss, um eine Leistung in Anspruch neh-

570 Vgl. hierzu den Wortlaut des ErwGr 43 S. 2 DS-GVO *„Die Einwilligung gilt nicht als freiwillig erteilt"*.

men zu können, die fehlende Freiwilligkeit entweder (widerlegbar) zu vermuten oder aber auch anhand anderer Umstände jeweils im Einzelfall zu untersuchen. In beiden Fällen wäre die Koppelung von Leistung und datenschutzrechtlicher Einwilligung mithin nicht *per se* ausgeschlossen. Die Freiwilligkeit wäre im Falle einer relativen Wirkung des Koppelungsverbots mithin für den jeweiligen Einzelfall zu prüfen.

(c) Absolutes Koppelungsverbot

Bei Annahme einer lediglich relativen Wirkung des Koppelungsverbots wäre zudem zu entscheiden, welche Kriterien im Rahmen einer solchen Freiwilligkeitsprüfung im Einzelfall zu berücksichtigen wären. So könnte angesichts der vormals auf nationaler Ebene bestehenden Regelungen in § 28 Abs. 3b BDSG a.F.[571] bzw. § 95 TKG[572] auch und gerade darauf abzustellen sein, ob und inwieweit dem Betroffenen ein anderer Zugang zu einer gleichartigen Leistung ohne Abgabe einer entsprechenden Einwilligung eröffnet ist. Schließlich stände es dem Betroffenen im Falle eines solchen alternativen Leistungszugangs frei, die Einwilligung zu verweigern und die entsprechende Leistung nichtsdestotrotz (gegebenenfalls bei einem anderen Anbieter) in Anspruch zu nehmen. Ein tatsächlicher Zwang zur Einwilligung wäre mithin zu bezweifeln. Eine solche Differenzierung des Verbots wurde jedoch (zumindest nicht ausdrücklich) in der

---

571 § 28 Abs. 3b BDSG a.F. lautet: „*Die verantwortliche Stelle darf den Abschluss eines Vertrags nicht von einer Einwilligung des Betroffenen nach Absatz 3 Satz 1 abhängig machen, wenn dem Betroffenen ein anderer Zugang zu gleichwertigen vertraglichen Leistungen ohne die Einwilligung nicht oder nicht in zumutbarer Weise möglich ist. Eine unter solchen Umständen erteilte Einwilligung ist unwirksam*“ Dieses, bisher auf nationaler Ebene bestehende Koppelungsverbot ist auf Monopolisten begrenzt und gilt nur für Datenverarbeitungen für Zwecke des Adresshandels oder der Werbung, vgl. hierzu *Gola/Klug/Körffer* in: Gola/Schomerus, BDSG 2015, § 28 Rn. 46.

572 § 95 TKG lautet: „*Die Erbringung von Telekommunikationsdiensten darf nicht von einer Einwilligung des Teilnehmers in eine Verwendung seiner Daten für andere Zwecke abhängig gemacht werden, wenn dem Teilnehmer ein anderer Zugang zu diesen Telekommunikationsdiensten ohne die Einwilligung nicht oder in nicht zumutbarer Weise möglich ist. Eine unter solchen Umständen erteilte Einwilligung ist unwirksam.*“

DS-GVO verankert.[573] Daher könnte ebenso davon auszugehen sein, dass das Bestehen eines alternativen Leistungszugangs für die Beurteilung der Freiwilligkeit im Rahmen des Koppelungsverbots als unerheblich anzusehen wäre. Dem Koppelungsverbot käme im Falle einer solchen Nichtbeachtung alternativer Angebote eine absolute, weil von der jeweiligen Marktsituation unabhängige, Wirkung zu.

bb. Bisheriger Meinungsstand

In der Literatur werden bislang alle Ansichten hinsichtlich Wirkung und Reichweite des durch die DS-GVO aufgestellten Koppelungsverbots vertreten.

(1) Absolutes und striktes Koppelungsverbot

Zum Teil wird Art. 7 Abs. 4 – auch unter Mitberücksichtigung des ErwGr 43 S. 2 Var. 2 DS-GVO – als absolutes und striktes Koppelungsverbot interpretiert, infolge dessen eine Einwilligung als Legitimationsgrundlage in Konstellationen ausscheide, in denen eine Leistungserbringung von der Einwilligung in eine eigentlich nicht erforderliche Datenverarbeitung abhängig gemacht werde.[574]

So geht bspw. *Gierschmann* davon aus, das in der DS-GVO festgeschriebene Koppelungsverbot gehe *„weit über das bisher in § 28 Abs. 3b BDSG*[575] *geregelte"* hinaus und könne dazu führen, dass Unternehmen ihre Leistungen im Bereich „Dienst gegen Daten" stets zusätzlich auch in einer Variante anbieten müssten, in der der Leistungsempfänger statt mit Daten mit einem monetären Entgelt zahlen könne.[576]

---

573 S. zur Frage, inwieweit eine solche Differenzierung im Rahmen des Art. 7 Abs. 4 DS-GVO trotz fehlender ausdrücklicher Anhaltspunkte im Wortlaut möglich ist unten, Kap. 5, C. II. 2. b.

574 So *Dammann*, ZD 2016, 307 (311); *Ernst*, ZD 2017, 110 (112); *Gierschmann*, ZD 2016, 51 (54). In diese Richtung wohl auch *Albrecht/Jotzo*, Das neue Datenschutzrecht der EU, S. 70 Rn. 40; *Ernst*, ZD 2017, 110 (112); *Krauß/v. Pape/Robrahn/Zelle*, DuD 2017, 217 (219); *Krohm*, ZD 2016, 368 (373); *Wybitul*, BB 2016, 1077 (1081)

575 Zu § 28 Abs. 3 BDSG a.F. s. näher unten, Kap. 6, A. II. 2. bb. (1).

576 *Gierschmann*, ZD 2016, 51 (54).

Auch *Funke* kommt – im Rahmen einer Auslegung nach Wortlaut, Systematik und Telos der Norm – zu dem Ergebnis, Art. 7 Abs. 4 DS-GVO sei als absolutes und striktes Koppelungsverbot zu verstehen. Dies ergebe sich schon aus ErwGr 43 S. 2 Alt. 2 DS-GVO.[577] Dass Art. 7 Abs. 4 DS-GVO nur davon spreche, eine solche Koppelung müsse im Rahmen der Freiwilligkeit *„in größtmöglichem Umfang"* beachtet werden, stelle insoweit nur fest, dass neben der Koppelung auch andere Umstände zu einer unfreiwilligen Einwilligung führen könnten.[578] In teleologischer Hinsicht sei zudem zu bedenken, dass sich in der DS-GVO kein Anhaltspunkt dafür fände, dass dem mit dem Koppelungsverbot verfolgten Zweck eine marktregelnde Tendenz zukommen solle. Dies spreche dagegen, Art. 7 Abs. 4 DS-GVO nur auf Datenverarbeiter mit Monopolstellung anzuwenden, zumal hier eine rechtssichere Abgrenzung kaum möglich sei.[579]

Nach *Dammann* bleibt die getroffene Regelung zwar hinter dem vom Europäischen Parlament vorgeschlagenen absoluten Koppelungsverbot zurück.[580] Im praktischen Ergebnis resultiere aus Art. 7 Abs. 4 DS-GVO, auch und gerade angesichts der Formulierungen des ErwGr 43 S. 2 Alt. 2 DS-GVO, ein „striktes" Koppelungsverbot,[581] welches das Potential besitze, den Einzelnen gerade im Bereich der Online-Dienste umfassend vor *„Verführungssituationen"* zu schützen.[582]

(2) Koppelungsverbot als (widerlegbare) Regelvermutung

Andere sprechen dem Koppelungsverbot jedenfalls eine grundsätzliche Vermutungswirkung für eine fehlende Freiwilligkeit in Fällen gekoppelter Einwilligungen zu. So kommen *Stemmer* und *Albrecht* jeweils zu dem Ergebnis, das Koppelungsverbot führe zwar nicht bei jeder Koppelung von Leistung und Einwilligung zu einem *„automatischen"* Entfallen der Freiwilligkeit, es stelle aber eine Art Regelvermutung auf. Daher sei zwar einzelfallabhängig zu prüfen, ob der Betroffene einer solchen Drucksituation ausgesetzt sei, dass von einem freiwilligen Entschluss nicht mehr ausgegangen werden könne,[583] durch die Formulierung *„in größtmöglichem Umfang"*

577 *Funke*, Dogmatik und Voraussetzungen der Einwilligung, S. 268.
578 *Funke*, Dogmatik und Voraussetzungen der Einwilligung, S. 269.
579 So auch *Krauß/v. Pape/Robrahn/Zelle*, DuD 2017, 217 (219).
580 Vgl. Art. 7 Abs. 4 S. 2 DS-GVO(EP).
581 *Dammann*, ZD 2016, 307 (311).
582 *Dammann*, ZD 2016, 307 (311).
583 *Stemmer* in: BeckOK DSR, Art. 7 DS-GVO Rn. 42.

sei aber davon auszugehen, dass die Freiwilligkeit in Koppelungsfällen regelmäßig entfalle.[584]

Auch *Härting* kommt insoweit zu dem Schluss, dem Koppelungsverbot komme zumindest eine entsprechende gesetzliche Vermutung, so dass bei einer Koppelung von Leistung und Einwilligung in der Regel nicht von einer Freiwilligkeit der Einwilligung ausgegangen werden könne.[585] Dabei sei das Koppelungsverbot auch einschlägig, wenn dem Betroffenen eigentlich zumutbare Ausweichmöglichkeiten zur Verfügung ständen.[586] Dies hätte zur Folge, dass Unternehmen vermehrt auf andere Legitimationsgrundlagen ausweichen oder sogar zur Gänze auf die Einwilligung als Rechtfertigungsgrund verzichten müssten.[587]

(3) Relatives Koppelungsverbot

Wohl überwiegend wird zurzeit demgegenüber von einer lediglich relativen Wirkung des Koppelungsverbots ausgegangen.[588] Argumentiert wird insbesondere mit dem Wortlaut des Art. 7 Abs. 4 DS-GVO, welcher lediglich verlange, dass das Vorliegen einer Koppelungssituation in die Beurteilung der Freiwilligkeit – wenn auch in besonderem Maße – miteinzubezie-

---

584 *Albrecht*, CR 2016, 88 (91); *Stemmer* in: BeckOK DSR, Art. 7 DS-GVO Rn. 46. In der Tendenz ähnlich *Art. 29-Datenschutzgruppe*, WP259 rev.01, S. 10, die Koppelung von Leistung und Einwilligung nur in Ausnahmefällen für zulässig haltend und die Beweislast für die Freiwilligkeit im Einzelfall dem Verantwortlichen zuschreibend.

585 *Härting*, DS-GVO, Rn. 394; in diese Richtung wohl auch *Kühling/Martini*, EuZW 2016, 448 (451).

586 *Härting*, DS-GVO, Rn. 395; *Härting*, ITRB 2017, 42 (43).

587 *Härting*, DS-GVO, Rn. 396.; *Härting*, ITRB 2017, 42 (43). In diese Richtung auch: *Wybitul* in: Wybitul, HB EU-DS-GVO, S. 97 f.

588 *Buchner/Kühling* in: Kühling/Buchner, DS-GVO, Art. 7 Rn. 46; *Engeler*, ZD 2018, 55 (58); *Frenzel* in: Paal/Pauly, DS-GVO, Art. 7 Rn. 18; *Gola*, K&R 2017, 145 (147); *Heckmann/Paschke* in: Ehmann/Selmayr, DS-GVO, Art. 7 Rn. 95 ff.; *Klement* in: Simitis/Hornung/Spiecker gen. Döhmann, DSGVO, Art. 7 Rn. 58; *Kugelmann*, DuD 2016, 566 (567); *Scheurer*, Spielerisch selbstbestimmt, S. 324; *Schulz* in: Gola, DS-GVO, Art. 7 Rn. 25 f.; *Selk*, DANA 2016, 59 (61); *Taeger* in: Taeger/Gabel, DSGVO, Art. 7 Rn. 90. In diese Richtung wohl auch *Kühling/ Martini*, EuZW 2016, 448 (451); *Schneider*, Datenschutz nach der DS-GVO, S. 140; *Schulz* in: Gola, DS-GVO, Art. 7 Rn. 25; *Ziegenhorn/ v. Heckel*, NVwZ 2016, 1585 (1587).

hen sei.[589] Der Umstand, dass eine Leistungserbringung von einer Einwilligung in eine Datenverarbeitung, welche eigentlich für diese Leistung nicht erforderlich wäre, abhängig gemacht wird, stelle somit nur ein Kriterium unter mehreren dar, an welchen die Freiwilligkeit im Rahmen einer umfassenden Gesamtwürdigung zu beurteilen sei.[590] Im Gegensatz zu den bisher bestehenden nationalen Koppelungsverboten nach § 28 Abs. 3b BDSG a.F. bzw. § 95 Abs. 5 TKG besitze das in der DS-GVO aufgestellte Koppelungsverbot in seiner Rechtsfolge also lediglich relative Wirkung und sei insofern „*weicher*".[591]

Neben dem Wortlaut spreche zudem die Entstehungsgeschichte der Norm für eine (bloß) relative Wirkung. Schließlich sei die zunächst vom Europäischen Parlament vorgeschlagene Fassung, welche noch ein Koppelungsverbot ohne Einschränkungen vorsah, nicht in die endgültige Fassung der DS-GVO übernommen worden.[592] Diese Beurteilung werde auch unter teleologischen Gesichtspunkten bestätigt: Ein striktes Koppelungsverbot würde dazu führen, dass die steuernde Kraft der Einwilligung erheblich geschwächt würde.[593] Ein generelle Ausschluss der Einwilligungsmöglichkeit stelle ein Eingriff in Grundrechte und -freiheiten sowohl des Betroffenen als auch des Datenverarbeiters dar und sei stets am Maßstab der Verhältnismäßigkeit zu messen.[594] Die pauschale Annahme fehlender

---

589 *Gola*, K&R 2017, 145 (147); *Hacker*, ZfPW 2019, 148 (182); *Heckmann/Paschke* in: Ehmann/Selmayr, DS-GVO, Art. 7 Rn. 97; *Frenzel* in: Paal/Pauly, DS-GVO, Art. 7 Rn. 18; *Schulz* in: Gola, DS-GVO, Art. 7 Rn. 25.

590 *Heckmann/Paschke* in: Ehmann/Selmayr, DS-GVO, Art. 7 Rn. 98; *Frenzel* in: Paal/Pauly, DS-GVO, Art. 7 Rn. 18; *Schulz* in: Gola, DS-GVO, Art. 7 Rn. 25. Vereinzelt wird dem Koppelungsverbot in Art. 7 Abs. 4 DS-GVO i. Erg. (lediglich) eine Pflicht zur transparenten Kenntlichmachung der Koppelung von Einwilligung und Leistung entnommen (*Buchner*, DuD 2016, 155 (158)). Unklar bleibt indes, auf welcher Grundlage bzw. nach welcher Lesart der Bestimmung des Art. 7 Abs. 4 DS-GVO ein solches Verständnis zu entnehmen ist, da die Norm jedenfalls dem Wortlaut nach nicht danach differenziert, inwieweit die Koppelung von Leistung und Gegenleistung für den potenziell Betroffenen transparent ausgestaltet ist. Krit. zu diesem Verständnis auch *Golland*, MMR 2018, 130 (131).

591 *Ziegenhorn/ v. Heckel*, NVwZ 2016, 1585 (1587).

592 *Buchner/Kühling* in: Kühling/Buchner, DS-GVO, Art. 7 Rn. 8, 46; *Schulz* in: Gola, DS-GVO, Art. 7 Rn. 26.

593 *Buchner/Kühling* in: Kühling/Buchner, DS-GVO, Art. 7 Rn. 8.

594 *Gola*, K&R 2017, 145 (147) insoweit jedenfalls von einem Eingriff in die Vertragsgestaltungsfreiheit des Datenverarbeiters ausgehend, im Koppelungsverbot mit Blick auf den Betroffenen jedoch ein Instrument der Gewährleistung des Selbstbestimmungsrechts erblickend.

Freiwilligkeit im Falle einer Koppelung von Einwilligung und Vertrag sei mit dieser Verhältnismäßigkeitsprüfung unvereinbar.[595]

Zum Teil wird darüber hinausgehend differenziert, ob und inwieweit es dem Betroffenen möglich sei, eine gleichartige Leistung bei einem anderen Anbieter ohne die Abgabe einer entsprechenden Einwilligung in Anspruch zu nehmen.[596] Wäre dies der Fall, so könne grundsätzlich von einer freiwilligen Entscheidung des Betroffenen ausgegangen werden.[597] Noch enger wird teilweise davon ausgegangen, die zu schützende Wahlfreiheit des Einzelnen sei nur dann gefährdet, wenn er tatsächlich auf die jeweilige Leistung angewiesen sei.[598] Sei dies nicht der Fall, so könne der Betroffene frei wählen, ob er sich mit den Vertrags- bzw. Leistungsbedingungen seines Gegenübers einverstanden erkläre. Insoweit sei der Betroffene also trotz Koppelung von Leistung und datenschutzrechtlicher Einwilligung frei, diese zu erklären oder aber zu verweigern. Dem Koppelungsverbot komme somit auch keine absolute Wirkung zu.

(4) Zusammenfassung

Das Koppelungsverbot ist nach teilweise vertretener Ansicht als striktes Verbot zu verstehen. Unter Zugrundelegung dieser Lesart untersagt Art. 7 Abs. 4 DS-GVO – in praktischer Konsequenz – einen Vertragsschluss von einer Einwilligung in eine eigentlich nicht erforderliche Datenverarbeitung abhängig zu machen.[599] Andere interpretieren Art. 7 Abs. 4 DS-GVO als Regelvermutung.[600] Eine Koppelung wäre dementsprechend zwar im Einzelfall möglich, die Freiwilligkeit müsste in solchen Fällen aber umfassend begründet werden. Die gegenteilige Auffassung misst dem Koppe-

---

595 *Heckmann/Paschke* in: Ehmann/Selmayr, DS-GVO, Art. 7 Rn. 99; *Schulz* in: Gola, DS-GVO, Art. 7 Rn. 26.

596 *Heckmann/Paschke* in: Ehmann/Selmayr, DS-GVO, Art. 7 Rn. 98; *Schneider*, Datenschutz nach der DS-GVO, S. 143 f.

597 *Ingold* in: Sydow, DS-GVO, Art. 7 Rn. 33; *Plath* in: Plath, DSGVO/BDSG, Art. 7 DS-GVO Rn. 19 f.

598 In diese Richtung *Gola*, K&R 2017, 145 (147); *Selk*, DANA 2016, 59 (61).

599 So *Dammann*, ZD 2016, 307 (311); *Gierschmann*, ZD 2016, 51 (54).

600 So *Albrecht*, CR 2016, 88 (91); *Härting*, DS-GVO, Rn. 394; *Laue/Nink/Kremer*, Das neue Datenschutzrecht, S. 88 f. Rn. 20; *Schantz*, NJW 2016, 1841 (1845); *Wybitul*, BB 2016, 1077 (1081).

lungsverbot lediglich eine relative Wirkung zu.[601] Liegt eine Koppelung vor, so entfalle hiermit nicht automatisch die Freiwilligkeit der Einwilligung. Vielmehr sei jeweils im Einzelfall und anhand einer Gesamtschau aller Kriterien zu beurteilen, ob – trotz Koppelung von Leistung und Einwilligung – von einer freiwilligen Entscheidung des Betroffenen auszugehen sei.

cc. Bedeutung für den weiteren Gang der Arbeit

Die mögliche Reichweite des Koppelungsverbots hat nicht nur angesichts des in Praxi häufig anzutreffenden Geschäftsmodells, eine Leistung *de facto* gegen die Einwilligung in eine Datenverarbeitung zu „verkaufen“,[602] immense praktische Relevanz, sondern tangiert sowohl die berechtigten Interessen der Datenverarbeiter einerseits als auch das Recht auf informationeller Selbstbestimmung des Betroffenen andererseits. Denn ein pauschaler Ausschluss der Einwilligungsmöglichkeit würde sowohl den Betroffenen in seinem Recht auf informationelle Selbstbestimmung, als auch den Datenverarbeiter in seiner Berufsfreiheit bzw. Unternehmerischen Freiheit einschränken.[603] Die Frage, in welchen Situationen das Koppelungsverbot der DS-GVO greift und welche Auswirkungen ein solches Verbot im Einzelfall auf die Möglichkeit einer Rechtfertigung der Datenverarbeitung durch die Einwilligung der betroffenen Person hat, kann somit belastbar nur unter Berücksichtigung und näherer Untersuchung der berechtigten Interessen der beteiligten Akteure bewertet werden.[604]

601 So *Buchner/Kühling* in: Kühling/Buchner, DS-GVO, Art. 7 Rn. 46; *Frenzel* in: Paal/Pauly, DS-GVO, Art. 7 Rn. 18; *Heckmann/Paschke* in: Ehmann/Selmayr, DS-GVO, Art. 7 Rn. 94 ff.; *Kugelmann*, DuD 2016, 566 (567); *Schulz* in: Gola, DS-GVO, Art. 7 Rn. 24 ff.; *Selk*, DANA 2016, 59 (61). In diese Richtung wohl auch *Kühling/Martini*, EuZW 2016, 448 (451); *Schneider*, Datenschutz nach der DS-GVO, S. 140; *Ziegenhorn/ v. Heckel*, NVwZ 2016, 1585 (1587).

602 S. zu diesem Geschäftsmodell unten, Kap. 4, A. I. 1. e. sowie zu dessen rechtlicher Einordnung und (datenschutz-)rechtlicher Zulässigkeit ausf. unten, Kap. 6, A. I. 2.

603 S. hierzu unten Kap. 4, B.

604 Siehe hierzu unten Kap. 4.

b. Machtungleichgewicht

Die Möglichkeit, eine Datenverarbeitung durch eine hierauf bezogene Einwilligung zu legitimieren soll des Weiteren ausscheiden, soweit die Einwilligung aufgrund eines zwischen Datenverarbeiter und Betroffenem bestehenden Machtungleichgewichts nicht freiwillig erteilt wurde. ErwGr 43 S. 1 DS-GVO bestimmt diesbezüglich, dass „*in besonderen Fällen, wenn zwischen der betroffenen Person und dem Verantwortlichen ein klares Ungleichgewicht besteht, insbesondere wenn es sich bei dem Verantwortlichen um eine Behörde handelt, und es deshalb in Anbetracht aller Umstände in dem speziellen Fall unwahrscheinlich ist, dass die Einwilligung freiwillig gegeben wurde*“, eine solche Einwilligung unzulässig sein soll.

aa. Klares Ungleichgewicht

Wann von einem solchen "klaren Ungleichgewicht" i.S.d. DS-GVO im nicht-öffentlichen Bereich auszugehen ist, lässt sich kaum rechtssicher beantworten.[605] Die während des Gesetzgebungsprozesses zunächst vorgesehene Nennung des Arbeitsverhältnisses als Fallbeispiel innerhalb des ErwGr 43 S. 1 DS-GVO[606] wurde jedenfalls aus der endgültigen Fassung gestrichen.[607] Zudem ist zu beachten, dass ErwGr 155 DS-GVO explizit auf das Recht der Mitgliedsstaaten verweist, für Einwilligungen im Beschäftigtenkontext spezifische Vorschriften vorzusehen.[608] Die DS-GVO geht also von einer – zumindest grundsätzlichen – Zulässigkeit datenschutzrechtlicher Einwilligungen auch im Verhältnis Arbeitnehmer-Arbeitgeber aus.[609] Ist aber selbst in diesem oft bemühten Paradebeispiel struktureller Unterlegenheit des Betroffenen kein genereller Ausschluss der Einwilligung vorge-

605 *Gierschmann*, ZD 2016, 51 (54); *Haase*, InTer 2019, 113 (116); *Schulz* in: Gola, DS-GVO, Art. 7 Rn. 22.

606 Damals noch verankert in ErwGr 34; vgl. ErwGr 34 S. 2 DS-GVO KOM(2012) 11 endg.

607 *Kühling/Martini*, EuZW 2016, 448 (451); *Laue/Nink/Kremer*, Das neue Datenschutzrecht, S. 87 Rn. 16.

608 *Schantz*, NJW 2016, 1841 (1845). Vgl. hierfür auf nationaler Ebene § 26 Abs. 2 S. 1 BDSG.

609 So die ganz überwiegende Meinung, vgl. bspw. *Heckmann/Paschke* in: Ehmann/Selmayr, DS-GVO, Art. 7 Rn. 54; *Kühling/Buchner* in: Kühling/Buchner, DS-GVO, Art. 7 Rn. 44; *Laue/Nink/Kremer*, Das neue Datenschutzrecht, S. 87 Rn. 17; *Spelge*, DuD 2016, 755 (780). Einschränkend aber *Stelljes*, DuD 2016, 787 (780). So i. Erg. auch *Art. 29-Datenschutzgruppe*, WP259 rev.01, S. 8.

sehen, kann hieraus gefolgert werden, dass eine typischerweise bestehende Unterlegenheit keinen pauschalen Ausschluss der Einwilligungsmöglichkeit bewirken kann.[610] Vielmehr ist jeweils im Einzelfall zu ermitteln, ob gegebenenfalls eine so starke Machtasymmetrie gegeben ist, dass von einer die Freiwilligkeit ausschließenden gestörten Verhandlungsparität ausgegangen werden muss.[611] Insofern entspricht diese Freiwilligkeitsbeurteilung im Wesentlichen dem bisherigen Verständnis unter dem BDSG a.F.[612] Auch dort galt der Grundsatz, dass einer Einwilligung die Freiwilligkeit fehlen könne, wenn diese *„in einer Situation wirtschaftlicher oder sozialer Schwäche oder Unterordnung erteilt wird“*[613]. Zu beachten ist darüber hinaus, dass ErwGr 43 S. 1 DS-GVO als, aufgrund eines bestehenden Ungleichgewichts, besonders zu betrachtenden Fall die Einwilligung gegenüber einer Behörde nennt und somit für den öffentlichen Bereich an das Vorliegen eines Über-Unterordnungsverhältnis anknüpft.[614] Dies könnte dafür sprechen, dass auch im nicht-öffentlichen Bereich auf eine rechtliche und nicht bloß faktische Überlegenheit des Datenverarbeiters (wie dies bspw. regelmäßig im Verhältnis zwischen Verbrauchern und Unternehmern der Fall ist) abzustellen ist.[615]

bb. Einzelfallbetrachtung

Hinzu kommt, dass die DS-GVO selbst bei Vorliegen eines solchen Machtungleichgewichts nicht von einem automatischen Ausschluss der Einwilligung ausgeht. Vielmehr spricht die Formulierung *„in Anbetracht aller Umstände“* dafür, dass das Bestehen eines Machtungleichgewichts nur ein Kriterium unter anderen darstellen soll, an welchem die Freiwilligkeit jeweils im Einzelfall zu bestimmen ist. Darüber hinaus findet sich dieser Ausschluss der Einwilligung im Falle einer gestörten Verhandlungsparität

---

610 *Buchner*, DuD 2016, 155 (158); *Kühling/Buchner* in: Kühling/Buchner, DS-GVO, Art. 7 Rn. 44; *Schantz*, NJW 2016, 1841 (1845).

611 *Funke*, Dogmatik und Voraussetzungen der Einwilligung, S. 267.

612 *Stemmer* in: BeckOK DSR, Art. 7 DS-GVO Rn. 50.

613 BGH NJW 2008, 3055 (3056) – *Payback*; so im Wesentlichen auch *Art. 29-Datenschutzgruppe*, WP 187 S. 15.

614 Vgl. ErwGr 43 S. 1 DS-GVO.

615 *Breinlinger/Scheuing*, RDV 2012, 64 (69); *Schulz* in: Gola, DS-GVO, Art. 7 Rn. 23. A.A. *Schneider/Härting*, ZD 2012, 199 (201), ErwGr 43 S. 1 DS-GVO als *„Damoklesschwert“* bezeichnend, welches einen *„rechtskonformen Datenverkehr mit Verbrauchern erheblich erschwert“*. I. Erg. offen *Piltz*, K&R 2016, 557 (563).

– anders als von der Kommission zunächst vorgesehen[616] – lediglich in den Erwägungsgründen wieder. Als ebenso vom Verhandlungsprozess vollständig erfasster Teil der Rechtsquelle können Erwägungsgründe zwar vielfach als Auslegungshilfe für die sie betreffenden Artikel herangezogen werden, entfalten aber keine direkte Bindungswirkung.[617]

Im Ergebnis bewirkt ErwGr 43 S. 1 DS-GVO eine verstärkte Berücksichtigung des Verhältnisses zwischen dem Betroffenen und dem Datenverarbeiter im Rahmen der (allgemeinen) Freiwilligkeitsprüfung. Wird im Einzelfall festgestellt, dass zwischen den beiden ein nicht unerhebliches Machtungleichgewicht besteht, kann dies zwar ein Indiz für die Unfreiwilligkeit der erteilten Einwilligung darstellen.[618] Auch im Falle eines Machtungleichgewichts ist aber *„in Anbetracht aller Umstände"* zu ermitteln ob es der Einwilligung in diesem *„speziellen Fall"* an der notwendigen Freiwilligkeit mangelt. Entscheidend ist daher stets die Freiwilligkeit im Einzelfall.[619] Die DS-GVO sieht mithin keinen generellen Ausschluss der Einwilligung in Situationen vor, in denen dem Einwilligenden eine gegenüber dem Datenverarbeiter unterlegene Stellung zukommt.[620] Durch ErwGr 43 S. 1 DS-GVO wird lediglich klargestellt, dass das Verhältnis der Parteien bei der Bewertung der Freiwilligkeit ein zu berücksichtigendes Kriterium darstellt.

c. Verbot von Nachteilen

In ErwGr 42 S. 5 DS-GVO ist darüber hinaus niedergelegt, dass von einer freiwilligen Einwilligung nur dann ausgegangen werden soll, wenn der Be-

---

616 Vgl. Art. 7 Abs. 4 DS-GVO KOM(2012) 11 endg.

617 Vgl. bspw. EuGH, Rs. C-63/15, ECLI:EU:C:2016:409, Rn 38 ff. – *Ghezelbash*. So auch *Gola*, K&R 2017, 145 (145); *Scheurer*, Spielerisch selbstbestimmt, S. 60 f.; *Wegener* in Calliess/Ruffert, EUV/AEUV, Art. 19 EUV Rn. 16.

618 *Ernst*, ZD 2017, 110 (111 f.). Die *Art. 29-Datenschutzgruppe* empfiehlt daher, Datenverarbeitungen im Arbeitsverhältnis nach Möglichkeit auf andere Rechtsgrundlagen (namentlich Art. 6 Abs. 1 lit. a DS-GVO) zu stützen, vgl. *Art. 29-Datenschutzgruppe*, WP259 rev.01 S. 8.

619 *Stemmer* in: BeckOK DSR, Art. 7 DS-GVO Rn. 49; *Funke*, Dogmatik und Voraussetzungen der Einwilligung, S. 267; *Ingold* in: Sydow, DS-GVO, Art. 7 Rn. 28; *Scheurer*, Spielerisch selbstbestimmt, S. 317 f.

620 *Art. 29-Datenschutzgruppe*, WP259 rev.01 S. 8; *Haase*, InTer 2019, 113 (116); *Roßnagel/Nebel/Richter*, ZD 2015, 455 (457). In diese Richtung auch: *Schneider*, Datenschutz nach der DS-GVO, S. 146 f. A.A. wohl *Schneider/Härting*, ZD 2012, 199 (201).

troffene *„eine echte und freie Wahl hat und somit in der Lage ist, die Einwilligung zu verweigern oder zurückzuziehen, ohne Nachteile zu erleiden"*. Dieses Nachteilsverbot soll (ebenso) sicherstellen, dass dem Einzelnen eine autonome Entscheidung tatsächlich möglich ist. Als problematisch erweist sich indes eine belastbare Bestimmung der Voraussetzungen eines solchen Nachteils. Insbesondere ist die Frage aufgeworfen, ob (auch) das bloße Entfallen einer versprochenen Vergünstigung einen *„Nachteil"* im Sinne der DS-GVO darstellen kann, also etwa das Entfallen eines in Aussicht gestellten (Kunden-)Rabatts bei Verweigerung einer Registrierung und Erhebung personenbezogener Daten im Rahmen eines Kundenprofils.

aa. Bloßes Setzen von Anreizen

Richtigerweise wird hier wohl zwischen „echten Nachteilen"[621] und dem bloßen Ausbleiben von Vorteilen zu differenzieren sein: Setzt ein Unternehmen gezielt Anreize, um den Einzelnen zur Angabe persönlicher Daten und einer entsprechenden datenschutzrechtlichen Einwilligung zu motivieren, so kann – im Falle einer Verweigerung der Einwilligung – der Wegfall der Möglichkeit, diese Vorteile in Anspruch zu nehmen, für sich genommen noch keinen (datenschutzrechtlich relevanten) Nachteil darstellen.[622] Andernfalls würde ErwGr 42 S. 5 DS-GVO auf ein generelles Verbot einwilligungsfördernder Anreize hinauslaufen. Mit Blick auf den Grundsatz der Privatautonomie müssen solche Anreize – zumindest im Regelfall – möglich und zulässig sein.[623] Niemandem kann aufgezwungen werden, einen Vertrag nur zu gewissen, festgeschriebenen Konditionen anzubieten. Hieraus folgt, dass es Unternehmern grundsätzlich auch freistehen muss, die angebotenen Leistungen unter gewissen Voraussetzungen zu besonders günstigen Konditionen anzubieten. Dabei ist auch zu bedenken, dass solche Anreize des Öfteren nicht oder zumindest nicht ausschließlich auf die Möglichkeit einer Datenverarbeitung abzielen. So kann bei Rabattmodellen durch Kundenkarten bspw. auch dem Gedanken der langfristigen Kundenbindung eine nicht unerhebliche Rolle zukom-

---

621 Die Art. 29-Datenschutzgruppe nennt als solche relevanten Nachteile *„Kosten"* für den Betroffenen sowie *„Täuschung, Einschüchterung, Nötigung oder beträchtliche negative Folgen"*, vgl. *Art. 29-Datenschutzgruppe*, WP259 rev.01 S. 12.

622 So auch *Schulz* in: Gola, DS-GVO, Art. 7 Rn. 29; für einzelne Beispiele solcher Anreizmöglichkeiten *Art. 29-Datenschutzgruppe*, WP259 rev.01 S. 12 f.

623 *Gola*, K&R 2017, 145 (147); *Spindler*, GRUR-Beilage 2014, 101 (102).

men.[624] Einer solchen Anreizfunktion sollte daher nicht generell ihre Legitimität abgesprochen werden.

Im Ergebnis wird es wohl auf die – nicht immer trennscharf zu leistende – Abgrenzung zwischen der angebotenen (Grund-)Leistung und eventuellen Vergünstigungen ankommen: Wird bereits bei den Konditionen der (Grund-)Leistung die Einwilligung in eine Datenverarbeitung vorausgesetzt und im Falle einer Verweigerung bspw. eine Leistungskürzung oder eine sonstige Minderung dieser grundsätzlich angebotenen Leistung vorgesehen, so wird es sich hierbei – allgemein – um einen Nachteil i.S.d. ErwGr 42 S. 5 DS-GVO handeln. Wird dagegen lediglich eine über die eigentliche Leistung hinausgehende Vergünstigung versprochen, soweit der Einzelne einer (zusätzlichen) Datenverarbeitung zustimmt, ist das schlichte Ausbleiben dieser Vergünstigung im Falle der Einwilligungsverweigerung nicht nach ErwGr 42 S. 5 DS-GVO zu beurteilen.[625]

bb. Art des Nachteils

Zu differenzieren ist des Weiteren, ob jeder Nachteil ein solch freiwilligkeitsschädliches Potential in sich trägt, dass die Einwilligung als mögliche Legitimationsgrundlage ausgeschlossen werden soll. Zumeist wird diesbezüglich vertreten, der Nachteil müsse "*schwerwiegend*" sein.[626] Im Wortlaut des ErwGr 42 S. 5 DS-GVO findet sich zwar keine solche zusätzliche Anforderung. Eine Begrenzung auf erhebliche Nachteile ließe sich aber mit dem Telos des Nachteilsverbots begründen. ErwGr 42 S. 5 DS-GVO soll die autonome Entscheidung des Betroffenen absichern. Grundgedanke ist, dass eine Einwilligung dann unzulässig sein soll, wenn der Betroffene bei einer potenziellen Einwilligungsverweigerung aufgrund der hieraus für ihn resultierenden Nachteile *de facto* keine andere Wahl hat, als die Einwilligung zu erteilen. Eine solche faktische Zwangslage wird aber bei lediglich unerheblichen und zu vernachlässigenden Nachteilen nicht gegeben sein.[627] Die mit einer Einwilligungsverweigerung verbundenen nachteiligen Fol-

---

624 *Buchner*, Informationelle Selbstbestimmung im Privatrecht, S. 149

625 So auch *Schulz* in: Gola, DS-GVO, Art. 7 Rn. 29. Diese Wertung schließt nicht aus, dass das Setzen übermäßiger Anreize als Kriterium innerhalb der allgemeinen Freiwilligkeitsprüfung berücksichtigt werden kann, vgl. hierzu grds. oben, Kap. 2, B. II. 3. b. cc.

626 So bspw. *Schulz* in: Gola, DS-GVO, Art. 7 Rn. 29.

627 *Klement* in: Simitis/Hornung/Spiecker gen. Döhmann, DSGVO, Art. 7 Rn. 48. A.A wohl *Härting*, DS-GVO, Rn. 398, befürchtend, *„jeder Nachteil"* eröffne dem

gen müssen für den Betroffenen mithin jedenfalls eine spürbare Belastung darstellen.

cc. Einzelfallbetrachtung

Insgesamt kommt dem Nachteilsverbot, auch und gerade durch die Erwähnung (lediglich) in den Erwägungsgründen, in erster Linie eine Hilfsfunktion im Rahmen der Freiwilligkeitsprüfung zu.[628] In dieser Funktion stellt es sicher, dass bei der Beurteilung, ob sich der Betroffene im Einzelfall freiwillig und selbstbestimmt mit einer Erhebung ihn betreffender personenbezogener Daten einverstanden erklärt hat, auch mögliche negative Folgen einer Einwilligungsverweigerung berücksichtigt werden. Das Nachteilsverbot kann daher insbesondere in Fällen, in denen die Autonomie des Betroffenen bereits aufgrund einer Koppelung[629] bzw. eines Machtungleichgewichts als besonders prekär erscheint, als weiterer Orientierungspunkt im Rahmen der Freiwilligkeitsprüfung führen: Denn liegt bereits eine solche Grundkonstellation struktureller Freiwilligkeitsgefährdung vor und wird darüber hinaus festgestellt, dass eine Einwilligungsverweigerung spürbare nachteilige Folgen für den Betroffenen hätte, stellt dieser Umstand eine belastbare Vermutung für die Unfreiwilligkeit der Entscheidung des Betroffenen dar.

d. Granularität der Einwilligungserteilung

Schließlich soll eine Einwilligung dann nicht als freiwillig erteilt gelten, „wenn zu verschiedenen Verarbeitungsvorgängen von personenbezogenen Daten nicht gesondert eine Einwilligung erteilt werden kann, obwohl dies im Einzelfall angebracht ist“[630]. Verhindert werden soll, den Betroffenen

---

Betroffenen die Möglichkeit, sich auf die Unfreiwilligkeit seiner Einwilligung zu berufen.

628 In diese Richtung auch *Gola*, K&R 2017, 145 (147).

629 Jedenfalls wenn und soweit dem Koppelungsverbot eine (lediglich) relative Wirkung unterstellt, vgl. oben Kap. 3, B. II. 2. a. sowie unten Kap. 5, C. Wird das Koppelungsverbot dagegen als absoluter Einwilligungsausschluss verstanden, kommt es auf eventuell mit einer Einwilligungsverweigerung verbundene nachteilige Folgen für den Betroffenen gerade nicht mehr an, vgl. oben, Kap. 3, B. II. 2. a. aa. (2).

630 So ErwGr 43 S. 2 Alt. 1 DS-GVO.

durch die Zusammenfassung mehrerer Verarbeitungsvorgänge vor eine „Alles-oder-Nichts"-Wahl zu stellen. Insbesondere umfassende „Globaleinwilligungen" könnten durch die Pflicht zur Schaffung einer solchen „differenzierten Einwilligung"[631] zukünftig – auch unabhängig von einer möglichen Unwirksamkeit aufgrund fehlender Bestimmtheit[632] – unzulässig sein.[633]

aa. Notwendigerweise verknüpfte Verarbeitungsvorgänge

Notwendig bleibt aber immer eine Beurteilung im Einzelfall. Insbesondere ist die Zusammenfassung mehrerer Verarbeitungsvorgänge nur dann unzulässig, wenn eine solche Zusammenfassung nicht *„im Einzelfall angebracht ist"*. In Konstellationen, in denen die Verarbeitung bestimmter personenbezogener Daten ohne die Verknüpfung mit anderen Verarbeitungsvorgängen oder anderen Daten schlicht sinnlos wäre – die jeweiligen Verarbeitungsschritte also notwendigerweise zusammen zu erfolgen haben und somit eine natürliche Einheit darstellen – wäre das Erfordernis gesonderter Einwilligungserklärungen lediglich eine lästige Formalie.[634] Darüber hinaus könnte in solchen Fällen bei dem Betroffenen der Eindruck hervorgerufen werden, er könne hier tatsächlich differenziert selbst entscheiden, mit welchen der jeweiligen Verarbeitungsschritte er sich einverstanden erklären möchte, obwohl dies *de facto* nicht der Fall ist. Zudem ist zu verhindern, dass der Einzelne durch die bloße Vielzahl an Wahlmöglichkeiten und Einwilligungserklärungen aus Überforderung in eine rein passive Verhaltensweise verfällt.[635] Notwendigerweise verknüpften Verarbeitungsvorgänge können daher mit einer einzigen Einwilligungserklärung legitimieret werden.

---

631 *Schantz*, NJW 2016, 1841 (1845); *Krohm/Müller-Peltzer*, ZD 2017, 551 (552)

632 S. hierzu oben, Kap. 3, B. II. 1. c.

633 *Heckmann/Paschke* in: Ehmann/Selmayr, DS-GVO, Art. 7 Rn. 64; *Krauß/v. Pape/Robrahn/Zelle*, DuD 2017, 217 (219); *Schantz*, NJW 2016, 1841 (1845).

634 So auch *Krohm/Müller-Peltzer*, ZD 2017, 551 (552). Für die grundsätzliche Möglichkeit, eine einzige Einwilligung für mehrere Verarbeitungsvorgänge zugleich einzuholen auch *Laue/Nink/Kremer*, Das neue Datenschutzrecht, S. 88 Rn. 18; *Piltz*, K&R 2016, 557 (562).

635 Vgl. oben Kap. 2, B. II. sowie ausf. Kap. 6, A. II.

bb. Problematische Verknüpfungen

Freiwilligkeitsdefizite können sich dagegen aus der Verknüpfung von Datenverarbeitungen ergeben, die in keinem inneren bzw. sachlichen Zusammenhang zueinander stehen. Neben undifferenzierten „Globaleinwilligungen“ ist eine solche problematische Verknüpfung insbesondere anzunehmen, wenn eine für den Betroffenen klar nachvollziehbare und eventuell sogar wünschenswerte Datenverarbeitung zusammengefasst ist mit anderen Verarbeitungsvorgängen, an welchen der Betroffene kein Interesse hat oder die für ihn ungleich risikobehafteter sind.[636] Wird der Betroffene in einer solchen Konstellation vor die Wahl gestellt, seine Einwilligung entweder umfassend zu erteilen oder zu verweigern, ist zu bezweifeln, ob und inwieweit die getroffene Entscheidung tatsächlich den Präferenzen des Einwilligenden entspricht.[637]

Im Ergebnis ist daher stets eine umfassende Würdigung des konkreten Falls erforderlich.[638] Eine nicht angebrachte und daher unzulässige Verknüpfung verschiedener Datenverarbeitungen ist dabei regelmäßig anzunehmen, wenn und soweit die Verarbeitungsvorgänge keinen inhaltlichen, technischen oder sachlich sinnvollen Zusammenhang zueinander aufweisen. Als umso unterschiedlicher sich Risiko und potenzieller Nutzen der verknüpften Datenverarbeitungen für den Betroffenen darstellen, umso eher kann des Weiteren davon ausgegangen werden, dass die Verknüpfung entsprechender Einwilligungserklärungen unangebracht und der Erklärenden einem unzulässigen Einwilligungsdruck ausgesetzt ist.

e. Freie Widerruflichkeit

Eine einmal erteilte datenschutzrechtliche Einwilligung ist nach Art. 7 Abs. 3 S. 1 DS-GVO jederzeit – mit Wirkung *ex nunc*[639] – frei wider-

---

636 In diese Richtung auch *Krauß/v. Pape/Robrahn/Zelle*, DuD 2017, 217 (219).

637 In diesem Sinne auch *Stemmer* in: BeckOK DSR, Art. 7 DS-GVO Rn. 47.

638 *Laue/Nink/Kremer*, Das neue Datenschutzrecht, S. 88 Rn. 18; *Schneider*, Datenschutz nach der DS-GVO, S. 148.

639 Vgl. Art. 7 Abs. 3 S. 2 DS-GVO. Zu den Auswirkungen des Rechts auf Löschung nach Art. 17 Abs. 1 lit. b DS-GVO auf diese prinzipielle *ex-nunc*-Wirkung s. unten, Kap. 6, A. I. 2. d. (1) (c).

ruflich.[640] Der Widerruf muss für den Betroffenen gem. Art. 7 Abs. 3 S. 4 DS-GVO *„so einfach wie die Erteilung der Einwilligung sein"*. Der Verantwortliche muss für die Widerrufsmöglichkeit daher (jedenfalls) diejenigen Erklärungsmittel anbieten, über welche auch die Einwilligung erteilt wurde.[641] Eine darüber hinausgehende Vereinfachung der Widerrufserklärung ist grundsätzlich möglich.[642]

Unterschiedlich beurteilt wird, ob und inwieweit die freie Widerruflichkeit aufgrund besonderer Gegebenheiten ausgeschlossen bzw. jedenfalls eingeschränkt sein kann. So wird teilweise erwogen, der Widerruf könne bzw. sollte ausgeschlossen sein, soweit die mit dem Widerruf verbundenen Folgen für den Verantwortlichen unzumutbar seien.[643] Dogmatisch begründet werden könne ein solcher Ausschluss etwa unter Verweis auf das Gebot von Treu und Glauben,[644] bzw. über das durch das Bundesarbeitsgericht[645] zu Einwilligungen im Arbeitsverhältnis entwickelten Erfordernisses eines Widerrufs aus plausiblen Gründen.[646] In Betracht komme eine solche Einschränkung der Widerrufsmöglichkeit im Falle einer vertraglichen Einbettung der Einwilligung[647] oder (allgemein) bei überwiegenden Interessen des Verantwortlichen an der (Weiter-)Verarbeitung der entsprechenden Daten.[648]

---

640 Der Verantwortliche ist verpflichtet, den Betroffenen bei Einholung der Einwilligung auf diese Widerrufsmöglichkeit hinzuweisen (Art. 7 Abs. 3 S. 3 DS-GVO, vgl. hierzu oben, Kap. 3, B. II. 1).

641 *Schulz* in: Gola, DS-GVO, Art. 7 Rn. 56;

642 *Art. 29-Datenschutzgruppe*, WP259 rev.01 S. 25 f. S. zu Besonderheiten im Einzelfall *Frenzel* in Paal/Pauly, DS-GVO, Art. 7 Rn. 17.

643 *Klement* in: Simitis/Hornung/Spiecker gen. Döhmann, DSGVO, Art. 7 Rn. 92; *Schulz* in: Gola, DS-GVO, Art. 7 Rn. 57; *Taeger* in: Taeger/Gabel, DSGVO, Art. 7 Rn. 74. Tendenziell ähnlich *Buchner/Kühling* in Kühling/Buchner, DS-GVO, Art. 7 Rn. 38. Die Möglichkeit einer Einschränkung des Widerrufs für bestimmte Situationen jedenfalls aufwerfend *Linardatos* in: Specht-Riemschneider, Datenrecht in der Digitalisierung S. 535 ff. sowie *Specht*, JZ 2017, 763 (769).

644 *Schulz* in: Gola, DS-GVO, Art. 7 Rn. 57; *Taeger* in: Taeger/Gabel, DSGVO, Art. 7 Rn. 73; ähnlich *Klement* in: Simitis/Hornung/Spiecker gen. Döhmann, DSGVO, Art. 7 Rn. 92.

645 Vgl. BAG, MMR 2015, 544 (546).

646 *Schulz* in: Gola, DS-GVO, Art. 7 Rn. 54; krit. hierzu *Klement* in: Simitis/Hornung/Spiecker gen. Döhmann, DSGVO, Art. 7 Rn. 91; *Schantz* in: *Schantz/Wolff*, Das neue Datenschutzrecht, Rn. 532; *Spelge*, DuD 2016, 755 (781).

647 *Buchner/Kühling* in Kühling/Buchner, DS-GVO, Art. 7 Rn. 38; *Klement* in: Simitis/Hornung/Spiecker gen. Döhmann, DSGVO, Art. 7 Rn. 92; *Sattler*, JZ 2017, 1036 (1042); *Schulz* in: Gola, DS-GVO, Art. 7 Rn. 57.

648 *Schulz* in: Gola, DS-GVO, Art. 7 Rn. 54; *Taeger* in: Taeger/Gabel, DSGVO, Art. 7 Rn. 73 f.

Richtigerweise ist eine solche Beschränkung der Widerrufsmöglichkeit abzulehnen.[649] Schon der klare Wortlaut des Art. 7 Abs. 3 DS-GVO steht einer solchen Ausschluss- bzw. Beschränkungsmöglichkeit des Widerrufsrechts des Betroffenen entgegen.[650] Überdies bedarf es einer etwaigen Beschränkung des Widerrufs in Konstellationen nicht, in welchen die Daten für die Vertragserfüllung erforderlich sind oder das Interesse des Verantwortlichen an der (Weiter-)Verarbeitung den Schutzinteressen des Betroffenen überwiegt. Eine Verarbeitung ist in solchen Fällen unabhängig des Bestehens einer datenschutzrechtlichen Einwilligung bereits nach Art. 6 Abs. 1 lit. b DS-GVO[651] bzw. Art. 6 Abs. 1 lit. f DS-GVO[652] rechtmäßig.[653]

Relevanz entfaltet die Frage eines möglichen Widerrufsausschlusses auch und gerade im Kontext datenfinanzierter Angebote[654]. Bei solchen Angeboten, in welchen die Einwilligung als (Gegen-)Leistung eines synallagmatischen (Daten-)Austauschvertrags zu qualifizieren ist[655], ließe sich eine Beschränkung der Widerrufsmöglichkeit neben dem Verweis auf schutzwürdige Interessen des Verantwortlichen[656] zusätzlich durch allgemeine (Rechts-)Grundsätze des Schuldvertragsrechts und insbesondere das dem Grundsatz der Privatautonomie entfließende Recht der Betroffenen Person zur vertraglichen (Selbst-)Bindung begründen.[657] Ein Ausschluss des datenschutzrechtlichen Einwilligungswiderrufs ist indes auch dann ab-

649 So auch *Funke*, Dogmatik und Voraussetzungen der Einwilligung, S. 323; *Hacker*, ZfPW 2019, 148 (170); *Heckmann/Paschke* in: Ehmann/Selmayr, DS-GVO, Art. 7 Rn. 93; *Ingold* in: Sydow, DS-GVO, Art. 7 Rn. 46; *Langhanke/Schmidt-Kessel*, EuCML 2015, 218 (220 f.); *Metzger*, AcP 2016, 818 (825); *Rosenkranz*, GPR 2018, 28 (34); *Schantz* in: *Schantz/Wolff*, Das neue Datenschutzrecht, Rn. 532; *Schmidt-Kessel/Grimm*, ZfPW 2017, 84 (91); *Schmidt-Kessel/Grimm*, ZfPW 2017, 84 (91 f.); *Spelge*, DuD 2016, 755 (781); *Stemmer* in: BeckOK DSR, Art. 7 Rn. 90.

650 *Heckmann/Paschke* in: Ehmann/Selmayr, DS-GVO, Art. 7 Rn. 93; *Ingold* in: Sydow, DS-GVO, Art. 7 Rn. 46; *Spelge*, DuD 2016, 755 (781); *Stemmer* in: BeckOK DSR, Art. 7 Rn. 90. Dies wird im Grundsatz auch von Vertretern der Gegenmeinung anerkannt, vgl. *Klement* in: Simitis/Hornung/Spiecker gen. Döhmann, DSGVO, Art. 7 Rn. 91.

651 Ausf. zu dieser Verarbeitungsgrundlage unten, Kap. 6, A. I. 2. e. aa.

652 Ausf. zu dieser Verarbeitungsgrundlage unten, Kap. 6, A. I. 2. e. bb.

653 *Stemmer* in: BeckOK DSR, Art. 7 Rn. 90.

654 Näher zu datenfinanzierten Angeboten unten, Kap. 4, A, I. 1. e sowie Kap. 6, A. I. 2.

655 S. hierzu ausf. unten, Kap. 6, A. I. 2. a.

656 *Linardatos* in: Specht-Riemschneider, Datenrecht in der Digitalisierung S. 535 f

657 So insb. *Klement* in: Simitis/Hornung/Spiecker gen. Döhmann, DSGVO, Art. 7 Rn. 92; *Sattler*, JZ 2017, 1036 (1042).

zulehnen, wenn die Einwilligung Gegenstand einer vertraglich vereinbarten Leistungspflicht ist.[658] Die vertragliche Einbettung der Einwilligung wirkt sich nicht auf deren Voraussetzungen und Reichweite auf datenschutzrechtlicher Ebene aus, da die zivilrechtlichen und datenschutzrechtlichen Bestimmungen (auch) in einer solchen Konstellation grundsätzlich nebeneinander bestehen.[659] Auf datenschutzrechtlicher Ebene kommt es mithin allein auf die Vorgaben der DS-GVO[660] an; diese sieht in Art. 7 Abs. 3 DS-GVO gerade keinerlei Einschränkungen der Einwilligung vor. Es bleibt somit bei der freien Widerruflichkeit der Einwilligung auf datenschutzrechtlicher Ebene.[661]

f. Zusammenfassung

Welche Anforderungen die DS-GVO im Detail an eine wirksame – weil freiwillige – Einwilligung stellt, wird bisher unterschiedlich beantwortet. Während zum Teil von einem weitgehenden Gleichlauf mit der unter der DS-RL bestehenden Rechtslage ausgegangen wird[662] und die hinsichtlich der Freiwilligkeit normierten Voraussetzungen allesamt als *„Selbstverständlichkeiten“*[663] angesehen werden, gehen andere von erheblichen Verschärfungen der Einwilligungsvoraussetzungen aus[664] und bezweifeln teilweise ihre Geeignetheit als Rechtsgrundlage zukünftiger Datenverarbeitungen.[665] Nach Ansicht letzterer sei daher von einer schwindenden Bedeu-

---

658 *Hacker*, ZfPW 2019, 148 (170); *Heckmann/Paschke* in: Ehmann/Selmayr, DS-GVO, Art. 7 Rn. 93; *Langhanke/Schmidt-Kessel*, EuCML 2015, 218 (220 f.); *Lutz* in: Specht-Riemschneider, Datenrecht in der Digitalisierung, S. 224 *Metzger*, AcP 2016, 818 (825); *Rosenkranz*, GPR 2018, 28 (34); *Schantz* in: *Schantz/Wolff*, Das neue Datenschutzrecht, Rn. 532; *Schmidt-Kessel/Grimm*, ZfPW 2017, 84 (91); *Schmidt-Kessel/Grimm*, ZfPW 2017, 84 (91 f.).

659 *Heckmann/Paschke* in: Ehmann/Selmayr, DS-GVO, Art. 7 Rn. 93.

660 Sowie ggf. einschlägigem unionalen Primärrecht, s. zu diesem sowie dessen Bedeutung für die Auslegung der DS-GVO unten, Kap. 4, B. II.

661 Hiervon zu trennen ist die Frage nach den Auswirkungen eines datenschutzrechtlichen Widerrufs auf das zivilrechtliche Vertragsverhältnis. S. hierzu ausf. unten, Kap. 6, A. I. 2. d. bb. (1).

662 *Stemmer* in: BeckOK DSR, Art. 7 DS-GVO Rn. 4; *Gola/Pötters/Wronka*, Arbeitnehmerdatenschutz, S. 153 Rn. 446.

663 *Buchner*, DuD 2016, 155 (158).

664 *Dammann*, ZD 2016, 307 (311); *Ziegenhorn/ v. Heckel*, NVwZ 2016, 1585.

665 *Gierschmann*, ZD 2016, 51 (54).

tung der Einwilligung für die Datenverarbeitung im privaten Sektor auszugehen.[666]

C. *Ergebnis*

Die DS-GVO setzt für eine wirksame datenschutzrechtliche Einwilligung eine bewusste, informierte und selbstbestimmte Entscheidung des Betroffenen voraus. Besondere Bedeutung kommt dabei insbesondere denjenigen Voraussetzungen zu, welche die Einwilligung zum einen in ihrem Wesen formen und prägen und zum anderen für die (bisherige) datenschutzrechtliche Praxis erhebliche Auswirkungen entfalten (können). Hierzu zählen auch und gerade die Form der Einwilligungserklärung, die Informationsgrundlage der Entscheidung und die Freiwilligkeit des Betroffenen. Welche Anforderungen dabei im Einzelnen an eine wirksame Einwilligung i.S.d. DS-GVO zu stellen sind, wird bisher uneinheitlich beurteilt. Unklarheiten bestehen insbesondere hinsichtlich des genauen Umfangs der Informationspflicht des Verantwortlichen, der Reichweite eines Ausschlusses der Einwilligungseinholung im Wege des *Opt-Out* sowie hinsichtlich der konkreten Voraussetzungen und der Wirkung des Koppelungsverbots. Dabei kommt diesen Problemkreisen nicht nur eine erhebliche praktische Relevanz zu, sondern sie sind überdies entscheidend für die (rechtsdogmatische) Beurteilung, ob und inwieweit die Einwilligung dem Einzelnen die Ausübung seines Rechts auf informationelle Selbstbestimmung im daten(schutz)rechtlichen Bereich tatsächlich ermöglicht. Im weiteren Verlauf der Arbeit sollen daher diese Fragestellungen besonders in Blick genommen werden.

666 *Schneider/Härting*, ZD 2012, 199 (201).

Kapitel 4: Zugrundeliegende Interessen und Rechtspositionen

Die im Gesetzestext aufgestellten Anforderungen an eine wirksame Einwilligung zeichnen sich teilweise durch eine gewisse Unschärfe und Lückenhaftigkeit aus.[667] Soweit die hieraus resultierende Unbestimmtheit zu offenen Fragen hinsichtlich Voraussetzung und Reichweite der datenschutzrechtlichen Einwilligung führt, ist eine grundrechts- (bzw. primärrechts-)konforme Auslegung der jeweiligen Normen geboten.[668] In Kapitel 3 dieser Arbeit wurde festgestellt, dass sowohl hinsichtlich der kognitiven als auch der voluntativen Wirksamkeitselemente einer Einwilligung auf der Grundlage und dem Maßstab der DS-GVO nicht nur unerhebliche Unklarheiten bestehen.[669] Ziel der vorliegenden Arbeit ist es, diese Unklarheiten – im Wege der Auslegung und unter besonderer Berücksichtigung der Vorgaben höherrangiger Normen – möglichst einer Klärung zuzuführen. Für eine belastbare Ermittlung der durch die DS-GVO geforderten Wirksamkeitsvoraussetzungen ist eine eingehende Untersuchung der Rechte und berechtigten Interessen der beteiligten Akteure vonnöten. In diesem Zusammenhang ist die allgemeine Interessenlage der Beteiligten näher zu beleuchten. Sodann wird untersucht, ob und inwieweit die ermittelten Interessen – aufgrund ihrer Verankerung im Primärrecht – bei der Auslegung der Einwilligungsvoraussetzungen zu berücksichtigten sind. Erst im Anschluss kann eine umfassende Auslegung der vorliegend besonders in Blick genommenen Wirksamkeitsvoraussetzungen[670] der Einwilligung im nachfolgenden Kapitel 5 erfolgen.

---

667 *Bergt*, CR 2016, 670 (670); *Heckmann/Paschke* in: Ehmann/Selmayr, DS-GVO; Art. 7 Rn. 1; *Schrems* in Knyrim, DS-GVO, S. 36 f.; *Veil*, NVwZ 2018, 686 (687).

668 EuGH, Rs. C-465/00, ECLI:EU:C:2003:294, Rn. 68 – *Österreich. Rundfunk u.a.*; Rs. C-101/01, ECLI:EU:C:2003:596, Rn. 87 – *Lindqvist*; Rs. C-305/05, ECLI:EU:C:2007:383, Rn. 28 – *Ordre des barreaux*; *Heckmann/Paschke* in: Ehmann/Selmayr, DS-GVO; Art. 7 Rn. 1; *Jarass*, EuR 2013, 29 (33); *Scheurer*, Spielerisch selbstbestimmt, S. 69 ff.; *Schrems* in Knyrim, DS-GVO, S. 36 f.

669 Vgl. oben Kap. 3, II. C.

670 Dies betrifft insbesondere die Frage(n) des erforderlichen Umfangs der Informationserteilung durch den Datenverarbeiter, der (möglichen) Unzulässigkeit einer Einwilligungserteilung im Wege des *Opt-Out* sowie der Voraussetzungen und Reichweite des aufgestellten Koppelungsverbots.

A. Interessenlage

Aufgrund der mannigfaltigen Verwendungsmöglichkeiten personenbezogener Daten[671] sowie der unterschiedlichen Motivationsgründe seitens des Betroffenen, eine Einwilligung in die Verarbeitung ihn betreffender Daten zu erteilen bzw. diese Daten zur Verfügung zu stellen,[672] ist eine allumfassende Darstellung der Interessen sowohl der datenverarbeitenden Akteure als auch der betroffenen Personen kaum zu realisieren. Vorliegend werden daher insbesondere repräsentative Referenzgebiete untersucht, welche entweder typischerweise zu Kontroversen hinsichtlich der Einwilligung als Ausdruck tatsächlicher Autonomie führen oder für die Datenökonomie bzw. die betroffene Person eine besondere Relevanz aufweisen.

I. Datenverarbeiter

Nachstehend sollen dabei zunächst die Interessen des Datenverarbeiters[673] in Blick genommen werden.

1. Fallgruppen

Soweit der Datenverarbeiter personenbezogene Daten erhebt bzw. in sonstiger Weise verarbeitet, weil diese Datenverarbeitung für die Erfüllung ihm obliegender vertraglicher Pflichten oder die Durchführung vorvertraglicher Maßnahmen erforderlich ist,[674] ist die entsprechende Datenverarbeitung stets bereits aufgrund der gesetzlichen Rechtfertigung

---

671 *Albrecht*, Unsere Daten, S. 61; *Leutheusser-Schnarrenberger* in: Stiftung DS, Zukunft der informationellen Selbstbestimmung S. 63; *Robrecht* in: Stiftung DS, Zukunft der informationellen Selbstbestimmung S. 84 f.; *Simitis*, NJW 1998, 2473 (2477); *Unseld*, Die Kommerzialisierung personenbezogener Daten, S. 3. So auch die *OECD* in ihrem Report, s. *OECD*, Data-driven Innovation, Interim Synthesis Report (October 2014), S. 4.

672 *CMA*, The commercial use of cosnumer data S. 28 f.

673 Der Begriff des Datenverarbeiters wird hier stellvertretend für alle wirtschaftlichen Akteure verwendet, welche ein erhöhtes Interesse an der Verarbeitung personenbezogener Daten aufweisen – auch wenn es sich hierbei keineswegs um eine homogene Gruppe handelt; vgl. hierzu *Spiecker gen. Döhmann* in: Stiftung DS, Zukunft der informationellen Selbstbestimmung S. 139 ff.

674 Gedacht sei hier bspw. an die Konstellation der Erhebung und Verarbeitung der Kontaktdaten eines Kunden im Rahmen einer Lieferbestellung frei Haus, also

gem. Art 6 Abs. 1 lit. b DS-GVO erlaubt.[675] Einer Einwilligung bedarf es in einem solchen Fall somit nicht. Interessant sind vorliegend daher vor allem diejenigen Konstellationen, in denen der Datenverarbeiter die Daten für eigene (Geschäfts-)Zwecke verarbeiten möchte. Entweder, indem er Daten über das erforderliche Maß hinaus erhebt – also solche Daten, welche für das zwischen ihm und der betroffenen Person bestehende Verhältnis nicht zwingend benötigt werden – oder aber, wenn der Datenverarbeiter personenbezogene Daten, welche er zunächst bspw. aufgrund ihrer Erforderlichkeit nach Art 6 Abs. 1 lit. b DS-GVO erheben durfte, im Rahmen einer Zweckänderung für über die Vertragsdurchführung hinausgehende, eigene Ziele weiterverwenden möchte.[676] In beiden Fällen kann eine solche Verwendung der Daten durch die Einwilligung der betroffenen Person legitimiert werden.[677] Vorliegend werden daher insbesondere die diesen Datenverwendungen zugrundeliegenden Interessen des Datenverarbeiters in Blick genommen.[678]

a. Marketing und Werbung

Ein wichtiges Anwendungsfeld der Datenverarbeitung im Eigeninteresse des datenschutzrechtlich Verantwortlichen stellt der Bereich des Marketings[679], also die Kundengewinnung und –bindung dar.[680] Durch das Sam-

---

all solche Fälle der Einwilligung als "dienende Funktion" vgl. oben Kap. 2, A. 2. b. (aa).

675 S. zu dieser Verarbeitungsgrundlage näher unten, Kap. 6, A. I. 2. e. aa.

676 Ein solches Vorgehen ist in der Praxis schon seit geraumer Zeit üblich, vgl. *Podlech/Pfeifer*, RDV 1998, 139 (139).

677 Wobei in beiden Fällen nicht zwingend eine Einwilligung vonnöten ist. Der datenschutzrechtlich Verantwortliche kann sich – je nach Einzelfall – für die Datenverarbeitung im Falle der erstmaligen Erhebung der Daten auch auf vorliegende berechtigte Interessen stützen (Art. 6 Abs. 1 lit. f DS-GVO); im Falle der Zweckänderung auf die Kompatibilität nach Art. 6 Abs. 4 DS-GVO, s. hierzu näher unten Kap. 6, A. I. 2. e.

678 Die Datenverarbeitung im arbeitsrechtlichen Bereich wird vorliegend (weitestgehend) ausgeklammert, da der nationale Gesetzgeber hier von der Öffnungsklausel gem. Art. 88 DS-GVO Gebrauch gemacht und mit § 26 Abs. 2 BDSG eine Spezialregelung zur Einwilligung erlassen hat.

679 Zum Begriff des Marketings *Lutz* in: Specht-Riemschneider, Datenrecht in der Digitalisierung S. 206 f.

680 *Baeriswyl*, RDV 2000, 6 (6); *Breinlinger/Scheuing*, RDV 2012, 64 (64 f.); *Buchner*, Informationelle Selbstbestimmung im Privatrecht, S. 147; *Chen/Chiang/Storey*, MIS Quarterly 2012, 1165 (1167); *Kurz/Rieger*, Die Datenfresser, S. 29; *Ladeur*,

meln und Auswerten personenbezogener Daten erlangt das jeweilige Unternehmen die Möglichkeit, für jeden einzelnen (potentiellen) Kunden ein (u.U. sehr ausdifferenziertes und aussagekräftiges) Persönlichkeitsprofil zu erstellen.[681] Anhand dieses Kundenprofils lassen sich regelmäßig beispielsweise sowohl die Kaufkraft des einzelnen Kunden als auch dessen Interessensgebiete ermitteln.[682] Den Unternehmen ist infolgedessen eine individualisierte Ansprache von Kunden in Form einer zielgruppenorientierten Werbung möglich.[683] Ziel ist insoweit, "*dem richtigen Kunden zum richtigen Zeitpunkt mit den richtigen Argumenten ein maßgeschneidertes Angebot zu machen*".[684] Insbesondere im Internet[685] erlaubt diese datenbasierte Werbung im Rahmen des sog. *„targeted advertisings"* eine Platzierung interessengerechter Werbebanner,[686] wodurch einerseits erhöhte Kosten aufgrund von Streuverlusten vermieden werden können, anderseits die Wahrscheinlich-

---

DuD 2000, 12 (18); *Roßnagel*, Datenschutz beim Online-Einkauf, S. 9; *Scholz* in *Roßnagel*, HB DSR, Kap. 9.2 Rn. 11; *Waidner*, Web-Tracking-Report 2014 S. 31; *Weber* in: Epiney/Nüsch/Weber, Big Data und DSR S. 3.

681 *Albrecht*, Unsere Daten, S. 56; *Bull*, NJW 2006, 1617 (1620); *Buxel*, DuD 2001, 579 (579); *Enzmann/Roßnagel*, CR 2002, 141 (141); *Graf v. Westphalen*, IWRZ 2018, 9 (10); *Kurz/Rieger*, Die Datenfresser, S. 21; *Langhanke/Schmidt-Kessel*, EuCML 2015, 218 (219); *Weidner-Braun*, Der Schutz der Privatsphäre, S. 127 f.; *Wilmer*, K&R 2016, 382 (383).

682 *Breinlinger*, RDV 1997, 247 (251); *Radlanski*, Die Einwilligung in der datenschutzrechtlichen Realität, S. 31; *Schaar* in: Stiftung DS, Zukunft der informationellen Selbstbestimmung S. 96; *Taeger*, K&R 2003, 220 (220).

683 *Baeriswyl*, RDV 2000, 6 (6); *Breinlinger*, RDV 1997, 247 (247); *Breinlinger/Scheuing*, RDV 2012, 64 (65); *Chen/Chiang/Storey*, MIS Quarterly 2012, 1165 (1167); *CMA*, The commercial use of cosnumer data S. 46; *Dewenter/Lüth* in: Körber/Immenga, Daten und Wettbewerb in der digit. Ökonomie S. 11; *Hillenbrand-Beck/Greß*, DuD 2001, 389 (389); *Podlech/Pfeifer*, RDV 1998, 139 (140); *Schaar* in: Stiftung DS, Zukunft der informationellen Selbstbestimmung S. 96; *Simitis*, NJW 1998, 2473 (2477); *Taeger*, K&R 2003, 220 (220); *Weichert*, NJW 2001, 1463 (1464); *Wittig*, RDV 2000, 59 (59).

684 *Link/Hildebrand* in: Link, HB Database-Marketing, S. 19.

685 Zielgruppenorientierte Werbung findet natürlich nicht nur im Internet statt, sondern ist vielmehr eine allgemeine Werbestrategie. Durch die technischen Möglichkeiten im digitalen Bereich spielt die gezielte Werbeansprache dort indes eine besonders hervorgehobene Rolle, vgl. *CMA*, The commercial use of cosnumer data S. 51.

686 Zum technischen Hintergrund s. bspw. *Möhrke-Sobolewski/Klas*, ITRB 2016, 182 (182 f.) m.w.N. sowie *Schaar*, DuD 2001, 383 (383 f.); zu den verschiedenen Ausgestaltungen im Einzelnen *Schirmbacher*, ITRB 2016, 274 (279); zur ökonomischen Bedeutung s. *Analysys Mason*, Online data economy value chain S. 15 f.

keit einer erfolgreichen Bewerbung des jeweiligen Produkts steigt.[687] Darüber hinaus besteht zumeist auch die Möglichkeit für die Unternehmen, belastbar einzuschätzen, wie viel der Einzelne für ein bestimmtes Produkt auszugeben bereit ist. Somit ist nicht nur eine zielgerichtete Bewerbung der Produkte und Dienstleistungen, sondern darüber hinaus auch eine individuelle Bepreisung derselben möglich.[688]

b. Scoring

Ein breites Anwendungsfeld der Verarbeitung (personenbezogener) Daten stellt für (private)[689] Unternehmen die datenbasierte Einschätzung und Bewertung zukünftigen Verhaltens dar.[690] Um das zukünftige Verhalten einer individuellen Person einzuschätzen, setzen Unternehmen dabei insbesondere auf sog. Scoringverfahren. Beim Scoring handelt es sich um ein mathematisch-statistisches Verfahren, welches aufgrund von bereits vorliegenden Daten eine Prognose über zukünftige Ereignisse erstellt.[691] Dem Scoring liegt somit eine Wahrscheinlichkeitsrechnung zugrunde, indem durch die Verknüpfung und Auswertung von bekanntem vergangenem Verhalten errechnet wird, wie sich der Einzelne zukünftig wahrscheinlich verhalten wird.[692] Hierzu werden bereits vorhandene Datensätze ausgewertet, um bestimmte Merkmale aufzufinden, welche Aufschluss über die Wahrscheinlichkeit eines bestimmten zukünftigen Verhaltens geben. An-

---

687 *CMA*, The commercial use of cosnumer data, S. 51; *Dewenter/Lüth* in: Körber/Immenga, Daten und Wettbewerb in der digit. Ökonomie S. 14; *Hüttenrauch*, Database Marketing, S. 1; *Radlanski*, Die Einwilligung in der datenschutzrechtlichen Realität, S. 31; *Schaar*, DuD 2001, 383 (385); *Schafft/Ruoff*, CR 2006, 499 (499); *Weidner-Braun*, Der Schutz der Privatsphäre, S. 128.

688 *Miller*, Journal of Technology Law and Policy 2014, 41 (46). Vgl. hierzu ausf. unten, Kap. 4, A. II. 2. c. aa. (2).

689 Auch im Bereich der öffentlichen Datenverarbeitung kommt der datenbasierten Vorhersage künftigen Verhaltens (Einzelner) ein besonderer Stellenwert zu, so etwa im Kontext des *„predictive policing“* bei welchem (grob vereinfacht) anhand einer Analyse von Falldaten die Wahrscheinlichkeit zukünftiger Straftaten errechnet wird (s. zu diesem auch unten, Kap. 4, A. I. 1. b. bb) Die vorliegende Arbeit konzentriert sich aufgrund des ihr zugrundeliegenden Themas indes (allein) auf die Datenverarbeitung durch nicht-öffentliche Stellen.

690 Hacker, ZfPW (151 f.).

691 *Hoeren*, RDV 2007, 93 (93); *Koch*, MMR 1998, 458 (458).

692 *Moos/Rothkegel*, ZD 2016, 561 (561); *Schäufele*, Profiling, S. 6.Vgl. auch *ULD*, Verbraucher-Scoring S. 2.

hand der in diesem Rahmen ermittelten Korrelation werden sodann verschiedene Kategorien gebildet, bzw. den jeweiligen Merkmalen ein gewisser Scorewert zugeteilt.

Beim Scoring bzgl. einer bestimmten Person werden die Daten dieser Person sodann mit den als aussagekräftig ermittelten Merkmalen abgeglichen, um anhand dieses Abgleichs einen individuellen Scorewert der einzelnen Person festzulegen.[693] Scoring basiert mithin auf dem Grundgedanken, dass bei Vorliegen vergleichbarer Merkmale bei verschiedenen Personen auf ein ähnliches zukünftiges Verhalten dieser Personen geschlossen werden kann.[694] Je umfassender die Datengrundlage ist, auf die im Rahmen des Scorings zurückgegriffen werden kann, umso zutreffender lässt sich dabei auf das statistisch-wahrscheinliche Verhalten einer einzelnen Person schließen.[695]

aa. Risikobewertung

Die Vorhersage zukünftigen Verhaltens wird von Unternehmen dabei insbesondere im Rahmen des Unternehmensrisikomanagements genutzt.[696] Das Scoring dient hier der Risikobewertung potenzieller Kunden. Vor allem für Versicherungsunternehmen und die Kreditwirtschaft ist es unerlässlich, einen erwartbaren Schadenseintritt bzw. Rückzahlungsausfall mit Blick auf den jeweiligen Kunden abzuschätzen und die Vertragsbedingungen hieran entsprechend im Einzelfall anzupassen.[697] Durch den Einsatz des Scorings als faktenbasierte und mathematisch-statistische Methode soll

---

693 Zu Einzelheiten s. *Braunsfeld/Richter*, CR 1996, 775 (775 ff.); *Ehmann* in: Simitis, BDSG 2014, § 28b Rn. 38 ff.; *Hoeren*, RDV 2007, 93 (94); *ULD*, Verbraucher-Scoring S. 2 f.

694 *Schäufele*, Profiling, S. 10; *ULD*, Scoringsysteme S. 10; *Weidner-Braun*, Der Schutz der Privatsphäre, S. 134.

695 *Hoeren*, RDV 2007, 93 (94).

696 *Möller/Florax*, NJW 2003, 2724 (2724); *Ohrtmann/Schwiering*, NJW 2014, 2984 (2984); *Weichert*, NJW 2001, 1463 (1464); *Wuermeling*, NJW 2002, 3508 (3508).

697 BGH, MMR 2011, 409 (410); *CMA*, The commercial use of cosnumer data S. 92; *Ehmann* in: Simitis, BDSG 2014, § 28b Rn. 42; *Moos/Rothkegel*, ZD 2016, 561 (561); *Taeger*, ZRP 2016, 72 (74); *Weichert*, NJW 2001, 1463 (1464).

diese Risikobewertung verobjektiviert[698] und zugleich vereinheitlicht sowie ohne nennenswerten Zeitaufwand verwirklicht werden.[699]

(1) Kreditscoring

Im Bereich der Kreditwirtschaft[700] wird die (wahrscheinliche) "Bonität" des Kunden – also dessen Zahlungsfähigkeit und Zahlungswilligkeit – zumeist anhand eines solchen Scoringverfahrens ermittelt.[701] Der Betroffene wird dabei im Rahmen des Scoring aufgrund bestimmter, bei ihm vorliegender Eigenschaften einer bestimmten Risikoklasse zugeordnet.[702] Diese Zuordnung bildet für das Kreditunternehmen die (Mit-)Entscheidungsgrundlage, ob und zu welchen Konditionen dem Betroffenen ein Kredit bewilligt wird.[703]

Bekanntestes Beispiel bildet hier die Bonitätsauskunft der „Schutzgemeinschaft für allgemeine Kreditsicherung“[704] (*Schufa*) – die sog. *„Schufa-Auskunft“*.[705] Nach eigener Aussage liegen der *Schufa* derzeit Daten zu über 67,9 Millionen natürlichen Personen vor, auf deren Grundlage die *Schufa* jeden Tag durchschnittlich 450.000 Auskünfte an Unternehmen erteilt.[706] Diese sog. *Schufa-Auskunft* besteht dabei in einem Scorewert, welchen die *Schufa* für jede Person (zu welcher ihr Daten vorliegen) unter Nutzung eines Scoringverfahrens errechnet und der Auskunft über die (wahrscheinli-

---

698 Im Gegensatz zur Kreditwürdigkeitsprügung durch einen Sachbearbeiter, welcher – auch bei Vorhandensein von unternehmensinternen Kreditvergaberichtlinien – unweigerlich (auch) auf subjektiv-intuitiver Basis entscheidet.

699 *Koch*, MMR 1998, 458 (458); *ULD*, ScoringsystemeS. 15.

700 Überdies in all jenen Bereichen, in welchen die Bonität des potentiellen Kunden für das jeweilige Unternehmen von besonderer Bedeutung ist, s. hierzu unten, Kap. 4, A. I. 1. b. bb.

701 *Albrecht*, Unsere Daten, S. 55; *Behm*, RDV 2010, 61 (67); *CMA*, The commercial use of cosnumer data S. 38 f.; *Ehmann* in: Simitis, BDSG 2014, § 28b Rn. 42; *Koch*, MMR 1998, 458 (45).

702 *Buchner*, Informationelle Selbstbestimmung im Privatrecht, S. 121; *Weidner-Braun*, Der Schutz der Privatsphäre, S. 134.

703 *Ehmann* in: Simitis, BDSG 2014, § 28b Rn. 42; *ULD*, Verbraucher-Scoring S. 4 f.

704 *Schufa Holding AG*. S. zu dieser auch: *Petri*, DuD 2001, 290 (290).

705 Für einen Überblick über die Entwicklung der (datenschutzrechtlichen) Diskussion um die *Schufa*-Auskunft s. *Buchner*, Informationelle Selbstbestimmung im Privatrecht, S. 104 ff.

706 Stand 2020. Daten nach eigenen Angaben der *Schufa Holding AG*; abrufbar unter: https://www.schufa.de/de/ueber-uns/unternehmen/schufa-zahlen/.

che) Kreditwürdigkeit der entsprechenden Person gibt.[707] Die *Schufa* verwertet dabei, neben allgemein zugänglichen Daten aus öffentlichen Registern,[708] vor allem Daten, welche ihr von dritten, mit der *Schufa* zusammenarbeitenden Unternehmen übermittelt werden.[709] Durch diese Vorgehensweise verfügt die *Schufa* (nach eigenen Angaben) über Kontaktdaten der jeweiligen betroffenen Person (wie bspw. den Namen, das Geburtsdatum und die aktuelle sowie ggf. frühere Anschriften) sowie über von mit ihr vertraglich verbundenen Unternehmen übermittelte Informationen hinsichtlich abgeschlossener und laufender Kredit- oder sonstiger Finanzgeschäfte (also bspw. Bank- und Mobilfunkkonten, Kredite, Bürgschaften und sonstige Finanzierungsverträge).[710] Durch Abgleich bzw. Auswertung dieser Daten ermittelt die *Schufa* auf Anfrage den Scorewert einer individuellen Person, sprich die sog. "*Schufa-Auskunft*".[711]

(2) Sonstige Risikobewertungen

Eine Bonitätsbewertung des potenziellen Vertragspartners ist für die Unternehmen auch abseits der Kreditwirtschaft von Belang. Insbesondere wenn Unternehmen in Vorleistung gehen oder ein anderes kreditorisches Ausfallrisiko übernehmen, greifen Unternehmen daher – oft auch unter zu Hilfenahme der *Schufa* oder anderer Auskunfteien – auf eine durch ein Scoring ermittelte Bonitäts- bzw. Risikobewertung zurück.[712] Zum Kreis

707 *Koch*, MMR 1998, 458 (458); *Petri*, DuD 2001, 290 (291); *Wuermeling*, NJW 2002, 3508 (3509). Zur *Schufa*-Scoring-Formel auch *Paal*, JZ 2014, 1006 (1006 f.).

708 So etwa aus dem Schuldnerverzeichnis.

709 *Krepold* in: Bankrechts HB Bd II, § 41 Rn. 2 ff; *Petri*, DuD 2001, 290 (290).

710 Nach eigenen Angaben der *Schufa AG*, abrufbar unter: https://www.meineschufa.de/aktion/faq-daten.

711 Der Score wird in Form eines Punktewerts zwischen 0 und 1000 ausgedrückt, wobei eine umso höhere Punktzahl eine umso höhere Kreditwürdigkeit bedeutet. Zur Bedeutung und Relevanz dieser Auskunft für den einzelnen Betroffenen unten, Kap. 4, A. II. 2. c. bb.

712 *Hoeren*, RDV 2007, 93 (93 f.); *Moos/Rothkegel*, ZD 2016, 561 (561); *ULD*, Scoringsysteme S. 14.

dieser Unternehmen zählen bspw. Telekommunikationsunternehmen,[713] der Versandhandel[714] oder der Bereich der (Wohnraum-)Vermietung.[715]

Daneben ist eine Risikobewertung im Bereich des Versicherungswesens gängig.[716] Ziel der Versicherungsunternehmen ist die belastbare Ermittlung einer Risikoprognose dahingehend, wie wahrscheinlich ein Schadensfall – und damit ein von den Versicherungsunternehmen zu erstattender Versicherungsfall – eintreten wird.[717] Eine möglichst zutreffende Vorhersage der Wahrscheinlichkeit eines solchen Versicherungsfalls erlaubt es den Unternehmen, ein kostengünstiges (und somit wettbewerbsfähiges) Angebot zu erstellen, welches zugleich die (zu erwartenden) Kosten abdeckt.[718] Um hierbei auf einen möglichst umfassenden Datenbestand zurückgreifen zu können, bieten dabei immer mehr Versicherungen Vergünstigungen oder andere Anreize unter der Bedingung an, dass der Versicherungsnehmer personenbezogene Daten offenlegt.[719]

bb. Sonstige Verhaltensvorhersagen

Auch sonstige Vorhersagen menschlichen Verhaltens lassen sich anhand des Scoring (zumindest ihrer statistischen Wahrscheinlichkeit nach) prognostizieren.[720] Im privatrechtlichen Bereich liegt der Anwendungsschwerpunkt solcher Vorhersagen unter anderem in der Ermittlung zukünftigen

713 *Schäufele*, Profiling, S. 158; *Wuermeling*, NJW 2002, 3508 (3508).

714 *Born*, ZD 2015, 66 (66); *Moos/Rothkegel*, ZD 2016, 561 (561).

715 *Buchner*, Informationelle Selbstbestimmung im Privatrecht, S. 105; Ehmann in Simitis, BDSG 2014, § 28b Rn. 42; *ULD*, Scoringsysteme S. 14.

716 *Buchner*, Informationelle Selbstbestimmung im Privatrecht, S. 105; *Langhanke/Schmidt-Kessel*, EuCML 2015, 218 (219); *ULD*, Scoringsysteme S. 14.

717 *Eschholz*, DuD 2017, 180 (181).

718 S. hierfür am Beispiel der Autoversicherung *DotEcon*, A research report for the CMA, June 2015 S. 19.

719 *Albrecht*, Unsere Daten, S. 61 f; *Eschholz*, DuD 2017, 180 (181); *Jandt*, DuD 2016, 571 (572). So bietet bspw. die Versicherung "*Generali*" nach eigenen Aussagen Vorteile und Rabatte sowohl im Rahmen der KFZ-Versicherung "*Generali Mobility*" als auch der Krankenversicherung "*Generali Vitality*" falls der Kunde sich mit der Verarbeitung entsprechender personenbezogener Daten bereit erklärt, abrufbar unter:. https://www.generali.de/ueber-generali/ueber-uns/generali-deutschland-ag/strategie.

720 *Lepping/Palzkill* in: Wittpahl, Digitalisierung S. 20; *ULD*, Scoringsysteme S. 11. Auf staatlicher Seite wird das Scoring hierbei bspw. zurzeit im Rahmen der computergestützten Kriminalitätsprävention (sog. „*predictive policing*") erprobt (vgl. *Kuntz*, ZD-Aktuell 2015, 04484 sowie BT-Drs. 18/10785).

Verhaltens von Konsumenten.[721] So wird die datenbasierte Verhaltensvorhersage zum Beispiel im Rahmen des *targeted advertising*[722] genutzt.[723] Daneben ermöglicht das Scoring auch die Vorhersage bevorstehender Marktentwicklungen und erleichtert den Unternehmen insoweit die strategische Unternehmensentwicklung.[724]

c. Produktentwicklung und Unternehmensstrategie

Über das Scoring hinaus nutzen Unternehmen (personenbezogene) Daten vielfach zur Entwicklung neuer bzw. Verbesserung bestehender Produkte.[725] Durch die Auswertung umfangreicher Datensätze ist es den Unternehmen möglich, bestehende Marktlücken zu erkennen und bzw. oder ihre Produkte besser an die Interessen ihrer Kunden anzupassen.[726]

Zunehmend werden Produkte entwickelt, die unter Einsatz datenbasierter Software die Bedürfnisse des Benutzers quasi "vorhersehen".[727] Diese sog. "*Smart Services*" werden mittlerweile in fast allen Lebensbereichen entwickelt,[728] vom "smarten" Kühlschrank,[729] der selbstständig Lebensmittel bestellen soll, sobald diese verbraucht sind, über das komplett vernetzte

---

721 *Albrecht*, Unsere Daten, S. 54; *Breinlinger*, RDV 1997, 247 (251); *Graf v. Westphalen*, IWRZ 2018, 9 (10); *ULD*, Scoringsysteme S. 11. Daneben wird das Scoring auch im arbeitsrechtlichen Bereich eingesetzt. bspw. um die zu erwartende Arbeitsleistung zu prognostizieren. Auf den Beschäftigtenkontext wird vorliegend jedoch, aufgrund der insoweit bestehenden (nationalen) Sonderregelungen für die Einwilligung, nicht eingegangen, vgl. oben Kap. 3, B. II. 3. b. aa.

722 Vgl. zu diesem oben Kap. 4, A. I. 1. a.

723 *Baeriswyl*, RDV 2000, 6 (7); *Breinlinger/Scheuing*, RDV 2012, 64 (64); *CMA*, The commercial use of cosnumer data S. 45; *Schäufele*, Profiling, S. 11.

724 *CMA*, The commercial use of cosnumer data S. 48 f.; *Buchholz/Wangler* in: Wittpahl, Digitalisierung S. 180. Für den Bereich der Bekleidungsindustrie s. *DotEcon*, A research report for the CMA, June 2015 S. 97 ff.

725 *Buschbacher*, C&M Review - Sonderheft 1 2016, 41 (42); *CMA*, The commercial use of cosnumer data S. 56; *Geminn*, DuD 2016, 575 (576 f.).

726 *Buchholz/Wangler* in: Wittpahl, Digitalisierung S. 180; *CMA*, The commercial use of cosnumer data S. 57; *Ladeur*, DuD 2000, 12 (19).

727 *Kurz/Rieger*, Die Datenfresser, S. 49; *Roßnagel*, Gutachten, S. 42. S. hierzu ausf. *Jöns*, Daten als Handelsware, S. 26 ff.

728 *Lindner*, Die datenschutzrechtliche Einwilligung, S. 148; *Stroulia* in: Chignell/Cordy/Ng/Yesha, The smart internet S. 169; *Zech* in: Körber/Immenga, Daten und Wettbewerb in der digit. Ökonomie S. 35.

729 *Buchner*, Informationelle Selbstbestimmung im Privatrecht, S. 167; *Cimiano/Herlitz*, NZM 2016, 409 (413); *Schrems*, Kämpf um deine Daten, S. 31.

"Smart Home",[730] bei dem intelligente Haushaltsgeräte miteinander kommunizieren und bspw. Beleuchtung und Klima automatisch an die persönlichen Präferenzen des Bewohners anpassen sowie allfällige, routinemäßige Alltagsaufgaben übernehmen sollen,[731] bis hin zu bereits etablierten Alltagshelfern wie bspw. "*Siri*", einem von *Apple* entwickelten Programm, welches dem Nutzer vergleichbar einer digitalen Assistentin proaktiv Vorschläge unterbreiten kann, die den (anhand des Programms ermittelten) Interessen und Neigungen des Nutzers entsprechen.[732] All diese Anwendungen beruhen darauf, dass das jeweilige Produkt (genauer gesagt, die in diesem Produkt verwendete Software) die Bedürfnisse und Gewohnheiten des Nutzers (er-)kennt, wozu umfangreiche Daten über diesen erhoben und verarbeitet worden sein müssen.[733]

Daneben besteht ein wachsender Markt für sog. „*Wearables*"[734]; tragbare Produkte, die Daten über den jeweiligen Träger bzw. Nutzer sammeln und diesem, oft in anschaulicher Art und Weise, präsentieren. Hierzu zählen unter anderem Fitnessarmbänder oder Smartwatches, welche bspw. Herzschlag und Puls messen, die Schritte des Trägers zählen oder ganz allgemein Aktivität und Bewegungsprofil (sowie u. U. den Aufenthaltsort) des Nutzers ermitteln.[735]

Schließlich ermöglicht die Auswertung von Daten vielen Unternehmen eine Optimierung ihrer allgemeinen Unternehmensstrategie sowie ihrer Arbeitsprozesse, etwa im Rahmen der Kundenbetreuung oder der bedarfsgerechten Produktion; ein Umstand, der für Unternehmen sowohl zu einer Effizienzsteigerung als auch einer Kostensenkung führen kann.[736]

---

730 *Cimiano/Herlitz*, NZM 2016, 409 (413); *Geminn*, DuD 2016, 575 (575); *Franck*, Smart Grids, S. 31; *Kramp/van Kranenburg/Lange* in: Bassi, Enabling Things to Talk S. 3; *Raabe/Weis*, RDV 2014, 231 (231); *Rüdiger*, RDV 2014, 253 (253 f.).

731 *Roßnagel*, Gutachten, S. 53 ff.; *Simo* in: Richter, Privatheit S. 15.

732 *Wilmer*, K&R 2016, 382 (383).

733 *Cimiano/Herlitz*, NZM 2016, 409 (414); *Roßnagel*, Gutachten, S. 95; *Wilmer*, K&R 2016, 382 (383).

734 S. zu diesem Begriff *Roßnagel*, Gutachten, S. 68 ff.; *Wilmer*, K&R 2016, 382 (383).

735 *Jandt*, DuD 2016, 571 (571); *Wilmer*, K&R 2016, 382 (383). Auch und gerade solche *Wearables* ermöglichen die Erhebung prinzipiell unverfälschter Gesundheitsdaten, die Unternehmen bspw. im Bereich personalisierter Krankenversicherungstarife nutzen könnten. Zur Möglichkeit einer solchen individualisierten Anpassung des (Versicherungs-)Traifs oben, Kap. 4, A. I. 1. b. aa. (b).

736 *Baeriswyl*, RDV 2000, 6 (7); *Buchholz/Wangler* in: Wittpahl, Digitalisierung S. 180; *Buschbacher*, C&M Review - Sonderheft 1 2016, 41 (42); *CMA*, The commercial use of cosnumer data S. 58 f; *Ohrtmann/Schwiering*, NJW 2014, 2984 (2986); *Scholz* in: *Roßnagel*, HB DSR, Kap. 9.2 Rn. 9.

d. Datenhändler, Analysten und Auskunfteien

Durch das wachsende Interesse der Wirtschaft an personenbezogenen Daten bzw. an den auf Grundlage dieser Daten gewonnenen Informationen steigt auch die Anzahl der Unternehmen, die sich ausschließlich auf die Aggregation bzw. Auswertung von Daten spezialisieren.[737] Einen stetig wachsenden Wirtschaftszweig stellen dabei zunächst sog. Datenhändler dar, welche (personenbezogene) Daten aus unterschiedlichen Quellen sammeln, zusammenführen untereinander tauschen und anschließend anderen Unternehmen zum Verkauf oder Leasing anbieten.[738]

Insbesondere aufgrund der neuen technologischen Möglichkeiten und der damit einhergehenden Spezialisierung bietet eine steigende Zahl an Unternehmen darüber hinausgehend den Kauf bereits ausgewerteter Daten an – sprich die durch die Datenverarbeitung gewonnenen Informationen.[739] Branchenspezifisch werden dabei die zur Verfügung stehenden Daten nach verschiedenen Kriterien ausgewertet, um so bspw. möglichst genaue Kunden(persönlichkeits)profile zu erstellen oder die Bonität potentieller Vertragspartner zu ermitteln.[740] Insbesondere in der Werbebranche gibt es eine wachsende Zahl an Unternehmen, welche sich auf die Vermitt-

---

737 *Albrecht*, Unsere Daten, S. 53; *Burgkardt*, Grundrechtlicher Datenschutz zwischen Grundgesetz und Europarecht, S. 23; *DotEcon*, A research report for the CMA, June 2015 S. 12; *Grimm*, JZ 2013, 585 (586); *Waidner*, Web-Tracking-Report 2014 S. 17.

738 *Buchner*, Informationelle Selbstbestimmung im Privatrecht, S. 153; *CMA*, The commercial use of cosnumer data S. 40; *Enzmann/Roßnagel*, CR 2002, 141 (141); *Jöns*, Daten als Handelsware, S. 34 f.; *Langhanke/Schmidt-Kessel*, EuCML 2015, 218 (219); *Moos*, MMR 2006, 718 (718); *Roßnagel*, Datenschutz beim Online-Einkauf, S. 11; *Schaar*, DuD 2001, 383 (384); *Waidner*, Web-Tracking-Report 2014 S. 63. Dabei handelt es sich nicht nur um Unternehmen, welche sich originär auf den Verkauf von Daten spezialisiert haben, sondern vermehrt auch um Unternehmen, welche die Daten zunächst für eigene Unternehmenszwecke nutzen und anschließend – quasi als Zuverdienst – auch an Dritte verkaufen; vgl. hierzu ausf. *Buchner*, Informationelle Selbstbestimmung im Privatrecht, S. 147; *Zimmer*, Die Datensteuer, S. 71 f. Zur vertragstypologischen Einordnung im Einzelnen *Rank-Haedler* in: Specht-Riemschneider, Datenrecht in der Digitalisierung S. 495 ff.

739 *Breinlinger*, RDV 1997, 247 (250); *CMA*, The commercial use of cosnumer data S. 27; Wittpahl, Digitalisierung, S. 177; *Scholz* in: *Roßnagel*, HB DSR, Kap. 9.2 Rn. 41.

740 *Baeriswyl*, RDV 2000, 6 (7); *Born*, ZD 2015, 66 (66); *Breinlinger*, RDV 1997, 247 (251); *Enzmann/Roßnagel*, CR 2002, 141 (141); *Kurz/Rieger*, Die Datenfresser, S. 21; *Roßnagel/Pfitzmann/Garstka*, Modernisierungsgutachten DSR, S. 23 f.; *Taeger*, K&R 2003, 220 (221).

lung zwischen Webseitenbetreibern und produktbewerbenden Unternehmen spezialisiert hat und letzteren die Platzierung zielgerichteter Werbung auf Webseiten anbieten.[741] Auch Auskunfteien wie die *Schufa* sind diesem Geschäftsbereich zuzurechnen.[742] Diese (IT-)Dienstleistungsunternehmen bieten in allen Bereichen, in denen für Unternehmen ein besonderes Interesse an der Erhebung und Auswertung (personenbezogener) Daten besteht,[743] eine Möglichkeit für Unternehmen, die entsprechenden Daten bzw. Informationen auch ohne eigenen Arbeitseinsatz zu erhalten – die Datenverarbeitung wird also letztlich "outgesourced".[744]

e. Datenfinanzierte Geschäftsmodelle

Schließlich verfolgen Unternehmen ein (immer stärkerers) datenfinanziertes (und damit im Kern oft werbefinanziertes) Geschäftsmodell.[745] Die partielle oder vollständige Finanzierung eines Produkts bzw. einer Dienstleistung durch Werbeeinnahmen ist grundsätzlich nicht neu.[746] So ist etwa die (Teil-)Finanzierung von Zeitungen und Zeitschriften durch den Verkauf von Anzeige- und Werbeseiten ein traditionelles Geschäftsmodell.[747] Auch in anderen Bereichen der Medien findet eine solche Mischfinanzierung statt, im Bereich von Rundfunk und Fernsehen etwa durch die Sendung von Werbeblocks.

In der Digitalwirtschaft hat sich aber fast flächendeckend die Philosophie einer "Kostenloskultur" durchgesetzt[748] – die Bezahlung von Internetdiensten mit einem monetären Entgelt findet zumeist nur in bestimmten

741 *Köhntopp/Köhntopp*, CR 2000, 248 (253); *Waidner*, Web-Tracking-Report 2014 S. 31. Marktführer ist hier das dem *Alphabet Inc.* Konzern zugehörige Unternehmen "*Double-Click*". Zum *Alphabet Inc.* Konzern auch unten, Kap. 4, A. 1. e. bb.

742 Vgl. hierzu oben, Teil 1, Kap. 4, A., I., b. aa. (1).

743 Vgl. oben, Teil 1, Kap. 4, A, I, 1. a bis c.

744 *Weichert*, NJW 2001, 1463 (1464).

745 *Hacker*, ZfPW 2019, 148 (153 ff.); *Krohm/Müller-Peltzer*, ZD 2017, 551 (551).

746 *Dewenter/Lüth* in: Körber/Immenga, Daten und Wettbewerb in der digit. Ökonomie S. 10.

747 *Dewenter/Rösch*, Die neue Ökonomie der Medienmärkte, S. 3.

748 Vgl. bspw. die Nutzungsbedingungen von *Facebook*: " *Die Nutzung von Facebook [...] ist kostenlos*."; abrufbar unter: https://www.facebook.com/legal/terms/update. Diese Einschätzung teilend *Roßnagel*, DuD 2016, 561 (562); *Schweitzer* in: Körber/Kühling, Regulierung - Wettbewerb - Innovation S. 272.

Nischen Anklang.[749] Stattdessen finanzieren sich diese Dienste durch das Verkaufen von auf ihren Seiten angezeigten Werbeflächen.[750] Das Geschäftsmodell entspricht insoweit im Wesentlichen demjenigen der klassischen Medien, wenngleich vom Nutzer regelmäßig kein (zusätzliches) monetäres Entgelt erhoben wird. Der Nutzer zahlt den jeweiligen Dienst vielmehr mit seiner Aufmerksamkeit für die auf der Seite geschaltete Werbung.[751]

Vor allem Online-Plattformen finanzieren sich über diesen Verkauf von Werbeflächen hinaus auch durch das Erheben, Sammeln und Auswerten von Nutzerdaten, indem sie diese Daten anderen Unternehmen – insbesondere aus dem Bereich der Werbeindustrie – verkaufen oder in ähnlicher Weise nutzbar machen.[752] Diese Art des Geschäftsmodells wird oft mit dem Schlagwort "Dienst gegen Daten"[753] beschrieben und findet in weiten Teilen der Digitalwirtschaft Anwendung.[754] Dabei zielt die Verarbeitung der Nutzerdaten auch in diesem Kontext zumeist darauf ab, durch die aus den betreffenden Daten gewonnenen Erkenntnisse Interessensgebiete und Präferenzen des einzelnen Nutzers besser abschätzen zu können und die ihm angezeigte Werbung entsprechend zu optimieren.[755] Umso mehr Personen eine Online-Plattform nutzen, umso größer ist dabei die Datenmenge, die den Betreibern der Plattform bzw. den vertraglich mit diesen verbundenen Unternehmen zur Auswertung zur Verfügung steht. Zugleich wächst mit jedem Nutzer die Anzahl der Werbeflächen, mit denen das Unternehmen sein Geschäftsmodell finanziert. Der erwirtschaftete

---

749 *Hillenbrand-Beck/Greß*, DuD 2001, 389 (389); *Kurz/Rieger*, Die Datenfresser, S. 16.

750 *Schaar* in: Stiftung DS, Zukunft der informationellen Selbstbestimmung S. 96; *Schafft/Ruoff*, CR 2006, 499 (499); *Waidner*, Web-Tracking-Report 2014 S. 19.

751 *Dewenter/Lüth* in: Körber/Immenga, Daten und Wettbewerb in der digit. Ökonomie S. 10; *Dewenter/Rösch*, Die neue Ökonomie der Medienmärkte, S. 17.

752 *CMA*, The commercial use of cosnumer data S. 77; *Dewenter/Lüth* in: Körber/Immenga, Daten und Wettbewerb in der digit. Ökonomie S. 10; *Kugelmann*, DuD 2016, 566 (566); *Lepping/Palzkill* in: Wittpahl, Digitalisierung S. 19; *Roßnagel*, DuD 2016, 561 (562); *Schaar* in: Stiftung DS, Zukunft der informationellen Selbstbestimmung S. 96.

753 Ausf. zu diesem datenfinanzierten Geschäftsmodell, insb. bzgl. dessen dogmatische Verortung und rechtliche Zulässigkeit unten, Kap. 6, A. I. 2.

754 Vgl. *Jöns*, Daten als Handelsware, S. 22 ff.

755 *CMA*, The commercial use of cosnumer data S. 77; *Dewenter/Lüth* in: Körber/Immenga, Daten und Wettbewerb in der digit. Ökonomie S. 11; *Schaar* in: Stiftung DS, Zukunft der informationellen Selbstbestimmung S. 96.

Gewinn dieser Online-Dienste korreliert also – parallel zur Abonnementzahl im Printmedienbereich – mit der Anzahl der Nutzer des Dienstes.

Zusätzlich ist für diese Form des Geschäftsmodells entscheidend, wie viele und welche Daten auf den jeweiligen Seiten generiert werden.[756] Denn je mehr Daten über einen einzelnen Nutzer gesammelt und ausgewertet werden können, desto umfassender und spezifischer können dessen Interessen und Präferenzen ermittelt werden und desto zielgenauer (und somit erfolgsträchtiger) kann die ihm angezeigte Werbung auf diese Interessen zugeschnitten werden.[757] Damit wiederum erhöht sich die Wahrscheinlichkeit einer erfolgreichen Bewerbung von Produkten oder Dienstleistungen.[758] Die in diesem Geschäftsbereich tätigen Unternehmen haben somit ein besonderes Interesse daran, Nutzer zu gewinnen, langfristig an sich zu binden und zu einer möglichst umfassenden Preisgabe von (personenbezogenen) Daten zu veranlassen. Es kommt im Ergebnis zu einem sich selbst verstärkenden (Kreis-)Effekt: Der Nutzer schenkt einer Website erhöhte Aufmerksamkeit bzw. nutzt einen digitalen Dienst verstärkt, hierdurch fallen vermehrt ihn betreffende personenbezogene Daten an, welche die Werbeeinnahmen des Dienstleistenden mehren und zugleich dazu führen, dass der Diensteanbieter den Betroffenen nach Möglichkeit zu einer noch weitergehenden Nutzung der Seite animiert (bzw. animieren kann).[759]

aa. Soziale Netzwerke (Beispiel Facebook)

Ein Beispiel für solche datengetriebene Online-Plattformen stellen dabei Soziale Netzwerke dar.[760] Marktführer (im westlichen Raum) ist *Face-*

---

756 *Trepte* in: Stiftung DS, Zukunft der informationellen Selbstbestimmung S. 165 f.

757 *Bidler/Steudner/Schumann/Widjaja* in: Specht-Riemschneider, Datenrecht in der Digitalisierung S. 288; *Waidner*, Web-Tracking-Report 2014 S. 32.

758 Vgl. hierzu oben Kap. 4, A. I. 1. a.

759 Zu den Möglichkeiten des datenverarbeitenden Privaten, den Nutzer zu einer Preisgabe personenebzogener Daten zu animieren ausf. am Bsp. Sozialer Netzwerke *Maisch*, Informationelle Selbstbestimmung in Netzwerken, S. 167 ff.

760 Vgl. hierzu *Beck*, ZRP 2019, 112 (112 ff.); *Kühling/Sivridis/Schwuchow/Burghardt*, DuD 2009, 335 (338); *Lindner*, Die datenschutzrechtliche Einwilligung, S. 143 sowie *Waidner*, Web-Tracking-Report 2014 S. 26. S. zur Rolle sozialer Netzwerke als (Informations-)Intermediäre auch *Raue*, JZ 2018, 961 (961).

book,[761] ein Anfang 2004 gegründetes soziales Netzwerk mit über einer Milliarde Mitgliedern weltweit.[762]

(1) Interaktionsmöglichkeiten auf Facebook

Auf der Online-Plattform *Facebook* kann sich der Nutzer nach Registrierung eine "virtuelle Identität" aufbauen mit Namen, Geburtsdatum, Profilbild, Wohnort, Informationen zu Arbeit und Ausbildung sowie zu Interessensgebieten und Familienstatus.[763] Darüber hinaus kann der Nutzer sich mit anderen vernetzen, Nachrichten senden, Bilder oder Statements (öffentlich) posten, Veranstaltungen oder Gruppen erstellen, andere zu diesen Gruppen einladen und weiteres mehr.[764] All diese Aktionsmöglichkeiten und die vom Nutzer bereitgestellten Daten bilden die Profilseite des Nutzers und dienen seiner Selbstdarstellung innerhalb des sozialen Netzes.[765] Dabei kann der Nutzer wählen, ob diese Seite nur für seine Freunde, nur für bestimmte Freunde, für niemanden oder öffentlich für jedermann (also auch für Personen, die nicht selbst Mitglied von *Facebook* sind) einsehbar ist.[766]

Neben dieser eigenen Profilseite hat jeder Nutzer Zugriff auf eine (individualisierte) Startseite, auf der ihm die von Freunden geposteten Inhalte angezeigt werden. Daneben werden auch Inhalte von Unternehmen, (Nachrichten-)Diensten oder Personen des öffentlichen Lebens angezeigt, die der Nutzer zuvor abonniert hat. Darüber hinaus besitzt *Facebook* ein eigenes, integriertes "*Marketplace*", also einen Online-Marktplatz auf dem Nutzer Artikel kaufen oder verkaufen können, in die Online-Plattform integrierte Spiele, auf die der Nutzer zugreifen kann, und verschiedene wei-

761 Erreichbar unter: https://www.facebook.com/. Andere soziale Netzwerke stellen bspw. *Instagram*, *Twitter*, *Pinterest*, *LinkedIn* oder *Xing* dar.

762 Stand 2015. Nach eigener Aussage des Unternehmens, vgl. https://www.facebook.com/pg/facebook/about/?ref=page_internal.

763 Hierbei handelt es sich um keine abschließende Liste.

764 S. zu diesen angebotenen Funktionen ausf. *Maisch*, Informationelle Selbstbestimmung in Netzwerken, S. 162 ff. sowie im Einzelnen BKartA B6-22/16, S. 11 ff. (Rn. 19 ff.)

765 *Lindner*, Die datenschutzrechtliche Einwilligung, S. 143.

766 Name und Profilbild sind von dieser Möglichkeit ausgenommen und immer öffentlich einsehbar.

tere Implementierungen. Die Nutzung all dieser Dienste ist (grundsätzlich) ohne Entrichtung eines monetären Entgelts möglich.[767]

(2) Datenerhebung durch Facebook

Facebook lässt sich im Gegenzug (durch entsprechende „Nutzungsbedingungen“)[768] das Recht einräumen, die vom Nutzer zur Verfügung gestellten Daten zu erheben und zu verarbeiten.[769] Dabei werden neben den vom Nutzer aktiv bereitgestellten Informationen auch in diesen Informationen enthaltene Metadaten erhoben.[770] Darüber hinaus erhebt *Facebook* auch Daten hinsichtlich des Nutzerverhaltens, also bspw. wann, wie oft und wie lange ein Nutzer auf der Plattform aktiv ist, für welche Inhalte er sich interessiert, welche Profile anderer Nutzer von ihm aufgerufen werden oder mit wem er in welchen Gruppen regelmäßig kommuniziert.[771] Hierdurch ist *Facebook* in der Lage, die Interessensgebiete und Präferenzen jedes einzelnen Nutzers umfassend zu analysieren und anhand dessen zu ermitteln, welche Produkte oder Dienstleistungen den Nutzer am wahrscheinlichsten ansprechen könnten.[772]

767 "*Die Nutzung von Facebook und der anderen Produkte und Dienste, für die diese Nutzungsbedingungen gelten, ist kostenlos*"; abrufbar unter: https://de-de.facebook.com/legal/terms/update.

768 Zur Qualifikation dieser Nutzungsbedingungen als AGB und der Problematik, ob und inwieweit diese AGB-rechtskonform sind ausf. *Graf v. Westphalen*, VuR 2017, 323 (325 ff.).

769 Vgl. *Facebooks* Datenrichtlinie, Stand: 19.04.2018; abrufbar unter: https://www.facebook.com/privacy/explanation.

770 Vgl. *Facebooks* Datenrichtlinie: "*Wir erfassen die Inhalte, Kommunikationen und sonstigen Informationen, die du bereitstellst, wenn du unsere Produkte nutzt; dazu gehören auch deine Registrierung für ein Konto, das Erstellen oder Teilen von Inhalten sowie der Nachrichtenaustausch bzw. das Kommunizieren mit anderen. Dies kann Informationen über die von dir bereitgestellten Inhalte oder solche, die in ihnen enthalten sind (wie Metadaten) umfassen, wie z. B. den Aufnahme-Standort eines Fotos oder das Datum, an dem eine Datei erstellt wurde. Es kann auch das umfassen, was du durch von uns bereitgestellte Funktionen, wie z. B. unserer Kamera, siehst* […]."

771 Vgl. *Facebooks* Datenrichtlinie: "*Wir erfassen Informationen darüber, wie du unsere Produkte nutzt, beispielsweise über die Arten von Inhalten, die du dir ansiehst bzw. mit denen du interagierst, über die von dir genutzten Funktionen, über die von dir durchgeführten Handlungen, über die Personen oder Konten, mit denen du interagierst, und über die Zeit, Häufigkeit und Dauer deiner Aktivitäten.*"

772 Vgl. umfassend zur Datenerhebung durch *Facebook* im Einzelnen auch BKartA, B6-22/16, BeckRS 2019, 4895; diese Datenerhebung hierbei teilweise für daten-

(3) Datennutzung durch Facebook

Dieses Wissen nutzt *Facebook* sodann unter anderem, um den Erfolg noch in der Testphase befindlicher, neuer Funktionen zu prognostizieren, dem einzelnen Nutzer gezielt werbliche Vorschläge zu unterbreiten und zu analysieren, als wie erfolgreich sich diese werbliche Ansprache im Einzelfall darstellt.[773] Bei den unterbreiteten Werbevorschlägen handelt es sich dabei meist[774] um Angebote anderer Unternehmen, welche *Facebook* für die Anzeige ihrer Werbung auf dem sozialen Netzwerk bezahlen. Umso interessengerechter und gezielter diese Werbung dabei auf den einzelnen Nutzer abgestimmt ist und umso mehr Nutzer sich durch die Werbung ansprechen lassen, also dem in der Werbefläche integrierten Link auf die Seite des jeweiligen Unternehmers folgen, umso höher ist das Entgelt, das *Facebook* durch die einzelne Werbeplatzierung erhält.

Daneben lässt sich *Facebook* von den Nutzern auch das Recht einräumen, bestimmte Daten und Informationen dritten Unternehmen zur Verfügung zu stellen.[775] Hiervon (im Grundsatz) nicht umfasst sind Daten, welche einen direkten Personenbezug aufweisen (also bspw. Kontaktdaten).[776] Umfasst sein können aber auch Daten zu "demografische Informationen", also verschiedene Merkmale des jeweiligen Nutzers, wie bspw. Alter, Wohnort und Interessensgebiete sowie Daten darüber, wie viele Nutzer erfolgreich auf eine Werbung angesprochen haben oder bestimmte Präferenzen aufweisen.[777] Drittunternehmen, deren Apps, Webseiten oder

schutzwidrig einstufend. S. zu der Möglichkeit, durch die Datenanalyse auch der innersten Persönlichkeitssphäre zuzuordnende Informationen über den einzelnen Nutzer sowie Dritte zu generieren, unten, Kap. 6, B. I. 1. b. aa. (2) (b).

773 Vgl. *Facebooks* Datenrichtlinie: "*Wir verwenden die uns über dich zur Verfügung stehenden Informationen – einschließlich Informationen über deine Interessen, Handlungen und Verbindungen – um die Werbeanzeigen, Angebote und sonstigen gesponserten Inhalte auszuwählen und zu personalisieren, die wir dir zeigen.*"

774 Im Einzelfall wirbt *Facebook* auch mit unternehmenseigenen neuen Dienstleistungen, dies stellt jedoch die Ausnahme dar.

775 Vgl. *Facebooks* Datenrichtlinie: "*Wir arbeiten mit Drittpartnern zusammen, die uns dabei unterstützen, unsere Produkte bereitzustellen und zu verbessern, oder die Facebook Business-Tools zur Geschäftssteigerung nutzen.*"

776 Vgl. *Facebooks* Datenrichtlinie, "[...] *wir teilen keine Informationen, die dich persönlich identifizieren (Informationen wie deinen Namen oder deine E-Mail-Adresse, die für sich genommen verwendet werden können, um dich zu kontaktieren oder zu identifizieren), außer du erlaubst uns dies.*"

777 Vgl. *Facebooks* Datenrichtlinie: "*Wir stellen Werbetreibenden beispielsweise allgemeine demografische und interessenbezogene Informationen bereit (z. B. dass eine*

sonstige Dienste in die *Facebook*-Plattform integriert sind, können darüber hinaus auch auf zusätzliche Daten derjenigen Nutzer zugreifen, welche diese Dienste der Drittunternehmer nutzen.[778]

bb. Suchmaschinen (Beispiel Google)

Auch andere Online-Dienste, bspw. Suchmaschinen, basieren auf diesem Finanzierungsprinzip.[779] Absoluter Marktführer ist in diesem Bereich ist die Suchmaschine *Google*[780], die sich so gut auf dem Markt etabliert hat, dass "*googeln*" mittlerweile laut Duden im Allgemeinen Sprachgebrauch ein Synonym für das Recherchieren im Internet darstellt.

(1) Datenerhebung durch Google

Die Datenerhebung von *Google* im Rahmen des Suchmaschinen-Dienstes ist vergleichbar umfassend mit derjenigen durch *Facebook*.[781] Neben Daten, die aktiv durch den Nutzer bereitgestellt werden,[782] gehören hierzu auch gerätebezogene Informationen,[783] Protokolldaten,[784] standortbezogene Informationen[785] und Daten über das Nutzerverhalten.[786] Zudem kann *Google* diese Daten mit weiteren Daten verknüpfen, die im Rahmen von

---

Werbeanzeige von einer Frau im Alter zwischen 25 und 34 Jahren, die in Madrid lebt und sich für Software Engineering interessiert, angesehen wurde) [...]."

778 Vgl. *Facebook*-Richtlinie: "*Wenn du Apps, Websites oder sonstige Dienste Dritter verwendest, die unsere Produkte nutzen bzw. über eine Integration mit diesen verfügen, können sie Informationen darüber erhalten, was du postest oder teilst*."

779 Vgl hierzu *Waidner*, Web-Tracking-Report 2014 S. 25 f

780 Hinter dieser Suchmaschine *Google* steht der *Alphabet Inc.* Konzern.

781 Vgl. *Googles* Datenschutzerklärung, Stand: 31.03.2020 (abrufbar unter: https://www.google.com/intl/de_ALL/policies/privacy/).

782 Vgl. *Googles* Datenschutzerklärung: "*Wir erheben auch die Inhalte, die Sie bei der Nutzung unserer Dienste erstellen, hochladen oder von anderen erhalten*."

783 Vgl. *Googles* Datenschutzerklärung: "*Wir erheben Daten über die Apps, Browser und Geräte, die Sie beim Zugriff auf Google-Dienste verwenden*."

784 Hierzu gehören nach der *Google*-Datenschutzerklärung bspw. die vom Nutzer getätigten Suchanfragen, die IP-Adresse, Hardware- und Browsereinstellungen des verwendeten Gerätes sowie *Cookies*.

785 Vgl. *Googles* Datenschutzerklärung: "*Wenn Sie unsere Dienste nutzen, erheben wir Daten zu Ihrem Standort*."

786 Vgl. *Googles* Datenschutzerklärung :"*Wir erheben in unseren Diensten Daten zu Ihren Aktivitäten*."

anderen zum *Alphabet Inc.* Konzern gehörenden Dienstleistungsprodukten erhoben wurden.[787] Hierzu zählen bspw. die Video-Plattform *YouTube*, der E-Mail-Dienst *GMail*, der Karten- und Navigationsdienst *GoogleMaps* und der Filehosting-Dienst *Google Drive*.[788]

(2) Datennutzung durch Google

Im Rahmen der Eigennutzung nutzt *Google* diese Daten ebenfalls (unter anderem) zur Weiterentwicklung und Analyse eigener Produkte.[789] Darüber hinaus analysiert *Google* die erfassten Daten zur gezielten, nutzerspezifischen Anzeige von Werbeangeboten vertraglich verbundener Unternehmen.[790] Eine direkte Weitergabe von Daten an diese dritten Unternehmen findet bzgl. personenbezogener Daten statt, soweit die Einwilligung des jeweiligen Betroffenen vorliegt.[791] Daten ohne direkten Personenbezug werden auch ohne Einwilligung des Betroffenen zur Verfügung gestellt.[792]

cc. Zusammenfassung

Zusammenfassend lässt sich anhand dieser beiden prominenten Beispiele feststellen, dass solche (rein) datenfinanzierten Geschäftsmodelle auf einer umfassenden Datenerhebung und -auswertung basieren. Die von den Nutzern erhobenen personenbezogenen Daten werden dabei in erster Linie verwendet, um die angebotenen Dienste durch Werbekampagnen dritter Unternehmen gegenzufinanzieren. Dabei erfolgt zuvorderst eine Datenverarbeitung durch die plattformbetreibenden Unternehmen selbst (bzw.

---

787 S. hierzu auch *Schneider* in: Körber/Kühling, Regulierung - Wettbewerb - Innovation S. 118.

788 Vgl. *Googles* Datenschutzerklärung: "*Unter Umständen werden die durch uns erhobenen Daten zu den oben beschriebenen Zwecken dienst- und geräteübergreifend kombiniert.*"

789 Vgl. *Googles* Datenschutzerklärung: "*Wir erheben Daten, um allen unseren Nutzern bessere Dienste zur Verfügung zu stellen.*"

790 Vgl. *Googles* Datenschutzerklärung: "*Wir verwenden diese Daten* [...] *um Ihnen maßgeschneiderte Inhalte anzubieten – beispielsweise, um Ihnen* [...] *Werbung zur Verfügung zu stellen.*"

791 Vgl. *Googles* Datenschutzerklärung: "*Wir geben personenbezogene Daten außerhalb von Google weiter, wenn wir Ihre Einwilligung dazu haben.*"

792 Vgl. *Googles* Datenschutzerklärung: "*Wir geben möglicherweise nicht personenbezogene Daten an die Öffentlichkeit und unsere Partner* [...] *weiter*".

durch von diesen hiermit beauftragten Auftrags(daten)verarbeitern). Zu einem nicht unerheblichen Teil werden die erhobenen Daten (bzw. die hieraus gewonnenen Informationen) darüber hinaus auch dritten Unternehmen gegen ein Entgelt zur Verfügung gestellt. Solche datenfinanzierten Geschäftsmodelle finden nicht nur im Bereich der sozialen Netzwerke oder Suchmaschinen Anwendung, sondern haben sich vielmehr in fast jedem digitalen Geschäftsfeld etabliert.[793]

f. Zwischenergebnis

Insgesamt zeigen die Fallgruppen exemplarisch ein erhebliches ökonomisches Interesse der Wirtschaft an der Erhebung und Nutzung (personenbezogener) Daten auf. Ein besonderer Schwerpunkt liegt dabei in der Voraussage zukünftigen Verhaltens, sei es, um erfolgreich Werbung zu betreiben, die eigene Unternehmensentwicklung zu optimieren und bzw. oder das eigene (Kapital-)Risiko in riskanten Geschäftsbereichen möglichst zu minimieren. Aufgrund dieses enormen Interesses an (personenbezogenen) Daten wächst zugleich auch ein Geschäftsmodell, welches sich allein durch die Erhebung und Auswertung von Daten bzw. deren Verkauf finanziert – sei es im Bereich der klassischen Datenhändler und Auskunfteien oder im stetig wachsenden Markt der datenfinanzierten Angebote.

2. Methoden der Datenerhebung

Infolge der technischen Entwicklung ist die Speicherung und Analyse von Daten für Unternehmen ein im Wesentlichen zu vernachlässigender Kostenfaktor geworden.[794] Auch dieser Umstand trägt erheblich zu einem Streben der Datenökonomie hin zu einer möglichst umfassenden Datenerhebung bei. Um Daten erheben zu können, setzen die Unternehmen dabei unterschiedliche Methoden ein, auf die im Folgenden einzugehen sein wird.

---

793 Ein solches datenfinanziertes Geschäftsmodell findet sich bspw. auch im Bereich der Mail- und Nachrichtendienste, Online-Spiele oder sonstiger Dienstleistungs- oder Unterhaltungsangebote.

794 *Büllesbach*, RDV 1997, 239 (242); *Baeriswyl*, RDV 2000, 6 (6); *Bolsinger*, DuD 2016, 382 (382); *Podlech/Pfeifer*, RDV 1998, 139 (140); *Zech* in: Körber/Immenga, Daten und Wettbewerb in der digit. Ökonomie S. 35.

a. Analoge Datenerhebung

Im Rahmen der analogen Datenerhebung handelt es sich insbesondere um die klassischen Erhebungsmethoden: Die Datenerhebung erfolgt im analogen Umfeld bspw. durch Umfragen und Studien (zum Teil auch verbunden mit einem Preisausschreiben, um die jeweiligen Betroffenen zur Teilnahme zu animieren), durch (mit Rabattversprechen verknüpfte) Kundenkarten oder durch zweckändernde Verwendung von Daten, die zunächst im Rahmen vertraglicher Verbindungen o.ä. erhoben wurden.[795]

b. Datenerhebung im Online-Umfeld

Im digitalen Bereich stehen dem Verantwortlichen neben dieser tradierten Art der Datenerhebung eine Vielzahl weiterer Erhebungsmethoden zur Verfügung.

aa. Offene Datenerhebung

Unter die Kategorie der offenen[796] Datenerhebung lassen sich all jene Formen subsumieren, bei denen der Betroffene dem Datenverarbeiter aktiv Daten zur Verfügung stellt,[797] bspw. indem der Betroffene Angaben in Formularen macht, Fotos hochlädt, bei einem Online-Unternehmen einkauft oder eine Frage in die Maske einer Suchmaschine eingibt.[798]

bb. Verdeckte Datenerhebung – Webtracking

Daneben ist es den datenverarbeitenden Unternehmen möglich, auf spezifisch im Online-Umfeld bestehende Methoden der Datenerhebung zurück-

---

795 *Baeriswyl*, RDV 2000, 6 (6); *Breinlinger*, RDV 1997, 247 (247); *Buchner*, Informationelle Selbstbestimmung im Privatrecht, S. 147; *CMA*, The commercial use of cosnumer data S. 28 f.; *Miller*, Journal of Technology Law and Policy 2014, 41 (45); *Podlech/Pfeifer*, RDV 1998, 139 (139).

796 Diese offene Datenerhebung wird z.T. auch als *reaktive* Datenerhebung bezeichnet, vgl. *Buxel*, DuD 2001, 579 (579).

797 *CMA*, The commercial use of cosnumer data S. 31.

798 *Büllesbach*, RDV 1997, 239 (242); *Hillenbrand-Beck/Greß*, DuD 2001, 389 (398 f.); *Schaar*, DuD 2001, 383 (384); *Spindler*, GRUR-Beilage 2014, 101 (105).

zugreifen. Diese Methoden weisen die Besonderheit auf, dass es sich zumeist um "verdeckte Datenerhebungen"[799] handelt, bei denen der Nutzer mithin gar nicht bewusst wahrnimmt bzw. wahrnehmen kann, dass durch ihn generierte Daten erhoben werden.[800]

(1) Begriff des Webtracking

Eine solche verdeckte Datenerhebung erfolgt im Online-Bereich insbesondere durch das sog. „*Webtracking*".[801] Gemeint ist hierbei in erster Linie die Aufzeichnung bzw. Messung der Nutzerbewegungen auf den jeweiligen Internetseiten.[802] Im Rahmen dessen wird bspw. erfasst, welche Seiten der Internetnutzer besucht, wie lange er auf diesen verweilt, welche Links er anklickt und ob er die jeweilige Seite bereits in der Vergangenheit besucht hat.[803] Denn jede Handlung im Netz, sei es das Aufrufen einer Internetseite oder das Abschicken einer Mail, setzt eine Übermittlung von Daten voraus.[804] Durch das Erheben dieser im Rahmen der Übermittlung anfallenden Daten (dem sog. *traffic*) und deren Verknüpfung mit dem jeweiligen Endgerät, von welchem diese Datenübermittlung ausgelöst wurde, lassen sich Nutzerverhalten und Bewegung des einzelnen Besuchers einer Webseite nachverfolgen.[805]

---

799 Diese verdeckte Datenerhebung wird z.T. auch als *nicht-reaktive* Datenerhebung bezeichnet, vgl. *Buxel*, DuD 2001, 579 (579).

800 *Hillenbrand-Beck/Greß*, DuD 2001, 389 (390); *Kühling/Sivridis/Schwuchow/Burghardt*, DuD 2009, 335 (335); *Lindner*, Die datenschutzrechtliche Einwilligung, S. 140; *Ott*, K&R 2009, 308 (308); *Roßnagel/Pfitzmann/Garstka*, Modernisierungsgutachten DSR, S. 24; *Schmidt* in: Auer-Reinsdorff/Conrad, Handbuch IT- und Datenschutzrecht, § 3 Rn. 138; *Schafft/Ruoff*, CR 2006, 499 (499); *Waidner*, Web-Tracking-Report 2014 S. 19.

801 Gelegentlich auch als Nutzungsdatenanalyse, *Clickstream*-Analyse oder Web-Analyse bezeichnet.

802 *Lindner*, Die datenschutzrechtliche Einwilligung, S. 140; *Möhrke-Sobolewski/Klas*, ITRB 2016, 182 (183); *Schirmbacher*, ITRB 2016, 274 (278). S. ausf. zum technischen Hintergrund: *Waidner*, Web-Tracking-Report 2014 S. 37 ff.

803 *Möhrke-Sobolewski/Klas*, ITRB 2016, 182 (183).

804 BVerfGE 115, 166 (183) – *Kommunikationsverbindungsdaten*; *Eichenhofer*, Der Staat 2016, 41 (46 f.); *Hillenbrand-Beck/Greß*, DuD 2001, 389 (390); *Schaar*, DuD 2001, 383 (383). Zu den technischen Details s. *Köhntopp/Köhntopp*, CR 2000, 248 (248 ff.).

805 *Buxel*, DuD 2001, 579 (579); *Simitis*, NJW 1998, 2473 (2477).

(2) Methoden des Webtracking

Durch die ebenfalls (mit-)übermittelte IP-Adresse[806] lassen sich diese getrackten Daten einem bestimmten internetfähigen Gerät zuordnen, von welchem die Datenübermittlung ausgelöst wurde. Zwar handelt es sich bei IP-Adressen oft um dynamische IP-Adressen, welche dem jeweiligen Gerät im Gegensatz zu statischen IP-Adressen nur für eine gewisse Zeit zugewiesen sind.[807] Auch aus solchen dynamischen IP-Adressen lassen sich aber regelmäßig belastbare Aufschlüsse darüber ziehen, aus welcher Region der jeweilige Nutzer auf das Internet zugreift.[808]

Um die Nutzerbewegungen noch genauer erheben zu können, setzen datenverarbeitende Unternehmen darüber hinaus vielfach sog. *Cookies* ein, welche auf dem Rechner des Nutzers gespeichert werden und beim nächsten Zugriff auf die jeweilige Webseite erneut an diese übermittelt werden.[809] Hierdurch kann der erneute Besuch eines Webseitennutzers (auch bei erfolgtem Wechsel der IP-Adresse)[810] mit seinen früheren Besuchen (und somit auch mit den hierbei über ihn erhobenen Daten) verknüpft werden.[811] Ähnlich funktionieren sog. *Session-IDs* oder *Web-Bugs*.[812] Auch bei Nichteinsatz solcher *Tracking*-Systeme ist das einzelne internetfähige Gerät aufgrund der automatisch übermittelten Geräteinformationen, insbesondere hinsichtlich der Systemkonfigurationen des benutzten Browsers,[813] so ausreichend individualisiert, dass es vergleichbar einem mensch-

---

806 Kurz für Internetprotokoll-Adresse.

807 *CMA*, The commercial use of cosnumer data S. 36; *Hillenbrand-Beck/Greß*, DuD 2001, 389 (390); *Köhntopp/Köhntopp*, CR 2000, 248 (248); *Schmidt* in: Auer-Reinsdorff/Conrad, Handbuch IT- und Datenschutzrecht, § 3 Rn. 139.

808 *Conrad/Hausen* in: Auer-Reinsdorff/Conrad, Handbuch IT- und Datenschutzrecht, § 36 Rn. 99; *Hillenbrand-Beck/Greß*, DuD 2001, 389 (390).

809 *CMA*, The commercial use of cosnumer data S. 35; *Hillenbrand-Beck/Greß*, DuD 2001, 389 (390); *Köhntopp/Köhntopp*, CR 2000, 248 (252); *Miller*, Journal of Technology Law and Policy 2014, 41 (45); *Ott*, K&R 2009, 308 (309); *Schleipfer*, ZD 2017, 460 (461).

810 *Dammann* in: Simitis, BDSG 2014, § 3 Rn. 65; *Waidner*, Web-Tracking-Report 2014 S. 44.

811 *Büllesbach*, RDV 1997, 239 (242); *Dieterich*, ZD 2015, 199 (199); *Lindner*, Die datenschutzrechtliche Einwilligung, S. 138; *Schmidt* in: Auer-Reinsdorff/Conrad, Handbuch IT- und Datenschutzrecht, § 3 Rn. 141 ff.

812 Vgl. hierzu ausf. *Hillenbrand-Beck/Greß*, DuD 2001, 389 (390); *Köhntopp/Köhntopp*, CR 2000, 248 (253). Umfassend zu den unterschiedlichen Methoden des Tracking s. *Waidner*, Web-Tracking-Report 2014 S. 36 ff.

813 Auch User-Agent genannt. Hierzu gehören Informationen über Betriebssystem, Browsertyp, Zeitzone, Bildschirmeinstellungen sowie über installierte Plugins,

lichen Fingerabdruck eine (hinreichend) genaue Unterscheidbarkeit zu anderen Geräten und somit eine eindeutige Zuordnung ermöglicht.[814] Man spricht insoweit auch vom "*Fingerprinting*"[815].

Möchten oder können die Webseitenbetreiber diese Erhebung und Auswertung des Nutzerverhaltens nicht eigenständig durchführen, kann auf die Dienste hierauf speziell ausgerichtete Unternehmen bzw. auf deren Anwendungen zurückgegriffen werden.[816]

(3) Cross-Domain-Tracking

Trackingmethoden werden nicht nur von dem Unternehmen, welchem die vom Nutzer annavigierte Seite zugehörig ist, genutzt, sondern darüber hinaus in weitem Umfang auch von dritten Parteien.[817] Deren Analyse- bzw. Trackingtools werden vom Seitenbetreiber (meist gegen ein Entgelt)[818] in die jeweilige Internetseite integriert.[819] Auch beim Einsatz von Auftragsverarbeitern, bzw. dem Einsatz von Analysesoftware dritter Unternehmen erhalten diese beauftragten Unternehmen die Möglichkeit, die anfallenden Daten zu erheben.[820] Die dritte Partei hat hierdurch ebenfalls

---

Software zur Medienwiedergabe und Schrifttypen, vgl. *Köhntopp/Köhntopp*, CR 2000, 248 (251).

814 *Dieterich*, ZD 2015, 199 (200); *Günther*, HORIZONT 2016, 50 (50); *Schirmbacher*, ITRB 2016, 274 (278) ; *Waidner*, Web-Tracking-Report 2014 S. 48 ff. Zu Einzelheiten s. *Karg/Kühn*, ZD 2014, 285 (286 ff.).

815 *Dammann* in: Simitis, BDSG 2014, § 3 Rn. 65; *Conrad/Hausen* in: Auer-Reinsdorff/Conrad, Handbuch IT- und Datenschutzrecht, § 36 Rn. 122; *Möhrke-Sobolewski/Klas*, ITRB 2016, 182(183); *Schleipfer*, ZD 2017, 460 (461); *Waidner*, Web-Tracking-Report 2014 S. 48. S. zu dieser Technik des "*Fingerprinting*" auch unten, Kap. 4, A. I. 2. b. bb. (4) (c).

816 *Lindner*, Die datenschutzrechtliche Einwilligung, S. 140. S. hierzu ausf. *Ott*, K&R 2009, 308 (308 ff.). Hierdurch lassen sich selbst unterschiedliche Nutzer desselben Gerätes unterscheiden, auch wenn diese keinen eigenen OS-Benutzeraccount haben.

817 *CMA*, The commercial use of cosnumer data S. 34; *Hillenbrand-Beck/Greß*, DuD 2001, 389 (390).

818 Zum Teil aber auch durch Bereitstellen eines für den Inhaber der Webseite nützlichen kostenlosen Service, so ist bspw. der Analytik-Dienst "*Google Analytics*" für Webseiten mit bis zu zehn Millionen Aufrufen im Monat kostenlos.

819 *CMA*, The commercial use of cosnumer data S. 37; *Köhntopp/Köhntopp*, CR 2000, 248 (253); *Waidner*, Web-Tracking-Report 2014 S. 29.

820 *Lindner*, Die datenschutzrechtliche Einwilligung, S. 141 f; *Spindler*, GRUR-Beilage 2014, 101 (105).

Zugriff auf die Daten, welche auf der jeweiligen Webseite anfallen. In umso mehr Webseiten ein Unternehmen seine Trackingtools integriert hat, über umso mehr Webseiten kann das jeweilige Unternehmen den einzelnen Nutzer mithin verfolgen und sein Nutzungsverhalten erheben und analysieren (sog. *Cross-Domain-Tracking*).[821] So verfügt bspw. das in der Werbebranche weltweit größte Online-Unternehmen "*Double-Click*"[822] über ca. 100 Millionen Konsumentenprofile, welche unter anderem durch die Auswertung der im Rahmen des *Cross-Domain-Tracking* gesammelten Daten erstellt wurden.[823]

(4) Cross-Device-Tracking

Zudem versuchen datenverarbeitende Unternehmen vermehrt, das Nutzerverhalten über mehrere verschiedene, von dem Nutzer verwendete Endgeräte hinweg zu verfolgen (sog. *Cross-Device-Tracking*).[824]

(a) Ubiquitous Computing und Internet of Things

Bereits momentan greifen etwa 15 Milliarden Geräte auf das Internet zu.[825] Durch die Zunahme der mit dem Internet verbundenen "smarten" (Alltags-)Gegenständen (sog. *Ubiquitous Computing*)[826] und der Entwicklung hin zu zum Internet der Dinge (sog. *Internet of Things*, „IoT")[827] wird davon ausgegangen, dass diese Zahl in naher Zukunft noch erheblich steigen wird.[828] Die smarten Gegenstände sind darüber hinaus zumeist dauerhaft

---

821 *Köhntopp/Köhntopp*, CR 2000, 248 (253); *Schaar*, DuD 2001, 383 (384); *Waidner*, Web-Tracking-Report 2014 S. 23.

822 S. hierzu schon oben, Kap. 4, A. I. 1. d.

823 *Enzmann/Roßnagel*, CR 2002, 141 (141, Fn. 4); *Taeger*, K&R 2003, 220 (221, Fn. 4).

824 *Schirmbacher*, ITRB 2016, 274 (278); *Waidner*, Web-Tracking-Report 2014 S. 52.

825 *Heinrich/Kempa/Kerbusch/Spitzner* in: Wittpahl, Digitalisierung S. 53.

826 S. zu diesem Begriff bspw. *Drackert*, Risiken der Datenverarbeitung, D. 259 f.; *Radlanski*, Die Einwilligung in der datenschutzrechtlichen Realität, S. 33 f. Umfassende Darstellung insb. bei *Roßnagel*, Gutachten, S. 9 ff.

827 S. zu diesem Begriff bspw. *Borgmaier/Grohmann*, Smart Services und Internet der Dinge, S. 5 ff; *CMA*, The commercial use of cosnumer data S. 33 f.

828 *BMWi*, Digitale Agenda des BMWi S. 5; *CMA*, The commercial use of cosnumer data S. 32; *Kühling* in: Stiftung DS, Zukunft der informationellen Selbstbestim-

in Betrieb.[829] Zudem werden diese internetfähigen Geräte, gedacht sei hier bspw. an das *Smartphone* oder *Wearables*[830], oft ununterbrochen vom Betroffenen benutzt und mitgeführt, weshalb (potentiell) sämtliche Lebensbereiche erfasst werden.[831]

(b) Beispiel Smartphone

Insbesondere das *Smartphone* wird als ständiger Begleiter umfassend genutzt, etwa zum Telefonieren, Texten, Fotografieren, Abrufen von Mails, zur Internetnutzung, Nutzung von Kalender, Adressbuch, Geo- bzw. Navigationsdiensten oder zum Spielen oder Musik hören.[832] Die hierbei anfallenden Daten werden vom jeweiligen Gerät erhoben und gespeichert.[833] Hierbei kann das Verhalten des Geräteinhabers nicht nur im Rahmen der eigentlichen Internetnutzung – parallel zur Datenerhebung bei Verwendung eines normalen Computers – erhoben werden. Im *Smartphone* (und anderen Geräten, insbesondere Wearables) sind darüber hinaus weitere Sensoren, bspw. zur Ortung des Geräts, enthalten.[834] Durch *Smartphones* lässt sich somit insbesondere auch das Bewegungsprofil des Nutzers verfolgen,[835] sowie das Wissen über die sozialen Kontakte, Interessen und Präferenzen des jeweiligen Nutzers vertiefen.[836] Zugriff auf diese Daten erhalten Unternehmen dabei vor allem durch Apps[837], die der Nutzer auf seinem *Smartphone* installiert und welche zumeist die Zustimmung umfassender

---

mung S. 49; *Markl* in: Hoeren, Big Data S. 3; *Roßnagel*, Gutachten, S. 88; *Waidner*, Web-Tracking-Report 2014 S. 52.

829 *Heinrich/Kempa/Kerbusch/Spitzner* in: Wittpahl, Digitalisierung S. 53.

830 S. zu diesen oben Kap. 4, A. I. 1. c.

831 *Buchner*, Informationelle Selbstbestimmung im Privatrecht, S. 166; *Roßnagel*, Gutachten, S. 21; *Seemann* in: Stiftung DS, Zukunft der informationellen Selbstbestimmung S. 129.

832 *Kühling* in: Stiftung DS, Zukunft der informationellen Selbstbestimmung S. 50; *Roßnagel/Pfitzmann/Garstka*, Modernisierungsgutachten DSR, S. 22 f.; *Urban/Hoofnagle/Li*, BLCT Research Paper 2012, No. 2103405, S. 7.

833 *Waidner*, Web-Tracking-Report 2014 S. 53.

834 *Waidner*, Web-Tracking-Report 2014 S. 53. Für Wearables vgl. *Wilmer*, K&R 2016, 382 (383).

835 *Spindler*, GRUR-Beilage 2014, 101 (105). Zum technischen Hintergrund der Lokalisierung eines *Smartphones* s. *Kurz/Rieger*, Die Datenfresser, S. 144 ff.; *Roßnagel*, Gutachten, S. 33 ff.

836 *Härting*, BB 2012, 459 (459 f.).

837 Kurz für Applikation.

Datenzugriffsrechte für den App-Betreiber voraussetzen.[838] Auch in diesen Apps sind dabei oft *Trackingtools* integriert, welche einen Zugriff auf die Daten durch dritte Parteien ermöglichen.[839]

(c) Möglichkeiten des Cross-Device-Tracking

Um die durch die Nutzung der einzelnen Geräte angefallenen Daten einem einzelnen Benutzer zuzuordnen, greifen datenverarbeitende Unternehmen auf das sog. *Cross-Device-Tracking* zurück. Möglich ist eine Zusammenführung der Daten bspw. wenn der Nutzer ein Konto hat, in das er sich auf den verschiedenen Geräten einloggt.[840] Durch dieses Login ist es den datenerhebenden Unternehmen möglich, die jeweils verwendeten Geräte einem einzelnen Nutzer zuzuordnen und die erhobenen Daten zu einem Profil zusammenzuführen.[841] Hierfür grundsätzlich notwendig ist aber, dass sich der Benutzer auch tatsächlich von allen Geräten aus in das jeweilige Konto bzw. den jeweiligen Account einloggt.[842]

Allerdings ist auch ohne ein solches Login die Identifizierung des Nutzers über mehrere Geräte hinweg bspw. durch die im Rahmen der Nutzung erfolgte Angabe seiner Kreditkartennummer, seiner Telefonnummer, Adresse oder E-Mailadresse möglich.[843] Darüber hinaus werden zunehmend Algorithmen entwickelt, welche den Nutzer allein anhand seines Nutzungsverhaltens wiedererkennen können, so bspw. mithilfe des *Finger-*

---

838 *Möhrke-Sobolewski/Klas*, ITRB 2016, 182 (183); *Waidner*, Web-Tracking-Report 2014 S. 53.

839 *Kremer* in: Auer-Reinsdorff/Conrad, Handbuch IT- und Datenschutzrecht, § 28 Rn. 64; *Waidner*, Web-Tracking-Report 2014 S. 53.

840 *Diaz-Morales* in: Peng, 15th IEEE S. 1699; *FTC*, Cross-Device-Tracking S. 2 f; *Günther*, HORIZONT 2016, 50 (51).

841 Ein solches Login-basiertes Tracking verfolgen und bieten bspw. nach eigener Aussage *Facebook* (abrufbar unter: https://www.facebook.com/business/news/cross-device-measurement und *Alphabet Inc.* in seinem Geschäftsfeld *Google Analytics* (abrufbar unter: https://support.google.com/analytics/topic/6009743?hl=en&ref_topic=1007027) an. Mehr als 23 Millionen Menschen loggen sich allein in Deutschland dabei mindestens zwei Geräten in ihr *Facebook*-Konto ein. Ein *Cross-Device-Tracking* ist durch die Login-Daten des *Facebook*-Accounts somit theoretisch bei 40% aller Online-User in Deutschland möglich, vgl. *Günther*, HORIZONT 2016, 50 (52).

842 *Diaz-Morales* in: Peng, 15th IEEES. 1699; *Lindner*, Die datenschutzrechtliche Einwilligung, S. 138.

843 *Diaz-Morales* in: Peng, 15th IEEE S. 1699; *FTC*, Cross-Device-Tracking S. 4; *Köhntopp/Köhntopp*, CR 2000, 248 (255).

printing.[844] Durch das Erkennen bestimmter Muster im Nutzerverhalten entsteht eine Art Nutzer-Fingerprint, anhand dessen der Einzelne (mit einer Trefferquote von etwa 20 bis 98 Prozent) auch bei Verwendung unterschiedlicher Geräte identifiziert werden kann.[845]

Ist den datenerhebenden Unternehmen eine geräteübergreifende Erhebung und Vernetzung der Nutzerdaten möglich, gewährt dies den jeweiligen Unternehmen in besonderem Maße Einblick in Verhaltensmuster, Interessen und Präferenzen des jeweiligen Betroffenen.

c. Zwischenergebnis

Der Datenökonomie stehen mithin verschiedene Methoden zur Verfügung, um eine (tendenziell sehr umfassende) Datensammlung zu erlangen. Durch das *Cross-Domain-Tracking* in Kombination mit dem *Cross-Device-Tracking* ist es ihnen überdies zunehmend möglich, das Nutzerverhalten eines Betroffenen im Internet auch über verschiedene Webseiten bzw. mehrere genutzte Endgeräte hinweg zu verfolgen.

3. Datenauswertung

Um die erhobenen Daten möglichst umfassend zu verwerten, schließt sich an die Erhebung dieser Daten (regelmäßig)[846] eine Verarbeitung derselben an.

a. Allgemein

Die erhobenen Daten können von den Unternehmen allgemein dafür verwendet werden, ihre Kundendatei zu vervollständigen, mit diesen Kunden ggf. in Kontakt zu treten oder den eigenen Geschäftsablauf zu überprü-

---

844 So bspw. *Diaz-Morales* in: Peng, 15th IEEE S. 1700 ff. S. hierzu auch *FTC*, Cross-Device-Tracking S. 3. Zum *Fingerprintig* bereits oben, Kap. 4, A. I. 2. b. bb. (2).

845 *Günther*, HORIZONT 2016, 50 (51).

846 Zur Speicherung "auf Vorrat" für noch unbekannte, aber möglicherweise zukünftig entstehende Nutzungsmöglichkeiten vgl. unten, Kap. 4, A. I. 3. c.

fen.[847] Darüber hinaus (und für die datenschutzrechtliche Einwilligung von besonderem Interesse) werden die erhobenen Daten in zahlreichen Fällen von den Unternehmen auch weitergehend (entsprechend ihrer jeweiligen unternehmensspezifischen Bedürfnisse) ausgewertet: Im Bereich des Marketing also bspw. hinsichtlich möglicher Vorlieben und des Konsumverhaltens des Betroffenen, im Bereich der Risikobewertung insbesondere hinsichtlich der wahrscheinlichen Bonität, Gesundheitsprognose oder sonstiger für die Unternehmen im jeweiligen Bereich bestehender potentieller Risiken.

b. Data Warehouses

Vor einer Auswertung werden die erhobenen Daten zunächst von den jeweiligen Unternehmen gesammelt, wodurch – je nach (Daten-)Zugriffsmöglichkeiten des Unternehmens – umfassende Datensammlungen entstehen. Diese Sammlungen werden auch als "*Data Warehouses*" (Datenlagerhäuser) bezeichnet.[848] Daneben erhalten Unternehmen regelmäßig zusätzliche Daten aus allgemein zugänglichen Quellen oder von Datenhändlern.[849] Diese (stetig wachsende) Zahl an Daten und die hiermit eröffneten Verknüpfungsmöglichkeit der Daten, erlauben es den Unternehmen, individuelle Persönlichkeitsprofile zu erstellen[850] oder auch allgemeine statistische Werte zu ermitteln[851].[852]

---

847 Wobei es sich dann meist um eine Datenverarbeitung im vertraglichen Kontext handeln wird, welche weitestgehend nach Art 6 Abs. 1 lit. b DS-GVO legitimiert ist. Zu dieser Rechtfertigungsgrundlage ausf. unten, Kap. 6, A. I. 2. e. aa.

848 *Baeriswyl*, RDV 2000, 6 (6); *Taeger*, K&R 2003, 220 (220). S. zu Aufbau und Struktur solcher Data Warehouses *Scholz* in: *Roßnagel*, HB DSR, Kap. 9.2 Rn. 22 ff.

849 *Enzmann/Roßnagel*, CR 2002, 141 (141); *Moos*, MMR 2006, 718 (718); *Scholz* in: *Roßnagel*, HB DSR, Kap. 9.2 Rn. 20.

850 Bspw. ob es sich bei dem jeweiligen Kunden um einen Fußballfan handelt, und wenn ja, welche Mannschaft er präferiert.

851 Bspw. wie viele Personen einen bestimmten Artikel gekauft, eine Internetseite besucht oder auf eine bestimmte Werbung reagiert haben.

852 *Bull*, NJW 2006, 1617 (1620); *Scholz* in: *Roßnagel*, HB DSR, Kap. 9.2 Rn. 3.

c. Big Data und Data Mining

Eine Datenauswertung zur Erstellung von Persönlichkeitsprofilen bzw. Verhaltensprognosen erfolgt dabei zunehmend durch sog. "*Data Mining*", also unter Zuhilfenahme der algorithmenbasierten Analyse von Big Data.[853]

aa. Big Data

Zwar wird der Begriff "Big Data" häufig gebraucht, die genaue Definition dieses Begriffs ist aber nicht vollumfänglich geklärt.[854] Zumeist wird zur Konkretisierung auf die Definition von *Laney* zurückgegriffen,[855] wonach insbesondere drei Charakteristika von Relevanz sind: Die Menge der Daten (*Volume*), die Geschwindigkeit, mit der diese Daten verarbeitet werden (*Velocity*) und die Heterogenität der Daten (*Variety*).[856] Teilweise wird dabei noch die Datenqualität bzw. -integrität (*Veracity*),[857] teilweise die Auswertung mithilfe von Analysetools[858] miteinbezogen.

Big Data bezeichnet somit (jedenfalls) die Verarbeitung großer Datenmengen aus vielfältigen Quellen mit einer hohen Verarbeitungsgeschwindigkeit, welche von traditionellen Datenverarbeitungssystemen nicht (mehr) durchgeführt werden kann.[859] Ziel ist stets, einen wirtschaftlichen Nutzen durch die Datenauswertung bzw. die hierbei gewonnenen Erkenntnisse zu generieren.[860] Big Data ist somit insbesondere durch eine

---

853 *Hacker*, ZfPW 2019, 148 (151); *Graf v. Westphalen*, IWRZ 2018, 9 (10).

854 *Petri* in: Epiney/Nüsch/Weber, Big Data und DSR S. 35; *Simo* in: Richter, Privatheit S. 14.

855 So *Coll* in: Epiney/Nüsch/Weber, Big Data und DSR S. 24; *Culik/Döpke*, ZD 2017, 226 (227); *Eschholz*, DuD 2017, 180 (180); *Simo* in: Richter, Privatheit S. 14; *Ward/Barker*, A Survey of Big Data Definitions S. 1.

856 *Laney*, Gartner S. 1 f.; *Schneider* in: Körber/Kühling, Regulierung - Wettbewerb - Innovation A. 116.

857 So *Markl* in: Hoeren, Big Data S. 4; *Meier* in: Epiney/Nüsch/Weber, Big Data und DSR S. 51. Vgl. auch *IBM*, The FOUR V's of Big Data.

858 Vgl. *BITKOM*, Big Data S. 19.

859 *Markl* in: Hoeren, Big Data S. 4; *Ohrtmann/Schwiering*, NJW 2014, 2984 (2984); *Spindler*, GRUR-Beilage 2014, 101 (101); *Weber* in: Epiney/Nüsch/Weber, Big Data und DSR S. 3.

860 *BITKOM*, Big Data S. 21; *Ohrtmann/Schwiering*, NJW 2014, 2984 (2984).

neue Komplexität sowohl der Daten, als auch der eingesetzten Analysemittel gekennzeichnet.[861]

bb. Data Mining

Das algorithmenbasierte Durchsuchen der Daten wird als *„Data Mining“* bezeichnet.[862] Mit unterschiedlichen Analysetools werden Daten aus einer Vielzahl von Quellen und unabhängig ihrer Dateiformate nahezu in Echtzeit durchsucht bzw. verarbeitet, um (automatisiert) bestimmte Zusammenhänge und Muster zu erkennen, aus denen sich sodann (Verhaltens-)Vorhersagen ermitteln lassen.[863]

Ziel ist die Gewinnung neuer Erkenntnisse durch Auswertung bereits zur Verfügung stehender Datensammlungen.[864] Das den Daten innewohnende (aber noch unbekannte) Wissen soll durch den Einsatz von *Data Mining* erschlossen werden.[865] Hierfür werden die Datenbestände unablässig nach bestimmten Ähnlichkeiten bzw. Korrelationen durchsucht, um bisher unbekannte (Kausal-)Zusammenhänge zu ermitteln.[866] Bezugspunkt ist somit immer eine Korrelation zwischen verschiedenen Daten, welche auf einen zwischen diesen Daten bestehenden (potenziellen) Zusammenhang hindeutet.[867] Technologisch handelt es sich bei der Auswertung im Rahmen des *Data Mining* somit ebenfalls um eine statistische Datenauswertung.[868] Durch ein Abgleich der Daten werden bestimmte Korre-

---

861 *Markl* in: Hoeren, Big Data S. 4.

862 *Baeriswyl*, RDV 2000, 6 (6); *Fraunhofer SIT*, Big Data S. 24; *Radlanski*, Die Einwilligung in der datenschutzrechtlichen Realität, S. 25.

863 *Eschholz*, DuD 2017, 180 (180); *Hermstrüwer*, Informationelle Selbstgefährdung, S. 94 f; *Ohrtmann/Schwiering*, NJW 2014, 2984 (2984). S. hierzu ausf. *Markl* in: Hoeren, Big Data S. 4 f.; *Simo* in: Richter, Privatheit S. 14 f.

864 *Baeriswyl*, RDV 2000, 6 (6); *Radlanski*, Die Einwilligung in der datenschutzrechtlichen Realität, S. 25; *Spindler*, GRUR-Beilage 2014, 101 (101).

865 *Fraunhofer SIT*, Big Data S. 24; *Scholz* in: *Roßnagel*, HB DSR, Kap. 9.2 Rn. 3; *Simo* in: Richter, Privatheit S. 15. Zu den einzelnen technischen Verfahrensschritten s. ausf. *Markl* in: Hoeren, Big Data S. 8 ff.

866 *Baeriswyl*, RDV 2000, 6 (6); *Bull*, NJW 2006, 1617 (1620); *Büllesbach*, RDV 1997, 239 (242).

867 Ermittelt wird somit stets (lediglich) eine Korrelation verschiedener Daten, nicht etwa eine zugrundeliegende Kausalität, aufgrund derer sich diese Korrelation ergibt. Vgl. hierzu *Coll* in: Epiney/Nüsch/Weber, Big Data und DSR S. 25; *Weber* in: Epiney/Nüsch/Weber, Big Data und DSR S. 2.

868 *Ohrtmann/Schwiering*, NJW 2014, 2984 (2984).

lationen bzw. wiederkehrende Muster herausgearbeitet. Auf Grundlage dieser erkannten Muster kann sodann eine bestimmte Vorhersage getroffen werden.[869] Umso mehr Daten für eine solche Analyse zur Verfügung stehen, umso mehr Aussagen können aus diesen Daten gewonnen werden und umso treffsicherer sind die gewonnenen Aussagen.[870]

4. Interessenlage der Datenverarbeiter und Bedeutung der Einwilligung

Eine Verarbeitung (personenbezogener) Daten und eine Verwendung der hierbei gewonnenen Informationen findet branchenübergreifend und – aufgrund der fortschreitenden technischen Entwicklung – in immer zunehmenderem Ausmaß statt.[871]

a. Interesse an umfassender Datennutzung

Datenverarbeitende Unternehmen weisen ein starkes wirtschaftliches Interesse an einer möglichst umfassenden Verarbeitung und Erhebung von (personenbezogenen) Daten auf.[872] Die datenschutzrechtliche Einwilligung ermöglicht in diesem Zusammenhang (bisher) in der Regel eine (flexible) Datenverarbeitung über das durch die gesetzlichen Rechtfertigungsgründe erlaubte Maß hinaus.[873]

b. Interesse an rechtssicherer Verarbeitungsgrundlage

Die Datenökonomie ist auf eine rechtssichere Ermächtigungsgrundlage für eine Verarbeitung personenbezogener Daten angewiesen.[874] Nur unter die-

---

869 *Radlanski*, Die Einwilligung in der datenschutzrechtlichen Realität, S. 25.

870 *Radlanski*, Die Einwilligung in der datenschutzrechtlichen Realität, S. 25; *Scholz* in: *Roßnagel*, HB DSR, Kap. 9.2 Rn. 33.

871 Vgl. *Härting*, BB 2012, 459 (459) insoweit annehmend, eine "*unternehmerische Betätigung unter Verzicht auf die automaitisierte Verarbeitung von Daten* [sei] *nicht mehr vorstellbar*".

872 *Burgkardt*, Grundrechtlicher Datenschutz zwischen Grundgesetz und Europarecht, S. 23; *Petri*, RDV 2007, 153 (153 f.); *Roßnagel*, DuD 2016, 561 (563); *Weber* in: Epiney/Nüsch/Weber, Big Data und DSR S. 9.

873 *Schafft/Ruoff*, CR 2006, 499 (502).

874 *Gierschmann*, ZD 2016, 51 (55); *Schafft/Ruoff*, CR 2006, 499 (502).

ser Voraussetzung ist es den Unternehmen möglich, langfristige ökonomische Konzepte zu verfolgen, welche eine Datenverarbeitung voraussetzen. Müssen die Unternehmen stets damit rechnen, dass ihre Datenverarbeitungspraxis – insbesondere durch die staatlichen Aufsichtsbehörden und Gerichte – als unzulässig bewertet wird, bleibt die verfolgte Unternehmensstrategie prekär und kann folglich nicht effizient[875] verfolgt werden. Zudem besteht bei einer Datenverarbeitung auf unsicherer Rechtsgrundlage ein ständiges Haftungsrisiko.[876]

Angesichts der bisher auf nationaler Ebene aufgrund der vielfachen Spezialnormen und Rechtszersplitterung recht unübersichtlichen Rechtslage[877] war die Einwilligung meist die einzig rechtssichere Grundlage für datenverarbeitende Unternehmen, um personenbezogene Daten rechtmäßig verarbeiten zu können.[878] In der vorliegenden Arbeit zu klären sein wird, ob die datenschutzrechtliche Einwilligung für datenverarbeitende Unternehmen auch nach der Vereinheitlichung der Regelungen durch Erlass der DS-GVO ein gegenüber den gesetzlichen Erlaubnistatbeständen höheres Maß an Rechtssicherheit bieten kann.[879]

c. Interesse am Vertrauen der betroffenen Person

Ein nicht zu unterschätzender Faktor ist darüber hinaus das Vertrauen der Betroffenen in die Integrität datenverarbeitender Unternehmen.[880] Insbe-

---

875 Im Sinne von „maximal".

876 Zweifelnd an der Wirksamkeit dieser Abschreckung durch bußgeldbewehrte Datenschutzvorschriften allerdings *Robrecht* in: Stiftung DS, Zukunft der informationellen Selbstbestimmung S. 86.

877 S. hierzu: *Roßnagel/Pfitzmann/Garstka*, Modernisierungsgutachten DSR, S. 30 ff. So auch *Bull*, NJW 2006, 1617 (1617); *Schneider/Forgó/Helfrich* in: Forgó/Helfrich/Schneider, Betrieblicher DS, S. 38 Rn. 132 ff.

878 *Buchner*, DuD 2010, 39 (40).

879 S. hierzu unten Kap. 6, A. I. 2. e.

880 *Bidler/Steudner/Schumann/Widjaja* in: Specht-Riemschneider, Datenrecht in der Digitalisierung S. 298 f.; *Büllesbach*, RDV 1997, 239 (242); *Haberl/Volbers* in: Specht-Riemschneider, Datenrecht in der Digitalisierung S. 828 f.; *Härting*, BB 2012, 459 (459); *Reding*, ZD 2012, 195 (197). In diese Richtung ebenso *Roßnagel/Pfitzmann/Garstka*, Modernisierungsgutachten DSR, S. 21 sowie *Burgkardt*, Grundrechtlicher Datenschutz zwischen Grundgesetz und Europarecht, S. 23. Auch ErwGr 7 DS-GVO spricht insoweit davon, es sei "*von großer Wichtigkeit*", eine "*Vertrauensbasis zu schaffen, die die digitale Wirtschaft dringend benötigt, um im Binnenmarkt weiter wachsen zu können*".

sondere Online-Unternehmen sind darauf angewiesen, dass der Betroffene in die Rechtmäßigkeit und die Sicherheit der Datenverarbeitung vertraut und die entsprechenden angebotenen Dienste nicht aus Angst vor einer hiermit verbundenen Datenverarbeitung meidet.[881] Das Vertrauen der Nutzer ist somit eine Grundvoraussetzung dafür, dass die jeweiligen wirtschaftlichen Angebote auch in Zukunft (umfassend) genutzt werden.[882] Ausgehend von dieser Feststellung kann von einem (jedenfalls objektiven) Interesse der Datenökonomie an einer rechtmäßigen und für die betroffene Person transparenten und nachvollziehbaren Datennutzung ausgegangen werden.[883]

Die Einwilligung bietet hierfür nach tradierter Auffassung jedenfalls in der Theorie[884] in besonderem Maße die Möglichkeit einer transparenten und dem Willen des Betroffenen entsprechenden Datennutzung hinsichtlich Art und Umfang der Datenverarbeitung.

II. Betroffene Person

Auch die betroffene Person kann ein Interesse an der Verarbeitung sie betreffender personenbezogener Daten besitzen. Daneben gilt es, typische, mit einer Verarbeitung personenbezogener Daten verbundene Risikopotentiale zu erkennen und daraufhin zu untersuchen, ob und inwieweit diese tatsächlich zu einer Gefährdung des Betroffenen führen (können).

1. Vorteile der Datenverarbeitung für die betroffene Person

Grundsätzlich kann eine Verarbeitung personenbezogener Daten nicht nur für Unternehmen, sondern auch für die Betroffenen selbst einen ge-

---

881 *Härting*, BB 2012, 459 (459); *Kommission*, SEC(2012) 73 final S. 2; *Reding*, ZD 2012, 195 (197); *Schafft/Ruoff*, CR 2006, 499 (501).

882 *Bidler/Steudner/Schumann/Widjaja* in: Specht-Riemschneider, Datenrecht in der Digitalisierung S. 289; *Enzmann/Roßnagel*, CR 2002, 141 (141); *Haberl/Volbers* in: Specht-Riemschneider, Datenrecht in der Digitalisierung S. 828 f.

883 So *Reding*, ZD 2012, 195 (197). Zur Bedeutung des Vertrauens des Betroffenen in die Integrität des Verantwortlichen im Kontext des Datenschutzes auch *Scheurer*, Spielerisch selbstbestimmt, S. 252 ff.

884 Vgl. zu den in der Realität bestehenden Problemen oben, Kap. 2, B. II.

winnbringenden Nutzen aufweisen.[885] Viele dieser potentiellen Vorteile für den Betroffenen stellen sich dabei als spiegelbildlich zu den Interessen der datenverarbeitenden Unternehmen dar.

a. Marketing und Werbung – targeted advertising

So mag bspw. der Einsatz zielgerichteter Werbung im Rahmen des *targeted advertisings* für den Betroffenen (zumindest potentiell) den Nutzen bergen, von werbenden Unternehmen nur (noch) den eigenen Präferenzen entsprechende Angebote zu erhalten.[886] Insbesondere datenverarbeitende Unternehmen weisen in diesem Kontext darauf hin, durch eine zielgerichtete Ansprache werde dem Betroffenen nicht nur der Anblick lästiger, weil für den Betroffenen uninteressanter Werbung erspart. Vielmehr erhöhe sich durch ein solches *targeted advertising* die Wahrscheinlichkeit, dass der Betroffene Werbung für solche Produkte erhalte, die er als Bereicherung empfinde. Zugleich spare er Zeit, indem er diese Produkte nicht selbst suchen müsse.[887] Insoweit profitiere auch der Betroffene von einer Datenverarbeitung zum Zwecke zielgerichteten Marketings.

b. Scoring

Für den Bereich des Scorings, insbesondere beim Kreditscoring, wird der Nutzen für den Betroffenen zumeist darin erblickt, dass er durch eine solche Vorwegprüfung ebenfalls vor den nachteiligen Folgen eines Rückzahlungsausfalls geschützt werde.[888] Durch eine Prüfung seiner Bonität werde der Einzelne vor der Übernahme von Verbindlichkeiten geschützt, welche er voraussichtlich nicht bewältigen könne. Daneben schütze ihn dieses, auf objektiven Fakten basierende Verfahren, vor willkürlichen bzw. subjektiven Entscheidungen durch Sachbearbeiter.[889]

---

885 So auch *Burgkardt*, Grundrechtlicher Datenschutz zwischen Grundgesetz und Europarecht, S. 24 f.; *Kühling/Sivridis/Schwuchow/Burghardt*, DuD 2009, 335 (335).

886 *Ladeur*, DuD 2000, 12 (18). In diese Richtung wohl auch *Buxel*, DuD 2001, 579 (582).

887 *CMA*, The commercial use of cosnumer data S. 51; *Hüttenrauch*, Database Marketing, S. 1.

888 So bspw. *Koch*, MMR 1998, 458 (458); *Wuermeling*, NJW 2002, 3508 (3508).

889 *Koch*, MMR 1998, 458 (458); *Martini*, Blackbox Algorithmus, S. 47.

Da die Zielgenauigkeit der Vorhersage im Rahmen des Scorings mit dem Umfang des zugrundeliegenden Datenbestands korreliert,[890] müsste man infolge dessen konsequenterweise annehmen, dass ein solches Kreditscoring für den einzelnen Betroffenen umso vorteilhafter ist, je mehr Daten das jeweilige Unternehmen von ihm und Dritten sammelt.[891]

Im Grundsatz erscheint auch die Möglichkeit für den Einzelnen, eine günstigere Versicherungspolice abschließen zu können, soweit sich der Einzelne mit der Zugriffmöglichkeit auf ihn betreffende Daten durch den Versicherungsgeber einverstanden erklärt,[892] zunächst einen Vorteil für den Betroffenen darzustellen. Schließlich stellt eine solche freiwillige Möglichkeit (zunächst)[893] nur einen Zuwachs an Optionen für den Einzelnen dar, mit welchem er seine Kosten minimieren kann.[894]

c. Produktentwicklung

Der Betroffene profitiert darüber hinaus grundsätzlich ebenfalls von der Datenverarbeitung zum Zwecke der Produktentwicklung bzw. -optimierung.[895] Dienste wie Suchmaschinen, Vergleichs- oder Bewertungsprotale, kurz, alle datenbasierten Dienste und Produkte, funktionieren nur aufgrund umfangreicher Datensammlungen.[896] Zudem werden die Produkte und Dienste – datenbasiert – auf die Bedürfnisse und Präferenzen der Nutzer angepasst.[897] Auch die neuen Dienste und "smarten" Produkte, welche das Leben des Einzelnen erleichtern sollen,[898] basieren auf einer umfang-

---

890 Vgl. oben, Kap. 4, A. I. 1. b.

891 Zu diesem Effekt, sowie dem Spannungsverhältnis zum Grundsatz der Datensparsamkeit, s. *v. Lewinski*, Die Matrix des Datenschutzes, S. 58.

892 Vgl. hierzu oben, Kap. 4, A. I. 1. b. (2).

893 Zur Entwicklung einer zunehmenden Eroision der Privatheit und der hiermit verbundenen Abnahme wirksamer Selbstschutzmöglichkeiten des Betroffenen unten, Kap. 6, B. I. 1. b. aa.

894 Zu möglichen Risiken s. unten, Kap. 4, A. II. 2.

895 *Ladeur*, DuD 2000, 12 (18); *Roßnagel/Pfitzmann/Garstka*, Modernisierungsgutachten DSR, S. 119.

896 *Seemann* in: Stiftung DS, Zukunft der informationellen Selbstbestimmung S. 132.

897 *Buchholz/Wangler* in: Wittpahl, Digitalisierung S. 180; *CMA*, The commercial use of cosnumer data S. 58.

898 S. hierzu bspw. *Roßnagel*, Gutachten, S. 57.

reichen Auswertung von Nutzerdaten.[899] Durch das hierbei eingesetzte *intelligent machine learning*[900] können sich smarte Geräte dabei im Laufe der Nutzungsdauer zunehmend an den einzelnen Kunden anpassen und optimieren somit sein "Nutzungserlebnis".[901]

d. Datenfinanzierte Geschäftsmodelle

Schließlich ermöglichen datenfinanzierte Geschäftsmodelle dem Betroffenen, Dienste – insbesondere im Internet – umfangreich ohne die Entrichtung eines monetären Entgelts zu nutzen.[902] Neben sozialen Netzwerken, in denen sich der Einzelne vernetzen und selbst darstellen kann,[903] und Suchmaschinen, welche für die Navigation im Internet als schlichtweg essentiell zu werten sind, gehören hierzu auch zahlreiche Messenger- oder E-Maildienste, Navigationsdienste, Spiele und (zum Teil) auch Nachrichtenseiten. Der Einzelne kann somit ein umfangreiches Angebot – vordergründig kostenfrei[904] – nutzen.[905]

e. Weitere Vorteile

Daneben profitiert der Einzelne auch vom gesamtgesellschaftlichen Nutzen umfassender Datenverarbeitung. Die Verarbeitung großer Mengen an Daten – insbesondere auch unter Einsatz von Big Data – führt zu einem Erkenntniszuwachs in nahezu allen, für den Menschen relevanten Bereichen.[906] So kann eine Datenauswertung einen wichtigen Beitrag zur Erforschung von Krankheiten und möglichen Therapien leisten, dazu beitragen, logistische Abläufe effizienter (und somit schneller und kostengünstiger)

---

899 *Lepping/Palzkill* in: Wittpahl, Digitalisierung S. 17; *Roßnagel*, Gutachten, S. 96. Vgl. auch oben, Kap. 4, A. I. 1. c.

900 S. hierzu bspw. *Kurz/Rieger*, Die Datenfresser, S. 57 ff. und S. 64; ausf. *Martini*, Blackbox Algorithmus, S. 19 ff.

901 *Roßnagel*, DuD 2016, 561 (562).

902 *CMA*, The commercial use of cosnumer data S. 59; *Weichert*, NJW 2001, 1463 (1469).

903 *Giesen* in: Stiftung DS, Zukunft der informationellen Selbstbestimmung S. 35.

904 Vgl. aber oben, Kap. 4, A. I. 1. e sowie unten, Kap. 6, A. I. 2. a.

905 *Langhanke*, Daten als Leistung, S. 95; *Rohrecht* in: Stiftung DS, Zukunft der informationellen Selbstbestimmung S. 84.

906 S. hierzu *Martini*, Blackbox Algorithmus, S. 14 ff.

zu gestalten oder bevorstehende Umweltkatastrophen frühzeitig zu erkennen.[907] Datenverarbeitungen haben somit das Potential, den Menschen und seine Umwelt besser zu verstehen. Dieser gesamtgesellschaftliche Nutzen wirkt auf den Einzelnen zurück.

2. Risiken

Neben den potentiellen Vorteilen der Datenverarbeitungen für den Einzelnen wird vielfach zu Recht auf das Risikopotential verwiesen, welches für die betroffene Person durch eine Verarbeitung sie betreffender personenbezogenen Daten entstehen kann. Vorliegend soll daher der Versuch unternommen werden, herauszuarbeiten, welchen potenziellen Risiken der Betroffene durch eine Verarbeitung (personenbezogener) Daten ausgesetzt sein kann und insbesondere, welche dieser Risikopotentiale tatsächlich zu für den Einzelnen relevanten Gefährdungen führen können.

a. Risiken nach Ansicht des BVerfG

Das BVerfG setzte sich schon frühzeitig mit den Risiken auseinander, welche durch eine Verarbeitung personenbezogener Daten für den Einzelnen entstehen können. Den Verfahrensgegenstand bildeten hierbei zumeist Datenverarbeitungen durch staatliche Stellen.[908] Dabei betonte das BVerfG insbesondere in seinem *Volkszählungsurteil*, das Verfahren gebe "*keinen Anlaß zur erschöpfenden Erörterung des Rechts auf informationelle Selbstbestimmung. Zu entscheiden* [sei] *nur über die Tragweite dieses Rechts für Eingriffe, durch welche der Staat die Angabe personenbezogener Daten vom Bürger verlangt*"[909]. Hieraus folgt, dass die vom BVerfG für eine Datenverarbeitung durch staatliche Stellen ausgemachten Risiken nicht ohne weiteres auf eine Datenverarbeitung durch Private übertragen werden können. Vielmehr ist jeweils im Einzelfall danach zu fragen, ob sich diese vom BVerfG festgestellten Risiken (auch) bei einer Datenverarbeitung durch Private realisie-

---

907 Für viele weitere Beispiele bezogen auf einzelne Bereiche s. *Roßnagel*, Gutachten, S. 51 ff.

908 Zu einem zahlenmäßigen Vergleich der Entscheidungen und Beschlüsse des BVerfG hinsichtlich Datenverarbeitungen im öffentlichen gegenüber solchen im nicht-öffentlichen Bereich vgl. *Kühling*, Die Europäisierung des Datenschutzrechts, S. 27.

909 BVerfGE 65, 1, (44 f.) – *Volkszählung*.

ren. Vorliegend werden daher zunächst die vom BVerfG benannten Risiken herausgearbeitet und nachfolgend untersucht, ob und inwieweit sich diese Risiken auch bei einer Verarbeitung personenbezogener Daten durch Private manifestieren (können).[910]

aa. Negative Folgen bei Bekanntwerden persönlicher Umstände

Ein hervorgehobenes der vom BVerfG benannten Risiken stellt dabei das Diskriminierungspotential bzw. der vom Bekanntwerden bestimmter Tatsachen ausgehende psychische Druck für den Betroffenen dar.

(1) Druck durch öffentliche Anteilnahme

So stellte das BVerfG schon im Jahr 1969 in seiner *Mikrozensus*-Entscheidung, welche häufig als Vorläufer der Entwicklung hin zum Recht auf informationelle Selbstbestimmung interpretiert wird,[911] fest, "*dem Einzelnen* [müsse] *um der freien und selbstverantwortlichen Entfaltung seiner Persönlichkeit willen ein "Innenraum" verbleiben* [...], *in dem er "sich selbst besitzt" und* [...] *"in dem man in Ruhe gelassen wird* [...]"[912]. Eine (staatliche) Einsichtnahme in diesen Bereich könne "*die freie Entfaltung der Persönlichkeit durch den psychischen Druck öffentlicher Anteilnahme* [...] *hemmen*" und sei daher als Eingriff zu werten.[913] Zudem könne das Fehlen eines solchen Rückzugbereichs zu einer psychischen Überforderung führen, da der Einzelne in

---

910 Diese Untersuchung erfolgt dabei zunächst allein mit Blick auf die Aussagen des BVerfG. S. zu den Ansichten in der Literatur unten, Kap. 4, A. II. 2. b.

911 Zu dieser Einschätzung kommend bspw. *Buchner*, Informationelle Selbstbestimmung im Privatrecht, S. 41; *Bull*, Informationelle Selbstbestimmung - Vision oder Illusion?, S. 29 f.; *Kühling*, Die Europäisierung des Datenschutzrechts, S. 27. Andeutend auch *Funke*, Dogmatik und Voraussetzungen der Einwilligung, S. 22.

912 BVerfGE 27, 1, (6) – *Mikrozensus*. In diesem Sinne auch BVerfGE 35, 202, (220) – *Lebach*.

913 BVerfGE 27, 1, (6 f.) – *Mikrozensus*. Das BVerfG nahm ein solches Verbot der Einsichtnahme in dieser Entscheidung jedoch zunächst nur für diejenigen Lebensbereiche an, die von Natur aus Geheimnischarakter besäßen (BVerfGE 27, 1 (7)). In diese Richtung auch BVerfGE 65, 1 (41) – *Volkszählung*; BVerfGE 33, 367 (377) – *Zeugnisverweigerungsrecht für Sozialarbeiter*, BVerfGE 27, 344 (351) – *Ehescheidungsakten*.

diesem Fall "*unausgesetzt darauf achten müßte, wie er auf andere wirkt und ob er sich richtig verhält*"[914].

(2) Diskriminierungspotential

Im *Volkszählungsurteil* setzte sich das BVerfG erstmals mit dem Diskriminierungspotential auseinander, welches durch Bekanntwerden bestimmter Umstände im Zuge der Datenerhebung resultieren und insbesondere die Gefahr einer sozialen Abstempelung in sich bergen könne.[915] Dieser Gedanke, aufgrund des Bekanntwerdens bestimmter Tatsachen im Alltags- oder Berufsleben diskriminiert zu werden, wird auch in der weiteren Rechtsprechung des BVerfG aufgegriffen,[916] und kann somit zu den grundsätzlichen Risiken gezählt werden, welche das BVerfG für den Bereich der Datenverarbeitung sieht. Dieses Risiko der Diskriminierung bzw. Stigmatisierung resultiert dabei nicht aus der Datenerhebung selbst, sondern vielmehr aus mit ihr verbundenen Sekundäreffekten, insbesondere möglicher nachteiliger Reaktionen durch das Umfeld des Betroffenen im Falle des Bekanntwerdens gesellschaftlich negativ bewerteter Eigenschaften oder Verhaltensweisen. Anknüpfungspunkt ist dabei also nicht die Datenerhebung bzw. -verarbeitung als solche, sondern die sich hieran anschließende Veröffentlichung bzw. das Bekanntwerden entsprechender Tatsachen in sonstiger Weise.

(3) Bedeutung für die Datenverarbeitung durch Private

Hinsichtlich des Risikos einer Diskriminierung bzw. Stigmatisierung sowie einer psychischen Überforderung im Falle eines fehlenden oder unzureichend gewährleisteten Rückzugbereichs,[917] stellt das BVerfG auch auf die möglichen negativen Reaktionen des privaten Umfelds ab. So könne der Betroffene "*in seiner Freiheit wesentlich gehemmt werden*", soweit er keine

---

914 BVerfGE 101, 361 (383) – *Caroline von Monaco II.*

915 BVerfGE 65, 1 (48) – *Volkszählung.* In diesem Sinne schon BVerfG, NJW 2000, 1859 (1860). – *Lebach II.*

916 BVerfG, NJW 2011, 47 (48); BVerfGE 115, 320 (352) – *Rasterfahndung II*; BVerfG, NJW 2000, 2413 (2414); BVerfGE 101, 361 (382) – *Caroline von Monaco II*; BVerfG, NJW 2000, 1859 (1860) – *Lebach II*; BVerfGE 84, 192 (195 f.) – *Offenbarung der Entmündigung.*

917 Vgl. hierzu oben, Kap. 4, A. II. 2. a. aa. (1).

Kenntnis darüber besäße, "*welche ihn betreffenden Informationen in bestimmten Bereichen seiner sozialen Umwelt bekannt sind*"[918]. Dem BVerfG geht es somit nicht in erster Linie um staatliche Repressionen, sondern (jedenfalls auch) um das Risiko sozialer Abstempelung bzw. um Publizitätsschäden, welchen der Betroffene bei Bekanntwerden bestimmter Tatsachen ausgesetzt sein könnte.[919] Für diese Risiken bzw. Schäden ist es unerheblich, ob das Bekanntwerden dieser stigmatisierenden Umstände auf eine Datenverarbeitung durch öffentliche oder nicht-öffentliche Stellen zurückzuführen ist.

Bekräftigt wird diese Lesart durch die Rechtsprechung des BVerfG bzgl. der Veröffentlichung persönlicher Lebenssachverhalte durch nicht-öffentliche Stellen. Denn Schwerpunkt bildet in dieser Konstellation zumeist die Frage, ob und inwieweit der Betroffene durch die Zurschaustellung privater Umstände der Gefahr einer sozialen Stigmatisierung ausgesetzt ist,[920] oder inwieweit aufgrund einer solchen Veröffentlichung das Risiko psychischer Überforderung besteht.[921] Das Risiko diskriminierender bzw. überfordernder Sekundäreffekte einer Datenverarbeitung kann somit (im Grundsatz)[922] auch im Rahmen einer Datenverarbeitung durch Private bestehen.[923]

bb. Verhaltensanpassung

Ein weiterer, im Zuge der Datenerhebung eintretender Sekundäreffekt, welcher ein Risiko für die grundrechtlich geschützte freie Entfaltung der Persönlichkeit darstellt, ist nach Ansicht des BVerfG die potenzielle Verhaltensanpassung des Betroffenen aufgrund einer (möglicherweise) erfolgenden Datenerhebung.[924] Sähe sich der Betroffene einer Datenerhebung,

---

918 BVerfGE 65, 1 (43) – *Volkszählung.*

919 In diese Richtung auch *Drackert*, Risiken der Datenverarbeitung, S. 189 f.

920 BVerfG, NJW 2000, 2413 (2414); BVerfGE 101, 361 (382) – *Caroline von Monaco II*; BVerfG, NJW 2000, 1859 (1860) – *Lebach II*; BVerfGE 84, 192 (195 f.) – *Offenbarung der Entmündigung*; BVerfGE 35, 202 (232 ff.) – *Lebach.*

921 BVerfGE 101, 361 (383) – *Caroline von Monaco II.*

922 S. auch unten, Kap. 4, A. II. 2. b. bb.

923 Vgl. hierzu auch *Jarass* in: Jarass/Pieroth, GG, Art. 5 Rn. 78.

924 BVerfGE 65, 1 (42 f.) – *Volkszählung.* So auch BVerfGE 120, 274 (328) – *Online-Durchsuchungen*; BVerfG, NVwZ 2007, 688 (690) – *Videoüberwachung öffentlicher Plätze*; BVerfGE 115, 166 (188) – *Kommunikationsverbindungsdaten*; BVerfGE 93, 181 (188) – *Rasterfahndung I.*

und somit einer Beobachtung und Registrierung seines Verhaltens ausgesetzt, könne der Betroffene, vor allem aus Furcht vor nachteiligen Folgen bei Bekanntwerden dieses Verhaltens, einem psychischen Konformitätsdruck i.S.e. "*erzwungenen Selbstkontrolle*"[925] ausgesetzt sein.

(1) Verhaltenssteuernde Wirkung (staatlicher) Datenerhebung

So weist das BVerfG insbesondere in seinem Volkszählungsurteil darauf hin, "*wer unsicher ist, ob abweichende Verhaltensweisen jederzeit notiert und als Information dauerhaft gespeichert, verwendet oder weitergegeben werden, wird versuchen, nicht durch solche Verhaltensweisen aufzufallen*"[926]. Nach Ansicht des BVerfG besteht folglich das Risiko einer selbstauferlegten (vorauseilenden) Verhaltensanpassung durch den Betroffenen, welche aus der Furcht des Betroffenen vor nachteiligen Konsequenzen bei Bekanntwerden bestimmter ihn betreffender Umstände resultiert und – in letzter Konsequenz – einen Konformitätszwang im Verhalten sowie eine Befangenheit in der Kommunikation nach sich ziehen kann.[927] Teilweise betont das BVerfG in diesem Zusammenhang, für "*das Gewicht der individuellen Beeinträchtigung* [sei] *erheblich,* [...] *welche Nachteile den Grundrechtsträgern aufgrund der Maßnahmen drohen oder von ihnen nicht ohne Grund befürchtet werden*"[928] könnten. Dabei könne auch das durch die (staatliche) Erhebung personenbezogener Daten entstehende "*Gefühl des Überwachtwerdens*"[929] als relevanter Nachteil gewertet werden, da diesem Gefühl des Beobachtetwer-

925 BVerfGE 101, 361 (383) – *Caroline von Monaco II.*

926 BVerfGE 65, 1 (43) – *Volkszählung.*

927 BVerfGE 120, 274 (323) – *Online-Durchsuchungen*; BVerfGE 113, 348 (383) – *Vorbeugende Telekommunikationsüberwachung*; BVerfGE 109, 279 (354) – *Großer Lauschangriff*; BVerfGE 107, 299, Rn. 70; BVerfGE 101, 361 (382) – *Caroline von Monaco II*; BVerfGE 100, 313 (381) – *Telekommunikationsüberwachung I*; BVerfGE 93, 181 (188 ff.) – *Rasterfahndung.*

928 BVerfGE 115, 320 (347) – *Rasterfahndung II.* Ebenso BVerfGE 120, 378 (403) – *Automatisierte Kennzeichenerfassung*; BVerfGE 118, 168 (197) – *Kontostammdaten*; BVerfGE 113, 348 (382) – *Vorbeugende Telekommunikationsüberwachung*; BVerfGE 109, 279 (353) – *Großer Lauschangriff*; BVerfG, Urt. v. 12.03.2003 – 1 BvR 330/96, 1 BvR 348/99 – BVerfGE 107, 299, Rn. 72; BVerfGE 100, 313 (376) – *Telekommunikationsüberwachung I.*

929 BVerfGE 120, 378 (430) – *Automatisierte Kennzeichenerfassung.* In diesem Sinne auch BVerfGE 125, 260 (332) – *Vorratsdatenspeicherung.*

dens eine verhaltenssteuernde Wirkung zukomme.[930] Der Betroffene bzw. potentiell Betroffene verhalte sich also nicht mehr entsprechend seinen eigenen Präferenzen, sondern könne durch die von der Überwachung ausgehenden "*Einschüchterungseffekte*"[931] derart in seinem Verhalten gehemmt sein, dass er bestimmte Tätigkeiten aus Angst vor möglichen zukünftigen Konsequenzen unterlasse.[932] Nach Ansicht des BVerfG wiegt das Risiko einer solchen Verhaltensanpassung auch deshalb so schwer, da der Betroffene hierdurch möglicherweise auch von solchen Tätigkeiten Abstand nehme, welche eine Ausübung anderer Grundrechte darstellten und für eine freiheitliche, demokratische Gemeinschaft als unabdingbar angesehen werden, so etwa die Teilnahme an einer Demonstration.[933]

(2) Hemmung der freien Entfaltung der Persönlichkeit

Zugleich wurzelt in diesen Überlegungen auch der Grundgedanke des vom BVerfG entwickelten Rechts auf informationelle Selbstbestimmung als Voraussetzung für die freie Entfaltung der Persönlichkeit des Einzelnen. Denn, so das BVerfG, wer "*nicht mit hinreichender Sicherheit überschauen kann, welche ihn betreffenden Informationen in bestimmten Bereichen seines sozialen Umfelds bekannt sind, und wer das Wissen möglicher Kommunikationspartner nicht einigermaßen abzuschätzen vermag, kann in seiner Freiheit we-*

---

930 BVerfGE 100, 313 (381) – *Telekommunikationsüberwachung I*; BVerfG NVwZ 2007, 688 (690) – *Videoüberwachung öffentlicher Plätze*.

931 BVerfGE 109, 279 (354) – *Großer Lauschangriff*. So auch BVerfGE 125, 260 (332) – *Vorratsdatenspeicherung*; BVerfGE 115, 320 (354) – *Rasterfahndung II*; BVerfGE 113, 29 (46) – *Anwaltsdaten*.

932 BVerfGE 120, 378 (430) – *Automatisierte Kennzeichenerfassung*.

933 BVerfGE 65, 1 (43) – *Volkszählung*; vgl. auch BVerfGE 125, 260 (332) – *Vorratsdatenspeicherung;* BVerfGE 115, 320 (355) – *Rasterfahndung II;* BVerfGE 113, 29 (45) – *Anwaltsdaten*; BVerfGE 120, 378 (430) – *Automatisierte Kennzeichenerfassung*. Gehemmt werden könne der Betroffene darüber hinaus auch bzgl. anderer Handlungen. Insbesondere in Bereichen, in denen der Betroffene von Natur aus ein besonderes Interesse an der Geheimhaltung bestimmter ihn betreffender Umstände besitze, stelle die Wahrung dieses Geheimhaltungsinteresses eine notwendige Voraussetzung dar, so bspw. im Rahmen einer ärztlichen Behandlung (vgl. BVerfGE 32, 373 (379 ff.) – *Ärztliche Schweigepflicht*) oder im Rahmen der Betreuung durch eine soziale Einrichtung (vgl. BVerfGE 33, 367 (377 f.) – *Zeugnisverweigerungsrecht für Sozialarbeiter*). In diese Richtung auch BVerfGE 44, 353 (376) – *Durchsuchung Drogenberatungsstelle* sowie, dem Sinn entsprechend BVerfGE 125, 260 (334) – *Vorratsdatenspeicherung*; BVerfGE 101, 361 (382) – *Caroline von Monaco II*.

sentlich gehemmt werden, aus eigener Selbstbestimmung zu planen oder zu entscheiden"[934]. Wisse der Einzelne nicht, "*was welche Behörde über ihn weiß*", wisse aber, "*dass die Behörden vieles, auch Höchstpersönliches über ihn wissen können*", so könne hieraus ein "*Gefühl des ständigen Überwachtwerdens*"[935] entstehen. Aus dem Gedanken der Selbstbestimmung folge daher "*die Befugnis des Einzelnen, grundsätzlich selbst zu entscheiden, wann und innerhalb welcher Grenzen persönliche Lebenssachverhalte offenbart werden*"[936]. Nur derjenige, der selbst steuern könne, welche persönlichen Umstände er seinen Mitmenschen offenbare und vor allem abschätzen könne, welches Wissen andere über ihn hätten, besäße daher "*Entscheidungsfreiheit über vorzunehmende oder zu unterlassende Handlungen einschließlich der Möglichkeit* [...], *sich auch entsprechend dieser Entscheidung tatsächlich zu verhalten*"[937]. Der "*Schutz des Einzelnen gegen unbegrenzte Erhebung, Speicherung, Verwendung und Weitergabe seiner personenbezogener Daten*"[938] stelle daher eine essentielle Voraussetzung für die Selbstbestimmung des Einzelnen und somit die freie Entfaltung der Persönlichkeit dar.[939]

(3) Bedeutung für die Datenverarbeitung durch Private

Inwieweit der Betroffene (aus Sicht des BVerfG) auch im Rahmen einer Datenverarbeitung durch Private dem Risiko einer erzwungenen Verhaltensanpassung ausgesetzt sein kann, lässt sich unterschiedlich interpretieren.[940]

Das BVerfG stellt – gerade hinsichtlich der Gefahr eines Verzichts einer Grundrechtsausübung durch den Betroffenen – zuvorderst auf die behördliche, also staatliche Kenntniserlangung ab.[941] Im Einzelfall geht das

---

934 BVerfGE 65, 1 (43) – *Volkszählung*. So auch BVerfGE 115, 320 (342) – *Rasterfahndung II*.

935 BVerfGE 125, 260 (335) – *Vorratsdatenspeicherung*.

936 BVerfGE 65, 1 (42) – *Volkszählung*. So auch BVerfG MMR 2007, 93 (93) – *Schweigepflichtentbindung*. So schon frühzeitig bzgl. des allg. Persönlichkeitsrechts BVerfGE 63, 131 (142) – *Gegendarstellung*; BVerfGE 54, 148 (155) – *Eppler*; BVerfGE 35, 202 (220) – *Lebach*.

937 BVerfGE 65, 1 (42 f.) – *Volkszählung*. So auch BVerfGE 115, 320 (341 f.) – *Rasterfahndung II*.

938 BVerfGE 65, 1 (43) – *Volkszählung*.

939 BVerfGE 65, 1 (42 f.) – *Volkszählung*. In diese Richtung auch BVerfGE 120, 378 (430) – *Automatisierte Kennzeichenerfassung*.

940 So auch *Drackert*, Risiken der Datenverarbeitung, S. 188 f.

941 BVerfGE 65, 1 (43) – *Volkszählung*.

BVerfG überdies davon aus, die staatliche Datenverarbeitung solle auch und gerade "*abschreckend wirken*" und so das "*Verhalten der Betroffenen lenken*"[942] – die erzwungene Verhaltensanpassung könne im Bereich der staatlichen Datenverarbeitung somit nicht nur (unerwünschter) Nebeneffekt, sondern originäres Ziel sein. Andererseits weist das BVerfG in seiner Rspr. auf die Möglichkeit hin, dass "*die Auseinandersetzung mit sich selbst, die unbefangene Kommunikation unter Nahestehenden, die sexuelle Entfaltung oder die Inanspruchnahme ärztlicher Hilfe beeinträchtigt oder unmöglich*"[943] wären, soweit dem Einzelnen kein hinreichender Schutz vor der Kenntniserlangung Anderer zukäme. Auch die öffentliche Beobachtung durch Private könne somit Auslöser einer "*erzwungenen Selbstkontrolle*"[944] sein und mithin das Verhalten des Betroffenen autonomieeinschränkend lenken.

Grundsätzlich bei Betrachtung der einschlägigen Rspr. des BVerfG zu bedenken ist, dass die Datenverarbeitung durch staatliche Stellen in den überwiegenden Fällen den jeweiligen Verfahrensgegenstand bildete und die Verfahren somit in erster Linie Anlass zu einer Auseinandersetzung mit den Risiken staatlicher Datenverarbeitungen gaben. Die Konzentration auf Risiken staatlicher Datenerhebungen ist mithin (jedenfalls auch) auf die Bezugnahme des Gerichts zum jeweiligen Verfahrensgegenstand zurückzuführen. Insgesamt lässt sich im Ergebnis festhalten, dass das BVerfG zwar der staatlichen Datenverarbeitung ein (wohl) erhöhtes Konformitätsrisiko bzw. die Gefahr einer autonomiebeschränkenden Verhaltensanpassung zuschreibt, diese Risiken aber auch im Bereich der Datenverarbeitung durch Private nicht ausschließt.

cc. Bildung von Persönlichkeitsprofilen

Stets angesprochen wird durch das BVerfG zudem ein Risiko für den Betroffenen, welches sich originär durch die Erhebung, Speicherung und weitere Verarbeitung personenbezogener Daten selbst ergibt: die Erstellung eines umfassenden oder zumindest teilweisen Persönlichkeitsprofils. Werde der Einzelne durch die Datenverarbeitung derart allumfassend katalogisiert, dass die über ihn erhobenen Daten zu einem solchen Persönlichkeitsprofil zusammengeführt werden könnten, erhöhe sich die Möglichkeit der Einsichtnahme und Einflussnahme und somit auch der psychische

942 BVerfG NVwZ 2007, 688 (690) – *Videoüberwachung öffentlicher Plätze.*
943 BVerfGE 101, 361 (382) – *Caroline von Monaco II.*
944 BVerfGE 101, 361 (383) – *Caroline von Monaco II.*

Druck (bzw. die Gefahr der sozialen Diskriminierung bzw. Stigmatisierung) für den Einzelnen.[945]

(1) Persönlichkeitsprofile und Menschenwürde

Problematisch sei eine solche Erstellung von (datenbasierten) Persönlichkeitsprofilen insbesondere, da eine "*Registrierung und Katalogisierung*"[946] der Persönlichkeit nicht mit der Würde des Menschen vereinbar sei.[947] Es widerspreche der menschlichen Würde, "*wenn der Staat das Recht für sich in Anspruch nehmen könnte, den Menschen zwangsweise in seiner ganzen Persönlichkeit zu registrieren und katalogisieren* [...] *und ihn damit wie eine Sache zu behandeln, die einer Bestandsaufnahme in jeder Beziehung zugänglich ist*"[948]. Der Einzelne dürfe nicht zu einem "*bloßen Informationsobjekt*"[949] degradiert werden, welches ihn in seiner Subjektqualität verneine. Eine derart umfassende (staatliche) Erhebung personenbezogener Daten, welche sich zu einem teilweisen oder vollständigen Persönlichkeitsprofil verdichte, sei daher stets unzulässig.[950]

Hierbei sei auch zu beachten, dass durch die mit der Überschneidung von Übertragungswegen, Diensten und Endgeräten einhergehende Komprimierung des Informationsflusses und die durch die technischen Entwicklungen gestiegenen Möglichkeiten, aus bereits bestehenden Datensammlungen durch entsprechende Datenverarbeitungen neue Rückschlüsse zu gewinnen, die Aussagekraft einzelner Daten und die hiermit einhergehende Gefährdung einer Profilbildung gestiegen sei.[951] So erlaube bspw. die Erhebung und Verarbeitung von Telekommunikationsverbindungsdaten auch ohne Erfassung des eigentlichen Gesprächsinhalts Rückschlüsse

945 BVerfGE 65, 1 (42) – *Volkszählung.*
946 BVerfGE 65, 1 (48) – *Volkszählung.*
947 BVerfGE 65, 1 (53 f.) – *Volkszählung.*
948 BVerfGE 27, 1 (6) – *Mikrozensus.*
949 BVerfGE 65, 1 (48) – *Volkszählung.*
950 BVerfGE 115, 320 (350 f.) – *Rasterfahndung II*; BVerfGE 109, 279 (323) – *Großer Lauschangriff*; BVerfGE 65, 1 (53) – *Volkszählung.* In diese Richtung auch BVerfGE 125, 260 (324) – *Vorratsdatenspeicherung.*
951 BVerfGE 120, 274 (305) – *Online-Durchsuchungen.* In diese Richtung auch BVerfGE 125, 260 (328) – *Vorratsdatenspeicherung*; BVerfGE 118, 168 (184 f.) – *Kontostammdaten*; BVerfG NVwZ 2007, 688 (690) – *Videoüberwachung öffentlicher Plätze*; BVerfGE 115, 320 (349 f.) – *Rasterfahndung II*; BVerfGE 115, 166 (189 f.) – *Kommunikationsverbindungsdaten*; BVerfGE 65, 1 (42) – *Volkszählung.*

auf diesen Inhalt "*bis in die Intimsphäre*".[952] Insofern gebe es "*unter den Bedingungen der automatisierten Datenverarbeitung kein "belangloses" Datum mehr*"[953].

Nach Ansicht des BVerfG realisiert sich ein Risikopotential der Verarbeitung personenbezogener Daten mithin schon in der bloßen Erstellung eines Persönlichkeitsprofils als solchem, ohne dass hieran (spürbare) Nachteile für den Betroffenen geknüpft sein müssten. Zugleich kann ein solches Persönlichkeitsprofil durchaus als das nach Auffassung des BVerfG schwerwiegendste Risiko der Verarbeitung personenbezogener Daten angesehen werden,[954] da es – aufgrund seines engen Zusammenhangs mit der nach Art. 1 GG unantastbaren Menschenwürde, welche "*den höchsten Rechtswert innerhalb der verfassungsmäßigen Ordnung*"[955] darstellt – nicht gerechtfertigt werden kann und somit die äußerste Grenze einer zulässigen Datenverarbeitung bildet.

(2) Bedeutung für die Datenverarbeitung durch Private

In seiner *Mikrozensus*-Entscheidung spricht das BVerfG zwar davon, es widerspreche der menschlichen Würde, den Einzelnen zum "*bloßen Objekt im Staate*"[956] zu machen. Allgemein anerkannt ist aber, dass das Grundgesetz den Schutz der Menschenwürde unabhängig davon garantiert, ob der Eingriff vom Staat oder von privater Hand ausgeht.[957] Stellt die umfassende Datenerfassung des Einzelnen somit eine Missachtung des aus der nach Art. 1 GG unantastbaren Menschenwürde resultierenden Achtungsanspruch des Einzelnen dar, indem sie den Betroffenen zum bloßen Objekt degradiert, so kann es hier nicht entscheidend darauf ankommen, wer eine solche persönlichkeitsfeindliche Profilbildung vornimmt.[958] Auch bei

---

952 BVerfGE 125, 260 (319) – *Vorratsdatenspeicherung*. In diese Richtung auch BVerfGE 115, 166 (183) – *Kommunikationsverbindungsdaten*; BVerfGE 113, 348 (383) – *Vorbeugende Telekommunikationsüberwachung*.

953 BVerfGE 65, 1 (45) – *Volkszählung*. So auch BVerfGE 120, 378 (399) – *Automatisierte Kennzeichenerfassung*; BVerfGE 120, 274 (312) – *Online-Durchsuchungen*.

954 So auch *Drackert*, Risiken der Datenverarbeitung, S. 207.

955 BVerfGE 45, 187 (227) – *Lebenslange Freiheitsstrafe*; BVerfGE 27, 1 (6) – *Mikrozensus*.

956 BVerfGE 27, 1 (6) – *Mikrozensus*.

957 Vgl. hierzu BVerwGE 115, 189 (198 ff.) – *Laserdrome*; BVerwGE 64, 274 (278) – *Peep-Shows*; *Dreier* in: Dreier, GG, Art. 1 Rn. 129; *Schmitt Glaeser*, ZRP 2000, 395 (397).

958 So auch *Roßnagel/Pfitzmann/Garstka*, Modernisierungsgutachten DSR, S. 118.

einer privaten Datenverarbeitung kann der Betroffene somit im Lichte der Rspr. des BVerfG den mit der Profilerstellung verbundenen Risiken ausgesetzt sein.

dd. Risikoerhöhende Umstände

Neben diesen aus einer Datenverarbeitung resultierenden Risikotypen beschäftigt sich das BVerfG mit den Einzelheiten sowohl hinsichtlich der Art der erhobenen Daten als auch den jeweiligen Umständen der Datenverarbeitung, welche zu einem Risikoerhöhung für den Betroffenen führen können.

(1) Art der personenbezogenen Daten

Das Gericht stellt zunächst auf die Art der verarbeiteten personenbezogenen Daten ab. Denn auch wenn es, so das BVerfG, unter den Bedingungen moderner Datenverarbeitung kein "*belangloses Datum*"[959] mehr gebe, sei für das Risikopotential des einzelnen Betroffenen zumindest mitursächlich, welche persönlichkeitsbezogenen Informationen von der Datenverarbeitung erfasst würden.[960] Insbesondere solche Daten, welche "*für die Persönlichkeit des Betroffenen hohe Relevanz*" aufwiesen oder "*auf eine Weise erlangt* [wurden], *die die Persönlichkeit erheblich berührt*" könnten daher zu einer Vertiefung der individuellen Beeinträchtigung führen.[961]

(2) Informationspermanenz und Risiko der Entkontextualisierung

Stets eine Rolle spielen daneben die weiteren Umstände der Datenerhebung. So trage auch die unbegrenzte Speicher- und Abrufbarkeit der Daten, also die Informationspermanenz im Rahmen der automatisierten Datenverarbeitung, sowie die Möglichkeit der Entkontextualisierung der ent-

959 BVerfGE 65, 1 (45) – *Volkszählung*.
960 BVerfGE 115, 320 (347) – *Rasterfahndung II*; BVerfGE 113, 348 (382) – *Vorbeugende Telekommunikationsüberwachung*; BVerfGE 109, 279 (353) – *Großer Lauschangriff*.
961 BVerfGE 118, 168 (196 f.) – *Kontostammdaten*.

sprechenden Informationen zu einer Risikoerhöhung bei,[962] da der Betroffene – anders als bei der flüchtigen Wahrnehmung bestimmter Handlungen oder Äußerungen – stets befürchten müsse, dass sein früheres Verhalten (zeitlich unbegrenzt) "*bei anderer Gelegenheit und in anderem Zusammenhang hervorgeholt*"[963] werden könnte.[964]

(3) Informationsemergenz und fehlende Kontrollierbarkeit

Auch die fehlende Möglichkeit der Kontrollierbarkeit von Richtigkeit und Verwendung der Daten durch den von der Erhebung Betroffenen sowie die für den Einzelnen nicht absehbaren Verwendungsmöglichkeiten und Informationsgewinne einer (automatisierten) Datenverarbeitung führten zu einer gesteigerten Gefährdungslage und verursachten ein "*diffus bedrohliches Gefühl*"[965] auf Seiten der Betroffenen.[966] Vereinzelt spricht das BVerfG hierbei auch das Missbrauchspotential und das Risiko der Manipulation durch Dritte an,[967] welches insbesondere bei der Speicherung umfassender Datensätze nicht von der Hand zu weisen sei.[968] Zu bedenken sei zudem, dass private Stellen einem erhöhten Druck zur Wirtschaftlichkeit und somit einem – gegenüber staatlichen Stellen höheren –Kostendruck ausgesetzt seien. Dies könne sich insbesondere auf die Sicherheit der gespeicherten Daten im Kontext privater Datenverarbeitungen auswirken.[969]

Erschwerend komme zudem hinzu, dass dem Betroffenen im Falle einer rechtswidrigen Verarbeitung personenbezogener Daten zumeist nur ein nachträgliches Rechtsschutzersuchen möglich sei[970] – und dies auch nur,

---

962 BVerfGE 120, 378 (397 f.) – *Automatisierte Kennzeichenerfassung*; BVerfG NVwZ 2007, 688 (690) – *Videoüberwachung öffentlicher Plätze*; BVerfGE 115, 320 (342) – *Rasterfahndung II*; BVerfGE 65, 1 (42) – *Volkszählung*.

963 So BVerfGE 43, 238, Rn. 33 – *„Tonband“* bzgl. der heimlichen Tonbandaufnahme von Äußerungen einer Person.

964 In diesem Sinne auch hinsichtlich der Veröffentlichung von Bildnissen Dritter durch Private BVerfGE 101, 361 (381 f.) – *Caroline von Monaco II*.

965 BVerfGE 125, 260 (320) – *Vorratsdatenspeicherung*.

966 BVerfGE 113, 29 (45) – *Anwaltsdaten*. In diese Richtung auch BVerfGE 120, 378 (397) – *Automatisierte Kennzeichenerfassung*; BVerfGE 118, 168 (184 f.) – *Kontostammdaten*; BVerfGE 65, 1 (3 f.) – *Volkszählung*.

967 BVerfG, Beschl. v. 09.10.2002 – 1 BvR 1611/96, 1 BvR 805/98 (*Mithörvorrichtung*) – BVerfGE 106, 28, Rn. 20.

968 BVerfGE 125, 260 (320) – *Vorratsdatenspeicherung*.

969 BVerfGE 125, 260 (325) – *Vorratsdatenspeicherung*.

970 BVerfGE 113, 348 (384) – *Vorbeugende Telekommunikationsüberwachung*.

wenn und soweit der Betroffene überhaupt Kenntnis von der entsprechenden Datenverarbeitung erlange.[971] Je verdeckter die Erhebung personenbezogener Daten erfolgt, umso höher ist nach Ansicht des BVerfG daher das Risikopotential, welches sich aus dieser Datenverarbeitung für den Betroffenen ergibt.[972]

(4) Informationskonvergenz

Schließlich sieht das BVerfG in der Entwicklung neuer technischer Systeme, wie bspw. dem *Smartphone*, eine Erhöhung des Risikos für den Betroffenen, da sich diese Systeme durch eine besondere Leistungsfähigkeit auszeichneten, zum Teil umfangreiche Datensätze auch ohne das Wissen des Nutzers speicherten und zugleich eine zentrale Bedeutung für den Einzelnen erlangt hätten und daher schlichtweg allgegenwärtig seien.[973]

ee. Zusammenfassung

Aus der Rspr. des BVerfG lassen sich somit drei Grundrisiken erkennen, welche für den Betroffenen im Rahmen einer Verarbeitung ihn betreffender personenbezogener Daten entstehen können: Zum einen könne das Bekanntwerden bestimmter Umstände einen psychischen Druck bei dem Betroffenen erzeugen. Soweit es sich bei diesen Umständen um (gesellschaftlich) missbilligte Verhaltensweisen oder Eigenschaften handele, bestehe darüber hinaus ein Diskriminierungs- bzw. Stigmatisierungspotential. Daneben berge eine Datenerhebung und -verarbeitung (aufgrund der mit ihr verbundenen Beobachtung des Einzelnen) die Gefahr einer (selbstauferlegten) autonomiebeschränkenden Verhaltensanpassung des Betroffe-

---

971 BVerfGE 120, 378 (403) – *Automatisierte Kennzeichenerfassung*; BVerfGE 118, 168 (197 f.) – *Kontostammdaten*; BVerfGE 113, 348 (384) – *Vorbeugende Telekommunikationsüberwachung*; BVerfG, Urt. v. 12.03.2003 – 1 BvR 330/96, 1 BvR 348/99 – BVerfGE 107, 299, Rn. 74.

972 BVerfGE 125, 260 (332) – *Vorratsdatenspeicherung*; BVerfGE 120, 378 (402 f.) – *Automatisierte Kennzeichenerfassung*; BVerfGE 120, 274 (325) – *Online-Durchsuchungen*; BVerfGE 115, 320 (353) – *Rasterfahndung II*.

973 BVerfGE 120, 274 (336) – *Online-Durchsuchungen*, Rn. 171, 203 ff.; BVerfGE 115, 166 (190) – *Kommunikationsverbindungsdaten*. In diese Richtung auch BVerfGE 125, 260 (318 f.) – *Vorratsdatenspeicherung*. S. zu diesen Phänomenen am Bsp. des *Smartphones* allg. bereits oben, Kap. 4, A. I. 2. b. bb. (4) (b).

nen in sich. Der hierdurch entstehende Konformitätsdruck könne den Einzelnen sowohl an der Ausübung grundrechtlich geschützter Verhaltensweisen hindern, als auch die freie Entfaltung der Persönlichkeit des Betroffenen insgesamt hemmen. Schließlich bestehe im Rahmen einer Verarbeitung personenbezogener Daten zur Erstellung eines Persönlichkeitsprofils die Gefahr einer Registrierung und Katalogisierung des Einzelnen. Eine derart umfassende Datenverarbeitung negiere den Achtungsanspruch, welcher jeder Person aufgrund ihrer Menschenwürde zukomme und sei daher als besonders tiefgreifendes Risiko zu werten. Ergänzend nimmt das BVerfG eine Risikogewichtung sowohl hinsichtlich der Art der erhobenen personenbezogenen Daten, als auch hinsichtlich der Umstände der Datenerhebung vor.

b. Risiken nach Ansichten der Literatur

Auch in der Literatur findet eine ausführliche Auseinandersetzung mit den potenziellen Risiken der Verarbeitung (personenbezogener) Daten statt. Hierbei gehen die Einschätzungen, ob und inwieweit eine Datenverarbeitung den Betroffenen gefährden kann, zum Teil weit auseinander.

aa. Unterschiedliche Bewertung der Risikoanalyse des BVerfG

Divergierende Ansichten bestehen auch und gerade über die vom BVerfG aufgestellten Risiken, insbesondere bezüglich der Bildung von Persönlichkeitsprofilen, aber auch im Hinblick auf die Gefahr einer erzwungenen Verhaltensanpassung.

(1) Persönlichkeitsprofil

In der Literatur wird zwar allgemein davon ausgegangen, insbesondere im digitalen Bereich ließen sich enorme Mengen an Daten erheben und zu Profilen zusammenführen. Ob durch die Zusammenführung die Erstellung von Persönlichkeitsprofilen als Abbild des einzelnen Betroffenen möglich sei und insbesondere, inwieweit eine solche Profilbildung ein Risiko für den Betroffenen darstelle, wird aber kontrovers diskutiert.

(a) Vereinbarkeit mit der Menschenwürde

So lehnen einige Stimmen innerhalb der Literatur die Annahme als zu pauschal ab, schon die Erstellung eines Persönlichkeitsprofils allein stelle eine Gefährdung für den Betroffenen dar.[974] Gravierende Folgen seien mit einer solchen Profilerstellung nicht zwangsläufig verbunden.[975] Vielmehr handele es sich bei der Bildung von Persönlichkeitsprofilen um einen "*neutralen und allgemeinen*"[976] Vorgang mithilfe dessen der Mensch sich die Einschätzung seiner Mitmenschen erleichtere.[977] Insbesondere eine Persönlichkeitsprofilbildung durch Private könne daher zulässig sein.[978] Gefährdungen für den Betroffenen ergäben sich allein aus manchen Verwendungsweisen, welche sich an eine solche Profilbildung anschlössen, nicht aber bereits aus der reinen Erstellung eines Profils.[979]

Vorgebracht wird überdies, ein datenbasiertes Persönlichkeitsprofil stelle kein tatsächliches Abbild der Person dar;[980] das Abstellen auf den unantastbaren Kernbereich der Menschenwürde sei daher "*verfehlt*"[981]. Zudem habe – insbesondere im Bereich der Privatwirtschaft – niemand ein Interesse an der Erstellung von allumfassenden Persönlichkeitsprofilen.[982] Die vom BVerfG diskutierte Profilbildung stelle insoweit eine reine "*Mystifikation*" dar, die mit den realen Problemen und Defiziten des Datenschutzes "*wenig zu tun*" habe.[983]

974 *Bull*, NVwZ 2011, 257 (262); *Ohrtmann/Schwiering*, NJW 2014, 2984 (2986).

975 *Moos*, MMR 2006, 718 (720).

976 *Bull*, NVwZ 2011, 257 (262).

977 S. hierzu auch *Giesen* in: Stiftung DS, Zukunft der informationellen Selbstbestimmung S. 30 f.

978 *Ehmann* in: Simitis, BDSG 2014, § 29 Rn. 206.

979 *Bull*, NJW 2006, 1617 (1621). In diese Richtung lässt sich auch der Hinweis von *Schafft/Ruoff*, CR 2006, 499 (501) deuten, in diesem Kontext darauf hinweisend eine Datenverarbeitung zum Zwecke der Werbung und Marktforschung sei *„relativ harmlos"*

980 *Bull*, Sinn und Unsinn des Datenschutzes, S. 33 f.; *Bull*, NVwZ 2011, 257 (262); *Bull*, NJW 2006, 1617 (1621); *Ladeur*, DuD 2000, 12 (13); *Ohrtmann/Schwiering*, NJW 2014, 2984 (2986); *v. Lewinski* in: Stiftung DS, Zukunft der informationellen Selbstbestimmung S. 79.

981 *Bull*, NJW 2006, 1617 (1621).

982 *Ladeur*, DuD 2000, 12 (13); Dies erkennen auch *Roßnagel/Pfitzmann/Garstka*, Modernisierungsgutachten DSR, S. 118.

983 *Ladeur*, DuD 2000, 12 (13).

(b) Unvereinbarkeit mit der Menschenwürde

Andere rechnen der Bildung von Persönlichkeitsprofilen durchaus eine besondere Gefährdung für den Betroffenen zu.[984] Zur Begründung wird dabei teilweise auf die aus der Nutzung des Profils folgenden Risiken verwiesen; so sei etwa der Einzelne, soweit seine Einstellungen und Präferenzen umfassend einsehbar wären, einer erhöhten Beeinflussungs- bzw. Diskriminierungsgefahr ausgesetzt.[985] Vielfach wird zudem – dem BVerfG insoweit folgend – schon die Erstellung eines solchen Persönlichkeitsprofils an sich als eine Gefahr für die informationelle Selbstbestimmung des Einzelnen und, zum Teil, als unvereinbar mit der Menschenwürde angesehen.[986] Der Einzelne werde durch die Profilbildung zum "*gläsernen Konsument*"[987]. Er sei dann für die Wirtschaft kein Träger von Grundrechten mehr, sondern stehe den wirtschaftlichen Akteuren als auszubeutendes Objekt gegenüber.[988] Diese Degradierung zu einem bloßen "*lebende*[n] *Datenkonglomerat*"[989] reduziere den Betroffenen auf eine "*quantifizierbare Menge von Vorlieben, Gewohnheiten und Kaufmerkmalen*"[990] und negiere den Charakter des Menschen als "*freies Wesen*"[991]. In letzter Konsequenz führt eine solche Persönlichkeitsprofilbildung somit nach Ansicht einiger Autoren dazu, dass der Einzelne "*nur noch als Kombination von Daten wahrgenommen*"[992]

---

984 *Britz* in: Hoffmann-Riem, Offene Rechtswissenschaft S. 572; *Dix* in: Simitis, BDSG 2014, § 6 Rn. 10; *Podlech/Pfeifer*, RDV 1998, 139 (140); *Simitis*, NJW 1998, 2473 (2477); *Veil* in Gierschmann, DS-GVO, Art. 22 Rn. 4; *Waidner*, Web-Tracking-Report 2014 S. 69; *Weichert*, NJW 2001, 1463 (1469).

985 *Bolsinger*, DuD 2016, 382 (382); *Buxel*, DuD 2001, 579 (581); *Podlech/Pfeifer*, RDV 1998, 139 (140); *Scholz* in: Simitis, BDSG 2014, § 6a Rn. 22; *Scholz* in: *Roßnagel*, HB DSR, Kap. 9.2 Rn. 36 f.

986 So bspw. *Benda* in: FS Geiger 1974 S. 37; *Britz* in: Hoffmann-Riem, Offene Rechtswissenschaft 572; *Simitis*, NJW 1998, 2473 (2477); *Simitis* in: Simitis, BDSG 2014, § 28 Rn. 139; *Waidner*, Web-Tracking-Report 2014 S. 69; *Weichert*, NJW 2001, 1463 (1469). In diese Richtung auch *Buxel*, DuD 2001, 579 (581).

987 *Baeriswyl*, RDV 2000, 6 (7); *Simitis* in: Simitis, BDSG 2014, § 28 Rn. 138. Vgl. auch *Buxel*, DuD 2001, 579 (579) "*gläserner Kunde*"; *Taeger*, K&R 2003, 220 (221) "*gläserner Verbraucher*".

988 *Podlech/Pfeifer*, RDV 1998, 139 (140); *Wittig*, RDV 2000, 59 (59).

989 *Wittig*, RDV 2000, 59 (59). In diese Richtung auch *Graf v. Westphalen*, IWRZ 2018, 9 (11).

990 *Kurz/Rieger*, Die Datenfresser, S. 61. In diese Richtung auch *Scholz* in: *Roßnagel*, HB DSR, Kap. 9.2 Rn. 36

991 *Schrems*, Kämpf um deine Daten, S. 48.

992 *Simitis*, NJW 1998, 2473 (2477).

werde. Daher sei eine solche Bildung von Persönlichkeitsprofilen als Verstoß gegen die Pflicht zur Achtung der Menschenwürde unzulässig.[993]

(c) Anwendungsfelder in der Privatwirtschaft

Einig ist sich die Literatur (jedenfalls) dahingehend, dass die konkrete Nutzung datenbasierter (Persönlichkeits-)Profile im Einzelfall zu Gefährdungen für den Betroffenen führen kann. Stellt man für die Beurteilung des Risikos solcher Persönlichkeitsprofile auf den Verwendungszweck ab – also darauf, wofür und in welcher Weise das Profil gebraucht wird – so ist mithin danach zu fragen, inwieweit diese Verwendungsformen zu konkreten, tatsächlichen Gefährdungen für den Betroffenen führen können. Persönlichkeitsprofile werden in der Wirtschaft vor allem für den Bereich der Werbung sowie zum Scoring verwendet.[994] Ob und inwieweit die Nutzung eines Persönlichkeitsprofils innerhalb dieser Anwendungsfelder zu einem Risiko der Rechte und Interessen des Betroffenen führt, wird mithin im weiteren Verlauf der Arbeit eingehend zu untersuchen sein.[995]

(2) Verhaltensanpassung

Divergierende Ansichten bestehen in der Literatur überdies hinsichtlich der vom BVerfG geäußerten These einer mit der Datenerhebung verknüpften Verhaltensanpassung. Kritisiert wird insbesondere, dass die Annahme einer solchen Verhaltensanpassung infolge einer Datenerhebung bislang empirisch nicht hinreichend untersucht worden sei.[996] Das BVerfG operie-

---

993 *Baum*, DuD 2013, 583 (584); *Podlech/Pfeifer*, RDV 1998, 139 (140); *Scholz* in: *Roßnagel*, HB DSR, Kap. 9.2 Rn. 39; *Simitis*, NJW 1998, 2473 (2477); *Stinner* in: Stiftung DS, Zukunft der informationellen Selbstbestimmung S. 155; *Wittig*, RDV 2000, 59 (59).

994 Vgl. oben, Kap. 4, A. I. 1.

995 S. unten, Kap. 4, A. II. 2. c.

996 So *Drackert*, Risiken der Datenverarbeitung, S. 189; *Dreier* in: Dreier, GG, Art. 2 I Rn. 87. In diese Richtung auch *Kühling*, Die Europäisierung des Datenschutzrechts, S. 29. Vgl. hierzu auch die kritische Studie bei *Hermstrüwer*, Informationelle Selbstgefährdung, S. 324 ff. Zumindest teilweise belegt ist jedenfalls, dass der Mensch unter Beobachtung zu einer verstärkten Selbstreflexion neigt, welche auch zu einer Verhaltensänderung führen kann (sog. "*objective self awareness*"), vgl. hierzu bspw. *Geiger*, Verfassungsfragen zur polizeilichen Anwendung der Video-Überwachungstechnologie, S. 55 f. (m.w.N.).

re daher mit einer bloßen Vermutung. Tatsächlich erscheint es jedenfalls widersprüchlich, soweit das BVerfG einerseits darauf abstellt, der Einzelne sei im Falle einer heimlichen Datenerhebung besonders gefährdet,[997] zum anderen aber die Verhaltensbeeinflussung als mögliches Risiko nennt[998]: Denn wer keine Kenntnis über die Datenerhebung hate, unterliegt auch keinem Druck, sein Verhalten anzupassen.

Die wohl überwiegende Meinung im datenschutzrechtlichen Schrifttum tendiert indes ebenfalls zu der Annahme, durch eine Beobachtung und Registrierung des Verhaltens bestehe die Gefahr, dass der Betroffene sein Verhalten anpasse.[999] Im Bereich der privaten Datenverarbeitung bewirke diese Verhaltensanpassung insbesondere einen Zwang zu "*ökonomischem Wohlverhalten*"[1000]. Darüber hinaus sei eine verhaltenslenkende Wirkung zu erwarten, soweit der Einzelne die Befürchtung habe, seine Einstellungen und Handlungsweisen könnten in seinem sozialen Umfeld bei Bekanntwerden negative Folgen bewirken.[1001] Dies hätte auch und gerade für Minderheiten das erhöhte Risiko eines Konformismuszwangs zur Folge und könne ferner die freiheitliche Ausübung anderer Grundrechte beschränken.[1002]

---

997 Vgl. oben, Kap. 4, A. II. 2. a. dd. (3).

998 Vgl. oben, Kap. 4, A. II. 2. a. bb.

999 *Leutheusser-Schnarrenberger* in: Stiftung DS, Zukunft der informationellen Selbstbestimmung S. 65; *Roßnagel*, Gutachten, S. 86 f.; *Roßnagel/Pfitzmann/Garstka*, Modernisierungsgutachten DSR, S. 117; *Ochs* in: Richter, Privatheit S. 183; *Sandfuchs*, Privatheit wider Willen?, S. 30 ff.; *Scholz* in: Simitis, BDSG 2014, § 6b Rn. 27; *Simo* in: Richter, Privatheit S. 35 f.; *Stinner* in: Stiftung DS, Zukunft der informationellen Selbstbestimmung S. 152 f.; *Waidner*, Web-Tracking-Report 2014 S. 69; krit. dagegen *Bull*, JZ 2017, 797 (802 f.).

1000 *Kurz/Rieger*, Die Datenfresser, S. 60. In diese Richtung auch *Graf v. Westphalen*, IWRZ 2018, 9 (11); *Roßnagel*, Gutachten, S. 101.

1001 *Buxel*, DuD 2001, 579 (581); *Waidner*, Web-Tracking-Report 2014 S. 70. In diese Richtung auch *Bäcker*, Der Staat 2012, 91 (96). Insbesondere zu Beginn der Debatten um den Datenschutz wurde diesbezüglich sogar vertreten, die "*Furcht des Menschen vor der undurchschaubaren [...] Elektronik müßte selbst dann ernst genommen werden, wenn sie ganz unbegründet wäre*" vgl. *Benda* in: FS Geiger 1974 S. 27.

1002 In diese Richtung *Simo* in: Richter, Privatheit S. 36. Bezogen auf die Grundrechtsausübung *Roßnagel*, DuD 2016, 561 (563).

bb. Risikoeinschätzung bei privater Datenverarbeitung

Schon die Auseinandersetzung mit der Rspr. verdeutlicht somit die konvergierenden Ansichten in der Literatur hinsichtlich der Risiken (personenbezogener) Datenverarbeitungen. Auch bei der Frage, inwieweit die Gefährdungslage des Betroffenen bei einer Datenverarbeitung durch private Stellen der Gefährdung durch eine staatliche Datenverarbeitung gleichzustellen ist, stehen sich die vertretenen Ansichten konträr gegenüber: Während einige betonen, gerade durch die Bedingungen der modernen Datenverarbeitung entstünden vielfältige Risiken für die Selbstbestimmung und Entfaltungsfreiheit des Betroffenen,[1003] kritisieren andere den umfassenden Schutz jedes Datums mit Personenbezug auch im privatrechtlichen Bereich und vertreten die Ansicht, nicht jede (private) Verarbeitung personenbezogener Daten führe zu einem Risiko für den Betroffenen.[1004]

(1) Geringere Gefährdungslage bei privater Datenverarbeitung

Vielfach wird bei dieser Beurteilung auf die bestehenden Unterschiede zwischen Staat und privaten Akteuren verwiesen und eine (zumindest gleichwiegende) Gefährdung im Falle einer Datenverarbeitung durch Private verneint.[1005] Argumentiert wird dabei zum einen mit den unterschiedlichen Motivationen, die staatlichen und privaten Datenverarbeitun-

---

1003 *Roßnagel*, Gutachten, S. 85; *Podlech/Pfeifer*, RDV 1998, 139 (140).

1004 *Bull* in: Stiftung DS, Zukunft der informationellen Selbstbestimmung S. 14; *Bull*, Sinn und Unsinn des Datenschutzes, S. 76 f.; *Schneider/Härting*, ZD 2012, 199 (199 f.); *v. Lewinski*, Die Matrix des Datenschutzes, S. 84. In diese Richtung auch *Dammann*, ZD 2016, 307 (313); *Giesen* in: Stiftung DS, Zukunft der informationellen Selbstbestimmung S. 25. Zum risikobasierten Ansatz innerhalb der DS-GVO, vgl. *Veil*, ZD 2015, 347 (347 ff.).

1005 Vielfach wird dabei neben dem Argument, eine Datenverarbeitung durch Private entfalte für den Betroffenen ein geringeres Risiko, auch auf Grundrechtsverpflichtung des Staates verwiesen und für private Akteure betont, diese seien nicht etwa ebenfalls grundrechtsverpflichtet, sondern vielmehr ebenfalls durch eigene Grundrechtspositionen in ihrem Interesse an einer Datenverarbeitung geschützt. S. hierzu bspw. *Di Fabio* in: Maunz/Dürig, GG, Art. 2 Rn. 190; *Ehmann* in Simitis, BDSG 2014, § 29 Rn. 206; *Giesen* in: Stiftung DS, Zukunft der informationellen Selbstbestimmung S. 34; *Rudolf* in: Merten/Papier, HB der Grundrechte IV, § 90 Rn. 29. S. hierzu auch unten, Kap. 4, B. I. 1.

gen zugrunde lägen.[1006] Während es den privatwirtschaftlichen Unternehmen um eine Absatzsteigerung und Risikominimierung – also in erster Linie (bloß) um eine Maximierung ihrer Profite – ginge,[1007] verfolge der Staat zumeist Ziele, die eine tiefgreifendere (Persönlichkeits-)Gefährdung aufwiesen.[1008] Denn der Staat besäße – anders als die zahlreichen Einzelakteure innerhalb der freien Wirtschaft – eine homogene Idealvorstellung, wie sich der einzelne Bürger zu verhalten habe. Während die Datenverarbeitung durch Private somit lediglich darauf abziele, das eigene Verhalten am Markt zu optimieren und daher wertungsfrei sei, setze der Staat seine Datenverarbeitung regelmäßig dazu ein, den Bürger und sein Verhalten auf Konformität mit den eigenen Werten und gesetzlichen Normen zu überprüfen und dessen Verhalten – zum Teil durchaus bewusst – entsprechend zu steuern.[1009] Dabei habe der Staat oftmals gerade in besonders persönlichkeitsrelevanten und sensiblen Lebensbereichen wie der Familienplanung, der Religion oder Weltanschauung bestimmte Grundüberzeugungen, während die Akteure innerhalb der Privatwirtschaft schon aufgrund ihrer unterschiedlichen Zielgruppen eine wertungsfreie oder doch zumindest in ihrer Wertung vielfältige Datenverarbeitung verfolgten.[1010]

Zudem besäße der Staat nicht nur weitgreifendere Möglichkeiten, personenbezogene Daten zu erheben und auszuwerten.[1011] Grundlegender Unterschied sei überdies, dass der Staat als Träger des Gewaltmonopols über Zwangsmittel verfügen könne, welche privaten Unternehmen nicht zur Verfügung ständen.[1012] Das Druck- und das hieraus folgende Gefährdungspotential seien im Rahmen einer staatlichen Datenverarbeitung somit

---

1006 *Bull*, Sinn und Unsinn des Datenschutzes, S. 33; *Kloepfer*, Informationsrecht, S. 282, Rn. 4.

1007 Vgl. hierzu auch oben, Kap. 4, A. I. 1.

1008 *Buchner*, Informationelle Selbstbestimmung im Privatrecht, S. 67. In diese Richtung (bzgl. des Interesses privatwirtschaftlicher Akteure) *Bull*, Sinn und Unsinn des Datenschutzes, S. 43 f.

1009 *Buchner*, Informationelle Selbstbestimmung im Privatrecht, S. 68; *Masing*, NJW 2012, 2305 (2309); *Singleton*, Cato Policy Analysis 1998, 1, (21).

1010 *Buchner*, Informationelle Selbstbestimmung im Privatrecht, S. 66 f; *Rudolf* in: Merten/Papier, HB der Grundrechte IV, § 90 Rn. 29.

1011 *Krönke*, Der Staat 2016, 319 (344 f.); *Rudolf* in: Merten/Papier, HB der Grundrechte IV, § 90 Rn. 29.

1012 *Buchner*, Informationelle Selbstbestimmung im Privatrecht, S. 64; *Bull*, NVwZ 2011, 257 (262); *Canaris*, AcP 1984, 201 (206); *Rudolf* in: Merten/Papier, HB der Grundrechte IV, § 90 Rn. 29.

auch und gerade aufgrund der Möglichkeit, Macht über den Betroffenen auszuüben, besonders schwerwiegend.[1013]

(2) Annahme einer höheren Gefährdungslage

Die Gegenansicht geht, insbesondere unter Berufung auf den informationstechnischen Wandel, von einer gleichen oder sogar erhöhten Gefährdung durch privatwirtschaftliche Datenverarbeitungen aus.[1014] Grund hierfür sei vor allem die Menge an gespeicherten (personenbezogenen) Daten, über welche Private mittlerweile verfügten.[1015] Eine gesteigerte Schutzbedürftigkeit des Betroffenen resultiere zudem aus dem Umstand, dass private Akteure nicht an rechtsstaatliche Maßnahmen zur Missbrauchsabwehr gebunden seien,[1016] während die Technologie, welche der Datenverarbeitung zugrunde liege, "*keine Grenze zwischen öffentlichem und nicht-öffentlichem Bereich*"[1017] kenne.

Die Folgen der Datenverarbeitung durch Private könnten für den Betroffenen ähnlich schwerwiegend sein.[1018] Zwar bestehe zwischen den Akteuren – anders als im Verhältnis des Betroffenen gegenüber dem Staat – ein Gleichordnungsverhältnis; diese prinzipielle Annahme verliere aber an Gültigkeit, soweit zwischen den Parteien auf tatsächlicher Ebene ein asymmetrisches Informations- und Kräfteverhältnis bestehe. Teilweise wird daher angenommen, das Risiko für den Betroffenen sei jedenfalls dann gleich zu gewichten, wenn und soweit dem privaten Datenverarbeiter gegenüber dem Betroffenen eine ähnlich Stellung zukomme wie dem Staat, also insbesondere in Situationen, in denen der private Datenverarbeiter

---

1013 *Bull*, Sinn und Unsinn des Datenschutzes, S. 38.

1014 So bspw. *Grimm*, JZ 2013, 585 (586); *Marsch*, Das europäische Datenschutzgrundrecht, S. 96; *Stinner* in: Stiftung DS, Zukunft der informationellen Selbstbestimmung S. 153 f. In diese Richtung auch *Dreier* in: Dreier, GG, Art. 2 I Rn. 89; *Eichenhofer*, Der Staat 2016, 41 (55); *Streinz/Michl*, Euzw 2011, 384 (385); *Wagner*, Der Datenschutz in der Europäischen Union, S. 138 f.

1015 *Kloepfer*, Informationsrecht, S. 282, Rn. 4; *Kühling* in: Stiftung DS, Zukunft der informationellen Selbstbestimmung S. 52; *Roßnagel/Pfitzmann/Garstka*, Modernisierungsgutachten DSR, S. 23 f.; *Simitis*, NJW 1998, 2473 (2477). In diese Richtung auch *Spiecker gen. Döhmann/Eienbarth*, JZ 2011, 169 (169).

1016 *Hoffmnann-Riem* in: Hoffmann-Riem, Offene Rechtswissenschaft S. 510; *Hoffmann-Riem*, AöR 1998, 513 (525). In diese Richtung auch *Frenz*, Handbuch Europarecht Band 4, § 5 Rn. 1389.

1017 *Simitis*, DuD 2000, 714 (723).

1018 *Grimm*, JZ 2013, 585 (587).

eine potenzielle Macht über den Betroffenen besitze und aufgrund dieser Stellung ein ähnliches Druckpotential aufbauen könne.[1019] Aus der (nationalen) Grundrechtslehre ergäben sich in einem solchen Fall zwar Unterschiede hinsichtlich des Schutzmoduses[1020] – nicht aber hinsichtlich der Schutzbedürftigkeit.[1021]

c. Risiken am Beispiel ausgewählter Anwendungsfelder

Zu beobachten ist diese unterschiedliche Risikogewichtung bzw. Gefahrenprognose durch die Literatur auch innerhalb der einzelnen Anwendungsfelder privatrechtlicher Datenverarbeitung. Die möglichen negativen Konsequenzen der Datenerhebung und -verarbeitung für den Betroffenen lassen sich im Einzelfall aber, anders als bei einer allgemeinen Untersuchung der Risiken privatrechtlicher Datenverarbeitungen, unweit spezifischer benennen. Vorliegend werden daher beispielhaft zwei Bereiche in Blick genommen, welche zum einen zu den Hauptanwendungsfeldern der privatwirtschaftlichen Datenverarbeitung gehören[1022] und zum anderen einen Bezug zu den bereits vom Bundesverfassungsgericht benannten Risiken (moderner) Datenverarbeitung[1023] aufweisen: Die Profilbildung zu Marketing- und Vertriebszwecken[1024] sowie das Kredit- und Versicherungsscoring[1025].

1019 *Bull*, Sinn und Unsinn des Datenschutzes, S. 41 *Grimm*, JZ 2013, 585 (588);. *Simitis* in: Simitis, BDSG 2014, § 1 Rn. 50 f. als Beispiele hierfür den Bereich des Kredit- Wohnungs- und Arbeitswesens nennend. Ähnlich *Britz* in: Hoffmann-Riem, Offene Rechtswissenschaft S. 586.

1020 Im Sinne einer Unterlassungspflicht aufgrund der subjektiv-abwehrrechtlichen Dimension der Grundrechte im Staat-Bürger-Verhältnis oder einer (sich mittelbar auf den Privaten auswirkenden) Handlungspflicht des Staates aufgrund der aus den Grundrechten fließenden objektiven Schutzpflichten. Näher hierzu unten, Kap. 4. B. I. 2. b.

1021 *Grimm*, JZ 2013, 585 (587).

1022 Vgl. hierzu oben, Kap. 4, A. I. 1.

1023 Vgl. hierzu oben, Kap. 4, A. II. 2. a.

1024 S. zu diesem schon oben, Kap. 4, A. I. 1. a.

1025 S. zu diesem schon oben, Kap. 4, A. I. 1. b.

aa. Marketing und Werbung

Stellt man für die Beurteilung des Risikos datenbasierter Persönlichkeitsprofile auf den Verwendungszweck ab,[1026] ist zu untersuchen, ob und inwieweit diese Verwendungsformen zu konkreten, tatsächlichen Gefährdungen für den Betroffenen führen können.

(1) Targeted advertising

Im Rahmen des Marketings sind datenbasierte Persönlichkeitsprofile insbesondere für das *targeted advertising* sowie die individualisierte Kundenansprache und -werbung (im weiteren Sinne) essentiell.[1027] Inwieweit eine solche kundenspezifische Werbungsansprache eine Gefahr für Rechte und berechtigte Interessen des Betroffenen darstellt, ist in der Literatur umstritten. Einige Autoren verweisen darauf, eine individuelle, zielgerichtete Kundenansprache sei nicht gefährlicher als massenhaft verschickte Werbung, welche nicht auf die Interessen des jeweiligen Empfängers ausgerichtet sei. Ungewollt Werbung zu erhalten sei allenfalls lästig aber wohl kaum gefährlich.[1028]

Die Gegenansicht sieht in einer profilgestützten Werbung dagegen das Risiko einer Beeinflussung des Betroffenen:[1029] Denn seien die Interessen und Wünsche des potentiellen Kunden einsehbar, so seien die Unternehmen in der Lage, "*Begehrlichkeiten* [...] *gezielt zu verstärken*" und den Ein-

---

1026 Vgl. oben, Kap. 4, A. II. 2. b. aa. (1) (c).

1027 Vgl. hierzu oben, Kap. 4, A. I. 1. a.

1028 *Britz* in: Hoffmann-Riem, Offene Rechtswissenschaft S. 586 f.; *Bull*, Sinn und Unsinn des Datenschutzes, S. 101; *Bull*, NJW 2006, 1617 (1618); *Schafft/Ruoff*, CR 2006, 499 (501). *Kammann/Braun* in Ehmann/Selmayr, DS-GVO, Art. 21 Rn. 44 dagegen betonend, eine solche Direktwerbung könne (auch und gerade wenn sie in automatisierter Weise erfolge) zu einer Belastung bzw. einem Kostenaufwand für den Empfänger führen. Ob und inwieweit ungewollte Werbung rechtlich zulässig ist, beurteilt sich dabei in erster Linie anhand wettbewerbsrechtlicher Normen (so insb. § 7 UWG) und ist daher keine originär datenschutzrechtliche Thematik. Im vorliegenden Kontext geht es daher (allein) um die Frage, inwieweit eine solche werbliche Ansprache aufgrund datenbasierter Persönlichkeitsprofile eine Gefährdung (grund-)rechtlicher Positionen des Betroffenen nach sich ziehen oder begünstigen kann.

1029 *Baeriswyl*, RDV 2000, 6 (7); *Bolsinger*, DuD 2016, 382 (382); *Buxel*, DuD 2001, 579 (581); *Frenz*, Handbuch Europarecht Band 4, § 5 Rn. 1391; *Kurz/Rieger*, Die Datenfresser, S. 49.

zelnen hiermit zu "*unkontrollierte*[n] *Kaufhandlungen*" zu verleiten,[1030] zumal dieser oft nicht erkenne, dass ihm gezielt auf seinen Präferenzen aufbauende Angebote unterbreitet würden.[1031] Das *targeted advertising* birgt nach dieser Ansicht somit ein nicht unerhebliches Manipulationsrisiko in sich.[1032]

(2) Personal pricing

Ein weiteres Risiko wird in der Möglichkeit einer individuellen Preisdiskriminierung insbesondere im Bereich des Online-Handels gesehen.[1033] Durch das über den Betroffenen angelegte Persönlichkeitsprofil wisse das Unternehmen nämlich bspw. auch, ob und inwieweit es sich bei dem jeweiligen Betroffenen um einen finanziell gut situierten Kunden handele, der des Öfteren zu hochpreisiger Ware greife – dementsprechend könne der Preis individuell an dieses Wissen angepasst werden.[1034] Verschiedene Kunden erhielten in Internetshops dann das gleiche Produkt zu unterschiedlichen Preisen. Auch der mehrmalige Besuch einer Webseite könne zu einer solchen Preissteigerung führen, da ein solcher wiederholter Besuch signalisiere, dass der Besucher ein gesteigertes Interesse an der dort angebotenen Ware oder Dienstleistung habe.[1035]

Dass diese Praxis der individuellen Preisfindung grundsätzlich möglich ist, ist belegt.[1036] Inwieweit *personal pricing* tatsächlich stattfindet, wird da-

---

1030 *Buxel*, DuD 2001, 579 (581). In diesem Sinne auch *Kurz/Rieger*, Die Datenfresser, S. 257.

1031 *Frenz*, Handbuch Europarecht Band 4, § 5 Rn. 1391; *Roßnagel*, Gutachten, S. 100.

1032 *Podlech/Pfeifer*, RDV 1998, 139 (140); *Richter*, DuD 2016, 581 (581); *Scholz* in: *Roßnagel*, HB DSR, S. 1846,Rn. 36. Hierzu ausf. *Wagner/Eidenmüller*, ZfPW 2019, 220 (234 ff.).

1033 *Buxel*, DuD 2001, 579 (581); *CMA*, The commercial use of cosnumer data S. 91; *Hermstrüwer*, Informationelle Selbstgefährdung, S. 287; *Kurz/Rieger*, Die Datenfresser, S. 65; *Martini*, Blackbox Algorithmus, S. 52 f.; *Ochs* in: Richter, Privatheit S. 180; *Schrems*, Kämpf um deine Daten, *Simo* in: Richter, Privatheit S. 36; S. 26; *Waidner*, Web-Tracking-Report 2014 S. 72. Zur kartellrechtlichen Bedeutung *Paal*, GRUR 2019, 43 (49 ff.).

1034 *Kurz/Rieger*, Die Datenfresser, S. 65; *Waidner*, Web-Tracking-Report 2014 S. 72.

1035 *Hermstrüwer*, Informationelle Selbstgefährdung, S. 287.

1036 Vgl. *Zander-Hayat/Reisch/Steffen*, VuR 2016, 403 (404 f.) (m.w.N.). Inwieweit es sich hierbei jedoch (noch) um Einzelfälle handelt, ist umstritten, vgl. *Miller*, Journal of Technology Law and Policy 2014, 41 (49).

gegen unterschiedlich beantwortet.[1037] Zumindest erste Ansätze zur Einführung einer solchen individuellen Preissetzung sind aber bekannt: So berechnete der Online-Händler *Amazon* schon im Jahr 2000 testweise die Preise für einige DVDs kundenspezifisch, unter anderem in Abhängigkeit des vom Kunden benutzten Internet-Browsers, des Service Providers und der Häufigkeit vorangegangener Besuche der entsprechenden Webseite.[1038] Auch einige Fluggesellschaften arbeiten momentan an einer solchen kundenspezifischen Preisberechnung. Die Flugpreise sollen dann erst nach Anmeldung des Kunden berechnet werden. Hierdurch könnte es zukünftig möglich sein, einem Kunden, der bekanntermaßen auf einen bestimmten Flug – bspw. arbeitsbedingt – angewiesen ist, diesen Flug lediglich zu einem höheren Preis anzubieten.[1039] Andere Anbieter verfolgen eine individuelle Preisberechnung in Abhängigkeit zum Wohnort des Kunden, bspw. durch Abgleich der IP-Adresse.[1040] Insgesamt wird davon ausgegangen, dass eine individuelle Preisanpassung im Online-Handel in nächster Zeit zunehmen wird.[1041]

Ob und inwieweit eine datenbasierte, personalisierte Bepreisung dabei negative Effekte für Konsumenten verursacht, wird in der Wissenschaft kontrovers diskutiert.[1042] Teilweise wird davon ausgegangen, dass es infolge der Informationsasymmetrie stets zu einer Benachteiligung des Konsumenten komme, da der Unternehmer, sofern er wisse, was der Einzelne zu zahlen bereit ist, stets die maximale Konsumentenrente abschöpfen könne.[1043] Ein Diskriminierungspotential entstehe auch, soweit die datenbasierte Kundenanalyse den potentiellen Käufer als wenig kaufkräftig oder insolvenzgefährdet auszeichne: Dem Bertoffenen könne der Vertrags-

---

1037 Vgl. hierzu bspw. *CMA*, The commercial use of cosnumer data S. 91.

1038 S. *Rosencrance*, Computerworld. Amazon verneinte dagegen, dass diese Preisdifferenzen in Abhängigkeit zum jeweiligen Nutzerverhalten ermittelt worden wären, vgl. *CMA*, The commercial use of cosnumer data S. 93 (Fn. 106).

1039 *Schrems*, Kämpf um deine Daten, S. 26.

1040 *Hoffmann/Schneider*, EuZW 2015, 47 (47).

1041 *Priebe*, 8 Prognosen für den digitalen Handel 2018 dort zwar den Begriff der "*dynamischen*" Preisgestaltung verwendend, unter anderem aber auch auf die Preisfindung in Abhängigkeit zur Region des Konsumenten – und somit in Abhängigkeit zu einem individuellen Merkmal – abstellend. Vgl. zu den unterschiedlichen Begrifflichkeiten *Zander-Hayat/Reisch/Steffen*, VuR 2016, 403 (403 f.).

1042 Zu einer ausf. Auseinandersetzung mit dieser Thematik *Wagner/Eidenmüller*, ZfPW 2019, 220 (224 ff.).

1043 *Ochs* in: Richter, Privatheit S. 180.

schluss dann unter Umständen insgesamt verweigert oder nur zu beschränkten (Zahlungs-)modalitäten angeboten werden.[1044]

Andere verweisen darauf, dass dieser Effekt durch die Konkurrenz der Unternehmen untereinander begrenzt sei.[1045] Vereinzelt wird sogar vertreten, eine individualisierte Preisberechnung könne gerade für finanziell schwächere Konsumenten von Vorteil sein, denn es sei davon auszugehen, dass sich diese Konsumenten hierdurch Produkte leisten könnten, die für sie bei einer fixen Preissetzung unerschwinglich wären.[1046] Die wirtschaftlichen Auswirkungen einer solchen Preisfindungspraxis sind somit keinesfalls bereits vollumfänglich geklärt.[1047]

(3) Zusammenfassung

Insgesamt kann konstatiert werden, dass sich die Risikoeinschätzungen bezüglich der Datenverarbeitung zum Zweck der personalisierten Werbung diametral gegenüberstehen: Während einige (jegliche) Risikopotentiale für den Betroffenen (weitestgehend) verneinen, sehen andere sowohl die Gefahr einer Manipulation des Einzelnen, sowie ein nicht unerhebliches Diskriminierungspotential aufgrund der Möglichkeit, Preise nicht mehr pauschal, sondern anhand der Kaufkraft und des Kaufwunsches des einzelnen Kunden zu errechnen.

bb. Kreditscoring

Im Bereich des Kredit- und Versicherungsscorings[1048] verschiebt sich diese Risikoanalyse hin zu der Annahme einer (stärkeren) Gefährdung für den

---

1044 *Baeriswyl*, RDV 2000, 6 (10); *Buxel*, DuD 2001, 579 (581); *Miller*, Journal of Technology Law and Policy 2014, 41 (94); *Scholz* in: *Roßnagel*, HB DSR, S. 1847 Rn. 37.

1045 *Dewenter/Lüth* in: Körber/Immenga, Daten und Wettbewerb in der digit. Ökonomie S. 17 f.; *Miller*, Journal of Technology Law and Policy 2014, 41 (57).

1046 *CMA*, The commercial use of cosnumer data S. 91; *Strahilevitz*, 102. Nw. U. Law Review 2008, 1667 (1733).

1047 So auch *CMA*, The commercial use of cosnumer data S. 91; *Miller*, Journal of Technology Law and Policy 2014, 41 (97); *Paal*, GRUR 2019, 43 (48 f.).

1048 Vgl. zu diesem oben, Kap. 4, A. I. 1. b.

einzelnen Betroffenen.[1049] Zurückzuführen ist diese abweichende Bewertung insbesondere auf den Umstand, dass Entscheidungen in diesen Bereichen unmittelbar die rechtsgeschäftlichen Möglichkeiten des Betroffenen bestimmen und somit seine Lebensplanung und -gestaltung entscheidend beeinflussen können.[1050] Die Entscheidung, ob und zu welchen Konditionen dem Einzelnen ein Kredit gewährt oder ein Vertragsangebot über eine Versicherung unterbreitet wird, kann für den Einzelnen mitunter essentiellen Charakter aufweisen. Daher hat neben der Frage, inwieweit eine solche Entscheidung (allein)[1051] auf der Grundlage einer datenbasierten Wahrscheinlichkeitsrechnung[1052] getroffen werden darf und inwieweit ein solches Scoring[1053] das Recht auf informationelle Selbstbestimmung des Einzelnen – oder gar seinen aus der Menschenwürde resultierenden Achtungsanspruch tangiert – auch die (objektive) Fehleranfälligkeit des Scorings besondere Bedeutung.

(1) Fehlerhafte Datengrundlage

Die Gefahr eines "unrichtigen" (nachteiligen) Scoringergebnisses kann daraus resultieren, dass schon die Datengrundlage an sich fehlerhaft ist, bspw. weil in der Datenbank falsche Angaben gespeichert wurden.[1054] Ein falsches Ergebnis entsteht auch, wenn und soweit wichtige Angaben, welche einen positiven Effekt auf den Score des Betroffenen hätten, schlicht fehlen.[1055] Verstärkt wird die Möglichkeit einer solchen fehlerhaften Datengrundlage, da es dem Einzelnen teilweise (faktisch) verwehrt ist, die Richtigkeit der Daten zu überprüfen.[1056] Denn der Betroffene hat zwar

---

1049 Für eine Gefährdung in diesem Bereich bspw. auch *Bull*, NJW 2006, 1617 (1622); *Dammann*, ZD 2016, 307 (313).

1050 *Britz* in: Hoffmann-Riem, Offene Rechtswissenschaft S. 586; *Dammann*, ZD 2016, 307 (313); *Eschholz*, DuD 2017, 180 (180); *Schrems*, Kämpf um deine Daten, S. 27.

1051 Soweit die scorebasierte Entscheidung durch einen Mitarbeiter nachgeprüft wird, liegt – nach formaljuristischer Wertung – schon keine ausschl. Entscheidung vor, vgl. *Klein*, BKR 2003, 488 (489)

1052 Vgl. hierzu oben, Kap. 4, A. I. 1. b.

1053 Allg. zum Scoring oben, Kap. 4, A. I. 1. b.

1054 *Buchner*, Informationelle Selbstbestimmung im Privatrecht, S. 123 ff.; *Martini*, Blackbox Algorithmus, S. 197; *Miller*, Journal of Technology Law and Policy 2014, 41 (51); *Schrems*, Kämpf um deine Daten, S. 27.

1055 *Buchner*, Informationelle Selbstbestimmung im Privatrecht, S. 123 f.

1056 *Weber* in: Epiney/Nüsch/Weber, Big Data und DSR S. 9.

grundsätzlich einen Anspruch auf Auskunft, über welche ihn betreffenden personenbezogenen Daten die jeweilige verantwortliche Stelle verfügt,[1057] nicht allerdings auf Auskunft darüber, ob und inwieweit sich bestimmte Daten auf das jeweilige Scoreergebnis auswirken.[1058] Diese Intransparenz algorithmenbasierten Entscheidungssysteme resultiert zum einen aus ihrer Qualifikation als Geschäfts- bzw. Betriebsgeheimnisse, die regelmäßig eine Pflicht zur Offenlegung des Quellcodes ausschließt.[1059] Zum anderen erschweren technische Wesensmerkmale sowie die Komplexität algorithmischer Entscheidungen eine Kontrolle von Außen durch den einzelnen Betroffenen selbst bei Offenlegung des Programmcodes.[1060] Schließlich ist dem Betroffenen unter Umständen sogar die Auskunft über die vorhandenen Daten zumindest faktisch verwehrt,[1061] bspw. weil er schon keine Kenntnis davon hat, dass die ihm gegenüber getroffene Entscheidung auf einem Scoringverfahren basiere.[1062]

Ein faktischer Ausschluss des Auskunftsrechts kann auch daraus resultieren, dass ein solches Auskunftsverlangen negative Konsequenzen für den Betroffenen zeitigt. So stellte es beispielsweise bei der *Schufa* zeitweise ein Negativmerkmal dar, wenn der Betroffene eine Auskunft über die gespeicherten Daten verlangte.[1063] Für den Betroffenen bestand somit die Gefahr, durch eine Geltendmachung des Rechts auf Auskunft seinen eigenen Score zu verschlechtern: Die *Schufa* stellte diese Praxis zwar nach Bekanntwerden ein, aufgrund der Undurchsichtigkeit der Berechnungsverfahren und Scoreformeln kann eine solche Negativwertung der Rechtewahrnehmung durch den Betroffenen aber (zumindest bezogen auf andere Auskunfteien und Scoredienstleistern) nicht grundsätzlich ausgeschlossen werden. Hierdurch befindet sich der Betroffene in einer prekären Lage – möchte er die über ihn gesammelten Daten auf Richtigkeit und Vollständigkeit kontrollieren, geht er das Risiko ein, durch die Geltendmachung seiner Rechte seinen eigenen Scorewert zu verschlechtern.

1057 Vgl. Art. 15 DS-GVO. Ausf. hierzu *Krämer*, NJW 2020, 497 (500 f.).

1058 *Eschholz*, DuD 2017, 180 (182); *Hoeren*, RDV 2007, 93 (94); *Roßnagel/Pfitzmann/Garstka*, Modernisierungsgutachten DSR, S. 27. Ausf. zum datenschutzrechtlichen Anspruch des Betroffenen auf Auskunft (sowie ggf. Berichtigung) im Kontext des *Proflings Martini*, Blackbox Algorithmus, S. 197 ff.

1059 *Martini*, Blackbox Algorithmus, S. 33 ff.

1060 *Krämer*, NJW 2020, 497 (501). S. hierzu ausf. *Martini*, Blackbox Algorithmus, S. 41 ff.

1061 *Weber* in: Epiney/Nüsch/Weber, Big Data und DSR S. 9.

1062 *Martini*, Blackbox Algorithmus, S. 29.

1063 *Buchner*, Informationelle Selbstbestimmung im Privatrecht, S. 123.

(2) Fehlerhafte Information

Die Fehleranfälligkeit des Scoring ergibt sich zudem daraus, dass das Scoreergebnis – also die Information, welche anhand der algorithmenbasierten Datenverarbeitung über den Betroffenen ermittelt wird – nicht (zwingend) der tatsächlichen Realität entsprechen muss. Teilweise wird davon ausgegangen, dass eine solche Diskrepanz zwischen der Aussage des Scoreergebnisses und den realen Gegebenheiten nicht selten der Fall ist.[1064] Solche fehlerhaften Ergebnisse lassen sich im Rahmen der gängigen datenbasierten Scoreverfahren auch schlichtweg nicht vermeiden: Denn die Ergebnisse des Scoreverfahrens beruhen – zumindest in der überwiegenden Mehrzahl – auf einer Berechnung rein statistischer Wahrscheinlichkeiten, welche anhand der zugrundeliegenden Datensammlungen errechnet werden.[1065] Es handelt sich also nicht um exakte und tatsächliche Werte hinsichtlich der einzelnen betroffenen Person, sondern vielmehr um rein statistische Wahrscheinlichkeiten.[1066] Individuelle Besonderheiten des Einzelnen werden dabei nicht berücksichtigt. Scoringergebnisse stellen mithin nur statistische Wahrscheinlichkeitswerte und keine tatsächlichen Aussagen über einzelne Personen dar.[1067]

Trotz dieser Fehleranfälligkeit im Einzelfall finden Scoringverfahren in der Wirtschaft vielfach Verwendung.[1068] Neben den grundsätzlichen Vorteilen des Scorings, langwierige Einzelprüfungen durch entsprechend ausgebildete Mitarbeiter zu vermeiden und somit kostengünstige und zeiteffiziente Entscheidungen treffen zu können,[1069] ist die Verwendung trotz fehleranfälligkeit im Einzelfall auch darauf zurückzuführen, dass für die Unternehmen eine solche Abweichung im Einzelfall keinen signifikanten Faktor darstellt. Für kreditgebende Banken oder Versicherungsunternehmen ist in erster Linie relevant, dass die eingesetzten Scoringverfahren in der überwiegenden Mehrzahl zutreffende Prognosen liefern – ein potentieller Vertragskunde mit der Eigenschaft x also bspw. mit einer Wahrscheinlichkeit von y seinen Kredit zurückzahlen wird. Für ihre Geschäftszwecke kommt es mithin (im Grundsatz) lediglich auf die statistische Korrelation an, welche durch ein Scoringverfahren ermittelt werden kann.

1064 *Schrems*, Kämpf um deine Daten, S. 42 f. Zu konkreten Beispielen s. *CMA*, The commercial use of cosnumer data S. 44.
1065 Vgl. hierzu oben, Kap. 4, A. I. 1. b.
1066 *Roßnagel/Pfitzmann/Garstka*, Modernisierungsgutachten DSR, S. 27.
1067 *ULD*, Scoringsysteme S. 16.
1068 *Roßnagel/Pfitzmann/Garstka*, Modernisierungsgutachten DSR, S. 27.
1069 Vgl. hierzu oben, Kap. 4, A. II. 1. b.

Der Einzelfall ist für diese Unternehmen dagegen, angesichts der Masse der vergebenen Kredite bzw. abgeschlossenen Versicherungen, regelmäßig (wohl) schlicht vernachlässigbar.[1070]

(3) Diskriminierung

Während die Unternehmen eine Abweichung im Einzelfall somit nicht wesentlich tangiert, kann die scoringbasierte Entscheidung für den Einzelnen massive Konsequenzen besitzen. Da es den Unternehmen lediglich um eine statistische Wahrscheinlichkeit und nicht um die tatsächlichen, individuellen Verhältnisse geht, wird das Scoring von manchen als in besonderer Weise diskriminierend kritisiert.[1071] Insbesondere bei Verwendung allgemeiner, soziodemographischer Merkmale (also bspw. der Adresse, dem Geschlecht oder dem Alter) könne die Realität zudem ganz erheblich vom ermittelten Ergebnis abweichen.[1072] Der Betroffene sei also der Gefahr ausgesetzt, aufgrund statistischer Werte diskriminiert und benachteiligt zu werden.[1073]

cc. Einordnung in die Risikotypisierungen des BVerfG

Die innerhalb dieser beispielhaften Anwendungsfelder in der Praxis vorgebrachten Gefährdungspotentiale weisen Anklänge zu den vom BVerfG aufstellten Risikokategorien – insbesondere der erzwungenen Verhaltensanpassung und der Missachtung der Menschenwürde – auf.

(1) Verhaltensanpassung

Die Anlehnung an das Risiko einer extern beeinflussten Verhaltensanpassung klingt schon im Bereich der Risiken datenbasierten Marketings an.

1070 *Bull*, NJW 2006, 1617 (1620).

1071 *Bull*, Sinn und Unsinn des Datenschutzes, S. 83 f.; *ULD*, Scoringsysteme S. 17.

1072 S. hierzu sowie zu den Gründen *ULD*, Scoringsysteme S. 51 ff. Im Bericht des Landesbeauftragten für Datenschutz und Informationsfreiheit NRW wird diesbezüglich von einer "*statistischen Sippenhaft*" gesprochen, vgl. 17. Tätigkeitsbericht LDI NRW 2005 S. 61.

1073 *Baeriswyl*, RDV 2000, 6 (10); *Simo* in: Richter, Privatheit S. 36 f; *ULD*, Scoringsysteme S. 16 f.

Soweit in diesem Bereich davon ausgegangen wird, der Betroffene werde durch die zielgenaue Werbung manipuliert, erreicht diese Beeinflussung sogar den Bereich einer (bewussten und beabsichtigten) Verhaltenssteuerung des Betroffenen. Verstärkt diskutiert wird die Gefahr einer solchen erzwungenen Verhaltensanpassung darüber hinaus insbesondere im Bereich des Kredit- und Versicherungsscorings. Da nachteilige Entscheidungen in diesem Bereich existentielle Auswirkungen für den Betroffenen haben können, ist richtigerweise davon auszugehen, dass – nimmt man eine solche verhaltensanpassende Wirkung der Datenerhebung grundsätzlich an – der mit dieser Datenerhebung einhergehende Druck für den Einzelnen, sich im Sinne des günstigsten Scoringergebnisses zu verhalten, ungleich größer ist als im Bereich der (bloßen) werblichen Ansprache zur Absatzsteigerung.

Als besonders gefährdend wird in diesem Zusammenhang beurteilt, dass Unternehmen im Bereich des Kredit- und Versicherungsscorings zunehmend auch auf (öffentlich zugängliche) Daten aus sozialen Netzwerken sowie im Rahmen des *trackings* erhobene Daten zugreifen, um eine möglichst umfassende Datengrundlage zu schaffen.[1074] Vielfach werden hierbei Szenarien beschrieben, in welchen der Betroffene an bestimmten Verhaltensweisen gehindert werden oder zumindest gehemmt sein könnte, weil er befürchten müsse, dass sich (auch sozial gebilligte) Handlungen in der Zukunft negativ auf ihn auswirken könnten – so etwa wiederkehrende Arztbesuche auf den Abschluss einer neuen Krankenversicherung.[1075] Eine solche Praxis ist zwar bisher nur im Ausland, insbesondere in Großbritannien, anzutreffen; auch bei der *Schufa* wurde aber bereits erwogen, Daten aus sozialen Netzwerken und sonstigen Internetquellen für das Scoring heranzuziehen.[1076]

Die Risiken, welche im Bereich des datenbasierten Marketings und Scorings diskutiert werden, lassen sich somit tendenziell in Anlehnung an die Gefahr einer möglichen Verhaltensanpassung bzw. -lenkung interpretieren: Wenn die Wünsche und Interessen des Einzelnen bekannt sind, lässt sich der Einzelne leicht(er) in die vom Datenverarbeiter gewünschte Richtung lenken. Überdies kann der Einzelne, aus Angst vor negativen Konse-

---

1074 *Albrecht*, Unsere Daten, S. 54 f.; *Eschholz*, DuD 2017, 180 (181)

1075 S. hierzu und für weitere Beispiele *Waidner*, Web-Tracking-Report 2014 S. 61. Zum "*transparenten Patienten*" auch: *Simitis*, 135. U. Pa. L. Rev., 707 (710 ff.).

1076 Aufgrund der lautstarken Proteste wurde dieser Plan jedoch, zumindest vorerst, wieder verworfen, vgl. hierzu *Eschholz*, DuD 2017, 180 (181); *Waidner*, Web-Tracking-Report 2014 S. 74.

quenzen, von bestimmten Handlungsweisen abgehalten werden. Insbesondere dem Scoring im Kredit- und Versicherungswesen wird daher ein (gefühlter) Zwang zum "*ökonomischen Wohlverhalten*"[1077] angelastet. Verstärkt werden kann dieser Effekt überdies durch die Tatsache, dass dem Einzelnen teilweise weder die über ihn erfassten Daten, noch deren genaue Verwendung bekannt sind.[1078]

(2) Menschenwürde

Soweit, den Ausführungen des BverfG folgend, in der Erstellung eines Persönlichkeitsprofils eine Missachtung des aus der Menschenwürde resultierenden Achtungsanspruchs jedes Menschen gesehen wird, besteht diese Gefahr schon begriffsnotwendig auch im Rahmen der Profilbildung zum Zwecke des Marketings und Risikoscorings. Darüber hinaus ließe sich zudem das Risiko der Diskriminierung aufgrund statistischer Werte unter diese Kategorie subsumieren: Denn auch die Behandlung einer Person allein nach statistischen Wahrscheinlichkeitsergebnissen ließe sich als Negierung der Menschenwürde werden, da und soweit der Einzelne "*zur vertretbaren Größe herabgewürdigt wird*"[1079].

d. Zusammenfassung

In der Literatur gehen die Ansichten, inwieweit die Verarbeitung personenbezogener Daten durch Private eine Gefährdung für die Betroffenen darstellen kann, zum Teil weit auseinander. Während die einen vor einer allumfassenden Datenerhebung und -verarbeitung warnen und durch diese ein Ende der Privatsphäre oder sogar der freien Selbstbestimmung des Einzelnen befürchten,[1080] gehen andere von eher geringe(re)n Risiken für

---

1077 *Kurz/Rieger*, Die Datenfresser, S. 60. In diese Richtung auch *Roßnagel*, Gutachten, S. 101.

1078 *Buxel*, DuD 2001, 579 (582); *Lepping* in: Wittpahl, Digitalisierung, S. 20.

1079 *Herdegen* in: Maunz/Dürig, GG, Art. 1 Abs. 1 Rn. 36.

1080 In diese Richtung tendierend bspw. *Leutheusser-Schnarrenberger* in: Stiftung DS, Zukunft der informationellen Selbstbestimmung; *Leutheusser-Schnarrenberger* in: Stiftung DS, Zukunft der informationellen Selbstbestimmung S. 64 f.; *Schramm* in: Stiftung DS, Zukunft der informationellen Selbstbestimmung S. 107 f.

den Betroffenen aus und bezeichnen die vorgebrachten Bedenken vereinzelt als dramatisierende und unangebrachte Ängste.[1081]

e. Stellungnahme

Zu beobachten ist, dass vielfach lediglich pauschale Behauptungen allgemeiner Art zu finden sind, ob und inwieweit die Verarbeitung personenbezogener Daten Risiken für den Betroffenen beinhalte. Eine belastbare Antwort auf die Frage, inwieweit welche Form der Datenverarbeitung zu einer tatsächlichen Gefährdung des Betroffenen führen kann und insbesondere, welche konkreten Nachteile für den Betroffenen daraus nachweislich erwachsen können, fehlt dagegen zumeist.[1082] Insofern ist der Bewertung *Kühlings*, die Datenschutzdebatte leide "*in besonderem Maße unter einem Oszillieren zwischen Alarmismus und Ignoranz*"[1083] teilweise zuzustimmen. Zugleich ist eine solche allumfassende Risikoanalyse jedoch, auch und gerade angesichts der Fülle und Vielfältigkeit privater Datenverarbeitungen,[1084] schlichtweg kaum leistbar.

aa. Daten(schutz)recht als Risikorecht

Eine risikoorientierte Auslegung und Anwendung des Datenschutzrechts erfordert mithin stets eine Risikoprognose auf – in Teilen – unsicherer Tatsachengrundlage. Darüber hinaus unterliegen sowohl die Bereiche, in denen die Datenverarbeitung bereits einen wichtigen Kernpunkt unternehmerischer Tätigkeit bildet, als auch die Möglichkeiten, wie und zu welchem Zwecke Daten verarbeitet werden können, aufgrund des technologischen Fortschritts einem stetigen Wandel. Zukünftige Verwendungsweisen und daraus entstehende Risiken sind aus heutiger Sicht kaum sicher zu prognostizieren.[1085] Die technischen Entwicklungen und die mit dieser

---

1081 So *Bull*, NJW 2006, 1617 (1619). Zu einer ähnlichen Beurteilung kommend auch *Seemann* in: Stiftung DS, Zukunft der informationellen Selbstbestimmung S. 134.

1082 Zu dieser Einschätzung kommend auch *Bull*, Sinn und Unsinn des Datenschutzes, S. 38.

1083 *Kühling* in: Stiftung DS, Zukunft der informationellen Selbstbestimmung S. 52.

1084 Vgl. dazu oben, Kap. 4, A. I.

1085 *Hoffmann-Riem*, AöR 1998, 513 (529).

Entwicklung verbundenen Risiken können dabei als Ausprägung der Risikogesellschaft interpretiert werden.[1086] Das Daten(schutz)recht ist insofern dem Risikorecht zuzuordnen.[1087] Die Schwierigkeit, eine allgemeingültige Aussage über tatsächliche Risiken für den einzelnen Betroffenen im Rahmen einer Datenverarbeitung zu treffen, sollte daher nicht dazu verleiten, privatrechtliche Datenverarbeitungen pauschal als nützlich oder schädlich, risikolos oder gefährlich zu beurteilen. Festgestellt werden kann vielmehr, dass die Verarbeitung (personenbezogener) Daten für den Betroffenen sowohl Vorteile als auch Risiken birgt. Geboten ist somit eine fundierte Auseinandersetzung mit und anschließende Abwägung zwischen dem möglichen Nutzen und dem Gefahrenpotential einer Datenverarbeitung.

bb. Datenschutz als Vorfeldschutz

In diesem Zusammenhang zu beachten ist, dass eine Verarbeitung (personenbezogener) Daten in ihrem Wesen selbst zunächst neutral ist. Erst aus dem Zweck, für welchen diese Datenverarbeitung stattfindet sowie gegebenenfalls aus der Art und Weise, mit welcher der Datenverarbeiter die Daten erhebt und nutzt, können sich Risiken für den Betroffenen ergeben, welche – bei Realisierung dieser Risiken – zu konkreten Nachteilen führen. Das Datenschutzrecht ist somit in erster Linie Vorfeldschutz: Es soll schon im Vorfeld das Entstehen von Risiken minimieren, welche sich im weiteren Verlauf zu unmittelbaren Gefährdungen verdichten könnten.[1088]

Deutlich wird dieser Charakter des Datenschutzrechts etwa am Beispiel der Preisdiskriminierung im Rahmen des *personal pricing*[1089]: Die Datenverarbeitung selbst führt hier nicht unmittelbar zu einer Diskriminierung einzelner Kunden. Zudem ist eine kundenspezifische Preissetzung den Un-

---

1086 Vgl. hierzu ausf. *Beck*, Risikogesellschaft, S. 101 ff; *Renn/Schweizer/Dreyer/Klinke*, Risiko, S. 14 ff.

1087 Vgl. hierzu ausf. *Donos*, Datenschutz, S. 179 ff. In diese Richtung auch *Hermstrüwer*, Informationelle Selbstgefährdung, S. 39 f.; *Hoffmann-Riem*, AöR 1998, 513 (528 f.).

1088 S. hierzu auch *Bull*, NJW 2006, 1617 (1623); *Grimm*, JZ 2013, 585 (586) *Hermstrüwer*, Informationelle Selbstgefährdung, S. 40; *Marsch*, Das europäische Datenschutzgrundrecht, S. 92; *Spiecker gen. Döhmann* in: Stiftung DS, Zukunft der informationellen Selbstbestimmung S. 246 f.; *v. Lewinski* in: Stiftung DS, Zukunft der informationellen Selbstbestimmung S. 80 f.; *Wagner*, Der Datenschutz in der Europäischen Union, S. 144.

1089 Vgl. hierzu oben, Kap. 4, A. II. 2. c. aa. (2).

ternehmen grundsätzlich auch ohne die Datenerhebung möglich. Die Erhebung und Verarbeitung der Daten schafft für Unternehmen folglich lediglich eine effektivere Möglichkeit, eine granulare Preisstaffelung zu betreiben; die alleinige Ursache ist sie nicht.

Die Entscheidung, inwieweit Daten erhoben werden dürfen, soll den Betroffenen folglich bereits im Vorfeld vor späteren, den Einzelnen gefährdenden Verwendungen ebenjener Daten schützen. Dieser Vorfeldschutz kennzeichnet den Datenschutz in sämtlichen Bereichen: Ganz überwiegend geht es um die Abwehr von Gefahren, welche sich erst in einem zweiten Schritt an die Datenerhebung und -verarbeitung anschließen. Da die Verwendung der Daten jedoch, sobald diese Daten einmal erhoben sind, nur schwer zu kontrollieren ist, wird schon die Datenerhebung selbst reglementiert, um mögliche Risiken bereits im Vorfeld zu minimieren. Durch die gestiegene Bedeutung (personenbezogener) Daten für die Wirtschaft wirkt diese Entscheidung zugleich auf vielfältige andere Rechtsgebiete – insbesondere das Verbraucher- und Wettbewerbsrecht – ein. Hier zeigt sich zugleich die Bedeutung des Daten(schutz)rechts als Querschnittsmaterie, welche zahlreiche an die Datenverarbeitung anknüpfende Betätigungen prägt.[1090]

cc. Grenzen der Datenverarbeitung als rechtspolitische Frage

Die Risiken, welche letztlich in Folge der Datenverarbeitung für den Betroffenen entstehen können, sind dabei ebenso unterschiedlich und vielfältig, wie die Anwendungsgebiete der Datenverarbeitung selbst. Ob und inwieweit diese Risiken im Einzelfall im Sinne einer präventiven Rechtspolitik zu verhindern sind, ist in erster Linie eine (gesellschafts- und) rechtspolitische Frage.[1091]

Deutlich wird dies (ebenfalls) am Beispiel des *individual pricing*.[1092] Denn, ob und inwieweit eine solche personalisierte Preisberechnung die rechtliche Grenze der unternehmerischen Freiheit der Anbieter überschreitet und eine unzulässige Diskriminierung des Betroffenen (bzw. des Verbrauchers) darstellt, ist in erster Linie eine rechtspolitische Frage.

1090 Vgl. auch *Burgkardt*, Grundrechtlicher Datenschutz zwischen Grundgesetz und Europarecht, S. 25; *Grimm*, JZ 2013, 585 (591); *Rogall-Grothe*, ZRP 2012, 193 (193); *Wagner*, Der Datenschutz in der Europäischen Union, S. 144.

1091 So auch *Bull*, Sinn und Unsinn des Datenschutzes, S. 44.

1092 Vgl. zu diesem oben, Kap. 4, A. II. 2. c. aa. (2).

Grundsätzlich steht es (in rechtlich Hinsicht) jedem privaten Akteur am Markt frei, seine Preise willkürlich oder sogar in diskriminierender Weise zu bilden.[1093] Gerade dies unterscheidet den grundrechtsberechtigten und eben nicht -gebundenen Privaten vom grundrechtsgebundenen Staat, dem ein solches diskriminierendes Verhalten durch Art 3 GG grundsätzlich verwehrt ist. Die aus der Privatautonomie folgende unternehmerische Freiheit des Einzelnen ist indes nicht unbeschränkbar und für gewisse Bereiche schon nach geltendem Recht reglementiert.[1094] Ob und inwieweit die individuelle Preisgestaltung (darüber hinaus) aufgrund überwiegender gegenläufiger Belange und insbesondere schutzwürdiger Interessen Dritter zu begrenzen ist, ist in erster Linie durch den Gesetzgeber zu entscheiden.[1095] Wird diese Frage im Sinne eines Verbots solcher Praktiken des *personal pricings* beantwortet, kann die Verhinderung bzw. Reglementierung eines solchen Verhaltens in der Tat über Regelungen des Daten(schutz)rechts – durch seine besondere Funktion als Vorfeldrecht – besonders effizient bewerkstelligt werden.

III. Ergebnis: Interessen und Risiken

Zusammenfassend lässt sich eine Vielfalt an (teilweise gegenläufigen) Interessen an der Datenverarbeitung einerseits und mit einer solchen Verarbeitung verknüpfter Risiken andererseits feststellen.

1. Datenverarbeiter

Datenverarbeitende Private haben ein nicht unerhebliches wirtschaftliches Interesse an der Datenerhebung und -Verarbeitung.

1093 *Sosnitza* in: Ohly/Sosnitza, UWG, § 5 Rn. 441; Vgl. auch *Miller*, Journal of Technology Law and Policy 2014, 41 (68).

1094 Begrenzt wird dieses grundsätzliche Prinzip der Privatautonomie bzw. der unternehmerischen Freiheit bspw. dort, wo der Gesetzgeber diskriminierendes Verhalten auch durch private Unternehmen explizit verbietet, so etwa im Bereich des Allgemeinen Gleichbehandlungsgesetzes (AGG).

1095 So auch für die Zulässigkeit des Scorings *Richter*, DuD 2016, 581 (586).

a. Datenerhebung und -Verwendung

Mit Fortschreiten der technischen Entwicklung und insbesondere der weitgehenden Digitalisierung des Berufs- und Alltagslebens wird dieses Interesse weiter steigen. Dabei verfolgen einige Unternehmen die Datenverarbeitung als Nebenzweck zur eigentlichen wirtschaftlichen Betätigung – bspw. im Rahmen der Optimierung ihrer kundengerechten Bedarfsplanung, zur Verbesserung der individuellen Kundenansprache oder der Risikobewertung potenzieller Vertragspartner. Zunehmend spezialisieren sich Unternehmen darüber hinaus originär auf die Verarbeitung (personenbezogener) Daten. Sie fungieren dann für dritte Unternehmen als Dienstleister, in dem sie diesen Dritten die erhobenen Daten zum Kauf oder Leasing anbieten, oder die aus den Daten gewonnenen Erkenntnisse – entsprechend den Bedürfnissen des jeweiligen dritten Unternehmens – zur Verfügung stellen. Althergebrachte Anbieter in diesem Bereich, bspw. die *Schufa*, zeigen, dass es sich hierbei nicht um ein völlig neues Phänomen handelt. Dieses originär datenbasierte Geschäftsfeld in den letzten Jahren aber – sowohl aufgrund des steigenden Interesses an (personenbezogenen) Daten, als auch den Möglichkeiten der Datenerhebung und -Verarbeitung erheblich gewachsen. Infolge dieser zunehmenden ökonomischn Bedeutung (personenbezogener) Daten hat sich überdies ein „datenfinanziertes“ Geschäftsfeld etabliert, welches dem Einzelnen im Grundsatz einen Tausch von personenbezogenen Daten gegen die Nutzung eines bereitgestellten Dienstes anbietet.

b. Interessenlage

Insgesamt kann festgestellt werden, dass der Verarbeitung (personenbezogener) Daten eine nicht zu unterschätzende (wirtschaftliche) Bedeutung zukommt. Datenverarbeitenden Unternehmen haben demgemäß ein Interesse an einer möglichst umfassenden Datenverarbeitung auf rechtssicherer Grundlage. Da die Unternehmen zugleich auf die Preisgabe der Daten durch den einzelnen Betroffenen angewiesen sind, kann darüber hinaus zumindest von einem objektiven Interesse der datenverarbeitenden Privaten an einer rechtmäßigen und für die betroffenen Personen transparenten und nachvollziehbaren Datennutzung ausgegangen werden.

2. Betroffene Person

Für die betroffene Person stellen sich die (zunehmenden) Möglichkeiten im datenverarbeitenden Kontext situationsabhängig als Chance oder als Risiko dar.

a. Positive Effekte für die betroffene Person

Die betroffenen Personen können ein Interesse an der Datenverarbeitung besitzen. So wird teilweise hervorgehoben, auch dem Betroffenen nütze die datenbasierte Bewertung und Analyse seiner Person; im Rahmen des Kreditscoring schütze sie ihn bspw. vor einer Überschuldung durch Überschreiten seiner finanziellen Möglichkeiten; im Bereich des Marketings und der Produktentwicklung ermögliche die Datenverarbeitung dem Betroffenen, für ihn interessante Produkte ohne eigenen Aufwand zu entdecken, welche überdies verstärkt seinen Interessen angepasst seien. Mit zunehmenden technischen Möglichkeiten eröffne sich dem Einzelnen durch die Datenverarbeitung eine Welt, in der er Alltagsaufgaben weitgehend auf technische Geräte übertragen könne. Auch die Möglichkeit, Dienste gegen Preisgabe der "eigenen" Daten ohne monetäres Entgelt zu nutzen, wird von Einigen als Erweiterung der Handlungs- und Entscheidungsmöglichkeiten des Einzelnen gewertet. Überdies profitiert der Einzelne zweifellos von dem gesamtgesellschaftlichen Nutzen, welcher durch die aus der Datenverarbeitung gewonnenen Erkenntnisse resultiert und bspw. dazu eingesetzt werden kann, Umweltkatastrophen frühzeitig zu erkennen oder neue Diagnose- und Behandlungsmethoden im Gesundheitsbereich zu entwickeln.

b. Risiken für die betroffene Person

Daneben weist die Datenverarbeitung für den Einzelnen Gefährdungspotentiale auf. Das BVerfG sieht insbesondere in der Erstellung eines umfassenden Persönlichkeitsprofils eine Gefahr für den Betroffenen, da eine solche Profilbildung geeignet sei, den aus der Menschenwürde resultierenden Achtungsanspruch des Einzelnen zu negieren. Darüber hinaus entstehe durch die Erhebung und Verarbeitung personenbezogener Daten zudem ein nicht unerhebliches Diskriminierungspotential für die betroffene Person sowie die Gefahr einer erzwungenen Verhaltensanpassung.

In der Literatur herrscht ein weitgehend zweigeteiltes Meinungsbild. Während Einige der Datenverarbeitung eine Gefahr für die freie Entwicklung und das selbstbestimmte Verhalten des Einzelnen zuschreiben, monieren Andere den – in ihren Augen – oftmals überzogenen Schutz personenbezogener Daten. Einigkeit herrscht insoweit, als (jedenfalls) für bestimmte Bereiche, zu denen insbesondere das Kredit- und Versicherungsscoring zählt, ein gewisses Risiko für den Betroffenen nicht ausgeschlossen wird.

c. Daten(schutz)recht als Wirtschaftsrecht und Vorfeldschutz

Als Vorfeldschutz greift der Datenschutz schon bei Entstehung solcher potenziellen Risiken und nicht erst bei ihrer Realisierung hin zu einer tatsächlichen Gefahr für den Betroffenen. Zugleich wirkt sich diese Vorfeldfrage über die Zulässigkeit bzw. Unzulässigkeit der Erhebung der jeweiligen Daten auch und gerade auf an die Datenverarbeitung anschließende unternehmerische Betätigungen und ihnen zugrunde liegende Rechtsgebiete aus. Dem Daten(schutz)recht kommt daher in besonderer Weise die Aufgabe zu, die zum Teil divergierenden Interessen in einen angemessenen Ausgleich zu bringen. Das Daten(schutz)recht ist angesichts dieser Auswirkungen zunehmend (auch) als Wirtschaftsrecht bzw. wirtschaftsgestaltendes Recht zu begreifen.

B. Primärrechtliche und verfassungsrechtliche Grundlage

Inwieweit die vorliegend herausgearbeiteten Interessen der datenverarbeitenden Unternehmen einerseits und der betroffenen Personen andererseits bei der Auslegung des einfachen Rechts zu berücksichtigen sind, hängt in besonderer Weise von der Frage ab, inwieweit diese jeweiligen Interessen (grund- bzw.) primärrechtlich verankert sind.

I. Grundrechtliche Dimension

Sowohl die Interessen der datenverarbeitenden Privaten als auch die Belange der von dieser Datenverarbeitung betroffenen Person lassen sich – wie nachfolgend darzustellen sein wird[1096] – geschützten Grundrechtspositionen des nationalen Rechts zuordnen. Wenngleich die Bestimmungen der DS-GVO – wie im weiteren Verlauf der Arbeit zu zeigen sein wird[1097] – allein am Maßstab und unter Zugrundelegung der Wertungen des europäischen Primärrechts auszulegen sind, erübrigt sich mit dieser Feststellung keineswegs eine Auseinandersetzung mit nationalen Grundrechtswertungen. Denn erst nach einer Verortung der Interessen der Parteien im – bisher unter dem BDSG s.F. entscheidenden – nationalen Grundrechtsgefüge lässt sich eine Aussage über Umfang und Qualität der Neuordnung des Daten(schutz)rechts im Zuge des Erlasses der DS-GVO treffen. Zudem erleichtert die Auseinandersetzung mit nationalen grundrechtlichen Wertungen das Verständnis auch der primärrechtlichen Bestimmungen: Zum einen, da insbesondere für datenschutzrechtliche Fallgestaltungen auf eine ausdifferenzierte und tradierte nationale Grundrechtsdogmatik zurückgegriffen werden kann. Zum anderen da, auch wenn eine (pauschale) Übernahme der nationalen (Datenschutz-)Dogmatik in das Europarecht ausgeschlossen ist,[1098] doch ein faktischer Einfluss der grundrechtlichen Rspr. des BVerfG auf das Europarecht – auch und gerade im Kontext informationeller Selbstbestimmung[1099] – zu erkennen ist.[1100]

1. Datenverarbeiter

Mit Blick auf die nationalen Grundrechte sind die Interessen des Datenverarbeiters – wenn und soweit dieser Daten für bzw. im Rahmen seiner unternehmerischen Tätigkeit verarbeitet[1101] – insbesondere im Schutzbereich des Art. 12 des GG zu verorten.[1102] Daneben kann auch die allgemeine

1096 S. nachfolgend, Kap. 4, B.

1097 S. hierzu unten, Kap. 4, B. I. 3.

1098 S. unten, Kap. 4, B. I. 3. b.

1099 Deutschland insofern als *„Mutterland des Datenschutz"* bezeichnend *Selmayr*, ZD 2013, 525 (525).

1100 *Sandfuchs*, Privatheit wider Willen?, S. 61; *v. Lewinski*, Die Matrix des Datenschutzes, S. 44; zustimmend *Scheurer*, Spielerisch selbstbestimmt, S. 27.

1101 Vgl. hierzu oben, Kap. 4, A. I. 1.

1102 Je nach Situation bzw. Tätigkeit des Datenverarbeiters kommen daneben weitere Grundrechte in Betracht, bspw. Art. 5 Abs. 1 S. 2 GG für Presse- oder Rundfunkunternehmen oder Art. 14 GG. Vgl hierzu auch *Rudolf* in: Merten/Papier, HB der Grundrechte IV, § 90 Rn. 44 f.

Handlungsfreiheit gem. Art. 2 Abs. 1 GG als Auffang(grund)recht herangezogen werden.[1103]

a. Art. 12 Abs. 1 GG – Berufsfreiheit

Art. 12 Abs. 1 GG schützt (unter anderem)[1104] die Berufsfreiheit, also die Befugnis jedes Einzelnen, seinen Beruf, seine Erwerbstätigkeit oder Profession frei zu wählen.[1105] Vom sachlichen Schutzbereich erfasst ist "*jede auf Erwerb gerichtete Beschäftigung, die sich nicht in einem einmaligen Erwerbsakt erschöpft*"[1106]. Der Berufsbegriff des Art. 12 Abs. 1 GG ist somit weit zu verstehen: Er ist einerseits dynamisch ausgestaltet und nicht lediglich auf tradierte Berufsbilder begrenzt,[1107] andererseits umfasst er alle erwerbswirtschaftlichen Tätigkeiten, unabhängig von der Art und Weise ihrer Ausübung. Einbezogen sind somit auch Nebentätigkeiten oder Gelegenheitsarbeiten.[1108] Soweit Private (personenbezogene) Daten im Rahmen einer wirtschaftlichen Tätigkeit verarbeiten, stellt die Datenverarbeitung demzufolge grundsätzlich eine vom sachlichen Schutzbereich des Art. 12 Abs. 1 GG umfasste Tätigkeit dar.[1109]

1103 So auch *Giesen* in: Stiftung DS, Zukunft der informationellen Selbstbestimmung S. 37; *Grimm*, JZ 2013, 585 (587).

1104 Umfasst von Art 12 Abs. 1 GG sind sowohl freie Wahl von Beruf, Arbeitsplatz und Ausbildungsstätte sowie die Ausübungs- bzw. Betätigungsfreiheit innerhalb dieser Bereiche (vgl. *Schneider* in: Merten/Papier, HB der Grundtrechte V, § 113 Rn. 31) wobei das BVerfG Art. 12 Abs. 1 GG als einheitliches Grundrecht begreift (vgl. BVerfGE 7, 377 (400 ff.) – *Apotheken*; 54, 237 (246); 84, 133 (148) – *Warteschleife*; 85, 360 (373) – *Akademie-Auflösung*).

1105 *Scholz* in: Maunz/Dürig, GG, Art. 12 Rn. 7.

1106 BVerfGE 97, 228 (253) – *Kurzberichterstattung*. Diese Auffassung hat in der Literatur allg. Zustimmung gefunden, vgl. *Schneider* in: Merten/Papier, HB der Grundtrechte V, § 113 Rn. 55. Zur Frage, ob und inwieweit auch verbotene Verhaltensweisen vom Schutzbereich des Art. 12 Abs. 1 GG umfasst werden, bestehen dagegen unterschiedliche Ansichten. Für eine solche Einbeziehung bspw. *Schmidt* in: Erfurter Kommentar zum Arbeitsrecht, Art. 12 Rn. 6; dagegen *Wieland*, Dreier, GG, Art. 12 Rn. 34.

1107 *Schneider* in: Merten/Papier, HB der Grundtrechte V, § 113 Rn. 32; *Scholz* in: Maunz/Dürig, GG, Art. 12 Rn. 19.

1108 *Schneider* in: Merten/Papier, HB der Grundtrechte V, § 113 Rn. 8; *Schmidt* in: Erfurter Kommentar zum Arbeitsrecht, Art. 12 Rn. 6.

1109 Vgl. auch *Rudolf* in: Merten/Papier, HB der Grundrechte IV, § 90 Rn. 44. Speziell für Betreiber von Suchmaschinen: *Elixmann*, Datenschutz und Suchmaschinen, S. 92.

Personell erstreckt sich der Schutzbereich des Art. 12 Abs. 1 GG als "Bürgerrecht" dem Wortlaut nach (nur) auf staatsangehörige natürliche Personen. i.S.v. Art. 116 GG. Nach ständiger Rspr. des BVerfG sind i.V.m. Art. 19 Abs. 3 GG aber zudem inländische juristische Personen vom Schutzbereich erfasst, wenn und soweit diese eine Tätigkeit ausüben, die ihrem Wesen und ihrer Art nach in gleicher Weise von einer natürlichen Person ausgeübt werden könnte.[1110] Ebenso kommt europäischen Personen und Unternehmen ein – im Ergebnis jedenfalls gleichrangiger – Schutz zu.[1111]

b. Art. 2 Abs. 1 GG – Allgemeine Handlungsfreiheit

In der Funktion als "Auffanggrundrecht"[1112] erfasst Art. 2 Abs. 1 GG als umfassende Freiheitsgarantie alle sonstigen, nicht erwerbswirtschaftlichen Zwecken dienenden Datenverarbeitungen[1113] sowie all jene Verarbeitungen (personenbezogener) Daten, welche – unabhängig eines evtl. bestehenden Zusammenhangs mit einer beruflichen Tätigkeit[1114] – von natürlichen oder juristischen Personen aus Drittstaaten vorgenommen werden.[1115] Datenverarbeitungen privater Akteure sind somit zugleich Ausübungen der

---

1110 BVerfGE 30, 292 (312) – *Bevorratungspflicht für Erdöl*; 50, 290 (363) - *Mitbestimmung*; 65, 196 (209 f.); 74, 129 (148 f.).

1111 Inwieweit auch europäische Personen und Unternehmen als vom Schutzbereich des Art. 12 Abs. 1 GG umfasst angesehen werden, hängt davon ab, ob man diese im Lichte des Art. 18 AEUV in den (dem Wortlaut nach) nur deutschen Staatsangehörigen vorbehaltenen Schutzbereich miteinbezieht, oder aber eine solche Konstruktion auf Grund des klaren Wortlauts der Norm ablehnt (S. hierzu näher *Dreier* in: Dreier, GG, Art. 2 Rn. 17 (m.w.N.)). Diese Frage hat in letzter Konsequenz indes kaum praktische Auswirkungen, da sich bei Ablehnung einer Einbeziehung europäischer natürlicher und juristischer Personen in den Schutzbereich des Art. 12 Abs. 1 GG ein gleichrangiger Schutz jedenfalls über eine unionsrechtskonforme Auslegung des Art. 2 Abs. 1 GG erreichen lässt (*Wieland* in: Dreier, GG, Art. 12 Rn. 58).

1112 Zur Bedeutung dieser Auffang- bzw. Reservefunktion des Art. 2 Abs. 1 GG s. *Di Fabio* in: Maunz/Dürig, GG, Art. 2 Rn. 15.

1113 *Grimm*, JZ 2013, 585 (587).

1114 So zumindest die ständige Rspr. des BVerfG (vgl. BVerfGE 35, 382 (399) - *Ausländerausweisung*; 78, 179 (196 f.) - *Heilpraktikergesetz*; 96, 10 (21) – *Räumliche Aufenthaltsbeschränkung*; 104, 337 (346) - *Schächten*) der sich die Literatur weitestgehend angeschlossen hat (vgl. *Dreier* in: Dreier, GG, Art. 2 Rn. 45 (m.w.N.).

1115 Ebenso *Elixmann*, Datenschutz und Suchmaschinen, S. 93.

nach Art. 2 Abs. 1 GG geschützten allgemeinen Handlungsfreiheit.[1116] Hieraus folgt, dass eine staatliche Beschränkung der Datenverarbeitung nach nationalem Rechtsverständnis grundsätzlich rechtfertigungsbedürftig ist,[1117] sich datenverarbeitende Private mithin bzgl. ihres Interesses an einer solchen Verarbeitung (personenbezogener) Daten auf grundrechtlich geschützte Positionen berufen können und dieser Grundrechtsbezug folglich insbesondere bei der Auslegung unbestimmter Rechtsbegriffe entsprechend zu berücksichtigen ist.

2. Betroffene Person - Art. 2 Abs. 1 i.V.m. Art. 1 Abs. 1 GG – Recht auf informationelle Selbstbestimmung

Der Betroffene wird vor der umfassenden Erhebung und Verarbeitung ihn betreffender personenbezogener Daten insbesondere durch das Recht auf informationelle Selbstbestimmung nach Art. 2 Abs. 1 i.V.m. Art. 1 Abs. 1 GG geschützt. Je nach Art der Datenverarbeitung wird der Betroffene darüber hinaus durch das Telekommunikationsgeheimnis (Art. 10 GG), das Recht auf Vertraulichkeit und Integrität informationstechnischer Systeme[1118] sowie die Unverletzlichkeit der Wohnung (Art. 13 GG) geschützt.[1119] Das Recht auf informationelle Selbstbestimmung stellt eine Ausprägung des allgemeinen Persönlichkeitsrechts dar.[1120]

1116 *Rudolf* in: Merten/Papier, HB der Grundrechte IV, § 90 Rn. 27; Bzgl. eines "*Grundrecht*[s] *auf Datenverarbeitung*" *Giesen*, JZ 2007, 918.

1117 So insbesondere *Bull*, Sinn und Unsinn des Datenschutzes, S. 19 f. In diesem Sinne auch *Di Fabio* in: Maunz/Dürig, GG, Art. 2 Rn. 190; *Ehmann* in: Simitis, BDSG 2014, § 29 Rn. 206; *Rudolf* in: Merten/Papier, HB der Grundrechte IV, § 90 Rn. 28.

1118 Das Recht auf Vertraulichkeit und Integrität informationstechnischer Systeme stellt dabei – ebenso wie das Recht auf informationelle Selbstbestimmung – eine besondere Ausprägung des allgemeinen Persönlichkeitsrechts aus Art. 2 Abs. 1 i.V.m. Art. 1 Abs. 1 GG dar.

1119 *Gurlit*, NJW 2010, 1035 (1035 f.).

1120 So die ganz h.M. vgl. *Di Fabio* in: Maunz/Dürig, GG, Art. 2 Rn. 173; *Rudolf* in: Merten/Papier, HB der Grundrechte IV, § 90 Rn. 1. Auch wenn die Interpretation des BVerfG hinsichtlich eines Rechts auf informationelle Selbstbestimmung mittlerweile als gefestigt gelten kann und in der Literatur in breiten Kreisen Anerkennung gefunden hat (vgl. *Rudolf* in Merten/Papier, HB der Grundrechte IV, § 90, Rn. 16 (m.w.N.)), wurde und wird diese Rspr. teilweise heftig kritisert Während einige sich dabei insbesondere gegen den privatistischen Charakter des Rechts auf informationelle Selbstbestimmung richten (*Trute* in: *Roßnagel*, HB DSR, S. 165) oder den umfassenden Schutz jedweder

a. Allgemeines Persönlichkeitsrecht

Das Allgemeine Persönlichkeitsrecht – selbst im Wege der richterlichen Rechtsfortbildung[1121] aus einer Zusammenschau der allgemeinen Handlungsfreiheit nach Art. 2 Abs. 1 GG und der Menschenwürdegarantie des Art. 1 Abs. 1 GG entwickelt[1122] – soll diejenigen Persönlichkeitselemente schützen, welche "*nicht Gegenstand der besonderen Freiheitsgarantien des Grundgesetzes sind, diesen aber in ihrer konstituierenden Bedeutung für die Persönlichkeit nicht nachstehen*"[1123]. Das Allgemeine Persönlichkeitsrecht soll mithin die personelle Selbstbestimmung des Einzelnen gewährleisten und insoweit die Bedingungen sichern, welche als für eine autonome Persönlichkeitsentfaltung unabdingbar angesehen werden.[1124] Das Recht auf informationelle Selbstbestimmung stellt einen Teilbereich dieses Allgemeinen Persönlichkeitsrechts dar.[1125]

---

personenbezogener Daten als einen falsch verstandenen Persönlichkeitsschutz zulasten der Kommunikations- und Informationsfreiheit beurteilen, wenden sich vereinzelte Stimmen auch insgesamt gegen die Konstruktion des Rechts auf informationelle Selbstbestimmung als eigenen, selbstständigen Schutzbereich und plädieren dafür, den Schutz bestimmter Daten bzw. Informationen vielmehr als Annex innerhalb der jeweils im Einzelfall einschlägigen Grundrechte zu verorten. (So bspw. *Albers*, Informationelle Selbstbestimmung, S. 238, 355, 601 ff.).

1121 Vor Anerkennung durch die Zivilgerichte und das BVerfG wurde das Allg. Persönlichkeitsrecht bereits in der Literatur diskutiert. Vgl. hierzu *Bull*, Informationelle Selbstbestimmung - Vision oder Illusion?, S. 40 f.; *Unseld*, Die Kommerzialisierung personenbezogener Daten, S. 34 f.

1122 BVerfGE 6, 389 (433) – *Homosexuelle*; 27, 1 (6) – *Mikrozensus*; 54, 148 (153) – *Eppler*; 54, 208 (217) – *Böll*; 65, 1 (41) – *Volkszählung*; 100, 271 (284) – *Lohnabstandsklausel*; BVerfG, NJW 2000, 1859 (1860) – *Lebach II*; BVerwGE 82, 76 (79) – *Transzendentale Meditation*; aus der zivilrechtlichen Rechtsprechung: BGHZ 13, 334 (338) – *Veröffentlichung von Briefen*. S. hierzu auch *Di Fabio* in: Maunz/Dürig, GG, Rn. 128; *Dreier* in: Dreier, GG, Art. 2 Rn. 69; *Elixmann*, Datenschutz und Suchmaschinen, S. 64.

1123 BVerfGE 120, 274 (303) – *Online-Durchsuchungen*.

1124 *Enders* in: Merten/Papier, HB der Grundrechte IV, 89 Rn. 44; *Di Fabio* in: Maunz/Dürig, GG, Rn. 147; *Dreier* in: Dreier, GG, Art. 2 Rn. 69.

1125 Auch wenn das Allgemeine Persönlichkeitsrecht als entwicklungsoffenes Recht insbesondere nach Ansicht der Rspr. (vgl. BVerfGE 54, 148 (153 f.) – *Eppler*; 72, 155 (170) – *Ererbtes Handelsgeschäft*; 79, 256 (268) – *Kenntnis der eigenen Abstammung*), nicht als Grundrecht mit einem klar abgegrenzten und abschließenden Schutzbereich aufgefasst werden kann, haben sich vor allem in der Literatur bestimmte Fallgruppen als besondere Ausprägungen dieses Allgemeinen Persönlichkeitsrechts entwickelt. Hierzu – zählen, neben dem informationellen Selbstbestimmungsrecht – das Recht am eigenen Wort bzw. Bild;

b. Recht auf informationelle Selbstbestimmung nach Rspr. des BVerfG

In seiner klassischen Funktion als Abwehrrecht stellt das Recht auf informationelle Selbstbestimmung einen Schutz des Einzelnen gegen die "*unbegrenzte Erhebung, Speicherung, Verwendung und Weitergabe seiner persönlichen Daten*"[1126] gegen den Staat dar.[1127] Entsprechend der mittelbaren Drittwirkung der Grundrechte[1128] folgt aus dem Recht auf informationelle Selbstbestimmung aber zugleich die Pflicht des Staates, den Einzelnen (auch) vor Eingriffen in den Schutzbereich durch private Dritte zu bewahren.[1129] Das Recht auf informationelle Selbstbestimmung soll den selbstbestimmten Umgang des Einzelnen mit seinen persönlichen Daten gewährleisten,[1130] welcher – insbesondere nach Auffassung des BVerfG – eine unabdingbare Voraussetzung für die Entwicklungs- und Entscheidungsfreiheit des Einzelnen darstellt. Denn, so das BVerfG, "*wer nicht mit hinreichender*

---

der Schutz der Privat-, Geheim- und insb. Intimsphäre; der Schutz der Ehre sowie das Recht auf Vertraulichkeit und Integrität informationstechnischer Systeme (vgl. zum Ganzen ausf. etwa bei *Dreier* in: Dreier, GG, Art. 2 Rn. 71 ff.).

1126 BVerfG 65, 1 (42) – *Volkszählung.*

1127 *Bull*, Informationelle Selbstbestimmung - Vision oder Illusion?, S. 31; *Di Fabio* in: Maunz/Dürig, GG, Art. 2 Rn. 132; *Rudolf* in: Merten/Papier, HB der Grundrechte IV, § 90 Rn. 23.

1128 Eine direkte Berufung auf Grundrechtspositionen ist dem Einzelnen im Privatrechtsverhältnis verwehrt – gem. Art 1 Abs. 3 GG binden die Grundrechte nur die öffentliche Gewalt. Eine direkte Wirkung im Verhältnis der Bürger untereinander scheidet daher (grundsätzlich) aus (*Bäcker*, Der Staat 2012, 91 (99)). Die Grundrechte enthalten indes über ihre Funktion als subjektive Abwehrrechte gegen den Staat hinaus auch eine objektivrechtliche Dimension, die den Staat – nicht zuletzt angesichts seiner Pflicht zur Achtung der Menschenwürde (vgl. BVerfGE 88, 203 (241) – *Schwangerschaftsabbruch II*; *Gurlit*, NJW 2010, 1035 (1040)) – dazu verpflichten kann, für den Schutz dieser Grundrechtspositionen ebenso gegen Eingriffe von Privaten zu sorgen (grundlegend dazu BVerfGE 7, 198 (205) – *Lüth*. Vgl. auch BVerfGE 39, 1 (42) – *Schwangerschaftsabbruch*; 46, 160 (164) – *Schleyer*. Diese Dimension der Grundrechte als objektive Schutzpflichten ist (mittlerweile) allgemein anerkannt, wenn auch zum Teil mir davon abweichender dogmatischer Begründung vgl. *Calliess* in: Marten/Papier, HB der Grundrechte II, § 44 Rn. 4 (m.w.N.) sowie Rn. 8 ff. Speziell zum Recht auf informationelle Selbstbestimmung: *Buchner*, Informationelle Selbstbestimmung im Privatrecht, S. 51; *Gurlit*, NJW 2010, 1035 (1040 f.); *Eichenhofer*, Der Staat 2016, 41 (55 f.)).

1129 BVerfG, MMR 2007, 93; *Di Fabio* in: Maunz/Dürig, GG, Art. 2 Rn. 189 f.; *Hoffmann-Riem*, AöR 1998, 513 (524 ff.).

1130 *Gurlit*, NJW 2010, 1035 (1036); *Rudolf* in: Merten/Papier, HB der Grundrechte IV, § 90 Rn. 24; *Scheurer*, Spielerisch selbstbestimmt, S. 27.

Sicherheit überschauen kann, welche ihn betreffenden Informationen in bestimmten Bereichen seiner sozialen Umwelt bekannt sind, und wer das mögliche Wissen möglicher Kommunikationspartner nicht einigermaßen abzuschätzen vermag, kann in seiner Freiheit wesentlich gehemmt werden, aus eigener Selbstbestimmung zu planen oder zu entscheiden"[1131].

Dabei tritt der Schutz grundsätzlich unabhängig von der Art der Daten, bzw. unabhängig des den jeweiligen Daten innenwohnenden Informationswertes ein, da es angesichts der technischen Möglichkeiten moderner Datenverarbeitung "*kein belangloses Datum*" mehr gäbe.[1132] Diese "*Befugnis des Einzelnen, selbst über die Preisgabe und Verwendung seiner persönlichen Daten zu bestimmen*" ist indes nach der Auffassung des BVerfG nicht als absolutes, dem Eigentum vergleichbares Herrschaftsrecht zu verstehen, sondern sei vielmehr im Lichte der grundsätzlichen "*Gemeinschaftsbezogenheit und Gemeinschaftsgebundenheit*" des Einzelnen zu interpretieren.[1133] Der Mensch sei ein kommunikatives, sich in der Gemeinschaft entfaltendes Wesen. Folglich stellten personenbezogene Daten zugleich auch ein "*Abbild sozialer Realität*" dar, und könnten daher "*nicht ausschließlich dem Betroffenen allein zugeordnet werden*".[1134] Das Recht auf informationelle Selbstbestimmung ist somit, wie auch andere Grundrechte, trotz seines Bezugs zur Menschenwürde nach Art. 1 GG grundsätzlich beschränkbar.[1135] Der Staat muss eine solche Beschränkung aber, soweit sie einen Eingriff in den Schutzbereich des Rechts auf informationelle Selbstbestimmung darstellt, mit überwiegenden, gegenläufigen Allgemein- bzw. Drittinteressen rechtfertigen.

c. Die Bedeutung der Einwilligung

Neben dieser abwehrrechtlichen Dimension, welche dem Schutz des Einzelnen vor (unbegrenzter) Erhebung, Speicherung und Weitergabe seiner Daten dient, umfasst das Recht auf informationelle Selbstbestimmung nach Auffassung des BVerfG zugleich "*die Befugnis des einzelnen, grundsätzlich selbst über die Preisgabe und Verwendung seiner persönlichen Daten zu be-*

1131 BVerfGE 65, 1 (42 f.) – *Volkszählung.*
1132 BVerfGE 65, 1 (45).
1133 BVerfGE 65, 1 (44 f.).
1134 S. hierzu *Hoffmann-Riem*, AöR 1998, 513 (521).
1135 *Rudolf* in: Merten/Papier, HB der Grundrechte IV, § 90 Rn. 64.

stimmen"[1136]. Das Recht auf informationelle Selbstbestimmung enthält somit auch eine positive Dimension, innerhalb derer es die aktive Ausübung informationeller Selbstbestimmung des einzelnen Individuums gewährleistet.[1137] Grundrechtlich geschützt ist somit auch die Offenlegung persönlicher Daten durch den Betroffenen.[1138] Denn, so das BVerfG, "[g]*rundsätzlich* [...] *obliegt es dem Einzelnen selbst, seine Kommunikationsbeziehungen zu gestalten und in diesem Rahmen darüber zu entscheiden, ob er bestimmte Informationen preisgibt oder zurückhält*"[1139].

aa. Die Einwilligung als Grundrechtsausübung

In diesem Sinne dient die Einwilligung der Ausübung informationeller Selbstbestimmung, indem sie ein Instrument darstellt, mit dem der Einzelne über ihn betreffende personenbezogene Daten frei disponieren kann.[1140] Auch wenn die Einwilligung dabei zum Teil dogmatisch als Grundrechtsverzicht interpretiert wird,[1141] geht die ganz überwiegende

---

1136 BVerfGE 65, 1 (43) – *Volkszählung*.

1137 *Gersdorf* in: BeckOK Informations- und Medienrecht, Art. 2 GG Rn. 17; *Rogosch*, Die Einwilligung im Datenschutzrecht, S. 46; *Rudolf* in: Merten/Papier, HB der Grundrechte IV, § 90 Rn. 24.

1138 BVerfG MMR 2007, 93 (93) – *Schweigepflichtentbindung*; *Geiger*, NVwZ 1989, 35 (37).

1139 BVerfG MMR 2007, 93 (93) – *Schweigepflichtentbindung*.

1140 In diese Richtung auch *Bäcker*, Der Staat 2012, 91 (105); *Dreier* in: Dreier, GG, Art. 2 I Rn. 90; *Funke*, Dogmatik und Voraussetzungen der Einwilligung, S. 27; *Geiger*, NVwZ 1989, 35 (37); *Merten* in: Merten/Papier, HB der Grundrechte III, § 73 Rn. 27; *Petri*, RDV 2007, 153 (154); *Schaar* in: Stiftung DS, Zukunft der informationellen Selbstbestimmung S. 94; *v. Lewinski* in: Stiftung DS, Zukunft der informationellen Selbstbestimmung S. 79; *Worms/Gusy*, DuD 2012, 92 (97). Vgl. grundsätzlich zur Einwilligung als Ausdruck autonomen Handelns sowie als Instrument zur Disposition über höchstpersönliche Rechte oben, Kap. 2, A I und II.

1141 So in Ansätzen wohl *Enders* in: Merten/Papier, HB der Grundrechte IV, § 89 Rn. 67 der i.Z.m. der Einwilligung von einem ""*Verzicht" auf eigene Bestimmung*" spricht. Hierbei ist jedoch zu berücksichtigen, dass der Begriff des Grundrechtsverzichts zum Teil unterschiedlich gebraucht wird und daher nicht notwendigerweise als Gegensatz zur Grundrechtsausübung verstanden werden muss, vgl. hierzu *Geiger*, NVwZ 1989, 35 (36 f.); *Merten* in: Merten/Papier, HB der Grundrechte III, § 73 Rn. 2 ff; *Sturm* in: FS Geiger 1974 S. 183 ff. (insb. S. 187 f.). Im Wesentlich lassen sich hinsichtlich der dogmatischen Verordnung der Einwilligung als positive Grundrechtsausübung oder aber Verzicht Parallelen erkennen, welche auch die Diskussion um die dogma-

Ansicht von einer genuinen Ausübung des positiv-freiheitsrechtlichen Gehalts der informationellen Selbstbestimmung und somit von einer Grundrechtsausübung durch Einwilligung aus.[1142] Diese Qualifikation der (datenschutzrechtlichen) Einwilligung als positive Grundrechtsausübung wurzelt nach deutschem Rechtsverständnis insbesondere in der Konstruktion des informationellen Selbstbestimmungsrechts als Freiheitsrecht,[1143] welches die autonome Entwicklung und Darstellung des Individuums gewährleistet.[1144] Denn zwangsläufig verbunden ist mit dieser Interpretation nicht nur ein abwehrrechtlicher Schutz vor äußeren Eingriffen Dritter in die eigene, "innere" Sphäre,[1145] sondern darüber hinaus auch die Gewährleistung, sich entsprechend des eigenen Selbstbildes nach außen darzustellen.[1146] Die Entscheidung, persönliche Daten über die eigene Person preiszugeben ist, ebenso wie die Entscheidung, persönliche Daten zurückzuhalten, im Kern eine persönlichkeitsrechtliche und persönlichkeitsrelevante Entscheidung, die das eigene Selbstverständnis und die Beziehungen des Einzelnen zu seiner Umwelt prägt.[1147] Die Einwilligung leistet somit einen entscheidenden Beitrag zu einer freien Persönlichkeitsentfaltung.[1148] Zugleich betont die Qualifizierung der Einwilligung als Ausübung informationeller Selbstbestimmung den engen Zusammenhang zwischen Einwilligung und Privatautonomie und damit den der Einwilligung zugrundeliegenden Gedanken der autonomen Entscheidungsbefugnis des Einzelnen aufgrund seiner Eigenschaft als selbstständiges Individuum.[1149] Die Einwilligung in eine Datenverarbeitung gilt demzufolge, auch wenn sie dem äu-

---

tische Verortung der zivilrechtlichen Einwilligung bestimmen, vgl. oben, Kap. 2, A. III.

1142 *Geiger*, NVwZ 1989, 35 (37); *Gersdorf* in: BeckOK Informations- und Medienrecht, Art. 2 GG Rn. 41; *Jarass*, NJW 1989, 857 (860); *Scheurer*, Spielerisch selbstbestimmt, S. 35.

1143 Grundlegend hierzu *Merten* in: Merten/Papier, HB der Grundrechte III, § 73 Rn. 27 ff.

1144 S. zu dieser Interpretation des Rechts auf informationelle Selbstbestimmung auch *Grimm*, JZ 2013, 585 (585); *Hoffmann-Riem*, AöR 1998, 513 (521 u.531).

1145 Vergleichbar etwa dem "*right tob e let alone*" nach anglo-amerikanischen Vorbild.

1146 Für eine Verankerung der Einwilligung als Ausdruck der Selbstdarstellung ebenfalls *Gersdorf* in: BeckOK Informations- und Medienrecht, Art. 2 GG Rn. 17.

1147 S. hierzu grundlegend auch *Enders* in: Merten/Papier, HB der Grundrechte IV, § 89 Rn. 46 f. u. 67.

1148 *Bäcker*, Der Staat 2012, 91 (105).

1149 Vgl. zur grundlegenden Frage der Einwilligung als Ausdruck autonomer Selbstbestimmung i.S.d. Privatautonomie oben, Art. 2, A. I.

ßeren Anschein nach nicht den Interessen des Einwilligenden zu entsprechen scheint,[1150] als Ausdruck der positiven Ausübung des verfassungsrechtlich garantierten Rechts auf informationelle Selbstbestimmung.[1151]

bb. Voraussetzungen

Voraussetzung für eine solche Qualifizierung der Einwilligung als geschützte Grundrechtsausübung ist indes stets die Annahme, dass der Grundrechtsinhaber über das entsprechende Recht disponieren kann,[1152] sowie, dass die Einwilligung auch im konkreten Fall tatsächlich als Ausübung informationeller Autonomie fungiert.[1153]

(1) Freiwilligkeit

Notwendiges Korrelat für die Qualifizierung der Einwilligung als Instrument autonomer Freiheitsausübung ist – entsprechend dem Grundgedanken der Einwilligung als Legitimationsgrundlage kraft Willens des Rechtsinhabers[1154] – die freiwillige Abgabe durch den Grundrechtsträger.[1155] Das BVerfG nimmt insofern zwar an, insbesondere in Privatrechtsverhältnissen sei es dem Einzelnen "*regelmäßig möglich und zumutbar, geeignete Vorsorgemaßnahmen zu treffen, um seine Geheimhaltungsinteressen zu wahren*".[1156] Sei dies aber aufgrund situativer Umstände tatsächlich nicht der Fall, sei es Aufgabe des Rechts zu "*verhindern, dass sich (...) Selbstbestimmung in Fremdbestimmung verkehrt*"[1157]. Eine solche Fremdbestimmung könne unter an-

1150 Gola/Schomerus, BDSG 2015, § 4a Rn. 24.

1151 *Buchner*, Informationelle Selbstbestimmung im Privatrecht, S. 202; *Hermstrüwer*, Informationelle Selbstgefährdung, S. 61.

1152 *Sturm* in: FS Geiger 1974 S. 188

1153 S. umfassend zu den Einwilligungsvoraussetzung im Bereich der Grundrechte *Merten* in: Merten/Papier, HB der Grundrechte III, § 73 Rn. 21 f. Grundlegend zur den Einwilligungsvoraussetzungen der zivilrechtlichen Einwilligung s. oben, Kap. 2, A. III.

1154 Vgl. hierzu oben, Kap. 2, A. I.

1155 *Bäcker*, Der Staat 2012, 91 (105); *Geiger*, NVwZ 1989, 35 (37); *Gersdorf* in: BeckOK Informations- und Medienrecht, Art. 2 GG Rn. 41; *Jarass*, NJW 1989, 857 (860); *Rudolf* in: Merten/Papier, HB der Grundrechte IV, § 90 Rn. 65.

1156 BVerfG MMR 2007, 93 (93) – *Schweigepflichtentbindung.*

1157 BVerfG MMR 2007, 93 (93) – *Schweigepflichtentbindung.*

derem in Situationen einer gestörten Vertragsparität gegeben sein, auch und gerade in Konstellationen, in denen der unterlegene Vertragspartner auf die entsprechende Leistung angewiesen und ihm daher ein Verzicht auf den Vertrag unzumutbar sei.[1158] In solchen Situationen, in denen eine tatsächliche Selbstbestimmung faktisch nicht möglich sei, treffe den Staat eine Schutzpflicht, welcher er sich nicht "*unter Berufung auf eine nur scheinbare Freiwilligkeit*" entledigen dürfe.[1159] Nur die freiwillige Einwilligung kann somit als grundrechtlich geschützte Ausübung informationeller Selbstbestimmung klassifiziert werden.[1160],[1161]

(2) Grenzen der Dispositionsbefugnis

Ruft man sich in Erinnerung, dass eine datenbasierte Profilbildung, die eine umfassende Persönlichkeitsprofilerstellung zum Ziel hat, nach Ansicht des BVerfG den Achtungsanspruch verletze, welcher aus der unantastbaren Menschenwürde resultiere,[1162] so stellt sich die Frage, ob der Einwilligung – auch wenn freiwillig erteilt und Ausdruck informationeller Selbstbestimmung – nicht hierdurch eine äußere Grenze gesetzt ist. Zu fragen ist mithin, ob die datenschutzrechtliche Einwilligung aufgrund des Art. 1 GG insoweit begrenzt ist, als der Mensch seine unantastbare Würde nicht selbst beschneiden oder veräußern darf.[1163]

Das BVerfG betont insoweit in st. Rspr. eine (staatliche) Erhebung personenbezogener Daten, welche "*den unantastbaren Kerngehalt menschlicher Lebensführung*" tangiere, sei mit der Menschenwürde nach Art. 1 GG un-

---

1158 Im entsprechenden Urteil bejahte das BVerfG dies hinsichtlich eines Vertragsschlusses über eine Berufsunfähigkeitsversicherung, vgl. BVerfG MMR 2007, 93 – *Schweigepflichtentbindung*.

1159 BVerfG MMR 2007, 93 (93) – *Schweigepflichtentbindung*.

1160 In diesem Sinne auch *Bäcker*, Der Staat 2012, 91 (105 ff.); *Geiger*, NVwZ 1989, 35 (37); *Worms/Gusy*, DuD 2012, 92 (97).

1161 Darüber hinaus ist für die Annahme einer autonomen Entscheidung des Einzelnen ebenso essentiell, dass der Einzelne die möglichen Folgen seiner Einwilligung zumindest im Wesentlichen zu überblicken vermag. Vgl. *Rudolf* in: Merten/Papier, HB der Grundrechte IV, § 90 Rn. 66. Vgl. hierzu auch oben, Kap. 2, B. II. 1.

1162 Vgl. hierzu oben, Kap. 4, A. II. 2. a. cc.

1163 *Schantz* in: *Schantz/Wolff*, Das neue Datenschutzrecht, Rn. 535. Zur Bedeutung dieser Frage i.R.e. möglichen Kommerzialisierung personenbezogener Daten *Jöns*, Daten als Handelsware, S. 165 ff.

vereinbar und daher unzulässig.[1164] Diese Wertung ist (jedenfalls in ihrem Grundgehalt) auch auf Datenverarbeitungen Privater übertragbar.[1165] Gegenstand der Auseinandersetzung mit dieser (absoluten) Grenze der Verarbeitung war allerdings stets eine Verarbeitung personenbezogener Daten gegen oder zumindest ohne den Willen des Betroffenen – also gerade keine Verarbeitung, welche ihre Legitimation auf eine Einwilligung des Betroffenen stützte. Nachfolgend gilt es daher zu untersuchen, ob diese absolute Grenze möglicher Erhebungen und Verarbeitungen personenbezogener Daten auch für die einwilligungsbasierte Datenverarbeitung gilt.

(a) Art. 1 GG als Einwilligungsschranke

Hierbei zeigt sich eine Parallele zu der grundsätzlich diskutierten Frage, ob und inwieweit der Grundrechtsinhaber in eine eventuell die Menschenwürde tangierende Behandlung einwilligen kann.

(aa) Rspr. des BVerwG

Insbesondere das BVerwG vertrat bei entsprechenden Fallgestaltungen die These, der Einzelne könne nicht in eine Behandlung einwilligen, welche den aus der Menschenwürde resultierenden Achtungsanspruch missachte. Denn, so das BVerwG, die Würde des Menschen sei "*ein objektiver, unverfügbarer Wert, auf dessen Beachtung der einzelne nicht wirksam verzichten* [könne]"[1166] Es sei daher unerheblich, ob der Betroffene in die entsprechende Behandlung einwillige oder diese selbst nicht als entwürdigend empfände.[1167] Der Staat habe eine solche die Menschenwürde tangierende Behandlung durch Private unabhängig einer eventuell bestehenden Einwilligung des Betroffenen zu verhindern, da der Staat sich ansonsten zu einer "*Grundaussage der Verfassung*" in Widerspruch setze.[1168] Übertragen

---

1164 BVerfGE 6, 32 (41) – *Elfes*; ähnlich BVerfGE 80, 367 (374) – *Tagebuch*.

1165 Vgl. hierzu oben, Kap. 4, A. II. 2. a. cc. (2) sowie *Dürig*, AöR 1956, 117 (118).

1166 BVerwGE 64, 274 (280 f.) – *Peepshow*; VG Neustadt NVwZ 1993, 98 (99) – *Zwergenweitwurf*. Zur allg. Frage der Begrenzung von "Grundrechtsverzichten" aufgrund des Gebots der Unantastbarkeit der Menschenwürde schon *Dürig*, AöR 1956, 117 (126); *Sturm* in: FS Geiger 1974 S. 187 ff.

1167 BVerwGE 64, 274 (280 f.) – *Peepshow*. In diesem Sinne auch BVerwG BVerwGE 115, 189 (243) – *Laserdrome*.

1168 BVerwGE 115, 189 (243) – *Laserdrome*.

auf die Erhebung und Verarbeitung personenbezogener Daten würde diese Sichtweise dazu führen, dass der Einwilligung des Betroffenen aufgrund Art. 1 GG eine äußere Grenze gesetzt wäre. Dem Einzelnen wäre damit eine "positive" Ausübung seines Rechts auf informationelle Selbstbestimmung nur in dem Umfang möglich, in dem die Datenverarbeitung nicht den unantastbaren Kerngehalt menschlicher Lebensführung überschritte oder eine umfassende oder teilweise Persönlichkeitsprofilbildung zur Folge hätte, welche den einzelnen zu einem "*bloßen Informationsobjekt*"[1169] degradieren würde.[1170]

(bb) Auffassung der Literatur

Die Argumentation des BVerwG wurde indes in der Literatur zum Teil heftig kritisiert. Man verkenne nicht nur den Ausnahmecharakter der Menschenwürde, wenn man sie zur "*kleinen Münze*"[1171] degradiere, sondern verkehre ihren Zweck – die Sicherung individueller Autonomie und Selbstbestimmung aufgrund des jedem Menschen unabänderlich zukommenden Wertes – soweit man die Menschenwürde als fixes Ordnungsmuster interpretiere und dazu nutze, unliebsame, der eigenen Moralvorstellung nicht entsprechende Verhaltensweisen anderer zu untersagen.[1172] Das Grundrecht auf Achtung der Menschenwürde dürfe nicht in eine Grundpflicht gegen den Einzelnen verkehrt werden,[1173] noch obliege es dem Staat, in paternalistischer Weise darüber zu befinden, anhand welcher mo-

---

1169 BVerfGE 65, 1 (48) – *Volkszählung*.

1170 Eine solche die Würde des Menschen tangierenden Datenerhebung wird etwa im Kontext der Sendung "*Big Brother*" diskutiert. In diesem Sendeformat begaben sich Menschen (freiwillig) in einen von der Außenwelt abgeschirmten Wohncontainer, in dem sie rund um die Uhr gefilmt wurden, vgl. hierzu *Dreier* in: Dreier, GG, Art. 1 Rn. 151; *Huster*, NJW 2000, 3477 (3477 ff.); *Schmitt Glaeser*, ZRP 2000, 395 (395 ff); *Suchomel*, Partielle Disponibilität der Würde des Menschen, S. 42 ff.

1171 *Dreier* in: Dreier, GG, Art. 1 Rn. 49.

1172 *Dreier* in: Dreier, GG, Art. 1 Rn. 150 ff.; *Heinemann*, ZRP 2002, 44 (44); *Herdegen* in: Maunz/Dürig, GG, Art. 1 Rn. 79; *Hillgruber* in: BeckOK GG, Art. 1 Rn. 49.1; *Höfling*, NJW 1983, 1582 (1583 ff.); *Schmitt Glaeser*, ZRP 2000, 395 (400); *v. Olshausen*, NJW 1982, 2221 (2222 ff). Grundsätzlich zustimmend aber wohl *Hinrichs*, NJW 2000, 2173 (2175); *Hintz/Winterberg*, ZRP 2001, 293 (296).

1173 *Blankenagel*, KJ 1987, 379 (388); *Höfling*, NJW 1983, 1582 (1584); *Suchomel*, Partielle Disponibilität der Würde des Menschen, S. 121. Ähnlich *Sandfuchs*, Privatheit wider Willen?, S. 130.

ralischen und ethischen Wertvorstellungen der Bürger sein Verhalten auszurichten habe.[1174]

(cc) Stellungnahme

Tatsächlich ist dem BVerwG eine gewisse Diskontinuität zuzuschreiben, soweit das Gericht eine Verletzung des aus der Menschenwürde resultierenden Achtungsanspruchs anhand der Objektformel prüft, um sodann – ohne Berücksichtigung der eigenen Anschauungen und Empfindungen des Betroffenen – eine Verletzung von Art. 1 GG festzustellen und dem Betroffenen infolge dessen das von ihm selbst präferierte Verhalten zu verbieten. Denn mit diesem Verbot zu "unwürdigem" Verhalten bzw. dem darin enthaltenen Gebot zum "würdevollen" Leben verkennt das BVerwG insoweit selbst die Subjektqualität des Betroffenen, indem es dem Einzelnen unter Berufung auf ein objektiv würdevolles Menschenbild vorschreibt, wie er sich zu verhalten und – vor allem – zu empfinden habe. Hiermit einher geht die Gefahr, den Einzelnen unabhängig seines eigenen Selbstverständnisses zum Objekt staatlich gewollten Verhaltens zu machen.[1175] Einer solchen wertende Beurteilung (freiwilliger) menschlicher Verhaltensweisen als "unwürdig" ist zudem das Risiko immanent, die Werte- und Moralvorstellungen der Mehrheit als verfassungsrechtlich geboten zu deklarieren und missliebige Abweichungen von der Norm unter Berufung auf die Menschenwürde pauschal als unzulässig zu erklären. Ein solches Verständnis aber wäre mit Blick auf den Minderheitenschutz, der gerade durch die Grundrechte gesichert werden soll, zumindest höchst fragwürdig.

Vor einer solchen Wertung bedürfte es jedenfalls einer tiefgreifende(re)n Auseinandersetzung mit der Thematik, ob und inwieweit der "objektivrechtliche" Gehalt der Menschenwürde nach Art. 1 GG zu einer Begrenzung der Einwilligung führt. Zu problematisieren wäre überdies, ob und inwieweit der Staat verpflichtet ist bzw. dafür Sorge tragen sollte, den Einzelnen mit durchaus paternalistischen Anklängen zu einem gesell-

---

1174 *Amelung*, Die Einwilligung in die Beeinträchtigung eines Grundrechtsgutes, S. 48; *Höfling*, NJW 1983, 1582 (1583); *Huster*, NJW 2000, 3477 (3477); *v. Olshausen*, NJW 1982, 2221 (2222).

1175 So auch *Sandfuchs*, Privatheit wider Willen?, S. 130; *Suchomel*, Partielle Disponibilität der Würde des Menschen, S. 209. In diese Richtung ebenfalls VG Berlin NJW 2001, 983.

schaftskonformen Leben zu erziehen. Voraussetzung wäre zumindest, dass die Handlungen des einzelnen Individuums so eklatant den ethischen Grundwerten der allgemeinen gesellschaftlichen Anschauung widerspricht, dass die Missachtung des Würdeanspruchs nicht nur den Einzelnen betrifft, sondern darüber hinaus gesamtgesellschaftliche Auswirkungen zeitigt.[1176]

(b) Bedeutung für die Einwilligung

Für die Frage nach den Grenzen der freiwilligen Preisgabe personenbezogener Daten an Private verliert diese grundsätzliche Frage insofern an Bedeutung, als das BVerfG zwar stets mahnt, eine umfassende Katalogisierung und Registrierung der Persönlichkeit sei mit dem aus der Menschwürde resultierenden Achtungsanspruch nicht vereinbar,[1177] bisher aber noch nie angenommen hat, dass eine Datenverarbeitung zum Zwecke der Erstellung eines Persönlichkeitsprofils im Praxi tatsächlich den Schritt zu einem solchen umfassenden, die Menschenwürde verletzenden Profil überschritten hätte.[1178] Dieser Umstand ist auch und gerade darauf zurückzuführen, dass Unternehmen mit der Datenverarbeitung meist (nur) begrenzte wirtschaftliche Zwecke verfolgen.[1179] Darüber hinaus mag zwar der Aussage grundsätzlich zuzustimmen sein, das informationelle Selbstbestimmungsrecht ermächtige den Träger nicht, sich anderen zu unterwerfen, Ausgangspunkt sei vielmehr stets die Abwehr von Fremdbestimmung.[1180] Soweit aber der Betroffene freiwillig[1181] ihn betreffende personenbezogene Daten einem Dritten offenlegt, dürfte – jedenfalls bis zur

1176 Auf eine vertiefte Behandlung der Frage, inwieweit Art. 1 GG zu einer Zulässigkeitsbegrenzung der Einwilligungsmöglichkeiten in grundrechtsrelevanten Bereichen wird vorliegend verzichtet, da die nationalen verfassungsrechtlichen Vorgaben durch den Anwendungsvorrang des EU-Rechts an Relevanz einbüßen, s. hierzu im Folgenden, Kap. 4, B. I. 3. Eine ausf. Untersuchung dieser Frage findet sich aber bspw. bei *Suchomel*, Partielle Disponibilität der Würde des Menschen.

1177 Vgl. (mit entsprechenden Nachweisen) ausf. oben, Kap. 4, A. II. 2. a. cc.

1178 Vgl. mit zahlreichen Nachweisen *Simitis* in: Simitis, BDSG 2014, § 1 Rn. 95.

1179 Vgl. oben, Kap. 4, A. II. 2. b. aa. (c).

1180 *Baston-Vogt*, Der sachliche Schutzbereich des zivilrechtlichen allgemeinen Persönlichkeitsrechts, S. 239.

1181 S. zur Problematik, ob und inwieweit angesichts der praktizierten datenschutzrechtlichen Realität eine solche Freiwilligkeit des Betroffenen gegeben ist bereits oben, Kap. 2, B. II. 3 sowie ausf. unten, Kap. 6, A. II 2.

Grenze eines (theoretischen) Komplettverzicht informationeller Selbstbestimmung[1182] – in der Regel nicht von einer solchen, dem informationellen Selbstbestimmungsrecht widersprechenden Fremdbestimmung auszugehen sein.

cc. Folgerungen

Begreift man die Preisgabe persönlicher Daten als Grundrechtsausübung und die Einwilligung dementsprechend als dieser Grundrechtausübung dienendes Instrument, folgt hieraus, dass Beschränkungen der Einwilligung zugleich Beschränkungen der positiv-freiheitsrechtlichen Ausübung des Rechts auf informationelle Selbstbestimmung darstellen. Soweit das einfache Recht die Einwilligung in eine Datenverarbeitung in bestimmten Konstellationen ausschließt oder erschwert, könnte diese Beschränkung folglich als Eingriff in das informationelle Selbstbestimmungsrecht des Einzelnen zu werten sein.[1183]

3. Bedeutung mit Blick auf DS-GVO

Eine eingehende Betrachtung der grundrechtlichen Positionen des Datenverarbeiters und des Betroffenen, sowie eine Untersuchung dahingehend, inwieweit diese bei der Auslegung der datenschutzrechtlichen Einwilligungsvoraussetzungen zu berücksichtigen sind, wäre vorliegend indes nur dann gewinnbringend, soweit die Berücksichtigung nationaler Grundrechtspositionen im Rahmen der Auslegung der DS-GVO möglich wäre.

a. Anwendungsvorrang des EU-Rechts

Aufgrund des Rechtscharakters der DS-GVO als europäische Verordnung ist ein Rekurs auf nationale Normen aufgrund des Anwendungsvorrangs des EU-Rechts indes grundsätzlich ausgeschlossen.

1182 *Jarass*, NJW 1989, 857 (860)

1183 *Merten* in: Merten/Papier, HB der Grundrechte III, § 73 Rn. 29 u. 73. S. hierzu auch unten, Kap. 6, B. I. 1.

aa. Der Anwendungsvorrangs aus Sicht des EuGH

Der EuGH begründet den Anwendungsvorrang des EU-Rechts unmittelbar aus dem Unionsrecht. So führt der EuGH in der Entscheidung *Costa/ENEL* aus, durch die Gründung der Europäischen Gemeinschaft "*haben die Mitgliedsstaaten, wenn auch auf einem begrenzten Gebiet, ihre Souveränitätsrechte beschränkt und so einen Rechtskörper geschaffen, der für ihre Angehörigen und sie selbst verbindlich ist*". Hieraus folge, dass es den Mitgliedsstaaten nach Eingehung dieser Gemeinschaft verwehrt sei, "*gegen eine von ihnen auf der Grundlage der Gegenseitigkeit angenommene Rechtsordnung nachträglich einseitige Maßnahmen ins Feld zu führen*", da ansonsten "[d]*ie Verpflichtungen, die die Mitgliedstaaten im Vertrag zur Gründung der Gemeinschaft eingegangen sind,* [...] *keine unbedingten mehr* [wären], *sondern nur noch eventuelle*". Dann aber würde den Rechtsakten der Europäischen Union ihr "*Charakter als Gemeinschaftsrecht aberkannt*" und "*die Rechtsgrundlage der Gemeinschaft selbst in Frage gestellt*"[1184]. Die Argumentation des EuGH stützt sich somit auch und gerade auf die Integrationsfunktion des Unionsrechts.[1185] Um die Einheitlichkeit und Effektivität des Unionsrechts zu gewährleisten, müsse dieses Vorrang vor jedwedem innerstaatlichen Recht genießen. Im Falle einer Kollision von unionalem und nationalem Recht müsse das nationale Recht folglich unangewendet bleiben, dem Unionsrecht komme in diesem Fall ein Anwendungsvorrang (auch vor nationalem Verfassungsrecht) zu.[1186]

bb. Der Anwendungsvorrang aus Sicht des BVerfG

Auch das BVerfG hat diesen Anwendungsvorrang als "*ungeschriebene Norm des primären Gemeinschaftsrechts*"[1187] gebilligt. In dogmatischer Hinsicht begründete das BVerfG den Vorrang des Unionsrechts allerdings, in Abweichung zum EuGH, mit der verfassungsrechtlichen Ermächtigung des

---

1184 EuGH Rs. C-6/64, ECLI:EU:C:1964:66, Rn. 3 – *Costa/ENEL*.

1185 *Ludwigs/Sikora*, EWS 2016, 121 (122); *Ruffert* in: Calliess/Ruffert, EUV/AEUV, Art. 1 AEUV, Rn. 17.

1186 EuGH Rs. C-6/64, ECLI:EU:C:1964:66, Rn. 3 – *Costa/ENEL*; Rs. C-11/70, ECLI:EU:C:1970:114, Rn. 3 – *Internationale Handelsgesellschaft*; Rs. C-106/77, ECLI:EU:C:1978:49, Rn. 17 f. – *Simmenthal II*; Rs. C-184/89, ECLI:EU:C:1991:50, Rn. 19 – *Nimz*; Rs. C-555/07, ECLI:EU:C:2010:21, Rn. 51 –*Kücükdeveci*.

1187 BVerfGE 75, 223 (245) – *Kloppenburg-Beschluß*.

Grundgesetzes zur Übertragung von Hoheitsrechten auf die Europäische Gemeinschaft nach Art. 24 Abs. 1 GG (nunmehr Art. 23 Abs. 2 S. 2 GG).[1188] Aus Art. 24 Abs. 1 GG folge nicht nur, dass eine solche Übertragung von Hoheitsrechten zulässig sei, sondern die von dem neuen Hoheitsträger erlassenen Rechtsakte darüber hinaus auch vollumfänglich anzuerkennen seien.[1189] Aufgrund der Anknüpfung an das deutsche Verfassungsrecht ist die Integrationsfunktion bzw. die Reichweite des Anwendungsvorrangs des Unionsrechts nach Ansicht des BVerfG zugleich durch die nationale Verfassung begrenzt.[1190] Hieraus folge zunächst, dass nur solche Rechtsakte der EU anzuerkennen seien, welche sich nach dem Prinzip der begrenzten Einzelermächtigung[1191] innerhalb der Kompetenz hielten, welche der EU durch die Mitgliedsstaaten übertragen wurden.[1192] Darüber hinaus sei auch die Übertragung von Hoheitsrechten nicht unbeschränkt möglich.

So ging das BVerfG bereits in seiner Rspr. zu Art. 24 Abs. 1 GG davon aus, die dort enthaltene Ermächtigung eröffne "*nicht den Weg, die Grundstruktur der Verfassung, auf der ihre Identität beruht, ohne Verfassungsänderung, nämlich durch die Gesetzgebung der zwischenstaatlichen Einrichtung zu ändern*"[1193].[1194]. Nach Ansicht des BVerfG unterliegt der Vorrang des Unionsrechts damit einer – wenn auch eingeschränkten – Kontrolle durch das nationale deutsche Verfassungsgericht: Dem BVerfG komme danach weiterhin die Kompetenz zu, Rechtsakte der EU auf eine evtl. Grenzdurchbrechung bei der Inanspruchnahme unionaler Zuständigkeiten hin zu überprüfen (sog. *„ultra-vires-Kontrolle“* ausbrechender Rechtsakte)[1195], sowie (im Rahmen der sog. *„Identitätskontrolle“*)[1196] eine Prüfung dahingehend, ob das Handeln europäischer Organe die der "Ewigkeitsklausel" nach

---

1188 BVerfGE 31, 145 (174 f,) – *Milchpulver*; BVerfGE 75, 223 (235) – *Kloppenburg-Beschluß*.

1189 BVerfGE 126, 286 (301) – *Ultra-vires-Kontrolle Honeywell*.

1190 *Thiele*, EuR 2017, 367 (370).

1191 Vgl. Art. 5 Abs. 1 EUV.

1192 BVerfGE 89, 155 (188 f.) – *Maastricht*.

1193 BVerfGE 37, 271 (280) Rn. 43 – *Solange I*.

1194 Im nunmehr relevanten Art. 23 Abs. 1 S. 1 u. 3 GG wurden diese aus der deutschen Verfassung resultierenden Schranken der Integrationsermächtigung im Jahre 1993 ausdrücklich normiert.

1195 S. ausf. zu dieser bspw. *Ludwigs/Sikora*, EWS 2016, 121 (126 ff.).

1196 S. ausf. hierzu bspw. *Ludwigs/Sikora*, EWS 2016, 121 (128 f.).

Art. 79 Abs. 3 GG unterfallenden Grundsätze des Art. 1 GG und Art. 20 GG verletze.[1197][1198]

b. Bedeutung für die Anwendbarkeit nationaler Grundrechte

Bedeutung hat dieser (grundsätzliche) Vorrang des EU-Rechts vorliegend insbesondere hinsichtlich der Frage, inwieweit deutsche Grundrechte im Rahmen der Auslegung und Anwendung europäischer Sekundärrechtsakte herangezogen werden können.

aa. Vereinbarkeit mit den Grundrechten und Prüfungskompetenz

Nach Ansicht des EuGH sind Rechtsakte der EU und Handlungen ihrer Organe ausschließlich auf ihre Vereinbarkeit mit dem EU-Primärrecht zu überprüfen. Auch diesbezüglich beruft sich der EuGH auf den Umstand, dass eine einheitliche Geltung des EU-Rechts beeinträchtigt wäre, wenn dieses Recht auch an (unterschiedlichen) Normen bzw. Grundrechten der einzelnen nationalen Mitgliedsstaaten zu messen wäre.[1199] Gleiches gälte des Weiteren für Handlungen der Mitgliedsstaaten, soweit die Mitgliedsstaaten im "*Anwendungsbereich des Gemeinschaftsrechts*" handelten.[1200]

Das BVerfG schloss sich dieser Ansicht (schließlich)[1201] in seiner "*Solange II*"-Entscheidung grundsätzlich an, und führte hierbei aus "[s]*olange die Europäischen Gemeinschaften, insbesondere die Rechtsprechung des Gerichtshofs der Gemeinschaften einen wirksamen Schutz der Grundrechte gegenüber der Hoheitsgewalt der Gemeinschaften generell gewährleisten, der dem vom Grundgesetz als unabdingbar gebotenen Grundrechtsschutz im wesentlichen gleichzuachten ist,* [...], *wird das Bundesverfassungsgericht seine Gerichtsbarkeit über die*

1197 BVerfGE 123, 267 (353 f.) – *Lissabon*; zuvor angedeutet in BVerfGE 113, 273 (296) – *Europäischer Haftbefehl*.

1198 Zur weiteren Ausnahme des defizitären Grundrechtsstandards innerhalb der EU vgl. im Folgenden, Kap. 4, B. I. 3. B. aa.

1199 EuGH Rs. C-11/70, ECLI:EU:C:1970:114, Rn. 3 f. – *Internationale Handelsgesellschaft*.

1200 EuGH Rs. C-60 u. 61/84, ECLI:EU:C:1985:329, Rn. 26 – *Cinéthèque;* C-Rs. ECLI:EU:C:1987:400, Rn. 28 – *Demirel;* Rs. C-276/01, ECLI:EU:C:2003:228, Rn. 3 f. – *Steffensen*.

1201 Zur Entwicklung der Rspr. des BVerfG s. *Calliess* in: Maunz/Dürig, GG, Art. 24 Rn. 76 ff.

Anwendbarkeit von abgeleitetem Gemeinschaftsrecht, [...], *nicht mehr ausüben und dieses Recht mithin nicht mehr am Maßstab der Grundrechte des Grundgesetzes überprüfen*"[1202]. Das BVerfG nahm die eigene Prüfungskompetenz mithin insoweit zurück, als das Gericht europäische Rechtsakte sowie unionsrechtlich determiniertes nationales Recht – grundsätzlich – nicht auf ihre Vereinbarkeit mit nationalen, deutschen Grundrechten überprüfte.[1203] Gleiches galt für den Vollzug dieser Gesetze durch staatliche Akteure.[1204] Eine gewisse Neupositionierung nahm das BVerfG in Folge und aus Anlass zweier höchstrichterlicher Entscheidungen zum datenschutzrechtlichen Recht auf Vergessenwerden vor: So nahm das BVerfG in seiner „*Recht auf Vergessen I*"-Entscheidung[1205] eine Überprüfbarkeit innerstaatlichen Rechts am Maßstab der nationalen Grundrechte an, wenn dieses (Fach-)Recht unionsrechtlich nicht vollständig determiniert ist.[1206] Bedeutung hat diese Entscheidung des BVerfG für den Bereich des Datenschutzrechts auch und gerade angesichts der vielfachen Öffnungsklauseln der DS-GVO.[1207] Andererseits erweiterte das BVerfG seine eigene Prüfungskompe-

1202 BVerFGE 73, 339 (388) – *Solange II.* Eine Ausnahme hiervon behält sich das BVerfG nur vor, soweit der Grundrechtsstandard auf europäischer Ebene so erheblich absinkt, dass "*der jeweils als unabdingbar gebotene Grundrechtsschutz generell nicht gewährleistet ist*" (BVerfGE 102, 147 (161 und 164) – *Bananenmarkt).*

1203 *Kingreen* in: Calliess/Ruffert, EUV/AEUV, Art. 51 GRCh Rn. 11; *Scholz*, NJW 1990, 941 (943).

1204 *Grimm*, JZ 2013, 585 (589); *Fassbender*, NVwZ 2010, 1049 (1049 f.); *Streinz/ Michl*, Euzw 2011, 384 (385).

1205 BVerfG NJW 2020, 300 – *Recht auf Vergessen I*, s. hierzu auch *Hrube*, CR 2020, R5; *Kühling*, NJW 2020, 275; *Scheuch*, ITRB 2020, 1.

1206 BVerfG NJW 2020, 300 (302) – *Recht auf Vergessen I.* Im Bereich unionsrechtlich vollständig determinierten Rechts sind dagegen (auch weiterhin) die Unionsgrundrecht maßgeblich, vgl. BVerfG NJW 2020, 314 (316 f.) – *Recht auf Vergessenwerden II.*

1207 S. grds. zum Meinungsspektrum bzgl. der Frage, inwieweit nationalen Gesetze, welche die Mitgliedsstaaten aufgrund der zum Teil weitreichenden und umfänglichen Öffnungsklauseln der DS-GVO erlassen haben einer Prüfung am Maßstab nationaler Grundrechte zugänglich sind *Britz*, EuGRZ 2009, 1 (5 f.); *Pötters*, RDV 2015, 10 (12 f.); *Streinz/Michl*, Euzw 2011, 384 (386). Da jedenfalls die Voraussetzungen der (allgemeinen) Einwilligung gem. Art. 6 Abs. 1 lit. a, Art. 7 DS-GVO durch die DS-GVO abschließend geregelt sind (*Nebel* in: Roßnagel, DS-GVO, § 3 Rn. 81), kommt eine Bezugnahme auf nationale Grundrechte für die Auslegung der Einwilligungsvoraussetzungen grundsätzlich nicht Betracht, weshalb diese Thematik hier nicht vertieft erörtert werden soll.

tenz insoweit, als es in seiner *„Recht auf Vergessen II“*-Entscheidung[1208] (erstmals) eine eigene Prüfung der innerstaatlichen Anwendung unionsrechtlich vollständig determinierten Rechts am Maßstab der europäischen Grundrechtecharta vornahm.[1209]

bb. Bedeutung für die Auslegung von EU-Recht

Zu einer Auslegung des Unionsrechts zuvorderst berufen ist – auch unter Zugrundelegung der im Zuge der *„Recht auf Vergessen II“*- Entscheidung erfolgten Neupositionierung des BVerfG[1210] – der Gerichtshof der europäischen Union[1211].[1212] Nationale (letztinstanzliche) Gerichte müssen dem europäischen Gerichtshof somit relevante Auslegungsfragen im Falle der Anwendung unionalen Rechts vorlegen.[1213] Der Gerichtshof besitzt folglich insofern die letztverbindliche Zuständigkeit zur Auslegung des Unionsrechts[1214] – und aus diesem Umstand heraus auch die Kompetenz, die methodologischen Auslegungsgrundsätze zu bestimmen.[1215] Dabei geht der EuGH in ständiger Rechtsprechung davon aus, die Harmonisierungswirkung des Unionsrechts sowie der Gleichheitsgrundsatz geböten eine einheitliche und autonome Auslegung der Vorschriften des Unionsrechts.[1216] Eine Berücksichtigung nationaler Grundrechte ist daher nur in-

1208 BVerfG NJW 2020, 314 – *Recht auf Vergessenwerden II*, s. hierzu auch *Kühling*, NJW 2020, 275; *Muckel*, JA 2020, 237.

1209 BVerfG NJW 2020, 314 (318) – *Recht auf Vergessenwerden II.*

1210 BVerfG NJW 2020, 314 (320) – *Recht auf Vergessenwerden II.*

1211 Als Oberbegriff umfasst der Gerichtshof der europäischen Union das Gerichtssystem der EU in seiner Gesamtheit, also den Gerichtshof, das Gericht und die Fachgerichte, Art. 19 Abs. 1 EUV.

1212 Dies folgt zum einen aus Art. 19 Abs. 1 EUV, der bestimmt, dass der Gerichtshof die Wahrung des Rechts bei der Auslegung und Anwendung der Verträge sichert, sowie aus Art. 19 Abs. 2 EUV iVm. Art. 267 AEUV, wonach der Gerichtshof im Wege des Vorabverfahrens über die Auslegung und Gültigkeit des Unionsrechts entscheidet. Vgl. auch *Hilf/Hörmann*, NJW 2003, 1 (2 f.).

1213 Ausnahmen bestehen nur insoweit, als es sich um einen *„acte claire“* oder *„acte éclairé“* handelt, siehe hierzu: Geiger/Khan/Kotzur, EUV/AEUV, Art. 267 Rn. 18.

1214 So schon *Buck*, Über die Auslegungsmethoden des Gerichtshofs der Europäischen Gemeinschaft, S. 32 ff.

1215 *Buerstedde*, Juristische Methodik des Europäischen Gemeinschaftsrechts, S. 28.

1216 EuGH Rs. C-64/81, ECLI:EU:C:1982:5 – *Corman;* Rs. C-449/93, ECLI:EU:C:1995:420 – *Rockfon;* Rs. C-287/98, ECLI:EU:C:2000:468 – *Linster;* Rs. C-373/00, ECLI:EU:C:2003:110, – *Adolf Truley.*

soweit möglich, als bei der Auslegung der europäischen Grundrechtecharta (GRCh) in Art. 52 Abs. 4 GRCh für die Auslegung der EU-Grundrechte auf die gemeinsamen Verfassungsüberlieferungen der Mitgliedsstaaten verwiesen wird.[1217] Grundsätzlich ist in erster Linie das europäische Primärrecht selbst – und vorliegend insbesondere die europäische Grundrechtecharta – bei der Auslegung des europäischen Sekundärrechts heranzuziehen.[1218]

II. Primärrechtliche Dimension

War eine Berücksichtigung grundrechtlicher Positionen auf europäischer Ebene zunächst nur durch die Anerkennung der Europäischen Menschenrechtskonvention (EMRK) sowie der gemeinsamen Verfassungsüberlieferungen der Mitgliedsstaaten als "Rechtserkenntnisquellen" durch den EuGH möglich,[1219] wurde durch die europäische GRCh ein eigenständiger Grundrechtskatalog geschaffen, welcher seit dem Lissabon-Vertrag durch den Verweis in Art. 6 Abs. 1 UAbs. 1 EUV volle Rechtsverbindlichkeit besitzt.

1. Die Europäische Charta der Grundrechte

Art. 6 Abs. 1 UAbs. 1 a.E. EUV bestimmt, dass die GRCh und die europäischen Verträge im Rang gleichgestellt sind. Die GRCh ist somit Bestandteil des europäischen Primärrechts,[1220] eine grundrechtskonforme Ausle-

---

1217 *Jarass*, EuR 2013, 29 (37). Für eine Berücksichtigung des (deutschen) informationellen Selbstbestimmungsrechts bei der Auslegung unbestimmter Rechtsbegriffe auf Grundlage dieser Argumentation *Hoidn* in: Roßnagel, DS-GVO, § 2 Rn. 65.

1218 EuGH Rs. C-90/90 u. C-91/90. ECLI:EU:C:1991:303, Rn. 12 – *Neu u. a.*; Rs. C-305/05, ECLI:EU:C:2007:383, Rn. 28 – *Ordre des barreaux*; *Eichenhofer*, Der Staat 2016, 41 (42); *Jarass*, ZEuP 2017, 310 (319 f.); *Kingreen* in: Calliess/Ruffert, EUV/AEUV, Art. 8 GRCh Rn. 12; *Lenaerts*, EuR 2012, 3 (3); *Wagner*, Der Datenschutz in der Europäischen Union, S. 27.

1219 Vgl. hierzu *Burgkardt*, Grundrechtlicher Datenschutz zwischen Grundgesetz und Europarecht, S. 293; *Guckelberger*, EuZW 2011, 126 (127); *Spielmann*, IWRZ 2017, 147 (148 f.).

1220 EuGH Rs. C-555/07, ECLI:EU:C:2010:21, Rn. 22 – *Kücükdeveci*; *Jarass* in: Jarass, GRCh, Einl. Rn. 12. S. auch *Spiecker gen. Döhmann/Eienbarth*, JZ 2011, 169 (171).

gung des europäischen Sekundärrechts mithin nicht nur möglich, sondern geboten.[1221]

a. Die besondere Bedeutung der EMRK

Für die Auslegung der einzelnen Grundrechte der Charta ist insbesondere Art. 52 GRCh zu beachten. Zwar gilt auch für die Grundrechtecharta grundsätzlich das Prinzip der autonomen Auslegung unionsrechtlicher Bestimmungen.[1222] Art. 52 Abs. 3 S. 1 GRCh bestimmt aber, dass den in der Charta enthaltenen Rechten, soweit sie eine Entsprechung der Europäischen Konvention zum Schutz der Menschenrechte und Grundfreiheiten (EMRK) darstellen, die "*gleiche Bedeutung und Tragweite*" zukommen soll, die ihnen durch die EMRK verliehen wird.[1223] Soweit ein in der GRCh proklamiertes Grundrecht mit einem Menschenrecht der EMRK korrespondiert, kommt der EMRK (sowie deren Auslegung durch den EGMR)[1224] im Sinne einer Rechtserkenntnisquelle somit eine herausragende Bedeutung für die Auslegung und nähere Konturierung dieses EU-Grundrechts zu.[1225] Diese, an der EMRK orientierte Auslegung zielt dabei insbesondere auf die Sicherung eines Mindestschutzes ab, da Art. 52 Abs. 3 S. 2 GRCh den Fall eines weitergehenden Schutzgehalts als den in der EMRK niedergelegten bzw. vom EGMR entwickelten, explizit von der Bestimmung ausnimmt.[1226] Im Ergebnis führt diese Regelung dazu, dass eine vollständige Bedeutungsgleichheit zumindest nicht zwingend

1221 *Jarass*, ZEuP 2017, 310 (319 f.); *Kingreen* in: Calliess/Ruffert, EUV/AEUV, Art. 6 EUV Rn. 12. In diesem Sinne auch *Forgó* in: Forgó/Helfrich/Schneider, Betrieblicher DS, S. 52 Rn. 10; *Wagner*, Der Datenschutz in der Europäischen Union, S. 36 f.

1222 Vgl. *Borowsky* in: Meyer, GRCh, Art. 52 Rn. 30b.

1223 Hierauf deutet zudem auch die Präambel der GRCh sowie die (unverbindlichen) Erläuterungen des Präsidiums des Grundrechtskonvents der Charta. Vgl. näher *Meyer* in: Meyer, GRCh, Präambel Rn. 45 f.

1224 *Jarass*, EuR 2013, 29 (42 f.).

1225 *Burgkardt*, Grundrechtlicher Datenschutz zwischen Grundgesetz und Europarecht, S. 344; *Guckelberger*, EuZW 2011, 126 (127); *Kingreen* in: Calliess/Ruffert, EUV/AEUV. Teilweise wird sogar eine vollständige inhaltliche Übernahme ("*in toto*") gefordert, so bspw. *Borowsky* in: Meyer, GRCh, Art. 52 Rn. 30 f.

1226 Vgl. auch *Burgkardt*, Grundrechtlicher Datenschutz zwischen Grundgesetz und Europarecht, S. 347; *Kilian*, NJW 2011, 1325 (1326); *Wagner*, Der Datenschutz in der Europäischen Union, S. 25.

ist.[1227] Im Ergebnis kommt der EMRK im Falle einer Übereinstimmung zwischen einem nach der EU-Charta einerseits sowie der EMRK andererseits garantierten Recht eine zentrale Bedeutung zu.[1228]

b. Sonstige Auslegungsgrundsätze

Soweit die EU-Charta ein Recht anerkennt, welches den gemeinsamen Verfassungsüberlieferungen der Mitgliedsstaaten entspricht, ist das jeweilige Grundrecht zudem (subsidiär)[1229] nach Art. 52 Abs. 4 GRCh im Einklang mit diesen Überlieferungen auszulegen.

Eine Einschränkung erfährt die Auslegung einzelner Rechte anhand der Charta durch die Kollisionsregel des Art. 52 Abs. 2 GRCh. Nach dieser Regel kommt es für die Auslegung von Rechten, welche nicht lediglich in der GRCh, sondern darüber hinaus bereits im EUV bzw. AEUV enthalten sind, hinsichtlich ihrer "*Bedingungen und Grenzen*" allein auf die in den Verträgen festgelegten Bestimmungen an.[1230] Bei der Untersuchung der EU-grundrechtlichen Berücksichtigung der Rechte und Interessen des Datenverarbeiters einerseits sowie des Betroffenen andererseits sind somit auch mögliche Implikationen der EMRK bzw. der EU-Verträge in Blick zu nehmen.

2. Datenverarbeiter – wirtschaftliche Betätigungsfreiheit

Anders als das nationale Recht kennt die GRCh keine umfassend geschützte allgemeine Handlungsfreiheit.[1231] Soweit der Private mit der Datenverarbeitung (erwerbs-)wirtschaftliche Zwecke verfolgt, kommt aber eine Be-

1227 *Jarass*, EuR 2013, 29 (42).

1228 Statt vieler *Eichenhofer*, Der Staat 2016, 41 (60); *Ferraro/Carmona*, Grundrechte in der Europäischen Union, S. 14 f.; *Spielmann*, IWRZ 2017, 147 (150).

1229 Vgl. *Kingreen* in: Calliess/Ruffert, EUV/AEUV, Art. 52 GRCh, Rn. 39. Dieser Auslegungsregel kommt somit immer dann eine Bedeutung zu, wenn und soweit ein in der GRCh enthaltenes Recht keine Entsprechung in der EMRK findet, allerdings fester Bestandteil der gemeinsamen mitgliedsstaatlichen Verfassungsüberlieferungen ist.

1230 S. hierzu näher *Jarass*, EuR 2013, 29 (31 f.).

1231 *Hilf/Hörmann*, NJW 2003, 1 (6); *Jarass* in: Jarass, GRCh, Art. 7 Rn. 3; *Kingreen* in: Calliess/Ruffert, EUV/AEUV, Art. 7 GRCh Rn. 4.

rufung auf die unionalen Wirtschaftsgrundrechte[1232], insbesondere auf die Berufsfreiheit nach Art. 15 GRCh sowie die unternehmerische Freiheit nach Art. 16 GRCh in Betracht.

a. Verhältnis von Art 15 und 16 GRCh

In der Gesamtschau sollen Art. 15 GRCh und Art. 16 GRCh die umfassende Gewährleistung wirtschaftlicher Betätigungsfreiheit sicherstellen.[1233] Art. 15 GRCh schützt, dem Wortlaut nach, die "*Berufsfreiheit und das Recht zu arbeiten*", Art. 16 GRCh die "*Unternehmerische Freiheit*", wobei jedoch unterschiedliche Ansichten darüber bestehen, anhand welcher Kriterien die beiden Schutzbereiche voneinander abzugrenzen sind.[1234]

In der Literatur wird teilweise vertreten, Art. 15 GRCh schütze all jene beruflichen Betätigungen, die zugleich persönlichkeitsrelevante Aspekte aufwiesen, während alle sonstigen unternehmerischen Tätigkeiten von Art. 16 GRCh umfasst seien.[1235] Andere differenzieren zwischen unselbstständigen Tätigkeiten, welche von Art. 15 GRCh umfasst seien, während Art. 16 GRCh die selbstständige Tätigkeit schütze.[1236] Zum Teil wird auch von einer partiellen Überschneidung der jeweiligen Schutzbereiche ausgegangen, Art. 16 GRCh aber als eine *lex specialis* für juristische Personen gesehen.[1237] Schließlich wird – aufgrund dieser teilweisen Überschneidung der Schutzbereiche und der sich hieraus ergebenden Abgrenzungsschwierigkeiten – auch vertreten, Art. 15 und 16 GRCh seien zumindest materiell als einheitliches Grundrecht zu verstehen, welches die wirtschaftliche Betätigungsfreiheit unabhängig der genauen Art und Weise ihrer Ausübung schütze.[1238]

Auch die Rspr. des EuGH zeigt kein einheitliches Bild.[1239] So differenziert der EuGH (seit Rechtsverbindlichkeit der GRCh) zuweilen zwischen

---

1232 S. zu diesem Begriff bspw. *Schwarze*, EuZW 2001, 517 (518 f.); *Wollenschläger* in: Groeben/Schwarze/Hatje, Europäisches Unionsrecht I, Art. 15 GRC Rn. 1.

1233 *Ruffert* in: Calliess/Ruffert, EUV/AEUV, Art. 15 GRCh Rn. 4.

1234 *Drechsler*, EuR 2016, 691 (693 f.); *Wollenschläger* in: Groeben/Schwarze/Hatje, Europäisches Unionsrecht I, Vor. Art. 15-16 GRC Rn. 3.

1235 So *Bernsdorff* in: Meyer, GRCh, Art. 16 Rn. 10.

1236 So *Ruffert* in: Calliess/Ruffert, EUV/AEUV, Art. 15 GRCh Rn. 4.

1237 So *Sasse*, EuR 2012, 628 (629).

1238 So *Wollenschläger* in: Groeben/Schwarze/Hatje, Europäisches Unionsrecht I, Vor. Art. 15-16 GRC Rn. 6.

1239 Vgl. hierzu auch *Drechsler*, EuR 2016, 691 (694 f.).

Art. 15 und Art. 16 GRCh,[1240] prüft beide Grundrechte parallel[1241] oder zieht als Maßstab eine Zusammenschau der beiden Grundrechte sowie der Eigentumsgarantie nach Art. 17 GRCh als gemeinsame Wirtschaftsgrundrechte heran.[1242] In einer neueren Entscheidung differenziert der EuGH – den Schlussanträgen des Generalanwalts *Bobek* folgend[1243] – danach, ob das Handeln des Grundrechtspflichtigen die "*Möglichkeit* [...] *"einen frei gewählten ... Beruf auszuüben"*, [...] *einschränkt*"[1244]. Sei dies der Fall, so sei Art. 15 GRCh einschlägig, gehe es dagegen nur um die Art und Weise der Ausübung, sei Art. 16 GRCh heranzuziehen. Während der EuGH diese Differenzierung ohne weitergehende Ausführungen übernimmt, argumentiert *Bobek* hierfür insbesondere mit dem (seiner Ansicht nach bestehenden)[1245] unterschiedlich starken Schutzumfang der beiden Grundrechte und verweist auf die Rspr. des EuGH in welcher der Gerichtshof bzgl. der Unternehmerischen Freiheit nach Art. 16 GRCh ausführte, diese könne "*einer Vielzahl von Eingriffen der öffentlichen Gewalt unterworfen werden, die im allgemeinen Interesse die Ausübung der wirtschaftlichen Tätigkeit beschränken können*"[1246].[1247] Diese Lesart könnte (insbesondere nach nationalem Grundrechtsverständnis) eine Differenzierung zwischen einer nach Art. 15 GRCh geschützten Freiheit der Berufswahl und einer nach Art. 16 GRCh geschützten freien Berufsausübung nahelegen.[1248]

Da jedoch allgemein zumindest von einer Überschneidung der beiden Grundrechte ausgegangen wird,[1249] erscheint eine genauere Differenzierung zwischen der Berufsfreiheit nach Art. 15 GRCh und der Unternehme-

---

1240 So bspw. EuGH Rs. C-283/11, ECLI:EU:C:2013:28, Rn. 41 ff. – Sky *Österreich*; Rs. C-101/12, ECLI:EU:C:2013:661, Rn. 24 ff. – *Schaible*; Rs. C-157/14, ECLI:EU:C:2015:823, Rn. 66 ff. – *Neptune Distribution*; Rs. C-477/14, ECLI:EU:C:2016:324, Rn. 154 ff. – *Pillbox 38*.

1241 EuGH Rs. C-544/10, ECLI:EU:C:2012:526, Rn. 54 ff. – *Deutsches Weintor*.

1242 EuGH Rs. C-390/12, ECLI:EU:C:2014:281, Rn. 57 ff. – *Pfleger u.a.*

1243 GA Bobek, Schlussanträge Rs. C-134/15, ECLI:EU:C:2016:169, Rn. 23 ff. – *Lidl*.

1244 EuGH, Rs. C-134/15, ECLI:EU:C:2016:498, Rn. 26 – *Lidl*.

1245 A.A. aber bspw. *Wollenschläger* in: Groeben/Schwarze/Hatje, Europäisches Unionsrecht I, Vor. Art. 15-16 GRC Rn. 6.

1246 EuGH, Rs. C-283/11, EU:C:2013:28, Rn. 46 – *Sky Österreich*.

1247 GA Bobek, Schlussanträge Rs. C-134/15, ECLI:EU:C:2016:169, Rn. 23 ff. – *Lidl*. A.A. aber in breiten Teilen der Literatur, vgl. bspw. *Bernsdorff* in: Meyer, GRCh, Art. 16 Rn. 10; *Drechsler*, EuR 2016, 691 (698); *Wollenschläger*, EuZW 2015, 285 (286 f.).

1248 Zumindest von der Möglichkeit einer solchen Interpretation ausgehend auch *Drechsler*, EuR 2016, 691 (695).

1249 EuGH Rs. C-230/78, ECLI:EU:C:1979:216, Rn. 22 –*Eridania*; Rs. C-133/85, ECLI:EU:C:1987:244, Rn. 15 und 19 – *Rau*; Rs. C-184/02 und C-223/02, rischen Freiheit nach Art. 16 GRCh vorliegend nicht zwingend geboten; auch und gerade, da es für eine Auslegung der DS-GVO unter besonderer Berücksichtigung der rechtlich geschützten Interessen der Parteien insofern lediglich darauf ankommt, inwieweit bestimmte Interessenspositionen überhaupt grundrechtlich geschützt sind.[1250] Zwar ist im Rahmen einer solchen Untersuchung auch die Schwere eines gegebenenfalls festzustellenden Eingriffs in eine solche Position mit Grundrechtsbezug zu berücksichtigen, eine solche Differenzierung ist aber gleichfalls innerhalb einer Gesamtschau der Art. 15 und 16 GRCh als einheitliches Grundrecht auf wirtschaftliche Betätigungsfreiheit möglich.[1251]

b. Geschützte Tätigkeiten

Ein Schutz erwerbswirtschaftlicher Tätigkeiten findet sich in nahezu allen Mitgliedsstaaten der EU.[1252] Bei der Auslegung der Art. 15, 16 GRCh ist somit nach Art. 52 Abs. 4 GRCh eine Auslegung unter Berücksichtigung der gemeinsamen Verfassungsüberlieferungen der Mitgliedsstaaten geboten.[1253] Der Begriff der wirtschaftlichen Betätigung ist dabei – ähnlich dem des Berufs nach Art 12 GG[1254] – weit zu verstehen und umfasst jedwede Tätigkeit mit Erwerbsabsicht.[1255] Erforderlich ist mithin lediglich ein prinzipieller ökonomischer Bezug.[1256] Auch an die Dauer der jeweiligen Ausübung sind keine allzu strengen Anforderungen zu stellen, sodass allen-

---

ECLI:EU:C:2004:497, Rn. 51 – *Spanien und Finnland/Parlament und Rat.* Ebenso GA Bobek, Schlussanträge Rs. C-134/15, ECLI:EU:C:2016:169, Rn. 28 – *Lidl.* Von einer solchen Überschneidung wird auch in der Literatur überwiegend ausgegangen, vgl. *Bernsdorff* in: Meyer, GRCh, Art. 16 Rn. 10; *Jarass* in: Jarass, GRCh, Art. 16 Rn. 4a; *Sasse*, EuR 2012, 628 (629); *Wollenschläger* in: Groeben/Schwarze/Hatje, Europäisches Unionsrecht I, Vor Art 15-16 GRC Rn. 6.

1250 Für eine Unerheblichkeit dieser Unterscheidung (auch) im Rahmen von klassischen Eingriffsprüfungen *Drechsler*, EuR 2016, 691 (698 f.); *Wollenschläger*, EuZW 2015, 285 (287).

1251 Vgl. hierzu *Wollenschläger* in: Groeben/Schwarze/Hatje, Europäisches Unionsrecht I, Vor Art 15-16 GRC Rn. 6.

1252 Vgl. hierzu *Bernsdorff* in: Meyer, GRCh, Art. 15 Rn. 2 sowie Art. 16 Rn. 2.

1253 *Sasse*, EuR 2012, 628 (631).

1254 Vgl. zur Berufsfreiheit nach Art. 12 GG oben, Kap. 4, B. I. 1. a.

1255 *Ruffert* in: Calliess/Ruffert, EUV/AEUV, Art. 15 GRCh Rn. 5; *Schwarze*, EuZW 2001, 517 (519).

1256 *Jarass* in: Jarass, GRCh, Art. 16 Rn. 7.

falls einmalige oder extrem kurzfristige Tätigkeiten nicht vom Schutzbereich umfasst werden.[1257]

Die Gewährleistung der Berufsfreiheit gem. Art. 15 Abs. 1 GRCh betont in diesem Sinne – je nach Lesart[1258] – insbesondere die Freiheit der Arbeitswahl,[1259] die zumindest auch einen besonderen persönlichkeitsrelevanten Bezug aufweisen kann,[1260] und bzw. oder die Ausübungsfreiheit einer Tätigkeit als Arbeitnehmer.[1261] Der Schutz der unternehmerischen Freiheit gem. Art. 16 GRCh umfasst dementsprechend die Ausübung einer selbstständigen Tätigkeit,[1262] die erwerbswirtschaftliche Betätigung einer juristischen Person[1263] und bzw. oder die Ausübung einer wirtschaftlichen Tätigkeit ohne Persönlichkeitsrelevanz.[1264]

In einer Gesamtschau ist somit jedwede erwerbswirtschaftliche Tätigkeit von den Schutzbereichen der Art. 15, 16 GRCh umfasst, wobei sich der Schutz von der Auswahl der jeweiligen Tätigkeit über ihre Ausübung bis hin zu ihrer Beendigung erstreckt.[1265] Hoheitliche Eingriffe in diese Bereiche sind infolgedessen grundsätzlich rechtfertigungsbedürftig und unterliegen der für die europäischen Grundrechte allgemein geltenden Schrankenregelung nach Art. 52 Abs. 1 GRCh.[1266] Daraus folgt auch, dass das EU-Recht nach Möglichkeit so ausgelegt werden muss, dass es eine durch Art. 15, 16 GRCh geschützte wirtschaftliche Betätigung nicht beeinträchtigt.[1267]

1257 *Jarass* in: Jarass, GRCh, Art. 15 Rn. 7.

1258 Vgl. hierzu oben, Kap. 4, B. II. 2. a.

1259 *Schwarze*, EuZW 2001, 517 (518).

1260 *Bernsdorff* in: Meyer, GRCh, Art. 15 Rn. 14.

1261 *Bernsdorff* in: Meyer, GRCh, Art. 15 Rn. 14; *Jarass* in: Jarass, GRCh, Art. 15 Rn. 2; *Ruffert* in: Calliess/Ruffert, EUV/AEUV, Art. 15 GRCh Rn. 4.

1262 *Jarass* in: Jarass, GRCh, Art. 16 Rn. 4a und 8.

1263 *Sasse*, EuR 2012, 628 (629).

1264 *Bernsdorff* in: Meyer, GRCh, Art. 16 Rn. 10.

1265 *Sasse*, EuR 2012, 628 (628).

1266 *Bernsdorff* in: Meyer, GRCh, Art. 15 Rn. 18. Zur strittigen Frage, inwieweit dies auch im Rahmen des Art. 16 GRCh gilt, s. *Schwarze*, EuZW 2004, 135 (139 f.); *Wollenschläger*, EuZW 2015, 285 (286 f.). Zu Art. 52 Abs. 1 allgemein bspw. *Fassbender*, NVwZ 2010, 1049 (1050 ff.); *Kingreen* in: Calliess/Ruffert, EUV/AEUV, Art. 52 GRCh Rn. 59 ff.

1267 *Ruffert* in: Calliess/Ruffert, EUV/AEUV, Art. 15 Rn. 13.

c. Bedeutung für Datenverarbeitende Private

Soweit Private allfällige Datenverarbeitungen im Rahmen ihrer erwerbswirtschaftlichen Tätigkeit betreiben, ist ihr Interesse an einer Erhebung (personenbezogener) Daten somit prinzipiell grundrechtlich geschützt. Hierbei ist auch zu berücksichtigen, in welchem Umfang bzw. Ausmaß eine Beschränkung der Einwilligungsmöglichkeit bzw. eine mit der Verarbeitung personenbezogener Daten korrespondierende Pflicht den datenverarbeitenden Privaten belastet – denn umso einschneidender diese Belastung ausfällt, umso höher sind die Anforderungen, die an die Rechtfertigung zu stellen sind, um das in Art. 52 Abs. 1 GRCh verankerte Verhältnismäßigkeitsprinzip zu wahren.[1268] Werden widerstreitende Grundrechtspositionen vorgefunden, sind die jeweils betroffenen Rechte "*gegeneinander abzuwägen*"[1269]. Diese Grundprinzipien sind auch bei der Auslegung der Einwilligungsvoraussetzungen der DS-GVO zu beachten.

3. Betroffene Person – Recht auf Achtung des Privatlebens und Recht auf Datenschutz

Während auf Seiten des Datenverarbeiters das (positive) Interesse an einer Verarbeitung personenbezogener Daten im Vordergrund steht, fokussiert sich der Blick hinsichtlich des Betroffenen (jedenfalls im Ausgangspunkt)[1270] auf einen abwehrrechtlichen[1271] und in diesem Sinne aus Sicht des Betroffenen passiven Schutz vor einer Datenverarbeitung. Den Schutz der betroffenen Person vor einer Datenverarbeitung bestimmte der EuGH

1268 *Jarass* in: Jarass, GRCh, Art. 16 Rn. 21 und 24 f. sowie Art. 15 Rn. 16.

1269 EuGH Rs. C-283/11, EU:C:2013:28, Rn. 59 – *Sky Österreich;* Rs. C-101/12, ECLI:EU:C:2013:661, Rn. 60 – *Schaible.*

1270 Vgl. aber insbesondere hinsichtlich der Frage, inwieweit auch die Verfügung des Betroffenen über ihn betreffende personenbezogene Daten grundrechtlich geschützt ist, unten, Kap. 4, B. II. 3. c. dd.

1271 Der Begriff des abwehrrechtlichen Schutzes soll an dieser Stelle verdeutlichen, dass es bei dem Betroffenen zunächst und primär um die Abwendung von Eingriffen in die ihm zugeordnete, geschützte Sphäre gilt. Nicht gemeint ist hiermit eine Zuordnung zu bzw. Trennung zwischen der abwehrrechtlichen Funktion der Grundrechte ggü. öffentlichen Stellen und der Schutzpflichtfunktion im Privatrechtsverhältnis.

dabei vor Existenz der GRCh zunächst in enger Anlehnung an die Rspr. des EGMR zum Recht auf Privatleben nach Art. 8 EMRK.[1272]

a. Art. 8 EMRK

Dem Wortlaut nach umfasst Art. 8 EMRK den Schutz des Privat- und Familienlebens, der Wohnung und der Korrespondenz. Der EGMR interpretierte den Begriff des Privatlebens schon früh in einem weiten Sinn.[1273] Geschützt sei das Recht "*to live, as far as one wishes, protected from publicity* [...], *the right to establish and to develop relationships with other human beings, especially in the emotional field fort the development and the fulfillment of one's own personality*"[1274] Dem Recht auf Achtung des Privatlebens i.S.d. Art. 8 EMRK wird daher teilweise eine Art Auffangfunktion zugeschrieben,[1275] welche im weitesten Sinne die Selbstbestimmung, -entwicklung und -entfaltung des Einzelnen, sowie in bestimmten Ausmaß auch seine sozialen Beziehungen zur Außenwelt schütze.[1276]

Auch den Schutz personenbezogener Daten ordnet der EGMR dem Schutzbereich des Art. 8 Abs. 1 EMRK zu.[1277] Während der Gerichtshof da-

---

1272 *Britz*, EuGRZ 2009, 1 (6 f.); *Burgkardt*, Grundrechtlicher Datenschutz zwischen Grundgesetz und Europarecht, S. 293 f.

1273 *Guckelberger*, EuZW 2011, 126 (127); *Meyer-Ladewig/Nettesheim* in: Meyer-Ladewig/Nettesheim/von Raumer, EMRK, Art. 8 Rn. 7; *Paefgen*, Der von Art. 8 EMRK gewährleistete Schutz vor staatlichen Eingriffen in die Persönlichkeitsrechte im Internet, S. 25.

1274 EGMR, Entsch. v. 18.05.1976, Nr. 6825/74, S. 87 – *X/Iceland*.

1275 *Nebel*, ZD 2015, 517 (521); *Schweizer*, DuD 2009, 462 (465); *Spiecker gen. Döhmann/Eienbarth*, JZ 2011, 169 (171); *Uerpmann-Wittzack* in: Europäische Grundrechte und Grundfreiheiten § 3 Rn. 3.

1276 *Burgkardt*, Grundrechtlicher Datenschutz zwischen Grundgesetz und Europarecht, S. 250; *Drackert*, Risiken der Datenverarbeitung, S. 65 f.; *Eichenhofer*, Der Staat 2016, 41 (58); *Johannes* in: Roßnagel, DS-GVO, S. 83; *Meyer-Ladewig/Nettesheim* in: Meyer-Ladewig/Nettesheim/von Raumer, EMRK, Art. 8 Rn. 7; *Roßnagel/Geminn/Jandt/Richter*, DSR 2016, S. 33; *Wagner*, Der Datenschutz in der Europäischen Union, S. 120 f.

1277 EGMR, Entsch. v. 12.10.1973, Nr. 5877/72, S. 328 – *X./Vereinigtes Königreich*; Urt. v. 02.08.1984, Nr. 3691/79, Rn. 84 – *Malone/Vereinigtes Königreich*; Urt. v. 26.03.1987, Nr. 9248/81, Rn. 48 – *Leander/Schweden*; Urt. v. 16.12.1992, Nr. 13710/88 – *Niemitz/Deutschland*; Urt. v. 16.02.2000, Nr. 27798/95, Rn. 44 – *Amann/Schweiz*; Urt. v. 04.12.2008, Nr 30562/04 u. 30566/04, Rn. 67 ff, – *S. und Marper/Vereinigtes Königreich*. S. auch *Albers*, Informationelle Selbstbestimmung, S. 291; *Britz*, EuGRZ 2009, 1 (2); *Drackert*, Risiken der Datenverarbeibei zunächst nur solche personenbezogenen Daten als vom Schutz des Art. 8 EMRK umfasst ansah, welche einen (unmittelbaren) Bezug zum Privatleben aufwiesen,[1278] weitete der EGMR den Schutzumfang nach und nach aus und sah etwa auch geschäftliche Daten durch das Recht auf Privatleben geschützt.[1279] Eine Ausweitung (und zugleich Konkretisierung) des Schutzumfangs personenbezogener Daten resultierte überdies aus einer zunehmenden Bezugnahme des EGMR auf die Datenschutzkonvention des Europarates[1280].[1281] In Anlehnung an die in Art. 2 der Datenschutzkonvention enthaltenen Begriffsbestimmungen[1282] löste sich der EGMR im Verlaufe seiner Entscheidungen vermehrt von der Erforderlichkeit eines (unmittelbaren) Bezugs der personenbezogenen Daten zum Privatleben des Betroffenen hin zu einem umfassenden Schutz all jener Daten, welche eine Information über eine bestimmte oder bestimmbare natürlichen Person darstellen und entweder einen Bezug zum Privatleben aufweisen oder aufgrund des Verarbeitungszusammenhangs (etwa im Falle einer systematischen bzw. dauerhaften Speicherung) in das Privatleben hineinreichen.[1283] Dem Datenschutz weist der EGMR dabei eine fundamentale Bedeutung für den effektiven Privatsphärenschutz zu,[1284] welche auch im Rahmen privater Informationstätigkeit zu beachten sei und daher

---

tung, S. 57; *Grabenwarter*, European Convention on Human Rights, Art. 8 Rn. 10; *Gersdorf* in: BeckOK Informations- und Medienrecht, Art. 8 EMRK Rn. 29; *Mähring*, EuR 1991, 369 (371).

1278 So noch in EGMR, Urt. v. 26.03.1987, Nr. 9248/81, Rn. 48 – *Leander/Schweden*. S. auch *Schweizer*, DuD 2009, 462 (464).

1279 So bspw. in EGMR, Urt. v. 16.12.1992, Nr. 13710/88, Rn. 29 ff. – *Niemitz/Deutschland*.

1280 Übereinkommen zum Schutz des Menschen bei der automatischen Verarbeitung personenbezogener Daten vom 28.01.1981, ETS No. 108. S. zu dieser ausf. bspw. *Drackert*, Risiken der Datenverarbeitung, S. 21 ff.

1281 So bspw. in EGMR, Urt. v. 25.02.1997, Nr. 22009/93 – *Z/Finnland*.

1282 Art. 2 lit. a der Datenschutzkonvention des Europarats lautet: "*In diesem Übereinkommen: bedeutet "personenbezogene Daten" jede Information über eine bestimmte oder bestimmbare natürliche Person ("Betroffener")*".

1283 S. dazu auch *Britz*, EuGRZ 2009, 1 (8 f.); *Grabenwarter*, European Convention on Human Rights, Art. 8 Rn. 10; *Heißl*, EuR 2017, 561 (569); *Holznagel* in: Schulze/Zuleeg/Kadelbach, Europarecht § 37 Rn. 2; *Marsch*, Das europäische Datenschutzgrundrecht, S. 11 ff.; *Paefgen*, Der von Art. 8 EMRK gewährleistete Schutz vor staatlichen Eingriffen in die Persönlichkeitsrechte im Internet, S. 65; *Schweizer*, DuD 2009, 462 (465); *Wagner*, Der Datenschutz in der Europäischen Union, S. 42. Ausf. zu dieser Entwicklung *Burgkardt*, Grundrechtlicher Datenschutz zwischen Grundgesetz und Europarecht, S. 251 ff.

1284 EGMR, Urt. v. 04.12.2008, Nr 30562/04 u. 30566/04, Rn. 103 – *S. und Marper/Vereinigtes Königreich*.

in seiner Funktion als Schutzpflicht eine Handlungspflicht des Staates zum Schutze des Betroffenen begründen könne.[1285]

b. Entwicklung der Rspr. des EuGH

Der EuGH griff in seiner Rspr. im Kontext des Datenschutzes zunächst auf diese vom EGMR zu Art. 8 EMRK entwickelten Leitlinien zurück.[1286] Mit Erlass der DS-RL im Jahr 1995 orientierte sich der EuGH zudem an der dort in Art. 2 lit. a DS-RL enthaltenen Definition der personenbezogenen Daten,[1287] nach der unter personenbezogenen Daten alle Informationen über eine bestimmte oder bestimmbare natürliche Person zu verstehen sind,[1288] wobei er den Schutz solcher Daten – in Anlehnung an den EGMR – dem Schutz des Privatlebens zuordnete.[1289]

c. Grundrechtecharta

Mit Erlass der GRCh und deren Rechtsverbindlichkeit findet sich in Art. 8 GRCh ein explizites Grundrecht auf Datenschutz. Darüber hinaus garantiert Art. 7 GRCh – parallel zu Art. 8 EMRK – den Schutz des Privat- und Familienlebens, sowie der Wohnung und der Kommunikation. Daneben ist das Recht auf Datenschutz ebenfalls in Art. 16 AEUV verankert.

1285 So bspw. in EGMR, Urt. v. 19.02.1998, Nr. 14967/89 – *Guerra u.a./Italien*; Urt. v. 04.12.2008, Nr 30562/04 u. 30566/04, Rn. 103 – *S. und Marper/Vereinigtes Königreich*. S. auch *Albers*, Informationelle Selbstbestimmung, S. 292; *Holznagel* in: Schulze/Zuleeg/Kadelbach, Europarecht § 37 Rn. 2.

1286 EuGH, Rs. 136/79, ECLI:EU:C:1980:169, Rn. 17 ff. – *National Panasonic*; Rs. C-404/92, ECLI:EU:C:1994:361, Rn. 17 – *X/Kommission*. Vgl. ausf. *Burgkardt*, Grundrechtlicher Datenschutz zwischen Grundgesetz und Europarecht, S. 293 ff; *Marsch*, Das europäische Datenschutzgrundrecht, S. 17 f.; *Michl*, DuD 2017, 349 (350).

1287 S. zur Thematik, ob und inwieweit seit Geltung der DS-GVO die in der Verordnung enthaltenen Definitionsbestimmungen als grundrechtskonkretisierende Orientierung herangezogen werden können unten, Kap. 4, B. II. 3. c. bb.

1288 EuGH, Rs. C-101/01, ECLI:EU:C:2003:596, Rn. 96 – *Lindqvist*; Rs. C-275/06, ECLI:EU:C:2008:54, Rn. 46 – *Promiscae*. *Burgkardt*, Grundrechtlicher Datenschutz zwischen Grundgesetz und Europarecht, S. 320 f.

1289 EuGH, Rs. C-275/06, ECLI:EU:C:2008:54 – *Promiscae*; Rs. C-73/07, ECLI:EU:C:2008:727 – Satakunman; *Burgkardt*, Grundrechtlicher Datenschutz zwischen Grundgesetz und Europarecht, S. 299 f.; *Siemen*, Datenschutz als europäisches Grundrecht, S. 214 ff.

aa. Abgrenzung

Aufgrund dieser mehrfachen Anknüpfungsmöglichkeiten für eine primärrechtlich verankerte Berücksichtigung des Betroffenenschutzes im Rahmen einer Datenverarbeitung, stellt sich – insbesondere mit Blick auf die allgemeinen Auslegungsgrundsätze der europäischen Grundrechtecharta[1290] – die Frage des Verhältnisses zwischen Art. 8 GRCh und Art. 16 AEUV bzw. Art 7 GRCh.

(1) Art. 16 AEUV und Art 8 GRCh

Art. 16 AEUV und Art. 8 Abs. 1 GRCh bestimmen beide, dass "[j]*ede Person* [...] *das Recht auf Schutz der sie betreffenden personenbezogenen Daten*" hat. Während Art. 8 GRCh dieses Recht jedoch aufgrund der Bestimmungen seines zweiten Absatzes[1291] unter einen Schrankenvorbehalt stellt, wird das Recht auf Datenschutz in Art. 16 AEUV dem Wortlaut nach uneingeschränkt gewährleistet.[1292] Unter Berücksichtigung der allgemeinen Auslegungsregeln der Grundrechtecharta könnte daher der Schluss zu ziehen sein, dass die Schrankenregelung des Art. 8 Abs. 2 GRCh unanwendbar zu bleiben habe, da Art. 52 Abs. 2 GRCh bestimmt, dass im Fall einer solchen Doppelung der Grundrechte sowohl in der Grundrechtecharta als auch in den europäischen Verträgen, die in den Verträgen festgelegten Bedingungen und Grenzen – im vorliegenden Fall also die schrankenlose Gewährleistung des Art. 16 AEUV – maßgeblich sei.

Ganz überwiegend wird aber davon ausgegangen, dass Art. 52 Abs. 2 GRCh nur in solchen Konstellationen einschlägig ist, in denen die jeweiligen Rechte schon vor Erlass der Grundrechtecharta in den europäischen Verträgen enthalten waren. Telos der Norm sei es, eine mögliche Schmälerung bzw. Relativierung dieser Rechte zu verhindern. Da aber Art. 16 AEUV selbst erst mit Verabschiedung des Lissabonner Vertrags in Kraft trat, wäre die Gefahr einer derarten Bedeutungsschmälerung hier nicht gegeben. Art. 16 AEUV sei daher nicht als "Recht" i.S.d.

1290 Vgl. hierzu oben, Kap. 4, B. II. 1.

1291 Sowie der allgemeinen Schrankenregelung nach Art. 51 Abs. 1 GRCh.

1292 *Britz*, EuGRZ 2009, 1 (2); *Spiecker gen. Döhmann/Eienbarth*, JZ 2011, 169 (172); *Wollenschläger*, AöR 2010, 363 (380); Gegen die Interpretation des Art. 16 AEUV als schrankenlose Gewährleistung aber *Bernsdorff* in: Meyer, GRCh, Art. 8 Rn. 17; *Brühann* in: Groeben/Schwarze/Hatje, Europäisches Unionsrecht I, Art. 16 AEUV Rn. 31.

Art. 52 Abs. 2 GRCh zu verstehen.[1293] Der EuGH selbst nahm in seiner datenschutzrechtlichen Rspr. zunächst nicht zu der Frage des Verhältnisses zwischen Art. 8 GRCh und Art. 16 AEUV Stellung, prüfte auf Ebene der Rechtfertigung einer Datenverarbeitung aber stets die Schrankenregelungen des Art. 8 GRCh[1294] und schien daher im Ergebnis ebenfalls nicht von einem Vorrang des Art. 16 AEUV auszugehen.[1295] Explizit bekräftigte der EuGH mit dem Gutachten 1/15 zum EU-Fluggastdatenabkommen mit Kanada nun im Juli 2017, dass zwar das *„Recht auf Schutz personenbezogener Daten* [...] *sowohl in Art. 16 Abs. 1 AEUV als auch in Art. 8 der Charta niedergelegt ist"*, die *„Voraussetzungen, unter denen solche Daten verarbeitet werden dürfen,* [...] *aber allein in Art. 8 der Charta, und zwar in dessen Abs. 2, näher geregelt"* sind.[1296] Für die Ermittlung der primärrechtlichen Berücksichtigung der Interessen des Betroffenen sind somit (allein) die Bestimmungen der europäischen Grundrechtecharta – namentlich also Art. 7 und 8 GRCh – in Blick zu nehmen.[1297]

(2) Art. 8 GRCh und Art. 7 GRCh

Während mit Blick auf das Verhältnis von Art. 8 GRCh und Art. 16 AEUV somit – wenn auch mit unterschiedlichen Argumentationen[1298] – im Ergebnis einhellig davon ausgegangen wird, dass sich die Vorgaben und Schrankenregelungen der Grundrechtecharta gegenüber Art. 16 AEUV

1293 *Burgkardt*, Grundrechtlicher Datenschutz zwischen Grundgesetz und Europarecht, S. 390 f.; *Kingreen* in: Calliess/Ruffert, EUV/AEUV, Art. 8 GRCh Rn. 3. Für eine Unanwendbarkeit des Art. 52 Abs. 2 GRCh im Rahmen von Art. 8 GRCh i. Erg. ebenso *Britz*, EuGRZ 2009, 1 (2); *Jarass* in: Jarass, GRCh, Art. 8 Rn. 1, *Spiecker gen. Döhmann/Eienbarth*, JZ 2011, 169 (172) sowie *Wollenschläger*, AöR 2010, 363 (380). A.A *Bernsdorff* in: Meyer, GRCh, Art. 8 Rn. 17 annehmend, Art. 16 AEUV stelle keine schrankenlose Gewährleistung dar.

1294 Sowie der allgemeinen Schrankenregelung des Art. 52 Abs. 1 GRCh, s. hierzu unten, Kap. 4, B. II. c. bb. (2) (b) (aa).

1295 S. bspw. EuGH, Rs. C-92/09, C-93/09, ECLI:EU:C:2010:662, Rn. 50 – *Volker und Markus Schecke und Eifert*. In diesem Sinne auch die Einschätzung von *Wagner*, Der Datenschutz in der Europäischen Union, S. 109.

1296 EuGH, Gutachten 1/15, ECLI:EU:C:2017:592, Rn. 120 – *Fluggastdatenabkommen*.

1297 *Wollenschläger*, AöR 2010, 363 (380).

1298 Vgl. oben, Kap. 4, B. II. 3. c. aa. (2) sowie daneben Herrmann in: Streinz, EUV/AEUV, Art. 16 AEUV Rn. 4 ff.

durchsetzen, ist die Bestimmung des genauen Verhältnisses zwischen Art. 7 GRCh und Art 8 GRCh weithin ungeklärt.[1299]

Zurückzuführen ist dies insbesondere auf den Umstand, dass überwiegend angenommen wird, Art 7 GRCh sei (nach Art. 52 Abs. 3 GRCh), da gleichlautend mit Art. 8 EMRK, im Einklang mit der EMRK und ihrer Konturierung durch die Rspr. des EGMR, auszulegen.[1300] Demzufolge würde Art. 7 GRCh – entsprechend Art. 8 EMRK – auch den Schutz personenbezogener Daten umfassen. Dieser Umstand führt zu einer tendenziellen Doppelung des Grundrechts auf Datenschutz auch innerhalb der Grundrechtecharta, da der Schutz betroffener Personen aufgrund dieser Auslegungsregel sowohl Art. 8 GRCh – dem expliziten Recht auf Datenschutz – als auch Art. 7 GRCh zuzuordnen wäre.[1301] Ob und inwieweit Art. 7 GRCh auch den Schutz personenbezogener Daten umfasst, ist dabei auch und gerade für die Frage von Bedeutung, inwiefern der EuGH i.S.d. Art. 52 Abs. 3 GRCh (gesetzlich) verpflichtet ist, die Vorgaben der EMRK und die datenschutzrechtliche Rspr. des EGMR in seinen Entscheidungen zu berücksichtigen.[1302]

Der EuGH selbst nimmt zumeist eine kumulative Prüfung der Art. 7 und 8 GRCh vor, innerhalb derer er sich auch auf die Ausführungen des EGMR zu Art. 8 EMRK bezieht.[1303] Vereinzelt benennt der EuGH aber auch nur Art. 8 GRCh separat als entscheidungserhebliche Norm.[1304] Von den Vertretern der Literatur wird diese Rspr. unterschiedlich interpretiert. Während zum Teil aufgrund der uneinheitlichen Bezugnahme des EuGH auf die Art. 7 und 8 GRCh davon ausgegangen wird, eine "*klare Linie*" des EuGH sei hinsichtlich der Frage des Verhältnisses der beiden Vorschriften

---

1299 *Eichenhofer*, Der Staat 2016, 41 (42); *Michl*, DuD 2017, 349 (351).

1300 *Bernsdorff* in: Meyer, GRCh, Art. 7 Rn. 1; *Gersdorf* in: BeckOK Informations- und Medienrecht, Art. 7 GRCh Rn. 7; *Jarass* in: Jarass, GRCh, Art. 7 Rn. 1; *Kingreen* in: Calliess/Ruffert, EUV/AEUV, Art. 7 GRCh Rn. 2. Dies entspricht auch grundsätzlich den Erläuterungen zur Grundrechtecharta, vgl. Erläuterungen zur Charta der Grundrechte, ABl 2007 C 303/17 (20).

1301 *Wagner*, Der Datenschutz in der Europäischen Union, S. 112.

1302 Vgl. *Michl*, DuD 2017, 349 (353). Es stünde dem EuGH überdies frei, sich auch ohne eine dahingehende Verpflichtung an den Vorgaben der EMRK zu orientieren.

1303 S. bspw. EuGH, Rs. C-92/09, C-93/09, ECLI:EU:C:2010:662, Rn. 49 ff. – *Volker und Markus Schecke und Eifert*; Rs. C-468/10, C-469/10, ECLI:EU:C:2011:777, Rn. 42 – *ASNEF*; Rs. C-293/12, ECLI:EU:C:2014:238, Rn. 29 – *Digital Rights*.

1304 S. bspw. EuGH, Rs. C-543/09, ECLI:EU:C:2011:279, Rn. 49 ff. – *Deutsche Telekom*; Rs. C-360/10, ECLI:EU:C:2012:85, Rn. 24 und 38 – *SABAM*.

zueinander nicht erkennbar,[1305] gehen andere davon aus, Art. 7 GRCh werde vom EuGH immer dann hinzugezogen, soweit die streitgegenständlichen Daten einen besonderen Bezug zum Privatleben aufwiesen.[1306] In der Literatur selbst wirf überwiegend[1307] von einer Idealkonkurrenz zwischen Art. 7 und 8 GRCh ausgegangen,[1308] oder aber Art. 8 GRCh in datenschutzrechtlichen Konstellationen als *lex specialis* angesehen[1309] – zumeist, ohne dass aus diesen unterschiedlichen dogmatischen Einordnungen tatsächlich voneinander abweichende Schlüsse gezogen werden.[1310]

Eine trennscharfe Abgrenzung zwischen Art. 7 und Art. 8 GRCh wäre vorliegend nur dann erheblich, soweit sich hieraus Differenzierungen hinsichtlich der Berücksichtigung der Belange betroffener Personen ergäben. Ein solcher (materieller) Unterschied im Schutzniveau wird aber mehrheitlich verneint.[1311] Angenommen wird vielmehr, die Grundrechtecharta enthalte mit Art. 8 GRCh vor allem deshalb ein explizites Datenschutzrecht, um die Bedeutung des Schutzes personenbezogener Daten – insbe-

---

1305 *Burgkardt*, Grundrechtlicher Datenschutz zwischen Grundgesetz und Europarecht, S. 352.

1306 In diesem Sinne auch die Abgrenzung des Generalanwalts *Cruz Villalón* in der Rechtssache Digital Rights, vgl. *GA Cruz Villalón*, Schlussanträge Rs. C-293/12 u C-594/12, ECLI:EU:C:2013:845, Rn. 64 f – *Digital Rights. Ebenso Jarass* in: Jarass, GRCh, Art. 8, Rn. 4. Ähnlich *Wagner*, Der Datenschutz in der Europäischen Union, S. 152, zudem aber davon ausgehend, bei genauerer Betrachtung der Rspr. des EuGH sei "*eine Tendenz hin zu Art. 8 GRC erkennbar*" (S. 118).

1307 Für eine ausf. Darstellung des vertretenen Meinungsspektrums s. *Eichenhofer*, Der Staat 2016, 41 (61 f.); *Wagner*, Der Datenschutz in der Europäischen Union, S. 113 ff.

1308 *Jarass* in: Jarass, GRCh, Art. 8 Rn. 4; *Kingreen* in: Calliess/Ruffert, EUV/AEUV, Art. 8 GRCh Rn. 1; *Kühling*, NVwZ 2014, 681 (682).

1309 *Augsberg* in: Groeben/Schwarze/Hatje, Europäisches Unionsrecht I, Art. 8 GRC Rn. 1; *Bernsdorff* in: Meyer, GRCh, Art. 8 Rn. 13; *Forgó* in: Forgó/Helfrich/Schneider, Betrieblicher DS, S. 52 Rn. 9; *Gersdorf* in: BeckOK Informations- und Medienrecht, Art. 8 GRCh Rn. 6; *Guckelberger*, EuZW 2011, 126 (127); *Johannes* in: Roßnagel, DS-GVO, § 2 Rn. 57; *Holznagel/Dietze* in: Schulze/Zuleeg/Kadelbach, Europarecht, § 37 Rn. 3.

1310 Zu einer ähnlichen Einschätzung kommend *Michl*, DuD 2017, 349 (352). Besonders deutlich wird dieser weitgehende Gleichlauf i. Erg. durch den Umstand, dass Art. 8 GRCh zwar teilweise als *lex specials* angesehen wird, zugleich aber trotzdem von einer parallelen Anwendung der beiden Normen ausgegangen wird; so bspw. *Gersdorf* in: BeckOK Informations- und Medienrecht, Art. 8 GRCh Rn. 6; *Johannes* in: Roßnagel, DS-GVO, § 2 Rn. 57.

1311 In diese Richtung wohl auch *Burgkardt*, Grundrechtlicher Datenschutz zwischen Grundgesetz und Europarecht, S. 352 f.; *Michl*, DuD 2017, 349 (353).

sondere aufgrund des Zeitgeistes und motiviert durch die technischen Entwicklungen moderner Datenverarbeitungen – besonders hervorzuheben.[1312] Trotz dieser eigenen Normierung ist der Datenschutz daher im Bereich des Schutzes der Privatsphäre zu verorten, weshalb ein enger Bezug zwischen Art. 8 GRCh und Art 7 GRCh (und damit auch zu Art. 8 EMRK) besteht.[1313] Im Ergebnis ist auf Betroffenenseite auf europäischer Ebene demzufolge das Grundrecht auf "Schutz personenbezogener Daten" nach Art. 8 GRCh zu beachten, welches durch die Gewährleistung des Schutzes der Privatsphäre nach Art. 7 GRCh flankierend ergänzt wird.[1314]

bb. Schutzumfang des Art. 8 GRCh

Art. 8 GRCh stützt sich nach den (unverbindlichen)[1315] Erläuterungen des Konventionspräsidiums[1316] einerseits auf den ehemaligen Art. 286 EGV (nunmehr ersetzt durch Art. 16 AEUV) und unionalen Datenschutzsekundärrecht, sowie andererseits auf Art. 8 EMRK und die Datenschutzkonvention des Europarates.[1317] Hieraus folgt, dass – auch wenn Art. 8 GRCh nicht in der Liste des Konvents enthalten ist, welche die Grundrechte benennt, die eine Entsprechung in der EMRK besitzen und daher nach

---

1312 *Augsberg* in: Groeben/Schwarze/Hatje, Europäisches Unionsrecht I, Art. 8 GRCh Rn. 1; *Bernsdorff* in: Meyer, GRCh, Art. 8 Rn. 12; *Gersdorf* in: BeckOK Informations- und Medienrecht, Art. 8 GRCh Rn. 6; *Jarass* in: Jarass, GRCh, Art. 8 Rn. 2; *Nebel*, ZD 2015, 517 (521); *Streinz/Michl*, Euzw 2011, 384 (385);. *Holznagel/Dietze* in: Schulze/Zuleeg/Kadelbach, Europarecht, § 37 Rn. 3. So auch Mitteilung der Kommission zum Status der Grundrechtscharta der Europäischen Union vom 11.10.2000, KOM (2000) 644 endg. (CHARTE 4956/00 CONTRIB 355).

1313 S. bspw. EuGH, Rs. C-92/09, C-93/09, ECLI:EU:C:2010:662, Rn. 47 – *Volker und Markus Schecke und Eifert. Bernsdorff* in: Meyer, GRCh, Art. 8 Rn. 13; *Gersdorf* in: BeckOK Informations- und Medienrecht, Art. 8 GRCh Rn. 3 und 6; *Kingreen* in: Calliess/Ruffert, EUV/AEUV, Art. 8 GRCh Rn. 1; *Wollenschläger*, AöR 2010, 363 (381).

1314 *Jarass* in: Jarass, GRCh, Art. 8 Rn. 4; *Nebel*, ZD 2015, 517 (521). Für eine Zusammenschau von Art. 7 GRCh und Art. 8 GRCh i.S.e. *„Verschmelzung"* auch *Scheurer*, Spielerisch selbstbestimmt, S. 95 f.

1315 Auch wenn die Erläuterungen keine echte Rechtsverbindlichkeit besitzen, sind sie nach Art. 52 Abs. 7 GRCh bei der Auslegung der Charta "*gebührend zu berücksichtigen*" und können daher als Auslegungsregel dienen.

1316 Erläuterungen zur Charta der Grundrechte, ABl 2007 C 303/17 (20).

1317 *Burgkardt*, Grundrechtlicher Datenschutz zwischen Grundgesetz und Europarecht, S. 344; *Guckelberger*, EuZW 2011, 126 (127).

Art. 52 Abs. 3 GRCh parallel ausgelegt werden müssen – die Rspr. des EGMR zu Art. 8 EMRK zumindest im Rahmen der Konkretisierung des Art. 8 GRCh berücksichtigt werden kann.[1318]

Daneben dien(t)en insbesondere auch die Bestimmungen der DS-RL als Rechtserkenntnisquelle.[1319] Da die DS-RL mit Geltungsbeginn der DS-GVO gem. Art. 94 Abs. 1 DS-GVO aufgehoben wurde und nach Art. 94 Abs. 2 S. 1 DS-GVO Verweise auf die aufgehobene DS-RL als Verweise auf die DS-GVO zu verstehen sind, ist fraglich, ob und inwieweit unter der neuen sekundärrechtlichen Rechtslage nun eine Orientierung an den Bestimmungen der DS-GVO vorzunehmen ist bzw. vorgenommen werden kann.[1320] Eine (undifferenzierte) Ersetzung der DS-RL durch die DS-GVO als auslegungsleitendes Datenschutzsekundärrecht ist abzulehnen, da eine Änderung des Sekundärrechts durch den einfachen Gesetzgeber nicht zu einer Neuinterpretation des unionalen Grundrechts führen kann.[1321] Nicht ausgeschlossen ist gleichwohl eine jedenfalls tendenzielle Orientierung an der DS-GVO durch den EuGH: Denn zum einen war (bzw. ist) auch unter Bezugnahme auf die DS-RL stets im Einzelfall zu prüfen, ob und inwieweit eine inhaltliche Parallelität des Schutzbereichs des Art. 8 GRCh zu den Vorgaben der sekundärrechtlichen Normen der DS-

---

1318 *Britz*, EuGRZ 2009, 1 (6); *Gersdorf* in: BeckOK Informations- und Medienrecht, Art. 8 GRCh Rn. 3; *Kingreen* in: Calliess/Ruffert, EUV/AEUV, Art. 8 GRCh Rn. 4. Zum Schutzumfang des Art. 8 EMRK vgl. oben, Kap. 4, B. II. 3. a.

1319 *Burgkardt*, Grundrechtlicher Datenschutz zwischen Grundgesetz und Europarecht, S. 314; *Eichenhofer*, Der Staat 2016, 41 (65 f.); *Marsch*, Das europäische Datenschutzgrundrecht, S. 145; *Wagner*, Der Datenschutz in der Europäischen Union, S. 110; *Wollenschläger*, AöR 2010, 363 (381 f.). *Holznagel/Dietze* in: Schulze/Zuleeg/Kadelbach, Europarecht, § 37 Rn. 3. Ein pauschaler Rückgriff auf sekundärrechtliche Bestimmungen ist indes aufgrund der Normenhierarchie nicht möglich (*Britz*, EuGRZ 2009, 1 (7)), erst recht scheidet eine sekundärrechtskonforme Auslegung des Art. 8 GRCh aus (*Jarass*, EuR 2013, 29 (35)). Im Einzelfall ist daher zu prüfen, ob und inwieweit der Schutzbereich des Grundrechts parallel zu den Vorgaben der sekundärrechtlichen Norm ausgestaltet ist und insbesondere, ob sekundärrechtliche Bestimmungen, welche eine Datenverarbeitung gestatten, eine Ausgestaltung des Art. 8 GRCh oder aber einen Eingriff in selbiges Grundrecht darstellen (*Kingreen* in: Calliess/Ruffert, EUV/AEUV, Art. 8 GRCh Rn. 7).

1320 Für eine solche Orientierung an den Bestimmungen der DS-GVO *Scheurer*, Spielerisch selbstbestimmt, S. 85 f. A.A. *Marsch*, Das europäische Datenschutzgrundrecht, S. 145; *Wagner*, Der Datenschutz in der Europäischen Union, S. 111.

1321 *Marsch*, Das europäische Datenschutzgrundrecht, S. 145.

RL gegeben ist;[1322] zum anderen dient(e) die DS-RL lediglich als Rechtserkenntnisquelle – eine pauschale Übernahme sekundärrechtlicher Bestimmungen war mithin (auch) nach alter Rechtslage nicht möglich. Überdies lässt sich – insbesondere mit Blick auf grundsätzliche Wertungen einerseits, sowie auf die verwendeten Begriffsbestimmungen anderseits – ein weitgehender Gleichlauf der DS-GVO und der DS-RL feststellen.[1323] Es bleibt daher abzuwarten, ob der EuGH der DS-GVO in der Rechtspraxis (trotz der bestehenden dogmatischen Grundproblematik) im Einzelfall eine auslegungsleitende Funktion für Art. 8 GRCh zuerkennen wird.

(1) Schutzbereich

Für die Schutzbereichsbestimmung wird einhellig von einer engen Anlehnung an die Vorgaben der DS-RL ausgegangen.[1324] Dementsprechend wird das Schutzgut des Art. 8 GRCh – das personenbezogene Datum – unter Rückgriff auf Art. 2 lit. a DS-RL bestimmt.[1325] Umfasst sind jedwede Daten, welche eine Information über eine bestimmte oder bestimmbare natürliche Person darstellen.[1326] Anders als im Rahmen des Art. 8 EMRK genügt für die Subsumtion unter den Schutzbereich des Art. 8 GRCh somit ein rein formaler Personenbezug; es kommt nicht darauf an, inwieweit ein Bezug zum Privatleben des Betroffenen besteht.[1327] Auch im Übrigen ist der Begriff der personenbezogenen Daten in Art. 8 GRCh weit zu verstehen und umfasst alle Daten mit Personenbezug, unabhängig eines ih-

---

1322 Vgl. hierzu bereits oben, Kap. 4, B. II. 3. b.

1323 S. zu dieser Einschätzung unten, Kap. 4, B. II. 3. c. bb (1) und (2).

1324 *Kingreen* in: Calliess/Ruffert, EUV/AEUV, Art. 8 GRCh Rn. 9. Zu den Auswirkungen der Änderungen des Datenschutzsekundärrechts im Zuge des Erlasses der DS-GVO bereits oben, Kap. 4, B. II. 3. c. bb.

1325 *Burgkardt*, Grundrechtlicher Datenschutz zwischen Grundgesetz und Europarecht, S. 354; *Wollenschläger*, AöR 2010, 363 (382). Aufgrund der inhaltlichen Parallelität der Begrifflichkeit der DS-GVO (vgl. Art. 4 Nr. 1 DS-GVO) ist vorliegend die bereits behandelte Problematik, ob und inwieweit nach Geltungsbeginn der DS-GVO nicht die DS-RL sondern die DS-GVO als Datenschutzsekundärrecht als Rechtserkenntnisquelle im Rahmen des Art. 8 GRCh dienen kann bzw. soll (vgl. oben, Kap. 4, B. II. 3. c. bb), im (praktischen) Ergebnis nicht entscheidend.

1326 EuGH, Rs. C-291/12, ECLI:EU:C:2013:670, Rn. 26 – *Schwarz*.

1327 *Burgkardt*, Grundrechtlicher Datenschutz zwischen Grundgesetz und Europarecht, S. 353; *Wagner*, Der Datenschutz in der Europäischen Union, S. 40. *Holznagel/Dietze* in: Schulze/Zuleeg/Kadelbach, Europarecht, § 37 Rn. 3.

nen innewohnenden Risikopotentials.[1328] Umfasst sind somit neben Daten, welche sich auf die Intim- bzw. Privatsphäre beziehen,[1329] alle sonstigen Daten,[1330] so lange sie einen hinreichenden Personenbezug aufweisen.[1331] Von einem solchen Personenbezug (also einer Bestimmbarkeit der Person) wird (wiederum in Anlehnung an Art. 2 lit. a DS-RL) dann ausgegangen, wenn die Person "*direkt oder indirekt identifiziert werden kann, insbesondere durch Zuordnung zu einer Kennnummer oder zu einem oder mehreren spezifischen Elementen, die Ausdruck ihrer physischen, physiologischen, psychischen, wirtschaftlichen, kulturellen oder sozialen Identität sind*"[1332]. Informationen aus sozialen Netzwerken oder IP-Adressen unterfallen damit als personenbezogene Daten ebenfalls dem sachlichen Schutzbereich des Art. 8 GRCh.[1333]

Aufgrund der Anlehnung der Schutzbereichsbestimmung an Art. 2 lit. a DS-RL[1334] gewährleistet Art. 8 GRCh diesen umfassenden Schutz personenbezogener Daten grundsätzlich nur natürlichen Personen. Inwieweit darüber hinaus auch juristische Personen vom persönlichen Schutzbereich des Art. 8 GRCh erfasst werden können, wird kontrovers diskutiert.[1335] Der EuGH geht (bisher) lediglich von einem derivativen

---

1328 *Augsberg* in: Groeben/Schwarze/Hatje, Europäisches Unionsrecht I, Art. 8 GRC Rn. 6; *Guckelberger*, EuZW 2011, 126 (128).

1329 Wie bspw. Gesundheitsdaten, vgl. EuGH, Rs. C-404/92 P, ECLI:EU:C:1994:361, Rn. 8 ff. – *X/Kommission*.

1330 Also bspw. Daten, die das Vermögen oder den Beruf betreffen, vgl. S. bspw. EuGH, Rs. C-92/09, C-93/09, ECLI:EU:C:2010:662, Rn. 59 – *Volker und Markus Schecke und Eifert*.

1331 *Wagner*, Der Datenschutz in der Europäischen Union, S. 128.

1332 Art. 2 lit. a DS-RL. Vgl. auch EuGH, Rs. C-291/12, ECLI:EU:C:2013:670 – *Schwarz*.

1333 Vgl. EuGH, Rs. C-360/10, ECLI:EU:C:2012:85, Rn. 49 – *SABAM;* Rs. 582/14, ECLI:EU:C:2016:779, Rn. 49 – *Breyer*. Vgl. auch *Burgkardt*, Grundrechtlicher Datenschutz zwischen Grundgesetz und Europarecht, S. 355 f.; *Jarass* in: Jarass, GRCh, Art. 8 Rn. 6.

1334 Vgl. zur Problematik, ob und inwieweit seit Geltung der DS-GVO die dort enthaltenen (Begriffs-)Bestimmungen als auslegungsleitende Konkretisierungen des Art. 8 GRCh heranzuziehen sind oben, Kap. 4, B. II. 3. c. bb.

1335 Diese Frage soll hier nicht vertieft erörtert werden. Vgl. hierzu aber *Augsberg* in: Groeben/Schwarze/Hatje, Europäisches Unionsrecht I, Art. 8 GRC Rn. 7; *Burgkardt*, Grundrechtlicher Datenschutz zwischen Grundgesetz und Europarecht, S. 356 ff.; *Gersdorf* in: BeckOK Informations- und Medienrecht, Art. 8 GRCh Rn. 9; *Guckelberger*, EuZW 2011, 126 (128); *Jarass* in: Jarass, GRCh, Art. 8 GRCh Rn. 7; *Kingreen* in: Calliess/Ruffert, EUV/AEUV, Art. 8 GRCh Rn. 11; *Wagner*, Der Datenschutz in der Europäischen Union, S. 48 ff

Schutz juristischer Personen im Rahmen des Art. 8 GRCh aus, indem er den Schutzbereich nur dann für eröffnet hält, wenn und soweit durch die Daten Rückschlüsse auf die "hinter" der juristischen Person stehende natürliche Person gezogen werden können.[1336]

(2) Eingriff und Rechtfertigung

Ist der Schutzbereich eröffnet, bestimmt sich die grundrechtliche Zulässigkeit einer Verarbeitung personenbezogener Daten nach der allgemeinen Prüfung von Eingriff und Rechtfertigung.

(a) Eingriff

Auch bei der Bestimmung des Eingriffs werden die Vorgaben der DS-RL als Konkretisierung der grundrechtlichen Garantie begriffen.[1337] Demnach wird im Bereich des Art. 8 GRCh von einem weiten Eingriffsverständnis ausgegangen: Der Begriff der "*Verarbeitung*" in Art. 8 Abs. 2 GRCh umfasst damit, in Anlehnung an Art. 2 lit. b DS-RL, "*das Erheben, das Speichern, die Organisation, die Aufbewahrung, die Anpassung oder Veränderung, das Auslesen, das Abfragen, die Benutzung, die Weitergabe durch Übermittlung, Verbreitung oder jede andere Form der Bereitstellung, die Kombination oder die Verknüpfung sowie das Sperren, Löschen oder Vernichten*" und somit jegliche Form des Datenumgangs.[1338] Insofern ist das datenschutzrechtliche Verarbeitungsverbot mit Erlaubnisvorbehalt auf euro-

---

1336 EuGH, Rs. C-92/09, C-93/09, ECLI:EU:C:2010:662, Rn. 53 – *Volker und Markus Schecke und Eifert.*

1337 *Augsberg* in: Groeben/Schwarze/Hatje, Europäisches Unionsrecht I, Art. 8 GRC Rn. 11; *Burgkardt*, Grundrechtlicher Datenschutz zwischen Grundgesetz und Europarecht, S. 362; *Bernsdorff* in: Meyer, GRCh, Art. 8 Rn. 16; *Gersdorf* in: BeckOK Informations- und Medienrecht, Art. 8 GRCh Rn. 18; *Jarass* in: Jarass, GRCh, Art. 8 Rn. 8; *Kingreen* in: Calliess/Ruffert, EUV/AEUV, Art. 8 GRCh Rn. 12; *Wagner*, Der Datenschutz in der Europäischen Union, S. 67 f. Vgl. zur Problematik, ob und inwieweit seit Geltung der DS-GVO die dort enthaltenen Bestimmungen als auslegungsleitende Konkretisierungen des Art. 8 GRCh heranzuziehen sind oben, Kap. 4, B. II. 3. c. bb.

1338 Aufgrund der inhaltlichen Parallelität der Begrifflichkeit der DS-GVO (vgl. Art. 4 Nr. 2 DS-GVO) ist vorliegend die bereits behandelte Problematik, ob und inwieweit nach Geltungsbeginn der DS-GVO nicht die DS-RL sondern die DS-GVO als Datenschutzsekundärrecht als Rechtserkenntnisquelle im päischer Ebene grundrechtlich verankert.[1339] Hieraus folgt zunächst, dass jede Verarbeitung personenbezogener Daten durch staatliche Stellen einer rechtfertigenden Legitimationsgrundlage bedarf. Darüber hinaus wird davon ausgegangen, Art. 8 GRCh enthalte zudem eine Schutzpflicht gegenüber dem Grundrechtsverpflichteten, sodass der Staat diesen Schutz personenbezogener Daten auch gegenüber privaten Datenverarbeitungen zu gewährleisten habe.[1340]

(b) Rechtfertigung

Liegt ein Eingriff in den Schutzbereich des Art. 8 GRCh vor, beurteilt sich dessen Rechtfertigung nach den speziellen Schrankenregelungen des Art. 8 Abs. 2 GRCh sowie den allgemeinen Anforderungen gem. Art. 52 Abs. 1 GRCh.[1341] Insbesondere die Vorgaben des Art. 52 Abs. 1 GRCh ähneln der auch im deutschen Recht bekannten „klassischen" Verhältnismäßigkeitsprüfung.[1342] Erforderlich ist demnach insbesondere eine hinreichend bestimmte gesetzliche Legitimationsgrundlage, welche einem legitimen Ziel dient, zur Erreichung dieses Ziels erforderlich und (im engeren Sinn) verhältnismäßig ist.[1343]

Rahmen des Art. 8 GRCh dienen kann bzw. soll (vgl. oben, Kap. 4, B. II. 3. c. bb), im (praktischen) Ergebnis nicht entscheidend.

1339 *Wagner*, Der Datenschutz in der Europäischen Union, S. 67.

1340 *Britz*, EuGRZ 2009, 1 (8); *Burgkardt*, Grundrechtlicher Datenschutz zwischen Grundgesetz und Europarecht, S. 345 f.; *Gersdorf* in: BeckOK Informations- und Medienrecht, Art. 8 GRCh Rn. 12; *Jarass* in: Jarass, GRCh, Art. 8 Rn. 10; *Spiecker gen. Döhmann/Eienbarth*, JZ 2011, 169 (172); *Streinz/Michl*, Euzw 2011, 384 (385); *Wagner*, Der Datenschutz in der Europäischen Union, S. 34.

1341 *Britz*, EuGRZ 2009, 1 (9); *Gersdorf* in: BeckOK Informations- und Medienrecht, Art. 8 GRCh Rn. 23 f.; *Guckelberger*, EuZW 2011, 126 (129); *Jarass* in: Jarass, GRCh, Art. 8 Rn. 11; *Kilian*, NJW 2011, 1325 (1327);. Zum Verhältnis der beiden Schrankenregelungen zueinander ausf. *Burgkardt*, Grundrechtlicher Datenschutz zwischen Grundgesetz und Europarecht, S. 364 ff.

1342 *Jung*, Grundrechtsschutz auf europäischer Ebene, S. 119; *Wagner*, Der Datenschutz in der Europäischen Union, S. 76 f.

1343 *Wollenschläger*, AöR 2010, 363 (388).

(aa) Vorgaben des Art. 52 Abs. 1 GRCh

Als legitime Ziele kommen zunächst all jene Belange in Betracht, welche nach Art. 2 bzw. 3 EUV anerkannte Werte bzw. Ziele der Union darstellen. Diese Werte und Ziele müssen indes, aufgrund des Prinzips der begrenzten Einzelermächtigung, stets aus dem Primärrecht ableitbar sein.[1344] Zum Teil wird hinsichtlich der Beurteilung möglicher legitimer Ziele zudem davon ausgegangen, die durch den EuGH in seiner "*Cassis*"-Rspr.[1345] entwickelten Grundsätze seien analog auf die Bestimmung eines legitimen Ziels zur Rechtfertigung eines Grundrechtseingriffs übertragbar, sodass insbesondere auch "*zwingende Interessen des Allgemeinwohls*" als Anknüpfungspunkt für eine gerechtfertigte Datenverarbeitung dienen könnten. Hierfür spricht, dass auch der EuGH in seiner Rspr. betont, im Rahmen der Rechtfertigungsprüfung sei stets auch die gesellschaftliche Funktion des Schutzes personenbezogener Daten zu beachten.[1346] Ausdrücklich einschränkbar sind die in der GRCh normierten Rechte jedenfalls auch bei einer Kollision mit "*Rechten und Freiheiten anderer*"[1347].[1348] Hierunter subsumierbar sind insbesondere auch gegenläufige Grundrechtspositionen Dritter.[1349]

Liegt eine solche Kollision gegenläufiger Grundrechtspositionen vor, ist (sodann) im Rahmen der Verhältnismäßigkeit (im engeren Sinne) ein möglichst faires Gleichgewicht zwischen dem Recht auf Schutz personenbezogener Daten und den Rechten und Interessen anderer herzustellen[1350]

1344 *Burgkardt*, Grundrechtlicher Datenschutz zwischen Grundgesetz und Europarecht, S. 372; *Wagner*, Der Datenschutz in der Europäischen Union, S. 79.

1345 EuGH, Rs. C-120/78, ECLI:EU:C:1979:42 – *Cassis De Dijon*.

1346 EuGH, Rs. C-92/09, C-93/09, ECLI:EU:C:2010:662, Rn. 48 – *Volker und Markus Schecke und Eifert*; Rs. C-543/09, ECLI:EU:C:2011:279, Rn. 51 – *Deutsche Telekom*.

1347 Vgl. Art. 52 Abs. 1 S. 2 a.E GRCh.

1348 *Gersdorf* in: BeckOK Informations- und Medienrecht, Art. 8 GRCh Rn. 25; *Jarass*, ZEuP 2017, 310 (327).

1349 *Holznagel/Dietze* in: Schulze/Zuleeg/Kadelbach, Europarecht, § 37 Rn. 3; *Eichenhofer*, Der Staat 2016, 41 (56); *Wagner*, Der Datenschutz in der Europäischen Union, S. 80. So bspw. für das Eigentumsrecht nach Art. 17 GRCh EuGH, Rs. 360/10, ECLI:EU:C:2012:85 – *SABAM*; für das Recht auf freie Meinungsäußerung EuGH, Rs. C-73/07, ECLI:EU:C:2008:266 – *Satakunnan Markkinapörssi u Satamedia*.

1350 *Burgkardt*, Grundrechtlicher Datenschutz zwischen Grundgesetz und Europarecht, S. 374. Grundlegend zum Ausgleich kollidierender Grundrechte im Unionsrecht *Jarass*, ZEuP 2017, 310 (324 f.).

– die Herstellung eines fairen Gleichgewichts ist hierbei im Wesentlichen dem Gedanken der praktischen Konkordanz widerstreitender Grundrechtspositionen nach der deutschen Grundrechtsdogmatik vergleichbar. Von Bedeutung ist im Rahmen einer solchen Verhältnismäßigkeitsprüfung nach der Rspr. des EuGH grundsätzlich auch die Eingriffsintensität der jeweiligen Verarbeitung. Zur Beurteilung der Eingriffsintensität stellt der EuGH hier insbesondere ab auf die Art und Reichweite der Verarbeitung, den Grad des Persönlichkeitsbezugs der Daten, sowie mögliche negative Folgen, welche für den Betroffenen aus der Datenverarbeitung resultieren können.[1351] Stets gewahrt werden muss, im Sinne einer Schranken-Schranke, jedenfalls der Wesensgehalt des jeweiligen Grundrechts.[1352]

(bb) Vorgaben des Art. 8 Abs. 2 und 3 GRCh

Darüber hinaus sind die speziellen Vorgaben des Art. 8 Abs. 2 S. 1 GRCh zu beachten, welche insoweit als Ergänzung bzw. Konkretisierung der Anforderungen nach Art. 52 Abs. 1 GRCh dienen.[1353] Neben der erneuten Hervorhebung des Erfordernisses einer gesetzlich geregelten Legitimationsgrundlage normiert Art. 8 Abs. 2 GRCh insbesondere den Grundsatz der Zweckbindung sowie der Verarbeitung nach Treu und Glauben und übernimmt hiermit zwei datenschutzrechtliche Prinzipien aus der DS-RL,[1354] welche, aufgrund ihrer besonderen Normierung im Grundrecht, ebenfalls als Schranken-Schranke klassifiziert werden können.[1355] Darüber hinaus werden der datenschutzrechtliche Auskunfts- sowie der Berichti-

1351 *Britz*, EuGRZ 2009, 1 (10); *Burgkardt*, Grundrechtlicher Datenschutz zwischen Grundgesetz und Europarecht, S. 383; *Gersdorf* in: BeckOK Informations- und Medienrecht, Art. 8 GRCh Rn. 32; *Wollenschläger*, AöR 2010, 363 (392).

1352 *Gersdorf* in: BeckOK Informations- und Medienrecht, Art. 8 GRCh Rn. 25; *Jarass* in: Jarass, GRCh, Art. 8 Rn. 12a; *Wagner*, Der Datenschutz in der Europäischen Union, S. 80.

1353 *Wagner*, Der Datenschutz in der Europäischen Union, S. 83; *Wollenschläger*, AöR 2010, 363 (387).

1354 Zur Frage, ob und inwieweit auch die anderen Verarbeitungsgrundsätze der DS-RL zugleich das Grundrecht auf Schutz personenbezogener Daten determinieren, vgl. *Britz*, EuGRZ 2009, 1 (9). Zur Problematik, ob und inwieweit seit Geltung der DS-GVO die dort enthaltenen Bestimmungen als auslegungsleitende Konkretisierungen des Art. 8 GRCh heranzuziehen sind, oben, Kap. 4, B. II. 3. c. bb.

1355 S. hierzu ausf. *Wagner*, Der Datenschutz in der Europäischen Union, S. 82 ff.

gungsanspruch[1356] sowie die Überwachung der datenschutzrechtlichen Regelungen durch eine unabhängige Stelle[1357] durch ihre explizite Erwähnung in Art. 8 GRCh grundrechtlich gewährleistet.[1358]

cc. Schutzumfang des Art 7 GRCh

Art. 7 GRCh schützt – nach dem Vorbild des Art. 8 EMRK – das Privat- sowie Familienleben, die Wohnung und die Kommunikation. Aufgrund dieser Entsprechung mit Art. 8 EMRK ist der Schutzbereich des Art. 7 GRCh i.S.d. Art. 52 Abs. 3 GRCh in enger Anlehnung an die Vorgaben der EMRK und der diesbezüglichen Rspr. des EGMR auszulegen.[1359] Vom Schutzbereich des Art. 7 GRCh umfasst ist mithin (ebenfalls) ein Recht auf Selbstbestimmung, -entwicklung und -entfaltung des Einzelnen.[1360]

dd. Die Einwilligung im Bereich der Art. 7, 8 GRCh

Die Möglichkeit, eine Verarbeitung personenbezogener Daten durch die Einwilligung des Betroffenen zu legitimieren, wird durch die explizite Nennung der Einwilligung in Art. 8 Abs. 2 S. 1 GRCh ausdrücklich anerkannt. Unterschiedlich beurteilt wird die genaue Verortung der Einwilligung innerhalb der Grundrechtsdogmatik. Während manche die Einwilli-

---

1356 Vgl. Art. 8 Abs. 2 S. 2 GRCh.

1357 Vgl. Art. 8 Abs. 3 GRCh. Ausf. hierzu *Burgkardt*, Grundrechtlicher Datenschutz zwischen Grundgesetz und Europarecht, S. 386 ff.

1358 S. hierzu ausf. *Bernsdorff* in: Meyer, GRCh, Art. 8 Rn. 23; *Frenz*, Handbuch Europarecht Band 4, § 5 Rn. 1392 ff.; *Jung*, Grundrechtsschutz auf europäischer Ebene, S. 99 ff.; *Kingreen* in: Calliess/Ruffert, EUV/AEUV, Art. 8 GRCh Rn. 10; *Wagner*, Der Datenschutz in der Europäischen Union, S. 91 ff.

1359 Erläuterungen zur Charta der Grundrechte, ABl 2007 C 303/17 (32). Vgl. auch EuGH, Rs. C-400/10 PPU, ECLI:EU:C:2010:582, Rn. 53 – *McB*; Rs. C-419/14, ECLI:EU:C:2015:832, Rn. 70 – *WebMindLicenses*. So auch *Burgkardt*, Grundrechtlicher Datenschutz zwischen Grundgesetz und Europarecht, S. 348; *Enders* in: Merten/Papier, HB der Grundrechte IV, § 89 Rn. 86; *Jarass* in: Jarass, GRCh, Art. 7 Rn. 2; *Kingreen* in Calliess/Ruffert, EUV/AEUV, Art. 7 GRCh Rn. 2; Vgl. zur entsprechenden Auslegung aufgrund des Art. 52 Abs. 3 GRCh auch oben, Kap. 4, B. II. 1. a.

1360 Ähnlich *Scheurer*, Spielerisch selbstbestimmt, S. 114 f.

gung als Rechtfertigung eines Eingriffs qualifizieren,[1361] geht die wohl überwiegende Ansicht davon aus, bei einer Datenverarbeitung auf Grundlage einer wirksamen Einwilligung läge schon kein Eingriff vor.[1362] Letztere Lesart überzeugt, (jedenfalls) wenn und soweit die Einwilligung (wie vorliegend) ihrem Wesen nach als Ausübung (grundrechtlich geschützter) autonomer Selbstbestimmung verstanden wird.[1363]

(1) Voraussetzungen

In jedem Fall muss die Einwilligung – entsprechend Art. 2 lit. h DS-RL[1364] – freiwillig und informiert, also in Kenntnis der Sachlage erteilt worden sein.[1365] Auch[1366] im europarechtlichen Rahmen erfährt eine einwilligungsbasierte Datenverarbeitung ihren Legitimationsgrund mithin durch den zustimmenden Willen des Betroffenen. Demgemäß verneinte der EuGH etwa die Wirksamkeit etwa einer Einwilligung, die in der Weise an die Auszahlung von Subventionen gekoppelt war, dass der Betroffene le-

1361 So bspw. *Burgkardt*, Grundrechtlicher Datenschutz zwischen Grundgesetz und Europarecht, S. 367.

1362 So bspw. *Frenz*, Handbuch Europarecht Band 4, § 5 Rn. 1417; *Gersdorf* in: BeckOK Informations- und Medienrecht, Art. 8 GRCh Rn. 20; *Jarass* in: Jarass, GRCh, Art. 8 Rn. 9; *Jung*, Grundrechtsschutz auf europäischer Ebene, S. 96; *Kingreen* in: Calliess/Ruffert, EUV/AEUV, Art. 8 GRCh Rn. 13; *Taeger* in: Taeger/Gabel, DSGVO, Art. 7 Rn. 26; *Wagner*, Der Datenschutz in der Europäischen Union, S. 71; *Wollenschläger*, AöR 2010, 363 (385). Hierfür spricht, dass auch der EuGH das evtl. Vorliegen einer Einwilligung auf Eingriffsebene im Rahmen der Prüfung des Art. 8 GRCh erörtert, vgl. bspw. EuGH, Rs. C-92/09, C-93/09, ECLI:EU:C:2010:662, Rn. 61 ff. – *Volker und Markus Schecke und Eifert.*

1363 S. unten, Kap. 4, B. II. 3. c. dd. (2) .

1364 Zur Bedeutung der DS-RL im Rahmen der Auslegung des Art. 8 GRCh vgl. oben, Kap. 4, B. II. 3. c. bb.

1365 *Bernsdorff* in: Meyer, GRCh, Art. 8 Rn. 21; *Burgkardt*, Grundrechtlicher Datenschutz zwischen Grundgesetz und Europarecht, S. 368; *Frenz*, Handbuch Europarecht Band 4, § 5 Rn. 1418; *Gersdorf* in: BeckOK Informations- und Medienrecht, Art. 8 GRCh Rn. 27; *Guckelberger*, EuZW 2011, 126 (129); *Jarass* in: Jarass, GRCh, Art. 8 GRCh Rn. 9; *Jung*, Grundrechtsschutz auf europäischer Ebene, S. 96 f.; *Wollenschläger*, AöR 2010, 363 (385). Vgl. zur Problematik, ob und inwieweit seit Geltung der DS-GVO die dort enthaltene Begriffsbestimmung als auslegungsleitende Konkretisierungen des Art. 8 GRCh heranzuziehen ist oben, Kap. 4, B. II. 3. c. bb.

1366 Vgl. zur Verortung der Einwilligung als Unrechtsausschluss aufgrund des zustimmenden Willens des Rechtsinhabers auf nationaler Ebene ausf. oben, Kap. 2, A. I.

diglich im Vordruck für die Subventionsbeantragung auf die Veröffentlichung personenbezogener Daten im Falle der Subventionsausgabe hingewiesen wurde.[1367] Darüber hinaus ist nach Art. 8 Abs. 2 S. 1 nur eine zweckgebundene Einwilligungserteilung zulässig; Zweck und Umfang müssen somit im Vorhinein hinreichend bestimmt sein, so dass der Einwilligende tatsächlich die Möglichkeit erhält, eventuell entstehende Risiken und Folgen der Datenverarbeitung abschätzen zu können.[1368] Der Einwilligende muss mithin im Vorhinein über die für ihn relevanten Informationen verfügen, um eine seinen Präferenzen entsprechende Entscheidung treffen zu können. Die Anforderungen an den Umfang sowie die Genauigkeit der zur Verfügung gestellten Informationen ist dabei auch von Ausmaß und Schwere des Eingriffs – also dem Umfang der Datenverarbeitung, der Art der betroffenen Daten sowie dem Zweck der Datenverarbeitung und sich hieraus möglicherweise ergebenden Folgen für den Betroffenen – abhängig.[1369]

(2) Die Einwilligung als Grundrechtsausübung

Durch die explizite Nennung der Einwilligung in Art. 8 Abs. 2 S. 1 GRCh erfährt diese in gewisser Weise eine primärrechtliche Verankerung. Die Problematik, ob der Betroffene in eine Datenverarbeitung einwilligen

---

1367 So EuGH, Rs. C-92/09, C-93/09, ECLI:EU:C:2010:662, Rn. 62 f. – *Volker und Markus Schecke und Eifert.* Oft wird dieses Urteil des EuGH genannt, um zu belegen, dass eine Kopplung von datenschutzrechtlicher Einwilligung und bestimmten Leistungen, zumindest wenn der Betroffene auf diese angewiesen sei, zu einer Unwirksamkeit der Einwilligung aufgrund mangelnder Freiwilligkeit führe (so bspw. *Burgkardt*, Grundrechtlicher Datenschutz zwischen Grundgesetz und Europarecht, S. 368; *Kilian*, NJW 2011, 1325 (1326). Ähnlich *Guckelberger*, EuZW 2011, 126 (129)). Tatsächlich nimmt der EuGH in der streitgegenständlichen Situation aber an, dass schon begrifflich keine Einwilligung vorläge, da der potentiell Betroffene lediglich über die Veröffentlichungsplicht informiert werde (vgl. auch *Wagner*, Der Datenschutz in der Europäischen Union, S. 72). Zwar wäre es durchaus möglich gewesen, eine Rechtfertigung der streitgegenständlichen Veröffentlichung der Daten unter dem Gesichtspunkt der konkludenten Einwilligung durch Beantragung der Subvention zu diskutieren; eine solche Prüfung durch den EuGH, die sich dann auch mit der Frage, inwieweit eine solche Einwilligung als freiwillig zu beurteilen wäre, auseinanderzusetzen gehabt hätte, fand aber gar nicht statt.

1368 *Frenz*, Handbuch Europarecht Band 4, § 5 Rn. 1420, 1422; *Wagner*, Der Datenschutz in der Europäischen Union, S. 89 f.

1369 *Jung*, Grundrechtsschutz auf europäischer Ebene, S. 97.

(und in diesem Sinne jedenfalls nach nationalem Verständnis einen Eingriff in das Grundrecht auf Datenschutz gestatten) kann, stellt sich somit – anders als in der deutschen Grundrechtsdogmatik[1370] – nicht in gleicher Weise.[1371] Zugleich folgt aus dieser Verankerung der Einwilligung im Wortlaut des Art. 8 Abs. 2 S. 1 GRCh, dass jedenfalls eine vollumfängliche Streichung der Einwilligung als Legitimationsgrundlage einer Datenverarbeitung im europäischen Sekundärrecht wohl kaum mit den primärrechtlichen Vorgaben zu vereinbaren wäre.[1372]

Fraglich erscheint dagegen, ob und inwieweit die Einwilligung in eine Verarbeitung personenbezogener Daten – analog zu den Wertungen der Einwilligung im Bereich des informationellen Selbstbestimmungsrechts aus Art. 2 Abs. 1, Art. 1 Abs. 1 GG[1373] – als positive Grundrechtsausübung qualifiziert werden kann. Dies hätte insbesondere Auswirkungen auf die Frage, ob und inwieweit eine sekundärrechtliche Einschränkung der Einwilligung auch als ein Eingriff in die Grundrechte des Betroffenen zu qualifizieren und mithin auf eine entsprechende Vereinbarkeit mit unionalem Primärrecht zu überprüfen wäre.[1374] Zur Beantwortung dieser Frage, inwieweit auch eine "Verfügung" des Betroffenen über ihn betreffende personenbezogene Daten primärrechtlich geschützt ist, kommt es entscheidend darauf an, inwieweit auch den europäischen Grundrechtsnormen ein Recht auf (aktive) informationelle Selbstbestimmung zu entnehmen ist. Eine pauschale Übertragung der deutschen Grundrechtsdogmatik, in der die Einwilligung in eine Datenverarbeitung als eine Ausübung des Rechts auf informationelle Selbstbestimmung ebenfalls vom grundrechtlichen Schutz umfasst ist, ist dabei nicht ohne weiteres möglich.[1375]

1370 Vgl. hierzu oben, Kap. 4, B. I. 2. c.

1371 *Jarass*, ZEuP 2017, 310 (328); *Wagner*, Der Datenschutz in der Europäischen Union, S. 70.

1372 Vgl. hierzu auch *Forst*, NZA 2012, 364 (365). S. hierzu auch unten, Kap. 6, B. I. Auf Art. 7 GRCh und Art. 8 GRCh zur Begründung der *„entscheidende*[n] *Rolle der Einwilligung“* abstellend auch *Art. 29-Datenschutzgruppe*, WP259 rev.01, S. 4.

1373 Vgl. hierzu oben, Kap. 4, B. I. 2.

1374 Zur entsprechenden Situation im nationalen Recht vgl. oben, Kap. 4, B. I. 2. c.

1375 Gegen eine solche Übertragbarkeit explizit *Eichenhofer*, Der Staat 2016, 41 (49); *Wagner*, Der Datenschutz in der Europäischen Union, S. 127. Zu den unterschiedlichen dogmatischen Ansätzen des Informationellen Selbstbestimmungsrechts i.S.d. GG und des Rechts auf Datenschutz i.S.d. GRCh (bzw. der emrk) s. auch *Burgkardt*, Grundrechtlicher Datenschutz zwischen Grundgesetz und Europarecht, S. 403 f.

(a) Vorgaben des Art. 8 GRCh

Zwar wird zum Teil argumentiert, schon die Nennung der Einwilligung als Rechtfertigung einer Datenverarbeitung in Art. 8 Abs. 2 S. 1 GRCh führe dazu, dass eine Einengung der Einwilligungsmöglichkeit zumindest "*primärrechtlich bedenklich*" sei.[1376] Nur aufgrund der Bezugnahme des Art. 8 GRCh auf die Einwilligung als grundsätzlich mögliche Legitimationsgrundlage, kann aber nicht pauschal auf ein grundrechtlich geschütztes "Recht auf Einwilligung" des Betroffenen geschlossen werden. Betrachtet man zunächst Art. 8 GRCh (isoliert), so ist festzustellen, dass Art. 8 GRCh dem Wortlaut nach primär auf den Schutz des Betroffenen vor einer Verarbeitung ihn betreffender Daten abzielt.[1377] Kernpunkt stellt insofern die negativ konturierte Freiheit dar, Datenverarbeitungen Dritter zu verhindern.[1378] Nichtsdestotrotz wird überwiegend – und nicht selten ohne nähere Begründung – davon ausgegangen, Art. 8 GRCh schütze, parallel zu dem Schutzgehalt des Rechts auf informationelle Selbstbestimmung, eine "*autonome Entscheidungsgewalt*"[1379] über die eigenen Daten. Dies wäre aber nur der Fall, wenn Art. 8 GRCh über den (bloßen) Schutz personenbezogener Daten vor der Verarbeitung durch Dritte auch ein tiefergehendes Element der persönlichen Selbstbestimmung zu Eigen wäre; Art. 8 GRCh also nicht personenbezogene Daten schützen, sondern vor allem die personelle Entfaltung des Einzelnen, auch bezüglich seiner Beziehungen zur Außenwelt, gewährleisten würde. Inwieweit Art. 8 GRCh (isoliert) eine solche Interpretation tatsächlich entnommen werden kann, erscheint jedoch fraglich,[1380] denn anders als das deutsche informationelle Selbstbe-

---

1376 So *Pötters*, RDV 2015, 10 (15), sich hierbei allerdings auf den Entwurf der DS-GVO beziehend, in dem in ErwGr 43 S. 1 DS-GVO noch pauschal auf das Arbeitsverhältnis als eine Situation des Machtungleichgewichts (vgl. hierzu oben, Kap. 3, B. II. 3. b) zwischen Betroffenem und Datenverarbeiter hingewiesen wurde. Differenzierter *Forst*, NZA 2012, 364 (365 f.).

1377 So hat nach der Formulierung des Art. 8 GRCh der Einzelne ein "*Recht auf Schutz*" der ihn betreffenden personenbezogenen Daten; nicht aber ein Recht auf eine Entscheidungsbefugnis darüber, ob und wer diese Daten für welche Zwecke verwenden kann. Ähnlich zunächst auch *Jung*, Grundrechtsschutz auf europäischer Ebene, S. 200.

1378 So auch *Wagner*, Der Datenschutz in der Europäischen Union, S. 133.

1379 *Streinz/Michl*, Euzw 2011, 384 (385). Ähnlich *Frenz*, Handbuch Europarecht Band 4, § 5 Rn. 1383; *Gersdorf* in: BeckOK Informations- und Medienrecht, Art. 8 GRCh Rn. 20; *Jung*, Grundrechtsschutz auf europäischer Ebene, S. 96

1380 Hierfür sprechen sich einige Vertreter, erneut zumeist ohne nähere Begründung, aus; so bspw. *Bernsdorff* in: Meyer, GRCh, Art. 8 Rn. 21; *Frenz*, Handstimmungsrecht, wurzelt das europäische Datenschutzgrundrecht (zumindest nach Wortlaut und Struktur der Norm) nicht im Schutz der Persönlichkeit bzw. der Gewährleistung personeller Selbstbestimmung und -entfaltung.[1381]

(b) Wertungen des Art. 7 GRCh

Ein Schutz der personellen Autonomie, auch hinsichtlich "Verfügungen" über die eigene Person, könnte sich aber aus dem Umstand ergeben, dass Art. 8 GRCh in engem Zusammenhang zu Art. 7 GRCh zu sehen ist und mithin dessen Wertungen im Rahmen der Auslegung mit zu berücksichtigen sind.[1382] Für den von Art. 7 GRCh gewährleisteten Schutz des Privatlebens wird einhellig anerkannt, dieser sei mehr als ein "*right to be let alone*" und umfasse – neben den Schutz vor Eingriffen in die geschützte Privatsphäre – auch Elemente der Selbstbestimmung.[1383]

(aa) Selbstbestimmung i.R.d. Art. 8 EMRK

Untermauert wird dieses Verständnis von Art. 7 GRCh als Gewährleistung personeller Autonomie im Bereich des Privatlebens auch durch einen Vergleich mit Art. 8 EMRK und der diesbezüglichen Rspr. des EGMR.[1384] Denn Art. 8 EMRK, dessen Schutzbereich ebenfalls die Teilgarantie des Rechts auf Schutz der Privatsphäre umfasst, schützt nach Ansicht des EGMR nicht nur einen "inneren Bereich", in dem der Einzelne vor Eingriffen in sein Intim- bzw. Privatleben bewahrt wird, sondern gewährleistet in umfassender Weise die Möglichkeit für das einzelne Individuum, die

buch Europarecht Band 4, § 5 Rn. 1417; *Jung*, Grundrechtsschutz auf europäischer Ebene, S. 201 f.

1381 Vgl. hierzu auch *Jung*, Grundrechtsschutz auf europäischer Ebene, S. 200.

1382 Vgl. hierzu schon oben, Kap. 4, B. II. 3. c. aa. (2).

1383 So ausdrücklich *Enders* in: Merten/Papier, HB der Grundrechte IV, § 89 Rn. 87. Ähnlich: *Gersdorf* in: BeckOK Informations- und Medienrecht, Art. 7 GRCh Rn. 23; *Jarass* in: Jarass, GRCh, Art. 7 Rn. 14; *Johannes* in: Roßnagel, DS-GVO, § 2 Rn. 54; *Kingreen* in: Calliess/Ruffert, EUV/AEUV, Art. 7 GRCh Rn. 6; *Scholz* in: Merten/Papier, HB der Grundrechte IV/2, § 170 Rn. 75. Vgl. hierzu auch schon oben, Kap. 4, B. II. 3. c. cc.

1384 Zur Bedeutung des Art. 8 EMRK im Rahmen der Auslegung von Art. 7 GRCh vgl. oben, Kap. 4, B. II. 1. a.

eigene Persönlichkeit zu entwickeln und – auch innerhalb der Beziehungen zu Anderen – zu entfalten.[1385] Art. 8 EMRK schützt somit auch die personelle Entfaltungsfreiheit des Einzelnen innerhalb der von Art. 8 EMRK geschützten privaten Sphäre. In dem Urteil *Pretty* stellte der EGMR darüber hinaus klar, dass dem Prinzip der "persönlichen Autonomie" („*personal autonomy*“) bei der Interpretation des Art. 8 EMRK eine besondere Bedeutung zukomme.[1386] Der EGMR erkannte damit das Recht auf personelle Selbstbestimmung als i.R.d. Art. 8 EMRK zu beachtenden Aspekt ausdrücklich an.[1387] Somit stellt gerade die Möglichkeit der autonomen Entscheidung des Einzelnen dahingehend, wie er sein Privatleben gestalten möchte, ein wichtiges Prinzip dar, auf dem das Verständnis des Art. 8 EMRK nach der Rspr. des EGMR fußt.[1388] Hieraus folgt, dass dem durch Art. 8 EMRK gewährleisteten Schutz der Privatsphäre auch im datenschutzrechtlichen Bereich[1389] eine Komponente der autonomen Selbstbestimmung zukommen muss.

Auch wenn es wohl zu weit geht, eine absolute Identität zwischen dem Recht auf informationelle Selbstbestimmung i.S.d. BVerfG und der Gewährleistung des Art. 8 EMRK zu proklamieren,[1390] kann für die vorliegende Frage, inwieweit die Einwilligung auch Ausdruck der grundrechtlich geschützten Gewährleistung darstellt, somit festgehalten werden, dass die Einwilligung als Mittel zur Ausübung der – durch Art. 8 EMRK geschützten – autonomen Selbstbestimmung verstanden werden kann. In diesem Sinne ist durchaus anzunehmen, Art. 8 EMRK umfasse die Befugnis des Einzelnen, grundsätzlich selbst über die Verwendung und Preisgabe derje-

---

1385 So bspw. EGMR Urt. v. 16.12.1992, Nr. 13710/88 – *Niemitz/Deutschland*. S. hierzu auch *Grabenwarter*, European Convention on Human Rights, Art. 8 Rn. 16; vgl. hierzu auch oben, Kap. 4, B. II. 3. a.

1386 EGMR, Urt. v. 29.04.2002, Nr. 2346/02, Rn. 61 – *Pretty/Vereinigtes Königreich*.

1387 S. hierzu auch *Grabenwarter*, European Convention on Human Rights, Art. 8 Rn. 11 ff. sowie ausf. *Siemen*, Datenschutz als europäisches Grundrecht, S. 76 ff.

1388 *Enders* in: Merten/Papier, HB der Grundrechte IV, § 89 Rn. 88.

1389 Zur Zuordnung des Rechts auf Datenschutz unter den Schutzbereich des Art. 8 EMRK vgl. oben, Kap. 4, B. II. 3. a.

1390 So aber *Jung*, Grundrechtsschutz auf europäischer Ebene, S. 201; *Scholz* in: Merten/Papier, HB der Grundrechte IV/2, § 170 Rn. 75; *Uerpmann-Wittzack* in: Europäische Grundrechte und Grundfreiheiten, § 3 Rn. 3. Differenzierender dagegen *Siemen*, Datenschutz als europäisches Grundrecht, S. 130 ff. Hinsichtlich des bestehenden Unterschieds zwischen dem Recht auf informationelle Selbstbestimmung und einem Selbstdarstellungsrecht – allerdings allein mit Blick auf das nationale Recht – *Holznagel* in: Pieroth, Verfassungsrecht und soziale Wirklichkeit in Wechselwirkung S. 38.

nigen Daten zu entscheiden, welche (im weiteren Sinne)[1391] dem von Art. 8 EMRK geschützten Privatleben zuzuordnen sind.[1392]

(bb) Selbstbestimmung i.R.d. Art. 7 GRCh

Diese Art. 8 EMRK zugrundeliegenden Wertungen sind auch bei Auslegung des Art. 7 GRCh gebührend zu berücksichtigen.[1393] Somit sind auch Verfügungen über die eigene Person, soweit sie als Mittel zur Verwirklichung der personalen Selbstbestimmung und Lebensführung dienen, als vom Schutzbereich des Art. 7 GRCh umfasst anzusehen.[1394] Die Einwilligung wiederum fungiert hierbei als Mittel zur Ausübung dieser grundrechtlich geschützten Selbstbestimmung.[1395]

(c) Folgerungen für die Einwilligung

Die Rückkoppelung der Einwilligung als Mittel zur aktiven Ausübung der grundrechtlich geschützten Autonomie des Einzelnen hinsichtlich der Gestaltung seines Privatlebens innerhalb des Art. 7 GRCh lässt auch die Beurteilung der dogmatischen Verortung der Einwilligung im Rahmen des Rechts auf Datenschutz nach Art. 8 GRCh nicht völlig unberührt. Der enge Zusammenhang, welcher zwischen der grundrechtlichen Gewährleistung des Privatlebens nach Art. 7 GRCh und dem Datenschutzgrundrecht nach Art. 8 GRCh besteht,[1396] könnte vielmehr bedeuten, dass die Wertungen hinsichtlich der Einwilligung als grundrechtlich geschützte "Verfügung" über die eigene Person i.R.d. Art. 7 GRCh auch auf Art. 8 GRCh zu übertragen sind.

Anführen lassen sich für eine solche Wertung darüber hinaus grundsätzliche Erwägungen: Die Entfaltung der Persönlichkeit und die Selbstbestimmung über die eigene Person setzen nicht nur einen geschützten Bereich voraus, in dem sich der Einzelne ohne Eingriffe bzw. Zugriffe Dritter

1391 Vgl. hierzu oben, Kap. 4, B. II. 3. a.

1392 *Mähring*, EuR 1991, 369 (373); *Siemen*, Datenschutz als europäisches Grundrecht, S. 131.

1393 Vgl. hierzu oben, Kap. 4, B. II. 3. c. cc.

1394 *Jarass* in: Jarass, GRCh, Art. 7 Rn. 14; *Johannes* in: Roßnagel, DS-GVO, § 2 Rn. 55.

1395 *Enders* in: Merten/Papier, HB der Grundrechte IV, § 89 Rn. 88.

1396 Vgl. hierzu oben, Kap. 4, B. II. 3. c. aa. (2).

entwickeln und entfalten kann. Persönlichkeit und Selbstbild entstehen vielmehr auch und gerade durch und innerhalb von Kommunikation und Interaktion des Einzelnen mit seiner Außenwelt. Das Recht auf informationelle Selbstbestimmung ist in diesem Sinne zugleich *„Instrument zur Umsetzung des Rechts auf Selbstdarstellung"*[1397]. Und auch darüber hinaus wird die eigene Identität durch die Frage geprägt, wem der Einzelne was anvertraut. All dies erfordert den Austausch bzw. die Hingabe personenbezogener Daten. Anerkennt man also die freie Selbstbestimmung des Einzelnen als zentrales Prinzip des grundrechtlichen europäischen Normgefüges auch auf europäischer Ebene, so stellt die Weitergabe personenbezogener Daten bzw. die Einwilligung in eine Datenverarbeitung einen vom Staat (grundsätzlich) zu respektierenden Akt autonomer Selbstbestimmung dar.[1398] Die Einwilligung im Rahmen des Art. 8 GRCh ist mithin – zumindest in Zusammenschau mit Art. 7 GRCh – als aktive Ausübung der Selbstbestimmung im datenschutzrechtlichen Bereich und mithin als Grundrechtsausübung zu qualifizieren.[1399]

III. Ergebnis: Betroffene Grundrechtspositionen

Sowohl die Interessen (erwerbswirtschaftlich tätiger) privater Datenverarbeiter als auch von dieser Verarbeitung betroffener Personen lassen sich auf grundrechtlicher Ebene verankern. Mit Blick auf die DS-GVO als europäischer Verordnung sind die diesbezüglichen Vorgaben und Wertungen des europarechtlichen Normgefüges – also insbesondere die europäische Grundrechtecharta – von besonderer Bedeutung, während die nationalen Grundrechte aufgrund des Anwendungsvorrangs des Unionsrechts zunehmend in den Hintergrund rücken.[1400]

Die Interessen des privaten Datenverarbeiters lassen sich – soweit er mit der Verarbeitung erwerbswirtschaftliche Interessen verfolgt –, Art. 15 bzw. 16 GRCh zuordnen.[1401] Die Belange des Betroffenen – insbesondere der Schutz vor möglichen Risiken der Datenverarbeitung – finden ihren

---

1397 *Britz*, Freie Entfaltung durch Selbstdarstellung, S. 4.

1398 Vgl. hierzu *Enders* in: Merten/Papier, HB der Grundrechte IV, § 89 Rn. 88.

1399 Ähnlich *Taeger* in: Taeger/Gabel, DSGVO, Art. 7 Rn. 24 ff sowie (i. Erg.) auch *Wagner*, Der Datenschutz in der Europäischen Union, S. 132 ff., hinsichtlich eines Verfügungsrechts über die "eigenen" Daten eine Parallele zum Eigentumsrecht nach Art. 17 GRCh ziehend.

1400 Vgl. hierzu oben, Kap. 4, B. I. 3.

1401 Vgl. hierzu oben, Kap. 4, B. II. 2.

grundrechtlichen Anknüpfungspunkt in Art. 8 GRCh (i.V.m. Art. 7 GRCh).[1402] Kernpunkt im Bereich der Art. 7 und 8 GRCh ist dabei auch die Sicherung und Ermöglichung autonomer Selbstentfaltung des Einzelnen. Daher ist die Weitergabe personenbezogener Daten – insbesondere in Form der Einwilligung in eine Datenverarbeitung durch private Dritte – (im Grundsatz)[1403] als grundrechtlich geschütztes Verhalten anzusehen.[1404]

Die Vorgaben, welche das Primärrecht setzt werden im weiteren Verlauf der Arbeit bei der Auslegung der Einwilligungsvoraussetzungen nach der DS-GVO hinreichend zu berücksichtigen sein. Im Falle der Kollision der Interessen von datenverarbeitenden Privaten und betroffenen Personen kommt den grundrechtlichen Wertungen insoweit auch und gerade die Funktion zu, die Rechte und Interessen der Parteien nach Möglichkeit einem verhältnismäßigen Ausgleich zuzuführen.

1402 Vgl. hierzu oben, Kap. 4, B. II. 3.

1403 S. hierzu unten, Kap. 4, B. II. 3. c. dd. (2).

1404 Vgl. hierzu oben, Kap. 4, B. II. 3. c. dd. (2) (c).

Kapitel 5: Auslegung

Die im vorangegangenen Kapitel 4 beleuchteten Interessen der Beteiligten, unter Einschluss ihrer grundrechtlichen Verankerungen im europäischen Primärrecht, ermöglichen eine interessen- und risikoorientierte – und in diesem Sinne verhältnismäßige – Auslegung der (bisher noch) unklaren Voraussetzungen der datenschutzrechtlichen Einwilligung nach der DS-GVO.[1405]

Zudem verdeutlichen die in Bezug genommenen Interessen und Grundrechtspositionen die besondere Bedeutung der Freiwilligkeit und der Informiertheit des Betroffenen bei Abgabe der Einwilligungserklärung. Entsprechend dem Idealbild einer einwilligungsbasierten Datenverarbeitung, hat der einzelne Betroffene auf informierter Grundlage das Für und Wider einer Verarbeitung ihn betreffender Daten abgewogen und sich – in freier Ausübung seines informationellen Selbstbestimmungsrechts – für die Datenverarbeitung entschieden. Dafür, dass die Einwilligung tatsächlich als Mittel zur autonomen Selbstbestimmung angesehen werden und die im Rahmen einer Verarbeitung (personenbezogener) Daten auftretenden Risikopotentiale minimieren kann, ist essentielle Voraussetzung, dass die Einwilligung tatsächlich auf einer informierten und freiwilligen Entscheidung des Betroffenen beruht. Im vorliegenden Kapitel 5, welches sich der Auslegung dieser kognitiven und voluntativen Elemente der Einwilligung nach der DS-GVO widmet, ist somit stets – auch – zu hinterfragen, welches Maß an Entscheidungsfreiheit bzw. welcher Kenntnisstand beim Betroffenen erforderlich ist, um die Einwilligung als eine solche autonome Selbstbestimmung begreifen zu können.

A. Umfang der Informationspflicht

Die DS-GVO setzt eine Einwilligung „*in informierter Weise*“ voraus.[1406] In Kapitel 2 wurde festgestellt, dass sich der Verantwortliche hinsichtlich sei-

1405 Zu den bestehenden Unklarheiten vgl. oben, Kap. 3, C.
1406 Art. 4 Nr. 11 DS-GVO.

ner aus diesem Erfordernis resultierenden Informationspflicht grundsätzlich an den allgemeinen Vorschriften zur Informationserteilung nach Art. 12 ff. DS-GVO orientieren kann.[1407] Diese Regelungen der DS-GVO zu den vom Verantwortlichen bereitzustellenden Informationen in Art. 13 f. DS-GVO weisen indes gewisse Unklarheiten auf.[1408] Zurückzuführen sind diese Unklarheiten auf den Umstand, dass Art. 13 sowie Art. 14 DS-GVO die Vorgaben zur Informationspflicht über zwei verschiedene Absätze dergestalt regeln, dass ein Teil der dem Betroffenen zur Verfügung zu stellenden Informationen nach dem jeweiligen ersten Absatz (pauschal) mitzuteilen sind, während andere Angaben nach dem Wortlaut des zweiten Absatzes der Art. 13 und 14 DS-GVO (lediglich) "*zusätzlich*" zur Verfügung zu stellen sind, soweit diese Informationen "*notwendig*"[1409] bzw. "*erforderlich*"[1410] sind, "*um eine faire und transparente Verarbeitung zu gewährleisten*"[1411].[1412] Aufgrund dieser im Wortlaut angelegten Differenzierung besteht Uneinigkeit, ob es sich bei diesen "zusätzlichen Informationen" um solche handelt, deren Angabe dem Verantwortlichen nur im Bedarfsfall auferlegt ist, oder aber – trotz der dann insoweit missverständlichen Formulierung – um Informationen, die der Verantwortliche unabhängig der konkreten Situation (ebenfalls) stets zur Verfügung zu stellen hat.[1413]

1407 So die ganz h.M., vgl. So *Buchner/Kühling* in: Kühling/Buchner, DS-GVO, Art. 7 Rn. 59; auch *Heckmann/Paschke* in: Ehmann/Selmayr, DS-GVO, Art. 7 Rn. 40; *Ingold* in: Sydow, DS-GVO, Art. 7 Rn. 35; *Lutz* in: Specht-Riemschneider, Datenrecht in der Digitalisierung, S. 225; *Schantz* in: *Schantz/Wolff*, Das neue Datenschutzrecht, Rn. 520; *Scheurer*, Spielerisch selbstbestimmt, S. 217; *Schulz* in Gola, DS-GVO, Art. 7 Rn. 36; *Stemmer* in: BeckOK DSR, Art. 7 Rn. 55. Zu Einzelheiten sowie gegenteiligen Ansichten bereits oben, Kap. 3, B. II. 1. a.

1408 Vgl. oben, Kap. 3, B. II. 1. a.

1409 Vgl. Art. 13 Abs. 2 DS-GVO.

1410 Vgl. Art. 14 Abs. 2 DS-GVO.

1411 Vgl. Art. 13 Abs. 2 bzw. Art. 14 Abs. 2 DS-GVO.

1412 S. hierzu ausf. oben, Kap. 3, B. II. 1. a. Die Verwendung der Formulierung "*erforderlich*" in Art. 14 DS-GVO ggü. der Formulierung "*notwendig*" in Art. 13 DS-GVO führt nicht zu einem inhaltlichen Unterschied, so verwendet die englische Fassung bspw. in beiden Fällen den Begriff "*necessary*".

1413 Vgl. zu den hier vertretenen Meinungen oben, Kap. 3, B. II. 1. a. cc.

I. Notwendigkeit der Differenzierung

Teilweise wird (trotz der Annahme einer situationsbedingten Informationspflicht) vorgeschlagen, der Verantwortliche solle – quasi „sicherheitshalber" – unabhängig der Erfordernisse des Einzelfalls eine allumfassende Informationserteilung vornehmen.[1414] Hiermit könne der Verantwortliche einem potentiellen Haftungsrisiko entgehen, denn die betroffene Person werde dann in jedem Fall mit allen für sie relevanten Informationen versorgt.[1415] Darüber hinaus sei dies auch aus Praktikabilitätserwägungen anzuraten, weil hierdurch eine unter Umständen schwierige und umständliche Prüfung, ob und welche Informationen im Einzelfall „*notwendig*" bzw. „*erforderlich*" seien, entfalle.[1416] Wäre dem zuzustimmen, käme der Frage danach, ob es sich bei den in Abs. 2 aufgezählten Angaben ebenfalls um Pflichtangaben handelt, kaum praktisch relevante Bedeutung zu.

Die Aussage, sicherheitshalber seien stets alle Informationen zur Verfügung zu stellen, ist mit Blick auf die Interessen des Betroffenen in dieser Pauschalität jedoch nicht haltbar: Denn unter dem Gesichtspunkt des Grenznutzens zusätzlicher Information[1417] könnte auch eine im Einzelfall unnötige Fülle an Informationen zu einem Verlust an Transparenz für den Betroffenen führen.[1418] Insbesondere durch eine zu hohen Dichte an Information bzw. zu vielen Einzelangaben kann ein *information overload*[1419] entstehen, infolge dessen dem Betroffenen eine tatsächlich informierte Entscheidung erschwert oder sogar verunmöglicht wird.

Ein etwaiger Transparenzverlust wäre nicht nur hinsichtlich des Ziels, dem Betroffenen eine tatsächlich informierte Entscheidung zu ermöglichen, problematisch, sondern könnte für den datenschutzrechtlich Verantwortlichen überdies sogar zu einer Haftungsfalle führen. Nach Art. 12 Abs. 1 S. 1 DS-GVO hat der Verantwortliche die Informationen (unter anderem) in präziser und transparenter Form zur Verfügung zu stellen. Hierzu gehört auch eine möglichst knappe Informationserteilung,

---

1414 *Knyrim* in: Ehmann/Selmayr, DS-GVO, Art. 13 Rn. 51; *Piltz*, K&R 2016, 629 (630); *Pötters/Bausewein* in: Wybitul, HB EU-DS-GVO, S. 309 Rn. 29.

1415 *Piltz*, K&R 2016, 629 (630). In diese Richtung auch *Gola*, K&R 2017, 145 (148).

1416 *Paal/Hennemann* in: Paal/Pauly, DS-GVO, Art. 13 Rn. 23.

1417 Vgl. oben, Kap. 2, B. II. 2. a. aa.

1418 S. ausf. unten Kap. 5, A. II. 4. c. bb.

1419 Zu Begriff, Entstehungsgründen und Auswirkungen eines solchen *information overload* ausf. oben, Kap. 2, B. II. 2. a. aa. sowie unten, Kap. 5, A. II. 4. c. bb und Kap. 6, A. II. 1.

welche keine überflüssigen Angaben enthält.[1420] Handelt es sich bei den in Abs. 2 aufgezählten Angaben somit um solche Informationen, die nur im Bedarfsfall anzugeben sind, so kann auch eine Bereitstellung dieser Informationen im Falle einer fehlenden Erforderlichkeit im Einzelfall zu einer bußgeldbewehrten Sanktion für den Verantwortlichen aufgrund eines Verstoßes gegen diese Transparenzpflicht führen.[1421] Demnach verlangt sowohl die Interessenlage des Betroffenen, als auch diejenige des Verantwortlichen einer eingehende(re)n Auseinandersetzung mit der Thematik, inwieweit es sich bei den in Art. 13 Abs. 2 bzw. 14 Abs. 2 DS-GVO genannten Angaben um Pflicht- oder (situationsabhängige) Bedarfsinformationen handelt.

II. Auslegung

Die Frage, in welchem Umfang Art. 13 bzw. 14 DS-GVO eine Informationserteilung an den Einwilligenden vorschreiben, ist insbesondere im Wege der Auslegung dieser Normen – auch unter Berücksichtigung der bisher gewonnenen Erkenntnisse – zu beantworten.[1422]

1. Wortlaut

Nach dem Wortlaut des Art. 13 Abs. 2 stellt der Verantwortliche der betroffenen Person *„folgende weitere Informationen zur Verfügung, die notwendig sind, um eine faire und transparente Verarbeitung zu gewährleisten"*. Hierdurch entsteht (jedenfalls) der Eindruck einer beabsichtigen Korrelation zwischen dem Umfang der Informationspflicht und den Gegebenheiten der (gewünschten bzw. geplanten) Verarbeitung personenbezogener Daten im jeweiligen konkreten Einzelfall.

Insbesondere lässt sich diese Vermutung auch nicht durch das Argument entkräften, der Wortlaut der Art. 13 f. DS-GVO ließe nicht auf einen risikobasierten Ansatz schließen.[1423] Denn ob bzw. inwieweit den Informa-

1420 Vgl. oben Kap. 3, B. II. 1. b.

1421 Vgl. Art. 83 Abs. 5 lit. a bzw. b. Hierauf hinweisend auch *Ernst*, ZD 2017, 110 (113) sowie *Paal/Hennemann* in: Paal/Pauly, DS-GVO, Art. 13 Rn. 23.

1422 Zur Auslegungsmethodik des EuGH vgl. allg. bspw. *Borchardt* in: Schulze/Zuleeg/Kadelbach, Europarecht, § 15 Rn. 31 ff.; *Wegener* in: Calliess/Ruffert, EUV/AEUV, Art. 19 EUV Rn. 13 ff.

1423 So aber *Bäcker* in: Kühling/Buchner, DS-GVO, Art. 13 Rn. 20.

tionspflichten der DS-GVO ein risikobasierter Ansatz entnommen werden kann, folgt gerade aus dem Umstand, ob und inwieweit die in Art. 13 Abs. 2 DS-GVO genannten Angaben als Pflichtinformationen zu begreifen sind[1424] – bei dem genannten Argument handelt es sich insofern bei näherer Betrachtung um einen Zirkelschluss. Überdies erscheint die pauschale Ablehnung eines risikobasierten Prinzips innerhalb der Pflicht zur Informationserteilung verkürzt, denn festzustellen ist, dass die DS-GVO jedenfalls an nicht wenigen Stellen einen risikobasierten Ansatz auch und gerade bzgl. der Rahmenbedingungen der Verarbeitung personenbezogener Daten verfolgt.[1425]

Zweifel an der Interpretation des Wortlauts als situationsabhängige Informationsverpflichtung ergeben sich indes bei näherer Betrachtung der gewählten Satzstruktur. Anstatt durch die Verwendung eines Konditionalgefüges klarzustellen, dass die jeweiligen in Abs. 2 genannten Informationen nur zu erteilen seien, "soweit" diese Erteilung für eine faire und transparente Verarbeitung erforderlich ist, wird dieser Bezug zu einer fairen Verarbeitung lediglich durch einen Relativsatz ausgedrückt.[1426] Relativsätze dienen grammatikalisch primär dazu, eine Eigenschaft des im Hauptsatz verwendeten Substantivs näher zu umschreiben, nicht aber dazu, für dieses Substantiv eine Bedingung aufzustellen. Durch die Verwendung der Formulierung "[z]*usätzliche Informationen,* [...], *die notwendig sind*"[1427] in Art. 13 Abs. 2 DS-GVO und der hiermit einhergehenden Wahl eines Relativsatzes als grammatikalisches Gerüst, lässt sich somit eine lediglich einzelfallabhängige Verpflichtung des Verantwortlichen zur Bereitstellung

1424 *Veil*, ZD 2015, 347 (349) geht bspw. anhand des Wortlauts der Norm davon aus, man könne diese zumindest als risikoabhängige Regelung interpretieren.

1425 Vgl. hierzu die Bsp. bei *Buchner*, DuD 2016, 155 (157); *Veil*, ZD 2015, 347 (348 ff.).

1426 Auf dieses Argument rekurrierend auch *Bäcker* in: Kühling/Buchner, DS-GVO, Art. 13 Rn. 20.

1427 Diese Formulierung findet sich auch in den anderen Sprachfassungen der DS-GVO wieder, vgl. die englischsprachige Fassung: "[T]*he controller shall* [...] *provide the data subject with the following further information necessary to ensure fair and transparent processing*" sowie die französische Fassung: "[L]*e responsable du traitement fournit à la personne concernée* [...] *les informations complémentaires suivantes qui sont nécessaires pour garantir un traitement équitable et transparent*". Zur Bedeutung der verschiedenen Sprachfassungen bzw. dem Problem der Mehrsprachigkeit im Rahmen der grammatikalischen Auslegung von EU-Recht s. *Hager*, Rechtsmethoden in Europa, S. 251 Rn. 6 f.; *Müller/Christensen*, Juristische Methodik II, S. 210 ff.; *Riesenhuber* in: Riesenhuber, Europ. Methodenlehre, § 10 Rn. 14. ff.

der in Abs. 2 enthaltenen Angaben zumindest nicht eindeutig argumentativ untermauern.[1428]

Eine allein am Wortlaut der Norm orientierte, grammatikalische Auslegung führt somit zu keinem klaren Auslegungsergebnis.[1429]

2. Systematik

In systematischer Hinsicht ist die Aufteilung der Informationsangaben in zwei getrennte Absätze in Blick zu nehmen. Eine solche Differenzierung zwischen den einzelnen Informationsangaben durch Aufteilung in einen ersten und einen zweiten Absatz ist nur dann sinnvoll, wenn und soweit mit dieser Differenzierung auch ein inhaltlicher Unterschied zwischen den jeweiligen Informationspflichten verbunden ist.[1430] Soweit diese Aufteilung in zwei separate Absätze nicht lediglich auf ein gesetzgeberisches Versehen zurückgeführt werden soll, ist anzunehmen, dass der Separierung der verschiedenen Informationsangaben durchaus ein Sinngehalt innewohnen muss bzw. soll. Ein solcher Sinngehalt wäre insbesondere dann gegeben, wenn zwischen den einzelnen Informationspflichten auch ein tatsächlicher Unterschied bestehen würde – diese Informationspflichten etwa in einem Stufenverhältnis zueinander stehen würden, in welchem die im ersten Absatz genannten Angaben stets, die im zweiten Absatz genannten Angaben dagegen nur im Einzelfall zur Verfügung zu stellen wären.

Im Ergebnis ließe sich die Aufteilung in verschiedene Absätze aber auch auf andere (gesetzgeberische) Erwägungen zurückführen. Denn die systematische Unterteilung wäre aufgrund des Verweises in Art. 13 Abs. 3 DS-GVO auch bei Annahme einer gleichlaufenden pauschalen Pflicht zur Informationserteilung (also bei der Annahme, bei den in Art. 13 Abs. 2 DS-GVO genannten Informationen handele es sich gleichfalls um "Pflichtin-

---

1428 In den Entwurfsfassungen der DS-GVO der Kommission und dem Parlament wurde diese Korrelation zwischen Informationsumfang und Risiko der Datenverarbeitung indes ebenfalls (allein) in einem Relativsatz vorgesehen, im Übrigen aber eindeutig ein risikoorientierter Ansatz verankert (s. unten, Kap. 5, A. II. c). Daher lässt sich aus der Wahl eines Relativsatzes auch nicht der gegenteilige Schluss folgern, Art. 13 f. DS-GVO seien als nicht-risikoorientierte Regelungen zu verstehen und die in Abs. 2 enthaltenen Informationen als pauschale Pflichtangaben unabhängig des Einzelfalls zu erteilen.

1429 So auch *Gola*, K&R 2017, 145 (148).

1430 So auch *Paal/Hennemann* in: Paal/Pauly, DS-GVO, Art. 13 Rn. 22; *Veil* in: Gierschmann, DS-GVO, Art. 13 u 14 Rn. 87.

formationen) nicht (gänzlich) überflüssig: Art. 13 Abs. 3 DS-GVO verlangt vom Verantwortlichen, dem Betroffenen im Falle einer zweckändernden Weiterverarbeitung personenbezogener Daten "*Informationen über diesen anderen Zweck und alle anderen maßgeblichen Informationen gemäß Absatz 2 zur Verfügung*" zu stellen. Die Differenzierung der Informationsangaben innerhalb der zwei Absätze ließe sich mithin auch darauf zurückführen, dass die in Absatz 2 aufgeführten Angaben im Falle einer zweckändernden Weiterverarbeitung (erneut) vom Verantwortlichen zur Verfügung zu stellen sind, wohingegen die in Absatz 1 enthaltenen Angaben in diesem Falle nicht von der Informationspflicht umfasst werden. Die systematische Unterteilung der verschiedenen Informationen im Rahmen des Art. 13 DS-GVO könnte somit auch lediglich auf diese unterschiedliche Behandlung im Falle der zweckändernden Weiterverarbeitung zurückzuführen sein.[1431] Eine Betrachtung der Vorschriften unter systematischen Gesichtspunkten kommt somit – entgegen einer ersten Intuition – ebenfalls zu keinem klaren Ergebnis.

3. Historie und Genese

Auch die historische sowie die genetische Auslegung, also der Blick auf Vorgängerregelungen sowie die Entstehungsgeschichte der jeweiligen auslegungsbedürftigen Norm, werden vom EuGH – insbesondere im Falle eines unklaren Ergebnisses im Rahmen der grammatikalischen und systematischen Auslegung – in Ansatz gebracht.[1432]

a. Historie

Im Rahmen der historischen Auslegung ist, im Einklang mit der Rspr. des EuGH, insbesondere beachtlich, ob der europäische Gesetzgeber mit dem neuen Normtext (nicht nur unerheblich) von der vormals bestehenden Regelung abgewichen ist. Der EuGH geht in diesem Kontext aus, es entspreche „*einem den Rechtsordnungen der Mitgliedsstaaten gemeinsamen, auf das römische Recht zurückgehenden Grundsatz*" nach einer Gesetzesänderung

1431 So etwa *Franck* in: Gola, DS-GVO, Art. 13 Rn. 5.

1432 *Bleckmann*, RIW 1987, 929 (930); *Riesenhuber* in: Riesenhuber, Europ. Methodenlehre § 10 Rn. 32. S. hierzu ausf. *Müller/Christensen*, Juristische Methodik II, S. 66 f. Rn. 70 f.

grundsätzlich "*der Auslegung den Vorzug zu geben, welche die Kontinuität der Rechtsstrukturen gewährleistet*"[1433]. Dieser Grundsatz stehe aber unter der Prämisse, dass der Gesetzgeber keinen „*entgegenstehenden Willen zum Ausdruck gebracht habe*"[1434]. Gerade ein klares Abweichen von Wortlaut oder Systematik der Vorgängerregelung lasse mithin die Vermutung zu, der Gesetzgeber habe durch diese bewusste Änderung auch einen Bedeutungsunterschied bezweckt.[1435] Vorliegend werden daher die Regelungen der DS-RL als Vorgängerregelung der DS-GVO auch und gerade daraufhin in Blick zu nehmen sein, ob die Informationsvorgaben der DS-GVO als Weiterführung der bereits bestehenden Regelungen oder als von den bisher bestehenden Regelungen (klar) abweichende Neukonzeptionen zu verstehen sind.

aa. Art. 10 und 11 DS-RL

Bis zum Erlass der DS-GVO waren die Informationspflichten des Verantwortlichen auf europäischer Ebene in Art. 10 und 11 DS-RL geregelt. Parallel zu den jetzigen Art. 13 und 14 DS-GVO befasste sich Art. 10 DS-RL mit den Informationspflichten des Verantwortlichen im Falle einer Direkterhebung personenbezogener Daten beim Betroffenen, während Art. 11 DS-RL die bestehenden Informationspflichten regelte, welche den Verantwortlichen im Falle einer Datenerhebung trafen, die nicht direkt beim Betroffenen stattfand. Dabei sahen sowohl Art. 10 DS-RL als auch Art. 11 DS-RL zunächst vor, dass die betroffene Person zwingend über die Identität des datenschutzrechtlich Verantwortlichen (sowie ggf. seines Vertreters),[1436] sowie über den Zweck der Verarbeitung[1437] zu informieren sei. Nach Art. 10 lit. c DS-RL bzw. Art. 1 lit. c DS-RL waren dem Betroffenen darüber hinaus "*weitere Informationen*" zur Verfügung zu stellen "*sofern sie unter Berücksichtigung der spezifischen Umstände* [...] *notwendig* [waren], *um gegenüber der betroffenen Person eine Verarbeitung nach Treu und Glauben zu gewährleisten*“. Auch die DS-RL enthielt als Vorgängernorm der DS-GVO

1433 EuGH, Rs. C-23/68, ECLI:EU:C:1969:6, Rn. 13 – *Klomp*.

1434 EuGH, Rs. C-23/68, ECLI:EU:C:1969:6, Rn. 13 – *Klomp*.

1435 Vgl. hierzu EuGH, Rs. C-15/60, ECLI:EU:C:1961:11 – *Simon*. S. hierzu auch *Borchardt* in: Schulze/Zuleeg/Kadelbach, Europarecht, § 15 Rn. 39; *Hager*, Rechtsmethoden in Europa, S. 252 Rn. 9; *Müller/Christensen*, Juristische Methodik II, S. 67 Rn. 71.

1436 Vgl. Art. 10 lit. a DS-RL bzw. Art. 11 lit. a DS-RL.

1437 Vgl. Art. 10 lit. b DS-RL bzw. Art. 11 lit. b DS-RL.

somit eine Aufteilung der Informationen in solche Angaben, die als Pflichtangaben stets und pauschal vom Verantwortlichen bereitzustellen waren und solchen, bei denen die Informationspflicht nur situationsabhängig bestand.[1438] Welche Informationen dem Betroffenen dabei im Einzelfall bereitzustellen waren legte die DS-RL nicht abschließend fest, sondern beschränkte sich vielmehr auf eine beispielhafte Aufzählung verschiedener Angaben, zu denen die Kategorie der verarbeiteten Daten, eventuelle Drittempfänger der Daten und das Bestehen von Betroffenenrechten zählten.

bb. Bedeutung für die Auslegung

Entsprechend dem vom EuGH postulierten Gedanken der grundsätzlichen Kontinuität aufeinander folgender Rechtsvorschriften könnte das Beibehalten einer ähnlichen Wortwahl in Art. 13 f. DS-GVO - insbesondere hinsichtlich der Korrelation zwischen dem Umfang der Informationspflicht und den spezifischen Umständen der Datenverarbeitung – darauf hinweisen, dass Art. 13 f. DS-GVO als Nachfolgeregelungen zu Art. 10 f. DS-RL als situations- und als (tendenziell) risikoabhängige Verpflichtung zu verstehen ist.

Zu beachten sind in diesem Kontext indes die unterschiedlichen Rechtsformen der Gesetze. Während die DS-RL als europäische Richtlinie noch einer Umsetzung durch die Mitgliedsstaaten bedurfte, in deren Zuge der Umfang der Informationspflichten durch die umsetzenden Mitgliedsstaaten weitergehend konkretisiert werden konnte, ist die DS-GVO als Verordnung unmittelbar geltendes Recht, ohne dass den Mitgliedsstaaten ein Spielraum zur Umsetzung und somit die Möglichkeit einer weitergehenden Konkretisierung verbliebe.[1439] Mit Blick auf die DS-RL ist daher zu differenzieren, ob der lediglich situationsabhängig ausgestalteten Pflicht zur Bereitstellung der in Art. 10 Abs. 1 lit. c und Art. 11 Abs. 1 lit. c DS-RL beispielhaft aufgezählten Angaben nicht (allein) der Zweck innelag, den einzelnen Mitgliedsstaaten eine eigenständige Entscheidung über den

---

1438 Vgl. hierzu auch Dammann/Simitis, EG-DSRL, Art. 10 Rn. 9; Ehmann/Helfrich, EG-DS-RL, Art. 10 Rn. 10.

1439 Eine Ausnahme bilden die Bereiche, in denen den Mitgliedsstaaten durch entsprechende Öffnungsklauseln (explizit) die Möglichkeit eines (konkretisierenden) Umsetzungsspielraums eröffnet wird (vgl. oben, Kap. 3, A.). Solche Öffnungsklauseln sieht die DS-GVO im Rahmen der (allgemeinen) Informationspflicht allerdings nicht vor.

Umfang der Informationspflichten zu ermöglichen. In diesem Fall wären die in der DS-RL enthaltenen Vorschriften hinsichtlich des Umfangs der Informationspflicht nicht als situations- bzw. risikoabhängige Vorgaben zu verstehen. Die einzelfallbezogene Formulierung wäre vielmehr (allein) auf die Rechtsformwahl der Richtlinie zurückzuführen , ohne dass sich hieraus ein Anhaltspunkt für die Auslegung der Art. 13 f. DS-GVO ergäbe.

Grundsätzlich war die DS-RL – trotz der Wahl einer Richtlinie als Rechtsform – nicht auf eine Mindestharmonisierung der nationalen Rechtsordnungen beschränkt, sondern zielte vielmehr auf eine Vollharmonisierung ab.[1440] Den Mitgliedsstaaten war es also verwehrt, neue Grundsätze bezüglich der Zulässigkeit der Datenverarbeitung einzuführen oder zusätzliche Bedingungen vorzusehen, welche die von der DS-RL aufgestellten Grundsätze verändern würden.[1441] Anerkannt wurde aber, dass die DS-RL durchaus Regelungen enthielt, welche "*durch eine gewissen Flexibilität gekennzeichnet*" waren und die DS-RL es damit "*in vielen Fällen den Mitgliedsstaaten* [überließ], *die Einzelheiten zu regeln oder zwischen Optionen zu wählen*"[1442]. Hinsichtlich der Regelungen zur Informationspflicht wurde von einer solchen Wahloption ausgegangen, welche es den einzelnen Mitgliedsstaaten ermögliche, entweder die offene Formulierung des Art. 10 Abs. 1 lit. c bzw. Art. 11 Abs. 1 lit. c DS-RL zu übernehmen oder aber einzelne Fallgruppen dezidiert und abschließend gesetzlich zu regeln.[1443] Die Bestimmung des Informationsumfangs wurde den umsetzenden Mitgliedsstaaten gleichwohl nicht nach freiem Ermessen überlassen. Vielmehr wurde dieser Umsetzungsspielraum durch die DS-RL dahingehend konkretisiert, dass sich der Umfang der Informationen an der konkreten Datenverarbeitung zu orientieren habe.[1444] Der in Art. 10 f. DS-RL statuierten Pflicht zur bedarfsgerechten und einzelfallorientierten Informationserteilung ist somit jedenfalls der Anklang eines risikobasierten Ansatzes zuzusprechen, an welchem sich die Mitgliedsstaaten im Rahmen der Umsetzung der Richtlinie in nationales Recht zu orientieren hatten.

1440 St. Rspr., vgl. bspw. EuGH, Rs. C-101/01, ECLI:EU:C:2003:596, Rn. 96 – *Lindqvist*; EuGH, Rs. C-468/10 u. C-469/10, ECLI:EU:C:2011:777, Rn. 29 – *ASNEF und FECEMD.*

1441 Vgl. EuGH, Rs. C-468/10 u. C-469/10, ECLI:EU:C:2011:777, Rn. 32 – *ASNEF und FECEMD.*

1442 EuGH, EuGH, Rs. C-468/10 u. C-469/10, ECLI:EU:C:2011:777, Rn. 35 – *ASNEF und FECEMD.* Vgl. auch EuGH, Rs. C-101/01, ECLI:EU:C:2003:596, Rn. 83 – *Lindqvist.*

1443 Dammann/Simitis, EG-DSRL, Art. 10 Rn. 9.

1444 Vgl. hierzu Ehmann/Helfrich, EG DS-RL, Art. 10 Rn. 10.

cc. Schlussfolgerung

Den Vorgaben der DS-RL zur Informationspflicht kann mithin ein risikoorientierter Ansatz zugesprochen werden. Mit Blick auf die DS-GVO ist dabei zu konstatieren, dass dieses Abstellen auf die spezifischen Umstände der Datenverarbeitung im Einzelfall zumindest in die Erwägungsgründe übernommen wurde und sich insbesondere der Gedanke der Abhängigkeit des Umfangs der Informationserteilung von den Erfordernissen einer fairen und transparenten Verarbeitung – und damit also einer Verarbeitung nach "Treu und Glauben" – in den Art 13 f. DS-GVO wiederfindet. Im Lichte des Kontinuitätsgrundsatzes könnte somit die historische Auslegung dafür streiten, auch den Art. 13 f. DS-GVO einen risikobasierten Ansatz zuzusprechen mit der Folge, dass die Angaben des Art. 13 Abs. 2 bzw. Art. 14 Abs. 2 DS-GVO nur bedarfsabhängig zu erteilen wären.

b. Genese

Betrachtet man die Regelung zur Informationserteilung im Kontext der Entstehung der DS-GVO, fällt zunächst ins Auge, dass die Aufteilung der Informationen in zwei getrennte Absätze zuerst im Ratsentwurf der DS-GVO[1445] zu finden war. Sowohl der vorherige Entwurf der Kommission[1446], als auch der des europäischen Parlaments[1447] sahen eine solche Aufteilung nicht vor.

aa. Kommissionsentwurf und Parlamentsentwurf

Der Kommissionsentwurf nannte die, im Wesentlichen nun in Art. 13 Abs. 1 und 2 DS-GVO enthaltenen,[1448] Angaben in einem einzigen Absatz,[1449] wobei es sich bei den dort genannten Informationen nach An-

---

1445 DS-GVO-RatsE, Rat der Europäischen Union, 2012/0011 (COD), 9565/15.

1446 DS-GVO(KOM), Europäische Kommission, 2012/001 (COD), KOM(2012) 11 endg..

1447 DS-GVO(EP), Europäisches Parlament, EP-PE_TC1-COD(2012)0011.

1448 Nicht im Vorschlag der Kommission enthalten waren aber bspw. Angaben zum Vorliegen einer automatischen Entscheidungsfindung sowie der Hinweis auf eine Widerrufsmöglichkeit im Falle der einwilligungsbasierten Datenverarbeitung, vgl. Art. 14 Abs. 1 DS-GVO(KOM).

1449 Vgl. Art. 14 Abs. 1 DS-GVO(KOM).

sicht der Kommission um Mindestinformationen[1450] handeln sollte – eine darüber hinausgehende Informationserteilung sollte also auch hier einzelfallabhängig stattfinden. Der insoweit relevante Art. 14 Abs. 1 lit. h DS-GVO(KOM) bestimmte insofern, zusätzlich seien dem Betroffenen auch "*sonstige Informationen, die unter Berücksichtigung der besonderen Umstände, unter denen die personenbezogenen Daten erhoben werden, notwendig sind, um gegenüber der betroffenen Person eine Verarbeitung nach Treu und Glauben zu gewährleisten*" vom Verantwortlichen zur Verfügung zu stellen. Der Parlamentsentwurf übernahm diese Regelungen hinsichtlich der Informationspflicht des Verantwortlichen weitestgehend.[1451]

Dieser ursprüngliche Entwurf der Kommission sah mithin eine situationsbedingte Informationserteilung vor. Der Umfang der jeweiligen Informationspflicht sollte nach Ansicht der Kommission (jedenfalls) auch von der konkreten Datenverarbeitung im Einzelfall abhängen. Das Parlament übernahm diese Formulierung und präzisierte darüber hinaus, ob und inwieweit weitere, über die explizit genannten Angaben dem Betroffenen zur Verfügung zu stellen seien, sei insbesondere in Abhängigkeit eines mit der Verarbeitung evtl. verbundenen Risikos zu beurteilen.[1452][1453] Dem Entwurf der Kommission und insbesondere dem des Parlaments war mithin eine risikoorientierte Beurteilung des Umfangs der Informationspflichten nicht fremd. Sowohl der Kommissions- als auch der Parlamentsentwurf der DS-GVO sahen also gewisse Mindestangaben vor, die dem Betroffenen stets zur Verfügung zu stellen waren sowie darüber hinausgehende weitere

---

1450 Vgl. den Wortlaut des Art. 14 Abs. 1 DS-GVO(KOM): "*Einer Person* [...] *teilt der* [...] *Verantwortliche zumindest Folgendes mit*".

1451 Abweichend zum Kommissionsentwurf sah der Parlamentsentwurf dagegen erstmals den verpflichtenden Hinweis auf das Vorliegen eines datenbasierten *Profilings* vor, vgl. Art. 14 Abs. 1 lit. gb DS-GVO(EP).

1452 Vgl. Art. 14 Abs. 1 lit. h DS-GVO(EP).

1453 Auffallend ist in diesem Kontext, dass die Pflicht zur Erteilung sonstiger Informationen in beiden Entwürfen ebenfalls (parallel zur endgültigen Fassung) als Relativsatz formuliert ist; durch die Verwendung des unbestimmten Verweises auf weitere "*sonstige Informationen*" allerdings ohne, dass sich hieraus Zweifel daran ergeben, dass es sich bei der Pflicht zur Erteilung dieser zusätzlichen Informationen um eine situationsabhängige Informationspflichten handelt. Hierdurch kann in Frage gestellt werden, ob die Verwendung des Relativsatzes innerhalb der Formulierung der zusätzlichen Informationspflicht in Art. 13 Abs. 2 DS-GVO tatsächlich gegen die Einordung als situationsabhängige Informationspflicht spricht, vgl. zu diesem Argument der grammatikalischen Satzstruktur oben, Kap. 5, A. II. 1.

Informationen, die – im Sinne eines risikobasierten Ansatzes – situationsabhängig zu erteilen waren.

bb. Ratsentwurf

Der Entwurf des Europäischen Rats sah sodann eine Unterteilung der Informationspflichten in zwei getrennten Absätze vor,[1454] wobei der Rat die im jeweiligen zweiten Absatz enthaltenen Angaben als zusätzliche Informationen qualifizierte, "*die unter Berücksichtigung der besonderen Umstände und Rahmenbedingungen* [...] *notwendig sind, um eine faire und transparente Verarbeitung zu gewährleisten*".[1455] Insbesondere durch den Verweis auf die besonderen Umstände des jeweiligen Einzelfalls liegt es nahe, die in den jeweiligen zweiten Absätzen des Ratsentwurfs enthaltenen Angaben als situationsabhängige Informationspflichten zu begreifen.[1456] Hierbei unterwarf der Rat den ganz überwiegenden Teil der aufgezählten Angaben einer solchen, nur im Bedarfsfall bestehenden Mitteilungspflicht, sodass nach dem Ratsentwurf lediglich Name und Kontaktdaten des Verantwortlichen sowie ggf. dessen Datenschutzbeauftragter und die Zwecke der Datenverarbeitung nach Art. 14 Abs. 1 DS-GVO(RAT) vom Verantwortlichen zur Verfügung zu stellen waren. Der Rat sprach sich somit mit seiner Entwurfsfassung klar für einen risikobasierten Ansatz auch innerhalb der Pflicht zur Informationserteilung aus.

cc. Bedeutung der Entwurfsfassungen für die Auslegung

Die Übernahme dieser Aufteilung der verschiedenen, innerhalb der Informationspflicht mitzuteilenden Angaben in zwei verschiedene Absätze sowie die – zumindest partielle – Übernahme der Formulierung eines risikobasierten Ansatzes in die endgültige Fassung der DS-GVO könnte nun darauf schließen lassen, dass auch die verabschiedeten Art. 13 f. DS-GVO in diesem Sinne zu verstehen sind. Folglich wäre auch den Art. 13 f. DS-GVO ein risikobasierter Ansatz eigen, welcher, verstärkt durch die Aufteilung der Informationen in einen ersten und einen zweiten Absatz, zur Folge

---

1454 Vgl. Art. 14 DS-GVO(RAT).

1455 Vgl. Art. 14 Abs. 1a DS-GVO(RAT).

1456 So auch *Bäcker* in: Kühling/Buchner, DS-GVO, Art. 13 Rn. 20; *Franck* in: Gola, DS-GVO, Art. 13 Rn. 6; *Veil*, ZD 2015, 347 (349).

hätte, dass die im jeweiligen ersten Absatz enthaltenen Angaben als Pflichtangaben dem Betroffenen stets, die im jeweiligen zweiten Absatz enthaltenen Angaben jedoch nur risikoorientiert und situationsabhängig vom Verantwortlichen zur Verfügung zu stellen wären.[1457]

Hierbei ist indes zu beachten, dass die einzelnen Entwurfsfassungen lediglich Gesetzesvorschläge darstellen, die von den jeweiligen an der Gesetzgebung beteiligten Organen – Kommission, Parlament und Rat – formuliert wurden. Keines dieser Organe stellt allein für sich "den europäischen Gesetzgeber" dar, sodass auch der, aus ihren Entwürfen erkennbare jeweilige Wille nicht als der "Wille des Gesetzgebers" interpretiert werden kann.[1458] Grundlegend zu hinterfragen ist demzufolge, ob und inwieweit die einzelnen Gesetzesvorschläge im Rahmen der Auslegung berücksichtigt werden können. Tatsächlich wurde den Entwürfen der einzelnen, am Gesetzgebungsprozess beteiligten Organe zunächst wenig Bedeutung für die Auslegung europäischer Normen beigemessen.[1459] Die geringe Bedeutung der Entwurfsfassungen für die Auslegung europarechtlicher Normen war indes auch auf den Umstand zurückzuführen, dass die *travaux préparatoires* früher nicht veröffentlicht wurden. Nunmehr regelt Art. 15 Abs. 2, 3 AEUV eine explizite Veröffentlichungspflicht der Gesetzesmaterialien und zu beobachten ist, dass der EuGH insbesondere im Rahmen der Auslegung von Sekundärrecht vermehrt auch Entwurfsfassungen zur Ermittlung des Sinngehalts einer Norm berücksichtigt.[1460] In der Literatur wird daher davon ausgegangen, eine Berücksichtigung der Entwurfsfassungen im Rahmen der Auslegung europarechtlicher Normen sei (zumindest ergänzend zu den anderen Auslegungsmethoden) möglich, soweit diese Entwurfsfassungen vom europäischen Gesetzgeber veröffent-

1457 So tendenziell *Veil*, ZD 2015, 347 (349).

1458 *Lenearts/Gutiérrez-Fons*, EUI Working Paper AEL 2013/9 S. 22. S. hierzu auch *Wegener* in: Calliess/Ruffert, EUV/AEUV, Art. 19 EUV Rn. 14.

1459 *Buck*, Über die Auslegungsmethoden des Gerichtshofs der Europäischen Gemeinschaft, S. 151; *Schønberg/Frick*, E.L.Rev. 2003, 149 (149).

1460 So bspw. in EuGH, Rs. C-199/08, ECLI:EU:C:2009:538, Rn. 57 f. – *Eschig*; Rs. C-381/08, ECLI:EU:C:2010:90, Rn. 47 ff. – *Car Trim*; Rs. C-203/09, ECLI:EU:C:2010:647, Rn. 40 – *Volvo Car*; Rs. C-585/08, ECLI:EU:C:2010:740, Rn. 43 – *Pammer*; Rs. C-370/12, ECLI:EU:C:2012:756 – *Pringle*. Zu diesem Ergebnis kommen auch *Müller/Christensen*, Juristische Methodik II, S. 7, Rn, 76; *Roth*, RabelsZ 2011, 787 (800) sowie *Schønberg/Frick*, E.L.Rev. 2003, 149 (155).

licht worden sind.[1461] Im Sinne der *Paktentheorie*[1462] wird insbesondere angenommen, dass eine widerspruchslose Übernahme von Vorschlägen der einzelnen Organe darauf schließen lasse, dass der Gesetzgeber diese Vorschläge in seinen Willen aufgenommen habe. Übernehme der Gesetzgeber bestimmte Vorschläge dagegen nicht, könne dies (wenn auch nicht zwingend) als *argumentum e contrario* gewertet werden.[1463]

dd. Schlussfolgerung

Die Übernahme des Ratsvorschlags hinsichtlich einer risikoabhängigen und situativen Gestaltung der Informationspflicht des Verantwortlichen und die Kennzeichnung dieser Differenzierung durch eine Aufteilung der einzelnen Angaben in zwei Absätze könnte durchaus darauf hindeuten, dass auch die endgültig vom Gesetzgeber erlassenen Art. 13 f. DS-GVO in dieser Weise zu interpretieren sind. Für diese Annahme spricht zudem der Umstand, dass sich schon in den Entwürfen der Kommission (und des Parlaments) hinsichtlich des Umfangs zu tätigender Angaben Anklänge einer risikobasierten Informationspflicht fanden. Entsprechend ist davon auszugehen, dass alle an der Gesetzgebung beteiligten Organe (quasi als "Teile" des "Gesetzgebers") einer (zumindest partiell) risikoabhängigen Informationspflicht nicht abgeneigt waren. Während der Ratsvorschlag diesbezüglich noch vorsah, den ganz überwiegenden Teil der Angaben als situationsabhängige Informationen auszugestalten, entschied sich der europäische Gesetzgeber in der Endfassung der DS-GVO dafür, einen nicht unerheblichen Teil der Informationen in den ersten Absatz der Art. 13 f. DS-GVO zu übernehmen. Auch diese bewusste (Neu-)Ordnung der einzelnen Angaben innerhalb der beiden Absätze spricht dafür, dass die an der Gesetzgebung beteiligten Organe sich der (möglichen) Bedeutung dieser Aufteilung bewusst waren und diese Unterteilung nicht etwa undifferenziert (und unbewusst) übernommen wurde.

1461 So *Hager*, Rechtsmethoden in Europa, S. 253 Rn. 10; *Lenearts/Gutiérrez-Fons*, EUI Working Paper AEL 2013/9 S. 19 ff.; *Riesenhuber* in: Riesenhuber, Europ. Methodenlehre, § 10 Rn. 36; *Schønberg/Frick*, E.L.Rev. 2003, 149 (168).

1462 S. grds. zu dieser *Paktentheorie Säcker* in: MüKo BGB, Band I, Einl. Rn. 129.

1463 So bspw. in EuGH, Rs. C-17/96, ECLI:EU:C:1997:381, Rn. 16 – *Badische Erfrischungs-Getränke*. S. hierzu auch *Riesenhuber* in: Riesenhuber, Europ. Methodenlehre, § 10 Rn. 34 *Riesenhuber* in 10 Rn. 34; *Schønberg/Frick*, E.L.Rev. 2003, 149 (162).

c. Erwägungsgründe

Im Rahmen der Ermittlung des Willens des (historischen) Gesetzgebers kommt den Begründungserwägungen, welche dem jeweiligen Gesetzgebungsakt nach Art. 296 AEUV beizufügen sind, eine besondere Bedeutung zu.[1464] Die Begründungserwägung gibt Auskunft über die jeweilige Zielsetzung des Gesetzgebers und dient damit auch der Rechtsprechung als wichtige Orientierungshilfe bei der Auslegung der einzelnen Normen.[1465] Dementsprechend regelmäßig greift der EuGH in seiner Rpsr. auf einzelne Erwägungsgründe zurück.[1466]

aa. ErwGr 60 DS-GVO

Innerhalb der DS-GVO beschäftigt sich insbesondere ErwGr 60 DS-GVO mit den Informationspflichten im Rahmen einer Datenverarbeitung und besagt, dass die "*Grundsätze einer fairen und transparenten Verarbeitung*" es "*erforderlich*" machen würden, den Betroffenen über "*die Existenz des Verarbeitungsvorgangs und seine Zwecke*" zu unterrichten. Darüber hinaus sollten dem Betroffenen, so ErwGr 60 S. 2 DS-GVO, "*alle weiteren Informationen*" zur Verfügung gestellt werden, "*die unter Berücksichtigung der besonderen Umstände und Rahmenbedingungen (...) notwendig sind, um eine faire und transparente Verarbeitung zu gewährleisten*".

1464 *Gola*, K&R 2017, 145 (145); *Roth*, RabelsZ 2011, 787 (800); *Wegener* in: Calliess/Ruffert, EUV/AEUV, Art. 19 Rn. 16. S. zur Bedeutung der Begründungserwägungen auch schon oben, Kap. 3, B. II. 3. b. bb.

1465 *Borchardt* in: Schulze/Zuleeg/Kadelbach, Europarecht, § 15 Rn. 44; *Hager*, Rechtsmethoden in Europa, S. 253 Rn. 11; *Müller/Christensen*, Juristische Methodik II, S. 70 Rn. 75 f.; *Riesenhuber* in: Riesenhuber, Europ. Methodenlehre, § 10 Rn. Rn. 35; *Scheurer*, Spielerisch selbstbestimmt, S. 58 ff. Vgl. zur Bedeutung der Erwägungsgründe bereits oben, Kap. 3, B. II. 3. b. bb.

1466 So bspw. in EuGH, Rs. C-129/94, ECLI:EU:C:1996:143, Rn. 13 – *Ruiz Bernádez*;, Rs. C-348/98, ECLI:EU:C:2000:442, Rn. 24 f. (*Mendez Ferreira*); Rs. C-489/07, ECLI:EU:C:2009:502, Rn. 19 f. – *Messner*. S. auch GA *Colomer*, Schlussanträge EuGH Rs. C-267/06, ECLI:EU:C:2007:486 - *Maruko*.

bb. Unterteilung der bereitzustellenden Angaben

Aufgrund dieser in ErwGr 60 DS-GVO ebenfalls vorgenommenen Differenzierung zwischen Angaben, die für eine faire und transparente Verarbeitung stets, und solchen, welche nur unter Berücksichtigung der besonderen Umstände der Datenverarbeitung im Einzelfall zu erteilen seien, ließe sich die Annahme einer risikoabhängigen Ausgestaltungen der Informationspflichten i.S.d. Art. 13 f. DS-GVO untermauern.[1467] Mit Blick auf die Ausführungen, die ErwGr 60 DS-GVO insgesamt zur Informationspflicht des Verantwortlichen macht, fragt sich indes, ob aus ebenjener Formulierung tatsächlich der Schluss gezogen werden kann, ErwGr 60 DS-GVO lasse auf eine Aufteilung der Informationspflicht in Pflicht- und situationsabhängige Angaben i.S.d. Art. 13 Abs. 1 DS-GVO[1468] einerseits und Art. 13 Abs. 2 DS-GVO[1469] andererseits schließen. Denn zu beachten ist insofern, dass ErwGr 60 S. 1 DS-GVO (dem Wortlaut nach) nur die Existenz des Datenverarbeitungsvorgangs an sich sowie die der Verarbeitung zugrundeliegenden Zwecke als stets erforderlich ansieht, während alle anderen Informationen mangels einer Nennung im ErwGr 60 S. 1 DS-GVO einer Einzelfallprüfung nach ErwGr 60 S. 2 DS-GVO unterfielen. Eine solche Lesart aber wäre mit den Vorgaben der Art. 13 f. DS-GVO nicht vereinbar und muss daher ausscheiden, da Erwägungsgründe nur insoweit und in dem Ausmaß bei der Auslegung europäischer Gesetze berücksichtigt werden können, als ihre Berücksichtigung nicht zu einer Auslegung über die Wortlautgrenze der Norm hinaus führen würde.[1470]

cc. Berücksichtigung der besonderen Umstände

Nichtsdestotrotz kann berücksichtigt werden, dass die vom Rat vorgeschlagene Differenzierung nach den Umständen des Einzelfalls im Rahmen der Ermittlung des Umfangs der Informationspflicht in der endgültigen Fassung – zumindest in die Begründungserwägung – übernommen wurde. Auch wenn eine schematische Übernahme der Differenzierungen des ErwGr 60 DS-GVO hinsichtlich des Umfangs der Informationspflicht auf-

---

1467 So in der Tendenz Knyrim in: Ehmann/Selmayr, DS-GVO, Art. 13 Rn. 29.
1468 Bzw. Art. 14 Abs. 1 DS-GVO.
1469 Bzw. Art. 14 Abs. 2 DS-GVO.
1470 S. hierzu *Riesenhuber* in: Riesenhuber, Europ. Methodenlehre, § 10 Rn. 38. S. hierzu allg. auch schon oben, Kap. 3, B. II. 3. b. bb.

grund der Rechtsnatur und Wirkung von Erwägungsgründen ausscheidet, kann die durch ErwGr 60 S. 2 DS-GVO vorgenommene Präzisierung des Merkmals der Notwendigkeit zumindest darauf hindeuten, dass es sich bei den in Art. 13 Abs. 2 DS-GVO genannten Angaben um situationsabhängig zu erteilende Informationen handelt.[1471] Insgesamt liegt es mit Blick auf ErwGr 60 DS-GVO also näher, in Art. 13 Abs. 2 DS-GVO eine situationsabhängige Ausgestaltung der Informationspflicht zu sehen, als die dort enthaltenen Angaben als Pflichtangaben zu qualifizieren.

4. Telos

Berücksichtigt man den Telos der Informationspflichten lässt sich – wie vorliegend festzustellen sein wird – insbesondere aus der Relevanz der in Art. 13 Abs. 2 DS-GVO enthaltenen Informationsangaben für eine faire und transparente Verarbeitung eine Qualifizierung dieser Angaben als Pflichtinformationen ableiten.

a. Faire und transparente Verarbeitung

Festgehalten werden kann – unter Einbeziehung des ErwGr 60 DS-GVO – zunächst, dass die bereitgestellten Informationen eine faire und transparente Verarbeitung personenbezogener Daten ermöglichen sollen.[1472] Hierfür notwendig ist, dass die betroffene Person in die Lage versetzt wird, Umfang, Ausmaß und mögliche Folgen der Datenverarbeitung abschätzen zu können. Der betroffenen Person sind somit diejenigen Informationen an die Hand zu geben, die ihr ermöglichen, die Folgen und damit die möglichen Risiken einer Datenverarbeitung abzuschätzen. Zugleich ist dem Risiko eines *information overload* auf Seiten des Rezipienten entgegenzuwirken.[1473] Eine belastbare Beurteilung, über welche Informationen der Betroffene im Einzelnen verfügen muss, ist daher nur mit Blick auf den jeweiligen Kontext und somit auf die besonderen Umstände der Datenverarbeitung im Einzelfall möglich. Dies spricht für die Annahme einer situati-

---

1471 So bspw. auch *Paal/Hennemann* in: Paal/Pauly, DS-GVO, Art. 13 Rn. 22; *Veil* in: Gierschmann, DS-GVO, Art. 13 Rn. 87.

1472 Vgl. ErwGr 60 S. 1 DS-GVO. S. auch *Schneider*, Datenschutz nach der DS-GVO, S. 189; *Veil*, ZD 2015, 347 (349).

1473 Vgl. oben, Kap. 2, B. II. 2. a. aa.

onsabhängig ausgestalteten Informationserteilungspflicht i.R.d. Art. 13 Abs. 2 DS-GVO.

b. Die einzelnen Angaben nach Art. 13 Abs. 2 DS-GVO

Die Abhängigkeit des Umfangs der Informationserteilungspflicht von der Frage, welche Angaben für eine transparente Verarbeitung personenbezogener Daten vonnöten sind, erfordert überdies eine genaue(re) Betrachtung der einzelnen, in Art. 13 Abs. 2 DS-GVO normierten Angaben unter Rückbesinnung auf die Risiken, welche für den Einzelnen in verschiedenen Verarbeitungskonstellationen entstehen können.[1474] Denn nur mit Blick auf die einzelnen in Art. 13 Abs. 2 DS-GVO normierten Angaben lässt sich die Frage beantworten, ob und in welchen Situationen die jeweiligen Angaben für eine faire und transparente Verarbeitung notwendig sind.

aa. Speicherdauer

Art. 13 Abs. 2 lit. a DS-GVO bestimmt, dass dem Betroffenen die "*Dauer, für die die personenbezogenen Daten gespeichert werden oder, falls dies nicht möglich ist, die Kriterien für die Festlegung der Dauer*" mitzuteilen sind. Wird der betroffenen Person diese Information zur Verfügung gestellt, ist für den Betroffenen absehbar, wie lange die erhobenen Daten vom Verantwortlichen genutzt werden bzw. wie lange bestimmte Angaben über die eigene Person im Umlauf sind und der Einzelne aufgrund dessen mit einer Konfrontation mit diesen Daten (bzw. mit den aus der Datenverarbeitung resultierenden Konsequenzen) zu rechnen hat.

Unter Risikoerwägungen stellt die Speicherdauer der personenbezogenen Daten einen nicht zu unterschätzenden Anhaltspunkt dar, um mögliche, mit der Verarbeitung verknüpfte (negative) Konsequenzen zu eruieren. Denn umso länger bestimmte Daten vorhanden bzw. für den Datenverarbeiter verfügbar sind, umso länger ist der Betroffene dem Risiko ausgesetzt, aufgrund ebenjener Daten – bzw. aufgrund der mithilfe dieser Daten generierten Information – nachteiligen Folgen ausgesetzt zu sein. Die Informationspermanenz, also die – theoretisch – unbegrenzte Speicherbar-

1474 S. zu den mit einer Datenverarbeitung zusammenhängenden Risiken umfassend oben, Kap. 4, A. II. 2.

keit und Abrufbarkeit von Daten stellt daher nach Ansicht des BVerfG einen besonderen, risikoerhöhenden Umstand für die betroffene Person bei der Verarbeitung sie betreffender personenbezogener Daten dar.[1475]

Darüber hinaus ist zu beachten, dass sich das durch eine Datenauswertung akquirierbare Wissen mit zunehmender Datenmenge exponentiell steigert.[1476] Umso länger die Daten im Einzelnen gespeichert sind, umso größer ist somit das Wissen, das der Verantwortliche aus einem einzelnen Datum gewinnen kann. Insbesondere im Kontext der Erstellung von Persönlichkeitsprofilen[1477] gewinnt damit die Frage, ob und wie lange erhobene Daten vom Verantwortlichen gespeichert und genutzt werden, einen essenziellen Charakter.

Schließlich ist bezogen auf die datenschutzrechtliche Einwilligung zu bedenken, dass die betroffene Person mögliche Folgen und Risiken der Weitergabe bestimmter sie betreffender Daten auch ungleich leichter – und vor allem zutreffender – abschätzen kann, soweit die Speicherung der Daten nur auf einen recht überschaubaren Zeitraum beschränkt ist. Umso länger dagegen der Speicherzeitraum bemessen ist, und umso weiter die (möglichen) Konsequenzen somit in der Zukunft liegen, umso komplexer und unabsehbarer werden diese aus der Datenverarbeitung möglicherweise resultierenden Folgen und umso weniger sind diese Folgen für den Betroffenen antizipierbar.[1478]

Festzuhalten ist somit, dass die Angabe der geplanten Speicherdauer (oder, soweit dies nicht möglich ist, zumindest die Kriterien, nach welchen sich diese Speicherdauer richtet) eine für die betroffene Person wesentliche Information darstellt. Dabei ist die Relevanz dieser Information nicht nur für bestimmte Verarbeitungssituationen gegeben, sondern stellt auch ganz allgemein einen wichtigen Faktor dar, anhand dessen das mögliche Risikopotential der geplanten Datenverarbeitung beurteilt werden kann – denn der nur kurzfristigen Speicherung personenbezogener Daten ist naturgemäß eine ungleich geringere Gefährdung möglicher Interessen des Betroffenen immanent.

1475 Vgl. hierzu oben, Kap. 4, A. II. 2. a. dd. (2).
1476 Vgl. hierzu oben, Kap. 4, A. II. 2. a. dd. (4).
1477 Zur Bedeutung und zu den Risiken der datenbasierten Bildung von Persönlichkeitsprofilen vgl. oben, Kap. 4, A. II. 2.
1478 S. zu dieser Thematik ausf. unten, Kap. 6, A. II.

bb. Hinweis auf Betroffenenrechte

Art. 13 Abs. 2 DS-GVO umfasst zudem die Pflicht des Verantwortlichen, die betroffene Person über nach der DS-GVO bestehende Betroffenenrechte zu informieren. Nach Art. 13 Abs. 2 DS-GVO zählen das Auskunftsrecht (Art. 15 DS-GVO), das Recht auf Berichtigung (Art. 16 DS-GVO) bzw. Löschung (Art. 17 DS-GVO) personenbezogener Daten, auf Einschränkung der Verarbeitung (Art. 18 DS-GVO), das Recht auf Datenportabilität (Art. 20 DS-GVO) sowie das Widerspruchsrecht (Art. 21 DS-GVO). Nach Art. 13 Abs. 2 lit. d ist dem Betroffenen darüber hinaus das Bestehen eines Beschwerderechts bei einer Aufsichtsbehörde (Art. 77 DS-GVO) mitzuteilen, sowie, nach Art. 13 Abs. 2 lit. c im Falle einer einwilligungsbasierten Datenverarbeitung, die Möglichkeit des Widerrufs dieser Einwilligung (Art. 7 Abs. 3 DS-GVO).

(1) Allgemeine Hinweise

Durch den Hinweis auf die Betroffenenrechte schon bei Erhebung der personenbezogenen Daten (bzw. vor Einholung der Einwilligung) kann sichergestellt werden, dass der betroffenen Person das (generelle) Bestehen von Betroffenenrechten bewusst ist. Zwar sind die Betroffenenrechte gesetzlich normiert, so dass der Einzelne diese – anders als im Falle der Angabe der Speicherdauer – auch ohne eine entsprechende Mitwirkung des Verantwortlichen auffinden kann. Durch eine Aufzählung der Betroffenenrechte im Rahmen der Informationserteilung erfährt die betroffene Person von den grundsätzlich bestehenden Rechten aber, ohne dass sie sich selbst aktiv hierüber informieren muss. Gegenüber der proaktiven Informationssuche durch den Betroffenen erleichtert der automatisch erfolgende Hinweis somit die Kenntnisnahme der Betroffenenrechte und senkt infolgedessen die (Trans-)Aktionskosten des Selbst(daten)schutzes für den Betroffenen. Darüber hinaus ist jedenfalls möglich, dass die Hemmschwelle für den Betroffenen, tatsächlich Gebrauch von seinen Rechten zu machen, nicht unerheblich gesenkt wird, wenn der Verantwortliche selbst auf das Bestehen dieser Rechte hinweist. Denn soweit der Verantwortliche selbst auf das Bestehen ebenjener Rechte hinweist, könnte bei der betroffenen Person ein größeres Vertrauen dahingehend entstehen, dass diese Rechte auch tatsächlich in der gegebenen Konstellation existieren bzw. die

Rechteausübung des Betroffenen durch den Verantwortlichen anerkannt wird.[1479]

Zugleich ist zu bedenken, dass es sich bei dieser Information über bestehende Rechte lediglich um einen allgemeinen Hinweis handeln kann, der ohne eine vorherige Prüfung dahingehend erfolgt, ob diese Rechte dem Betroffenen auch im konkreten Fall zustehen. Dies lässt sich zum einen daraus schlussfolgern, dass der Verantwortliche zum Zeitpunkt des Bestehens der Informationspflicht in der Regel noch nicht abschätzen können wird, welche Rechte dem Betroffenen – ggf. auch erst zukünftig – zustehen werden.[1480] Zum anderen kann die Prüfung der Frage, welche Betroffenenrechte im Einzelfall bestehen, nicht in die Hände privater Akteure gelegt werden. Der nur allgemein gehaltene Hinweis auf das generelle Bestehen von Betroffenenrechten besagt somit nichts über deren konkretes Vorliegen dieser Rechte aus und kann mithin auch nur ein bedingtes Vertrauen der betroffenen Person über diese Rechte sichern. Im Einzelfall wäre sogar denkbar, dass ein Betroffener durch einen generellen Hinweis auf Betroffenenrechte, die im konkreten Fall nicht einschlägig sind, eher verwirrt und hierdurch ggf. an der Geltendmachung seiner Rechte insgesamt gehemmt wird. Der Hinweis auf Betroffenenrechte erscheint somit zwar im Grundsatz als einer fairen und transparenten Verarbeitung förderlich, aber nicht essenziell für eine Einschätzung von Reichweite und Auswirkung der geplanten Datenverarbeitung.[1481]

(2) Hinweise im Falle einer einwilligungsbasierten Datenverarbeitung

Beruht die Datenverarbeitung auf einer Einwilligung des Betroffenen, schreibt Art. 13 Abs. 2 lit. c DS-GVO einen Hinweis auf die Widerruflichkeit der Einwilligung vor. Da diese Hinweispflicht auch in Art. 7 Abs. 3 S. 1 DS-GVO vorgesehen ist, gehört diese Information zweifellos zu den

---

1479 Nicht gesagt ist damit, dass der Hinweis auf Betroffenenrechte durch den Verantwortlichen eine Art "Bindungswirkung" entfaltet. Soweit der Verantwortliche Rechte aufzählt, die im Einzelfall nicht bestehen, führt dies nicht dazu, dass der Verantwortliche dem Betroffenen diese Rechte dennoch aufgrund der getätigten Aussage gewähren muss, vgl. *Franck* in: Gola, DS-GVO, Art. 13 Rn. 21.

1480 *Bäcker* in: Kühling/Buchner, DS-GVO, Art. 13 Rn. 37.

1481 Weitergehend *Eßer* in: Auernhammer, DSGVO/BDSG, Art. 13 Rn. 22, insb. das Beschwerderecht bei einer Aufsichtsbehörde als für eine faire und transparente Verarbeitung nicht erforderlich haltend.

Angaben, die der Verantwortliche der betroffenen Person stets zur Verfügung zu stellen hat. Ist eine einwilligungsbasierte Verarbeitung personenbezogener Daten beabsichtigt, trifft den Verantwortlichen somit die Pflicht zum Hinweis auf die Widerrufbarkeit der Einwilligung,[1482] ohne dass es auf eine Qualifizierung des Art. 13 Abs. 2 lit. c DS-GVO als Pflichtangabe oder situationsabhängige Informationspflicht ankäme.

cc. Hinweis auf evtl. Verpflichtung zur Datenpreisgabe und Folgen der Nichtbereitstellung

Art. 13 Abs. 2 lit. e DS-GVO sieht eine Hinweispflicht des Verantwortlichen dahingehend vor, dem Betroffenen mitzuteilen, ob und inwieweit er zur Bereitstellung personenbezogener Daten verpflichtet ist und bzw. oder eine Nichtbereitstellung nachteilige Konsequenzen für den Betroffenen hat. Mit Blick auf den Betroffenen ist diese Information von nicht zu unterschätzender Relevanz, um seine (rechtliche) Position im Verhältnis zum Verantwortlichen einschätzen zu können.[1483] Nur wenn der Betroffene Kenntnis darüber besitzt, ob und inwieweit er zur Datenangabe verpflichtet ist und welche Folgen eine eventuelle Verweigerung hätte, kann er seine Position gegenüber dem Datenverarbeiter und somit auch seine Handlungsmöglichkeiten zutreffend absehen und bewerten.[1484]

1482 Zu diesem Hinweis auf das Bestehen eines Widerrufsrechts vgl bereits oben, Kap. 3, B. II. 1. a.

1483 So auch *Bäcker* in: Kühling/Buchner, DS-GVO, Art. 13 Rn. 40.

1484 Im Falle einer Datenverarbeitung auf Grundlage einer Einwilligung scheidet die Möglichkeit einer Verpflichtung zur Bereitstellung von Daten grundsätzlich aus. Gerade im Falle der Verknüpfung der Einwilligung mit einer vertraglichen Leistung bzw. eines Vertragsschlusses kann die datenschutzrechtliche Einwilligung bzw. die Datenpreisgabe aber eine Obliegenheit darstellen, sodass dem Betroffenen – als nachteilige Folge – bspw. der Vertragsschluss im Falle der Nicht-Preisgabe (bestimmter) personenbezogener Daten verweigert werden könnte (Wobei in einem solchen Fall überdies zu prüfen wäre, ob bzw. inwieweit diese Verknüpfung von Einwilligung und Leistung bzw. das Bestehen von Nachteilen im Falle der Verweigerung der Einwilligung zu einer aufgrund eines Freiwilligkeitsdefizits unzulässigen Einwilligung führt. Vgl. hierzu oben, Kap. 3, B. II. 3. sowie unten, Kap. 5, C.

dd. Hinweis auf Profiling

Im Rahmen der Untersuchung möglicher Risiken wurde festgestellt, dass gerade dem datenbasierten *Profiling* ein für die betroffene Person nicht unerhebliches Risikopotential zukommt.[1485] Ob und inwieweit ein solches *Profiling* (bzw. eine sonstige "*automatische Entscheidungsfindung*"[1486]) stattfindet und welche Auswirkungen es für den hiervon Betroffenen haben könnte, ist für den Betroffenen daher von nicht zu unterschätzender Relevanz. Im Falle einer gesetzlich gerechtfertigten Datenverarbeitung ermöglicht der Hinweis auf das *Profiling* nach Art. 13 Abs. 2 lit. f DS-GVO der betroffenen Person zumindest, von dem Umstand eines datenbasierten Scoring- bzw. *Profiling*-Verfahrens Kenntnis zu nehmen und trägt in diesem Sinne zu einer transparente Verarbeitung personenbezogener Daten bei. Im Falle einer Datenverarbeitung auf Grundlage einer datenschutzrechtlichen Einwilligung erscheint der Hinweis auf ein geplantes *Profiling* darüber hinaus unerlässlich, um den Betroffenen in die Lage zu versetzen, eine tatsächlich informierte Entscheidung darüber zu treffen, ob und inwieweit er sich mit der Verarbeitung ihn betreffender Daten einverstanden erklärt.

ee. Schlussfolgerung

Sämtliche in Art. 13 Abs. 2 DS-GVO enthaltenen Angaben tragen folglich dazu bei, eine faire und transparente Verarbeitung personenbezogener Daten zu gewährleisten.[1487] Insbesondere die Angaben zur Speicherdauer sowie die Hinweise auf eine eventuelle Verpflichtung zur Bereitstellung personenbezogener Daten (einschließlich möglicher nachteiliger Konsequenzen im Falle einer Verweigerung) und der Hinweis auf ein gegebenenfalls geplantes *Profiling* dürften – auch unter Risikoerwägungen – eine besondere Relevanz für den Betroffenen aufzuweisen.

Unter teleologischen Erwägungen wäre mithin eine den datenschutzrechtlich Verantwortlichen stets treffende Informationspflicht hinsichtlich der Art. 13 Abs. 2 lit. a, e und f DS-GVO anzunehmen. Raum für eine be-

---

1485 Vgl. oben, Kap. 4, A. II. 2.

1486 Vgl. Art. 13 Abs. 2 lit. f DS-GVO.

1487 So insbesondere *Bäcker* in: Kühling/Buchner, DS-GVO, Art. 13 Rn. 20; *Paal/Hennemann* in: Paal/Pauly, DS-GVO, Art. 13 Rn. 22. Ähnlich *Art. 29-Datenschutzgruppe*, WP 260 rev.01 S. 16.

darfsabhängige Prüfung im Einzelfall bliebe nur hinsichtlich des Hinweises auf die Betroffenenrechte. Der allgemeine Hinweis auf die Betroffenenrechte nach Art. 15 ff. DS-GVO ist für sich genommen jedoch kaum so umfangreich, als dass er die Grenze zwischen einer noch überschaubaren Informationserteilung und einem *information overload* markieren könnte.[1488] Im Gegenteil könnte eine solche Aufsplittung innerhalb des Art. 13 Abs. 2 DS-GVO zu einer verstärkten Rechtsunsicherheit führen. Eine solche Differenzierung der aufgezählten Informationsangaben lässt sich zudem nicht in der Formulierung des Art. 13 Abs. 2 DS-GVO wiederfinden. Im Ergebnis sind die in Abs. 2 enthaltenen Angaben daher gesammelt zu betrachten.

Da den Angaben nach Art. 13 Abs. 2 DS-GVO (überwiegend) eine erhebliche Relevanz zukommt und sie mithin regelmäßig als für eine faire und transparente Verarbeitung personenbezogener Daten notwendig anzusehen sind, folgt aus einer teleologischen Auslegung eine starke Vermutung für die Qualifizierung der Angaben in Art. 13 Abs. 2 DS-GVO als stets zu erteilende Pflichtinformationen.

c. Interessenlage und (verhaltens-)ökonomische Implikationen

Ein einheitliches bzw. klares Ergebnis hinsichtlich der Frage nach der Qualifikation der Informationspflichten des Art. 13 Abs. 2 DS-GVO (bzw. des Art. 14 Abs. 2 DS-GVO) lässt sich, wie vorliegend dargestellt, anhand der klassischen Auslegungsmethoden – also der Auslegung nach Wortlaut, Systematik, Historie und Genese sowie dem Telos der Norm – zumindest nicht eindeutig ermitteln. Nicht zuletzt aufgrund der besonderen primärrechtlichen Relevanz der Regelungen bezüglich der Informationspflicht erscheint es daher möglich, wenn nicht gar erforderlich, eine Lösung der Frage hinsichtlich des Umfangs der Informationspflicht auch unter Berücksichtigung eines gerechten Ausgleichs zwischen den berechtigten Interessen der Parteien anzustreben.

1488 S. zu einem solchen möglichen *information overload* ausf. unten, Kap. 5, A. II. 4. c. bb sowie Kap. 6, A. II. 1. a.

aa. Interessenlage des Datenverarbeiters

Für den Datenverarbeiter stellt die Pflicht zur Informationserteilung grundsätzlich einen zu berücksichtigenden Kosten- Zeit- und Personalfaktor dar. Je mehr Informationen der betroffenen Person hierbei zur Verfügung zu stellen sind, umso höher ist der Aufwand für den Datenverarbeiter und desto größer ist für ihn die Wahrscheinlichkeit – sei es durch Unachtsamkeit und bzw. oder mangelnde Kenntnis – die Informationen nur unvollständig oder fehlerhaft bereitzustellen und aufgrund dessen einem Haftungs- bzw. Sanktionsrisiko ausgesetzt zu sein. Hinsichtlich der in der Informationspflicht enthaltenen Angaben ist jedoch zu beachten, dass der datenschutzrechtlich Verantwortliche dem Betroffenen sämtliche der in Art. 13 Abs. 2 DS-GVO (bzw. Art. 14 Abs. 2 DS-GVO) enthaltenen Angaben auch im Falle eines Auskunftsverlangens des Betroffenen nach Art. 15 DS-GVO bereitstellen muss.[1489] Der Datenverarbeiter muss diese Angaben somit grundsätzlich auch unabhängig von dem Bestehen einer hierauf gerichteten Informationspflicht nach Art. 13 f. DS-GVO aufgrund der möglichen Geltendmachung eines Auskunftsanspruchs durch den Betroffenen vorhalten bzw. zumindest kurzfristig bereitstellen können. Eine Pflicht zur pauschalen und automatischen Bereitstellung dieser Informationen vor bzw. bei der Datenerhebung dürfte daher für den Datenverarbeiter im Regelfall insofern keinen (wesentlichen) Mehraufwand darstellen.

Erheblich einschneidender treffen könnte Datenverarbeiter im Gegensatz hierzu eine etwaige Rechtsunsicherheit hinsichtlich der Frage, welche Angaben der betroffenen Person im Rahmen der Informationspflicht nach Art. 13 f. DS-GVO bereitzustellen sind. Für den Datenverarbeiter ist somit eine hinreichend gesicherte Antwort auf die Frage, ob und wann die Angaben nach Art. 13 Abs. 2 DS-GVO im Rahmen der Informationserteilung bereitzustellen sind, von nicht zu unterschätzender Bedeutung.[1490] Für den Datenverarbeiter ist die pauschale Erteilung aller Informationsangaben nach Art. 13 f. DS-GVO daher trotz des hiermit zunächst verbundenen Mehraufwands letztlich als interessengerechter zu beurteilen. Auch und gerade, da es im Falle einer situationsabhängigen bzw. bedarfsorientierten Pflicht zur Erteilung der Angaben nach Art. 13 Abs. 2 DS-GVO in der Verantwortung des datenschutzrechtlich Verantwortlichen läge, jeweils zu prüfen, ob und inwieweit eine Informationserteilung nach

1489 So auch *Franck* in: Gola, DS-GVO, Art. 13 Rn. 6.
1490 S. hierzu schon oben, Kap. 5, A. I.

Art. 13 Abs. 2 DS-GVO im Einzelfall für eine faire und transparente Verarbeitung erforderlich ist.

Dies würde für den Datenverarbeiter – auch im Verhältnis zur Annahme einer pauschalen Pflicht zur Erteilung der Informationen nach Art. 13 Abs. 2 DS-GVO – zu einer erheblichen Mehrbelastung führen. Zusätzlich trüge der Datenverarbeiter das nicht zu unterschätzende Risiko, dass er – auch trotz ausführlicher Prüfung – zu einer Fehleinschätzung gelänge. Insbesondere wenn er der betroffenen Person aufgrund einer solchen Fehleinschätzung Angaben, die eigentlich nach Art. 13 Abs. 2 DS-GVO zu erteilen wären, nicht bereitstellen würde, könnte er sich empfindlichen Sanktionen ausgesetzt sehen[1491]: Im Falle der Informationserteilung im Rahmen einer Einwilligung könnte dies in letzter Konsequenz das Risiko einer Unwirksamkeit der abgegebenen Einwilligung nach sich ziehen und somit zu einer Rechtswidrigkeit der Datenverarbeitung insgesamt führen.[1492] Bei näherer Betrachtung der Interessenlage des datenverarbeitenden Privaten sprechen somit wesentliche Überlegungen dafür, das Verständnis der Informationsangaben nach Art. 13 Abs. 2 DS-GVO als stets zu erteilende Angaben als für den Datenverarbeiter interessengerechtere Auslegung zu beurteilen.

bb. Interessenlage der betroffenen Person

Für den Betroffenen ist es – auch und gerade unter dem Blickwinkel des Selbst(daten)schutzes – unabdingbar, all jene Informationen zur Verfügung gestellt zu bekommen, die für eine Abschätzung möglicher Folgen und eventueller Risiken der Datenverarbeitung vonnöten sind. Die Bereitstellung ausreichender bildet die essenzielle Grundvoraussetzung für eine rationale und autonome Entscheidung der betroffenen Person.[1493]

1491 Zu den bestehenden Sanktionsmöglichkeiten, insb. des Bußgeldrisikos s. oben, Kap. 3, A. II. 3.

1492 Stets zu differenzieren ist in diesem Kontext, ob und inwieweit der Verstoß gegen die Informationspflichten des Art. 13 DS-GVO zugleich zu einer unwirksamen (weil uninformierten) Einwilligung führen; s. ausf. unten, Kap. 5, A. III. 2.

1493 *v. Lewinksi*, PinG 2013, 12 (13).

(1) Beschränkte Verarbeitungskapazität

Dem Betroffenen müssen für eine rationale Entscheidung all diejenigen Informationen bekannt sein, die Art und Weise der Datenverarbeitung prägen. Nur unter dieser Voraussetzung ist es dem Betroffenen möglich, mit der Verarbeitung einhergehende Vorteile und Risiken zu überblicken und gegeneinander abzuwägen. Inwieweit dem Betroffenen eine solche rationale, risikoorientierte Entscheidung möglich ist, ist allerdings nicht allein von dem Umstand abhängig, ob und inwieweit der Betroffene über die notwendigen Informationen verfügt oder ein Informationsmangel gegeben ist. Vielmehr ist zu berücksichtigen, dass dem Individuum eine nur begrenzte Informationsverarbeitungskapazität gegeben ist.[1494] Umso mehr Informationen vorhanden sind, umso mehr dieser Verarbeitungskapazität muss der Einzelne für die Selektion und Bewertung der Informationen in relevante und weniger relevante Informationen investieren und umso weniger Kapazität steht ihm somit für die eigentliche Verarbeitung der jeweiligen relevanten Informationen zur Verfügung.[1495]

(2) Information overload

Liegt ein Informationsüberangebot vor, und überschreitet der Aufwand, den es benötigt, um Informationsbedarf und -angebot miteinander in Einklang zu bringen die Verarbeitungskapazität des Einzelnen, kommt es zu einer Informationsüberlastung (*information overload*)[1496] Infolge eines solchen *information overload* ist der Einzelne nicht mehr in der Lage, die relevanten Informationen aus der Masse des Informationsangebots herauszufil-

1494 *Acquisti/Grossklags*, IEEE Security & Privacy 2005, 24 (26 f.); *Wüstehube*, Rationalität und Hermeneutik, S. 120; *Zimmer*, Die Datensteuer, S. 18. Zur möglichen Ermittlung der genauen Grenze zwischen nutzbringender Information und einem Informationsüberangebot *Hacker*, Verhaltensökonomik und Normativität, S. 117 ff.

1495 *Hermstrüwer*, Informationelle Selbstgefährdung, S. 312; *Lindstädt*, Beschränkte Rationalität, S. 136 f.

1496 *Lindstädt*, Beschränkte Rationalität, S. 19. S. hierzu auch *O'Reilly*, Academy of Management Journal 1980, 684 (685). S. zu dieser Problematik i.R.d. Inormiertheit der Einwilligung allg. bereits oben, Kap. 2, B. II. 2. a.

tern bzw. wahrzunehmen.[1497] Ein rationaler Entscheider wird die Informationssuche bzw. -aufnahme bei solch einem Informationsüberangebot in letzter Konsequenz abbrechen, da und soweit der erwartete Nutzen aus den zusätzlichen Informationen geringer ist als die Kapazitätskosten der weiteren Informationsaufnahme.[1498][1499] Zudem verursacht das Bestehen eines *information overload* beim Individuum kognitiven Stress.[1500] Dieser kognitive Stress könnte zusätzlich dazu beitragen, dass die nicht selten seitenlangen Datenschutzerklärungen von Betroffenen – wie bereits festgestellt – zumeist gar nicht oder nicht vollständig gelesen werden.[1501] Der Einzelne entzieht sich insoweit einer für ihn unangenehmen und überfordernden Situation durch die Ausweichmechanismen Abwehr, Ignoranz und bzw. oder Verdrängung.[1502] Durch eine Erhöhung des Informationsangebots ist somit nicht automatisch sichergestellt, dass der Betroffene eine informierte(re) Entscheidung trifft.[1503]

1497 *Acquisti/Grossklags*, IEEE Security & Privacy 2005, 24 (26 f.); *Acquisti/Grossklags* in: Acquisti, Digital privacy S. 369; *O'Reilly*, Academy of Management Journal 1980, 684 (685). Speziell für das Datenschutzrecht auch *Hermstrüwer*, Informationelle Selbstgefährdung, S. 312; *Radlanski*, Die Einwilligung in der datenschutzrechtlichen Realität, S. 83; *Robrecht*, EU-DSGVO: Transparenzgewinn oder Information-Overkill, S. 55; *Spindler* in: Verhandlungen des 69. Deutschen Juristentages F 105; *v. Lewinksi*, PinG 2013, 12 (13).

1498 S. hierzu *Acquisti/Grossklags* in: Acquisti, Digital privacy S. 373; *Hermstrüwer*, Informationelle Selbstgefährdung, S. 236; *Renn*, Das Risikoparadox, S. 162; *Renn/Schweizer/Dreyer/Klinke*, Risiko, S. 42 f; *Wüstehube*, Rationalität und Hermeneutik, S. 120.

1499 Verschiedene Studien deuten indes darauf hin, dass der Einzelne nur begrenzt in der Lage ist, entsprechend einem rationalen Entscheider das Optimum an Informationsmenge für sich selbst zu eruieren. Vielmehr tendieren Individuen zu einer Präferenz nach zu vielen Informationen – auch bis zur *Grenze eines information overload* (vgl. hierzu *O'Reilly*, Academy of Management Journal 1980, 684 (686) und haben mehr Vertrauen in die Richtigkeit der eigenen Entscheidung bei einem (gefühlten) "mehr" an Informationen. Das Resultat einer schlechtere Entscheidungsleistungen infolge eines solchen Überangebots wird durch diese Studien im Übrigen aber bestätigt (vgl. *Oskamp*, Journal of Consulting Psychology 1965, 261 (264); *O'Reilly*, Academy of Management Journal 1980, 684 (689)).

1500 S. hierzu *Lindstädt*, Beschränkte Rationalität, S. 143.

1501 Vgl. oben, Kap. 2, B. II.

1502 S. hierzu *Renn*, Das Risikoparadox, S. 215 und 251.

1503 *Acquisti/Grossklags* in: Acquisti, Digital privacy, S. 374; *Scheurer*, Spielerisch selbstbestimmt, S. 290 f.

(3) Schlussfolgerungen

Im Ergebnis wächst die Entscheidungsqualität (und damit der der Nutzen bereitgestellter Informationen) nur bis zur Kapazitätsgrenze der Informationsverarbeitungskapazität (sprich bis zum sog. *Grenznutzen*[1504] zusätzlicher Information).[1505] Für den Betroffenen ist eine umfangreichere Informationserteilung daher nicht *per se* vorteilhafter – vielmehr kann die Bereitstellung zu vieler Informationen auch negative Auswirkungen zeigen. Insbesondere wenn relevante mit irrelevanten Informationen vermischt werden kann eine zu umfangreiche Informationserteilung dazu führen, dass der Betroffene letztendlich weniger Informationen erhält bzw. für sich aus der Informationserteilung ziehen, verarbeiten und nutzen kann als im Falle einer weniger umfangreichen Bereitstellung von Informationen.

Eine für den Betroffenen interessengerechte Informationserteilung muss mithin das richtige Verhältnis wahren zwischen einem Informationsmangel einerseits und einem Informationsüberangebot (i.S.e. *information overload*) andererseits. Die hierdurch erforderliche Abwägung hinsichtlich des Nutzens (zusätzlicher) Informationen spricht im Grundsatz für die Qualifizierung der in Art. 13 Abs. 2 DS-GVO enthaltenen Angaben als bedarfsabhängige Informationspflichten – wären nicht gerade die in Art. 13 Abs. 2 DS-GVO enthaltenen Informationsangaben zum überwiegenden Teil wesentlich für die Einschätzung der Datenverarbeitung und der mit ihr evtl. einhergehenden Risiken.[1506] Ferner ist zu beachten, dass der Betroffene durch eine unklare bzw. für ihn nachteilige Informationserteilung – insbesondere bspw. durch die Verschleierung relevanter Informationen durch das Hinzufügen (eindeutig) irrelevanter Angaben – durch das bestehende Transparenzgebots geschützt ist.[1507] Der Blick auf die berechtigten Interessen des Betroffenen zeigt somit in erster Linie das zugrundeliegende Spannungsverhältnis zwischen zu wenigen Informationen einerseits und der Gefahr einer Überlastung der Informationsverarbeitungskapazität des Betroffenen durch zu viele Einzelangaben andererseits auf. Belastbare Rückschlüsse auf die Qualität der in Art. 13 Abs. 2 DS-GVO enthaltenen Informationen lassen sich indes nicht ziehen. Die berechtig-

1504 S. hierzu *Eidenmüller*, JZ 2011, 814 (816); *Pollmann/Kipker*, DuD 2016, 378 (379); *Spindler*, GRUR-Beilage 2014, 101 (103).

1505 *Lindstädt*, Beschränkte Rationalität, S. 158.

1506 Vgl. hierzu oben, Kap. 5, A. II. 4. b.

1507 Vgl. zu diesem Transparenzgebot oben, Kap. 3, B. II. 1. b.

ten Interessen des Betroffenen streiten weder eindeutig für eine Qualifizierung der Angaben als situationsanhängige Informationspflichten, noch stehen sie deren Qualifizierung als Pflichtangaben entgegen.

5. Schlussfolgerungen

Ein eindeutiges Ergebnis lässt sich mithin weder durch die klassischen Auslegungsmethoden, noch durch die Auslegung anhand der berechtigten Interessen der Beteiligten erzielen. Während insbesondere der Wortlaut und die Genese des Art. 13 DS-GVO für eine Qualifizierung der in Art. 13 Abs. 2 DS-GVO enthaltenen Angaben als situationsabhängige Informationspflichten sprechen, ließe sich mit Blick auf die Interessen des Datenverarbeiters sowie die Bedeutung der in Art. 13 Abs. 2 DS-GVO enthaltenen Angaben für eine realistische Risikobeurteilung der jeweiligen Datenverarbeitung ebenso gut für die Qualifizierung der in Art. 13 Abs. 2 DS-GVO enthaltenen Informationsangaben als Pflichtinformationen argumentieren.

III. Folgerungen für die Praxis

Ist gesetzlich kein klares Ergebnis vorgegeben, so sprechen Praktikabilitätserwägungen letztlich dafür, die in Art. 13 DS-GVO enthaltenen Informationspflichten einheitlich zu beurteilen.

1. Allgemein

Allgemein kann davon ausgegangen werden, dass – zumindest bis zu einer eventuellen, eindeutigen Klärung des Umfangs der Informationspflichten bzw. der richtigen Auslegung des Art. 13 DS-GVO durch den europäischen Gerichtshof – einem Verantwortlichen bei Bereitstellung sämtlicher in Art. 13 DS-GVO enthaltenen Angaben kein (evtl. bußgeldbewehrten) Verstoß gegen das in der DS-GVO enthaltene Transparenzgebot unterstellt werden kann. Eine anderweitige Beurteilung müsste jedenfalls am Vorwurf einer (klaren) Unverhältnismäßigkeit scheitern. Dies schließt zwar nicht pauschal aus, dass datenschutzrechtlich Verantwortliche im Einzelfall von einer Angabe der in Art. 13 Abs. 2 DS-GVO enthaltenen Informationen absehen können; das Risiko, sich hierdurch aufgrund eines Verstoßes gegen die Vorschriften der DS-GVO haftbar bzw. bußgeldpflichtig zu machen wird aber (wohl) ungleich höher ausfallen als bei Bereitstellung sämtlicher Angaben des Art. 13 DS-GVO. In der Praxis ist datenverarbeitenden Privaten somit (im Zweifel) stets zu einer vollständigen Bereitstellung des Informationskatalogs nach Art. 13 f. DS-GVO zu raten.[1508]

2. Einwilligung

Zu hinterfragen bleibt, ob und inwieweit ein Verstoß gegen die Transparenzpflicht aufgrund einer den Art. 12 ff. DS-GVO nicht entsprechenden Informationserteilung zugleich eine Unwirksamkeit der Einwilligung wegen fehlender Informiertheit des Betroffenen nach sich zieht. Denn die einwilligungsrelevanten Normen der DS-GVO stellen für das Erfordernis einer informierten Einwilligung nicht ausdrücklich auf die Informationspflichten der Art. 13 f. DS-GVO ab.[1509] Obwohl mehrheitlich (und inhaltlich überzeugend) allgemein von einer Orientierung an den Art. 13 f. DS-GVO zur Bestimmung der Informationspflicht (auch) bzgl. der Einwilligung ausgegangen wird,[1510] bedeutet eine solche Orientierung nicht zwangsläufig, dass eine abgegebene Einwilligung (allein) aufgrund einer nicht den Anforderungen der Art. 12 ff. DS-GVO entsprechenden Informationserteilung als uninformiert und daher unwirksam zu qualifizieren ist.[1511] Insbesondere unter Rückgriff auf ErwGr 42 S. 4 DS-GVO nach welchem die betroffene Person „[d]*amit sie in Kenntnis der Sachlage ihre Einwilligung geben kann,* […] *mindestens wissen* [sollte], *wer der Verantwortliche ist und für welche Zwecke ihre personenbezogenen Daten verarbeitet werden sol-*

1508 Zur Frage, ob und inwieweit dem Betroffenen anhand dieser Informationen eine tatsächlich interessengerechte Entscheidung möglich ist, s. unten, Kap. 6, A. II. 1.

1509 Vgl. oben, Kap. 3, B. II. 1. a.

1510 EuGH Rs. C-673/17, ECLI:EU:C:2019:801, Rn. 76 ff. – *Planet 49*. So *Buchner/Kühling* in: Kühling/Buchner, DS-GVO, Art. 7 Rn. 59; auch *Heckmann/Paschke* in: Ehmann/Selmayr, DS-GVO, Art. 7 Rn. 40; *Ingold* in: Sydow, DS-GVO, Art. 7 Rn. 35; *Lutz* in: Specht-Riemschneider, Datenrecht in der Digitalisierung S. 225; *Schantz* in: *Schantz/Wolff*, Das neue Datenschutzrecht, Rn. 520; *Scheurer*, Spielerisch selbstbestimmt, S. 217; *Schulz* in Gola, DS-GVO, Art. 7 Rn. 36; *Stemmer* in: BeckOK DSR, Art. 7 Rn. 55; *Tinnefeld/Conrad*, ZD 2018, 391 (392 f.); a.A. *Klement* in: Simitis/Hornung/Spiecker gen. Döhmann, DSGVO, Art 7 Rn. 73.

1511 Vgl. *Art. 29-Datenschutzgruppe*, WP259 rev.01 S. 17. So aber wohl *Uecker*, ZD 2019, 248 (249).

len“, ließe sich daher argumentieren, dass eine fehlerhafter Informationserteilung i.S.d. Art. 12 ff. DS-GVO nicht notwendigerweise zu einer unwirksamen Einwilligung führen müsse.[1512]

Angesichts der (überwiegend) essenziellen Bedeutung der in Art. 13 f. DS-GVO normierten Informationsangaben ist – unabhängig einer Beantwortung der Frage nach dem genauen (rechts-)dogmatischen Verhältnis der Art. 12 ff. DS-GVO zu den Einwilligungsvoraussetzungen – im Regelfall indes von einem weitestgehenden Gleichlauf der Voraussetzungen einer informierten Einwilligung einerseits und den entspr. Art. 12 ff. DS-GVO zu erteilenden Informationsangaben i.R.d. Transparenzgebots andererseits auszugehen. Dementsprechend werden (bisher) zumeist jene Angaben als für eine informierte Entscheidung notwendig angesehen, welche auch bei Anlegung des Maßstabs nach Art. 13 DS-GVO relevant wären, also insbesondere die Identität des Verantwortlichen,[1513] sowie, im Falle einer etwaigen Übermittlung der Daten an Dritte, Informationen über diese dritten Empfänger,[1514] der Zweck der Verarbeitung,[1515] das Recht zum Widerruf der Einwilligung[1516] sowie ggf. der Hinweis auf und Informationen über die beabsichtigte Verwendung der Daten i.R.e. *Profilings*[1517] bzw. bestimmte Informationen im Falle einer geplanten Datenübermittlung in ein Drittland[1518].[1519] Der EuGH nennt für eine hinreichend informierte Einwilligung als notwendig darüber hinaus[1520] – und explizit auf Art. 13 DS-GVO Bezug nehmend[1521] – zudem Informationen über die Speicherdauer der Daten.[1522]

Im Ergebnis besteht mithin eine vergleichbare Situation wie bereits hinsichtlich der Frage nach der Reichweite der Informationspflichten nach Art. 13 f. DS-GVO allgemein[1523]: So mag im Einzelfall zwar ein Abweichen vom in Art. 13 DS-GVO aufgeführten Informationskatalog möglich

---

1512 *Albrecht/Jotzo* in: *Albrecht/Jotzo*, Das neue Datenschutzrecht der EU, Teil 3 Rn. 41; *Buchner/Kühling* in: Kühling/Buchner, DS-GVO, Art. 7 Rn. 59; *Moos/Rothkegel*, MMR 2019, 732 (739); *Schulz* in: Gola, DS-GVO, Art. 7 Rn. 36.

1513 Entsprechend Art. 13 Abs. 1 Nr. 1 DS-GVO.

1514 Entsprechend Art. 13 Abs. 1 Nr. 5 DS-GVO

1515 Entsprechend Art. 13 Abs. 1 Nr. 2 DS-GVO.

1516 Entsprechend Art. 13 Abs. 2 Nr. 3 DS-GVO.

1517 Entsprechend Art. 13 Abs. 2 Nr. 6 DS-GVO.

1518 Ähnlich Art. 13 Abs. 1 Nr. 6 DS-GVO.

1519 *Art. 29-Datenschutzgruppe*, WP259 rev.01 S. 15 f.

1520 EuGH, Rs. C-673/17, ECLI:EU:C:2019:801, Rn. 75 ff. – *Planet49*.

1521 Vgl. EuGH, Rs. C-673/17, ECLI:EU:C:2019:801, Rn. 79 – *Planet49*.

1522 Entsprechend Art. 13 Abs. 2 Nr. 1 DS-GVO.

1523 Vgl. oben, Kap. 3, B. II. 1. a.

sein[1524]; im Regelfall wird aber jedenfalls die überwiegende Mehrheit der dort angeführten Angaben erforderlich sein, um all jene Informationen zur Verfügung zu stellen, welche für eine Einschätzung durch den Betroffenen über die Reichweite und die möglichen Auswirkungen der Verarbeitung erforderlich sind. Da die Erfüllung der Informationspflicht entsprechend den Art. 12 ff. DS-GVO zudem (auch im Kontext einwilligungsbasierter Datenverarbeitungen) erforderlich ist um die allgemein bestehende (bußgeldbewehrte)[1525] Transparenzpflicht zu erfüllen, bietet es sich *jedenfalls in Praxi* an, bereits bei Einholung der Einwilligung eine an Art. 12 ff. DS-GVO orientierte (und insoweit vollumfängliche) Informationsbereitstellung vorzusehen.

B. Einwilligung durch Opt-Out

Für eine informierte Einwilligung als Ausdruck autonomer Selbstbestimmung des Einzelnen ist es unerlässlich, dass der Einwilligende nicht nur Risiken und Folgen der Verarbeitung personenbezogener Daten zu überblicken vermag, sondern dass ihm als Grundvoraussetzung hierfür überhaupt bewusst ist mit der von ihm vorgenommenen Handlung eine datenschutzrechtliche Einwilligung zu erteilen.[1526] In diesem Zusammenhang wurde und wird – insbesondere von Datenschützern – die auch und gerade im Internet gängige Praxis der Einwilligungserteilung im Wege des *Opt-Out* kritisiert.[1527]

I. Auslegung

In Kapitel 2 der vorliegenden Arbeit wurde festgestellt, dass – nicht zuletzt unter Würdigung der Rspr. des EuGH – eine im Wege des *Opt-Out*-Verfahrens eingeholte datenschutzrechtliche Einwilligung unter der DS-GVO tendenziell nicht mehr oder zumindest nur unter erschwerten Bedingungen zulässig ist.[1528] Ob angesichts dieser Entscheidung jedwede Form des

1524 So insb. bzgl. des Hinweises auf das Bestehen allg. Betroffenenrechte nach Art. 13 Abs. 2 Nr. 2 und 4 DS-GVO.
1525 Vgl. oben, Kap. 3, A. II.. 3
1526 Vgl. oben, Kap. 2, B. II. 1.
1527 Vgl. oben, Kap. 2, B. II. 2. b.
1528 Vgl. oben, Kap. 3, B. II. 1. e. cc. (2).

Opt-Out unzulässig ist, wird indes teilweise (weiterhin) bezweifelt.[1529] Auch und gerade angesichts der erheblichen (praktischen) Bedeutung solcher *Opt-Out*-Modelle (im digitalen Bereich) sollen die Vorschriften der DS-GVO vorliegend im Wege der Auslegung daraufhin untersucht werden, ob und inwieweit (abgeschwächte) Formen der Einwilligungserteilung im Wege des *Opt-Out* auch unter der DS-GVO noch zulässig sein könnten.

1. Wortlaut

Im Rahmen der grammatikalischen Auslegung ist für die Frage, ob und inwieweit eine Einwilligungserteilung im Wege des *Opt-Out*-Verfahrens unter der DS-GVO möglich ist, insbesondere der Wortlaut des Art. 4 Nr. 11 DS-GVO zu beachten. Nach dieser Vorschrift erfordert eine wirksame datenschutzrechtliche Einwilligung eine "*unmissverständliche Willensbekundung in Form einer Erklärung oder einer sonstigen eindeutig bestätigenden Handlung*". Eine Einwilligung durch Schweigen oder Untätigkeit scheidet daher grundsätzlich aus. Der EuGH schließt aus dieser Formulierung auf das Erfordernis einer aktiven Handlung und spricht demzufolge Einwilligungen durch vorangekreuzte Kästchen ihre Wirksamkeit ab.[1530]

Im Ergebnis spricht der Wortlaut des Art. 4 Nr. 11 DS-GVO – insbesondere durch das Abstellen auf eine *„unmissverständliche"*, *„eindeutig bestätigende Handlung"* darüber hinaus gegen die Möglichkeit jedweder Formen des *Opt-Out*.[1531] Vereinzelt wird demgegenüber zwar angenommen, (jedenfalls) „abgeschwächte" Formen des *Opt-Out* seien durch die DS-GVO

1529 So etwa *Moos/Rothkegel*, MMR 2019, 732 (738); *Taeger/Schweda*, ZD 2020, 124 (126). Vgl. ausf. oben, Kap. 3, B. II. 1. e. cc. (2) (b).

1530 EuGH, Rs. C-673/17, ECLI:EU:C:2019:801, Rn. 52 – *Planet49*, vgl. ausf. oben, Kap. 3, B. II. 1. e. cc. (2) (a).

1531 So die ganz h.M. vgl. *Albrecht/Jotzo*, Das neue Datenschutzrecht der EU, S. 70 Rn. 39; *Art. 29-Datenschutzgruppe*, WP259 rev.01 S. 19; *Buchner*, DuD 2016, 155 (158); *Buchner/Kühling*, DuD 2017, 544 (545); *Buchner/Kühling* in: Kühling/Buchner, DS-GVO, Art. 7 Rn. 58; *Caspar*, DuD 2013, 767 (770); *DSK*, Orientierungshilfe Telemedien S. 8; *Härting*, DS-GVO, S. 90; *Funke*, Dogmatik und Voraussetzungen der Einwilligung, S. 324; *Ingold* in: Sydow, DS-GVO, Art. 7 Rn. 43; *Kastelitz* in: Knyrim, DS-GVO, S. 108; *Kipker/Voskamp*, DuD 2012, 737 (738); *Kühling/Martini*, EuZW 2016, 448 (451); *Laue/Nink/Kremer*, Das neue Datenschutzrecht, S. 84 Rn. 10 f.; *Schantz*, NJW 2016, 1841 (1844); *Scheurer*, Spielerisch selbstbestimmt, S. 160 f.; *Taeger* in: Taeger/Gabel, DSGVO, Art. 7 Rn. 27; *Wybitul* in: Wybitul, HB EU-DS-GVO, S. 96 Rn. 287; *Ziegenhorn/ v. He-*

nicht *per se* ausgeschlossen: So könne etwa das Fortführen eines Telefonats durch den Betroffenen nach erfolgter Belehrung über die Aufzeichnung der Gesprächsdaten,[1532] oder das Weiterscrollen auf einer Webseite nach Anzeige eines (deutlich hervorgehobenen) „*Cookie*-Banners“[1533] als Anknüpfungspunkt für eine Einwilligungshandlung zur Verarbeitung entsprechender personenbezogener Daten gewertet werden: In beiden Fällen existiere insoweit eine aktive Handlung des Betroffenen, die als „*bestätigende Handlung*“ ausgelegt werden könne.

Mit Blick auf den Wortlaut des Art. 4 Nr. 11 DS-GVO vermag eine solche Auslegung aber kaum zu überzeugen. Zwar ist das Fortführen eines Telefonats grundsätzlich eine Handlung; diese Handlung ist aber wohl kaum als „*eindeutig bestätigende*“ Handlung zu klassifizieren. Denn der Betroffene, der das Telefonat fortführt, könnte schlichtweg überhört haben, dass die Gesprächsdaten aufgezeichnet werden sollen oder aus sonstigen Gründen keine Kenntnis darüber besitzen, dass er durch ein Fortsetzen des Gesprächs in die Verarbeitung der ihn betreffenden personenbezogenen Daten einwilligt. Eine belastbare Aussage darüber, ob der Betroffene mit (bloßem) Fortsetzen seiner Handlung eine Einwilligung (in Kenntnis der Sachlage) erteilt, lässt sich in einer solchen Konstellation gerade nicht treffen.[1534] Die DS-GVO setzt demgegenüber gerade voraus, dass durch die Einwilligungshandlung des Betroffenen „*unmissverständlich*“ kundgetan wird, dass dieser mit der Datenverarbeitung einverstanden ist. Im Falle einer bloßen Handlungsfortsetzung sind die Motive des Handelnden dagegen jedenfalls mehrdeutig. Es liegt dementsprechend keine „*unmissverständliche*“ und „*eindeutig bestätigende*“ Kundgabe einer Einwilligung vor, so dass solche konkludenten Einwilligungen in Form der reinen Handlungsfortsetzung schon an der Wortlautgrenze scheitern könnten.

2. Systematik

Die systematische Auslegung erweist sich als eher unergiebig. Zwar ergibt sich – wie bereits in Kapitel 2 dieser Arbeit festgestellt – aus der expliziten Anforderung einer "*ausdrücklichen*" Einwilligung für bestimmte Formen

ckel, NVwZ 2016, 1585 (1587). In diese Richtung auch *Ernst*, ZD 2017, 110 (112); *Gierschmann*, ZD 2016, 51 (54).

1532 *Krohm*, ZD 2016, 368 (371).

1533 *Moos/Rothkegel*, MMR 2019, 732 (738).

1534 EuGH, Rs. C-673/17, ECLI:EU:C:2019:801, Rn. 55 – *Planet49*.

der Datenverarbeitung bzw. Übermittlung personenbezogener Daten, dass für die (einfache) Einwilligung nach Art. 6 Abs. 1 lit. a, 7 DS-GVO keine explizite, ausdrückliche Einwilligung vonnöten ist und folglich auch eine Einwilligungserteilung im Wege einer konkludenten Erklärung möglich sein muss.[1535] Welche Anforderungen im Einzelnen an eine solche konkludente Erklärung zu stellen sind, damit diese die Voraussetzungen einer "*unmissverständlichen*" und "*eindeutig bestätigenden*" Handlung erfüllt, lässt sich mithilfe der systematischen Auslegung jedoch nicht weiter beantworten.

Festgestellt werden kann dagegen, dass die DS-GVO in der Gesamtheit ihrer Regelungen jedenfalls von der Bestrebung geprägt ist, die bewusste Entscheidung des Betroffenen bei Abgabe einer Einwilligung sicherzustellen. So stellt bspw. Art. 7 Abs. 2 S. 1 DS-GVO besondere Anforderungen an Einwilligung auf, die im Rahmen von "*zusammengesetzten Erklärungen*" – wie etwa AGBs – abgegeben werden. In der Sache besteht auch in einer solchen Konstellation zusammengesetzter Erklärungen grundsätzlich das Risiko, dass der Betroffene die datenschutzrechtliche Einwilligungserklärung "überliest". Um dies zu verhindern, sieht die DS-GVO in solchen Fällen ein "Unterscheidbarkeitsgebot" vor, damit die Einwilligungserklärung für die betroffene Person klar erkennbar ist.[1536] Hieraus ließe sich der allgemeine Schluss ziehen, dass die DS-GVO das Erklärungsbewusstsein des Einwilligenden in Risikosituationen abzusichern bestrebt ist. Folgt man dieser These, spräche die in beiden Fällen vergleichbare Gefährdungslage ebenfalls gegen eine Zulässigkeit der Einwilligungserteilung im Wege des *Opt-Out*-Verfahrens – eindeutig zwingend ist dies unter systematischen Gesichtspunkten allerdings nicht.

3. Historie & Genese

Ein Blick auf die Änderungen der DS-GVO gegenüber der DS-RL als Vorgängernorm sowie auf die Entstehung der DS-GVO im Rahmen des Gesetzgebungsprozesses sprechen für eine Pflicht zur Einwilligungserteilung im Wege des *Opt-In*-Verfahrens.

1535 Vgl. oben, Kap. 3, B. II. 1. e. bb.

1536 Vgl. zu diesem Unterscheidbarkeitsgebot nach Art. 7 Abs. 2 S. 1 DS-GVO oben, Kap. 3, B. II. 1. e. dd.

a. Historie

Die DS-RL sah als Vorgängerregelung der DS-GVO in Art. 2 lit. h DS-RL "jede Willensbekundung" als mögliche Abgabeform einer Einwilligung an, "mit der die betroffene Person akzeptiert, daß personenbezogene Daten, die sie betreffen, verarbeitet werden". Eine Präzisierung bzw. Einschränkung sah die DS-RL dabei nur insoweit vor, als sie in Art. 7 lit. a DS-RL festlegte, der Betroffene müsse die Einwilligung "ohne jeden Zweifel" abgegeben haben. Der EuGH bewertet – jedenfalls klare – Formen des Opt-Out-Verfahrens bereits aufgrund dieses Erfordernisses einer „ohne jeden Zweifel“ erfolgten „Willensbekundung“ als unzulässig.[1537]

Bei einem Vergleich mit der Rechtslage unter der DS-RL lässt sich feststellen, dass die DS-GVO hinsichtlich der Erklärungshandlung des Einwilligenden zusätzliche Anforderungen aufstellt bzw. diese (jedenfalls) präzisiert.[1538] Angesichts dieser feststellbaren Konkretisierung der Einwilligung als unmissverständliche (bewusste) Willensbekundung des Betroffenen muss ein solcher Ausschluss von Einwilligungserteilungen im Wege des *Opt-Out* erst Recht unter der DS-GVO gelten. Insbesondere könnte das Hinzufügen von zusätzlichen Anforderungen bzw. Präzisierungen der die Einwilligungserklärung betreffenden Regelungen in der DS-GVO darauf hindeuten, dass der europäische Gesetzgeber hierdurch gerade auf eine klare Abkehr von der Praxis der Einwilligungserteilung im Rahmen des *Opt-Out*-Verfahrens abzielte. Unzulässig wären in der Konsequenz dann auch abgeschwächte Formen des *Opt-Out*. Ein Vergleich mit der Vorgängerregelung im Wege der historischen Auslegung spricht somit für eine Unzulässigkeit der Einwilligung durch *Opt-Out* unter der DS-GVO.

b. Genese

Ob und inwieweit der europäische Gesetzgeber mit Erlass der DS-GVO eine Abkehr von der Praxis der Einwilligungserteilung im Wege des *Opt-Out*-Verfahrens bezweckte, ist (auch) unter Berücksichtigung des Gesetzgebungsprozesses im Rahmen der genetischen Auslegung zu berücksichti-

---

1537 EuGH, Rs. C-673/17, ECLI:EU:C:2019:801, Rn. 51 ff. – *Planet49*. Zu dieser Auffassung unter Geltung der DS-RL auch Ehmann/Helfrich, EG-DS-RL, Art. 7 Rn. 12 ff.

1538 So in der Tendenz auch EuGH, Rs. C-673/17, ECLI:EU:C:2019:801, Rn. 60 – *Planet49*.

gen.[1539] Während die Kommission in ihrem Vorschlag noch das Erfordernis einer "*expliziten*"[1540] Einwilligung vorsah, und das Europäische Parlament in seiner Stellungnahme eine "*ausdrückliche*"[1541] Willensbekundung forderte, wollte der Europäische Rat die Vorschriften zur Einwilligung innerhalb der DS-GVO dahingehend abändern, dass grundsätzlich "*jede* [...] *abgegebene Willensbekundung*"[1542] für die Annahme einer Einwilligung genügen könne. Die endgültige Fassung der Definition der datenschutzrechtlichen Einwilligung nach Art. 4 Nr. 11 DS-GVO als "*unmissverständliche*" Willensbekundung kann insoweit als Kompromiss zwischen einer expliziten bzw. ausdrücklichen Willensbekundung gemäß den Vorschlägen der Kommission und des europäischen Parlaments einerseits und der Forderung des europäischen Rats, die Willensbekundung nicht an (zusätzliche) Voraussetzungen zu koppeln, andererseits beurteilt werden.

Dass über die genauen Anforderungen an die Abgabe der Einwilligung zwischen den am Gesetzgebungsprozess Beteiligten gerungen wurde, zeigt auch ein Blick auf die von den europäischen Organen jeweils vorgeschlagenen Formulierungen für die entsprechenden Erwägungsgründe. Während hier insbesondere das Parlament eine Präzisierung dahingehend forderte, dass "*Schweigen, die bloße Nutzung eines Dienstes oder Untätigkeit*"[1543] keine Einwilligungen darstellen sollten, präferierte der Rat die Formulierung, die Einwilligung solle "*auf beliebige geeignete Weise*"[1544] erfolgen können, bspw. "*durch entsprechende Browsereinstellungen*"[1545]. Nicht auszuschließen ist, dass in diesem Kontext auch und gerade das Bestreben nach einer zukünftigen (Un-)Zulässigkeit der Einwilligungserteilung im Wege des *Opt-Out*-Verfahrens Ausschlag für die jeweilige Formulierung gab. In die end-

---

1539 Zur genetischen Auslegung und ihrer Bedeutung – insb. auch hinsichtlich der Frage, inwieweit die Vorschläge der einzelnen am Gesetzgebungsprozess beteiligten europäischen Organe den "Willen des Gesetzgebers" darstellen können vgl. oben, Kap. 5, A. II. 3.

1540 Vgl. Art. 4 Nr. 8 DS-GVO(KOM): ""*Einwilligung der betroffenen Person" jede ohne Zwang, für den konkreten Fall und in Kenntnis der Sachlage erfolgte explizite Willensbekundung* (...)".

1541 Vgl. Art. 4 Nr. 8 DS-GVO(EP): ""*Einwilligung* [...]" *jede* [...] *ausdrückliche Willensbekundung* [...]".

1542 Vgl. Art. 4 Nr. 8 DS-GVO(Rat).

1543 Vgl. ErwGr 25 S. 3 DS-GVO(EP). Daneben insb. auch ErwGr 33S. 3 DS-GVO(EP): „*Die Verwendung von Voreinstellungen, die die betroffene Person verändern muss, um der Verarbeitung zu widersprechen, wie etwa standardmäßig vorangekreuzte Kästchen, drückt keine freie Einwilligung aus*".

1544 Vgl. ErwGr 25 S. 1 DS-GVO(Rat).

1545 Vgl. ErwGr 25 S. 4 DS-GVO(Rat).

gültige Fassung wurde schließlich einerseits die Klarstellung, "*Schweigen*" und "*Untätigkeit*" sollten nicht als Einwilligung gewertet werden,[1546] übernommen, andererseits, die Auswahl technischer Einstellungen als Einwilligungserteilung als zulässig erachtet.[1547] Die Möglichkeit, die Einwilligung in "*beliebiger Weise*" zu erklären, wurde dagegen nicht – wie zunächst vom Rat vorgeschlagen – in den entsprechenden Erwägungsgrund aufgenommen.[1548] Insgesamt kann mit Blick auf die Entstehungsgeschichte somit – unter Berücksichtigung auch der entsprechenden Erwägungsgründe – festgestellt werden, dass die endgültige Fassung der (formalen) Einwilligungsvoraussetzungen weder die besonders strengen Anforderungen des europäischen Parlaments, noch die weiten und weichen Formulierungen des Rates vollständig übernahm, sondern einen Kompromiss zwischen den Positionen suchte.

Der so gefundene Kompromiss der "*unmissverständlichen*" Einwilligung ließe sich argumentativ als Beleg gegen die Möglichkeit einer Einwilligungserteilungen im Wege des *Opt-Out*-Verfahrens insoweit deuten, als der Gesetzgeber hiermit zwar die grundsätzliche Zulässigkeit konkludenter Einwilligungserklärungen zum Ausdruck bringen wollte, durch das Erfordernis einer "*unmissverständlichen*" Erklärungshandlung Einwilligungen im Wege des *Opt-Out* aber von diesen (zulässigen) konkludenten Einwilligungserteilungen ausschloss.

c. Erwägungsgründe

Ein dahingehender Wille des Gesetzgebers lässt sich auch aus den Erwägungsgründen der DS-GVO ableiten.

aa. ErwGr 32 DS-GVO

Insbesondere ErwGr 32 DS-GVO befasst sich mit den Anforderungen an eine Erklärungshandlung im Falle einer datenschutzrechtlichen Einwilligung. Betrachtet man die durch ErwGr 32 DS-GVO statuierten Vorgaben zur Form der Einwilligung, so wird deutlich, dass die DS-GVO eine aktive

---

1546 Vgl. ErwGr 32 S. 3 DS-GVO.
1547 Vgl. ErwGr 32 S. 2 DS-GVO.
1548 Vgl. ErwGr 32 DS-GVO.

Willensbekundung des Betroffenen für erforderlich hält,[1549] sprich also eine *„schriftliche oder mündliche Erklärung“*,[1550] oder – wie schon von der Kommission vorgeschlagen[1551] – das *„Anklicken eines Kästchens beim Besuch einer Internetseite“*[1552]. Zwar lässt ErwGr 32 S. 2 DS-GVO auch eine "*andere Erklärung oder Verhaltensweise*" genügen, dies aber nur, soweit die betroffene Person mit dieser Erklärungshandlung "*in dem jeweiligen Kontext ihr Einverständnis* [...] *eindeutig signalisiert*"[1553]. Reines *„Schweigen“* oder bloße *„Untätigkeit“* sollen nach der DS-GVO keine Einwilligung darstellen.[1554] Diese Ausschlussgründe entfalten zwar – aufgrund ihrer Verankerung lediglich in den Erwägungsgründen – keine eigene Bindungswirkung,[1555] können aber als Orientierungshilfe zur Auslegung einzelner Artikel herangezogen werden, soweit sie die in diesen enthaltenen Begriffe oder Bestimmungen konkretisieren.[1556]

In dem – entscheidenden – Art. 4 Nr. 11 DS-GVO ist die Einwilligung als *„unmissverständlich abgegebene Willensbekundung in Form einer Erklärung oder einer sonstigen eindeutigen bestätigenden Handlung“* definiert. Durch das Abstellen auf eine *„bestätigende Handlung“* setzt der Normtext mithin selbst ein aktives Tätigwerden des Betroffenen im Rahmen einer Einwilligung voraus. Insofern weichen die in ErwGr 32 DS-GVO getroffenen Beispiele weder von Art. 4 Nr. 11 DS-GVO ab, noch überschreiten sie dessen Wortlautgrenze. Vielmehr präzisieren die einzelnen Beispiele des ErwGr 32 DS-GVO die Vorgaben des Art. 4 Nr. 11 DS-GVO dahingehend, wann von einer eindeutig bestätigenden Handlung des Betroffenen ausgegangen werden kann (und soll). ErwGr 32 DS-GVO spricht mithin für die Unzulässigkeit jedweder Form der Einwilligungserklärung durch ein *Opt-Out*-Verfahren.[1557]

1549 EuGH Urt. v. 01.10.2019 - C-673/17 – *Planet49*, ECLI:EU:C:2019:801, Rn. 52.

1550 Vgl. ErwGr 32 S. 1 DS-GVO.

1551 Vgl. ErwGr 25 S. 1 DS-GVO(KOM); im Wesentlichen übernommen sowohl durch das Parlament (vgl. ErwGr 25 S. 2 DS-GVO(EP)) als auch den Rat (vgl. ErwGr 25 S. 2 DS-GVO(Rat)).

1552 Vgl. ErwGr 32 S. 2 DS-GVO.

1553 Vgl. ErwGr 32 S. 2 DS-GVO.

1554 Vgl. ErwGr 32 S. 3 DS-GVO.

1555 Diese fehlende Bindungswirkung betonend und die Möglichkeit der Einholung im Wege des *Opt-Out* daher weiterhin für (grds.) zulässig haltend *Klement* in: Simitis/Hornung/Spiecker gen. Döhmann, DSGVO, Art. 7 Rn. 36.

1556 Vgl. hierzu ausf. oben, Kap. 3, B. II. 3. b. bb.

1557 *Schantz* in: *Schantz/Wolff*, Das neue Datenschutzrecht, Rn. 491 f.

bb. Anhaltspunkte in sonstigen Erwägungsgründen

Für eine solche strikte bzw. enge Auslegung des Erfordernisses einer eindeutigen bestätigenden Handlung i.S.d. Art. 4 Nr. 11 DS-GVO könnte zudem ErwGr 11 DS-GVO herangezogen werden. Dieser ErwGr befasst sich nicht ausdrücklich mit der Einwilligungserklärung, sondern stellt allgemein fest, ein "*wirksamer Schutz personenbezogener Daten*" erfordere "*eine Verschärfung der Verpflichtungen derjenigen, die personenbezogene Daten verarbeiten*". Hieraus lässt sich folgern, dass der Erlass der DS-GVO von dem Grundgedanken des europäischen Gesetzgebers getragen war, den Schutz personenbezogener Daten zu verschärfen. War nun schon die Zulässigkeit der *Opt-Out*-Praxis unter der DS-RL – mindestens – fragwürdig,[1558] ließe eine solche (prinzipielle) Verschärfung den Schluss zu, dass Einwilligungserklärungen unter der DS-GVO nur noch durch *Opt-In*-Verfahren zulässig sind.

Mit der Einwilligungserklärung selbst – wenn auch in erster Linie in Situationen, in denen die Einwilligung zusammen mit der "*Abgabe einer schriftlichen Erklärung in anderer Sache*" abgegeben wird – beschäftigt sich ErwGr 42 S. 2 DS-GVO und besagt hierbei, "[i]*nsbesondere*" in einer Situation zusammengesetzter Erklärungen "*sollten Garantien sicherstellen, dass die betroffene Person weiß, dass und in welchem Umfang sie ihre Einwilligung erteilt*". ErwGr 42 S. 2 DS-GVO legt also ein besonderes Augenmerk darauf, dass Einwilligungen nicht "unbewusst" oder "unbemerkt" erteilt werden bzw. die Abgabe der Einwilligung vom Betroffenen gar nicht registriert wird.[1559] Dabei bezieht sich ErwGr 42 S. 2 DS-GVO explizit zwar nur auf Einwilligungen im Rahmen von zusammengesetzten Erklärungen; durch die Formulierung "*insbesondere*" bei Abgabe ebenjener Erklärungen, gilt die grundlegend verfolgte Absicht, den Betroffenen vor der unbewussten Einwilligung in eine Datenverarbeitung zu schützen, aber nicht ausschließlich in solchen Situationen. Umfasst sind (jedenfalls) implizit auch alle sonstigen Einwilligungserklärungen. Damit stützt ErwGr 42 S. 2 DS-GVO die These eines Ausschlusses der Einwilligungspraxis durch *Opt-Out*-Verfahren unter der DS-GVO.

1558 Vgl. oben, Kap. 5, B. I. 3. a.

1559 S. entsprechend hierzu auch Art. 7 Abs. 2 S. 1 DS-GVO. Zu dessen möglicher Bedeutung für die Frage nach der Zulässigkeit der Einwilligungserteilung im Wege des *Opt-Out*-Verfahrens vgl. oben, Kap. 5, B. I. 2.

4. Telos

Vergegenwärtig man sich den der (datenschutzrechtlichen) Einwilligung zugrundeliegenden Gedanken der Rechtfertigung von Eingriffen Dritter durch den zustimmenden Willen des Rechtsinhabers ("*volenti non fit iniuria*"),[1560] so wurzelt die Einwilligung im Prinzip der autonomen Entscheidungsfindung des Einzelnen als Ausdruck (personeller) Selbstbestimmung.[1561] Der Schutz dieser personellen Autonomie spricht in besonderer Weise für eine stringente Pflicht zur Einwilligungseinholung im Wege des *Opt-In*.

a. Einwilligungsbewusstsein als Voraussetzung personeller Selbstbestimmung

Zweck der datenschutzrechtlichen Einwilligung ist die Legitimation der Verarbeitung personenbezogener Daten aufgrund des zustimmenden Willens der betroffenen Person. Dient die Einwilligung der Selbstbestimmung und ist Ausdruck personeller Autonomie, ist unerlässlich, dass die Einwilligung auch in tatsächlicher Hinsicht auf dem Willen des Rechtsinhabers beruht; die Datenverarbeitung also vom Willen der betroffenen Person getragen wird.[1562] Notwendige Voraussetzung für eine solche Legitimation aufgrund der Zustimmung des Rechtsinhabers ist, dass diesem die Abgabe einer Einwilligungserklärung überhaupt bewusst ist, denn andernfalls kann nicht davon ausgegangen werden, dass sich der Rechtsinhaber überhaupt einen Willen gebildet hat. Das Einwilligungsbewusstsein ist mithin essentieller Bestandteil der (datenschutzrechtlichen) Einwilligung.[1563]

Die Vorschriften der DS-GVO zur Einwilligung, und insbesondere die Legaldefinition der Einwilligung in eine Verarbeitung personenbezogener Daten gem. Art. 4 Nr. 11 DS-GVO lassen erkennen, dass die DS-GVO eine informierte und freiwillige Entscheidung des Betroffenen abzusichern sucht, um eine tatsächlich selbstbestimmte Entscheidung des Einzelnen zu

---

1560 Vgl. hierzu ausf. oben, Kap. 2.

1561 Vgl. hierzu oben, Kap. 2, A. I.

1562 Vgl. hierzu ausf. oben, Kap. 2, B. II. 1.

1563 Dass Die Vorschriften der DS-GVO zur Einwilligung auch und gerade die Voraussetzungen dafür schaffen sollen, dass die datenschutzrechtliche Einwilligung der betroffenen Person auch von ihrem tatsächlichen Willen getragen ist zeigt dabei bspw. ErwGr 42 S. 2 DS-GVO, der das Vorhandensein eines Einwilligungsbewusstsein bei der betroffenen Person sicherstellen möchte.

garantieren. Eine informierte und freiwillige Entscheidung setzt denknotwendig voraus, dass der Einwilligende sich der Abgabe einer Einwilligungserklärung überhaupt bewusst ist. Erst hieran anknüpfend kann entschieden werden, ob und inwieweit die Einwilligung auch dem wirklichen Willen der betroffenen Person entspricht und mithin freiwillig erteilt wurde. Eine durchgängige Pflicht zum *Opt-In* stellt die grundsätzliche Sichtbarkeit des Einwilligungsverlangens sicher und kann infolge dieser verstärkten Sichtbarkeit (jedenfalls)[1564] zu einer bewussteren Abgabe datenschutzrechtlicher Einwilligungserklärungen beitragen.[1565]

b. Verhaltensänderung als Anknüpfungspunkt

Darüber hinaus lässt sich – wie festgestellt[1566] – aus den Vorschriften zur datenschutzrechtlichen Einwilligung erkennen, dass die DS-GVO von dem Erfordernis einer aktiven Handlung für die Annahme einer Einwilligungserklärung ausgeht. Dabei kann für ein Untätigbleiben der betroffenen Person nicht gefordert werden, dass diese in Bewegungslosigkeit verharrt und somit wortwörtlich nichts tut. Vielmehr ist Untätigkeit im Unterschied zu einer bestätigenden Handlung so zu verstehen, dass der Betroffene in keiner Weise auf das Einwilligungsersuchen reagiert und seine gerade ausgeübte Tätigkeit ohne Verhaltensänderung fortsetzt. Nur dieses Verständnis entspricht dem Grundgedanken der DS-GVO, dass der Betroffene für die Abgabe einer Einwilligung aktiv werden muss, für die Versagung aber ein passives Verhalten genügt. Darüber hinaus unterstreicht diese Lesart auch den datenschutzrechtlichen Grundsatz des Verbots mit Erlaubnisvorbehalt.

Um zwischen einer konkludenten Einwilligung und einem Versagen derselben zu differenzieren, ließe sich daher darauf abzustellen, ob der Betroffene aktiv tätig wird, um seine Einwilligung zu erteilen oder aber ob er vielmehr schlicht nicht auf das Ersuchen reagiert und sein Verhalten ohne nach außen hin erkennbarer Veränderung fortführt. Dann wäre, wie bei einer explizit verneinenden Handlung des Betroffenen, von einer Versagung der Einwilligung auszugehen.

1564 Zur Frage, ob und inwieweit der Betroffene seine Einwilligung tatsächlich bewusst und in Kenntnis der Sachlage abgibt s. unten, Kap. 6, A. II. 1.

1565 In diesem Sinne wohl: *Stemmer* in BeckOK DSR, DS-GVO, Art. 7 Rn. 67.

1566 Vgl. oben, Kap. 3, B. II. 1. e. cc.

Im Beispiel des weitergeführten Telefonats nach Information über die Aufzeichnung des Gesprächs,[1567] bzw. des (Weiter-)Scrollens nach Einblendung eines Banners auf einer Internetseite[1568] kann in Anlehnung an diese Differenzierung festgestellt werden, dass der Betroffene – wollte er seine Einwilligung nicht erteilen – eine Verhaltensänderung einleiten müsste; im ersteren Fall indem er der Aufzeichnung widerspricht oder den Hörer auflegt, im letzteren indem er die Webseite bspw. verlässt. Während in dieser Situation also das Versagen einer Einwilligung ein aktives Tätigwerden in Form eines Einschreitens von Seiten des Betroffenen erfordert, ist der handlungsmäßige Schwerpunkt im Falle der Gesprächsfortführung bzw. des Weitersurfens eher in einem Nicht-Einschreiten und somit einem rein passiven Dulden zu sehen. Unter diesem Blickwinkel wäre das reine Fortführen der bereits begonnenen Handlung nicht als aktive Handlung zu verstehen und könnte mithin nicht als Anknüpfungspunkt für die Annahme einer einwilligenden Handlung qualifiziert werden.[1569]

Für die Abgrenzung zwischen einer aktiven Handlung, die eine Einwilligungserklärung des Betroffenen darstellen kann, und einer bloßen Nichthandlung, der ein solcher Erklärungswert nicht zukommen soll, kann also auch darauf abgestellt werden, ob und inwieweit die betroffene Person eine Verhaltensänderung einleitet.[1570] Wenn eine solche Verhaltensänderung gegeben ist, kann in einem zweiten Schritt entschieden werden, ob diese Verhaltensänderung sodann als "*unmissverständliche*" und "*eindeutig bestätigende Handlung*" des Betroffenen angesehen werden kann.

c. Interessenlage

Im Rahmen der teleologischen Auslegung der Norm besonders zu berücksichtigen sind – insbesondere im Falle der Auslegungsbedürftigkeit bzw. -offenheit bestimmter Vorschriften – einschlägige grundrechtliche Wertungen bzw. (primär-)rechtlich anerkannte Interessen der Beteiligten.

1567 Vgl. zu diesem Beispiel oben, Kap. 5, B. I. 1.

1568 Vgl. oben, Kap. 5, B. I. 1.

1569 I.d.S. auch *Art. 29-Datenschutzgruppe*, WP259 rev.01 S. 20, davon ausgehend, die schlichte Weiternutzung einer Webseite stelle keine (eindeutige) Einwilligungshandlung dar; ebenso *Lutz* in: Specht-Riemschneider, Datenrecht in der Digitalisierung S. 224; *Taeger* in: Taeger/Gabel, DSGVO, Art. 7 Rn. 27.

1570 Ähnlich auch (zur datenschutzrechtlichen Einwilligung allgemein ohne speziellen Bezug zu den Vorgaben der DS-GVO) *Hermstrüwer*, Informationelle Selbstgefährdung, S. 371.

aa. Interessenlage des Datenverarbeiters

Mit Blick auf datenverarbeitende Private lässt sich zweifellos ein Interesse an möglichst zahlreichen sowie inhaltlich möglichst umfangreichen Einwilligungserteilungen erkennen.[1571] Soweit die Datenverarbeitung zu Geschäfts- bzw. Erwerbszwecken betrieben wird, ist dieses Interesse grundsätzlich von der Berufsfreiheit nach Art. 15 GRCh bzw. der unternehmerischen Freiheit nach Art. 16 GRCh geschützt.[1572] Nicht ableiten lässt sich aus diesen Grundrechten dagegen ein Recht auf (bewusstes) Erschleichen einer Einwilligung. Soweit die erhöhte Zahl der Einwilligungserklärungen im Falle der *Opt-Out*-Methode (allein) auf den Umstand zurückzuführen ist, dass den Betroffenen die Abgabe einer Einwilligung nicht bewusst ist,[1573] lässt sich die Zulässigkeit entsprechender *Opt-Out*-Verfahren mithin nicht unter Rückgriff auf diese wirtschaftlichen EU-Grundrechten ableiten.

Berücksichtigt man demgegenüber, dass Datenverarbeitern zudem ein (jedenfalls objektiv bestehendes) Interesse am Vertrauen der betroffenen Personen in die Datenverarbeitung zu eigen ist,[1574] könnte sogar argumentiert werden, dass auch datenverarbeitenden Privaten ein Interesse an der alleinigen Verwendung von Einwilligungserteilungen im Wege des *Opt-In*-Verfahrens als transparente(re) und somit vertrauensfördernde Methode der Datenerhebung zukommt. Ein solches Bekenntnis zur alleinigen Zulässigkeit klarer *Opt-In*-Verfahren wäre zudem besonders rechtssicher; auch dies käme den Interessen datenverarbeitender Privater entgegen.[1575]

bb. Interessenlage der betroffenen Person

Der Betroffene hat ein Interesse daran, sich der Abgabe einer datenschutzrechtlichen Einwilligung tatsächlich bewusst zu sein. Ob und inwieweit er hierbei mithilfe des Rechts – also bspw. durch die hier zu untersuchende Möglichkeit einer Pflicht zur Einwilligungserklärung im Wege des *Opt-In*-Verfahrens – zu unterstützen ist, oder auf die eigene Selbstverantwortung verwiesen werden sollte, kann nur beantwortet werden, soweit zunächst

1571 Vgl. hierzu eingehend oben, Kap. 4, A. I.
1572 Vgl. hierzu ausf. oben, Kap. 4, B. II. 2.
1573 Zu dieser Vermutung vgl. oben, Kap. 2, B. II. 2. b. bb.
1574 Vgl. hierzu oben, Kap. 4, A. I. 4. c.
1575 Vgl. hierzu oben, Kap. 4, A. I. 4. b.

festgestellt wird, wie und in welcher Weise sich der Einsatz von *Opt-Out*-Modellen auf das Einwilligungsverhalten des Betroffenen auswirkt.

(1) Verhaltensökonomische Betrachtung

Belegt durch zahlreiche Studien ist, dass Personen allgemein dazu tendieren, bereits vorgegebene Wahlmöglichkeiten beizubehalten.[1576] Worauf diese Präferenz zur Beibehaltung vorgegebener Optionen zurückzuführen ist, ist insbesondere für die Einschätzung von Belang, ob und inwieweit der Einzelne vor datenschutzrechtlichen Einwilligungserklärungen aufgrund bereits vorangekreuzter Kästchen oder anderer Methoden des *Opt-Out*-Verfahrens geschützt und die Vorschriften der DS-GVO daher – i.S.e. teleologischen Auslegung mit besonderer Rücksicht auf die Interessen des Betroffenen – in diesem Sinne ausgelegt werden sollten.

(a) Präferenzlosigkeit

Als Grund für das Beibehalten bereits voroptierter Entscheidungen käme zunächst die Annahme in Betracht, der jeweilige Betroffene ändere die vorgegebenen Standardeinstellungen nicht, weil er schlichtweg keine eigenen Präferenzen hinsichtlich der Wahlentscheidung besitze und mithin aus reiner Bequemlichkeit die für ihn vorausgewählte Option beibehielte. Wäre dies der Fall, könnte man sich ein Interesse der betroffenen Person auf Schutz vor solchen Einwilligungen nur insoweit vorstellen, als die Abgabe datenschutzrechtlicher Einwilligung stets oder zumindest in der Regel nachteilige Folgen für den erklärenden Betroffenen hätte.[1577] Wie oben festgestellt, greift eine solche Pauschalisierung allerdings zu kurz; Verarbei-

---

1576 Vgl. bspw. die Studie von *Johnson/Goldstein*, Science (302) 2003, 1338 (1338 f.) für den Bereich der Einwilligung zu Organspenden. Speziell zur datenschutzrechtlichen Einwilligung s. *Buchner*, DuD 2010, 39 (42); *Petri*, RDV 2007, 153 (156); *Rogosch*, Die Einwilligung im Datenschutzrecht, S. 117 f; *Weichert*, VuR 2006, 449 (452) sowie schon oben, Kap. 2, B. II. 1. b. S. allgemein zu Trägheitseffekten bei vorgegebenen Wahloptionen *Kahneman*, Schnelles Denken, langsames Denken, S. 459 ff.

1577 Und selbst in einem solchen Fall wäre zu fragen, ob der Betroffene bei bewusster Untätigkeit aus Bequemlichkeit nicht evtl. hiermit einhergehende negative Folgen i.S.d. Gedankens der Korrelation von Selbstbestimmung und Selbstverantwortung zu tragen hätte.

tungen personenbezogener Daten können für den Betroffenen durchaus auch nutzbringend sein.[1578] Besteht kein (prinzipielles) berechtigtes Interesse an der Minimierung datenschutzrechtlicher Einwilligungen,[1579] wäre die Forderung einer *Opt-In*-Pflicht (allein) aufgrund mangelnder Präferenzen des Betroffenen nicht zu Unrecht dem Vorwurf (grundloser) paternalistischer Tendenzen[1580] und dem Verkennen der Selbstbestimmung und der hieraus resultierenden Selbstverantwortung des Betroffenen ausgesetzt.

Die Studien, welche sich mit den durch *Opt-Out*-Verfahren resultierenden Trägheitseffekten beschäftigen, kommen allerdings einheitlich zu dem Schluss, dass das Beibehalten der vorgegebenen Wahl durch den Betroffenen regelmäßig nicht auf seine individuellen Präferenzen zurückzuführen ist – auch nicht auf einen Mangel an eigener Präferenz.[1581]

(b) Fahrlässigkeit

Teilweise wird angenommen, (mit-)ursächlich für den Umstand, dass die voroptierte Auswahl zumeist beibehalten werde, sei, dass der Betroffene die Wahlmöglichkeit aufgrund eines gewissen Maßes an Fahrlässigkeit schlicht nicht wahrnehme.[1582]

(aa) Unbewusste Einwilligungserklärung

Tatsächlich besteht die Möglichkeit, dass der Einzelne bei einer durch das Verwenden der *Opt-Out*-Methode quasi "vorweggenommenen" Entscheidung – zumal wenn diese Entscheidungsoption in einen längeren Text eingebettet ist – übersieht, dass ihm eine eigene Wahl entsprechend der eigenen Präferenzen möglich ist. Problematisch erscheint in einem solchen Fall, dass die Legitimation der Datenverarbeitung dann nicht – entspre-

---

1578 Vgl. hierzu ausf. oben, Kap. 4, A. II. 1.

1579 Beachte hierzu aber unten, Kap. 6.

1580 Zum Begriff des Paternalismus – insbesondere in der datenschutzrechtlichen Diskussion – s. unten, Kap. 6, B. I. 1. a.

1581 Vgl. hierzu Bspw. den Versuch von *Johnson/Goldstein*, Science (302) 2003, 1338 (1338).

1582 So für die datenschutzrechtliche Einwilligung bspw. *Petri*, RDV 2007, 153 (156); in diese Richtung auch: *Radlanski*, Die Einwilligung in der datenschutzrechtlichen Realität, S. 20; *Rogosch*, Die Einwilligung im Datenschutzrecht, S. 118 f. Vgl. hierzu auch oben, Kap. 2, B. II. 2. b. bb.

chend dem Grundgedanken der (zivilrechtlichen) Einwilligung – auf dem unrechtsausschließenden Willen des Betroffenen als "Rechtsinhabers" beruht, sondern vielmehr auf einem Fahrlässigkeitsvorwurf, welcher dem Betroffenen zur Last gelegt wird.[1583]

(bb) Rechtliche Würdigung

Der BGH ging auf nationaler Ebene bisher – durchaus im Einklang mit der deutschen allgemeinen Zivilrechtsdogmatik[1584] – davon aus, dass „*auch von einem flüchtigen, aber durchschnittlich verständigen Verbraucher zu erwarten* [sei], *dass er den Umstand der Einwilligung und die damit einhergehende Abwahlmöglichkeit zur Kenntnis nimmt*"[1585] und verneinte mithin einen Schutz des Betroffenen vor der Abgabe fahrlässig-unbewusster Einwilligungen im Falle der Erklärung der Einwilligung im Wege des *Opt-Out*-Verfahrens.

Bereits mit Blick auf die Vorgaben der DS-RL zur Einwilligung in die Verarbeitung personenbezogener Daten wurde diese Rspr. teilweise als richtlinienwidrig interpretiert, da das Erfordernis einer "*ohne Zweifel*" abgegebene Einwilligung eine solche Einwilligungserklärung, die in erster Linie auf einem unterlassenen Widerspruch und somit einem bloßen Nicht-Handeln des Betroffenen beruhe, eine Verarbeitung personenbezogener Daten nicht i.S.d. europäischen Datenschutzrechts legitimieren könne.[1586] Mit Blick auf die im Wortlaut deutlich schärferen Voraussetzungen, der DS-GVO an die Annahme einer wirksamen Einwilligungserklärung bzw. -handlung,[1587] könnte die Ansicht des BGH einer erneuten Revision zu unterziehen sein; denn das Erfordernis einer "*unmissverständlichen*" und "*eindeutig bestätigenden Handlung*"[1588] i.S.e. aktiven Tätigwerdens dürfte einer solchen fahrlässigen Abgabe einer Einwilligung eine (noch) klarere Grenze setzen. Diese (zusätzlichen) explizit normierten Voraussetzungen unterscheiden die datenschutzrechtliche Einwilligungserklärung auch und

---

1583 Für eine Wirksamkeit der Einwilligung in solchen Fällen unbewusster Einwilligungserklärungen durch *Opt-Out* aber *Moos/Rothkegel*, MMR 2019, 732 (738).

1584 Vgl. hierzu oben, Kap. 2, B. II. 2. b. bb.

1585 BGH NJW 2008, 3055 (3056 f.) – *Payback*; zustimmend: *Hanloser*, CR 2008, 713 (715).

1586 *Wollenschläger*, AöR 2010, 363 (386). Zur allg. Kritik an der Rspr. des BGH zum *Opt-Out*-Verfahren vgl. oben, Kap. 2, B. II. 2. b. bb.

1587 Vgl. oben, Kap. 5, B. I. 3. a.

1588 Vgl. Art. 4 Nr. 11 DS-GVO.

gerade von Willenserklärungen im Bereich des allgemeinen Zivilrechts[1589] und rechtfertigen mithin eine von diesen divergierende Behandlung der Wirksamkeitsvoraussetzungen datenschutzrechtlicher Einwilligungserklärungen (auch) im Bereich des Erklärungsbewusstseins.[1590]

(c) Beschränkte Rationalität

Die Studien, welche das Verhalten von Individuen bei der Konfrontation mit einer *Opt-Out*-Wahlmöglichkeit aus verhaltensökonomischer bzw. entscheidungspsychologischer Sicht untersuchen, legen zudem den Schluss nahe, dass das Beibehalten vorgegebener, standardisierter Entscheidungsmöglichkeiten durch Ausgestaltung der Wahlmöglichkeit im Wege des *Opt-Out* zumeist nicht auf eine mangelnde Präferenz des Individuums hinsichtlich der zu treffenden Entscheidung zurückzuführen ist. Ebenso finde dieses Verhalten seinen Grund nicht (ausschließlich) in der reinen Nichtwahrnehmung der Entscheidungssituation. (Mit-)Ursächlich ist nach bisherigem Erkenntnisstand vielmehr (auch) der Umstand, dass der Einzelne in Entscheidungssituationen gewissen Rationalitätsbeschränkungen (*cognitive biases*)[1591] unterliegt, die eine streng rational an der jeweiligen (subjektiven) Nutzenerwartung orientierte Entscheidung erschweren bzw. verunmöglichen.[1592]

(aa) Framing

Die Darstellung verschiedener Optionen kann die Entscheidung des Wählenden beeinflussen.[1593] Optionen lassen sich stets in unterschiedlicher Art und Weise darstellen bzw. "einrahmen" (*framen*).[1594] Grundsätzlich sollte bei konstanter Präferenz die Darstellungsweise verschiedener Optionen

---

1589 S. zu dieser Thematik auch *Krönke*, Der Staat 2016, 319 (326).

1590 Im Grundgedanken ähnlich auch *Hermstrüwer*, Informationelle Selbstgefährdung, S. 92.

1591 S. zu diesem Begriff grds. *Tversky/Kahneman*, Science 1981, 453 (453 ff.).

1592 S. hierzu auch *Scheurer*, Spielerisch selbstbestimmt, S. 168 ff. sowie ausf. unten, Kap. 6, A. II.

1593 *Jungermann/Pfister/Fischer*, Die Psychologie der Entscheidung, S. 71 f.; *Renn*, Das Risikoparadox, S. 311; *Tversky/Kahneman*, Science 1981, 453; *Kahneman/Tversky*, American Psychologist 1984, 341 (346).

1594 *Tversky/Kahneman*, Science 1981, 453 (453).

nach den Regeln der Invarianz keinen Einfluss auf die Entscheidung hinsichtlich bzw. zwischen diesen Optionen besitzen.[1595] Verhaltensökonomische bzw. entscheidungspsychologische Studien belegen allerdings, dass der Einzelne sich von diesen unterschiedlichen Darstellungsweisen nicht unerheblich beeinflussen lässt.[1596] Allein durch eine bestimmte Formulierung bzw. Darstellungsweise der wählbaren Optionen kann ein Dritter somit Einfluss auf die Entscheidung des Wählenden nehmen – und dies, ohne dass es dem Wählenden überhaupt bewusst sein muss.[1597]

(bb) Framing durch Opt-Out

Kennzeichnen für die Entscheidungssituation im Falle der Einwilligungseinholung im Wege eines *Opt-Out*-Verfahrens ist, dass die Erteilung der Einwilligung und somit die Zustimmung zur Verarbeitung personenbezogener Daten durch das bereits vorangekreuzte Kästchen vorentschieden ist, während die Verweigerung der Einwilligungserteilung als mögliche Option zwar ebenso zulässig ist, aber nicht die vorgeschlagene Option darstellt. Dies kann dazu führen, dass der Betroffene die voroptierte Wahl – und damit die Erteilung der Einwilligung – als Referenzpunkt empfindet.[1598] Beim Betroffenen wird hierdurch der Eindruck erweckt, die Erteilung der Einwilligung stelle den "Regelfall" bzw. eine Entscheidungsempfehlung dar und eine Versagung der Einwilligungserteilung sei dementsprechend eine Abweichung von der Norm.[1599] Folge kann ein (subjektiv spürbarer) Konformitätsdruck für den einzelnen Betroffenen sein, (ebenfalls) seine Einwilligung abzugeben.[1600]

1595 *Kahneman/Tversky*, American Psychologist 1984, 341 (346).

1596 *Walliser*, Cognitive Economics, S. 59. Vgl. hierzu bspw. *Johnson/Goldstein*, Science (302) 2003, 1338 (1338 f.); *Johnson/Hershey/Meszaros/Kunreuther*, Journal of Risk and Uncertainty 1993, 35 (42 ff.) sowie die empirischen Studien bei *Kahneman*, Schnelles Denken, langsames Denken, S. 448 ff.

1597 *Kahneman/Tversky*, American Psychologist 1984, 341 (346).

1598 Parallel am Beispiel der Einwilligung in die Organspende *Johnson/Goldstein*, Science (302) 2003, 1338 (1338).

1599 *Hermstrüwer*, Informationelle Selbstgefährdung, S. 371; *Scheurer*, Spielerisch selbstbestimmt, S. 172 f.

1600 Vgl. hierzu *Renn*, Das Risikoparadox, S. 207; *Sandfuchs*, Privatheit wider Willen?, S. 110.

Zudem neigen Individuen dazu, verschiedene Optionen in Bezug auf den jeweils gegebenen Referenzpunkt zu beurteilen.[1601] Im Rahmen dieser Beurteilung werden sodann alle Vor- und Nachteile der jeweiligen Option gegenüber dem *status quo* als gegebenem Referenzpunkt bewertet. Hierbei ist zu beobachten, dass der Einzelne grundsätzlich zu einem Festhalten am gegebenen *status quo* neigt (auch: sog. *„endowement effect“*).[1602] Verstärkt wird dieser Effekt des Festhaltens am *status quo* zusätzlich durch den Umstand, dass der Einzelne mit einer Option bzw. Veränderung verbundene Nachteile regelmäßig stärker gewichtet als mit dieser Option korrespondierende Vorteile (sog. *„loss aversion“*).[1603] Nimmt der Betroffene die Einwilligungserteilung als Referenzpunkt, werden die Vorteile im Falle einer Verweigerung der Einwilligung daher untergewichtet, während die Nachteile, welche eine solche Verweigerung haben könnte, übergewichtet werden.

Der Einzelne neigt somit grundsätzlich zu einem Festhalten an bestehenden Gegebenheiten und tendiert zu einer ablehnenden Haltung gegenüber Veränderungen, selbst wenn diese für den Einzelnen objektiv vorteilhaft(er) wären.[1604] Im Falle der Einwilligungserteilung im Wege des *Opt-Out*-Verfahrens kann dieses Phänomen dazu führen, dass der Betroffene vor einem Auskreuzen des bereits vorangekreuzten Kästchens zurückschreckt, weil er die mit der Veränderung dieses *status quo* verbundenen eventuellen Nachteile übergewichtet, Angst hat, mit der Einwilligung verbundene Vorteile zu verlieren oder sich schlicht davor scheut, selbst aktiv eine Veränderung herbeizuführen. Im Falle der Einwilligungserteilung im Wege des *Opt-Out*-Verfahrens werden Betroffene somit aufgrund dieser *Framingeffekte* beeinflusst, einer Verarbeitung sie betreffender personenbe-

---

1601 *Johnson/Hershey/Meszaros/Kunreuther*, Journal of Risk and Uncertainty 1993, 35 (46 ff.); *Kahneman/Tversky*, American Psychologist 1984, 341 (346).

1602 *Acquisti/Grossklags* in: Acquisti, Digital privacy, S. 372; *Acquisti/Grossklags*, IEEE Security & Privacy 2005, 24 (25); *Hermstrüwer*, Informationelle Selbstgefährdung, S. 371; *Jungermann/Pfister/Fischer*, Die Psychologie der Entscheidung, S. 70 f.; *Kahneman*, Schnelles Denken, langsames Denken, S. 360 ff., *Kahneman/Knetsch/Thaler*, Journal of Economic Perspectives 1991, 193 (197 ff.).

1603 *Acquisti/Grossklags*, IEEE Security & Privacy 2005, 24 (27); *Johnson/Hershey/Meszaros/Kunreuther*, Journal of Risk and Uncertainty 1993, 35 (42); *Kahneman*, Schnelles Denken, langsames Denken, S. 359; *Kahneman/Knetsch/Thaler*, Journal of Economic Perspectives 1991, 193 (199 ff.); *Kahneman/Tversky*, American Psychologist 1984, 341 (348).

1604 *Hacker*, Verhaltensökonomik und Normativität, S. 85 f.; *Johnson/Hershey/Meszaros/Kunreuther*, Journal of Risk and Uncertainty 1993, 35 (48); *Kahneman/Knetsch/Thaler*, Journal of Economic Perspectives 1991, 193 (198).

zogener Daten zuzustimmen, auch wenn sie diese Datenverarbeitung im Falle der Einwilligungseinholung im Wege des *Opt-In* verweigert hätten.[1605]

(cc) Rechtliche Würdigung

Wenn auch durch empirische Studien belegt ist, dass *Framingeffekte* Entscheidungen beeinflussen und der Datenverarbeiter durch eine Einwilligungseinholung im Wege des *Opt-Out*-Verfahrens Einfluss darauf nehmen kann, ob bzw. mit welcher Wahrscheinlichkeit der Betroffene einer Verarbeitung ihn betreffender personenbezogener Daten zustimmen wird, ist hiermit noch nicht beantwortet, ob und inwieweit das (Aus-)Nutzen solcher kognitiver Rationalitätsbeschränkungen (*biases*) unter rechtlichen Gesichtspunkten unzulässig ist bzw. sein sollte.

Insbesondere ist zu bedenken, dass bei einer Pflicht zur Gestaltung der Einwilligungserteilung durch *Opt-In* davon auszugehen wäre, dass sich hier der gleiche Effekt zeigen würde und somit Betroffene aufgrund des *endowment effects* und der *loss aversion* ihre Einwilligung wohl auch in Fällen verweigern würden, in denen sie grundsätzlich mit der Datenverarbeitung einverstanden wären. In dieser Konstellation würde der Einzelne die vorgeschlagene Option – in diesem Fall also die Verweigerung der Einwilligung – ebenfalls als Referenzpunkt empfinden und selbst entsprechend zurückhaltend eine aktive Änderung der vorgegebenen Wahl herbeiführen. Eine Entscheidung (allein) aufgrund originärer Präferenz des Betroffenen läge mithin ebenfalls nicht vor. Zu bedenken ist darüber hinaus, dass jedwede Entscheidung durch entsprechendes *framing* beeinflusst werden kann – insoweit müsste begründet werden, warum gerade im Bereich des Datenschutzrechts eine besondere Berücksichtigung dieser *biases* angebracht ist, bzw. warum die Verweigerung der Einwilligung als vorgegebener Referenzpunkt gewählt werden sollte. Nicht zuletzt könnte eine Einschränkung der möglichen Darstellungsweisen der durch ein privates Un-

1605 So auch *Scheurer*, Spielerisch selbstbestimmt, S. 175. S. zu diesen Phänomenen und ihren Wirkungen im Bereich datenschutzrechtlicher Einwilligungen ausf. auch unten, Kap. 6, A. II.

ternehmen angebotenen Optionen als Ausübung der unternehmerischen Freiheit auch an den Vorgaben des Art. 16 GRCh[1606] zu messen sein.[1607]

Eine Begründung dafür, nicht die Abgabe einer Einwilligung, sondern im Gegenteil ihre Versagung als Referenzpunkt zu wählen, könnte insbesondere in dem im Datenschutz geltenden Grundsatz des Verbots mit Erlaubnisvorbehalt zu sehen sein. Nach Art. 6 DS-GVO sind Verarbeitungen personenbezogener Daten grundsätzlich verboten, soweit sie sich nicht auf eine Einwilligung oder einen gesetzlichen Rechtfertigungsgrund stützen können.[1608] Als gesetzlich vorgesehene Ausgangslage ist somit diejenige Situation anzusehen, in der keine Einwilligung vorliegt und die Datenverarbeitung unzulässig ist. Die Einwilligungserteilung stellt somit nicht den Regelfall dar, sondern soll unter rechtlichen Gesichtspunkten gerade eine Ausnahme vom grundsätzlichen Verarbeitungsverbot darstellen.

Im Bereich des Daten(schutz)rechts spricht diese Betonung der Unzulässigkeit jedweder Verarbeitung personenbezogener Daten ohne eine Legitimationsgrundlage i.S.d. Art. 6 DS-GVO dafür, das Nichtvorliegen einer Einwilligung als "Regelfall" und somit als Referenzpunkt anzusehen. Mithin würde eine Auslegung der DS-GVO im Sinne einer Unzulässigkeit der Einwilligungserteilung im Wege des *Opt-Out*-Verfahrens nicht nur das berechtigte Interesse des Betroffenen auf Schutz vor der Abgabe für ihn objektiv nachteiliger Einwilligungserklärungen aufgrund von *Framingeffekten* berücksichtigen, sondern auch die gesetzliche Wertung des Verbots mit Erlaubnisvorbehalt im Datenschutzrecht betonen.

(dd) Schlussfolgerungen

Bei einer verhaltensökonomischen Betrachtung der Einwilligungssituation lässt sich festhalten, dass das Beibehalten der im Wege des *Opt-Out*-Verfahrens vorgegebenen Wahl somit nicht (nur) auf eine fehlende eigene Präfe-

---

1606 Zur Unternehmerischen Freiheit nach Art. 16 GRCh allgemein vgl. oben, Kap. 4, B. II. 2.

1607 Nicht gesagt ist hiermit, dass die Gestaltung der Einwilligungserteilung durch *Opt-Out* tatsächlich von Art. 16 GRCh geschützt wird. Vgl. hierzu – insbesondere mit Blick auf eine möglicherweise fahrlässige Erklärung der Einwilligung durch den Betroffenen aufgrund eines Übersehens der Einwilligungserklärung – oben, Kap. 5, B. I. 4. c. bb. (1).

1608 Vgl. allgemein zum Verbot mit Erlaubnisvorbehalt im Datenschutzrecht oben, Kap. 2, B. I, sowie zur Existenz dieses Grundsatzes innerhalb der DS-GVO Kap. 3, A. III.

renz des Einwilligenden zurückzuführen ist. Vielmehr liegt der Einwilligungserklärung dann (oft) eine aufgrund von Fahrlässigkeit verursachte unbewussten Erklärung der Einwilligung zugrunde, dergestalt, dass der Betroffene die schon vorangekreuzte Einwilligungserteilung in dem unter Umständen seitenlangen Text übersieht. Überdies besteht eine asymmetrische Tendenz zur Einwilligungserteilung insoweit, als eine Entscheidungsdarstellung durch *Opt-Out* beim Betroffenen auftretende Rationalitätsbeschränkungen (*biases*) begünstigt, infolge derer der Betroffene eine Einwilligung (auch) entgegen seiner eigentlichen (Grund-)Präferenz erteilt.

Sowohl im Falle einer fahrlässigen Einwilligungserklärung als auch im Falle einer Einwilligungserteilung aufgrund von Rationalitätsbeschränkungen besteht aufgrund der gesetzlichen Wertungen ein zu berücksichtigendes Interesse des Betroffenen nach rechtlichem Schutz. Ein solcher Schutz ließe sich dabei insbesondere durch eine (konsequente) Pflicht zur Einwilligungseinholung im Wege des *Opt-In* erreichen.

(2) Grundrechtliche Implikationen

Die Lesart des Art. 4 Nr. 11 DS-GVO als Pflicht zum *Opt-In* wird mit Blick auf die grundrechtlichen Implikationen bestätigt. Denn zum einen betont Art. 8 GRCh als explizites Datenschutzgrundrecht auf europäischer Ebene den besonderen Schutz des Einzelnen vor einer Verarbeitung ihn betreffender personenbezogener Daten. Jedenfalls in einer Zusammenschau mit dem Recht auf Achtung des Privatlebens nach Art. 7 GRCh lässt sich aus dieser Schutzposition (jedenfalls tendenziell) auch ein Recht auf Bestimmung des Betroffenen über ihn betreffende personenbezogene Daten ableiten.[1609] Eine solche Selbstbestimmung ist nur möglich, soweit sich der Einzelne der Abgabe einer datenschutzrechtlichen Einwilligung tatsächlich bewusst ist. Bei Einwilligungserteilungen im Wege des *Opt-Out*-Verfahrens kann ein solches Bewusstsein aber nicht zweifelsfrei sichergestellt werden.[1610]

Zum anderen ist das grundsätzliche Verbot der Verarbeitung personenbezogener Daten auf europäischer Ebene primärrechtlich im Grundrecht

1609 Vgl. hierzu ausf. oben, Kap. 4, B. II. 3. c. dd.

1610 So auch EuGH, Rs. C-673/17, ECLI:EU:C:2019:801, Rn. 55 – *Planet49*; vgl. ausf. oben, Kap. 5, B. I. 4. c. bb. (1) (b).

auf Datenschutz nach Art. 8 Abs. 2 S. 1 GRCh verankert.[1611] Das Nichtvorliegen einer Einwilligung bildet somit (auch) nach grundrechtlichen Wertungen die gesetzliche Ausgangslage; eine hiervon abweichende Einwilligungserteilung, welche das grundsätzlich geltende Verarbeitungsverbot durch die Erlaubnis des Rechtsinhabers aufhebt, sollte daher klar zu Tage treten. Diese grundrechtliche Wertung lässt sich mit einer strikten Pflicht zur Einwilligungseinholung im Wege des *Opt-In*-Verfahrens (zumindest) eindeutig(er) zum Ausdruck bringen.

cc Schlussfolgerungen

Die berechtigten Interessen des Betroffenen sprechen somit für eine Unzulässigkeit der Einwilligungserteilung im Wege des *Opt-Out*-Verfahrens, während die zu berücksichtigenden Interessen des datenverarbeitenden Privaten lassen jedenfalls nicht auf ein begründetes Interesse an der Einwilligungserteilung im Wege des *Opt-Out* schließen.

5. Zwischenergebnis

Eine Auslegung der Vorschriften der DS-GVO spricht somit im Ergebnis klar für das Erfordernis einer Einwilligungseinholung im Wege des *Opt-In*-Verfahrens und gegen eine Zulässigkeit (auch abgeschwächter Formen) des *Opt-Out*-Modells unter der DS-GVO.

II. Folgerungen für die Praxis

Datenverarbeitende Private, die eine Verarbeitung personenbezogener Daten auf eine Einwilligung des Betroffenen stützen wollen, sollten darauf achten, dass der Betroffene die Einwilligungserklärung stets durch eine aktive Erklärung bzw. Handlung im Wege des *Opt-In* abgibt – so bspw. durch Ankreuzen oder Anklicken eines Kästchens oder ähnliche eindeutige Zustimmungen. Einwilligungserklärungen am Rande zum *Opt-Out* sollten nach Möglichkeit vermieden werden, da diese stets der Gefahr ausge-

1611 Vgl. hierzu oben, Kap. 4, B. II. 3. c. Zur Verankerung des Verarbeitungsverbots mit Erlaubnisvorbehalt im Sekundärrecht vgl. oben, Kap. 3, A. III.

setzt sind, eine Verarbeitung personenbezogener Daten als unzulässige Einwilligungserklärungen nicht legitimieren zu können.

C. *Koppelungsverbot*

Für eine selbstbestimmte Entscheidung des Betroffenen essenziell ist die Freiwilligkeit seiner Entscheidung. Im Vergleich zur Rechtslage unter der DS-RL bzw. dem BDSG a.F. enthält die DS-GVO hinsichtlich der Freiwilligkeit der datenschutzrechtlichen Einwilligung in ihrem Normtext differenziertere Regelungen. Die DS-GVO geht dabei insbesondere auf Konstellationen ein, in denen die Freiwilligkeit der Einwilligung aufgrund des die Einwilligung einbettenden Kontextes bezweifelt werden kann, so etwa weil zwischen dem Einwilligenden und dem Datenverarbeiter ein Machtungleichgewicht besteht, die Erbringung einer (Dienst-)leistung von der Abgabe einer datenschutzrechtlichen Einwilligung abhängig gemacht wird oder eine Verweigerung (sonstige) nachteilige Konsequenzen für den Betroffenen zur Folge hätte.[1612]

In Kapitel 2 wurde festgestellt, dass insbesondere hinsichtlich der Frage, ob und inwieweit eine Koppelung von Leistungserbringung und datenschutzrechtlicher Einwilligung unter der DS-GVO möglich ist, ein besonderer Klärungsbedarf besteht. Zum einen, da die diesbezügliche Regelung in der DS-GVO unter einer gewissen Unschärfe leidet.[1613] Zum anderen, da einem möglichen Koppelungsverbot auch und gerade für den wachsenden Bereich datenfinanzierter Geschäftsmodelle[1614], deren Geschäftsmodell in einer solchen Koppelung von Leistung und Einwilligung besteh, ein besonderes Gewicht zukommt.

I. Auslegung

Vorliegend ist daher Art. 7 Abs. 4 DS-GVO, welcher das Koppelungsverbot in die DS-GVO einführt, näher zu beleuchten. Im Wege der Auslegung soll dabei insbesondere festgestellt werden, ob es sich bei dem Koppe-

1612 Vgl. hierzu oben, Kap. 3, B. II. 3.

1613 Vgl. hierzu oben, Kap. 3, B. II. 3. a.

1614 S. zu diesem datenfinanzierten Geschäftsmodell grds. oben, Kap. 4, A. I. 1. e. sowie ausf. – auch und gerade bzgl. der (zivil-)rechtlichen Einordnung unten, Kap. 6, A. I. 2.

lungsverbot um ein striktes und absolutes Verbot handelt, so dass eine Einwilligung stets unzulässig und somit unwirksam ist, sobald die Erbringung einer Leistung von der Abgabe einer datenschutzrechtlichen Einwilligung abhängig gemacht wird bzw. werden soll, oder ob Art. 7 Abs. 4 DS-GVO ein (lediglich) relatives Koppelungsverbot darstellt, bei dem die Legitimation der Datenverarbeitung durch die Einwilligung des Betroffenen (zumindest im Einzelfall) auch trotz einer Koppelung von Leistung und Einwilligung möglich ist.[1615]

1. Wortlaut

Der Wortlaut des Art. 7 Abs. 4 DS-GVO spricht zunächst für eine (lediglich) relative Wirkung des Koppelungsverbots.[1616] Denn Art. 7 Abs. 4 DS-GVO bestimmt insoweit, bei der Beurteilung der Freiwilligkeit sei eine mögliche Koppelung von Leistung und Einwilligung (nur) "*in größtmöglichem Umfang*" zu berücksichtigen. Hiermit wird zwar betont, dass der Koppelung von Leistungserbringung und datenschutzrechtlicher Einwilligung in besonderem Maße "*Rechnung*" zu tragen ist – zugleich scheint mit dieser Formulierung aber auch gesagt zu sein, dass eine solche (eventuell bestehende) Koppelung lediglich einen von mehreren Aspekten darstellt, anhand derer die Freiwilligkeit der Einwilligung zu prüfen ist.[1617] Ebenso soll dieser "*Umstand*" einer Koppelung nach Art. 7 Abs. 4 bei der "*Beurteilung, ob die Einwilligung freiwillig erteilt wurde*", (nur) "*unter anderem*" berücksichtigt werden. Auch dies spricht dafür, dass eine Koppelung von Leistung und Einwilligung nicht (stets) allein entscheidendes Kriterium bei der Prüfung der Freiwilligkeit der Einwilligung ist. Dem Wortlaut

---

1615 Zu den verschiedenen Wirk- bzw. Auslegungsmöglichkeiten des Koppelungsverbots in Art. 7 Abs. 4 DS-GVO vgl. oben, Kap. 3, B. II. 3. a. aa.

1616 Ebenso *Art. 29-Datenschutzgruppe*, WP259 rev.01 S. 10; *Dammann*, ZD 2016, 307 (311); *Engeler*, ZD 2018, 55 (58); *Frenzel* in: Paal/Pauly, DS-GVO, Art. 7 Rn. 18; *Klement* in: Simitis/Hornung/Spiecker gen. Döhmann, DSGVO, Art. 7 Rn. 58; *Schulz* in: Gola, DS-GVO, Art. 7 Rn. 25 f.; *Hacker*, ZfPW 2019, 148 (182); *Heckmann/Paschke* in: Ehmann/Selmayr, DS-GVO, Art. 7 Rn 95; *Schätzle*, PinG 2017, 203 (206); *Schneider*, Datenschutz nach der DS-GVO, S. 143; *Taeger* in: Taeger/Gabel, DSGVO, Art. 7 Rn. 90. Vgl. hierzu auch schon oben, Kap. 3, B. II. 3. a.

1617 So auch *Frenzel* in: Paal/Pauly, DS-GVO, Art 7 Rn. 18; *Heckmann/Paschke* in: Ehmann/Selmayr, DS-GVO, Art. 7 Rn. 95; *Schulz* in: Gola, DS-GVO, Art. 7 Rn. 26.

nach ist Art. 7 Abs. 4 DS-GVO mithin kein absolutes bzw. striktes Koppelungsverbot zu entnehmen.[1618]

2. Systematik

Auch in systematischer Hinsicht sprechen gewichtige Argumente dafür, dem Koppelungsverbot der DS-GVO eine nur relative Wirkung zuzusprechen.

a. Art. 6 Abs. 1 lit. b DS-GVO

Für eine solche bloß relative Wirkung spricht zunächst ein Vergleich mit Art. 6 Abs. 1 lit b DS-GVO.[1619] Nach dieser Vorschrift ist eine Datenverarbeitung – unabhängig vom Willen des Betroffenen – rechtmäßig, soweit die Datenverarbeitung "*zur Erfüllung eines Vertrags, dessen Vertragspartei die betroffene Person ist, oder zur Durchführung vorvertraglicher Maßnahmen erforderlich*" ist. Soweit es sich also um eine Situation handelt, in der die Verarbeitung der personenbezogenen Daten schlicht essentiell für die Erbringung einer vertraglichen Leistung ist, ist die Datenverarbeitung bereits gesetzlich legitimiert.[1620] Eine Legitimation durch Einwilligung des Betroffenen (nach Art. 6 Abs. 1 lit. a DS-GVO) ist dann gerade nicht nötig.

Würde man nun Art. 7 Abs. 4 DS-GVO in der Weise auslegen, dass alle nicht für die Leistungserbringung unbedingt erforderlichen Datenverarbeitungen *per se* dem Koppelungsverbot unterfielen und nicht einwilligungsfähig wären, verbliebe der Einwilligung (jedenfalls angesichts der vielfachen Einbettung der Einwilligung in vertragliche Kontexte)[1621] kein

---

1618 A.A. dagegen (speziell auf den Wortlaut abstellend) *Funke*, Dogmatik und Voraussetzungen der Einwilligung, S. 269; vgl. hierzu ausf. oben, Kap. 3, B. II. 3. a. bb. (1).

1619 S. ausf. zu Art. 6 lit. b DS-GVO unten, Kap. 6, A. I. 2. e. aa.

1620 Zur Frage, wann eine Datenverarbeitung "*erforderlich*" i.S.d. Art. 6 lit. b DS-GVO sein kann (insb. hinsichtlich datenfinanzierter Geschäftsmodelle) s. unten, Kap. 6, A. I. 2. e. aa (1).

1621 Vgl. hierzu allg. oben, Kap. 2, A. II.

oder zumindest kein nennenswerter[1622] eigener Anwendungsbereich.[1623] Dass eine solche radikale Verkleinerung des Anwendungsbereichs der Einwilligung tatsächlich vom Gesetzgeber beabsichtigt gewesen sein könnte, erscheint wenig wahrscheinlich.

b. Digitale Inhalte-Richtlinie

Neben diesen Abgrenzungsschwierigkeiten zu Art. 6 Abs. 1 lit. b DS-GVO wäre ein striktes Koppelungsverbot zudem kaum mit dem Richtlinie über bestimmte vertragsrechtliche Aspekte der Bereitstellung digitaler Inhalte und digitaler Dienstleistungen (DI-RL)[1624] vereinbar.[1625] Nach Art. 3 Abs. 1 DI-RL sollen die Bestimmungen der Richtlinie auch für solche Verträge gelten, bei denen der Verbraucher (als Gegenleistung für die Bereitstellung digitaler Inhalte) (ihn betreffende) personenbezogene Daten zur Verfügung stellt.[1626] Eine solche Regelung liefe ins Leere, wenn Betroffene ihre personenbezogenen Daten aufgrund Art. 7 Abs. 4 DS-GVO *per se* nicht als Gegenleistung und somit als Entgelt für eine Leistung einsetzen dürften.[1627] Der Erlass ebenjener Bestimmung spricht daher in besonderer Weise dafür, dass ein Totalverbot des Einsatzes personenbezogener Daten

---

1622 Die Einwilligung wäre dann allenfalls in Fällen relevant, in denen es um eine Datenverarbeitung zwischen Privaten ginge, die völlig losgelöst und fernab einer vertraglichen Bindung der Parteien stattfände – eine wohl eher seltene Ausnahme.

1623 Ähnlich auch *Engeler*, ZD 2018, 55 (59); *Frenzel* in: Paal/Pauly, DS-GVO, Art. 7 Rn. 18; *Klement* in: Simitis/Hornung/Spiecker gen. Döhmann, DSGVO, Art. 7 Rn. 58.

1624 Richtlinie (EU) 2019/770 des Europäischen Parlaments und des Rates vom 20.5.2019 über bestimmte vertragsrechtliche Aspekte der Bereitstellung digitaler Inhalte und digitaler Dienstleistungen (DI-RL).

1625 Näheres zu dieser Richtlinie bei *Bach* 2019, 1705; *Metzger*, JZ 2019, 577; *Schulze*, ZEuP, 695; *Spindler/Sein*, MMR 2019, 415 und *Spindler/Sein*, MMR 2019, 488; *Staudenmayer*, ZEuP 2019, 663; sowie – allerdings noch zur Entwurfsfassung (Dinh-RL-E) – *Metzger*, AcP 2016, 818 (818 ff.); *Schmidt-Kessler/Erler/Grimm/Kramme*, GPR 2016, 2 (2 ff.).

1626 Zum genauen Anwendungsbereich und einzelnen Abgrenzungsfragen s. bspw. *Dix*, ZEuP 2017, 1 (2f.); *Härting*, CR 2016, 735 (736); *Langhanke/Schmidt-Kessel*, EuCML 2015, 218 (218 ff.); *Spindler/Sein*, MMR 2019, 415 (418); *Staudenmayer*, ZEuP 2019, 663 (668 ff.).

1627 So auch *Bach* 2019, 1705 (1706); *Heckmann/Paschke* in: Ehmann/Selmayr, DS-GVO, Art. 7 Rn. 95; *Metzger*, AcP 2016, 818 (824). Eine andere Bewertung ergibt sich insbesondere auch nicht durch den Umstand, dass die DI-RL in dieals Entgelt durch den Betroffenen von Seiten des Gesetzgebers wohl kaum beabsichtigt ist.[1628]. Der Blick auf eine systematisch-harmonisierende Auslegung des Art. 7 Abs. 4 DS-GVO mit sonstigem europäischen Sekundärrecht legt mithin den Schluss nahe, dem Koppelungsverbots in Art. 7 Abs. 4 DS-GVO eine lediglich relative Wirkung zuzusprechen.

3. Historie und Genese

Ein ähnliches Bild ergibt sich insbesondere mit Blick auf den Entstehungsprozess des Koppelungsverbots.

a. Historie

Ein Vergleich mit den Vorgängerregelungen zur Einwilligung, insbesondere also Art. 2 lit. d DS-RL und Art. 7 lit. a DS-RL, bleibt eher unergiebig. In Art. 2 lit. h DS-RL wurde lediglich konstatiert, die Einwilligung habe "*ohne Zwang*" zu erfolgen. Welche Voraussetzungen dabei genau an die Freiwilligkeit der Einwilligungserteilung zu stellen sind, um von einer ohne Zwang abgegebenen Einwilligung auszugehen, lässt sich allein hieraus nicht schlussfolgern.[1629] Insofern lässt sich höchstens feststellen, dass an dem Freiwilligkeitserfordernis im Zuge des Erlasses der DS-GVO weiterhin festgehalten und dieses – nicht zuletzt aufgrund der vielfachen Kritik – (jedenfalls)[1630] sprachlich präzisiert wurde.

b. Genese

Als aussagekräftig für die Auslegung des Koppelungsverbots erweist sich ein Blick auf die Genese des Art. 7 Abs. 4 DS-GVO. Im ursprünglichen

---

sem Kontext bewusst auf den Begriff der „Gegenleistung" verzichtet, vgl. *Metzger*, JZ 2019, 577 (579); *Staudenmayer*, ZEuP 2019, 663 (669).

1628 So auch *Krohm/Müller-Peltzer*, ZD 2017, 551 (553).

1629 Wobei insbesondere mit Blick auf andere Sprachfassungen auch schon unter der DS-RL davon ausgegangen wurde, erforderlich sei mehr als die bloße Abwesenheit von Zwang oder Drohung mit Gewalt. Vgl. hierzu bspw. Dammann/Simitis, EG-DSRL, Art. 2 Rn. 23.

1630 Zu der Bewertung, ob und inwieweit aus dieser sprachlichen Präzisierung auch eine inhaltliche Verschärfung bzw. Konkretisierung folgt unten, Kap. 6.

Vorschlag der Kommission war ein Koppelungsverbot weder in Art. 7 DS-GVO(KOM) selbst noch in den Erwägungsgründen vorhanden; vorgesehen war lediglich das nun in ErwGr 42 S. 5 DS-GVO[1631] verankerte Nachteilsverbot.[1632]

aa. Vorschlag des europäischen Parlaments

Eingeführt wurde das Koppelungsverbot erstmals auf Vorschlag des europäischen Parlaments.[1633] Der Vorschlag des europäischen Parlaments war hinsichtlich des Verbots einer Koppelung von Leistung und Einwilligung wesentlich strikter und präziser als die nun in der endgültigen Fassung enthaltene Formulierung. So hieß es in Art. 7 Abs. 4 S. 2 DS-GVO(EP) "[d]*ie Erfüllung eines Vertrages oder die Erbringung einer Leistung* [dürfe] *nicht von Daten abhängig gemacht werden, die für die Erfüllung des Vertrages oder die Erbringung der Dienstleistung nicht im Sinne von Artikel 6 Absatz 1 Buchstabe b erforderlich ist*". Der dazugehörige entsprechende ErwGr 33 S. 4 DS-GVO(EP) legte fest, eine "*Einwilligung für die Verarbeitung zusätzlicher personenbezogener Daten, die für die Bereitstellung von Dienstleistungen nicht notwendig sind, sollten für die Verwendung dieser Dienstleistung nicht verlangt werden*". Der Vorschlag des europäischen Parlaments sah also gerade nicht vor, dass einer eventuellen Koppelung lediglich innerhalb der Prüfung der Freiwilligkeit der Einwilligung "*Rechnung zu tragen*"[1634] sei, sondern stellte ein striktes und absolutes Koppelungsverbot auf.[1635]

bb. Vorschlag des Rates

Im Vorschlag des europäischen Rates wurde diese Verankerung des Koppelungsverbots (erneut) aus Art. 7 Abs. 4 DS-GVO-E entfernt und fand sich lediglich in ErwGr 43 S. 2 DS-GVO(Rat) wieder. Dabei sah ErwGr 43 S. 2

1631 Vgl. zu diesem oben, Kap. 3, B. II. 3. c.

1632 Vgl. Art. 7 DS-GVO(KOM) sowie ErwGr 33 DS-GVO(KOM).

1633 Vgl. Art. 7 Abs. 4 DS-GVO(EP) sowie ErwGr 33 DS-GVO(EP).

1634 So aber die endgültige Fassung, vgl. Art. 7 Abs. 4 DS-GVO.

1635 Diese Einschätzung im Hinblick auf den Parlamentsvorschlag teilend *Buchner/Kühling* in: Kühling/Buchner, DS-GVO, Art. 7 Rn. 8; *Frenzel* in: Paal/Pauly, DS-GVO, Art. 7 Rn. 5; *Schulz* in: Gola, DS-GVO, Art. 7 Rn. 26; *Schantz*, NJW 2016, 1841 (1841).

DS-GVO(Rat) zudem eine Einschränkung dahingehend vor, dass eine solche Koppelung (nur) unzulässig wäre, soweit dem Betroffenen "*ein anderer Zugang zu gleichwertigen vertraglichen Leistungen ohne Einwilligung nicht in zumutbarer Weise*" möglich sei.[1636] Der Europäische Rat sprach sich mithin für ein Koppelungsverbot aus, welches nur dann greifen sollte, soweit es der betroffenen Person unmöglich bzw. unzumutbar wäre, auf eine alternative Leistung auszuweichen.[1637] Durch dieses Abstellen auf einen zumutbaren Zugang zu einer gleichwertigen Alternativleistung sah der Vorschlag des Rates (im Gegensatz zur erstmaligen Formulierung des Koppelungsverbots durch das Europäische Parlament) gerade keine absolute Wirkung[1638] des Koppelungsverbots vor. In Fällen des fehlenden alternativen Zugangs blieb es dem Wortlaut nach dagegen bei einer strikten Wirkung des Koppelungsverbots – durch die Streichung des Koppelungsverbots aus Art. 7 DS-GVO-E selbst verlor sich aber die (eindeutige)[1639] Bindungswirkung, da das Verbot insoweit nur noch in den Erwägungsgründen enthalten war.

cc. Bedeutung für die endgültige Fassung

Die endgültige Fassung des Art. 7 Abs. 4 DS-GVO kann insoweit als Kompromisslösung zwischen den unterschiedlichen Vorschlägen der am Gesetzgebungsprozess beteiligten europäischen Organe angesehen werden.[1640] So wurde das Koppelungsverbot zwar – wie vom Europäischen Parlament vorgeschlagen – in Art. 7 Abs. 4 DS-GVO integriert und somit im Normtext der DS-GVO selbst verankert. Hinsichtlich der strikten Formulierung konnte sich der Vorschlag des Europäischen Parlaments aber nicht durchsetzen. Das Koppelungsverbot wurde lediglich in abgeschwächter Form übernommen: Zum einen, da das Merkmal der Erforder-

---

1636 S. hierzu auch *Schantz*, NJW 2016, 1841 (1841).

1637 Ein solches Koppelungsverbot, welches lediglich im Falle der Unzumutbarkeit alternativer Leistungsangebote greift fand sich auf nationaler Ebene schon in § 28 Abs. 3b BDSG a.F. für den Bereich des Adresshandels und der Werbung. S. zu dieser Vorschrift bspw. *Simitis* in: Simitis, BDSG 2014, § 28 Rn. 223 f.

1638 Eine absolute Wirkung insoweit, als ein anderer Alternativzugang zur Leistung bei der Frage nach der Freiwilligkeit nicht zu berücksichtigen ist. Vgl. näher zur Begrifflichkeit oben, Kap. 3, B. II. 3. a. (2) (aa) (c).

1639 Zur Bedeutung und (Bindungs-)Wirkung der Erwägungsgründe vgl. oben, Kap. 3, B. II. 3. b. bb.

1640 *Dammann*, ZD 2016, 307 (311).

lichkeit in Art. 7 Abs. 4 DS-GVO nicht mehr (explizit) an den Begriff der Erforderlichkeit in Art. 6 Abs. 1 lit. b DS-GVO angelehnt ist,[1641] zum anderen, da einer Koppelung von Leistung und Einwilligung lediglich "*Rechnung*"[1642] zu tragen ist und somit – zumindest dem Wortlaut nach – nicht mehr eindeutig bzw. ohne weiteres zu einer Unwirksamkeit der Einwilligung führt.[1643]

Aufgrund der unterschiedlichen Vorschläge von Kommission, Parlament und Rat[1644] ist davon auszugehen, dass mit dieser vom Vorschlag des Europäischen Parlaments abweichende Formulierung der endgültigen Fassung des Koppelungsverbots auch ein inhaltlicher bzw. materieller Unterschied verbunden sein sollte. Diese Überlegung spräche dafür, dem Koppelungsverbot in Art. 7 Abs. 4 DS-GVO zumindest nicht die gleiche (strikte) Wirkung zuzuerkennen wie der insoweit eindeutigeren bzw. engeren Formulierung des Art. 7 Abs. 4 DS-GVO(EP).[1645] Insgesamt liegt damit die Annahme einer (lediglich) relativen Wirkung des Koppelungsverbots mit Blick auf die Genese des Art. 7 Abs. 4 DS-GVO näher.[1646]

c. Erwägungsgründe

Neben der Verankerung des Koppelungsverbots in Art. 7 Abs. 4 DS-GVO beschäftigt sich auch ErwGr 43 DS-GVO mit der Auswirkung einer Koppelung von Leistung und Einwilligung auf die Wirksamkeit einer Einwilligung.

1641 Vgl. zum Verhältnis zwischen Art. 7 Abs. 4 DS-GVO und Art. 6 Abs. 1 lit. b DS-GVO oben, Kap. 3, B. II. 3. a. aa. (1); zu Art. 6 Abs. 1 lit. b insgesamt unten, Kap. 6, A. I. 2. e. aa.

1642 Vgl. Art. 7 Abs. 4 DS-GVO.

1643 Vgl. hierzu oben, Kap. 5, C. I. 1.

1644 Zur Frage, inwieweit bei der Prüfung der Freiwilligkeit i.R.d. Koppelungsverbots (entsprechend dem Vorschlag des Rates) auf das Merkmal eines zumutbaren Zugangs zu einer gleichwertigen Leistung abgestellt werden kann, obwohl diese Eingrenzung ebenfalls nicht in die endgültige Fassung übernommen wurde, s. unten, Kap. 5, C. II. 2. b.

1645 So i. Erg. auch *Buchner/Kühling* in: Kühling/Buchner, DS-GVO, Art. 7 Rn. 8;' *Engeler*, ZD 2018, 55 (59); *Frenzel* in: Paal/Pauly, DS-GVO, Art. 7 Rn. 5; *Klement* in: Simitis/Hornung/Spiecker gen. Döhmann, DSGVO, Art. 7 Rn. 58; *Schulz* in: Gola, DS-GVO, Art. 7 Rn. 26.

1646 *Schneider* in: Körber/Kühling, Regulierung - Wettbewerb - Innovation S. 125. So i. Erg. (wohl) auch *Schätzle*, PinG 2017, 203 (206 f.).

aa. ErwGr 43 S. 2 Alt. 2 DS-GVO

Die Annahme, Art. 7 Abs. 4 DS-GVO sei ein in seiner Wirkung nur relatives Koppelungsverbot zu entnehmen, wird dabei insbesondere unter Verweis auf ErwGr 43 S. 2 DS-GVO bezweifelt.[1647] Anders als Art. 7 Abs. 4 DS-GVO, welcher vom Wortlaut her lediglich eine – wenn auch besondere – Berücksichtigungspflicht im Falle einer Koppelung von Leistung und Einwilligung vorsieht, schließt der Wortlaut des ErwGr 43 S. 2 Alt. 2 DS-GVO die Einwilligung als Legitimationsgrundlage in solchen Fällen (pauschal) aus. Denn im Gegensatz zum eigentlichen Normtext muss einer Koppelung nach ErwGr 43 S. 2 Alt. 2 DS-GVO nicht nur "*Rechnung getragen werden*"[1648]; vielmehr "*gilt*" die Einwilligung nach ErwGr 43 S. 2 Alt. 2 DS-GVO in einem solchen Fall "*nicht als freiwillig erteilt*". Zum Teil wird hieraus gefolgert, dass auch Art. 7 Abs. 4 DS-GVO in entsprechender Weise ausgelegt werden müsse und die Norm mithin – zumindest im Ergebnis – auf ein striktes Koppelungsverbot hinauslaufe.[1649]

Zu beachten ist indes, dass Erwägungsgründe weder Tatbestand noch Rechtsfolge enthalten.[1650] Ihnen fehlen somit die zwei essenziellen Elemente einer Rechtsnorm. Ebenso stehen sie außerhalb des eigentlichen Normtextes und dienen in erster Linie dazu, diesen zu veranschaulichen, zu begründen und zu rechtfertigen.[1651] Hieraus folgt, dass Erwägungsgründe keine Verbindlichkeit im eigentlichen Sinn entfalten; ihnen kommt also gerade keine Bindungswirkung zu.[1652] Primärer und entscheidender

---

1647 *Dammann*, ZD 2016, 307 (311); *Funke*, Dogmatik und Voraussetzungen der Einwilligung, S. 268.

1648 Vgl. Art. 7 Abs. 4 DS-GVO.

1649 So *Dammann*, ZD 2016, 307 (311); *Funke*, Dogmatik und Voraussetzungen der Einwilligung, S. 268, ähnlich wohl auch *Gierschmann*, ZD 2016, 51 (54). Für eine besondere Berücksichtigung der Hinweise in den Erwägungsgründen *Selk*, DANA 2016, 59 (60). Vgl. für eine ausführlichere Darstellung der Vertreter einer strikten Wirkung des Koppelungsverbots bereits oben, Kap. 3, B. II. 3. a. bb. (1).

1650 *Paal/Pauly* in: Paal/Pauly, DS-GVO, Einl. Rn. 10.

1651 *GA Colomer* Schlussanträge EuGH Rs. C-267/06, ECLI:EU:C:2008:179 – *Maruko*.

1652 Vgl. EuGH, Rs. C-162/97, ECLI:EU:C:1998:554 – *Nilsson u.a.*; Rs. C-134/08, ECLI:EU:C:2009:229 – *Tyson Parketthandel*; GA Colomer Schlussanträge EuGH Rs. C-267/06, ECLI:EU:C:2008:179 – *Maruko*; *Wolff/Brink* in BeckOK DS, DSGVO, Einl. Rn. 18; *Paal/Pauly* in: Paal/Pauly, DS-GVO, Einl. Rn. 10. A.A wohl *Selk*, DANA 2016, 59 (60) insoweit davon ausgehend, die Erwägungsgründe *seien "ebenso rechtswirksam"*.

Anknüpfungspunkt ist somit stets der in den Artikeln niedergelegte Normtext.[1653] Allein aus der Formulierung des ErwGr 43 S. 2 Alt. 2 DS-GVO lässt sich somit nicht (zwingend) auf ein striktes Koppelungsverbot schließen.[1654]

bb. Sonstige Erwägungsgründe

Bei einem umfassenden Blick auf die Erwägungsgründe, welche sich mit der Freiwilligkeit der Einwilligung beschäftigen, kann im Gegensatz hierzu vielmehr (auch) für eine nur relative Wirkung des Koppelungsverbots argumentiert werden: Durch die Benennung weiterer Situationen, in denen eine Datenverarbeitung wegen eines (vermeintlich) bestehenden Freiwilligkeitsdefizits nicht durch eine Einwilligung legitimiert werden kann – namentlich insbesondere im Falle eines Machtungleichgewichts[1655] oder der Androhung von Nachteilen im Falle der Verweigerung der Einwilligung[1656] – könnte nämlich zu folgern sein, dass sich das Kriterium der Freiwilligkeit aus mehreren Aspekten zusammensetzt und aus diesem Grund jeweils umfassend und mit Blick auf den Einzelfall zu prüfen – eine schematische Beurteilung also ausgeschlossen – ist.[1657] Auch mit Blick auf die Begründungserwägungen der DS-GVO ist somit die Annahme einer nur relativen Wirkung des Koppelungsverbots (jedenfalls) nicht ausgeschlossen.

1653 Zur Bedeutung und Wirkung der dem Normtext vorangestellten Erwägungsgründe vgl. auch schon oben, Kap. 3, B. II. 3. b. bb.

1654 So auch *Engeler*, ZD 2018, 55 (59); *Frenzel* in: Paal/Pauly, DS-GVO, Art. 7 Rn. 18; *Schantz* in: *Schantz/Wolff*, Das neue Datenschutzrecht, Rn. 516; *Scheurer*, Spielerisch selbstbestimmt, S. 328. Die *Art. 29-Datenschutzgruppe* folgert aus dieser Formulierung des ErwGr 43 S. 2 Alt. 2 DS-GVO, die Einwilligung müsse im Falle einer vertraglichen Koppelung *„die absolute Ausnahme darstellen"*; jedenfalls aber trage in solchen Konstellationen eindeutig der Verantwortliche die Beweislast dafür, dass die Einwilligung trotz Koppelung freiwillig erteilt wurde, vgl. *Art. 29-Datenschutzgruppe*, WP259 rev.01 S. 10.

1655 Vgl. ErwGr 43 S. 1 DS-GVO. Ausf. hierzu oben, Kap. 3, B. II. 3. b.

1656 Vgl. ErwGr 42 S. 5 DS-GVO. Ausf. hierzu oben, Kap. 3, B. II. 3. c.

1657 So im Ansatz ähnlich *Plath* in: Plath, DSGVO/BDSG, Art. 7 Rn. 20.

4. Telos

Wesentlich für die Beurteilung von Wirkung und Reichweite des Koppelungsverbots ist auch und gerade ein Blick auf den Telos der Norm. Zweck des Koppelungsverbots in Art. 7 Abs. 4 DS-GVO ist die Sicherung einer freiwilligen Entscheidung als Ausdruck autonomer Selbstbestimmung des Betroffenen.[1658] Der Einzelne soll nicht durch unzulässigen Druck zu einer Einwilligung in eine Verarbeitung ihn betreffender personenbezogener Daten gedrängt werden, wenn diese Verarbeitung nicht seiner eigenen Präferenz entspricht. Das Koppelungsverbot soll diesbezüglich insbesondere verhindern, dass ein Zwang zur Einwilligungserteilung dahingehend entsteht, dass der Betroffene eine an sich gewünschte Leistung ohne zeitgleiche Einwilligung in die Datenverarbeitung nicht in Anspruch nehmen kann.

a. Der Begriff des freien Willens

Während es allgemein unstrittig ist, dass eine wirksame (datenschutzrechtliche) Einwilligungserteilung[1659] auf dem freien Willen des Betroffenen beruhen muss, ergibt sich aus diesem Freiwilligkeitspostulat nicht zwangsläufig, wie frei der Einzelne tatsächlich bei seiner Entscheidung sein muss, damit die Voraussetzungen der datenschutzrechtlichen Bestimmungen erfüllt sind.[1660] Erschwerend kommt hinzu, dass schon der Begriff des freien Willens und damit die grundlegende Frage, ob und inwieweit die Handlung eines Individuums als Akt freiwilliger Entscheidung zu werten ist, höchst umstritten ist.

aa. Allgemeiner Sprachgebrauch

Im Alltag geht die Mehrheit (zumindest unbewusst) von einem grundsätzlich existenten, freien Willen des Menschen aus.[1661] Liegen keine besonde-

1658 *Krohm/Müller-Peltzer*, ZD 2017, 551 (553); *Schätzle*, PinG 2017, 203 (204).

1659 Zur Freiwilligkeit der allg. zivilrechtlichen Einwilligung als Ausdruck des Grundsatzes „*volenti non fit iniuria*" vgl. oben, Kap. 2, A. I.

1660 *Hermstrüwer*, Informationelle Selbstgefährdung, S. 70.

1661 *Dreher*, Die Willensfreiheit, S. 1; *Schockenhoff* in: Stompe/Schande, Der freie Wille und die Schuldfähigkeit S. 3.

ren Umstände vor, wie bspw. Drohungen oder gezielte Manipulationen Dritter, wird die Handlung eines Einzelnen als dessen freiwillige Entscheidung verstanden.[1662] Dabei wird zumeist keine Unterscheidung dahingehend vorgenommen, ob diese besonderen Umstände tatsächlich Auswirkungen auf den Willensbildungsprozess des Einzelnen nehmen oder vielmehr in dessen Handlungsfreiheit eingreifen.

bb. Juristische Begrifflichkeit

Auf juristischer Ebene findet eine Differenzierung zwischen Handlungs- und Willensfreiheit statt. Verfassungsrechtlich in Art. 2 Abs. 1 GG verankert, zielt die Handlungsfreiheit auf die Realisierung des Willens ab. „*Handlungsfreiheit*" bedeutet mithin, tun zu können, was man will.[1663] Ein typischer Fall fehlender Handlungsfreiheit bildet dabei das äußere Einwirken durch *vis absoluta,* also das unmittelbare Erzwingen eines Verhaltens durch körperliche Gewalt.[1664] Ganz allgemein setzt die Handlungsfreiheit eine Kongruenz zwischen Handlung und Wille voraus.

Ob und inwieweit dieser der Handlung zugrundeliegende Wille frei und ohne äußeren Einfluss gebildet wurde, ist dagegen der Willensfreiheit zuzuordnen.[1665] Die Willensfreiheit bezieht sich in Abgrenzung zur Handlungsfreiheit auf den internen, der Handlung vorgeschalteten Entscheidungsprozess.[1666] Klassische Frage in diesem Kontext ist stets, inwieweit Fälle der *vis compulsiva* – also des psychischen Zwangs – rechtlich zu berücksichtigen sind.[1667] Bei der Diskussion um die Existenz des freien Willens geht es dagegen um die schon von *Schopenhauer*[1668] formulierte, grundlegende Problematik, ob der Einzelne in seinem Willen insoweit frei, ist dass er – prinzipiell – auch anders wollen könnte.[1669]

1662 *Singer* in: Stompe/Schande, Der freie Wille und die Schuldfähigkeit S. 17.

1663 Vgl. ausf. bspw. *Neuner*, AcP 2018, 1 (2); *Schur* in: Lampe/Pauen/Roth, Willensfreiheit S. 242 f.

1664 *Neuner*, AcP 2018, 1 (3).

1665 *Schur* in: Lampe/Pauen/Roth, Willensfreiheit S. 242 f.

1666 Statt vieler: *Hillenkamp*, JZ 2015, 391.

1667 Ein anerkannter Fall fehlender Willensfreiheit bildet die Drohung, also das Inaussichtstellen eines künftigen Übels, vgl. BGHZ 2, 287 (295), NJW 1951, 643 (644 f.); BGH NJW 2010, 1364, Rn. 35. S. allgemein *Armbrüster* in: MüKo BGB, § 123 Rn. 109.

1668 *Schopenhauer*, Die Welt als Wille und Vorstellung II, S. 394.

1669 *Heun*, JZ 2005, 853 (854).

b. Die Existenz des freien Willens

Im philosophischen Kontext wurde die Frage, ob und inwieweit ein solcher, der Willensfreiheit zuzuordnender, „freier Wille" überhaupt existiert, ausgiebig diskutiert.[1670] Während diese Diskussion innerhalb der Philosophie an Schärfe verloren hat,[1671] hat die Frage nach der Existenz des freien Willens in heutiger Zeit vor allem durch Erkenntnisse der Neurowissenschaften erneut an Aktualität gewonnen. So wurde teilweise vertreten, experimentelle Studien der Neurowissenschaften ließen darauf schließen, dass dem Menschen die Fähigkeit eines alternativen Entscheidens im Sinne eines „Anders-wollen-könnens" abzusprechen sei.[1672]

aa Erkenntnisse der Neurowissenschaften

Als (erster) Beleg für diese Alternativlosigkeit menschlicher Handlungen gilt vielfach das sog. *„Libet-Experiment"*. In dieser, von *Benjamin Libet* 1979 durchgeführten empirischen Studie wurden Probanden gebeten, ihren Finger in einem beliebigen Moment zu heben während sie eine Art Uhrzeiger verfolgten. Zeitgleich wurde ihre Gehirnaktivität aufgezeichnet. Als die Probanden gebeten wurden, den Zeitpunkt zu nennen, an dem sie sich jeweils zur Handlung (also dem Heben des Fingers) entschieden, zeigte sich, dass schon 550ms vor dieser bewussten Entscheidung eine Aktivität

1670 *Pauen* in: Lampe/Pauen/Roth, Willensfreiheit S. 43. Dieser Diskussion zugrunde lag insbesondere die Thematik, ob und inwieweit jedes Ereignis und jede Handlung als Teil einer durchgängigen Kausalitätskette und also als determiniert anzusehen sei – so die Vertreter eines (harten) Determinismus; oder das Geschehen als nicht oder zumindest nur bedingt durch vorherige Ereignisse vorherbestimmt sei – so die Anhänger der Lehre vom Indeterminismus. Eine Überblick hierzu bietet bspw. *Rosenberger*, Determinismus und Freiheit, S. 11 ff; daneben ausf. *Reinhard* in: Lampe/Pauen/Roth, Willensfreiheit S. 341 ff. Zu den unterschiedlichen Varianten des Determinismus insb. *Heun*, JZ 2005, 853 (857) sowie ausf. auch *von der Heydt*, Perspektivität von Freiheit und Determinismus, S. 138 ff.

1671 Vgl. *Walter*, Illusion freier Wille?, S. 45. S. als Beispiel für eine Vereinbarkeit von Freiheit und Determinismus *Pauen* in: Lampe/Pauen/Roth, Willensfreiheit S. 50 ff.

1672 *Pauen/Roth*, Freiheit, Schuld und Verantwortung, S. 134 ff.; *Singer*, Ein neues Menschenbild?, S. 20.

des Gehirns aufgezeichnet wurde.[1673] Auch Folgeexperimente wie bspw. das Experiment von *Haggard* und *Eimer*[1674] zeigten eine solche, der bewusst wahrgenommenen Entscheidung vorausgegangenen Gehirnaktivität.[1675]

Wissenschaftler[1676] zogen (und ziehen) hieraus den Schluss, dass menschliches Handeln nicht von bewussten Willensakten, sondern vielmehr von unbewussten Hirnprozessen gesteuert wird.[1677] Das Gefühl, „Urheber“ einer Handlung zu sein, sei eine reine Illusion und erkläre sich insoweit aus einem nachträglichen Prozess der Selbstzuschreibung.[1678]

bb. Bedeutung für die Rechtswissenschaften

Die diesen Erkenntnissen zugrundeliegende Thematik, ob und inwieweit der Mensch überhaupt zur Bildung eines freien Willens imstande ist, wird in erster Linie im Bereich des Strafrechts aufgegriffen.

(1) Strafrecht

Das (deutsche) Strafrecht beruht verfassungsrechtlich auf dem Schuldgrundsatz. Schon 1952 führte der *Große Senat für Strafsachen* insoweit aus: *„Strafe setzt Schuld voraus. Schuld ist Vorwerfbarkeit. Mit dem Unwerturteil der Schuld wird dem Täter vorgeworfen [...], daß er sich für das Unrecht entschieden hat, obwohl er sich rechtmäßig verhalten, sich für das Recht hätte entscheiden können“*[1679]. Auch das BVerfG spricht dem Schuldprinzip Verfassungsrang zu. Insbesondere dürfe, so das BVerfG, der Mensch *„nicht zum bloßen Ob-*

1673 Zu Einzelheiten (insb. auch den erhobenen Einwänden gegen die Aussagekraft der Studie) s. *Mankowski*, AcP 2011, 153 (161 ff.); *Walter*, Illusion freier Wille?, S. 103 ff. Krit. auch *Reinelt*, NJW 2004, 2792 (2792 f.).

1674 Bei dieser Versuchsanordnung überließen *Haggard* und *Eimer* den Probanden die freie Entscheidung darüber, welche Hand sie heben wollten. Den Probanden stand somit eine echte Option zu.

1675 S. hierzu ausf. *Rösler* in: Lampe/Pauen/Roth, Willensfreiheit S. 140 ff.

1676 Allen voran insb. *Roth*, BIUZ 2016, 177.

1677 *Urbaniok/Hardegger/Rossegger/Endrass*, ZNeuropsychol 2009, 179 (182 f.); krit. *Adam/Schmidt/Schumacher*, NStZ 2017, 7 (8).

1678 So bspw. *Pauen/Roth*, Freiheit, Schuld und Verantwortung, S. 134 ff. Zum neurowissenschaftlichen Hintergrund s. ausf. bei *Singer* in: Stompe/Schande, Der freie Wille und die Schuldfähigkeit S. 23 ff.

1679 BGHSt 2, 194, Rn. 15.

jekt der Verbrechensbekämpfung"[1680] gemacht werden – der Schuldgrundsatz wird hiermit im Gebot der Beachtung der Menschenwürde verankert und somit grundsätzlich auch den Einflussmöglichkeiten supranationalen Rechts entzogen.[1681] Dabei setze der Schuldgrundsatz stets eine *„Eigenverantwortung des Menschen voraus, der sein Handeln selbst bestimmt und sich kraft seiner Willensfreiheit zwischen Recht und Unrecht entscheiden kann*"[1682]. Kernargument des Schuldvorwurfs ist also der Vorwurf, der jeweilige Täter habe sich frei und bewusst für den Rechtsbruch entschieden, obwohl er in der Lage war, sich über die zur Straftat treibenden Motive hinwegzusetzen.[1683] Die Willensfreiheit des Menschen erscheint mithin als notwendige Voraussetzung des strafrechtlichen Schuldvorwurfs.[1684]

Gerade diese Fähigkeit, sich zwischen zwei (oder mehreren) Handlungsoptionen (frei) zu entscheiden, wird von Teilen der Neurowissenschaft in Zweifel gezogen.[1685] Denn nicht nur werde die Handlungsentscheidung durch unbewusste – und damit der bewussten und gesteuerten Kontrolle des Menschen entzogene – neuronale Prozesse getroffen. Insbesondere bei (Intensiv-)Gewalttätern seien darüber hinaus regelmäßig auch neurobiologische Auffälligkeiten festzustellen, die zumeist auf frühkindliche oder vorgeburtliche Umstände und Faktoren zurückzuführen seien.[1686] Der Einzelne – und insbesondere der Straftäter – sei also gerade nicht frei in seiner Entscheidung; die Vorstellung von der Alternativität menschlicher Handlungen eine Illusion[1687]; die juristische Begründung der Strafe anhand des Schuldvorwurfs in sich widersprüchlich, soweit sie sich über die personale Bedingtheit menschlichen Handelns hinwegsetze[1688]. Im Strafrecht erlangt die Debatte um die Willensfreiheit des Menschen also insoweit essentiellen

1680 BVerfGE 28, 386 (391) – *Kurzzeitige Freiheitsstrafe*; 45, 187 (228) – *Lebenslange Freiheitsstrafe*.

1681 *Adam/Schmidt/Schumacher*, NStZ 2017, 7 (8)

1682 BVerfGE 123, 267 (413) – *„Vertrag von Lissabon"*.

1683 *Pauen* in: Lampe/Pauen/Roth, Willensfreiheit S. 57 f.

1684 S. hierzu auch *von der Heydt*, Perspektivität von Freiheit und Determinismus, S. 28 ff.

1685 S. hierzu schon oben,Kap. 5, C. I. 4. b.

1686 *Roth/Lück/Strüber*, NK 2006, 55 (55 ff.); *Urbaniok/Hardegger/Rossegger/Endrass*, ZNeuropsychol 2009, 179 (181 f.), die dieser These selbst aber nicht vorbehaltlos zustimmen (183 ff.).

1687 Vgl. *Pauen/Roth*, Freiheit, Schuld und Verantwortung, S. 156 ff.; *Schiemann*, NJW 2004, 2056 (2058).

1688 *Roth*, BIUZ 2016, 177 (182).

Charakter, als sie das verfassungsrechtlich verankerte Schuldprinzip infrage stellt.[1689]

(2) Zivilrecht

Bedeutung kommt der Willensfreiheit – grundsätzlich – auch im Privatrecht zu. So ist der „Wille" ein Grundbegriff des deutschen Bürgerlichen Rechts;[1690] der Gedanke der Privatautonomie eng mit dem philosophischen Gedanken der Willensfreiheit verknüpft. Die Privatautonomie garantiert dem Einzelnen das Recht, seine Rechtsverhältnisse nach eigenem Willen selbst und eigenverantwortlich zu gestalten.[1691] Diese Befugnis erscheint nur dann sinnvoll, soweit der Einzelne auch zu einer vernunftgesteuerten Gestaltung seiner Verhältnisse fähig ist.[1692] Zugleich rechtfertigt der Gedanke der freien Selbstgestaltung des Einzelnen auch dessen rechtliche Bindung im Vertragsrecht: Wenn sich der Einzelne als eigenverantwortlich handelndes Privatrechtssubjekt für eine (vertragliche) Bindung entschieden hat, hat er auch hieraus entstehende Verpflichtungen zu tragen. Privatautonomie ist somit auch Selbstbindung aus Selbstbestimmung.[1693] Wäre dem Menschen ein freier Wille rigoros abzusprechen, der Mensch also in keiner Weise als „Urheber" seiner Handlungen anzusehen, wäre auch die Rechtfertigung vertraglicher Bindung als Kehrseite (vertraglicher) Selbstbestimmung erheblichen Bedenken ausgesetzt.[1694]

Rechtfertigen lässt sich die im Zivilrecht anzutreffende Pauschalisierung indes durch die diesem Rechtsgebiet zugrundeliegende Funktion. Dem Privatrecht kommt – neben der Ermöglichung personaler Selbstbestimmung im Rahmen der Privatautonomie – auch die Aufgabe zu, die Sicherheit und Leichtigkeit des Rechtsverkehrs und damit nicht zuletzt den wirt-

---

1689 *Detlefsen*, Grenzen der Freiheit, S. 72; *von der Heydt*, Perspektivität von Freiheit und Determinismus, S. 53 ff. Für die Beibehaltung des Schuldprinzips dagegen *Urbaniok/Hardegger/Rossegger/Endrass*, ZNeuropsychol 2009, 179 (188 f.).

1690 Vgl. bspw. in § 7 BGB (*„mit dem Willen"*); § 8 BGB (*„ohne den Willen"*); § 153 BGB (*„anderer Wille"*) sowie § 678 BGB (*„gegen den Willen"*). Zu den unterschiedlichen Bedeutungsgehalten des Willensbegriffs im BGB s. *Neuner*, AcP 2018, 1 (14 ff.).

1691 Vgl. BVerfGE 89, 214 (231). S. auch *Di Fabio* in: Maunz/Dürig, GG, Art 2 Abs. 1 Rn. 101.

1692 S. hierzu auch ausf. *Schur* in: Lampe/Pauen/Roth, Willensfreiheit S. 243 ff.

1693 Vgl. hierzu auch *Di Fabio* in Maunz/Dürig, GG Art. 2 Abs. 1 Rn. 101; *Schur* in: Lampe/Pauen/Roth, Willensfreiheit S. 228.

1694 Ähnlich auch *Hillenkamp*, JZ 2015, 391 (397); *Mankowski*, AcP 2011, 153 (158).

schaftlichen (Güter-)Austausch zu sichern.[1695] Dies ist nur möglich durch eine – zumindest teilweise – Verobjektivierung; das Abstellen auf einen normativen, für den Einzelnen vorhersehbaren Maßstab.[1696] Anders als im Strafrecht wird im Zivilrecht auch kein personaler Schuldvorwurf erhoben.[1697] Die zivilrechtliche Verantwortung ist also (insoweit) unabhängig von der Frage, ob dem Handelnden eine persönlicher Schuld anzulasten ist.[1698] Infolge dessen wird zumeist unter Rückgriff auf den Begriff der *„freien Willensbestimmung"*[1699] darauf abgestellt, inwieweit der Einzelne die Konsequenzen seines Handelns überblicken und seine Entscheidungen anhand dessen auf Grundlage vernünftiger Überlegungen treffen kann.[1700] Die Geschäftsfähigkeit – und damit die Fähigkeit, am Rechtsverkehr teilzunehmen und sich mithin privatautonom zu betätigen – wird im Zivilrecht insoweit von der Frage der Willensfreiheit des Menschen abgekoppelt. Es geht um den (kognitiven) Entwicklungsstand des Individuums; seine (generelle) Ansprechbarkeit durch rationale, vernünftige Erwägungen.[1701]

1695 Ähnlich *Mankowski*, AcP 2011, 153 (174).

1696 So werden etwa Willenserklärungen zum Schutze der Interessen des Rechtsverkehrs nach §§ 133, 157 BGB entsprechend dem Empfängerhorizont ausgelegt. Ausnahmen hierfür gelten bezeichnenderweise immer dort, wo es eines Schutzes des Vertrauens des Rechtsverkehrs nicht bedarf, bspw. im Rahmen der Auslegung des Willens des Erblassers bei Testamenten.

1697 *Cording/Roth*, NJW 2015, 26 (27). Nach *Adam/Schmidt/Schumacher*, NStZ 2017, 7 (11) fehlt dem zivilrechtlichen Verschulden der Vorwurf des *„sozialethischen Unwerturteils"*.

1698 So gilt bspw. im Zivilrecht im Rahmen einfacher Fahrlässigkeit grundsätzlich auch kein individueller, sondern ein auf die allgemeinen Bedürfnisse des Rechtsverkehrs ausgerichteter, objektiver Fahrlässigkeitsmaßstab, vgl. § 276 Abs. 2 BGB (*„Fahrlässig handelt, wer die im Verkehr erforderliche Sorgfalt außer Acht lässt."*).

1699 Vgl. § 104 Nr. 2 BGB.

1700 So bspw. schon RGZ 103, 399-401. S. hierzu ausf. auch *Roth*, BIUZ 2016, 177 (180).

1701 *Heun*, JZ 2005, 853 (854). S. auch *Cording/Roth*, NJW 2015, 26 (27); *Schur* in: Lampe/Pauen/Roth, Willensfreiheit S. 242.

(3) Zwischenfazit

Mag dem BGB[1702] im kulturell-historischen Kontext das Gedankenbild eines freien Willens zugrunde liegen, so hat dieses Postulat der Willensfreiheit auf der letztlich relevanten, rechtstechnischen Ebene keine durchgreifende Bedeutung erlangt.[1703] Dass es an einer klaren Stellungnahme im Gesetzestext fehlt, ist kein Zufall – die Väter des BGB wollten vielmehr ganz bewusst im philosophischen Streit zwischen Determinismus und Indeterminismus keine Stellung beziehen.[1704] Auch bzw. trotz der Erkenntnisse der Neurowissenschaften wird eine solche Stellungnahme überwiegend auch in neuerer Zeit für entbehrlich erachtet; nicht zuletzt, da den Neurowissenschaften – zumindest bisher – keine empirisch haltbare Widerlegung der Willensfreiheit möglich ist.[1705] Für das Zivilrecht wird darüber hinaus auf die dem Willensbegriff zukommende soziale Ordnungsfunktion verwiesen:[1706] Die Willenserklärung dient in diesem Kontext zugleich als systembildender Anknüpfungspunkt. Zurechnungsmoment für die Rechtsgeschäftslehre ist insofern zwar der Wille, nicht aber die Freiheit dieses Willens.[1707]

cc. Bedeutung für den datenschutzrechtlichen Freiheitsbegriff

Die im allgemeinen Zivilrecht mögliche Differenzierung zwischen der rechtlich relevanten Willenserklärung und einem dieser zugrundeliegen-

---

1702 Und wohl auch dem deutschen Recht insgesamt, vgl. hierzu bspw. *Di Fabio* in: Maunz/Dürig, GG, Art. 2 Abs. 1 Rn. 1; *Möllers* in: Lampe/Pauen/Roth, Willensfreiheit S. 258.

1703 S. zu dieser Unterscheidung *Schur* in: Lampe/Pauen/Roth, Willensfreiheit S. 244 ff. I. Erg. ähnlich *Hennemann*, Interaktion und Partizipation, S. 277; *Mankowski*, AcP 2011, 153 (172 f.).

1704 *Mankowski*, AcP 2011, 153 (180); *Hillenkamp*, JZ 2015, 391 (399) jeweils m.w.N. Auch die zivilrechtliche Rspr. hat sich schon früh von dieser Debatte distanziert, vgl. RGZ 103, 399. Ähnliches kann auch für das Strafrecht festgestellt werden, s. hierzu die ausf. Darstellung bei *Hillenkamp*, JZ 2015, 391 (393 ff.).

1705 Statt vieler: *Adam/Schmidt/Schumacher*, NStZ 2017, 7 (9); *Luf* in: Stompe/Schande, Der freie Wille und die Schuldfähigkeit S. 107 f.

1706 *Mankowski*, AcP 2011, 153 (190). Zustimmend *Hennemann*, Interaktion und Partizipation, S. 277 f.

1707 *Mankowski*, AcP 2011, 153 (174); *Schur* in: Lampe/Pauen/Roth, Willensfreiheit S. 244 ff. Zustimmend *Hennemann*, Interaktion und Partizipation, S. 276.

den, „freien" Willen des Erklärenden erscheint im Datenschutzrecht *prima facie* nicht möglich. Denn die DS-GVO stellt gerade auf eine freiwillige Einwilligung ab. Wortwörtlich setzt Art. 7 Abs. 4 DS-GVO insoweit aber die freiwillige Erteilung der Einwilligung voraus – nicht die freie Bildung des ihr zugrundeliegenden Willens.[1708]

(1) Abwehr äußerer Einflussnahme

Mit Berücksichtigung auch und gerade der grundrechtlichen Implikationen der datenschutzrechtlichen Einwilligung[1709] wäre zwar eine gänzliche Nichtbeachtung der inneren Willensbildung unvereinbar. Ob das Argument der determinierten Willensbildung in diesem Rechtsbereich mehr verfängt als im Bereich der allgemeinen Rechtsgeschäftslehre, ist dennoch fraglich. Insbesondere eine Gleichsetzung innerer (neuronaler) Prozesse mit externen, die Willensbildung bzw. -betätigung beeinflussenden bzw. behindernden Gegebenheiten erscheint fraglich. Ob und inwieweit Entscheidungen neuronal vorprogrammiert sind mag (insbesondere) für den Vorwurf persönlicher Schuld beachtlich sein. Für die allgemeine Bewertung menschlicher Entscheidungen als frei, vermögen die neurowissenschaftlichen Befunde nichts an dem gegebenen Umstand zu ändern, dass sich der Mensch realiter als frei erlebt. Und dies zumindest insoweit zu Recht, als dass Gehirn Teil der eigenen Person ist. Neuronale Prozesse – mögen sie auch determiniert sein – greifen mithin nicht von außen lenkend in den Willensprozess des Einzelnen ein; diese Prozesse stellen vielmehr den interne Willensprozess dar.[1710] Unter Zugrundelegung dieser Prämisse wäre das Freiwilligkeitspostulat der datenschutzrechtlichen Einwilligung dementsprechend im Sinne einer Abwehr gegen von außen in den Willensbildungsprozess des Betroffenen eingreifende Faktoren zu interpretieren.

1708 Vgl. Art. 7 Abs. 4 DS-GVO „Bei der Beurteilung, ob die Einwilligung *freiwillig erteilt* wurde […]" (Hervorh. d. Verf.).

1709 Vgl. hierzu allgemein oben, Kap. 4, B.

1710 So auch *Mankowski*, AcP 2011, 153 (187).

(2) Qualität der Einflussnahme

Im Rahmen einer Prüfung der Willensbildung als autonomer Entscheidung des Betroffenen darf zudem nicht verkannt werden, dass menschliches Handeln stets durch äußere Gegebenheiten motiviert ist. Dieses motivgeleitete Entscheiden grenzt die bewusste, gewollte Handlung nachgerade von einer rein gewillkürten (Reflex-)Handlung ab. Hieraus folgt, dass allein eine (Mit-)Ursächlichkeit bestimmter externer Handlungsmotive nicht zu einer Unfreiwilligkeit der Entscheidung führt. Um den Bereich der erzwungenen Fremdbestimmung zu erreichen, müssen diese äußeren Gegebenheiten im Rahmen des Willensbildungsprozesses vielmehr dazu führen, dass sich der Handelnde gezwungen sieht, sich diesen Gegebenheiten zu beugen. Dies setzt zugleich zweierlei voraus: Zunächst, dass die jeweilige Gegebenheit ein solches Gewicht erreicht, dass sie alle anderen Handlungsmotivationen übersteigt. Darüber hinaus muss diese handlungsentscheidende Ursache, zweitens, dem Handelnden als eigentlich nicht präferiert erscheinen: Denn Unfreiwilligkeit im hier gemeinten Sinn setzt stets ein Element empfundenen Zwangs voraus. Im Kern geht es also um eine Divergenz zwischen dem vom Handelnden eigentlich präferierten und dem letztendlich realisierten Verhalten. Denn im Falle einer solchen Divergenz sieht sich der Handelnde gerade nicht als Verursacher, sondern als extern gelenkt.[1711] So verstanden geht es im Kern dann nicht um ein Problem der Willens- sondern vielmehr der Handlungsfreiheit.[1712]

dd. Bedeutung für das Koppelungsverbot

Rückbezogen auf das vorliegend zu bewertende Koppelungsverbot bedeuten die vorangegangenen Überlegungen, dass die Koppelung eines Vertrags an die Abgabe einer datenschutzrechtlichen Einwilligung nur dann bzw. insoweit als willensbildungsrelevant zu bezeichnen ist, als der Vertragsschluss für den Einwilligenden handlungsentscheidend ist. Das ist bspw. dann nicht der Fall, wenn der Bertoffene kein (gesteigertes) Interesse an der angebotenen Leistung hat. Insoweit kommt der Beurteilung der Relevanz der gekoppelten Leistung für den (einzelnen) Betroffenen ein nicht unerhebliches Gewicht bei der Bestimmung der Freiwilligkeit der

1711 Zum Gefühl der „Urheberschaft" bei Willensentscheidungen vgl. oben, Kap. 5, C. I. 4. b.

1712 Zu dieser Unterscheidung vgl. oben, Kap. 5, C. I. 4. a. (bb).

Einwilligungserklärung zu. Möglich ist überdies, dass der Betroffene durch die Koppelung von Leistung und Einwilligung zwar zur Abgabe einer datenschutzrechtlichen Einwilligung motiviert wird, sich die Koppelung aber nur als ein Entscheidungsmotiv unter mehreren (und unter diesen gerade nicht als das handlungsentscheidende Leitmotiv) erweist. In einer solchen Konstellation ist zweifelhaft, ob sich die Koppelung als derart bedeutend für die Entscheidung des Betroffenen darstellt, dass sie als ausschlaggebende Kriterium zur Beurteilung der Freiwilligkeit der Einwilligung dienen kann.

Ein zwangsentfaltender Motivationsdruck ist jedenfalls dann nicht gegeben, wenn und soweit der Betroffene die gleiche (oder jedenfalls eine gleichwertige) Leistung am Markt auch ohne die Abgabe einer datenschutzrechtlichen Einwilligung in Anspruch nehmen kann. Denn durch die gegebene Optionsmöglichkeit besteht dann gerade keine Zwangslage derart, nur durch die Einwilligung in eine Datenverarbeitung Zugang zu der entsprechenden Leistung zu erhalten. Das bloße Abhängigmachen eines Vertragsschlusses von einer Einwilligungserteilung stellt mithin (jedenfalls in dieser Situation) nicht notwendigerweise ein freiheitsreduzierendes Moment dar. Der Zweck des Freiwilligkeitspostulats spricht daher gegen eine absolute[1713] Wirkung des Koppelungsverbots.[1714]

c. Interessenlage und Grundrechtsimplikationen

Neben dem Rückgriff auf den Bedeutungsgehalt des Freiwilligkeitspostulats sind im Rahmen der teleologischen Auslegung insbesondere die (grundrechtlich) geschützten Interessen der Beteiligten zu berücksichtigen.

1713 Zu den verschiedenen möglichen Wirkungen des Koppelungsverbots vgl. oben, Kap. 3, B. II. 3. a. aa.

1714 Für eine Differenzierung dahingehend, inwieweit eine zumutbare Alternative am Markt vorhanden ist auch *Buchner/Kühling* in: Kühling/Buchner, DS-GVO, Art. 7 Rn. 52 f.; *Heckmann/Paschke* in: Ehmann/Selmayr, DS-GVO, Art. 7 Rn. 98; *Ingold* in: Sydow, DS-GVO, Art. 7 Rn. 33; *Plath* in: Plath, DSGVO/BDSG, Art. 7 DS-GVO Rn. 19 f.; *Schneider*, Datenschutz nach der DS-GVO, S. 143 f. S. zu diesem Kriterium der zumutbaren Alternative auch unten, Kap. 5, C. II. 2. b.

aa. Datenverarbeiter

Datenverarbeitenden Privaten kommt regelmäßig ein Interesse an einer möglichst weitgehenden Datenverarbeitung zu.[1715] Hinsichtlich der Relevanz des Koppelungsverbots lässt sich indes zwischen den verschiedenen in der Datenverarbeitung tätigen Unternehmen differenzieren: So gibt es unternehmerisch tätige Private, die kein Bedürfnis an der Koppelung eines Vertragsabschlusses und einer Einwilligung haben, da sie grundsätzlich nur an den jeweils essentiell benötigten (personenbezogenen) Daten Interesse haben.[1716] Die Erfassung einer darüber hinausgehenden Datenmenge ist von diesen Akteuren – aufgrund den hiermit korrespondierenden Belastungen[1717] – schlichtweg unerwünscht.

Auf der anderen Seite gibt es ein immer größeres und wirtschaftlich relevantes datenbasiertes Geschäftsmodell.[1718] Im Kern geht es hierbei um Unternehmen, die ihren (Haupt-)Umsatz mit dem Vertrieb, dem Verarbeiten oder einer ähnlichen Nutzung von Daten erwirtschaften.[1719] Da solche Unternehmen häufig mit einem datenfinanzierten Geschäftsmodell[1720] arbeiten, haben diese Unternehmen neben einem ausgeprägten Interesse an einer möglichst weitgehenden und umfassenden Erfassung und Nutzung personenbezogener Daten auch ein dezidiertes Interesse an der Möglichkeit einer Koppelung von Vertrag und Einwilligung. Die Bereitstellung einer bestimmten Leistung im Gegenzug zur Abgabe einer datenschutzrechtlichen Leistung stellt sich für diese datenverarbeitenden Privaten insofern als Kernbereich ihrer wirtschaftlichen Betätigung dar. Unabhängig von der Frage, ob und inwieweit eine solche Betätigung im Einzelfall auch

---

1715 Vgl. hierzu oben, Kap. 4, A. I.

1716 Insgesamt lässt sich hier eine Parallele zu den unterschiedlichen Funktionen der Einwilligung ziehen. Auch die Einwilligung kann allein zur Erreichung eines anderen Zwecks gegeben werden und somit – parallel zur hier gemeinten Datenverarbeitung – schlichtweg erforderlich für die Erreichung dieses anderen, originär gewollten Zwecks sein. Kategorisieren lässt sich die Einwilligung dann als „dienende Einwilligung“ in Abgrenzung zur Einwilligung als synallagmatischer Leistungspflicht, vgl. hierzu oben, Kap. 2, A. II. 2. b. aa.

1717 Neben den datenschutzrechtlichen Pflichten können auch (rein) technische Gegebenheiten wie das Vorhalten entsprechender Speicherkapazitäten und eine hierauf ausgerichtete (IT-)Struktur einen (Mehr-)Aufwand für Unternehmen begründen.

1718 Relevant ist das Koppelungsverbot aber selbstverständlich auch für andere datenverarbeitenden Private, vgl. hierzu *Schätzle*, PinG 2017, 203 (203).

1719 Vgl. hierzu ausf. oben, Kap. 4, A. I.

1720 Zu dieser Begrifflichkeit vgl. oben, Kap. 4, A. I. 1. e.

unter Zugrundelegung eines absoluten und strikten Koppelungsverbots möglich wäre,[1721] würde die Statuierung eines solchen Koppelungsverbots zumindest im Allgemeinen zu einer Beschneidung dieses Betätigungsfelds führen. Damit berührt die Frage nach der Auslegung des Koppelungsverbots den grundrechtlich geschützten Bereich der unternehmerischen Freiheit nach Art. 16 GRCh.[1722] Insbesondere ein pauschaler Ausschluss der Einwilligungsmöglichkeit in bestimmten Konstellationen wäre mithin in Bezug auf datenfinanzierte bzw. datenbasierte Geschäftsmodelle als Eingriff in Art. 16 GRCh zu werten und insofern rechtfertigungsbedürftig.[1723]

bb. Betroffene Person

Das Koppelungsverbot dient zuvorderst dem Schutz des Betroffenen vor der Abgabe unfreiwilliger Einwilligungen.[1724] Rechtfertigen ließe sich ein Eingriff in die unternehmerische Freiheit des datenverarbeitenden Privaten daher (insbesondere)[1725], wenn und soweit das Koppelungsverbot als absoluter und strikter Einwilligungsausschluss zu einer Stärkung der grundrechtlich geschützten Interessen des Betroffenen beitragen würde, denn das Recht ist gehalten, den Einzelnen dort zu schützen, wo sich Selbst- in Fremdbestimmung verkehrt.[1726]

Nicht zu verkennen ist allerdings, dass auch die Einwilligung selbst ihrem Zweck nach der Selbstbestimmung des Betroffenen dienen soll. So ist vom Recht auf informationelle Selbstbestimmung nach (nationalem)[1727] Verständnis auch die *„Befugnis des Einzelnen umfasst, selbst über die (...) Preisgabe seiner Daten zu bestimmen“*[1728]. Die datenschutzrechtliche Einwilligung selbst ist explizit in Art. 8 Abs. 2 GRCh primärrechtlich veran-

---

1721 S. zu der hiermit angesprochenen Möglichkeit des Rückgriffs auf gesetzliche Verarbeitungsgrundlagen unten, Kap. 6, A. I. 2. e.

1722 Zu Bedeutung und Schutzumfang des Art. 16 GRCh vgl. oben, Kap. 4, B. II. 2.

1723 *Schulz* in: Gola, DS-GVO, Art. 7 Rn. 27. Ähnlich auch *Krohm/Müller-Peltzer*, ZD 2017, 551.(555).

1724 Art. 7 Abs. 4 DS-GVO *„Bei der Beurteilung, ob die Einwilligung freiwillig erteilt wurde,* […]“, vgl. hierzu auch oben, Kap. 5, C. I. 4.

1725 S. hierzu unten, Kap. 6, B. I. 1. b. aa.

1726 Vgl. grundlegend *Ohly*, Volenti non fit iniuria, S. 73 ff.

1727 Unional ist die Einwilligung jedenfalls ebenfalls als Grundrechtsausübung i.R.d. Art. 8 GRCh i.V.m. Art. 7 GRCh zu werten, vgl. oben, Kap. 4, B. II. 3. c. dd.

1728 BVerfGE 65, 1 (44) – *Volkszählung*. S. umfassend hierzu oben, Kap. 4, B.

kert.[1729] Ein undifferenzierter Ausschluss der Einwilligungsmöglichkeit für bestimmte Konstellationen wäre somit dem Vorwurf einer Schmälerung der aktiven Ausübung des (informationellen) Selbstbestimmungsrechts des Betroffenen ausgesetzt.[1730]

Jedenfalls wenn und soweit die Einwilligung (entsprechend dem tradierten Verständnis)[1731] als notwendiges Instrument zum selbstbestimmten Umgang des Einzelnen mit den ihn betreffenden personenbezogenen Daten begreift,[1732] sind die Anforderungen an die Freiwilligkeit der Einwilligung nicht zu überspannen.[1733] Insbesondere ein Verbot der Datenverarbeitung gegen den dezidierten Willen des Betroffenen wäre mit einem solchen Verständnis der Preisgabe personenbezogener Daten als Ausdruck informationeller Selbstbestimmung[1734] sowie der primärrechtlichen Verankerung der datenschutzrechtlichen Einwilligung[1735] schwer vereinbar.[1736] Demnach lässt sich nicht feststellen, dass die Lesart des Koppelungsverbots als absoluter und strikter Einwilligungsausschluss (pauschal) zu einer Stärkung der Rechte des Betroffenen führen würde.

cc. Schlussfolgerungen

Die Auslegung des Koppelungsverbots als strikter und absoluter Einwilligungsausschluss wäre als Eingriff in die Privatautonomie und die unternehmerische Freiheit des datenverarbeitenden Privaten zu werten. Überdies birgt eine derartige Beschränkung der Einwilligungsmöglichkeiten nach tradiertem Verständnis zugleich die Gefahr einer Beschneidung der Selbstbestimmung des Betroffenen. Lässt sich – wie vorliegend – feststellen, dass die Verarbeitung personenbezogener Daten jedenfalls nicht pauschal den Interessen des Betroffenen widerspricht,[1737] führt die Berücksich-

---

1729 Zu Art. 8 GRCh ausf. oben, Kap. 4, B. II. 3. c.

1730 So insb. *Klement* in: Simitis/Hornung/Spiecker gen. Döhmann, DSGVO, Art. 7 Rn. 59. Ähnlich *Haase*, InTer 2019, 113 (115).

1731 S. hierzu aber auch unten, Kap. 6, B.

1732 So bspw. *Albrecht*, CR 2016, 88 (91); *Frenzel* in: Paal/Pauly, DS-GVO, Art. 7 Rn. 1. Ähnlich *Buchner/Kühling* in: Kühling/Buchner, DS-GVO, Art. 7 Rn. 9.

1733 *Buchner*, DuD 2010, 39 (41); *Haase*, InTer 2019, 113 (114).

1734 So *Schneider/Härting*, ZD 2012, 199 (201); *Schulz* in: Gola, DS-GVO, Art. 7 Rn. 3.

1735 So auch *Heckmann/Paschke* in: Ehmann/Selmayr, DS-GVO, Art. 7 Rn. 99.

1736 *Krönke*, Der Staat 2016, 319 (335 f.).

1737 Vgl. hierzu oben, Kap. 4, A. II. 1.

tigung grundrechtlicher Positionen dazu, dem Kopplungsverbot eine dem Verhältnismäßigkeitsgrundsatz entsprechende relative Wirkung zukommen zu lassen.

5. Zwischenergebnis

Im Ergebnis ist festzuhalten, dass eine Auslegung der Einwilligungsvorschriften der DS-GVO mehrheitlich für eine lediglich relative Wirkung des Koppelungsverbots nach Art. 7 Abs. 4 DS-GVO spricht.[1738]

II. Kriterien für die Freiwilligkeitsprüfung

Eine rein relative Wirkung des Koppelungsverbots schließt zwar die Einwilligung als Legitimationsgrundlage einer Datenverarbeitung nicht kategorisch für bestimmte Fallkonstellationen aus, die Auswirkungen des Koppelungsverbots für datenverarbeitende Private sind indes gleichwohl nicht unerheblich.[1739] Denn eine Freiwilligkeitsprüfung im Einzelfall ist stets mit einer gewissen Rechtsunsicherheit belastet. Die Lesart des Art. 7 Abs. 4 DS-GVO als relatives Koppelungsverbot wirft mithin die (Folge-)Frage nach den an die Freiwilligkeitsprüfung anzulegenden Kriterien auf.

1738 So i. Erg. auch *Art. 29-Datenschutzgruppe*, WP259 rev.01 S. 10; *Buchner/Kühling* in: Kühling/Buchner, DS-GVO, Art. 7 Rn. 46; *Frenzel* in: Paal/Pauly, DS-GVO, Art. 7 Rn. 18; *Gola*, K&R 2017, 145 (147); *Heckmann/Paschke* in: Ehmann/Selmayr, DS-GVO, Art. 7 Rn. 95 ff.; *Kugelmann*, DuD 2016, 566 (567); *Schulz* in: Gola, DS-GVO, Art. 7 Rn. 26; *Selk*, DANA 2016, 59 (61). In diese Richtung wohl auch *Kühling/Martini*, EuZW 2016, 448(451); *Schneider*, Datenschutz nach der DS-GVO, S. 140; *Ziegenhorn/ v. Heckel*, NVwZ 2016, 1585 (1587). Vgl. ausf. zum Meinungsbild oben, Kap. 3, B. II. 3. a. bb.

1739 Zu beachten ist in diesem Kontext auch und gerade die Ansicht der Art. 29-Datenschutzgruppe, nach welcher die Möglichkeit, einen Vertragsschluss von der Abgabe einer datenschutzrechtlichen Einwilligung abhängig zu machen, die „absolute Ausnahme" darstellen soll, vgl. *Art. 29-Datenschutzgruppe*, WP259 rev.01 S. 10.

1. Eingrenzung auf „nicht erforderliche Daten“

Eine erste Differenzierung findet insoweit statt, als nur solche Datenverarbeitungen von dem Verbot erfasst sind, die *„für die Erfüllung des Vertrags nicht erforderlich sind“*[1740]. Nicht erfasst werden somit (jedenfalls) alle Daten, die für die Vertragsdurchführung unabdingbar sind.[1741] Fraglich ist allerdings, ob neben diesen vertragsimmanenten Daten auch andere Daten als „erforderlich“ i.S.d. Art. 7 Abs. 4 DS-GVO und daher als nicht vom Koppelungsverbot erfasst angesehen werden könnten. Denn Datenverarbeitungen, welche *„für die Erfüllung eines Vertrags, (...) erforderlich“* sind, sind bereits nach Art. 6 Abs. 1 lit. b DS-GVO[1742] rechtmäßig und bereits aus diesem Grund keiner Freiwilligkeitsprüfung unterworfen.[1743] Hält man die Bezugnahme auf die (fehlende) Erforderlichkeit der Daten im Rahmen des Art. 7 Abs. 4 DS-GVO nicht für redundant, muss mit dem Begriff der Erforderlichkeit an dieser Stelle etwas anderes gemeint sein als das Abstellen auf diese vertragsimmanenten Daten. Für eine solches abweichendes Verständnis spricht auch und gerade die Tatsache, dass der Begriff der „Erforderlichkeit“ in Art. 7 Abs. 4 DS-GVO nicht – wie im Rahmen des Gesetzgebungsprozesses zunächst vorgeschlagen – (explizit) an Art. 6 Abs. 1 lit. b DS-GVO angelehnt wurde.[1744]

a. Datenfinanzierte Angebote

Dementsprechend wird teilweise diskutiert, ob personenbezogene Daten auch dann „erforderlich“ i.S.d. Art. 7 Abs. 4 DS-GVO sein können, wenn und soweit die Verarbeitung dieser Daten zur Finanzierung des Leistungsangebots dient.[1745] Relevant wäre ein solches Verständnis insbesondere für das Geschäftsmodell der datenbasierten bzw. datenfinanzierten Angebote.[1746] Denn dieses Geschäftsmodell fußt unmittelbar auf der Verarbeitung (personenbezogener) Daten, sodass die (wirtschaftliche) Realisierbarkeit

---

1740 Vgl. Art. 7 Abs. 4 DS-GVO.
1741 Vgl. hierzu oben, Kap. 3, B. II. 3. a. aa. (1).
1742 Ausf. zu Art. 6 Abs. 1 lit. b DS-GVO als gesetzlicher Verarbeitungsgrundlage unten, Kap. 6, A. I. 2. e. aa.
1743 *Engeler*, ZD 2018, 55 (56).
1744 Vgl. oben, Kap. 3, B. II. 3. a. aa (1).
1745 *Buchner*, DuD 2016, 155 (159); *Krüger*, ZRP 2016, 190 (191).
1746 Vgl. zu diesem Geschäftsmodell bereits oben, Kap. 4, A. I. 1. e sowie ausf. unten, Kap. 6, A. I. 2.

des Angebots mit der Möglichkeit der Datenverarbeitung steht und fällt. In diesem Sinne kann auch hier von einer „Erforderlichkeit" der Datenverarbeitung gesprochen werden.[1747]

Gegen eine solche Sichtweise spricht allerdings schon der Wortlaut des Koppelungsverbots, denn Art. 7 Abs. 4 DS-GVO nimmt nur solche personenbezogenen Daten vom Koppelungsverbot aus, die *„für die Erfüllung des Vertrags"* erforderlich sind. Bei dem Geschäftsmodell „Dienst gegen Daten" sind die Daten für den Verantwortlichen aber nicht erforderlich für die Vertragserfüllung, sondern (lediglich) Voraussetzung für die Wirtschaftlichkeit des Geschäftsmodells.

Darüber hinaus würde ein solches Verständnis der Norm auch den originären Zweck des Koppelungsverbots konterkarieren.[1748] Denn eine derartige Auslegung des Erforderlichkeitsmerkmals würde im Ergebnis dazu führen, dass der Datenverarbeiter durch eine entsprechende Vertrags- bzw. Angebotsgestaltung letztendlich vollkommen zweckfremde Daten erheben könnte; er müsste diese lediglich als (zusätzliche) Gegenleistung des Betroffenen deklarieren. Gerade vor einer solchen weitreichenden und ggf. willkürlichen, für den Betroffenen durch eine entsprechende Koppelung nicht abwendbaren Datenerhebung und -Verarbeitung aber soll Art. 7 Abs. 4 DS-GVO schützen.[1749] Eine solche extensive Auslegung des Merkmals der Erforderlichkeit ist daher abzulehnen.[1750]

1747 So insb. *Funke*, Dogmatik und Voraussetzungen der Einwilligung, S. 270; sowie (bezogen auf § 28 Abs. 1 S. 1 Nr. 1 BDSG a.F.) *Bräutigam*, MMR 2012, 635 (640). In der Tendenz ebenso *Schulz* in: Gola, DS-GVO, Art. 7 Rn. 30.

1748 *Golland*, MMR 2018, 130 (131). So i. Erg. auch *Hacker*, ZfPW 2019, 148 (183).

1749 Vgl. hierzu oben, Kap. 5, C. I. 4.

1750 So auch *Golland*, MMR 2018, 130 (131); *Linardatos* in: Specht-Riemschneider, Datenrecht in der Digitalisierung S. 530. Mit gleichem Ergebnis (allerdings noch bezogen auf die Abgrenzung zwischen § 28 BDSG a.F. und § 29 BDSG a.F. *Langhanke*, Daten als Leistung, S. 101 ff. A.A. aber *Buchner/Kühling* in: Kühling/Buchner, DS-GVO, Art. 7 Rn. 48. Letztlich erscheint eine solche extensive Auslegung des Merkmals der Erforderlichkeit auch nicht geboten, (jedenfalls) wenn und soweit man dem Koppelungsverbot eine rein relative Wirkung zuspricht. Denn eine Koppelung von Leistung und Vertrag als *„take it or leave it"*-Situation wird nicht *per se* verboten (dies verkennend *Schulz* in: Gola, DS-GVO, Art. 7 Rn. 30 darauf hinweisend, die Annahme einer datenschutzrechtlich relevanten Koppelung in solchen Konstellationen würde in jedem Fall *„notgedrungen zu einer deutlichen Abnahme entgeltfreier Angebote"* führen und solche Kopplungen letztlich aus *„sozialpolitischen Gesichtspunkten"* vom Anwendungsbereich des Art. 7 Abs. 4 DS-GVO ausnehmend). Ein derart gestaltetes datenfinanziertes Geschäftsmodell bleibt somit grundsätzlich möglich, sodass der Eingriff in die unternehmerische Freiheit privater Akteure weit

b. Kalkulationsgrundlage

Als erforderlich i.S.d. Art. 7 Abs. 4 DS-GVO angesehen werden könnten neben den vertragsimmanenten Daten hingegen auch solche personenbezogenen Daten, die als notwendige Entscheidungs- bzw. Kalkulationsgrundlage für das jeweilige Vertragsverhältnis dienen.[1751] Für ein solches Verständnis spricht, dass diese Daten für das jeweilige Vertragsverhältnis eine tatsächliche Relevanz aufweisen. Wenn und soweit die jeweiligen Daten vonnöten sind, um die entsprechende Leistung zu evaluieren bzw. zu kalkulieren, besteht ein enger Sachzusammenhang mit der Leistungserbringung. Das Abstellen auf den jeweiligen Sachzusammenhang führt zugleich zu einer gewissen Umgrenzung der jeweils vom Betroffenen bereitzustellenden Daten. Es handelt sich insofern um ein objektives Kriterium, das eine Einbeziehung völlig sachfremder Daten ausschließt. Soweit die Eingehung oder Durchführung eines Vertrags personenbezogene Daten als Entscheidungs- bzw. Kalkulationsgrundlage erfordert, könnte die Datenverarbeitung dementsprechend – soweit die Verarbeitung nicht bereits aufgrund Art. 6 Abs. 1 lit. b DS-GVO[1752] gerechtfertigt ist – auf eine Einwilligung gestützt werden, ohne dass das Koppelungsverbot des Art. 7 Abs. 4 DS-GVO Anwendung fände.[1753]

2. Freiwilligkeitsrelevante Aspekte

Liegt eine Koppelung von Leistung und Einwilligung i.S.d. Art. 7 Abs. 4 DS-GVO vor, können insbesondere die Relevanz der Leistung für den Betroffenen sowie die Möglichkeit eines alternativen Leis-

---

geringer ausfällt als bei Zugrundelegung eines strikten Koppelungsverbots (vgl. zu diesem Gesichtspunkt bereits oben, Kap. 5, C. I. 4. c. aa).

1751 So *Buchner/Kühling* in: Kühling/Buchner, DS-GVO, Art. 7 Rn. 47; *Linardatos* in: Specht-Riemschneider, Datenrecht in der Digitalisierung S. 532.

1752 Ausf. zu Art. 6 Abs. 1 lit. b DS-GVO als gesetzlicher Verarbeitungsgrundlage unten, Kap. 6, A. I. 2. e. aa.

1753 Auch unabhängig einer Subsumtion unter das Koppelungsverbot ist die Einwilligung indes aufgrund der allgemeinen Voraussetzung einer freiwilligen Einwilligung (vgl. Art. 4 Nr. 11 DS-GVO) einer entsprechenden Freiwilligkeitsprüfung unterworfen. Angesichts dessen wird deutlich, dass dem Koppelungsverbot als relativ wirkender Einwilligungsausschluss in der Praxis wohl nicht die immense Bedeutung zukommen wird, die ihm vereinzelt (vgl. dazu oben, Kap. 3, B. II. 3. a.) zugeschrieben wird.

tungszugangs als Kriterien für die Beurteilung der Freiwilligkeit im Einzelfall dienen.

a. Relevanz der Leistung für die betroffene Person

Für die Beurteilung des Einzelfalls von Bedeutung ist zunächst, welche Relevanz die an die Einwilligung gekoppelte Leistung für den Betroffenen aufweist.[1754] Denn wie bereits festgestellt,[1755] kann ein Zwang zur Einwilligungserteilung nur entstehen, wenn und soweit der in Aussicht stehende Vertragsschluss für den Einwilligenden handlungsentscheidend ist. Umso mehr der Betroffene auf die Inanspruchnahme der jeweiligen Leistung und mithin auf den Abschluss des Vertrags angewiesen ist, umso größer ist die Gefahr, dass der Betroffene sich zur Einwilligung in eine Verarbeitung ihn betreffender personenbezogener Daten gedrängt sieht.[1756] Zu beachten ist eine solche Kopplung daher auch und gerade im Bereich der Daseinsvorsorge sowie bei ähnlich existentiellen Vertragsbeziehungen, bspw. bei Miet- und Arbeitsverträgen[1757] oder im Bereich des Banken und Versicherungsrechts.[1758] Die Relevanz der in Rede stehenden Leistung kann mithin als Orientierungspunkt im Rahmen der Freiwilligkeitsprüfung dienen.

b. Zumutbare Alternative

Beachtenswert für die Beurteilung der Freiwilligkeit erscheint daneben, ob es dem Betroffenen möglich ist, ggf. auf eine andere, gleichwertige Leistung auszuweichen.[1759] Denn soweit ein vergleichbarer Vertrag am Markt

---

1754 *Klement* in: Simitis/Hornung/Spiecker gen. Döhmann, DSGVO, Art. 7 Rn. 61; *Schätzle*, PinG 2017, 203 (208).

1755 Vgl. hierzu oben, Kap. 5, C. I. 4. b. cc. (2).

1756 So auch *Plath* in: Plath, DSGVO/BDSG, Art. 7 Rn. 19; *Krohm/Müller-Peltzer*, ZD 2017, 551 (554); *Linardatos* in: Specht-Riemschneider, Datenrecht in der Digitalisierung S. 531; *Metzger*, AcP 2016, 818 (823); *Schulz* in: Gola, DS-GVO, Art. 7 Rn. 27; *Selk*, DANA 2016, 59 (61). Jedenfalls im Ausgangspunkt ähnlich *Engeler*, ZD 2018, 55 (59).

1757 *Metzger*, AcP 2016, 818 (823).

1758 *Schafft/Ruoff*, CR 2006, 499 (504); *Selk*, DANA 2016, 59 (61). Zu weiteren Beispielen s. *Specht*, JZ 2017, 763 (766).

1759 *Klement* in: Simitis/Hornung/Spiecker gen. Döhmann, DSGVO, Art. 7 Rn. 61. Im Grundsatz ebenso *Art. 29-Datenschutzgruppe*, WP259 rev.01 S. 11; a.A (wohl) *Härting*, DS-GVO, Rn. 395; *Härting*, ITRB 2017, 42 (43).

auch ohne die Abgabe einer datenschutzrechtlichen Einwilligung geschlossen werden kann, hat der Betroffene eine echte Alternative und besitzt insofern tatsächliche Wahlfreiheit.[1760] Entscheidet er sich unter diesen Umständen für den Vertrag, welcher die Einwilligung voraussetzt, ist diese Entscheidung aufgrund der bestehenden Alternativität als frei zu werten.[1761]

Um das Risiko einer unwirksamen Einwilligung aufgrund bestehender Unfreiwilligkeit zu minimieren, könnte datenverarbeitenden Privaten mithin zu raten sein, die entsprechende Leistung (soweit realisierbar) nicht nur datenfinanziert, sondern daneben auch entgeltlich bzw. unabhängig einer hierauf gestützten Einwilligung anzubieten.[1762] Soweit bereits entsprechende einwilligungsunabhängige Angebote anderer Dienstleister existieren, erscheint das Bereitstellen eines solchen eigenen entgeltfinanzierten Angebots unter teleologischen Gesichtspunkten nicht als zwingend.[1763] Von dem Koppelungsverbot betroffen wären nach einer solchen Lesart somit insbesondere monopolistische Märkte, bei denen dem Betroffenen keine Ausweichmöglichkeiten zur Verfügung stehen.[1764] Der Ver-

---

1760 So auch *Buchner/Kühling* in: Kühling/Buchner, DS-GVO, Art. 7 Rn. 52 ff.; *Gola*, K&R 2017, 145 (147); *Krohm/Müller-Peltzer*, ZD 2017, 551 (554 f.); *Metzger*, AcP 2016, 818 (824 f.); *Plath* in: Plath, DSGVO/BDSG, Art. 7 Rn. 19; *Schätzle*, PinG 2017, 203 (208).

1761 Vgl. hierzu ausf. oben, Kap. 5, C. I. 4. b.

1762 So *Art. 29-Datenschutzgruppe*, WP259 rev.01, S. 11; *Golland*, MMR 2018, 130 (134); *Krohm/Müller-Peltzer*, ZD 2017, 551 (553). Dass es sich hierbei entgegen der Ansicht von *Bräutigam*, MMR 2012, 635 (636) nicht in jedem Fall um einen praxisfernen Vorschlag handelt, zeigt der Umstand, dass gerade im Bereich der Online-Wirtschaft ein (wachsender) Markt für entgeltfinanzierte Leistungen als Alternative zu werbefinanzierten Angeboten entsteht, vgl. hierzu auch *Dix*, ZEuP 2017, 1 (4 f.).

1763 Zuzugeben ist allerdings, dass die Zulässigkeit des entsprechenden Angebots und damit letztlich die Wirksamkeit der Einwilligung (zumindest mit Wirkung *ex nunc*) dann stets abhängig wäre von dem Verhalten der Konkurrenz: Denn sobald diese ihre Leistung nicht mehr (einwilligungsunabhängig) anbieten, fällt dies auch auf die Bewertung der Koppelung des eigenen Angebots zurück, vgl. hierzu *Schafft/Ruoff*, CR 2006, 499 (504). Vgl. auch *Art. 29-Datenschutzgruppe*, WP259 rev.01 S. 11, einen solchen Verweis auf Angebote anderer Marktteilnehmer i.R.d. Freiwilligkeitsprüfung daher ausschließend.

1764 Hierfür u.a. *Buchner*, DuD 2016, 155 (158); *Gierschmann*, ZD 2016, 51 (54); *Ingold* in: Sydow, DS-GVO, Art. 7 Rn. 33; *Krohm/Müller-Peltzer*, ZD 2017, 551 (554); *Plath* in: Plath, DSGVO/BDSG; Art. 7 Rn. 19 f.; *Schneider*, Datenschutz nach der DS-GVO, S. 143 f; *Schulz* in: Gola, DS-GVO, Art. 7 Rn. 27; *Selk*, DANA 2016, 59 (61). In der Tendenz ähnlich *Heckmann/Paschke* in: Ehmann/Selmayr, DS-GVO, Art. 7 Rn. 98.

weis auf zumutbare Leistungsalternativen anderer Marktteilnehmer ist aber stets dem Risiko einer abweichenden Bewertung durch die (datenschutzrechtlichen) Aufsichtsbehörden bzw. Gerichte belastet.

Ins Zentrum rückt damit die Abgrenzung zwischen noch gleichwertigen alternativen Leistungen und solchen Angeboten, welche (qualitativ) so erheblich vom gekoppelten Leistungsangebot abweichen, dass sie für den Betroffenen nicht mehr zumutbar sind. Grundsätzlich erscheint für diese Differenzierung eine erste Orientierung an den bisher zum Koppelungsverbot des § 28 Abs. 3b BDSG a.F.[1765] bzw. § 95 Abs. 5 TKG[1766] entwickelte Kriterien möglich. Im Gegensatz zu diesen, auf nationaler Ebene bisher bekannten Koppelungsverboten stellt Art. 7 Abs. 4 DS-GVO indes nicht wortwörtlich auf dieses Kriterium einer zumutbaren Leistungsalternative ab; die Berücksichtigung anderer Leistungsangebote ergibt sich vielmehr durch den Telos der Norm.[1767] Die Existenz bzw. die Anzahl möglicher alternativer Angebote kann innerhalb der Freiwilligkeitsprüfung somit – je nach Bedeutung bzw. Auswirkung für die Freiwilligkeit einer gekoppelten Einwilligung – auch graduell berücksichtigt werden. Im Gegensatz zu einer starren, pauschalen Prüfung eventueller Alternativen ist daher die Möglichkeit einer im Einzelfall differenzierenden Beurteilung der Angebotslage des jeweiligen Markts eröffnet.

Freiwilligkeitsdefizite könnten sich daneben auch in solchen Bereichen ergeben, in denen zwar grundsätzlich vergleichbare, in ihrer Qualität aber nicht gleichwertige Leistungen am Markt vorhanden sind. Problematisch dürfte das Abstellen auf zumutbare Alternativen – abseits monopolartigen Strukturen – daher auch und gerade für all jene Angebote sein, denen ein gewisser Netzwerkeffekt zuzuschreiben ist. Denn bei diesen Angeboten kann der Verweis auf ein auf dem Markt verfügbares Angebot (auch trotz insoweit fehlender Monopolstellung des Anbieters) allein aus dem Umstand unzumutbar sein, weil und soweit der Betroffene aus der alternativen Leistung – trotz formal gleichlautendem Leistungsangebot – nicht den gleichen Nutzen ziehen kann.[1768] Beispielhaft angeführt werden in diesem Zusammenhang insbesondere soziale Netzwerke, bei denen es in verstärkter Weise darauf ankommt, wie viele andere Teilnehmer ebenfalls im ent-

---

1765 S. hierzu *Eckhardt*, CR, 337 (341); *Roßnagel*, NJW 2009, 2716 (2720); *Taeger* in: Taeger/Gabel, BDSG 2013, § 28 Rn. 185.

1766 S. hierzu *Klesczewski* in: Säcker, TKG, § 95 Rn. 22.

1767 Vgl. hierzu oben, Kap. 5, C. I. 4.

1768 Ebenfalls auf das Problem der Gleichwertigkeit verschiedener Angebote für die jeweilige Einzelperson hinweisend *Art. 29-Datenschutzgruppe*, WP259 rev.01 S. 11.

sprechenden Netzwerk registriert sind.[1769] Ähnliche Effekte lassen sich daneben bei Messenger-Diensten, Verkaufsportalen oder Bewerbungsplattformen finden.

Im Ergebnis setzt der Verweis auf Alternativangebote anderer Marktteilnehmer eine eingängige Prüfung dieser Angebote auf ihre Vergleichbarkeit voraus. Abzuwarten bleibt daher, inwieweit sich datenverarbeitende Private – nicht zuletzt auch angesichts der Vorbehalte der Art. 29-Datenschutzgruppe – auf das Bestehen solcher konkurrierender Alternativangebote berufen werden oder, auch und gerade angesichts der bestehenden Rechtsunsicherheit und dem hiermit verbundenen Haftungsrisiko, (im Zweifelsfall) eigene Leistungsalternativen anbieten werden.

3. Zwischenfazit

Das in Art. 7 Abs. 4 DS-GVO statuierte Koppelungsverbot stellt sich damit letztlich weit schwächer dar als vielseits behauptet.[1770] Nach überzeugender Lesart kann der Norm weder ein striktes, noch ein absolutes Koppelungsverbot entnommen werden. Als relatives Koppelungsverbot kommt Art. 7 Abs. 4 DS-GVO aber jedenfalls insoweit Relevanz zu, als die Norm im Falle einer Koppelung von Leistung und Einwilligung dieser Koppelung eine besondere Bedeutung im Rahmen der Freiwilligkeitsprüfung zuschreibt. Dabei kann insbesondere die Angewiesenheit des Betroffenen auf die Leistung sowie das fehlende Vorhandensein zumutbarer Leistungsalternativen zu einer Bewertung der Einwilligung als Unfreiwillig führen. Zwischen diesen beiden Kriterien lässt sich zudem eine Wechselwirkung feststellen: Denn umso relevanter die Leistung für den jeweiligen Betroffenen ist, umso eher ist er im Falle fehlender Alternativangebote genötigt, einer gekoppelten Datenerhebung entgegen seiner eigentlichen Präferenz zuzustimmen.[1771] Zugleich kann die Koppelung zwischen einer Leistung und einer datenschutzrechtlichen Einwilligung auch dann zu einem Einwilligungsdruck führen, wenn und soweit sich diese Leistung für den Betroffenen zwar nicht als existentiell darstellt, für ihn aber gleichwohl eine

1769 So *Langhanke*, Daten als Leistung, S. 77 f.; *Metzger*, AcP 2016, 818 (824); *Raue*, JZ 2018, 961 (965 f.); *Schulz* in: Gola, DS-GVO, Art. 7 Rn. 27.

1770 Vgl. zum Meinungsspektrum oben, Kap. 3, B. II. 3. a. bb.

1771 Zur Frage, inwieweit dem Koppelungsverbot somit neben der allg. geforderten Freiwilligkeit tatsächlich ein eigenständiger, echter Anwendungsbereich zukommt vgl. unten, Kap. 6, A.

gewisse Relevanz aufweist und kein alternativer Leistungszugang am Markt vorhanden ist.[1772]

D. Auslegungsergebnis

Die genaue Bestimmung der einzelnen Einwilligungsvoraussetzungen gelingt im Ergebnis auch nach eingehender Auslegung nur bedingt. Während die Anforderungen an die Einwilligungserklärung durch die Pflicht zur Einwilligungseinholung im Wege des *Opt-In* Verfahrens eine (rechts-)klarere Ausgestaltung aufweisen, lässt sich auch nach umfassender Untersuchung und Auslegung der relevanten Normen keine endgültige Feststellung darüber treffen, welche Anforderungen die DS-GVO an die Informationserteilung des Verantwortlichen stellt. Für die Praxis ist eine allumfassende Informationserteilung anzuraten, (jedenfalls) rechtsdogmatisch ist die fehlende Klarheit der entsprechenden Regelungen aber zu kritisieren.

Auf voluntativer Ebene deutet die Auslegung des Koppelungsverbots nach überzeugender Lesart auf eine lediglich relative Wirkung hin. Es bleibt mithin bei einer Beurteilung der Freiwilligkeit im Einzelfall auch bei Koppelung von Leistung und Einwilligung durch den Verantwortlichen. Durch die insoweit geschaffene Konkretisierung der Freiwilligkeitsprüfung erfährt die Einwilligung – jedenfalls vordergründig – eine verstärkte Konturenschärfe.[1773] Auf die sich anschließende – und letztlich entscheidende – Frage, ob und inwieweit mit dieser rechtstheoretischen Konkretisierung auch ein substantieller Unterschied in (rechts-)praktischer Hinsicht verbunden ist, wird im weiteren Verlauf der Arbeit zurückzukommen sein.[1774]

1772 *Metzger*, AcP 2016, 818 (824 f.) eine solche erhebliche Relevanz bei zeitgleichem fehlenden Alternativangebot bspw. für soziale Netzwerke annehmend. S. zu dieser Thematik auch unten, Kap. 6, A. I. 2. c. bb. (2).

1773 So *Buchner/Kühling*, DuD 2017, 544 (545 f.)

1774 S. unten, Kap. 6, A. II. 2.

Kapitel 6: Bewertung

Der Blick auf die Voraussetzungen einer wirksamen Einwilligung nach der DS-GVO zeichnet ein – jedenfalls gemessen an der Erwartungshaltung mancher Akteure[1775] – ernüchterndes Bild.[1776] Während auf kognitiver Ebene zumindest eine klare Pflicht zur Einwilligungseinholung im Wege des *Opt-In* Verfahrens etabliert wurde, erweisen sich die Anforderungen hinsichtlich der Informationspflichten auch bei eingehender Auslegung als uneindeutig. Auf voluntativer Ebene glänzt die DS-GVO mit dem neu eingeführten Koppelungsverbot ebenfalls nicht durch Normenklarheit. Ins Gewicht fallen diese Unklarheiten nicht nur, weil die bestehende Rechtsunsicherheit das Risiko einer Innovations- und Investitionshemmung birgt, sondern auch, da gerade die Informiertheit und die Freiwilligkeit des Betroffenen Wesensmerkmale der Einwilligung darstellen.

Im vorliegenden Kapitel 6 sind die Auswirkungen der Einwilligung sowohl für den datenschutzrechtlich Verantwortlichen als auch für den Betroffenen zu untersuchen. Neben der Frage, ob und inwieweit die Novellierung der Einwilligung zu einer Stärkung der Betroffenenposition beizutragen vermag, soll mit Blick auf den datenverarbeitenden Privaten insbesondere beleuchtet werden, ob und unter welchen Voraussetzungen datenfinanzierte Geschäftsmodelle weiterhin praktikabel sind. Auch und gerade die Herausarbeitung dieser Auswirkungen für die Praxis ermöglicht in einem zweiten Schritt eine Bewertung der Einwilligungsdogmatik der DS-GVO auf belastbarer Basis. Im Anschluss an diese bewertende Untersuchung soll sodann ein Alternativkonzept jene Aspekte betreffend skizziert werden, hinsichtlich derer die Novellierung der Einwilligung in der DS-GVO die bestehenden Schwächen bzw. Kritikpunkte an der datenschutzrechtlichen Einwilligung nicht zu überwinden vermag.

1775 Vgl. zu dieser Erwartungshaltung auch *Engeler*, ZD 2018, 55 (55).

1776 Die materiell-rechtlichen Änderungen der DS-GVO jedenfalls als *„gar nicht so revolutionär"* bezeichnend *Kühling/Sackmann*, NVwZ 2018, 681 (681).

A. Auswirkungen und Bewertung

Mit der Novellierung des Datenschutzrechts durch die DS-GVO ergeben sich sowohl für datenverarbeitende Private als auch von der Verarbeitung Betroffene eine Reihe neuer Fragestellungen.

I. Datenverarbeiter

Datenschutzrechtlich Verantwortliche sind angehalten, ihre bisherige daten(schutz)rechtliche Praxis auf Vereinbarkeit mit der neuen Rechtslage zu überprüfen. Der neu normierten Einwilligung kommt dabei auch und gerade aufgrund ihrer (bisherigen) häufigen Verwendung im Kontext privater Datenverarbeitungen eine zentrale Bedeutung zu.

1. Allgemein

Allgemein ist für datenschutzrechtlich Verantwortliche ein nicht zu unterschätzender Umsetzungsaufwand zu konstatieren. Dieser Aufwand resultiert bereits aus dem Umstand, dass jedwede Datenverarbeitung die durch eine Einwilligung nach altem Recht legitimiert wurde, auf ihre Vereinbarkeit mit der DS-GVO zu überprüfen ist. Nach ErwGr 171 S. 3 DS-GVO sollen bereits erteilte Alteinwilligungen zwar weiterhin gültig bleiben, „*wenn die Art der bereits erteilten Einwilligung den Bedingungen* […] [der DS-GVO] *entspricht*“. Insbesondere aufgrund der teilweise verstärkten Anforderungen im Rahmen des Einwilligungsprozesses bleibt aber kritisch zu hinterfragen, ob tatsächlich jede Alteinwilligung auch unter der neuen Rechtslage Wirksamkeit beanspruchen kann.[1777]

Nicht zu vernachlässigen ist daneben die – zumindest in der Übergangszeit – anzutreffende Unsicherheit datenverarbeitender Privater.[1778] Gerade kleine und mittelständische Unternehmen fühlen sich durch die neuen Regelungen zum Teil überfordert. Dieser Umstand wird durch die (noch)

1777 Zu den Anforderungen an Alteinwilligungen im Einzelnen *Art. 29-Datenschutzgruppe*, WP259 rev.01 S. 36 f.; *Griesinger/Oberlin*, CB 2017, 481 (483 f.). Für eine Kontinuität solcher Alteinwilligungen aber *Düsseldorfer Kreis*, Beschluss vom 13./14.09.2016.

1778 *Haberl/Volbers* in: Specht-Riemschneider, Datenrecht in der Digitalisierung S. 823.

bestehende Rechtsunsicherheit auch und gerade in Bezug auf Voraussetzungen und Reichweite der Einwilligung nach der DS-GVO verstärkt.[1779]

2. Exkurs: Dienst gegen Daten

Insbesondere für datenfinanzierte Angebote wird in Anbetracht der bestehenden Unsicherheiten einer einwilligungsbasierten Datenverarbeitung teilweise dafür plädiert, auf eine der gesetzlichen Verarbeitungsgrundlagen auszuweichen.[1780] Vorliegend soll ein schlaglichtartiger Exkurs auf die Praxis der „Leistung gegen Daten“[1781], also den daten(schutz)rechtlichen Austauschvertrag geworfen und die Auswirkungen der Neuregelung der Einwilligung anhand dieses Beispiels einer näheren Bewertung unterzogen werden.[1782] Ein eingehender Blick auf diese besondere Konstellation der Datenverarbeitung bietet sich an, weil die Datenverarbeitung den Kernbereich dieses Geschäftsmodells bildet und ihr daher ein besonderer Stellenwert zukommt. Darüber hinaus zeigen sich in dieser Konstellation Phänomene, die die Schwächen und Problematiken des aktuellen Daten(schutz)rechts exemplarisch und akzentuiert aufzeigen, zum Großteil aber auch im Bereich der allgemeinen heutigen Daten(schutz)praxis vorzufinden sind. Daher lässt sich ausgehend von diesem Fallbeispiels auch eine generelle Aussage über die Auswirkungen der DS-GVO für datenschutzrechtlich Verantwortliche treffen.

1779 S. zu diesen Unsicherheiten oben, Kap. 3, C sowie Kap. 5, D.

1780 S. hierzu unten, Kap. 6, A. I. 2. e.

1781 Oft auch betitelt unter dem Schlagwort *„Datenschuldrecht“*, so bspw. *Sattler*, JZ 2017, 1036 (1036); *Staudenmayer*, NJW 2019, 2497 (2497).

1782 Hierbei soll keinesfalls eine umfassende Darstellung der (allgemeinen zivil-)rechtlichen Konstruktion dieses Datenaustauschvertrags erfolgen. Der Fokus wird vielmehr auf diejenigen (Teil-)Bereiche des Vertragsverhältnisses gerichtet, welche spezifische daten(schutz)rechtliche Fragestellungen aufwerfen bzw. für das allgemeine Verständnis dieses Geschäftsmodells und seine daten(schutz)rechtliche Bedeutung essentiell sind. S. für eine ausf. Behandlung der (zivil-)rechtlichen Konstruktion daher bspw. *Metzger*, AcP 2016, 818 (817 ff.); *Langhanke*, Daten als Leistung, S. 95 ff.; *Hacker*, ZfPW 2019, 148 (148 ff.); *Schmidt-Kessel/Grimm*, ZfPW 2017, 84 (84 ff.).

a. Zivilrechtliche Einordnung

Kennzeichnend für das Geschäftsmodell „Daten gegen Leistung“ ist die Bereitstellung einer Leistung an den Betroffenen bei gleichzeitiger Erhebung und Verarbeitung ihn betreffender personenbezogener Daten durch den Leistungserbringer.[1783] Da sich ein solches Geschäftsmodell – zumindest partiell[1784] – durch die Verarbeitung personenbezogener Daten finanziert, besteht in der Regel eine Abhängigkeit zwischen der Bereitstellung der Daten durch den Betroffenen und der Leistungserbringung des Datenverarbeiters. Selbst wenn dies zum Teil durch den Verweis auf einen angeblich „kostenlosen“[1785] Service nicht klar kommuniziert wird, macht der Datenverarbeiter die Erbringung seiner Leistung (jedenfalls) faktisch von der Einwilligung des Betroffenen in die Datenverarbeitung bzw. die Bereitstellung entsprechender Daten abhängig.[1786]

In rechtlicher Hinsicht stellt sich zunächst die Frage nach der Einordung dieses Austauschverhältnisses in die allgemeine Zivilrechtsdogmatik. Da auf EU-Ebene bisher kein allgemeines, umfassendes Privatrechtsregime besteht, kann bzw. muss hierfür auf das nationale Recht zurückgegriffen werden.[1787] Neben der Verzahnung datenschutzrechtlicher Bestimmungen und Vorbedingungen mit zivilrechtlichen Fragestellungen zeigt sich insoweit zugleich das Ineinandergreifen europäischer Rechtssetzung und nationaler Rechtsdogmatik: Denn zum einen müssen die datenschutzrechtlichen Wertungen in die allgemeine Zivilrechtsdogmatik integriert werden, zum anderen gelten die Regelungen der DS-GVO als unionale Verordnung unmittelbar und sind unter Berücksichtigung der europäischen Grundrechte und Grundfreiheiten auszulegen während bei der Bewertung (rein) zivilrechtlicher Teilaspekte auf die nationalen Regelungen und die ihnen zugrundeliegenden nationalen Grundrechtswertungen zurückzu-

---

1783 Vgl. hierzu eingehend oben, Kap. 4, A. I. 1. e.

1784 Vgl. hierzu oben, Kap. 4, A. I. 1. e.

1785 So bspw. *Facebook* in seinen Nutzungsbedingungen, vgl. https://www.facebook.com/legal/terms/update. Vgl. hierzu eingehend auch oben, Kap. 4, A. I. 1. e. (aa).

1786 *Buchner*, DuD 2010, 39 (39).

1787 *Lang/Peintinger*, ELR 2013, 206 (210); *Stemmer* in: BeckOK DSR, Art. 7 DS-GVO Rn. 28. Auch die BDI-RL, die 2019 erlassen wurde und bestimmte vertragliche Aspekte bei der Bereitstellung digitaler Leistungen im Gegenzug gegen die Bereitstellung personenbezogener Daten durch den Verbraucher regelt, nimmt keine umfassende rechtliche Einordnung dieses Leistungsaustausches vor, vgl. hierzu auch *Hacker*, ZfPW 2019, 148 (158); *Metzger*, AcP 2016, 818 (833).

greifen ist. Es zeichnet sich also in mehrfacher Hinsicht ein Wechselspiel aus unionalen und nationalen Regelungen sowie datenschutz- und zivilrechtlichen Normen ab, bei dem sowohl stets zu differenzieren ist, welche Regelungen im Einzelnen zur Anwendung kommen sowie ein in sich stimmiges Gesamtbild bzw. -gefüge zu finden ist.[1788]

aa. Vertragsverhältnis

Im Hinblick auf das Beziehungsgeflecht zwischen dem Datenverarbeiter und dem Betroffenen bietet es sich an, zunächst die vertragliche Bindung der Parteien zu betrachten. Da in Deutschland i.R.d. Vertragsfreiheit eine inhaltliche Gestaltungsfreiheit besteht, ist es den Parteien grundsätzlich freigestellt, ihr Vertragsverhältnis nach eigenem Belieben zu gestalten.[1789] Diese grundsätzliche Freiheit der Parteien bei der Vertragsgestaltung gilt allerdings nur innerhalb der vom Recht gezogenen Schranken.[1790] Eine Bestimmung des Vertragsverhältnisses zwischen dem Betroffenen und dem Datenverarbeiter ist also zumindest insofern vonnöten, als diese Bestimmung eine Voraussetzung für die Ermittlung der jeweils zwingenden Normen ist, die nicht zur Disposition der Vertragsparteien stehen. Darüber hinaus ist eine solche Qualifizierung des Vertragsverhältnisses auch für die Frage entscheidend, mit welchen dispositiven Normen eventuelle Vertragslücken zu schließen sind.

Da die in Rede stehenden Leistungen zumeist nicht explizit als gegenseitige Leistungspflichten ausgestaltet sind, stellt sich zunächst die prinzipielle Frage, in welchem Verhältnis die beiden Leistungen zueinander stehen. Erst ausgehend hiervon lässt sich eine Einordnung des Vertragsverhältnis vornehmen. Zudem lässt sich die – partielle bzw. tendenzielle – Deklaration der Leistungserbringung des Datenverarbeiters als „kostenlos“ zutreffend nur mit Blick auf das Verhältnis bzw. die mögliche Verknüpfung der jeweiligen Leistungserbringungen beurteilen.

1788 Hier nicht behandelt wird die aus diesem Grund z.T. aufgeworfene Frage, inwieweit ein eigenes „Datenschuldrecht“ vonnöten wäre, vgl. hierzu bspw. *Specht*, JZ 2017, 763.

1789 BGH NJW-RR 2018, 199 (200); *Gehrlein* in: BeckOK BGB, § 311 Rn. 2.

1790 *Emmerich* in: MüKo BGB, § 311 Rn. 3.

bb. Verhältnis der Leistungspflichten

Wie bereits festgestellt,[1791] wird das Vertragsverhältnis entscheidend durch die Bereitstellung einer Leistung des Datenverarbeiters auf der einen, sowie die Bereitstellung personenbezogener Daten bzw. eine hierauf gerichtete Einwilligung durch den Betroffenen auf der anderen Seite geprägt.[1792] Unter Berücksichtigung des äußeren Erscheinungsbilds kann – insbesondere in Bezug auf werbefinanzierter Internetdienste[1793] – zunächst der Eindruck gewonnen werden, der datenverarbeitende Private stelle einen kostenfreien Dienst zur Verfügung, während die datenschutzrechtliche Einwilligung des Betroffenen quasi hiervon losgelöst und unverbunden eingeholt werde.[1794] Bei näherer Betrachtung handelt es sich indes nicht um zwei voneinander isolierte und unabhängige Rechtsgeschäfte. Vielmehr macht der Datenverarbeiter seine Leistungserbringung (jedenfalls) *de facto* von der Bereitstellung personenbezogener Daten durch den Betroffenen bzw. einer entsprechenden datenschutzrechtlichen Einwilligung abhängig.[1795] Die Leistungen stehen also gerade nicht unverbunden nebeneinander, sondern weisen vielmehr ein direktes Abhängigkeitsverhältnis auf: Der Datenverarbeiter stellt seine Leistung zur Verfügung, um den Betroffenen zur Abgabe einer datenschutzrechtlichen Einwilligung zu bewegen. Der Betroffene gibt diese Einwilligung (i.d.R.) ab, um in den Genuss der entsprechenden Leistung zu kommen.[1796] Hieraus folgt zugleich zweierlei: Zum einen handelt es sich dann bei der Leistung des Datenverarbeiters gerade nicht um eine kostenlose, sondern lediglich um eine unentgeltliche

---

1791 Vgl. hierzu oben, Kap. 4, A. I. 1. e.

1792 Zu gemischtfinanzierten Geschäften, bei denen die Datenüberlassung lediglich eine zugleich entgeltliche Leistung des Betroffenen ergänzt s. ausf. *Hacker*, ZfPW 2019, 148 (163).

1793 Diese digitalen Dienste können zugleich (zurzeit) als Musterbeispiel datenfinanzierter neuer Geschäftsmodelle bezeichnet werden, vgl. hierzu oben, Kap. 4, A. I. 1. e.

1794 *Metzger*, AcP 2016, 818 (833).

1795 Diese faktische Abhängigkeit wird bspw. erreicht, indem der Betroffene den Dienst nur nutzen kann, nachdem er entsprechende Daten aktiv zur Verfügung gestellt oder aber in entsprechende „Nutzungsbedingungen" eingewilligt hat. In diesem Sinne auch *Metzger*, AcP 2016, 818 (834); *Langhanke*, Daten als Leistung, S. 110.

1796 Eine andere Bewertung ergibt sich insbesondere auch nicht durch den Umstand, dass die DI-RL in diesem Kontext bewusst auf den Begriff der „Gegenleistung" verzichtet, vgl. *Metzger*, JZ 2019, 577 (579); *Staudenmayer*, ZEuP 2019, 663 (669).

Leistung.[1797] Zum anderen weisen die beiden Leistungspflichten eine wechselseitige Abhängigkeit auf: Das vertragliche Verhältnis der Parteien stellt sich als gegenseitiger Austauschvertrag dar,[1798] welcher – da das jeweilige Leistungsversprechen gerade um den Erhalt der jeweils anderen Leistung Willen gegeben wird – als synallagmatischer Austauschvertrag (i.S.e. *do ut des*) charakterisiert werden kann.[1799] Auf der Verpflichtungs-

---

1797 So auch *Schmidt-Kessel/Grimm*, ZfPW 2017, 84 (92 ff.); *Hacker*, ZfPW 2019, 148 (178). Zwar nimmt die Rechtsprechung teilweise (namentlich das LG Berlin) bisher an, die Bezeichnung eines solchen datenfinanzierten Angebots als „kostenlos" sei zumindest nicht irreführend i.S.d. UWG, da es sich bei Datenverarbeitungen jedenfalls um keine „*wirtschaftlichen Belastungen des Verbrauchers im Sinne einer echten Vermögensbeeinträchtigung*" und daher nicht um „Kosten" i.S.d. UGP-Richtlinie handele; es erkennt die „*Herausgabe personenbezogener Daten bzw. die datenschutzrechtliche Einwilligung*" aber zumindest ebenfalls als ein „*irgendwie geartetes „Entgelt" oder eine Gegenleistung anderer Art*" an, vgl. LG Berlin, MMR 2018, 328 (330).

1798 So auch *Hacker*, ZfPW 2019, 148 (163); *Bräutigam*, MMR 2012, 635 (638); *Schafft/Ruoff*, CR 2006, 499 (500); Metzger, AcP (835); *Langhanke/Schmidt-Kessel*, EuCML 2015, 218 (221).

1799 *Buchner*, Informationelle Selbstbestimmung im Privatrecht, S. 268; *Bräutigam*, MMR 2012, 635 (638); *Rosenkranz*, GPR 2018, 28 (33); *Schafft/Ruoff*, CR 2006, 499 (500); *Metzger*, AcP 2016, 818 (835); *Langhanke/Schmidt-Kessel*, EuCML 2015, 218 (221). A.A. Hacker (167 ff.) der für die Annahme einer (lediglich) konditionalen Verknüpfung plädiert. Als Argumente führt *Hacker* dabei insbesondere die meist fehlende ausdrückliche Verknüpfung der jeweiligen Verpflichtungen durch den Datenverarbeiter (170) sowie die Interessenlage der Parteien (170 ff.) an. Denn weder der Betroffene, der möglichst wenig Daten preisgeben wolle, sei an einer entsprechenden echten vertraglichen Verpflichtung interessiert, noch der Datenverarbeiter, der aufgrund eines möglichen Reputationsverlustes kein Interesse daran hätte, eine entsprechende Rechtsposition gerichtlich geltend zu machen (173). Auf eine eingehende Erörterung dieser Rechtsfrage wird vorliegend verzichtet, da diese Frage als genuin zivilrechtlich keine neuen Erkenntnisse für die Bewertung der datenschutzrechtlichen Einwilligung aufweist. Anzumerken ist aber, dass allein die fehlende ausdrückliche Bezeichnung der datenschutzrechtlichen Einwilligung als „Gegenleistung" der Annahme eines Synallagmas nicht entgegensteht. Darüber hinaus ist zu konstatieren, dass die Abgabe der datenschutzrechtlichen Einwilligung im Regelfall im Bereich datenfinanzierter Geschäftsmodelle zumindest *de facto* als Verpflichtung ausgestaltet ist (vgl. hierzu *Langhanke*, Daten als Leistung, S. 110; *Metzger*, AcP 2016, 818 (834)), während gerade die Nicht-Kenntlichmachung dieser Einwilligungspflicht als „Gegenleistung" durch die Diensteanbieter sowohl aus daten- als auch verbraucherschutzrechtlicher Perspektive gerügt wird (vgl. bspw. *Buchner*, DuD 2010, 39 (39)). Allg. zur zivilrechtlichen Einwilligung als synallagmatische Leistungspflicht oben, Kap. 2, A. II. 2. b. bb.

ebene[1800] besteht zwischen dem Datenverarbeiter und dem Betroffenen somit ein gegenseitiger Vertrag i.S.d. §§ 320 ff. BGB.

cc. Vertragstyp

Die konkrete vertragstypologische Einordnung eines solchen Austauschvertrags ist jeweils abhängig von den im Einzelfall zu erbringenden Leistungen. Dabei ist für die Charakterisierung (mit-)entscheidend, ob und inwieweit die Verpflichtungen der Parteien auf einen einmaligen Leistungsaustausch oder auf wiederkehrende Leistungen bzw. ein dauerndes Verhalten gerichtet sind. Je nachdem lassen sich im jeweiligen Vertragsverhältnis tausch- oder kaufvertragliche bzw. miet-, dienst- oder werkvertragliche Elemente finden.[1801] Die Bereitstellung personenbezogener Daten bzw. die (Verpflichtung zur) Abgabe einer datenschutzrechtlichen Einwilligung stellt sich mit Blick auf das BGB jedenfalls als atypischen Leistungspflicht dar, sodass der Vertrag insgesamt ein atypisches Gepräge erhält.[1802]

b. Datenschutzrechtliche Zulässigkeit

Während es sich bei der Frage nach der vertragstypologischen Einordnung des Verpflichtungsgeschäfts um eine in erster Linie genuin zivilrechtliche Frage handelt, berührt die Qualifikation der vom Betroffenen geschuldeten Leistung auf der Verfügungs- bzw. Vollzugsebene in wesentlichen Punkten (auch) datenschutzrechtliche Aspekte. Denn wenngleich das BGB einen weit gefassten Leistungsbegriff kennt – sodass die Bereitstellung von Daten bzw. die Einwilligungserteilung schuldrechtlich unproblematisch als (atypischer) Leistungsgegenstand qualifiziert werden kann[1803] – ist insbesondere die Frage, zu was sich der Betroffene im Rahmen eines Datentauschvertrags verpflichtet bzw. wirksam verpflichten kann, nur im Rückgriff auf datenschutzrechtliche sowie persönlichkeitsrechtliche Wertungen zu ermitteln.

1800 Zur Trennung zwischen Verpflichtungs- und Verfügungsebene auch im Rahmen der (schuldrechtlichen) Einwilligung vgl. oben, Kap. 2, A. III. 2.

1801 *Bräutigam*, MMR 2012, 635 (640); differenzierend *Specht*, JZ 2017, 763 (764 f.).

1802 S. eingehend hierzu *Bräutigam*, MMR 2012, 635 (640); *Sattler*, JZ 2017, 1036 (1038); *Specht*, JZ 2017, 763 (764 ff.).

1803 *Langhanke*, Daten als Leistung, S. 97 f.; *Schmidt-Kessel/Grimm*, ZfPW 2017, 84 (89).

aa. Verkehrsfähigkeit personenbezogener Daten

Ob und inwieweit Persönlichkeitsrechte einer Übertragung durch den Rechtsinhaber zugänglich sind bzw. sein sollen, ist Gegenstand einer seit längerem geführten Debatte.[1804]

(1) Kommerzialisierung der Persönlichkeit

Unter dem Stichwort „Kommerzialisierung der Persönlichkeit“ wird insoweit insbesondere diskutiert, ob und inwieweit (besonderen) Persönlichkeitsrechten (zumindest) eine Teil-Verwertbarkeit zuzusprechen ist.[1805] Höchstrichterlich anerkannt ist, dass Persönlichkeitsrechte einen vermögenswerten Bestandteil aufweisen.[1806] Strittig ist hingegen, ob und inwieweit dieser vermögenswerte Bestandteil vom ideellen Teil des jeweiligen Persönlichkeitsrechts abtrennbar und einer rechtsgeschäftlichen Übertragung durch den Inhaber zugänglich ist bzw. sein sollte.[1807]

Bei näherer Betrachtung handelt es sich hierbei um eine in erster Linie rechtspolitische bzw. gesellschaftliche Frage, die nicht nur aus Gründen der Rechtssicherheit neuer ökonomischer Geschäftsmodelle einer eindeutigen Klärung harrt.[1808] Bis zu einer (gesetzgeberischen) Entscheidung dieser Grundsatzfrage ist für die Bestimmung der Zulässigkeit des Geschäftsmodells „Dienst gegen Daten“ auf rechtspraktischer Ebene ausschlaggebend, welche Möglichkeiten den Parteien in rechtstechnischer Hinsicht zum jetzigen Zeitpunkt zur Verfügung stehen, um den von ihnen beabsichtigten Leistungsaustausch zu realisieren.[1809] Inwieweit persönliche Daten und somit in gewisser Hinsicht Teilaspekte des informationellen Selbstbestim-

---

1804 Vgl. hierzu ausf. oben, Kap. 2, A.

1805 S. hierfür speziell bzgl. personenbezogener Daten *Bräutigam*, MMR 2012, 635 (639); *Wandtke*, MMR 2017, 6 (7ff.); *Zech*, GRUR 2015, 1151 (1154f.); vgl. oben, Kap. 2, A. II. 1. c., zur allg. Diskussion im Bereich der Persönlichkeitsrechte.

1806 So auf europäischer Ebene der EuGH, vgl. EuGH Rs. C-131/12, ECLI:EU:C:2014:317 – *Google Spain* sowie der EGMR, vgl. EGMR, Entsch. v. 19.02.12015, Nr. 53649/09 – *Ernst August von Hannover/Deutschland* und auf nationaler Ebene das BVerfG, vgl. BVerfG NJW 2000, 2195 – *Marlene Dietrich* und der BGH, vgl. BGHZ 20, 345 – *Paul Dahlke*.

1807 Vgl. hierzu oben, Kap. 2, A.

1808 Vgl. hierzu oben, Kap. 2, A. IV.

1809 Explizit nicht behandelt werden soll vorliegend somit die Frage, ob und inwieweit die Konstruktion eines „Dateneigentums“ notwendig oder sinnvoll wäre.

mungsrechts disponibel sind, ist mithin insbesondere durch die Ermittlung der Rechtsposition zu bestimmen, welche die Rechtsordnung dem Betroffenen im Verhältnis zu ihn betreffenden personenbezogenen Daten zuerkennt.[1810]

(2) Disposition durch Einwilligung

Dabei kann zunächst konstatiert werden, dass personenbezogene Daten zumindest insoweit einer Disposition durch den Betroffenen zugänglich sind, als der Betroffene die Verarbeitung dieser Daten durch Erklärung einer datenschutzrechtlichen Einwilligung legitimieren kann.[1811] Auch wenn dem Einzelnen, wie das BVerfG betont, kein *„Recht im Sinne einer absoluten, uneinschränkbaren Herrschaft über „seine" Daten"*[1812] zuzusprechen ist, folgt aus der Existenz der Einwilligung als Legitimationsgrundlage, dass dem Betroffenen im Rahmen dieser Einwilligungserteilung eine Disposition über ihn betreffende Daten möglich ist. In diesem Sinne umfasst das Recht auf informationelle Selbstbestimmung nach nationalem Grundrechtsverständnis *„die Befugnis des Einzelnen, grundsätzlich selbst über die Verwendung und Preisgabe seiner persönlichen Daten zu bestimmen"*[1813]. Nach – im Rahmen der DS-GVO letztlich entscheidenden – unionsrechtlichen Wertungen lässt sich den Art. 7 i.V.m. Art. 8 GRCh ein tendenziell ähnliches (Selbst-)Bestimmungsrecht des Betroffenen entnehmen.[1814] Eine Befugnis des Betroffenen zur Legitimation einer ihn betreffenden Datenverarbeitung ergibt sich unionsrechtlich unabhängig dieser Bewertung jedenfalls aus der sekundärrechtlichen Normierung der Einwilligung in Art. 6 Abs. 1 lit. a DS-GVO sowie ihrer primärrechtlichen Verankerung in Art. 8 GRCh.[1815]

Vgl hierzu die unterschiedlichen Standpunkte bei *Bräutigam*, MMR 2012, 635 (639); *Jöns*, Daten als Handelsware, S. 121 ff.; *Wandtke*, MMR 2017, 6 (11).

1810 Vgl. ausf. zur Thematik der Übertragbarkeit von Persönlichkeitsrechten oben, Kap. 2, A.

1811 So auch *Buchner*, DuD 2010, 39 (39); *Metzger*, AcP 2016, 818 (832); *Schmidt-Kessel/Grimm*, ZfPW 2017, 84 (89); Zech, GRUR (1154 f.).

1812 BVerfG Volkszählungsurteil, Rn. 156.

1813 BVerfGE 65, 1 (43) – *Volkszählung*.

1814 Vgl. hierzu oben, Kap. 5, B. II. c. dd (2).

1815 *Taeger* in: Taeger/Gabel, DSGVO, Art. 7 Rn. 24. Zu Art. 8 GRCh ausf. oben, Kap. 4, B. II. 3. c. bb.

Nicht gesagt ist mit dieser prinzipiellen Dispositionsmöglichkeit zwar, dass dem Einwilligungskonzept gerade die Vorstellung einer wirtschaftlichen Verwertung der Daten durch den Betroffenen zugrunde liegt; Schutzzweck der DS-GVO ist nach Art. 1 Abs. 2 vielmehr das „*Recht* [natürlicher Personen] *auf Schutz personenbezogener Daten*“[1816]. Eine Kontrolle der Motive, aus denen der Betroffene seine Einwilligung erteilt findet aber nicht statt – die Befugnis des Einzelnen, nach freiem Belieben über die Preisgabe seiner Daten zu bestimmen gilt im Gegenteil gerade als wesentlicher Bestandteil des Rechts auf informationelle Selbstbestimmung.[1817]

Für eine solche grundsätzliche Befugnis spricht auch der Erlass der Richtlinie über bestimmte vertragsrechtliche Aspekte der Bereitstellung digitaler Inhalte (DI-RL)[1818]. Nach Art. 3 Abs. 1 DI-RL sollen die Bestimmungen der Richtlinie u.a. für solche Verträge gelten, bei denen der Verbraucher – für die Bereitstellung digitaler Inhalte durch den Unternehmer – seinerseits personenbezogene Daten zur Verfügung stellt. Das unionale Gesetz geht also insoweit ebenfalls von einer grundsätzlichen wirtschaftlichen Verwertbarkeit personenbezogener Daten durch den Betroffenen aus.[1819] Damit steht es dem Einzelnen zumindest faktisch offen, über ihn betreffende Daten durch strategische Einwilligungserteilungen (auch aus wirtschaftlichen Erwägungen) zu disponieren.

bb. Reichweite der Disposition

Eine solche wirtschaftliche Verwertung im Wege der Einwilligung ist indes nur innerhalb der Schranken möglich, die das (Datenschutz-)Recht vorgibt.[1820] Durch die Einwilligung des Betroffenen wird eine Verarbeitung personenbezogener Daten gem. Art. 6 Abs. 1 lit. a DS-GVO rechtmäßig. Dem Einwilligenden obliegt es mithin, ein an sich verbotenes Verhalten zu legitimieren;[1821] dem Datenverarbeiter wird eine entsprechende

---

1816 Sowie der freie Datenverkehr innerhalb des Binnenmarkts nach Art. 1 Abs. 3 DS-GVO, vgl. hierzu auch oben, Kap. 3, A. I.

1817 Vgl. oben, Kap. 4, B.

1818 Vgl. zu dieser Richtlinie bereits oben, Kap. 5, C. I. 2. b.

1819 *Krohm/Müller-Peltzer*, ZD 2017, 551 (553); *Specht*, GRUR Int. 2017, 1040 (10429).

1820 Vgl. zu diesem Grundgedanken oben, Kap. 2, A.

1821 So auch bei der allg. zivilrechtlichen Einwilligung; vgl. hierzu ausf. oben, Kap. 2, A. I.

„Dürfensposition“[1822] eingeräumt. Der Einwilligungsempfänger erwirbt – vergleichbar etwa einer einfachen Lizenz im Immaterialgüterrecht[1823] – aufgrund der rechtsgeschäftlichen[1824] Befugniserteilung durch den Rechtsinhaber ein entsprechendes Nutzungsrecht an den Daten. Insoweit kann der Einwilligung zumindest ein entsprechender verfügungsähnlicher Charakter zugesprochen werden.[1825] Eine weitergehende Verwertung, etwa i.S.e. ausschließlichen Lizenz oder der Konstruktion eines echten „Dateneigentums“[1826], ist dagegen (zumindest) *de lege lata* ausgeschlossen.[1827]

Besonderheiten gerade der datenschutzrechtlichen Einwilligung ergeben sich darüber hinaus vor allem mit Blick auf die spezifischen Voraussetzungen der Einwilligung nach der DS-GVO. Der Erfolg der Nutzungseinräumung durch den Einwilligenden ist daher im Ergebnis (auch) von der rechtmäßigen Ausgestaltung der Einwilligungseinholung des Datenverarbeiters abhängig. Überdies ist die Nutzungseinräumung nur insoweit möglich, als eine Selbstbindung des Betroffenen im Rahmen seines informationellen Selbstbestimmungsrechts zulässig ist. Letzteres bedingt, dass insbesondere die in der DS-GVO explizit normierte freie Widerruflichkeit[1828] der Einwilligung bei der Bestimmung der Leistungspflichten und der Handhabung evtl. auftretender Leistungsstörungen zu berücksichtigen ist.

c. Voraussetzungen der Einwilligung als Leistung der betroffenen Person

Die Leistungspflicht des Betroffenen im Rahmen eines Datenaustauschvertrags besteht mithin in der Abgabe einer wirksamen datenschutzrechtli-

---

1822 Vgl. zur praktischen Bedeutung und rechtlichen Verortung einer solchen „Dürfensposition“ allg. oben, Kap. 2. A. III. 2.

1823 Eine solche Parallele zur Lizenz ziehen bspw. auch *Bräutigam*, MMR 2012, 635 (640); *Metzger*, AcP 2016, 818 (835 ff.); *Specht*, JZ 2017, 763 (764). Krit. dagegen *Ohly*, Volenti non fit iniuria, S. 110; *Wandtke*, MMR 2017, 6 (11).

1824 Zur Begründung der Rechtsnatur der Einwilligung als rechtgeschäftliche Handlung s. oben, Kap. 2, A. III. 1.

1825 Vgl. hierzu oben, Kap. 2, A. III. 2. Speziell für die datenschutzrechtliche Einwilligung auch *Metzger*, AcP 2016, 818 (832); in Anklängen auch *Linardatos* in: Specht-Riemschneider, Datenrecht in der Digitalisierung S. 525 f.

1826 S. zu dieser Diskussion bspw. *Jöns*, Daten als Handelsware, S. 121.

1827 Auch *de lege ferrenda* ausgeschlossen dürfte dagegen die Einräumung einer vollständigen translativen Rechtsübertragung sein, vgl. *Specht*, JZ 2017, 763 (765).

1828 Vgl. Art. 7 Abs. 3 S. 1 DS-GVO; s. hierzu eingehend unten, Kap. 6, A. I. 2. d. bb. (1).

chen Einwilligung.[1829] Damit die Einwilligung wirksam ist und daher eine Verarbeitung personenbezogener Daten legitimieren kann, müssen auf Seiten des Betroffenen bestimmte Voraussetzungen erfüllt sein; so muss er bspw. einwilligungsfähig[1830] und hinsichtlich der betreffenden Daten dispositionsbefugt[1831] sein.

Die Besonderheit gerade des Datenaustauschvertrags ist, dass die Wirksamkeit der Einwilligung und damit der Leistungserfolg auf Seiten des Betroffenen als (Gegenleistungs-)Schuldner auch von Voraussetzungen abhängt, die im Verantwortungsbereich des datenschutzrechtlich Verantwortlichen liegen: Denn damit die Einwilligung die Anforderungen der DS-GVO[1832] erfüllt, ist im Rahmen datenfinanzierter Geschäftsmodelle vor allem die Freiwilligkeit und im Besonderen das Koppelungsverbot nach Art. 7 Abs. 4 DS-GVO zu beachten. Daneben kann auch eine unvollständige oder falsche Informationserteilung zur Unwirksamkeit der Einwilligung führen.[1833]

aa. Informationspflichten

Der datenschutzrechtlich Verantwortliche hat dem Einwilligenden somit zunächst alle Informationen nach Art. 13 bzw. Art. 14 DS-GVO bereitzustellen.[1834] Die Informationserteilung muss inhaltlich hinreichend be-

---

1829 So die ganz h.M. vgl. *Bräutigam*, MMR 2012, 635 (640); *Buchner*, DuD 2010, 39 (39 ff.); *Langhanke*, Daten als Leistung, S. 124 f.; *Langhanke/Schmidt-Kessel*, EuCML 2015, 218 (220); *Metzger*, AcP 2016, 818 (821 f.); *Rogosch*, Die Einwilligung im Datenschutzrecht, S. 41; *Sattler*, JZ 2017, 1036 (1039); *Schmidt-Kessel/Grimm*, ZfPW 2017, 84 (89 f.); *Specht*, JZ 2017, 763 (767 f.). Zum Alternativvorschlag, nicht die datenschutzrechtliche Einwilligung sondern die Zur-Verfügung-Stellung personenbezogener Daten als Leistungspflicht i.R.d. Austauschvertrags zu qualifizieren *Linardatos* in: Specht-Riemschneider, Datenrecht in der Digitalisierung S. 522 ff.

1830 Die Thematik der Einwilligungsfähigkeit wird insbesondere im Falle der Minderjährigkeit des Betroffenen diskutiert wird, s. für eine ausf. Darstellung *Funke*, Dogmatik und Voraussetzungen der Einwilligung, S. 118 ff.

1831 Eine Voraussetzung, die aufgrund der Mehrrelationalität von Daten weniger klar auf der Hand liegt als bislang oft angenommen, s. dazu unten, Kap. 6, B. I. 1. b. aa. (2) (a).

1832 Vgl. zu den Anforderungen im Einzelnen oben, Kap. 3, B. II.

1833 Zu den Folgen fehlerhafter Gestaltungen der Einwilligungserklärung durch den Verantwortlichen s. im Folgenden, Kap. 6, A. I. 2. d. aa.

1834 Zu den Einzelheiten der Informationspflicht vgl. ausf. oben, Kap. 3, B. II. 1 sowie Kap. 5, A.

stimmt, verständlich und präzise sein sowie ein klares äußerliches Erscheinungsbild aufweisen.[1835] In formaler Hinsicht muss die Einwilligungserteilung in jedem Fall durch eine aktive Handlung des Betroffenen erfolgen; im digitalen Bereich also bspw. durch das Anklicken eines Kästchens. Vorangekreuzte Kästchen und andere *Opt-Out*-Modelle sind unzulässig und führen zu einer Unwirksamkeit der Einwilligung.[1836]

Im Rahmen der Transparenzpflichten nach Art. 12 ff. DS-GVO werden Anbieter darüber hinaus regelmäßig auch verpflichtet sein, die Einwilligung in die Datenverarbeitung als obligatorische Gegenleistung deutlicher als bisher zu kennzeichnen. Ein Verschleiern des Austauschcharakters der Leistungsbeziehungen – wie bisher zumindest vereinzelt festzustellen[1837] – wird daher unter der DS-GVO deutlich erschwert.[1838]

bb. Freiwilligkeitsgebot

Auf voluntativer Ebene muss die Einwilligung als freiwillige Entscheidung des Betroffenen qualifiziert werden können. Allgemein ausgeschlossen ist mithin eine durch explizite oder implizite Drohung erzwungene Einholung der Einwilligung. Wann darüber hinaus von einer unfreiwilligen und damit unwirksamen Einwilligung auszugehen ist, ist nur in einer Gesamtschau der Umstände des Einzelfalls möglich. Die diesbezüglich von der DS-GVO genannten Fallgruppen des Machtungleichgewichts zwischen den Beteiligten sowie der drohenden Nachteile im Falle einer verweigerten Einwilligung stellen insofern allenfalls Hilfskriterien dar, die in eine umfassende Freiwilligkeitsprüfung einfließen, diese aber nicht erübrigen.[1839] Zudem führt das Koppelungsverbot bei näherer Betrachtung nicht dazu, dass eine Einwilligung im Falle der Koppelung mit einem Vertragsschluss bzw. einer Leistungserbringung pauschal ausgeschlossen bzw. unzulässig wäre.[1840] In der vorliegend behandelten Konstellation des Datenaustauschvertrags ist indes zu konstatieren, dass diese, nach Ansicht der DS-GVO die

---

1835 Vgl. zum Transparenzgebot ausf. oben, Kap. 3, B. II. 1. b.

1836 Vgl. hierzu ausf. oben, Kap. 5, B.

1837 Vgl. das Beispiel bei *Krohm/Müller-Peltzer*, ZD 2017, 551 (554).

1838 So auch *Buchner/Kühling* in: Kühling/Buchner, DS-GVO, Art. 7 Rn. 51; *Krohm/Müller-Peltzer*, ZD 2017, 551 (554).

1839 Vgl. zum Kriterium des Machtungleichgewichts oben, Kap. 3, B. II. 3. b. sowie zum Nachteilsverbot Kap. 3, B. II. 3. c.

1840 Vgl. hierzu ausf. oben, Kap. 5, C.

Freiwilligkeit besonders tangierenden Umstände zumeist kumulativ auftreten und sich infolgedessen gegenseitig verstärken.

(1) Machtungleichgewicht

So handelt es sich gerade im Bereich der neuen Medien, in dem sich das Modell „Dienst gegen Daten" zum jetzigen Zeitpunkt in besonderer Weise etabliert hat,[1841] auf Seiten der Diensteanbieter zumeist um marktmächtige Unternehmen.[1842] Bereits bestehende monopolähnliche Strukturen werden darüber hinaus im digitalen Bereich häufig durch anzutreffende Netzwerkeffekte verstärkt.[1843] Hieraus folgt, dass der Datenverarbeiter als Diensteanbieter in einer Position ist, die es ihm ermöglicht, Vertragsbestimmungen einseitig nach seinen Interessen zu gestalten; die Verhandlungsposition des einzelnen Betroffenen ist dagegen typischerweise von einer strukturellen Unterlegenheit geprägt. Wenngleich es sich hierbei lediglich um eine höchstens faktische, nicht aber rechtliche Überlegenheit handelt,[1844] ist diese strukturelle Verhandlungsdisparität bei der Prüfung, ob und inwieweit die datenschutzrechtliche Einwilligung auf der freien Entscheidung des Betroffenen beruht, zumindest mit zu berücksichtigen.[1845]

1841 Vgl. oben, Kap. 4, A. I. 1. e.

1842 Das Online-Netzwerkunternehmen *Facebook* bspw. als marktmachtbeherrschendes Unternehmen i.S.d. Kartellrechts einstufend *Facebook* BKartA, B6-22/16, BeckRS 2019, 4895 (Rn. 374 ff.). Die (kartellrechtliche) Frage, ob und inwieweit die Datenverarbeitung durch *Facebook* einen relevanten Wettbewerbsschaden sowie eine wettbewerbliche Fehlentwicklung befürchten lasse, ist indes nach wie vor offen bzw. wurde vom *OLG Düsseldorf* vorerst verneint, vgl. OLG Düsseldorf, VI-Kart 1/19 (V), NZKart 2019, 495 ff. – *Facebook I.*

1843 Vgl. hierzu oben, Kap. 4, A. I. 1. e.

1844 Zu dieser Unterscheidung zwischen faktischer und rechtlicher Überlegenheit vgl oben, Kap. 3, B. II. 3. b. aa.

1845 Nach BKartA, B6-22/16, BeckRS 2019, 4895 (Rn. 643 ff.) ist daher bspw. die Freiwilligkeit der datenschutzrechtlichen Einwilligung des Nutzers bei Zustimmung zu den Nutzungsbedingungen von *Facebook* nicht gegeben.

(2) Koppelungsverbot

Als wesentliches Hemmnis datenfinanzierter Geschäftsmodelle wird in der Literatur zumeist das Koppelungsverbot diskutiert.[1846] Richtigerweise ist das Koppelungsverbot auf das Modell „Daten gegen Leistung" anwendbar,[1847] es entfaltet aber (auch hier) lediglich eine relative Wirkung.[1848] Eine Koppelung von Leistungserbringung bzw. Vertragsschluss und datenschutzrechtlicher Einwilligung ist mithin nicht *per se* ausgeschlossen. Je nach Relevanz der in Aussicht gestellten Leistung sowie Vorhandensein möglicher Alternativangebote können bei Vorliegen einer solchen Koppelung allerdings begründete Zweifel an der Entscheidungsfreiheit des Einwilligenden entstehen. Relevant ist das Koppelungsverbot somit zunächst vor allem in Fällen, in denen der Vertragsschluss für den Betroffenen eine besondere Bedeutung besitzt: Denn umso mehr der Betroffene auf die jeweilige Leistung angewiesen ist, umso eher kann er sich zu einer Einwilligung gedrängt fühlen.[1849] Dieser Einwilligungsdruck kann insbesondere dann angenommen werden, wenn und soweit diese für den Betroffenen essentielle bzw. bedeutsame Leistung ohne Einwilligungserteilung nicht verfügbar ist. Angesprochen sind somit vor allem Märkte, welche durch monopol- oder zumindest oligopolartige Strukturen geprägt sind.[1850] In besondere Weise vom Koppelungsverbot betroffen sind demzufolge marktbeherrschende (bzw. marktmächtige) Anbieter, welche eine für die Lebensführung des Einzelnen zumindest bedeutsame Leistung anbieten.[1851]

1846 So bspw. *Härting*, DS-GVO, Rn. 396.; *Härting*, ITRB 2017, 42 (43). In diese Richtung auch: *Wybitul* in: Wybitul, HB EU-DS-GVO, S. 97 f.

1847 Vgl. hierzu oben, Kap. 5, C. II. 1. a.

1848 Vgl. hierzu oben, Kap. 5, C. I. 5.

1849 Vgl. hierzu oben, Kap. 5, C. II. 2. a.

1850 Vgl. hierzu oben, Kap. 5, C. II. 2. b.

1851 Im Koppelungsverbot enthalten sind damit auf dogmatischer Ebene letztlich auch die Kriterien, welche zugleich der Fallgruppe des Machtungleichgewichts sowie des Nachteilverbots zuzuordnen sind. In praktischer Hinsicht hat dies allerdings keine Konsequenzen, da die Freiwilligkeit, unabhängig von der Einordnung der realen Gegebenheiten unter die rechtlichen Fallgruppen der DS-GVO, in jedem Fall umfassend und im Rahmen einer Gesamtschau zu prüfen ist.

(a) Beispiel soziales Netzwerk

Da teilweise auch soziale Dienste zu diesen essentiellen bzw. für den Einzelnen bedeutsamen Leistungen gerechnet werden,[1852] lassen sich insbesondere soziale Netzwerke zunächst als Paradebeispiel potentiell vom Koppelungsverbot betroffener Geschäftsmodelle heranziehen: Denn erstens ist gerade bei diesen Leistungsangeboten das „Bezahlen mit Daten" gängige Praxis,[1853] zweitens lässt sich hier – trotz des eventuellen Bestehens von Alternativangeboten – aufgrund der marktführenden Stellung einiger weniger Anbieter sowie der anzutreffenden Netzwerkeffekte im Regelfall kein eindeutig vergleichbarer Leistungszugang feststellen.

(b) Fehlende Konturenschärfe des Koppelungsverbots

Das Beispiel der sozialen Netzwerke illustriert indes zugleich, warum und in welchem Ausmaß die Bestimmung der Freiwilligkeit im Rahmen des Koppelungsverbots kaum klare Anhaltspunkte birgt: Das Koppelungsverbot selbst lässt sich – grundrechtskonform und mit Blick auf ökonomische Notwendigkeiten bzw. tatsächliche Gegebenheiten – richtigerweise nur als relativ wirkendes Einwilligungsverbot verstehen.[1854]

Als ein solches relatives Verbot mangelt es der Bestimmung des Art. 7 Abs. 4 DS-GVO indes an rechtsklaren Kriterien. Die auch in der vorliegenden Arbeit herausgearbeiteten Kriterien der Relevanz der gekoppelten Leistung sowie des Vorliegens zumutbarer Leistungsalternativen ermöglichen zwar in theoretischer Hinsicht eine Bestimmung der Freiwilligkeit im Einzelfall – in der Rechtspraxis wird sich mit diesen Kriterien aber kaum belastbar bestimmen lassen, wann der Grenzbereich einer noch zulässigen Koppelung überschritten ist. Diese fehlende praktische Konturenschärfe zeigt sich nicht nur in der (kartellrechtlichen) Diskussion um das Verhältnis zwischen Datenmacht und Marktmacht;[1855] auch die Bestimmung, welcher konkurrierende Dienst als für den einzelnen Betroffenen

---

1852 *Buchner*, DuD 2010, 39 (41); *Metzger*, AcP 2016, 818 (824 f.). In der Tendenz ebenfalls *Golland*, MMR 2018, 130 (130 f.); a.A. aber *Klement* in: Simitis/Hornung/Spiecker gen. Döhmann, DSGVO, Art. 7 Rn. 63; *Linardatos* in: Specht-Riemschneider, Datenrecht in der Digitalisierung S. 532.

1853 Vgl. hierzu am Beispiel *Facebook* ausf. oben, Kap. 4, A. I. 1. e. aa.

1854 Vgl. hierzu oben, Kap. 5, C.

1855 Vgl. hierzu grds. *Körber*, NZKart, 303 (305 ff.); *Paal*, NZKart, 157 (158) sowie ausf. *Louven* in: Specht-Riemschneider, Datenrecht in der Digitalisierung zumutbare Alternativleistung bewertet werden kann, ist im Kontext sozialer Dienste kaum leistbar: Denn die Attraktivität der jeweiligen Dienste liegt weniger im originären Leistungsangebot des Diensteanbieters als vielmehr in der Reichweite, also insbesondere darin, wie viele und welche Personen den entsprechenden Dienst ebenfalls nutzen und daher über diesen sozialen Dienst bzw. diese soziale Plattform zu erreichen sind.[1856] Darüber hinaus müsste eine solche Prüfung der Vergleichbarkeit hinsichtlich der Reichweite einzelner Dienste nicht nur in zeitlicher Hinsicht für jeden neuen Nutzer vorgenommen werden; auch die Präferenzen des Einzelnen müssten im Rahmen dieser Prüfung Berücksichtigung finden: Denn welche anderen Personen ebenfalls Mitglieder sein müssen, um einen Dienst für den jeweiligen Betroffenen als ähnlich nutzbringend erscheinen zu lassen, kann im Einzelfall höchst unterschiedlich sein. Eine so verstandene Koppelungsprüfung kann von datenschutzrechtlich Verantwortlichen rechtspraktisch schlichtweg nicht realisiert werden und wäre rechtsdogmatisch unter Verweis auf das Grundrecht der Diensteanbieter auf unternehmerische Freiheit nach Art. 16 GRCh[1857] dem Vorwurf einer unverhältnismäßigen Belastung ausgesetzt. Ist eine solche ausführliche Einzelfallprüfung abzulehnen, verbleibt für die Prüfung der Freiwilligkeit im Rahmen des Koppelungsverbots folglich allenfalls eine schematische und pauschalisierende Betrachtungsweise. Ob und inwieweit eine so verstandene Freiwilligkeitsprüfung i.R.d. Koppelungsverbots nach Art. 7 Abs. 4 DS-GVO gegenüber der allgemeinen Freiwilligkeitsprüfung nach Art. 4 Nr. 11 DS-GVO dann noch einen Mehrwert aufweist bzw. aufweisen kann, lässt sich indes stark bezweifeln.

Wenn und soweit man, wie vorliegend,[1858] die grundsätzliche Frage, ob und inwieweit eine Koppelung von Leistung und datenschutzrechtlicher Einwilligung *per se* zulässig ist, als im positiven Sinne geklärt ansieht, verbleibt dem Koppelungsverbot in praktischer Hinsicht letztlich kein substantielles Prüfungssubstrat. Allenfalls kann die Feststellung einer allgemein vorliegenden Koppelung zu einer vertieften Freiwilligkeitsprüfung im konkreten Fall verpflichten.

S. 781 ff. Eine solche (datenmachtbegründete) Marktmacht für *Facebook* positiv annehmend nun BKartA, B6-22/16, BeckRS 2019, 4895 (Rn. 374 ff.).

1856 Ebenso *Golland*, MMR 2018, 130 (133).

1857 Vgl. zu Art. 16 GRCh oben, Kap. 4, B. II. 2.

1858 Vgl. oben, Kap. 5, C. I. 5.

cc. AGB-Kontrolle

Neben diesen genuin datenschutzrechtlichen Voraussetzungen sind zudem zivilrechtliche Anforderungen beachten. Insbesondere im Rahmen datenfinanzierter Geschäftsmodelle, in denen die Einwilligungserklärung fast ausschließlich von den datenverarbeitenden Privaten einseitig vorformuliert ist,[1859] rückt daher verstärkt die Möglichkeit einer zusätzlichen Kontrolle des vertraglichen Austauschverhältnisses mithilfe AGB-rechtlicher Kriterien ins Blickfeld.[1860]

Dass eine solche AGB-rechtliche Prüfung vorformulierter Einwilligungserklärungen neben der DS-GVO prinzipiell möglich ist, ergibt sich explizit aus ErwGr 42 S. 3 DS-GVO, nach welchem vorformulierte Einwilligungserklärungen „[g]*emäß der Richtlinie 93/13/EWG des Rates* „[…] *in verständlicher und leicht zugänglicher Form in einer klaren und einfachen Sprache zur Verfügung gestellt werden, und* […] *keine missbräuchlichen Klauseln beinhalten*" sollen.[1861] Somit sind bspw. in Nutzungsbedingungen enthaltene vorformulierte Einwilligungserklärungen grundsätzlich als Vertragsbedingungen i.S.d. § 305 Abs. 1 BGB anzusehen und einer AGB-Kontrolle unterworfen.[1862] Auch der bisherige Standpunkt des BGH[1863], als alleiniger Prüfungsmaßstab „*für die Frage, ob durch eine solche Einwilligung Regelungen vereinbart worden sind, die i.S. von § 307 Abs. 3 S. 1 BGB von Rechtsvorschriften abweichen oder diese ergänzen*" sei das Datenschutzrecht[1864] heranzuziehen, lässt sich durch diese klare Bezugnahme des ErwGr 42 S. 3 DS-GVO auf

1859 *Bräutigam*, MMR 2012, 635 (640).

1860 Zum grundlegenden Verhältnis zwischen dem Datenschutzrecht und dem verbraucherrechtlichen AGB-Recht s. *Graf v. Westphalen*, VuR 2017, 323 (323 f.); *v. Lewinski/Hermann*, PinG 2017, 165 (169 ff.).

1861 Grundlegend zur Überprüfbarkeit vorformulierter Einwilligungserklärungen im Wege der AGB-Kontrolle s. *Kohte*, AcP 1985, 105 (128 ff.).

1862 *Hacker*, ZfPW 2019, 148 (184); *Klement* in: Simitis/Hornung/Spiecker gen. Döhmann, DSGVO, Art. 7 Rn. 80 f.; *Taeger* in: Taeger/Gabel, DSGVO, Art. 7 Rn. 44. S. hierzu auch *Wendehorst/Graf v. Westphalen*, NJW 2016, 3745 (3748 f.).

1863 Vgl. die beiden Grundsatzentscheidungen BGHZ 177, 253 – *Payback* und BGH NJW 2010, 864 – *Happy Digits*; krit. hierzu *Nord/Manzel*, NJW 2010, 3756 (3756 ff.); *Langhanke*, Daten als Leistung, S. 209.

1864 Zum Zeitpunkt der Entscheidungen mithin das BDSG a.F.

die Richtlinie 93/13/EWG über missbräuchliche Klauseln in Verbraucherverträgen (Klausel-RL)[1865] kaum aufrechterhalten.[1866]

(1) Kontrollumfang

Damit ist zunächst eine weitgehende – auch inhaltliche – Kontrolle vorformulierter Einwilligungserklärungen – und damit in letzter Konsequenz eine Kontrolle bzw. rechtliche Überprüfung der Angemessenheit datenfinanzierter Geschäftsmodelle – angezeigt. Zu beachten ist indes, dass nach § 307 Abs. 3 BGB Hauptleistungspflichten einer solchen richterlichen Inhaltskontrolle entzogen sind.[1867] Wenn und soweit die Einwilligungserteilung als Ersatz eines monetären Entgelts und mithin als (Gegen-)Leistung eines synallagmatischen Austauschvertrags zu qualifizieren ist, ist die Einwilligungserklärung nach der Regelungssystematik der §§ 305 ff. BGB als Hauptleistung somit allenfalls einer eingeschränkten AGB-Kontrolle unterworfen.[1868]

In Art. 4 Abs. 2 Klausel-RL selbst wird allerdings lediglich der *„Hauptgegenstand“* des Vertrags von einer solchen inhaltlichen Überprüfung ausgeschlossen. Teilweise wird daher dafür plädiert, den kontrollfreien Bereich bei der Überprüfung datenschutzrechtlicher Einwilligungserklärungen zumindest restriktiv auszulegen, sodass zwar die grundsätzliche Einwilligung in die Datenverarbeitung selbst als „Hauptgegenstand“ der Parteienabrede

1865 Richtlinie 93/13/EWG des Rates vom 5. April 1993 über mißbräuchliche Klauseln in Verbraucherverträgen (Klausel-RL), ABl. 1993 L 95, 1 ff.

1866 *Hacker*, ZfPW 2019, 148 (186); *Graf v. Westphalen/Wendehorst*, BB 2016, 2179 (3748).

1867 *Wurmnest* in: MüKo BGB, § 307 Rn. 13.

1868 *Hacker*, ZfPW 2019, 148 (186); Metzger (841); *Schafft/Ruoff*, CR 2006, 499 (504). Dabei überzeugt es nicht, eine Qualifizierung der Einwilligung als Hauptleistungspflicht schon deshalb abzulehnen, weil die Einwilligung in der (bisherigen) Praxis zumeist nicht klar als Hauptleistung (bzw. Gegenleistung) deklariert wird (so *Graf v. Westphalen/Wendehorst*, BB 2016, 2179 (3748); *Hennemann*, ZUM 2017, 544 (548)): Denn zum einen ist für die Qualifikation als Hauptleistung nicht allein ihre (einseitige) Bezeichnung durch eine der Vertragsparteien entscheidend; zum anderen ist gerade eine solche Verschleierung aus datenschutzrechtlicher (sowie verbraucherschutzrechtlicher) Sicht vermehrten kritisiert worden (vgl. *Buchner*, DuD 2010, 39 (39)) und wäre sowohl datenschutz- also auch AGB-rechtlich zumindest dem Vorwurf eines Verstoßes gegen das insoweit jeweils geltende Transparenzgebot ausgesetzt, s. hierzu unten, Kap. 6, A. I. 2. c. cc. (2) (b).

keiner Inhaltskontrolle unterliege; die einzelnen Modalitäten der Datenerhebung und -nutzung dagegen durchaus einer Inhaltskontrolle unterzogen werden könnten.[1869] Andere schlagen eine teleologische Reduktion des § 307 Abs. 3 S. 1 BGB vor, um die datenschutzrechtliche Einwilligung trotz ihrer Qualifikation als Hauptleistungspflicht zumindest partiell in die AGB-rechtliche Inhaltskontrolle einzubeziehen.[1870] Argumentiert wird stets mit dem im Rahmen datenschutzrechtlicher Einwilligungserklärungen typischerweise zu beobachtenden Aufmerksamkeitsdefizit der betroffenen Person[1871]: Denn während die Hauptleistungspflicht einer Inhaltskontrolle entzogen wäre, da hinsichtlich dieser Vertragsbestimmung von einer hinreichenden Aufmerksamkeit beider Parteien ausgegangen werden könne, erweise sich diese Annahme bei der Leistung in Form einer datenschutzrechtlichen Einwilligung vielfach als Trugschluss.[1872] Soweit aber von keiner hinreichenden Aufmerksamkeit des Verbrauchers hinsichtlich des entsprechenden Vertragspunktes ausgegangen werden könne, greife der regulierende Mechanismus von Markt und Wettbewerb nicht – in der Konsequenz entstehe ein drohendes partielles Marktversagen aufgrund eines Informations- und Motivationsgefälles, welches durch die Rechtsordnung aufzufangen sei.[1873]

Tatsächlich kann im Bereich datenfinanzierter Angebote zumindest teilweise ein Marktversagen insofern festgestellt werden, als eine hinreichend aufmerksame Wahrnehmung der einschlägigen datenschutzrechtlichen Regelungen, insbesondere sog. „Datenschutzerklärungen“, durch den Betroffenen zumeist unterbleibt.[1874] Insoweit zeigt sich eine deutliche Parallele zum klassischen Anwendungsfall der inhaltlichen Prüfung Allgemeiner Geschäftsbedingungen, als auch dort von einer fehlenden Beachtung vertraglicher Nebenabreden durch den Verbraucher ausgegangen wird.[1875] Zu beachten ist indes, dass zumindest die Einwilligung in die Datenverarbeitung als solche aus zweierlei Gründen einer inhaltlichen Überprüfung entzogen sein muss: Zum einen bildet die Einwilligung in einem solchen Datenaustauschvertrag gerade den innersten Leistungskern und ist damit genuiner Ausdruck der Privatautonomie. Die Einwilligung stellt in-

1869 So *Metzger*, AcP 2016, 818 (841).

1870 So *Hacker*, ZfPW 2019, 148 (187 f.).

1871 Vgl. zu diesem Phänomen ausf. oben, Kap. 5, B. I. 4. c. bb.

1872 So *Hacker*, ZfPW 2019, 148 (188); *Metzger*, AcP 2016, 818 (841) .

1873 *Basedow* in: MüKo BGB, Vor. § 305 Rn. 6; *Stoffels*, JZ 2001, 843 (847).

1874 Vgl. oben, Kap. 2, B. II. 2. b.

1875 S. hierzu *Aldenhoff* in: Sobala, Digitalität und Privatheit S. 48; *Basedow* in: MüKo BGB, BGB, Vor. § 305 Rn. 4 ff.

sofern das Preisäquivalent dar, dessen Angemessenheit von staatlicher Seite gerade nicht zu prüfen ist.[1876] Eine solche Prüfung wäre zum anderen auch aufgrund fehlender Vergleichswerte der Gefahr einer willkürlichen Beurteilung durch den erkennenden Richter ausgesetzt, da es im Regelfall an einem rechtlichen Maßstab zur Bewertung von Hauptleistungen fehlt.[1877]

Hinsichtlich des Kontrollumfangs ist somit davon auszugehen, dass die datenschutzrechtliche Einwilligung selbst im Rahmen datenschutzrechtlicher Austauschverträge keiner inhaltlichen AGB-Kontrolle unterliegt. Davon ausgenommen sein können aber einzelne Nebenabreden, die diese Einwilligung bspw. für bestimmte Konstellationen modifizieren.[1878]

(2) Transparenzkontrolle

Zusätzlich zu einer inhaltlichen Angemessenheitskontrolle im Einzelfall unterliegt die Einwilligungsgestaltung stets einer AGB-rechtlichen Transparenzkontrolle.[1879] Art. 5 S. 1 der Klausel-RL bestimmt dementsprechend, dass die dem Verbraucher unterbreiteten Klauseln *„stets klar und verständlich abgefaßt“* sein müssen. Diese Forderung entspricht inhaltlich weitestgehend dem – auch im Rahmen der Einwilligung geltenden – Transparenzgebot nach Art. 12 Abs. 1 S. 1 DS-GVO,[1880] welches eine Informationserteilung *„in präziser, transparenter, verständlicher und leicht zugänglicher Form in einer klaren und einfachen Sprache“* fordert.[1881]

Neben den allgemeinen Anforderungen, die aufgrund des Transparenzgebots an ein Einwilligungsersuchen zu stellen sind,[1882] ist im Rahmen der Ausgestaltung von (vorformulierten) Datenaustauschverträgen das Augenmerk insbesondere auf zwei häufig anzutreffende Gestaltungen zu richten, welche aus Tranzparenzgesichtspunkten zumindest als kritisch zu beurtei-

---

1876 *Stoffels*, JZ 2001, 843 (844); *Wurmnest* in: MüKo BGB, § 307 Rn. 17.

1877 *Stoffels*, JZ 2001, 843 (844); *Wurmnest* in: MüKo BGB, § 307 Rn. 1.

1878 Auf eine Erörterung, ob bzw. inwieweit dies nicht lediglich der allg. Abgrenzung zwischen nicht kontrollfähiger Hauptleistung und kontrollfähigen Nebenabreden bzw. Modifizierungen (vgl. hierzu *Wurmnest* in: MüKo BGB, § 307 Rn. 13 ff.) entspricht, wird vorliegend verzichtet, da diese Fragestellung insoweit als genuin zivilrechtlich keine Erkenntnisgewinne für die vorliegende Arbeit birgt.

1879 *Hacker*, ZfPW 2019, 148 (184); *Schafft/Ruoff*, CR 2006, 499 (504).

1880 Vgl. zu diesem ausf. oben, Kap. 3, B. II. 1. b.

1881 Zu dieser Einschätzung kommt auch *Hacker*, ZfPW 2019, 148 (184 f). Ähnlich *Graf v. Westphalen/Wendehorst*, BB 2016, 2179 (3749).

1882 Vgl. hierzu oben, Kap. 3, B. II. 1. b.

len sind. Dabei handelt es sich zum einen um die fehlende Kenntlichmachung der Einwilligung als (Haupt-)Leistungspflicht sowie zum anderen um die Einholung (weitgehender) Globaleinwilligungen. In beiden Fällen ergeben sich Zweifel daran, ob und inwieweit der Betroffene *„die sich* [...] *für ihn ergebenden wirtschaftlichen Folgen*“[1883] hinreichend erfassen kann – dieses Erfassen ist aber Voraussetzung für die Annahme einer hinreichend Transparenz der jeweiligen Vertragsklausel i.S.d. AGB-Rechts.[1884]

(a) Globaleinwilligungen

So ist bei Globaleinwilligungen – also Einwilligungsgestaltungen, in denen einer Vielzahl von Datenerhebungen und -Verarbeitungen zugestimmt werden soll – für den Betroffenen zumeist nicht klar erkennbar, welche Datenverwendungen im Einzelnen beabsichtigt sind.[1885] Fehlt es an einer solchen hinreichenden Bestimmtheit, ist die entsprechende Vertragsbestimmung als nicht hinreichend transparent anzusehen.[1886] Datenschutzrechtlich wird zumeist zugleich ein Verstoß gegen das datenschutzrechtliche Transparenz- bzw. Bestimmtheitsgebot vorliegen.[1887] Zudem sind die Wertungen des ErwGr 43 S. 2 Alt. 1 DS-GVO zu berücksichtigen, nach dem verschiedene Verarbeitungsvorgänge im Regelfall jeweils einer gesonderten Einwilligung des Betroffenen bedürfen.[1888] Die Legitimation mehrerer, miteinander in keinem Zusammenhang stehender Datenverwendungen durch eine einzige globale Einwilligung ist daher – neben der Gefahr einer Unwirksamkeit aufgrund bestehender Intransparenz der entsprechenden Klausel – auch nach der DS-GVO nur eingeschränkt zulässig. Im Falle einer Zusammenfassung mehrerer Datenerhebungen bzw. -verar-

---

1883 EuGH Rs. C-26/13, ECLI:EU:C:2014:282, Rn. 73 – *Kásler und Káslerné Rábai*.

1884 EuGH Rs._C-92/11, ECLI:EU:C:2013:180, Rn. 53 – *RWE Vertrieb;* Rs. C-26/13, ECLI:EU:C:2014:282, Rn. 73 – *Kásler und Káslerné Rábai*; *Graf v. Westphalen*, VuR 2017, 323 (325).

1885 *Hacker*, ZfPW 2019, 148 (184).

1886 So erklärte das *LG Berlin* bspw. Anfang 2018 einige Klauseln der Nutzungsbedingungen von *Facebook* wegen fehlender Transparenz für unwirksam; insb. die Regelungen zur Weiterleitung persönlicher Daten in die USA sowie u.a. die kommerzielle Nutzung von Namen und Profilbild. Nach Ansicht des *LG Berlin* fehle es den Klauseln an einer hinreichenden Bestimmung, die dem Betroffenen eine „informierte“ Entscheidung ermöglichen könne, vgl. LG Berlin, MMR 2018, 328.

1887 Vgl. hierzu oben, Kap. 3, B. II. 1. b sowie c.

1888 Vgl. hierzu oben, Kap. 3, B. II. 3. d.

beitung besteht für den Verantwortlichen mithin ein erhöhter Prüfungsaufwand hinsichtlich sowohl der grundsätzlichen Zulässigkeit einer solchen Zusammenfassung als auch hinsichtlich der inhaltlichen Bestimmtheit der einzelnen erwünschten Datenverwendungen.

(b) Fehlende Kenntlichmachung der Einwilligung als Hauptleistungspflicht

Wie bereits angesprochen,[1889] liegt der Freistellung der Hauptleistungspflicht von einer inhaltlichen Angemessenheitskontrolle der Gedanke zugrunde, der Verbraucher schenke den jeweiligen Hauptleistungspflichten des Vertrags hinreichend Aufmerksamkeit, sodass hinsichtlich dieser Vertragspunkte nicht von einem partiellen Marktversagen auszugehen sei. Diese Annahme kann indes nur zutreffen, wenn und soweit der Verbraucher die jeweilige Klausel auch als eine die Hauptleistung regelnde Vertragsbestimmung versteht bzw. verstehen kann. Notwendige Voraussetzung der inhaltlichen Kontrollfreiheit der vertraglichen Hauptleistungen ist somit eine hinreichende Kenntlichmachung derselben.[1890] Folgerichtig unterliegt daher auch die vertragliche Hauptleistung einer AGB-rechtlichen Transparenzkontrolle.[1891]

Im Bereich datenfinanzierter Geschäftsmodelle, in denen der Nutzer mit der Einwilligung in bzw. Bereitstellung zur Verarbeitung ihn betreffender personenbezogener Daten „zahlt", muss die Qualität der datenschutzrechtlichen Einwilligung als Gegenleistung für den Betroffenen mithin hinreichend ersichtlich sein. Wird der Zusammenhang zwischen Angebot und Gegenleistung, also die Koppelung von Leistungserbringung und Einwilligung in die Datenverarbeitung, dagegen verschleiert oder jedenfalls nicht hinreichend deutlich zum Ausdruck gebracht, kann von einem Verstoß gegen das Transparenzgebot ausgegangen werden.[1892] Ein solcher Verstoß gegen das AGB-rechtliche Transparenzgebot zieht dann, zumindest soweit diese Intransparenz zu einer unangemessenen Benachteiligung des Ver-

1889 Vgl. oben, Kap. 6, A. I. 2. c. cc. (1).

1890 *Stoffels*, JZ 2001, 843 (845).

1891 *Schmidt* in: BeckOK BGB, § 307 Rn. 43; *Wurmnest* in: MüKo BGB, § 307 Rn. 56.

1892 Von manchen wird eine solche Pflicht zur transparenten Kenntlichmachung dem Koppelungsverbot in Art. 7 Abs. 4 DS-GVO entnommen, vgl. hierzu oben, Kap. 3, B. II. 3. a. bb.

brauchers führen kann,[1893] grundsätzlich die Unwirksamkeit der intransparenten Klausel nach sich.[1894] Im Falle der fehlenden Kenntlichmachung der datenschutzrechtlichen Einwilligung als Gegenleistung entfiele mithin die rechtsgeschäftliche Grundlage der entsprechenden Datenverarbeitung.[1895]

Ob und inwieweit auch die Einwilligung selbst aufgrund einer bestehenden Intransparenz unwirksam ist, ist dagegen am insoweit maßgeblichen datenschutzrechtlichen Transparenzgebot zu messen.[1896] Dies kann insbesondere dann der Fall sein, wenn schon der Umstand der Einwilligungseinholung als solcher für den Nutzer nicht klar erkennbar ist – der Betroffene also nicht hinreichend erkennen kann, dass er mit seiner Handlung überhaupt eine Einwilligungserklärung abgibt – oder die Einwilligungserklärung hinsichtlich Art und Umfang der Datenverarbeitung nicht ausreichend klar und verständlich gestaltet ist.[1897] Insgesamt ist damit jedenfalls von einer verschärften Pflicht zur Kenntlichmachung der datenschutzrechtlichen Einwilligung als (Gegen-)Leistung auszugehen.

d. Leistungsstörungen

Die Wirksamkeit der Einwilligung des Betroffenen hängt nach den obigen Ausführungen[1898] mithin auch und gerade von der rechtskonformen Ausgestaltung der Einwilligungserklärung durch den Verantwortlichen ab.[1899]

aa. Fehlerhafte Einwilligungsgestaltung durch den Verantwortlichen

Missachtet der Verantwortliche bei der Gestaltung der Einwilligungseinholung (datenschutz-)rechtliche Anforderungen, ist die Frage nach den

---

1893 BGH NJW 2016, 2670.

1894 *Schmidt* in: BeckOK BGB, § 307 Rn. 51; *Wurmnest* in: MüKo BGB, § 307 Rn. 58.

1895 Vgl. LG Berlin MMR 2018, 328 (330), s. auch *Hacker*, ZfPW 2019, 148 (192).

1896 Vgl. zu den Voraussetzungen des datenschutzrechtlichen Transparenzgebots ausf. oben, Kap. 3, B. II. 1. b.

1897 Letzterer Fall ist insofern dann insofern zugleich ein Fall einer unzulässigen Globaleinwilligung, vgl. dazu oben, Kap. 6, A. I. 2. c. cc. (2) (a).

1898 Vgl. oben, Kap. 6, A. I. 2. c.

1899 So auch *Linardatos* in: Specht-Riemschneider, Datenrecht in der Digitalisierung S. 528.

Konsequenzen dieser fehlerhaften Gestaltung für die Bewertung des rechtlichen Verhältnisses der Parteien aufgeworfen. Dabei zeigt sich, dass für diese Bewertung insb. die exakte Bestimmung des Inhalts der Leistungspflicht des Betroffenen maßgeblich ist.

Nach allg. nationalen Zivilrechtsverständnis ist zur normkonformen Bewirkung der vertraglich geschuldeten Leistung i.S.d. § 362 Abs. 1 BGB grundsätzlich. der Eintritt des Leistungserfolgs maßgeblich.[1900] Die bloße Vornahme der Leistungshandlung ist dagegen i.d.R. nicht ausreichend. Es läge daher zunächst nahe, nur der Abgabe einer wirksamen Einwilligung des Betroffenen eine Erfüllungswirkung i.S.d. § 362 Abs. 1 BGB zuzugestehen.[1901] Die datenschutzkonforme Ausgestaltung der Einwilligungserklärung durch den Verantwortlichen wäre dann als Mitwirkungsobliegenheit des Gläubigers zu qualifizieren.[1902]

Dies hätte indes zur Folge, dass dem Betroffenen die Verantwortung für die Wirksamkeit der Einwilligung auferlegt wäre, obwohl diese Wirksamkeit auch und gerade von Umständen abhängt, die der Sphäre des Datenverarbeiters zuzuordnen sind und auf die der Einwilligende keinerlei Einfluss hat.[1903] Rechtliche Folge dieser Lesart wäre, dass der Datenverarbeiter bei Missachtung seiner Mitwirkungsobliegenheit zwar in Gläubigerverzug nach § 294 BGB käme,[1904] der Datenverarbeiter aber (trotzdem) grundsätzlich die Möglichkeit hätte, seine eigene Leistung nach § 320 BGB zunächst zurückzuhalten und dies, obwohl ihm das Hindernis für den Leistungserfolg des Betroffenen zuzuschreiben ist. Es entstünde somit eine Situation, in der der Betroffene aus sich heraus nicht in der Lage wäre, sein Leistungsversprechen zu erfüllen und der Datenverarbeiter es in der Hand hätte, den Vollzug des Vertrages (im Grundsatz) nach seinem Belieben zu hemmen.

1900 St. Rspr., vgl. BGHZ 87, 156 (162), NJW 1983, 1605; BGHZ 186, 269, Rn. 22, NJW 2010, 3510. Vgl. auch *Fetzer* in MüKo BGB, § 362 Rn. 2; *Schulze* in: NomosKommentar BGB § 362 Rn. 2.

1901 In diesem Sinne wohl *Langhanke*, Daten als Leistung, S. 124 f.

1902 Vgl. hierzu grds. *Bachmann* in: MüKo BGB, § 241 Rn. 90.

1903 So auch *Linardatos* in: Specht-Riemschneider, Datenrecht in der Digitalisierung S. 528, der daher die Einwilligung per se nicht als Inhalt der Leistungspflicht qualifiziert. Diese Bewertung vertritt wohl *Langhanke*, Daten als Leistung, S. 125, welche das Problem dem Verantwortlichen zuzurechnende Unwirksamkeit zwar aufwirft, hierfür allerdings keinen konkreten Lösungsansatz entwickelt.

1904 Vgl. zum Unterbleiben einer Mitwirkungshandlung des Gläubigers als annahmeverzugsbegründender Umstand allg. *Ernst* in: MüKo BGB, § 293 Rn. 3.

(1) Treu und Glauben – § 242 BGB

Mit Blick auf diese unbilligen Folgen für den Betroffenen und unter Berücksichtigung der besonderen Charakteristika des Datenaustauschvertrags läge es nahe, dem Datenverarbeiter in einem solchen Fall – entgegen der Regel[1905] – die Berufung auf die Einrede des nicht erfüllten Vertrags nach § 320 BGB zu versagen.[1906]

Das Entstehen einer solchen Situation, in der der Schuldner nicht erfüllend i.S.d. § 362 Abs. 1 BGB leisten kann, da der Gläubiger eine hierzu notwendige Mitwirkungshandlung unterlässt, ist zwar auch innerhalb anderer Vertragstypen möglich – anders als im Falle eines Datenaustauschvertrags ist das Erfordernis der Mitwirkung des Gläubigers dort aber nur selten vertragsimmanent. Dass der Schuldner so massiv und regelhaft auf die Mitwirkung des Gläubigers angewiesen ist, stellt insoweit also eine Ausnahme dar. Überdies enthält das BGB für typologisierte Vertragsformen regelmäßig Sonderregelungen, die den Schuldner in Fällen einer verweigerten Mitwirkung des Gläubigers schützen bzw. seinen – durchsetzbaren – Anspruch auf die Gegenleistung sichern, so bspw. die Abnahmefiktion im Werkvertragsrecht nach § 640 Abs. 2 BGB. Darüber hinaus wird der Schuldner in solchen Situationen durch die erfüllungswirkende Möglichkeit der Hinterlegung (§ 372 BGB) bzw. Versteigerung (§ 382 BGB) der geschuldeten Sache geschützt. Der Schuldner wird somit i.d.R. letztlich regelmäßig in die Lage versetzt, sein Leistungsversprechen unabhängig vom Verhalten des Gläubigers zu erfüllen.[1907]

Im Falle einer unwirksamen Einwilligung aufgrund einer fehlerhaften Gestaltung der Einwilligungserklärung greifen alle diese Mechanismen allerdings nicht ein. Die der Situation zugrundeliegenden rechtlichen Wertungen sowie die Interessen der Parteien sind indes vergleichbar. Insbesondere erscheint es treuwidrig, dem datenschutzrechtlich Verantwortlichen eine Berufung auf § 320 BGB zuzugestehen, obwohl bzw. soweit das Aus-

---

1905 Im Regelfall führt das (bloße) Vorliegen eines Annahmeverzugs gerade nicht zu einem Ausschluss der Möglichkeit, sich hinsichtlich der eigenen Leistung auf § 320 zu berufen; vgl. *Grüneberg* in: Palandt § 320 Rn. 6.

1906 Dass eine solcher Ausschluss des Leistungsverweigerungsrechts nach § 320 BGB möglich ist, soweit einer Berufung auf § 320 BGB das Gebot von Treu und Glauben entgegensteht, ist allg. anerkannt, vgl. *Grüneberg* in: Palandt § 320 Rn. 10.

1907 Gerade diese Möglichkeiten werden aber zur Begründung des Umstands, dass eine Berufung auf § 320 BGB auch im Falle eines Annahmeverzugs möglich ist, herangezogen, vgl. *Grüneberg* in: Palandt § 320 Rn. 6.

bleiben des Leistungserfolgs nur seiner eigenen Missachtung datenschutzrechtlicher Normen zuzuschreiben ist.

(2) Eingrenzung der Leistungspflicht

Eine andere Möglichkeit läge darin, die Leistungspflicht des Betroffenen von Beginn an auf die (bloße) Abgabe einer datenschutzrechtlichen Einwilligung zu beschränken, ohne dass es auf deren prinzipielle Wirksamkeit ankäme. Dem BGB lässt sich zwar der Grundgedanke entnehmen, dass der Inhalt der Leistungspflicht stets auch den Eintritt des Leistungserfolgs umfasst. I.S.d. Privatautonomie ist es aber grundsätzlich den Parteien anheimgestellt, Inhalt und Umfang der Leistungspflichten festzulegen.

So steht es den Parteien grundsätzlich frei, lediglich die Verpflichtung zu einer – u.U. auch rechtlich unwirksamen – Einwilligungserklärung zu vereinbaren.[1908] Parallel zu den Fällen der Vereinbarung bspw. paranormaler Leistungen, bei denen der Leistungserfolg etwa mit dem Legen von Tarotkarten eintritt, auch wenn nicht davon auszugehen ist, dass eine Vorhersage der Zukunft damit tatsächlich stattgefunden hat, könnte dann folglich auch mit der bloßen Erklärung der (rechtsunwirksamen) Einwilligung eine Erfüllung i.S.d. § 362 Abs. 1 BGB angenommen werden. Zumindest eine Begrenzung des Leistungsinhalts auf eine Einwilligung, die keine aus der Sphäre des Betroffenen stammenden Willens- bzw. Wirksamkeitsmängel enthält, erscheint aufgrund der besonderen Charakteristika des Datenaustauschvertrags vorliegend plausibel.

(3) Dispositiver Charakter des § 326 Abs. 1 BGB

Lehnt man eine solche Begrenzung der Leistungspflicht ab, ließe sich schließlich hinterfragen, ob und inwieweit den Willenserklärungen der Parteien eine Abbedingung von § 326 Abs. 1 BGB entnommen werden

1908 Parallel zu den Fällen der Vereinbarung bspw. paranormaler Leistungen, bei denen der Leistungserfolg etwa mit Legen von Tarotkarten eintritt, auch wenn nicht davon auszugehen ist, dass eine Vorhersage der Zukunft damit tatsächlich stattgefunden hat, könnte dann folglich auch mit der bloßen Erklärung der (rechtsunwirksamen) Einwilligung eine Erfüllung i.S.d. § 362 Abs. 1 BGB angenommen werden. Vgl. zu dieser Fallgruppe „absurder“ Leistungsversprechen *Ernst* in: MüKo BGB, § 311a Rn. 31.

kann:[1909] Die Abgabe einer wirksamen Einwilligung wäre dem Betroffenen dann – aufgrund der nonkonformen (datenschutz-)rechtlichen Gestaltung der Einwilligungserklärung durch den Verantwortlich – nach § 275 Abs. 1 BGB unmöglich; der Anspruch auf Gegenleistung würde in einem solchen Fall aufgrund der vertraglichen Abrede der Parteien aber nicht nach § 326 Abs. 1 BGB entfallen, sodass dem Betroffenen der Anspruch auf die vom Datenverarbeiter angebotene Leistung weiterhin zustünde.

(4) Zwischenfazit

Maßgeblich für die genaue Bestimmung des Leistungsinhalts ist letztlich die vertragliche Abrede der Parteien. Soweit diese Abrede keine hinreichend genaue Leistungsbeschreibung enthält, sprechen gute Gründe dafür, dass sich die Leistungspflicht des Betroffenen in der Abgabe einer Einwilligung erschöpft, welche keine dem Erklärenden anzulastenden Wirksamkeitsmängel aufweist. Soweit der Betroffene die – weitergehende – Pflicht zur Abgabe einer rechtlich wirksamen Einwilligungserklärung übernommen haben sollte und sich der Parteienabrede kein Ausschluss der (dispositiven) Regel des § 326 Abs. 1 BGB entnehmen lässt, sind den Besonderheiten des Vertragsverhältnisses angemessen Rechnung zu tragen. Zu berücksichtigen ist im Falle einer Unwirksamkeit der Einwilligung aufgrund einer rechtsfehlerhaften Gestaltung der entsprechenden Erklärung durch den Verantwortlichen daher auch und gerade, dass diese Unwirksamkeit der Sphäre des datenverarbeitenden Privaten zuzurechnen ist. Insbesondere eine Vorenthaltung der eigenen Leistung unter Berufung auf § 320 BGB durch den datenverarbeitenden Privaten wäre in einer solchen Konstellation daher dem Einwand der unzulässigen Rechtsausübung i.S.d. § 242 BGB ausgesetzt.

bb. Pflichtverletzungen

Besonderheiten können sich für das Konstrukt eines Datenaustauschvertrags auch im Falle sonstiger Leistungsstörungen ergeben. Eine solche Modifikation allgemeiner zivilrechtlicher Regelungen ist immer dann geboten, wenn und soweit zwingend zu beachtende datenschutzrechtliche Vor-

1909 Vgl. hierzu BGH NJW 2011, 756 (758)

gaben oder die Besonderheit personenbezogener Daten als Leistungssubstrat einem (schematischen) Festhalten an den Normen des BGB entgegenstehen. Während sich Pflichtverletzungen des Datenverarbeiters zumeist unproblematisch mit dem allgemeinen Leistungsstörungsrecht auffangen lassen,[1910] ist daher insbesondere bzgl. der Leistungspflicht des Betroffenen eine besondere Berücksichtigung daten(schutz)rechtlicher Besonderheiten angebracht.

(1) Widerruf als mögliche Pflichtverletzung

Besonders zu berücksichtigen ist in diesem Rahmen auch und gerade das datenschutzrechtliche Widerrufsrecht. Die datenschutzrechtliche Einwilligung des Betroffenen ist nach Art. 7 Abs. 3 S. 1 DS-GVO jederzeit mit Wirkung *ex nunc* widerruflich.[1911] Im Bereich datenfinanzierter Geschäftsmodelle, in denen die Einwilligung die vom Nutzer geschuldete Leistung i.R.e. Datenaustauschvertrags darstellt, wirft dies die Frage auf, ob und inwieweit sich diese Widerruflichkeit der Einwilligung mit der vertraglichen Bindung der Parteien vereinbaren lässt.

Nach vormaliger Rechtslage unter dem BDSG a.F. wurde des Öfteren dafür plädiert, den Widerruf der Einwilligung im Falle einer solchen vertraglichen Bindung entweder nur unter bestimmten Voraussetzungen zuzulassen[1912] oder sogar weitestgehend auszuschließen[1913]. Unter Geltung der DS-GVO wird eine solche Möglichkeit zur Einschränkung bzw. zum (vertraglichen) Ausschluss des Widerrufsrechts zwar weiterhin diskutiert,[1914] aufgrund des insoweit klaren Wortlauts des Art. 7 Abs. 3 DS-GVO ist ein solcher Ausschluss der datenschutzrechtlichen Einwilligung im Ergebnis aber abzulehnen.[1915]

1910 So insbesondere, soweit der Regelungsbereich der DI-RL eröffnet ist, da diese Richtlinie gerade auf eine Gleichstellung datenfinanzierter Dienstleistungen mit monetär finanzierten Leistungen im Bereich der Leistungsstörungen abzielt, vgl. *Dix*, ZEuP 2017, 1 (2 f.). Zu Einzelheiten ausf. *Metzger*, JZ 2019, 577 (580 ff.); *Staudenmayer*, ZEuP 2019, 663 (685 ff.).

1911 Vgl. hierzu oben,Kap. 3, B. II. 3. e.

1912 So bspw. *Holznagel/Sonntag* in: *Roßnagel*, HB DSR, S. 702. A.A. *Schafft/Ruoff*, CR 2006, 499 (504).

1913 So Gola/Schomerus, BDSG 2015, § 4a Rn. 39; *Weichert*, NJW 2001, 1463 (1467)

1914 Ausf. zum dbzgl. Meinungsspektrum oben, Kap. 3, B. II. 3. e.

1915 So auch *Funke*, Dogmatik und Voraussetzungen der Einwilligung, S. 323; *Hacker*, ZfPW 2019, 148 (170); *Heckmann/Paschke* in: Ehmann/Selmayr, DS-GVO, Art. 7 Rn. 93; *Ingold* in: Sydow, DS-GVO, Art. 7 Rn. 46; *Langhanke/Schmidt-Kes-*

Die (uneingeschränkte) datenschutzrechtliche Zulässigkeit des Einwilligungswiderrufs bedeutet indes nicht zwingend, dass der Widerruf (stets) auch als vertragskonformes Verhalten zu werten ist. Die Frage nach den Auswirkungen eines solchen Widerrufs auf das vertragliche Verhältnis der Parteien ist vielmehr von diesem Grundsatz der Widerruflichkeit der Einwilligung auf datenschutzrechtlicher Ebene zu trennen.[1916] Auf rechtspraktischer Ebene geht es dabei im Kern um die Frage, ob der datenschutzrechtlich zulässige Widerruf auf vertraglicher Ebene als ggf. schadensersatzauslösende Pflichtverletzung zu qualifizieren ist. Auf rechtstheoretischer Ebene handelt es sich letztlich um die Frage, wie das Spannungsverhältnis zwischen dem grundrechtlich verbürgten Schutz der informationellen Selbstbestimmung und dem der Privatautonomie entstammenden Grundsatz der Selbstbindung durch Vertrag i.S.d. *pacta sunt servanda* aufzulösen ist.

(a) Parallel existierendes vertragliches Recht zur Vertragsauflösung

Zu einem Konflikt zwischen vertraglicher Bindung und datenschutzrechtlichem Widerrufsrecht kommt es dabei zunächst nur dann, wenn und soweit dem Betroffenen nicht auch hinsichtlich des Datenaustauschvertrags ein Recht zur Vertragsauflösung zusteht,[1917] so bspw. im Falle eines Verbraucherwiderrufsrechts.[1918] In diesem Zusammenhang ist insbesondere zu beachten, dass viele datenfinanzierten Geschäftsmodelle (bisher) selbst eine freie Kündbarkeit des entsprechenden Vertrags vorsehen.[1919] Ist dies der Fall, besteht gerade keine solche Spannungslage zwischen datenschutz-

---

sel, EuCML 2015, 218 (220 f.); *Metzger*, AcP 2016, 818 (825); *Rosenkranz*, GPR 2018, 28 (34); *Schantz* in: *Schantz/Wolff*, Das neue Datenschutzrecht, Rn. 532; *Schmidt-Kessel/Grimm*, ZfPW 2017, 84 (91); *Schmidt-Kessel/Grimm*, ZfPW 2017, 84 (91 f.); *Spelge*, DuD 2016, 755 (781); *Stemmer* in: BeckOK DSR, Art. 7 Rn. 90; a.A. *Klement* in: Simitis/Hornung/Spiecker gen. Döhmann, DSGVO, Art. 7 Rn. 92; *Schulz* in: Gola, DS-GVO, Art. 7 Rn. 57; *Taeger* in: Taeger/Gabel, DSGVO, Art. 7 Rn. 74. Vgl. ausf. oben, Kap. 3, B. II. 3. e.

1916 Hierauf hinweisend auch *Metzger*, AcP 2016, 818 (825).

1917 *Buchner*, Informationelle Selbstbestimmung im Privatrecht, S. 272 f.; *Linardatos* in: Specht-Riemschneider, Datenrecht in der Digitalisierung S. 137; *Rogosch*, Die Einwilligung im Datenschutzrecht, S. 137.

1918 S. hierzu *Linardatos* in: Specht-Riemschneider, Datenrecht in der Digitalisierung S. 537.

1919 So bspw. *Twitter „Sie können Ihre rechtliche Vereinbarung mit Twitter jederzeit kündigen, indem Sie Ihre Accounts deaktivieren und die Nutzung der Dienste ein-*

rechtlicher Widerruflichkeit der Einwilligung und vertraglicher Bindung. Ein Widerruf der datenschutzrechtlichen Einwilligung ist dann unproblematisch möglich und wird im Wege der Auslegung nach §§ 133, 157 BGB im Regelfall zugleich als Kündigung des entsprechenden vertraglichen Verhältnisses zu verstehen sein.

(b) Sonstige Vertragsgestaltungen mit Dauerschuldcharakter

Auch bei Fehlen eines solchen zwischen den Parteien vereinbarten Rechts zur Vertragsbeendigung wird diskutiert, ob – zumindest Datenaustauschverträgen mit Dauerschuldcharakter – aufgrund der datenschutzrechtlich nicht abdingbaren Widerruflichkeit der Einwilligung ein vertragsimmanentes Kündigungsrecht zuzusprechen ist.[1920] Vorzugswürdig an dieser Lösung erscheint insbesondere, dass durch ein solches vertragsimmanentes Kündigungsrecht eine Kongruenz zwischen datenschutz- und vertragsrechtlicher Lage gewährleistet wäre. Dass eine solche jederzeitige Kündbarkeit den ökonomischen Reiz datenfinanzierter Geschäftsmodelle für datenverarbeitende Private gegebenenfalls mindert, wäre hinzunehmen; zumal es – zumindest aus datenschutzrechtlicher Perspektive – kritisch zu hinterfragen ist, inwieweit rechtspolitisch Anreize zur weitergehenden Verlagerung hin zu einer datenfinanzierten Amortisation (digitaler) Angebote geschafft werden sollten. Zudem zeigen die oben aufgeführten Beispiele[1921], dass die jederzeitige Kündbarkeit die ökonomischen Interessen der Leistungsanbieter – jedenfalls im Rahmen bisheriger Geschäftsmodelle – regelmäßig nicht tangiert.[1922]

Die alternative Möglichkeit, den datenschutzrechtlichen Widerruf in jedem Fall als Verletzung vertraglicher Pflichten bzw. als Nichtleistung zu

stellen", abrufbar unter: https://twitter.com/de/tos. Daneben auch *Facebook „Du kannst diese Lizenz jederzeit beenden, indem du deine Inhalte oder dein Konto löschst*" abrufbar unter: https://www.facebook.com/legal/terms?ref=pf sowie *Google „Sie können Ihr Google-Konto jederzeit löschen*", abrufbar unter: https://support.google.com/accounts/answer/32046?hl=de.

1920 So *Hacker*, ZfPW 2019, 148 (170); ebenso (wohl) *Heckmann/Paschke* in: Ehmann/Selmayr, DS-GVO, Art. 7 Rn. 93.

1921 Vgl. oben, Kap. 6, A. I. 2. d. bb. (1) (a).

1922 Insofern verfängt das Argument, *„das Damoklesschwert eines jederzeitigen Widerrufs*" konterkariere die Interessen der Parteien nicht. So aber *Bräutigam*, MMR 2012, 635 (636).

beurteilen,[1923] wäre dagegen dem grundsätzlichen Wertungswiderspruch ausgesetzt, den Widerruf der Einwilligung und damit die Ausübung gesetzlicher Befugnisse als schuldhafte Verletzung vertraglicher Pflichten zu qualifizieren.[1924] Aus datenschutzrechtlicher Perspektive wird zudem vor der Gefahr gewarnt, den Betroffenen könnten die an den Widerruf anknüpfenden negativen Folgen von einer Geltendmachung seines Widerrufsrechts abschrecken.[1925][1926]

(c) Verträge mit punktuellem Leistungsaustausch

Im Falle eines Vertrages mit punktuellem Leistungsaustausch verfängt die Konstruktion eines solchen vertragsimmanenten Kündigungsrechts nicht. Regelmäßig wird der Leistungsaustausch in einer solchen Konstellation, in der sich dieser Leistungsaustausch in einem einmaligen Akt erschöpft, allerdings zeitgleich erfolgen: Der Betroffene wird in die Datenverarbeitung zeitgleich (oder der Leistungsbereitstellung des Datenverarbeiters unmittelbar vorausgehend) einwilligen. Soweit sich der Leistungsaustausch tatsächlich in einem einmaligen Akt erschöpft, dürfte ein später erfolgender Widerruf aufgrund seiner (lediglich) zukunftsgerichteten Wirkung somit keine bzw. kaum nennbare Auswirkungen für den Datenverarbeiter zu haben.

In diesem Zusammenhang zu berücksichtigen ist indes das in der DS-GVO statuierte „Recht auf Vergessenwerden". Nach Art. 17 Abs. 1 lit. b DS-GVO hat der Verantwortliche zuvor rechtmäßig erhobene personenbezogene Daten grundsätzlich unverzüglich zu löschen, soweit der Betroffene seine Einwilligung widerruft und einen Anspruch auf Löschung geltend macht.[1927] Während der Betroffene die vom Daten-

1923 So in der Tendenz aber wohl *Rosenkranz*, GPR 2018, 28 (34).

1924 In diese Richtung *Specht*, JZ 2017, 763 (767) die aus diesem Grund zumindest einen Anspruch auf Schadensersatz des Datenverarbeiters ausschließt.

1925 *Specht*, JZ 2017, 763 (769); ähnlich *Schantz* in: *Schantz/Wolff*, Das neue Datenschutzrecht, Rn. 532; krit. dagegen *Langhanke/Schmidt-Kessel*, EuCML 2015, 218 (220).

1926 Dies bedeutet nicht, dass die Kündigung der vertraglichen Parteienabrede nicht aufgrund besonderer Umstände ausgeschlossen sein bzw. als Pflichtverletzung gewertet werden kann, s. hierzu im Folgenden, Kap. 6, A. I. 2. d. bb. (1) (d).

1927 Zu den Einzelheiten dieses Rechts auf Löschung sowie insb. zu den Ausnahmen von diesem Grundsatz s. *Worms* in: BeckOK DSR, Art. 17 Rn. 1 ff.; *Herbst* in: Kühling/Buchner, DS-GVO, Art. 17 Rn. 1 ff.

verarbeiter zur Verfügung gestellten Leistung im Falle eines punktuellen Leistungsaustauschs regelmäßig dauerhaft behalten darf, sieht sich der Verantwortliche hinsichtlich der als Gegenleistung bereitgestellten Daten somit der Gefahr ausgesetzt, diese durch Geltendmachung eines Löschanspruchs zu verlieren.[1928] Soweit der Verantwortliche die von ihm erbrachte Leistung bis zum Zeitpunkt des Widerrufs noch nicht amortisieren konnte, könnte die Widerrufsmöglichkeit daher zu einer Schieflage im Äquivalenzverhältnis führen.[1929] Auch hier ist aber zu berücksichtigen, dass es grundsätzlich in der Sphäre des Anbieters ist, zu entscheiden, ob bzw. durch welche Ausgestaltung das von ihm verfolgte Geschäftsmodell unter Berücksichtigung der rechtlichen Vorgaben und Vorbedingungen ökonomisch realisierbar bzw. gewinnbringend ist. Entscheidet sich der Anbieter für ein solches datenfinanziertes Geschäftsmodell, ist es ihm grundsätzlich zuzumuten, die evtl. bestehenden Einschränkungen bzw. ökonomischen Risiken, welche sich durch die rechtlichen Rahmenbedingungen ergeben, hinzunehmen bzw. einzukalkulieren. Dieser Konstellation kommt zudem eine (bisher) weitaus geringere (praktische) Relevanz zu, da datenfinanzierte Angebote weit überwiegend als Dauerschuldverhältnisse ausgestaltet sind. Dies lässt vermuten, dass ein punktuell gestalteter Austausch von Leistung gegen Daten für datenverarbeitende Private bereits aus ökonomischen Gründen einen weitaus geringeren Reiz besitzt und daher (auf Seiten des Verantwortlichen) *per se* kein gesteigertes Interesse an solchen datenfinanzierten Angeboten besteht.

(d) Folgerungen

Im Grundsatz bleibt die Einwilligung somit auch dann frei widerruflich, soweit sie den Leistungsinhalt eines Datenaustauschvertrags darstellt. Ausschlaggebend ist hierfür insbesondere der Gedanke, dass die Geltendmachung gesetzlich festgelegter Rechte, die den Einzelnen in seinem persönlichkeitsrechtlichen Bereich schützen, nicht zugleich als vertragliche Pflichtverletzung gedeutet werden sollte. Daher ist der datenschutzrechtli-

---

1928 Ein ähnlicher Gedanke findet sich auch bei *Linardatos* in: Specht-Riemschneider, Datenrecht in der Digitalisierung S. 535. Dem datenschutzrechtlichen Widerruf daher eine *„gewisse[...] Ex-tunc-Wirkung"* zusprechend *Buchner/Kühling* in: Kühling/Buchner, DS-GVO, Art. 7 Rn. 37.

1929 Ähnlich *Röttgen* in: Specht-Riemschneider, Datenrecht in der Digitalisierung S. 392.

che Widerruf der Einwilligung auf vertraglicher Ebene nicht *per se* als eine schadensersatz- bzw. wertersatzauslösende Pflichtverletzung zu beurteilen.[1930]

Aus dieser Überlegung folgt indes nicht, dass eine Berufung auf das Widerrufsrecht stets zu einer für den Betroffenen folgenlosen Vertragsauflösung führt. Denn die Verwirklichung eines datenfinanzierten Geschäftsmodells ist zwar stets nur innerhalb der vom Recht gesetzten Grenzen möglich, aber auch der Betroffene ist in seinem Handeln an diese rechtlichen Grenzen gebunden. Daher ist im Rahmen der vertragsrechtlichen Bewertung des Widerrufs stets auch zu berücksichtigen, dass sich der Betroffene eigenverantwortlich zum Eingehen dieser vertraglichen Bindung entschlossen hat. Dem Widerruf, der aus datenschutzrechtlicher Perspektive den persönlichkeitsrechtlichen Schutz des Betroffenen absichern soll, ist auf vertraglicher Ebene daher nicht die Qualität eines keiner Missbrauchskontrolle unterliegenden einseitigen Reuerecht zuzusprechen.[1931]

Die Berufung auf den Widerruf kann anhand allgemeiner rechtlicher Kriterien – so insbesondere des Schuldrechts – gemessen werden. Daher ist es nicht generell ausgeschlossen, dass der Widerruf – auch bei datenschutzrechtlicher Wirksamkeit – auf vertraglicher Ebene im Einzelfall zugleich als Verletzung einer Rücksichtnahmepflicht i.S.d. § 241 Abs. 2 BGB bzw. als Verstoß gegen das Gebot von Treu und Glauben i.S.d. § 242 BGB zu qualifizieren ist. Eine solche Wertung könnte insbesondere in Fällen in Betracht kommen, in denen der Betroffene seinen Widerruf in missbräuchlicher Absicht einsetzt, so bspw. um das Äquivalenzverhältnis zwischen Leistung und Gegenleistung vorsätzlich zu seinen Gunsten zu verschieben.[1932] Der (bloße) Widerruf der Einwilligung an und für sich ist dagegen im vertraglichen Kontext nicht als Pflichtverletzung zu werten.

1930 Ähnlich i. Erg. *Hacker*, ZfPW 2019, 148 (170); *Heckmann/Paschke* in: Ehmann/Selmayr, DS-GVO, Art. 7 Rn. 93; *Langhanke*, Daten als Leistung, S. 138; *Schantz* in: *Schantz/Wolff*, Das neue Datenschutzrecht, Rn. 532; *Schmidt-Kessel/Grimm*, ZfPW 2017, 84 (103). Krit. *Specht*, JZ 2017, 763 (769).

1931 Zu dieser Einschätzung gelangend und daher die freie Widerruflichkeit der Einwilligung kritisierend aber *Sattler*, JZ 2017, 1036 (1039).

1932 S. hierzu *Linardatos* in: Specht-Riemschneider, Datenrecht in der Digitalisierung S. 537.

(2) Nichtleistung

Die Möglichkeit des Betroffenen, seine Einwilligung jederzeit zu widerrufen hat auch Auswirkungen auf den Fall einer Leistungsverweigerung durch den Betroffenen: Denn zumindest soweit neben dem datenschutzrechtlichen Widerruf zugleich ein Recht zur Beendigung bzw. Loslösung vom zugrundeliegenden Vertrag besteht, bzw. sich ein solches aus der Widerrufsmöglichkeit ergibt,[1933] erlischt die Leistungspflicht des Betroffenen mit Erklärung des Widerrufs. Vom Zeitpunkt der wirksamen Geltendmachung des Widerrufs an bleibt die Nichtleistung des Betroffenen auf vertraglicher Ebene also grundsätzlich folgenlos.[1934]

Der Widerruf lässt aufgrund seiner (lediglich) zukunftsgerichteten *ex nunc* Wirkung allerdings nicht die bis zum Widerruf bestehende Leistungspflicht entfallen.[1935] Die Folgen einer Nichtleistung durch den Betroffenen sind also in zweierlei Situationen bedeutsam: Zum einen, soweit der Betroffene (noch) keinen (wirksamen) Widerruf erklärt hat,[1936] sowie zum anderen, soweit der Betroffene seine Einwilligung zwar mit vertragsauflösender bzw. -modifizierender Wirkung widerrufen, aber auch schon vor Wirksamkeit dieses Widerrufs nicht geleistet hat. Im ersten Fall ist die Nichtleistung des Betroffenen durchweg, im letzteren Fall bis zur Wirksamkeit des Widerrufs bzw. Eintritt der mit ihm verknüpften vertraglichen Folgen grundsätzlich als Pflichtverletzung i.S.d. § 280 Abs. 1 BGB zu werten.[1937]

(a) Durchsetzbarkeit im Wege der Zwangsvollstreckung

Bei der Ermittlung der Folgen einer solchen Leistungsverweigerung durch den Betroffenen ist (erneut) den datenschutzrechtlichen Implikationen angemessen Rechnung zu tragen. So ist bereits zu hinterfragen, ob und in-

1933 Vgl. hierzu oben, Kap. 6, A. I. 2. d. bb. (1) (a).

1934 Vgl. *Schmidt-Kessel/Grimm*, ZfPW 2017, 84 (103).

1935 Daher überzeugt die Konstruktion bei *Langhanke*, Daten als Leistung, S. 127 nicht, dass sich der Betroffene aufgrund der bloßen Existenz der Widerrufsmöglichkeit gegenüber dem Leistungsanspruch des Verantwortlichen stets auf *dolo agit* berufen könnte.

1936 Gleich gelagert wäre auch der Fall, dass man den Widerruf im Falle eines vertraglichen Kontextes – entgegen der hier vertretenen Meinung – für ausgeschlossen hält, vgl. hierzu oben, Kap. 3, B. II. 3. e.

1937 *Metzger*, AcP 2016, 818 (852 f.).

wieweit der vertragliche Anspruch des Datenverarbeiters auf Abgabe der Einwilligung rechtlich durchsetzbar ist.

Kommt der Schuldner seiner Leistungspflicht nicht nach, muss der Gläubiger seinen Anspruch in letzter Konsequenz gerichtlich einklagen bzw. im Wege der Zwangsvollstreckung beitreiben. Eine solche zwangsweise Durchsetzung wäre indes mit dem persönlichkeitsrechtlichen Charakter der Leistungspflicht nicht zu vereinen.[1938] Diese Wertung lässt sich zum einen den nationalen Vorschriften zur Zwangsvollstreckung entnehmen. Insbesondere[1939] § 888 Abs. 3 ZPO wird – im Wege einer entsprechenden Anwendung[1940] – herangezogen, um jene Pflichten von der Vollstreckung auszunehmen, bei welchen die Durchsetzung mithilfe von Zwangsmitteln einen Verstoß gegen Grundrechte darstellen würde.[1941] Eine entsprechende potentielle Grundrechtsbeeinträchtigung der Zwangsvollstreckung wird dabei insbesondere auch im Bereich des allgemeinen Persönlichkeitsrechts angenommen.[1942] Zum anderen stände einer solche zwangsweise Durchsetzung der Einwilligungspflicht auch der datenschutzrechtliche Grundsatz entgegen, dass die Einwilligung gerade freiwillig erteilt werden muss, um überhaupt wirksam zu sein.[1943] Die Beitreibung der Einwilligungserklärung im Wege der Zwangsvollstreckung ist daher ausgeschlossen.

1938 So auch *Langhanke*, Daten als Leistung, S. 128; *Langhanke/Schmidt-Kessel*, EuCML 2015, 218 (221); *Schmidt-Kessler/Erler/Grimm/Kramme*, GPR 2016, 2 (60); *Specht*, JZ 2017, 763 (769).

1939 Eine ähnliche Wertung liegt auch § 120 Abs. 3 FamFG zugrunde, der die Verpflichtung zur Eingehung der Ehe und zur Herstellung des ehelichen Lebens von der Vollstreckung ausschließt. Dieser Ausschluss war zuvor ebenfalls in § 888 Abs. 3 ZPO enthalten.

1940 Dem Wortlaut nach sind gem. § 888 Abs. 3 ZPO lediglich Dienstverpflichtungen von der Vollstreckung ausgeschlossen.

1941 BGH NJW 2008, 2919 (2920); *Stürner* in: BeckOK ZPO, § 888 Rn. 9.

1942 *Dasch*, Die Einwilligung zum Eingriff in das Recht am eigenen Bild, S. 67; *Gruber* in: MüKo ZPO, § 888 Rn. 22.

1943 Ähnlich *Schantz* in: *Schantz/Wolff*, Das neue Datenschutzrecht, Rn. 532. Der Ausschluss der Durchsetzbarkeit im Wege der Zwangsvollstreckung entspricht auch dem Grundgedanken, nach dem die Einwilligung zwar ein *„Recht zum Eingriff“*, aber gerade kein *„Recht auf den Eingriff“* vermittelt (vgl. hierzu ausf. oben, Kap. 2, A. I).

(b) Unvollkommene Verbindlichkeit bzw. einseitig verpflichtender Vertrag

Über diesen Ausschluss der Zwangsvollstreckung hinaus bestände grundsätzlich die Möglichkeit, die Pflicht des Betroffenen aufgrund des persönlichkeitsrelevanten Einschlags der Leistungspflicht noch weitergehend zu begrenzen. So wird insbesondere die Möglichkeit erwogen, die Pflicht des Betroffenen zur Abgabe der Einwilligung als sog. unvollkommene Verbindlichkeit bzw. Naturalobligation zu qualifizieren.[1944] Diese Konstruktion ist im Falle des Datenaustauschvertrags allerdings nicht überzeugend, da die Qualifikation einer Pflicht als unvollkommene Verbindlichkeit einer entsprechende eindeutige Vereinbarung der Parteien bedarf.[1945]

Eine ähnliche Überlegung besteht darin, den Datenaustauschvertrag als einseitig verpflichtenden Vertrag zu klassifizieren, sodass – parallel zur Rechtslage beim Prostitutionsvertrag[1946] – keine einklagbare Leistungspflicht des Betroffenen zur Einwilligungserteilung anzunehmen wäre, es dem Betroffene aber offen stünde, durch Abgabe der Einwilligung freiwillig rechtswirksam zu leisten.[1947] Mit Erbringen der Leistungspflicht durch den Betroffenen entstände dann zeitgleich die klagbare Pflicht des Verantwortlichen zur Erbringung der vereinbarten Gegenleistung. Zu beachten ist jedoch, dass es sich bei der Annahme eines einseitig verpflichtenden Vertrags im Rahmen sexueller Handlungen nach § 1 ProstG um eine dem Recht ansonsten fremde, gesetzlich vorgesehene Ausnahme handelt, sodass es bereits fraglich ist, ob diese Wertung auf andere Konstellationen übertragen werden kann. Gesteht man dem Einzelnen die Möglichkeit zu, auch im persönlichkeitsrechtlichen Bereich eine synallagmatische Verpflichtung einzugehen, sind die sich aus dieser Bindung ergebenden Fol-

---

1944 So aufgeworfen von *Langhanke*, Daten als Leistung, S. 126 sowie *Schmidt-Kessel/Grimm*, ZfPW 2017, 84 (103). Zur Rechtsfigur der unvollkommenen Verbindlichkeit allg. *Mansel* in: Jauerning, BGB, § 241 Rn. 20 ff.

1945 *Schulze*, Die Naturalobligation, S. 252. Zu Folgeproblemen einer solchen Qualifikation der Leistung personenbezogener Daten als Naturalobligation in praktischer Hinsicht auch *Sattler*, JZ 2017, 1036 (1040).

1946 Nach § 1 ProstG besteht keine Leistungspflicht zur Vornahme sexueller Handlungen. Werden diese freiwillig geleistet, so entsteht jedoch eine rechtswirksame Verpflichtung zur Zahlung des zuvor vereinbarten Entgelts. Der Vertrag ist i.d.S. nur für eine der Parteien verpflichtend, vgl. hierzu *Wendtland* in: BeckOK BGB, § 1 ProstG Rn. 5.

1947 So (ebenfalls) aufgeworfen von *Langhanke*, Daten als Leistung, S. 113; *Schmidt-Kessel/Grimm*, ZfPW 2017, 84 (103). Aufgegriffen von *Schweitzer* in: Körber/Kühling, Regulierung - Wettbewerb - Innovation S. 290.

gen – zumindest grundsätzlich – zu akzeptieren.[1948] Eine pauschale Übertragung der Regelungen des § 1 ProstG erscheint daher ausgeschlossen, zumal die persönlichkeitsrechtlichen Belange des Betroffenen durch die Möglichkeit des Widerrufs einen datenschutzspezifischen Schutz genießen.[1949] Es ist somit regelmäßig von einer echten, durchsetzbaren Leistungspflicht des Betroffenen auszugehen, bei der lediglich die Beitreibung im Wege der Zwangsvollstreckung ausgeschlossen ist.

(c) Rechtsfolgen schuldhafter Leistungsverweigerung

Die Nichtleistung des Betroffenen ist mithin grundsätzlich als Verletzung einer vertraglichen Leistungspflicht zu qualifizieren, und kann daher anhand der allgemeinen Regelungssystematik der §§ 280 ff. BGB bewertet werden.[1950]

(aa) Ausschluss der Naturalrestitution

Besonderheiten ergeben sich indessen insoweit, als die Pflicht zur erneuten Abgabe einer datenschutzrechtlichen Einwilligung (sei es im Wege der Nacherfüllung i.S.d. § 439 Abs. 1 BGB oder im Rahmen der schadensersatzrechtlichen Naturalrestitution nach § 249 Abs. 1 BGB) im Ergebnis ausscheiden muss: Denn zum sähe sich eine solche unter Druck ausgesprochene Einwilligung dem prinzipiellen Einwand einer unfreiwillig abgegebenen und damit unwirksamen Einwilligung ausgesetzt; zum anderen ist die Einwilligung qualitativ als vorherige Zustimmung zu verstehen und die nachträgliche Legitimation einer Verarbeitung personenbezogener Daten durch nachträglich erklärte Genehmigung daher grundsätzlich ausgeschlossen.[1951] Da sich der Betroffene durch sein Widerrufsrecht einer zukünftigen Datenverarbeitung stets entziehen kann und die Einwilligungsverweigerung des Betroffenen i.d.R. zugleich als Widerruf zu interpretie-

1948 So auch *Rosenkranz*, GPR 2018, 28 (34).

1949 Vgl. hierzu oben, Kap. 6, A. I. 2. d. bb. (1).

1950 Auf die Einzelheiten soll hier, aufgrund der genuin zivilrechtlichen Qualität der meisten sich hieran anschließenden Folgefragen nicht eingegangen werden. S. hierzu bei *Metzger*, AcP 2016, 818 (859 f.).

1951 So auch *Buchner/Kühling* in KB, Art 7 Rn. 30; *Schulz* in: Gola, DS-GVO, Art. 7 Rn. 7. Dies übersieht *Langhanke*, Daten als Leistung, soweit sie die Möglichkeit einer erneuten, nachträglichen Einwilligungserteilung ausgeht, vgl. S. 125.

ren ist, ist die Verweigerung ab Wirksamwerden des Widerrufs gerade nicht als schuldhafte Nichtleistung zu qualifizieren.[1952] Für den insoweit allein erheblichen, bereits verstrichenen Zeitraum, für den ggf. ebenfalls keine wirksame Einwilligung in die Datenverarbeitung bestand, ist die Möglichkeit einer nachträglichen Einwilligung als erneuten Leistungsvornahme durch den Betroffenen dagegen aufgrund der Unzulässigkeit einer nachträglichen Einwilligungserklärung ausgeschlossen.

(bb) Problem der Wertermittlung

Im Mittelpunkt der sich in Folge der (schuldhaften) Nichtleistung ergebenden Sekundäransprüche steht somit die Frage nach einer Restitution im Wege des Wertersatzes i.S.d. § 251 Abs. 1 Alt. 1 BGB[1953]. Soweit dem Verantwortlichen aufgrund der verweigerten Einwilligung eine Legitimationsgrundlage für die Verarbeitung der entsprechenden personenbezogenen Daten fehlt, ist der hiermit korrespondierende Wertverlust bzw. finanzielle Nachteil des Verantwortlichen zu ermitteln.

Dabei ist zum einen stets zu untersuchen, ob und inwieweit der durch die jeweilige Datenverarbeitung generierte Wert dem datenverarbeitenden Privaten nicht evtl. bereits – trotz Nichtvorliegen bzw. Unwirksamkeit der Einwilligung – zugeflossen ist.[1954] Denn insbesondere soweit die (vom Betroffenen verschuldete) Unwirksamkeit der Einwilligung nicht offen ersichtlich ist, kann der Verantwortliche die Daten bis zur Feststellung dieser Unwirksamkeit bereits entsprechend seines Geschäftsmodells genutzt haben, sodass zu klären wäre, inwieweit eine zusätzliche Schadensersatzpflicht des Betroffenen hier zu einer Überkompensation des Datenverarbeiters führen würde.[1955]

1952 Vgl. hierzu oben, Kap. 6, A. I. 2. d. bb. (1).

1953 S. zur Pflicht zum Wertersatz aufgrund Unmöglichkeit der Wiederherstellung i.W.d. Naturalrestitution *Grüneberg*, Palandt § 251 Rn. 3.

1954 *Aldenhoff* in: Sobala, Digitalität und Privatheit S. 55. Vgl. zu diesem Problemkomplex ausf. *Hermstrüwer*, Informationelle Selbstgefährdung, S. 112 ff.; *Linardatos* in: Specht-Riemschneider, Datenrecht in der Digitalisierung S. 522.

1955 Eine hiervon zu trennende Thematik sind die möglichen (datenschutzrechtlichen) Sanktionen für den Verantwortlichen, da in solchen Fällen eine grundsätzlich rechtswidrige Datenverarbeitung vorläge.

Daneben rückt in diesem Kontext vor allem das Problem der Wertberechnung personenbezogener Daten in den Fokus.[1956] Hier fehlt es (bislang) an einer allgemeinen, hinreichend belastbaren Bemessungsgrundlage.[1957] Die Wertermittlung eines einzelnen Datensatzes ist dabei insbesondere aufgrund der datennutzungsimmanenten Besonderheiten erschwert: Denn der einzelne Datensatz erhält seinen Wert nicht (nur) aus sich selbst heraus, sondern – auch und gerade i.R.v. Big Data und anderen Datenanalyseverfahren[1958] – insbesondere durch die Kombination mit anderen Daten.[1959] Als wertbestimmende Faktoren gelten daneben vor allem der Grad der Nutzeridentifikation;[1960] also die Möglichkeit, die Daten einer realen (natürlichen) Person zuzuordnen, sowie die einzelne unternehmensinterne Datenstrategie; also in welcher Weise das Unternehmen die aus den Daten generierte Information gewinnbringend nutzen bzw. monetarisieren möchte.[1961] Letztlich wird es Aufgabe des Gerichts sein, im Einzelfall eine Schadensschöpfung nach § 287 ZPO vorzunehmen. Soweit die entsprechende Leistung auch gegen ein monetäres Entgelt angeboten wird, bietet sich eine Orientierung an der Höhe des jeweilig verlangten Entgelts an;[1962] im Übrigen kann auch eine Orientierung an entsprechenden Preisen für Datensätze im Bereich des Datenhandels[1963] erfolgen.[1964] Im Ergebnis ist davon auszugehen, dass der tatsächlich zu beziffernde Schaden in Folge ei-

1956 Ausf. hierzu *Lehner* in: Specht-Riemschneider, Datenrecht in der Digitalisierung S. 478 ff.

1957 Zu dieser Einschätzung kommen auch *Hacker*, ZfPW 2019, 148 (152); *Hermstrüwer*, Informationelle Selbstgefährdung, S. 121 ff.; *Krohm/Müller-Peltzer*, ZD 2017, 551 (553); *Langhanke*, Daten als Leistung, S. 142 f.; *Rosenkranz*, GPR 2018, 28 (34). S. für ein beispielhaftes Berechnungsmodell aber *BVDW*, Data Economy S. 119 ff.

1958 Vgl. zu den Möglichkeiten der wertschöpfenden Datenverwendung ausf. oben, Kap. 4, A. I.

1959 *Krohm/Müller-Peltzer*, ZD 2017, 551 (553); *Rosenkranz*, GPR 2018, 28 (34).

1960 *Hacker*, ZfPW 2019, 148 (173). S. ausf. *BVDW*, Data Economy S. 15 f.

1961 S. zu Einzelheiten *BVDW*, Data Economy S. 13 ff.

1962 Eine solche Orientierung scheidet aber jedenfalls dann aus, soweit das geforderte Entgelt in einem (auffälligen) Missverhältnis zur Leistung steht und daher den Eindruck erweckt, den Betroffenen gerade zu einer „Bezahlung mit Daten" zu drängen. Die Gefahr einer solchen überhöhten Bepreisung ansprechend *Golland*, MMR 2018, 130 (134).

1963 S. zum Datenhandel oben, Kap. 4, A. I. 1. d.

1964 In beiden Fällen ist im Rahmen der Berechnung des Datenwertes zu beachten, dass sich die Bezifferung des Schadens nur auf den für die Nichtleistung relevanten Zeitraum beziehen darf: Denn aufgrund der Widerrufsmöglichkeit des Betroffenen kommt es i.R.d. Schadensberechnung i.d.R. nicht darauf an, welnes einzelnen nicht geleisteten Datensatzes einen geringen Centbetrag nicht überschreiten wird.[1965]

(3) Schlechtleistung

Kommt der Betroffene seiner vertraglich eingegangenen Verpflichtung zur Einwilligung in die Verarbeitung ihn betreffender personenbezogener Daten zunächst nach, gibt sodann im Laufe des Vertragsverhältnisses allerdings fehlerhafte bzw. unwahre Daten an, so stellt sich die Frage nach den vertraglichen Folgen einer eventuellen Schlechtleistung durch den Betroffenen. Ins Zentrum rückt in diesem Kontext zudem die genaue Abgrenzung bzw. Funktionszuordnung zwischen der datenschutzrechtlichen Einwilligung als Leistungspflicht und der von ihr abgeleiteten Pflicht zur Bereitstellung (zutreffender) personenbezogener Daten.[1966]

Grundsätzlich kann, soweit der jeweilige inkorrekte Datensatz als Schlechtleistung zu qualifizieren ist, von einer weitgehenden Parallelität zur Regelungssystematik der Nichtleistung ausgegangen werden.[1967] Die Konstellation der Schlechtleistung aufgrund inkorrekter Daten wirft aber daneben die grundlegende Frage auf, wann und anhand welcher Kriterien personenbezogene Daten Einzelner als „unwahr“ bzw. fehlerhaft zu bewerten sind. Da es (bisher) an einer entsprechenden gesetzlichen Regelung fehlt, ist zur Ermittlung der vom Betroffenen im Einzelnen geschuldeten Leistung die jeweilige vertragliche Absprache der Parteien heranzuziehen.[1968] Hierbei kann festgestellt werden, dass bspw. in den AGBs einiger *Social Media* Dienste teilweise eine Pflicht statuiert wird, *„ausschließlich*

---

che wirtschaftliche Verwertung der Daten in ferner Zukunft möglich gewesen wäre, sondern lediglich, welchen wirtschaftlichen Wert der Datenverarbeiter aus den Daten für denjenigen Zeitraum hätte ziehen können, der als schuldhafte Nichtleistung des Betroffenen zu werten ist, vgl. oben, Kap. 6, A. I. 2. d. bb. (1).

1965 So auch *Metzger*, AcP 2016, 818 (853).

1966 Vgl. hierzu allg. oben, Kap. 6, A. I. 2. a.

1967 Vgl. daher die vorangegangenen Ausführungen zur Nichtleistung, Kap. 6, A. I. 2. d. bb. (2). Für eine Subsumtion unter das allg. Leistungsstörungsrecht im Grundsatz auch *Langhanke*, Daten als Leistung, S. 142 f.; *Metzger*, AcP 2016, 818 (852 f.); *Schmidt-Kessel/Grimm*, ZfPW 2017, 84 (98).

1968 *Metzger*, AcP 2016, 818 (849).

wahre und nicht irreführende“[1969] Daten anzugeben.[1970] Wenn und soweit eine solche Pflicht zur Angabe korrekter personenbezogener Daten (ggf. auch im Rahmen von AGB) wirksam vereinbart ist, ist ein hiermit im Widerspruch stehendes Verhalten des Betroffenen grundsätzlich als Verletzung der ihm obliegenden Vertragspflicht zu bewerten.[1971] Eine solche Wertung ist dem Betroffenen auch trotz des ggf. stark persönlichkeitsrechtlichen Einschlags zuzumuten: Zum einen, da er die vertragliche Bindung freiwillig und selbstverantwortlich eingegangen ist,[1972] zum anderen, da er durch die Möglichkeit des Widerrufs der Einwilligung stets die Möglichkeit hat, sich von dieser Verpflichtung zu lösen.[1973] Der Betroffene hat somit grundsätzlich wahre und korrekte Daten anzugeben, soweit er sich hierzu vertraglich wirksam verpflichtet hat.

Zu beachten ist in diesem Zusammenhang indes, dass die Frage, wann Daten über eine einzelne Person „wahr“ bzw. „korrekt“ sind, nicht immer leicht bzw. zweifelsfrei zu beantworten ist. Dabei kann zunächst nach der Art der Datenerhebung differenziert werden: Denn nur bei Daten, die der Betroffene dem Verantwortlichen aktiv zur Verfügung stellt, kann ihm der Vorwurf einer Angabe unzutreffende Daten gemacht werden.[1974] Daneben ist auch eine Differenzierung anhand der Art der Daten möglich: So ist bei manchen Daten die Unterscheidung zwischen wahren und falschen Angaben recht trivial, so bspw. bei Wohnort, Alter, Ausbildungsstand und ähn-

---

1969 So die Plattform *Xing*, abrufbar unter: https://www.xing.com/terms#a-4.

1970 In eine ähnliche Richtung deuten (zunächst) auch die AGB von *Facebook*: *„Aus diesem Grund musst du Folgendes tun: [...] Genaue und korrekte Informationen über dich zur Verfügung stellen.*“, abrufbar unter: https://www.facebook.com/legal/terms?ref=pf. Daneben auch Instagram: *„Du darfst nicht [...] ungenaue bzw. falsche Informationen bereitstellen*“, abrufbar unter: https://help.instagram.com/581066165581870. Insbesondere eine Klarnamenpflicht besteht bei vielen solcher Social Media Dienste aber explizit nicht, vgl. *Instagram*: *„Du musst deine Identität auf Instagram nicht offenlegen, aber uns korrekte und aktuelle Informationen bereitstellen*“; abrufbar unter: https://help.instagram.com/581066165581870; *Twitter*: *„Sie können Twitter auch mit einem Pseudonym nutzen, falls Sie es vorziehen, Ihren Namen nicht zu verwenden*“; abrufbar unter: https://twitter.com/de/privacy.

1971 Zu Einzelheiten – insbesondere der (i. Erg. verneinten) Frage, ob und inwieweit eine existierende Verkehrssitte zur Angabe falscher Daten zu einer gegenteiligen Auslegung entsprechender Vereinbarungen führt – s. *Metzger*, AcP 2016, 818 (848 ff.).

1972 *Langhanke*, Daten als Leistung S. 142 f.

1973 Vgl. hierzu oben, Kap. 6, A. I. 2. d. bb. (1).

1974 Passiv erhobene Daten, also bspw. vom Gerät übermittelte Cookies, entziehen sich dagegen einer solchen Beurteilung, *Metzger*, AcP 2016, 818 (850).

lichen, feststehenden Angaben. Andere Daten, insbesondere soweit sie persönliche Neigungen oder allgemeine Lebensumstände betreffen, lassen sich nur schwer auf ihren Wahrheitsgehalt überprüfen. Erschwerend kommt hinzu, dass bspw. im Bereich der sozialen Netzwerke die – evtl. beschönigende bzw. wirklichkeitsverzerrende – Selbstdarstellung immanenter Plattformbestandteil ist.[1975] Der Wahrheitsgehalt letztgenannter Datensätze ist somit regelmäßig im Graubereich anzusiedeln. Letztlich ist daher stets eine differenzierte Beurteilung im Einzelfall notwendig, welche zum einen eine genaue Bestimmung der geschuldeten Leistung des Betroffenen anhand der vertraglichen Abrede der Parteien, sowie zum anderen Art und Wesen der in Rede stehenden personenbezogenen Daten sowie deren Erhebung erfasst.

(4) Zusammenfassung

Insgesamt sind Fälle einer Nicht- bzw. Schlechtleistung durch den Betroffenen somit dem allgemeinen Leistungsstörungsrecht unterworfen. Teilweise ist dabei aber eine Modifikation einzelner Regelungsfolgen aufgrund der wesensimmanenten Besonderheiten personenbezogener Daten als Inhalt einer Leistungspflicht geboten. So ist insbesondere zu berücksichtigen, dass der Betroffene seine Einwilligung auf datenschutzrechtlicher Ebene jederzeit widerrufen kann; dieser Widerruf beendet bzw. löst dabei i.d.R. zugleich die vertragliche Bindung des Betroffenen.

Eine ggf. schadensersatzauslösende Nicht- bzw. Schlechtleistung des Betroffenen liegt daher (grundsätzlich)[1976] nur dann bzw. für denjenigen Zeitraum vor, in welchem nicht zugleich ein wirksamer Widerruf des Betroffenen besteht. Auf Rechtsfolgenseite ist, auch bei Vorliegen einer wirksamen Verpflichtung des Betroffenen, zumindest eine Durchsetzbarkeit der Verpflichtung zur Einwilligung in die Datenverarbeitung im Wege der Zwangsvollstreckung aufgrund des persönlichkeitsrechtlichen Einschlags ausgeschlossen. Zudem scheidet eine solche Pflicht zur Genehmigung einer bereits erfolgten Datenverarbeitung (auch im Wege der Naturalrestitution i.S.d. § 249 BGB) schon an der mangelnden datenschutzrechtlichen Zulässigkeit bzw. Wirksamkeit solcher „rückwirkenden" Einwilligungen. In Betracht kommt daher lediglich ein Schadensausgleich durch Werter-

1975 S. hierzu beispielhaft die Untersuchung bei *Gysin* in: Bedijs/Heyder, Sprache und Personen im Web 2.0 S. 24 ff.

1976 Zu möglichen Ausnahmen oben, Kap. 6, A. I. 2. d. bb. (1).

satz, in dessen Rahmen stets der Problematik zu begegnen ist, der Einwilligung bzw. den jeweiligen Daten einen monetären Wert zuzumessen, sowie, im Falle der Schlechtleistung, zusätzlich der Feststellung, ob und inwiefern die bereitgestellten Daten vom Pflichtenkatalog des Betroffenen abweichen und daher als Pflichtverletzung zu qualifizieren sind.

(5) Praxisrelevanz

Trotz dieser, sich teilweise gegenseitig verstärkenden Problematiken im Falle von durch den Betroffenen zu vertretenden Leistungsstörungen, ist die tatsächliche Praxisrelevanz der rechtlichen Folgen solcher Leistungsstörungen zu hinterfragen. So kann schon angesichts des regelmäßig lediglich geringfügigen Schadensersatzes im Einzelfall[1977] bezweifelt werden, ob und inwieweit eine schuldhafte Nichtleistung aufseiten des Betroffenen tatsächlich durch datenverarbeitende Private gerichtlich geltend gemacht wird.[1978] Im Falle der Schlechtleistung ist die unsichere Bewertung der Qualität der personenbezogenen Daten in Ansehung des Leistungsversprechens als zusätzliche Hemmnis anzusehen.[1979]

Unabhängig von der sich aus diesen Hemmnissen potentiell resultierenden ökonomischen Unergiebigkeit einer solchen Schadensersatzklage, ist zudem fraglich, ob ein gerichtliches Vorgehen den Interessen des Datenverarbeiters entspricht: Denn einer solchen Durchsetzung im Wege der gerichtlichen Klageerhebung läge stets die Gefahr einer Reputationsschädigung zugrunde.[1980] Das vielfach gezeichnete Bild der gierigen „Datenkrake“ ist dabei nicht nur ein Imageschaden,[1981] sondern kann auch erhebliche wirtschaftliche Konsequenzen mit sich bringen, so etwa, wenn eine nicht unerhebliche Anzahl an potentiellen Nutzern durch eine solche Betitelung von einer Inanspruchnahme des entsprechenden Angebots abschrecken bzw. ihre bereits erteilte datenschutzrechtliche Einwilligung widerrufen würde.[1982]

1977 Vgl. hierzu oben, Kap. 6, A. I. 2. d. bb. (2) (c) (bb).

1978 *Metzger*, AcP 2016, 818 (853).

1979 Vgl. hierzu oben, Kap. 6, A. I. 2. d. bb. (3).

1980 *Schweitzer* in: Körber/Kühling, Regulierung - Wettbewerb - Innovation S. 290.

1981 *Hacker*, ZfPW 2019, 148 (173); *Metzger*, AcP 2016, 818 (853).

1982 Vgl. zu dieser den Vertrag beendenden Widerrufsmöglichkeit oben, Kap. 6, A. I. 2. d. bb. (1). In diesem Kontext ist zudem zu hinterfragen, ob und inwieweit die klare Kenntlichmachung der Bereitstellung (wahrer) Daten als echter, einklagbarer Rechtspflicht mit einer abschreckenden Wirkung auf (potentiel-

Abgeschwächt wird die Praxisrelevanz der rechtlichen Folgen auftretender Leistungsstörungen darüber hinaus durch den Umstand, dass die Einwilligung und die mit ihr korrespondierende Datenerhebung zumeist zeitlich mit der Bereitstellung der jeweils im Gegenzug angebotenen Leistung zusammenfällt.[1983] Mit der dem Betroffenen prinzipiell zustehenden Möglichkeit, sich durch den Widerruf jederzeit von seiner Verpflichtung zu lösen, bedingt dieses zeitliche Zusammenfallen der Leistungshandlungen, dass einklagbaren Sekundäransprüchen aufseiten des Datenverarbeiters regelmäßig keine entscheidende Bedeutung zukommen wird.[1984] Anhand all dieser Gründe ist den Folgen solcher Leistungsstörungen in der Praxis vielmehr allenfalls eine untergeordnete Rolle zuzusprechen.

e. Ausweichen auf gesetzliche Verarbeitungsgrundlage

Angesichts der aufgeführten Schwierigkeiten der Integration des Geschäftsmodells „Dienst gegen Daten“ als synallagmatischer Austausch einer Leistungserbringung Zug um Zug gegen die Erklärung einer datenschutzrechtlichen Einwilligung wird teilweise eine Subsumtion entsprechender Datenverarbeitungen unter eine gesetzliche Legitimationsgrundlage angestrebt[1985] bzw. datenverarbeitenden Privaten aufgrund der im Rahmen der Einwilligung bestehenden (Rechts-)Unsicherheit angeraten.[1986]

aa. Art. 6 Abs. 1 lit. b DS-GVO

Als gesetzliche Legitimationsgrundlage einer Verarbeitung personenbezogener Daten durch Private kommt zunächst Art. 6 Abs. 1 lit. b DS-GVO in Betracht. Nach dieser Norm sind solche Datenverarbeitungen rechtmäßig, welche *„für die Erfüllung eines Vertrags, dessen Vertragspartei die betroffene Person ist, oder zur Durchführung vorvertraglicher Maßnahmen erforderlich“* sind. Durch das Abstellen auf die Erforderlichkeit der entsprechenden Da-

---

le) Nutzer verbunden wäre und daher nicht im Interesse der datenverarbeitenden Anbieter läge.

1983 Vgl. hierzu oben, Kap. 6, A. I. 2. d. bb. (2).

1984 *Langhanke*, Daten als Leistung, S. 125.

1985 So bspw. *Schweitzer* in: Körber/Kühling, Regulierung - Wettbewerb - Innovation S. 281 ff.

1986 *Härting*, ITRB 2017, 42 (43); *Schürmann*, DSB 2018, 159 (159 f.). Allg. für Datenverarbeitungen durch Private auch *Uecker*, ZD 2019, 248 (249).

tenverarbeitung ist für eine Rechtfertigung auf Grundlage des Art. 6 Abs. 1 lit. b DS-GVO stets ein unmittelbarer sachlicher Zusammenhang der Datenverarbeitung mit dem Zweck des in Rede stehenden rechtsgeschäftlichen Schuldverhältnisses notwendig.[1987] Die Eingrenzung auf erforderliche Datenverarbeitungen ist allerdings nicht so eng zu verstehen, dass lediglich solche Verarbeitungen erlaubt werden, die schlechterdings unverzichtbar sind. Der Verantwortliche kann sich daher grundsätzlich auch hinsichtlich solcher Datenverarbeitungen auf Art. 6 Abs. 1 lit. b DS-GVO stützen, welche zwar nicht unabdingbar für die Vertragserfüllung an und für sich sind, sich aber im Kontext des Vertragszwecks als objektiv sinnvoll erweisen.[1988]

Im Bereich datenfinanzierter Angebote ist die Rechtfertigung einer Datenverarbeitung in diesem Zusammenhang folglich etwa dann denkbar, wenn und soweit diese Verarbeitung notwendig ist, um eine Nebenleistung des entsprechenden Dienstes oder Angebots erbringen zu können und die Datenverarbeitung daher auch für den Betroffenen einen Mehrwert besitzt.[1989] Nicht auf diese Rechtfertigungsgrundlage stützbar sind demgegenüber Datenerhebungen, welche lediglich „bei Gelegenheit“ erfolgen, bzw. keinen direkten Zusammenhang mit dem Vertragszweck aufweisen.[1990]

(1) Abgrenzungskriterien

Zur genauen Bestimmung einer in diesem Sinne (noch) erforderlichen Datenverarbeitung i.S.d. Art. 6 Abs. 1 lit. b DS-GVO und einer darüber hin-

---

1987 *Albers/Veit* in: BeckOK DSR, Art. 6, Rn. 32; *Buchner/Petri* in: Kühling/Buchner, DS-GVO, Art. 6 Rn. 39; *Schulz* in: Gola, DS-GVO, Art. 6 Rn. 38.

1988 *Heinzke/Engel*, ZD 2020, 189 (192); *Plath* in: Plath, DSGVO/BDSG, Art. 6 Rn. 20 f.; *Schulz* in: Gola, DS-GVO, Art 6 Rn. 38. Zu einzelnen Beispielen anhand konkreter Fallgruppen s. *Buchner/Petri* in: Kühling/Buchner, DS-GVO, Art. 6 Rn. 47 ff.

1989 Nach *Krohm/Müller-Peltzer*, ZD 2017, 551 (554) kann daher bspw. auch das Tracking des Einkaufsverhaltens eines Nutzers durch einen eCommerce-Anbieter prinzipiell von Art. 6 Abs. 1 lit. b DS-GVO erfasst sein, da hierdurch eine individuelle Beratung und die Unterbreitung interessanter Vorschläge für den Nutzer ermöglicht wird.

1990 *Buchner/Petri* in: Kühling/Buchner, DS-GVO, Art. 6 Rn. 40. *Lutz* in: Specht-Riemschneider, Datenrecht in der Digitalisierung S. 222 sieht daher insbesondere Onlinemarketingmaßnahmen als nicht von Art. 6 Abs. 1 lit. b DS-GVO erfasst an.

ausgehenden Verarbeitung im (ausschließlichen) Eigeninteresse des Verantwortlichen ohne ausreichenden Bezug zum vertraglichen Kontext werden verschiedene Abgrenzungsmöglichkeiten vorgeschlagen.[1991] So lehnen *Wendehorst/Graf v. Westphalen* eine Erforderlichkeit dann ab, wenn die Datenverarbeitung – insoweit in Anlehnung an § 2 Abs. 2 Nr. 11 UKlaG – *„zu Zwecken der Werbung, der Markt- und Meinungsforschung, des Betreibens einer Auskunftei, des Erstellens von Persönlichkeits- und Nutzungsprofilen, des Adresshandels, des sonstigen Datenhandels oder zu vergleichbaren kommerziellen Zwecken“* erfolgt.[1992]

Linardatos stellt einen Vergleich zum Werkvertragsrecht her: Parallel zur Situation, in welcher der Besteller im Werkvertragsrecht ggf. den Werkstoff liefern muss, um die Werksherstellung durch den Werkunternehmer zu ermöglichen, erfasse Art. 6 Abs. 1 lit. b DS-GVO Datenverarbeitungen in Situationen, in welchen diese personenbezogenen Daten für die entsprechende Leistung des Verantwortlichen (technisch) unabdingbar – und daher gerade nicht Teil der Gegenleistung des Betroffenen – seien.[1993]

Der *EDSA* hat in seiner Stellungnahme vom 9.04.2019 für den Bereich digitaler Dienstleistungen verschiedene Kriterien zur Erforderlichkeitsprüfung i.R.d. Art. 6 Abs. 1 lit. b DS-GVO aufgestellt: Im Rahmen der Prüfung, ob die Datenverarbeitung für das jeweilige rechtsgeschäftliche Schuldverhältnis „erforderlich“ ist, sind nach den Leitlinien des *EDSA* im Kontext digitaler Dienste insbesondere die Natur und die spezifischen Charakteristika des zu erbringenden Dienstes, der vertragliche Kerngehalt sowie die essentiellen Vertragselemente und die gegenseitigen Erwartungen der Vertragsparteien – insbesondere unter Berücksichtigung der vernünftigen Erwartungen eines durchschnittlichen Nutzers – zu berücksichtigen.[1994]

1991 Insgesamt lassen sich innerhalb all dieser Abgrenzungsvorschläge starke Parallelen zur „dienenden Einwilligung“ als Unterfall der allg. zivilrechtlichen Einwilligung ziehen (vgl. zu dieser Kategorie der „dienenden“ Einwilligung oben, Kap. 2, A. II. 2. b. aa.).

1992 *Wendehorst/Graf v. Westphalen*, NJW 2016, 3745 (3747); zustimmend *Buchner/Petri* in: Kühling/Buchner, DS-GVO, Art. 6 Rn. 40; *Sattler*, JZ 2017, 1036 (1039 f.).

1993 *Linardatos* in: Specht-Riemschneider, Datenrecht in der Digitalisierung S. 530.

1994 Vgl. *EDSA*, Guidelines 2/2019, S. 9.

(2) Folgerungen für datenfinanzierte Angebote

Auch und gerade Verarbeitungstätigkeiten im Kontext des *„online behavioural advertising“* fallen nach Ansicht des *EDSA* aus dem Anwendungsbereich des Art. 6 Abs. 1 lit. b DS-GVO.[1995] An diesem Ergebnis ändere auch der Umstand nichts, dass solches *behavioural advertising* regelmäßig zur Finanzierung des angebotenen Dienstes betrieben werde.[1996] Diese Lesart des Art. 6 Abs. 1 lit. b DS-GVO entspricht damit in Bezug auf datenfinanzierte (Interne-)Angebote der – überzeugenden – herrschenden Meinung, welche (jedenfalls) solche Verarbeitungen personenbezogener Daten vom Anwendungsbereich der Norm ausnimmt, bei denen die Daten(-verarbeitung) ausschließlich als Ersatz eines monetären Entgelts dient.[1997] Die Notwendigkeit der Datenverarbeitung für die ökonomische Realisierbarkeit der vom Verantwortlichen angebotenen Vertragsleistung soll für sich allein genommen somit gerade nicht ausreichen, um die entsprechende Verarbeitung als erforderlich i.S.d. Art. 6 Abs. 1 lit. b DS-GVO zu qualifizieren.[1998] Im Regelfall ist dem datenverarbeitenden Privaten im Rahmen datenfinanzierter Angebote daher ein Rückgriff auf Art. 6 Abs. 1 lit. b DS-GVO als gesetzliche Verarbeitungsgrundlage nicht möglich.

1995 Vgl. *EDSA*, Guidelines 2/2019, S. 13. S. hierzu auch *Albers/Veit* in: BeckOK DSR, Art. 6 DS-GVO Rn. 32.

1996 Vgl. *EDSA*, Guidelines 2/2019, S. 13.

1997 So *Albers/Veit* in: BeckOK DSR, Art. 6 Rn. 32; *Buchner/Petri* in: Kühling/Buchner, DS-GVO, Art. 6 Rn. 41; *Hennemann*, ZUM 2017, 544 (546); *Golland*, MMR 2018, 130 (131); *Linardatos* in: Specht-Riemschneider, Datenrecht in der Digitalisierung S. 530; *Schmidt-Kessel/Grimm*, ZfPW 2017, 84 (90). Speziell für die Datenerhebung und -Verarbeitung durch *Facebook* BKartA, B6-22/16, BeckRS 2019, 4895 (Rn. 671 ff.). A.A. *Engeler*, ZD 2018, 55 (57 f.) es unter Bezugnahme auf einen „konkret-objektiven Erforderlichkeitsmaßstab“ für zulässig haltend, personenbezogene Daten in diesem Kontext durch entsprechende Ausgestaltung der Vertrags- bzw. Nutzungsbedingungen als „vertragserforderlich“ i.S.d. Art. 6 Abs. 1 lit. b DS-GVO zu deklarieren; ähnlich *Greve* in: Auernhammer, DSGVO/BDSG, Art. 7 DS-GVO Rn. 26; *Schürmann*, DSB 2018, 159 (159 f.) sowie – i. Erg. – *Bräutigam*, MMR 2012, 635 (640), letzterer zugleich das Koppelungsverbot als absoluten Einwilligungsausschluss verstehend; in der Tendenz ebenso *Remmertz*, GRUR-Prax 2018, 254 (255).

1998 Zur spiegelbildlichen Auslegung des Erforderlichkeitsmerkmals i.R.d. Art. 7 Abs. 4 DS-GVO vgl. oben, Kap. 5, C. II. 1.

bb. Art. 6 Abs. 1 lit. f DS-GVO – Überwiegende Interessen

Prinzipiell denkbar ist eine Rechtfertigung solcher Datenverarbeitungen, die (ausschließlich) kommerziellen Interessen des Verantwortlichen dienen, durch Rückgriff auf die gesetzliche Verarbeitungsgrundlage des Art. 6 Abs. 1 S. 1 lit. f DS-GVO. Nach dieser Norm ist die Verarbeitung personenbezogener Daten immer dann (gesetzlich) zulässig, wenn und soweit *„die Verarbeitung* [...] *zur Wahrung der berechtigten Interessen des Verantwortlichen oder eines Dritten erforderlich"* ist, *„sofern nicht die Interessen oder Grundrechte und Grundfreiheiten der betroffenen Person* [...] *überwiegen"*. Soweit der Verantwortliche ein Interesse an der jeweiligen Erhebung und Verarbeitung personenbezogener Daten besitzt und dieses Interesse aus (datenschutz-)rechtlicher Sicht anerkannt ist, kann dem Verantwortlichen die entsprechende Verarbeitung somit auch ohne Einwilligung des Betroffenen gestattet sein.

(1) Interessenabwägung

Erforderlich ist hierzu stets eine Interessenabwägung im Einzelfall.[1999] Im Rahmen dieser Abwägung ist somit neben der Ermittlung des jeweiligen Interesses des Datenverarbeiters[2000] in einem weiteren Schritt zu prüfen, ob und inwieweit das konkrete Interesse als berechtigt und die Verarbeitung als für dieses berechtigte Interesse erforderlich qualifiziert werden kann. Schließlich ist trotz Vorhandensein eines solchen berechtigten Interesses eine entsprechende Datenverarbeitung dann nicht durch Art. 6 Abs. 1 lit. f DS-GVO gerechtfertigt, wenn und soweit die Interessen des Betroffenen am Schutz der jeweiligen personenbezogenen Daten überwiegen.[2001] Im Ergebnis ist für eine Bewertung dahingehend, ob eine Verarbeitung aufgrund überwiegender Interessen des Verantwortlichen i.S.d. Art. 6 Abs. 1 lit f. DS-GVO gerechtfertigt ist, somit eine umfassende Ermittlung der Rechte und Interessen beider Parteien unter Berücksichtigung

---

1999 *Albers/Veit* in: BeckOK DSR, Art. 6 Rn. 49; *Albrecht/Jotzo*, Das neue Datenschutzrecht der EU, Teil 3 Rn. 51.

2000 Sowie ggf. eines Dritten, vgl. Art. 6 Abs. 1 lit. f DS-GVO.

2001 S. zu diesem Prüfungsschema i.R.d. Einzelabwägung ausf. *Kramer* in: Auernhammer, DSGVO/BDSG, Art. 6 DS-GVO Rn. 45 ff. Für verschiedene Praxisbeispiele, bei denen die jeweiligen berechtigten Interessen des Verantwortlichen bzw. des Betroffenen typischerweise überwiegen s. etwa *Buchner/Petri* in: Kühling/Buchner, DS-GVO, Art. 6 Rn. 159 ff.

der jeweiligen Umstände des Einzelfalls erforderlich.[2002] Nach ErwGr 47 S. 2 DS-GVO ist im Rahmen dieser Abwägung die Beziehung zwischen der betroffenen Person und dem Verantwortlichen zu berücksichtigen;[2003] nach ErwGr 47 S. 3 DS-GVO ist überdies zu beachten, ob und inwieweit die betroffene Person *„angesichts der Umstände* [...] *vernünftigerweise absehen kann, dass möglicherweise eine Verarbeitung* [...] *erfolgen wird*". Als weitere wesentliche Kriterien werden daneben insbesondere Art, Inhalt und Aussagekraft der betroffenen Daten sowie der vom Verantwortlichen verfolgte Verarbeitungszweck angesehen.[2004]

(2) Folgerungen für datenfinanzierte Angebote

Da auch (rein) wirtschaftliche Interessen des Verantwortlichen prinzipiell von Art. 6 Abs. 1 lit. f DS-GVO erfasst werden,[2005] lässt sich das Interesse datenverarbeitender Privater an der wirtschaftlichen Verwertung personenbezogener Daten im Kontext datenfinanzierter Angebote dem Grundsatz nach unter Art. 6 Abs. 1 lit. f DS-GVO subsumieren.[2006] Verstärkt wird dieses Verständnis zudem durch ErwGr 47 S. 7 DS-GVO, der eine Datenverarbeitung *„zum Zwecke der Direktwerbung*" explizit als *„eine einem berechtigten Interesse dienende Verarbeitung*" benennt.[2007] Im Einzelfall lassen sich Datenverarbeitungen im Kontext des „Dienst gegen Daten", welche bisher

2002 *Albers/Veit* in: BeckOK DSR, Art. 6 Rn. 51.

2003 Im Bereich datenfinanzierter Angebote hierbei insb. beachtlich *Schulz* in: Gola, DS-GVO, Art. 6 Rn. 13 von dem Erfordernis einer restriktiven Auslegung des Art. 6 Abs. 1 lit. f DS-GVO ausgehend, soweit zwischen den Parteien bereits (bzw. zusätzlich) eine vertragliche Bindung besteht.

2004 *Albers/Veit* in: BeckOK DSR, Art. 6 Rn. 53; *Buchner/Petri* in: Kühling/Buchner, DS-GVO, Art. 6 Rn. 149. Dies entspricht der bisherigen Wertung iRd. § 29 BDSG a.F. vgl. BGH Urt. V. 23.6.2009 – VI ZR 196/08, NJW 2009, 2888 (2891) – *Spickmich*. Im Kontext dessen ist indes zu beachten, dass eine (pauschale) Übernahme bisheriger, nationaler Abwägungskriterien i.R.d. § 29 BDSG a.F. allerdings gerade nicht möglich ist, da die DS-GVO als unionaler Rechtsakt grundsätzlich autonom auszulegen ist, vgl. oben, Kap. 4, B. I. 3 sowie *Scheurer*, Spielerisch selbstbestimmt, S. 71.

2005 *Albers/Veit* in: BeckOK DSR, Art. 6 Rn. 49; *Buchner/Petri* in: Kühling/Buchner, DS-GVO, Art. 6 Rn. 146; *Frenzel* in: Paal/Pauly, DS-GVO, Art. 6 Rn. 28; *Heberlein* in: Ehmann/Selmayr, DS-GVO, Art. 6 Rn. 25; *Kramer* in: Auernhammer, DSGVO/BDSG, Art. 6 DS-GVO Rn. 46.

2006 *Schweitzer* in: Körber/Kühling, Regulierung - Wettbewerb - Innovation S. 281 f.

2007 *Heckmann/Paschke* in: Ehmann/Selmayr, DS-GVO, Art. 7 Rn. 100. Speziell zur Zulässigkeit der Datenverarbeitung zum Zwecke des Online-Marketings i.R.d.

typischerweise (zumindest auch)[2008] auf eine datenschutzrechtliche Einwilligung gestützt wurden unter Rückgriff auf die gesetzliche Legitimationsgrundlage des Art. 6 Abs. 1 lit. f DS-GVO rechtfertigen.[2009]

(a) Hohes Maß an Rechtsunsicherheit bei Fehlbewertung

Für datenverarbeitende Private ist mit der (alleinigen) Berufung auf überwiegende Interessen i.S.d. Art. 6 Abs. 1 lit. f DS-GVO allerdings ein hohes Maß an Rechtsunsicherheit verbunden:[2010] Denn eine hinreichend belastbare Vorhersage dahingehend, welche Voraussetzungen im Einzelfall gegeben sein müssen, damit ein entsprechendes Überwiegen der (berechtigten) Interessen des Verantwortlichen angenommen werden kann, ist jedenfalls zum jetzigen Zeitpunkt kaum absehbar.[2011] So ist etwa im (für datenfinanzierte Angebote regelmäßig besonders relevanten) Bereich des Werbescorings[2012] umstritten, ob und inwieweit dieses durch Art. 6 Abs. 1 lit. f DS-GVO ermöglicht wird. Zwar wird teilweise angenommen, das Werbescoring diene auch den Interessen des Betroffenen, da der Einzelne infolgedessen nur Werbung erhalte, welche seinen Präferenzen entspreche und eine datenbasierte Profilbildung auch und gerade vor diesem Hintergrund als von der Norm umfasst angesehen.[2013] Von anderen wird die Datenverar-

---

Art. 6 Abs. 1 lit. f *Lutz* in: Specht-Riemschneider, Datenrecht in der Digitalisierung S. 220 ff.

2008 Zur Alternativität der einzelnen Verarbeitungsgrundlagen bzw. der Möglichkeit der kumulativen Berufung auf mehrere, parallel einschlägige Verarbeitungsgrundlagen des Art. 6 Abs. 1 DS-GVO durch den Verantwortlichen s. unten, Kap. 6, B. II. 1.

2009 Hierfür plädierend insb. *Schweitzer* in: Körber/Kühling, Regulierung - Wettbewerb - Innovation S. 281 ff.; ähnlich *Härting*, ITRB 2017, 42 (43). Dies prinzipiell für möglich haltend auch *Heckmann/Paschke* in: Ehmann/Selmayr, DS-GVO, Art. 7 Rn. 100; *Schantz/Wolff*, Das neue Datenschutzrecht, Rn. 553. In der Tendenz auch *Hacker*, ZfPW 2019, 148 (162).

2010 *Buchner/Petri* in: Kühling/Buchner, DS-GVO, Art. 6 Rn. 142 ff.; *Schweitzer* in: Körber/Kühling, Regulierung - Wettbewerb - Innovation S. 282. Eine Rechtfertigung der Datenverarbeitung durch *Facebook* auf Grundlage des Art. 6 Abs. 1 lit. f DS-GVO ablehnend bspw. BKartA, B6-22/16, BeckRS 2019, 4895 (Rn. 727 ff.)

2011 Vgl. hierzu auch *Bergt*, CR 2016, 670 (670 f.); *DSK*, Kurzpapier Nr. 3 S. 1.

2012 S. zu diesem Begriff *Schulz* in: Gola, DS-GVO, Art. 6 Rn. 75. Zum Begriff des Scorings allg. oben, Kap. 4, A. I. 1 b.

2013 So explizit *Schulz* in: Gola, DS-GVO, Art. 6 Rn. 75 f., sich daneben auch darauf berufend, die Zulässigkeit einer solchen Profilbildung werde implizit durch beitung zum Zwecke der Profilbildung dagegen aber als für den Betroffenen besonders sensibel und daher als (prinzipiell) nicht auf die Verarbeitungsgrundlage des Art. 6 Abs. 1 lit. f stützbar eingestuft.[2014] Die Rechtfertigung einer Verarbeitung personenbezogener Daten über diese Norm ist, auch und gerade im Falle wirtschaftlicher Interessen des Verantwortlichen an der Datenverarbeitung, somit stets mit der Gefahr einer Fehleinschätzung bzw. einer anderweitigen Bewertung durch die Gerichte oder Aufsichtsbehörden verbunden. Inwieweit eine Reduktion der hierdurch bestehenden Rechtsunsicherheit durch verschiedene Instrumente und Mechanismen der DS-GVO erreicht werden kann,[2015] lässt sich (jedenfalls) im Hinblick darauf bezweifeln, dass (bisher) kein belastbarer Konsens über das mit einer Datenverarbeitung verknüpfte Risikopotential für den jeweiligen Betroffenen besteht.[2016] Angesichts der wesentlich erhöhten Sanktionsmöglichkeiten im Falle unrechtmäßiger Datenverarbeitungen liegt hierin ein nicht zu unterschätzendes Risikopotential für datenverarbeitende Private, sodass schon aus diesem Grund zu hinterfragen ist, ob sich die Legitimation entsprechender Datenverarbeitungen über eine datenschutzrechtliche Einwilligung für Anbieter datenfinanzierter Angebote nicht als die (zum jetzigen Zeitpunkt) (rechts-)sicherere Alternative darstellt.[2017]

ein entspr. Widerrufsrecht i.R.d. Profilbildung zu Werbezwecken in Art 21 Abs. 2 DS-GVO vorausgesetzt.

2014 So etwa *Buchner/Petri* in: Kühling/Buchner, DS-GVO, Art. 6 Rn. 153; in der Tendenz auch *DSK*, Kurzpapier Nr. 3 S. 2. i. Erg. ebenfalls annehmend, (Online-)Marketingmaßnahmen ließen sich rglm. nur auf die Einwilligung stützen *Golland*, MMR 2018, 130 (130); *Lutz* in: Specht-Riemschneider, Datenrecht in der Digitalisierung S. 223; *Schantz* in: *Schantz/Wolff*, Das neue Datenschutzrecht, Rn. 666; a.A. dagegen *Ettig*, K&R 2018, 669 (670 ff.); *Galetzka*, K&R 2018, 675 sowie *Plath/Grages*, CR 2018, 770 (773) auch und gerade die Positionierung der *DSK* krit. hinterfragend.

2015 Zu den verschiedenen Möglichkeiten und Instrumenten zählen etwa Leitlinien, Empfehlungen und bewährte Verfahren des *EDSA* (Art. 70 Abs. 1 DS-GVO), die Tätigkeitsberichte von Aufsichtsbehörden (Art. 59 DS-GVO) sowie Zertifizierungen von Verhaltensregeln (Art. 40 ff. DS-GVO). S. ausf. *Bergt*, CR 2016, 670 (671 ff.).

2016 Vgl. hierzu oben, Kap. 4, A. II. 2.

2017 Zu dieser Einschätzung kommend *Schätzle*, PinG 2017, 203 (203).

(b) Gesetzlich limitierte Datenverarbeitung

Die Möglichkeit der Rechtfertigung datenverarbeitender Tätigkeiten über die Interessenabwägung des Art. 6 Abs. 1 lit. f DS-GVO ist darüber hinaus jedenfalls limitiert. Denn auch bei einer prinzipiellen Möglichkeit der Rechtfertigung bestimmter Verarbeitungen im Kontext datenfinanzierter Angebote unter Rekurs auf diese Norm ist dem datenverarbeitenden Privaten stets nur das jeweils gesetzlich erlaubte (Aus-)Maß gestattet. Dies gilt zum einen für die Art der personenbezogenen Daten; so ist etwa die Verarbeitung besonderer Kategorien personenbezogener Daten von vorneherein nicht auf Grundlage des Art. 6 Abs. 1 lit. f DS-GVO möglich.[2018] Zum anderen ist auch das Ausmaß der Datenverarbeitung – entsprechend dem Gebot der Datensparsamkeit – auf das jeweils erforderliche Minimum beschränkt. Gerade der Blick auf prominente Beispiele datenfinanzierter Angebote zeigt, dass diese regelmäßig zu einem Umfang der Erhebung und Verarbeitung personenbezogener Daten tendieren, welcher schwerlich vollständig durch Art. 6 Abs. 1 lit. f DS-GVO gerechtfertigt werden kann.[2019] Die Einwilligung bietet demgegenüber gerade die (prinzipielle) Möglichkeit einer Verarbeitung sämtlicher personenbezogener Daten zu sämtlichen Zwecken und damit einer Datennutzung über den von den gesetzlichen Rechtfertigungen umfassten Umfang hinaus.[2020]

f. Schlussfolgerungen

Insgesamt ergibt sich mit Blick auf die Einwilligung als Legitimationsgrundlage einer Datenverarbeitung für den Sonderbereich datenfinanzierter Geschäftsmodelle ein gespaltenes Bild. So lässt sich das vertragliche Verhältnis zwischen den Parteien im Ausgangspunkt als synallagmatischer (Daten-)Austauschvertrag definieren, bei welchem die Abgabe einer datenschutzrechtlichen Einwilligung den Inhalt der Leistungspflicht des Betroffenen bildet. Aufgrund der (datenschutzrechtlichen) Besonderheiten ist

---

2018 *DSK*, Kurzpapier Nr. 3 S. 2; *Taeger* in: Taeger/Gabel, DSGVO, Art. 6 Rn. 102.

2019 So auch die Einschätzung des BKartA bzgl. der Datenerhebung durch *Facebook*, vgl. BKartA, B6-22/16, BeckRS 2019, 4895 (Rn. 727 ff.)

2020 *Golland*, MMR 2018, 130 (134); *Schafft/Ruoff*, CR 2006, 499 (502).

aber vielfach eine Modifizierung der allgemeinen Schuldrechtssystematik geboten.[2021]

Als mit dem allgemeinen nationalen Schuldrecht nur schwer vereinbar ist dabei insbesondere die der Einwilligung stets immanente Widerrufsmöglichkeit des Betroffenen anzusehen. Daneben ist vielfach eine besondere Berücksichtigung des persönlichkeitsrechtlichen Einschlags der datenschutzrechtlichen Einwilligung insofern geboten, als nur von einer eingeschränkten Durchsetzbarkeit des korrespondierenden Leistungsanspruchs des Datenverarbeiters auszugehen ist.

Da der Datenverarbeiter in besonderer Weise eine (Mit-)Verantwortung für den Eintritt des Leistungserfolgs des ihm zustehenden Anspruchs insoweit trägt, als eine wirksame Einwilligung nur bei datenschutzkonformer Ausgestaltung der Einwilligungseinholung durch den Verantwortlichen angenommen werden kann, hat auch und gerade die rechtliche Ausgestaltung der datenschutzrechtlichen Einwilligung erhebliche Auswirkungen auf die Praxis datenfinanzierter Geschäftsmodelle. Die im Zuge des Erlasses der DS-GVO verschärfte Informationspflicht des Verantwortlichen könnte sich angesichts dessen als substantielles Hemmnis für das Geschäftsmodell datenfinanzierter Angebote erweisen. Denn den datenverarbeitenden Privaten trifft hinsichtlich dieser Informationspflicht neben dem datenschutzrechtlichen Haftungsrisiko[2022] zusätzlich die Gefahr, sein auf Vertragsebene angestrebtes Geschäftskonzept aufgrund einer Unwirksamkeit der Einwilligung und einer daraus resultierenden Unrechtmäßigkeit der geplanten Datenverarbeitung zu verfehlen. Verschärft wird dieser Umstand durch die fehlende Klarheit der DS-GVO hinsichtlich des Umfangs und des Ausmaßes der Informationspflicht im Einzelfall.

Daneben sieht sich ein solches Geschäftsmodell stets der Gefahr eines Erfasstwerdens vom Koppelungsverbot ausgesetzt. Denn auch bei einer nur relativen Wirkung des Art. 7 Abs. 4 DS-GVO liegt dem Koppelungsverbot zumindest ein potentielles Risiko für den Bereich datenfinanzierter Geschäftsmodelle zugrunde. Umso schwerer wiegt die Tatsache, dass sich für die Beurteilung einer unzulässigen Koppelung im Einzelfall gerade im Bereich digitaler Angebote kaum klare und allgemeingültige Kriterien aufstellen lassen. Durch die Pflicht zur Einwilligungserteilung im Wege eines *Opt-In* ist der Datenverarbeiter darüber hinaus darauf angewiesen, dass sich

---

2021 Ein „*spezifisches Datenschuldrecht*" fordert daher bspw. *Schmidt-Kessel/Grimm*, ZfPW 2017, 84 (102).

2022 Vgl. hierzu, insb. zu den Sanktionen im Falle einer Datenverarbeitung auf Grundlage einer unwirksamen Einwilligung oben, Kap. 3, A. III. 3.

der Betroffene in, gegenüber der bisherigen Rechtslage, verstärkt aktiver Weise für die entsprechende Verarbeitung personenbezogener Daten entscheidet.

Nichtsdestotrotz ist die Einwilligung diejenige Verarbeitungsgrundlage, welche – prinzipiell – die weitreichendste Verarbeitung personenbezogener Daten zu rechtfertigen vermag. Aufgrund dessen ist davon auszugehen, dass der datenschutzrechtlichen Einwilligung (*de lege lata*)[2023] im Bereich datenfinanzierter Angebote auch zukünftig eine (Schlüssel-)Rolle zukommen wird.[2024]

3. Zwischenergebnis Datenverarbeiter

Die vorliegend für die Anbieter datenfinanzierter Leistungen ermittelten Risiken lassen sich – zumindest in ihrer Tendenz – auch allgemein auf die Verarbeitung personenbezogener Daten im privaten Sektor übertragen. Dabei ist insbesondere das Koppelungsverbot – auch und eventuell sogar gerade bei Zugrundelegung einer rein relativen Wirkung – ein signifikanter Risikofaktor für datenverarbeitende Private, soweit die Verarbeitung personenbezogener Daten auf Grundlage einer Einwilligung in einem – ggf. auch erweiterten – Zusammenhang mit dem Abschluss eines Vertrags steht. Denn soweit es sich bei den verarbeiteten Daten nicht offensichtlich um vertragsimmanente Daten handelt,[2025] ist die Datenverarbeitung stets dem Vorwurf einer unzulässigen Koppelung ausgesetzt. Bis zu einer (u.U. langwierigen gerichtlichen) Klärung im Einzelfall ist der Verantwortliche bei (Weiter-)Verarbeitung der Daten nicht zu unterschätzenden Sanktionsrisiken ausgesetzt.[2026] Ein ähnliches Bild zeichnet sich mit Blick auf die verschärften und erweiterten Informationspflichten des Verantwortlichen ab. Die rechtssichere Datenverarbeitung durch klare Verarbeitungsgrundlagen wurde damit durch die Novellierung der Einwilligung im Rahmen der DS-GVO jedenfalls nicht gestärkt.[2027]

Unter Vergegenwärtigung der im Kapitel 4 der Arbeit ermittelten elementaren Interessen des Datenverarbeiters[2028] ist in die Bewertung indes

2023 Zur Möglichkeit eines Alternativkonzepts *de lege ferrenda* s. unten, Kap. 6, B.

2024 So insb. *Sattler*, JZ 2017, 1036 (1039), die Einwilligung als „*Nukleus des künftigen Datenschuldrechts*“ betitelnd.

2025 S. zu diesem Fall oben, Kap. 3, B. II. 3. a. aa. (1).

2026 Vgl. oben, Kap. 3, A. III. 3.

2027 I. Erg. ähnlich *Specht*, GRUR Int. 2017, 1040 (1046).

2028 Vgl. zu diesen Interessen oben, Kap. 4, A. I. 4.

auch das grundlegende Interesse datenverarbeitender Privater am Vertrauen betroffener Personen einzustellen. Denn nur wenn Betroffene in die Integrität und Sicherheit der Datenverarbeitung vertrauen, lässt sich das Potential der Verarbeitung personenbezogener Daten voll ausschöpfen.[2029] Gelingt der Einwilligungsregelung der DS-GVO eine Überwindung bzw. substantielle Abschwächung bisheriger Kritikpunkte[2030] und kommt es im Zuge dessen zu einer Stärkung von Vertrauen in und Akzeptanz gegenüber der Datenverarbeitung durch betroffene Personen, könnte sich dieser Umstand – zumindest langfristig – auch positiv auf die datenverarbeitende (Privat-)Wirtschaft auswirken. Die zu konstatierenden Negativpunkte, insbesondere also die Unklarheiten hinsichtlich der Informationspflicht und des Koppelungsverbots sowie der allgemeine Umsetzungsaufwand wären dann ggf. – auch und gerade da es sich bei diesen zumindest teilweise um zeitlich begrenzte Phänomene handelt – als weniger bedeutsam zu werten. Eine abschließende Bewertung der Einwilligung als Legitimationsgrundlage einer Verarbeitung personenbezogener Daten im privaten Sektor ist mithin nicht ohne einen Blick auf die Auswirkungen der Neugestaltung der Einwilligung auf Betroffenenseite möglich.

II. Betroffene Person

Auf Betroffenenseite ist für eine Bewertung der Neugestaltung der Einwilligung nach Art. 6 Abs. 1 lit. a, 7 DS-GVO insbesondere in Blick zu nehmen, ob und inwieweit die Einwilligungsgestaltung der DS-GVO in der Lage ist, die bisher bestehenden Schwächen der datenschutzrechtlichen Einwilligung zu überwinden. Im Kern geht es also um die Frage, ob und inwieweit die Neuregelung dazu beiträgt, dem Betroffenen eine informierte und freie Entscheidung hinsichtlich der Verarbeitung ihn betreffender personenbezogener Daten zu ermöglichen und der Einwilligung daher tatsächlich die Verwirklichung informationeller Selbstbestimmung des Einzelnen zugesprochen werden kann.

2029 Vgl. oben, Kap. 4, A. I. 4. c.
2030 Vgl. zu diesen Schwächen oben, Kap. 2, B. II.

1. Kognitive Elemente

Auf kognitiver Ebene wird der datenschutzrechtlichen Einwilligung insbesondere entgegengehalten, eine tatsächlich informierte Entscheidung sei dem Betroffenen *de facto* nicht möglich. Denn eine solche informierte Entscheidung würde voraussetzen, dass der Betroffene in der Lage ist, Risiken und Ausmaß der beabsichtigten Datenverarbeitung zu überblicken. Die vorhandenen Informations- und sonstigen, der rationalen Entscheidungsfindung des Betroffenen dienenden (Transparenz-)Pflichten des Verantwortlichen seien insofern unzureichend, da diese Pflichten in der Realität nicht zu einer fundierten Wissens- und damit Entscheidungsgrundlage aufseiten des Einwilligenden führten.[2031]

a. Information overload

In den Blick rückt in diesem Kontext insbesondere das grundsätzliche Problem der unzureichenden Informationsgrundlage des Betroffenen. Dabei lässt sich feststellen, dass die mangelnde Informiertheit des Betroffenen in der Regel nicht auf eine mangelnde Bereitstellung entsprechender Angaben durch den Verantwortlichen zurückzuführen ist, sondern vielmehr trotz bzw. gerade aufgrund einer umfangreichen Informationserteilung des Datenverarbeiters besteht.

aa. Umfang der Informationserteilung

Zurückzuführen ist dieses Phänomen des *information overload*[2032] zum einen auf Länge und Ausmaß der einzelnen „Datenschutzerklärung" – also den Umfang der die einzelne Datenverarbeitung begleitenden Informationserteilung. Zum anderen ist zu verweisen auf die hohe Gesamtanzahl der einwilligungsbasierten Datenverarbeitungen, mit denen der Einzelne typischerweise regelmäßig konfrontiert wird.[2033] Dabei ist das Phänomen zu beobachten, dass eine Vielzahl an Einzelinformationen zwar auf Seiten des Betroffenen ein verstärktes Vertrauen in die eigene Entscheidung hin-

2031 Vgl. hierzu ausf. oben, Kap. 2, B. II. 2.
2032 Vgl. zur Begrifflichkeit oben, Kap. 2, B. II. 2. a. sowie Kap. 5, A. II. 4. c. bb.
2033 *Schantz* in: Simitis/Hornung/Spiecker gen. Döhmann, DSGVO, Art. 6 Abs. 1 Rn. 4. Vgl. hierzu ausf. oben, Kap. 2, B. II. 2. a .

sichtlich der jeweiligen Verarbeitung ihn betreffender personenbezogener Daten hervorrufen kann,[2034] ein solches Überangebot an Informationen aber *de facto* das Risiko einer weniger belastbaren Entscheidungsbasis in sich birgt, da der Betroffene die Informationen nicht ausreichend filtern und entscheidende Informationen daher bereits nur schlecht als solche erkennen kann.[2035]

Vor diesem Hintergrund erscheinen die umfangreichen Informationspflichten der DS-GVO nach Art. 12 ff.[2036] zwar dem vordergründigen Interesse des Betroffenen an einer Vielzahl an Einzelinformationen zu entsprechen – ob hiermit im Ergebnis eine tatsächliche Verdichtung der Informationsgrundlage des Betroffenen einhergeht, ist aber stark zu bezweifeln. Denn schon der sich aus der bloßen Anzahl der in Art. 13 f. DS-GVO geforderten Angaben ergebende Umfang der zu erteilenden Informationen ist für den jeweiligen Betroffenen in der Regel kaum überschaubar. An dieser Einschätzung vermag auch das Transparenzgebot des Art. 12 Abs. 1 S. 1 DS-GVO[2037] nichts zu ändern. Denn selbst eine Informationserteilung, die die insoweit geforderten Kriterien einer präzisen, transparenten und leicht zugänglichen sowie verständlichen Informationsbereitstellung erfüllt, ist hinfällig, soweit sich der Betroffene angesichts des bloßen Umfangs der bereitgestellten Einzelangaben in tatsächlicher Hinsicht keinen Überblick über die beabsichtigte Datenverarbeitung verschaffen kann. Der – gegenüber der vorherigen Rechtslage unter dem BDSG a.F. teilweise noch erhöhte[2038] – Umfang der Informationserteilung im Rahmen der einwilligungsbasierten Datenverarbeitung birgt somit in besonderer Weise das Risiko einer unzureichenden Informiertheit des Betroffenen aufgrund eines *information overload* in sich.

2034 *Oskamp*, Journal of Consulting Psychology 1965, 261 (264). Zum hieraus resultierenden Effekt einer vermeintlichen Kontrollierbarkeit der Datenverarbeitung durch den Betroffenen s. unten, Kap. 6, A. II. 2.

2035 *Lindstädt*, Beschränkte Rationalität, S. 211; *O'Reilly*, Academy of Management Journal 1980, 684 (685 f.); *Specht-Riemenschneider/Bienemann* in: Specht-Riemschneider, Datenrecht in der Digitalisierung S. 329.

2036 Vgl. im Einzelnen oben, Kap. 5, A. I.

2037 Das Transparenzgebot fordert nach Art. 12 Abs. 1 S. 1 DS-GVO insbesondere eine Informationserteilung *„in präziser, transparenter, verständlicher und leicht zugänglicher Form in einer klaren und einfachen Sprache“*. Vgl. zu diesem Transparenzgebot und den sich aus diesem Gebot ergebenden Konsequenzen im Rahmen der Einwilligungsgestaltung ausf. oben, Kap. 3, B. II. 1. b.

2038 S. zu den Informationspflichten i.R.d. Einwilligung nach § 4a BDSG a.F. *Simitis* in: Simitis, BDSG 2014, § 4a Rn. 70 ff.

bb. Unschärfe der Information

Eine hinreichend zutreffende Folgenabschätzung bzw. Risikobewertung durch den Betroffenen ist darüber hinaus häufig infolge einer, durch die jeweilige Datenverarbeitung bedingten, gewissen inhaltlichen Unschärfe der Informationen erschwert. Denn selbst wenn im Einzelfall eine Informationserteilung gelingt, welche die wesentlichen Punkte der beabsichtigten Verarbeitung erfassbar macht, lässt sich für den Betroffenen allein hieraus im Regelfall kein eindeutiger Schluss auf das Risikopotential dieser Datenverarbeitung ziehen.[2039] So scheitert die Verständlichkeit der entsprechenden bereitgestellten Informationen teilweise schon am fehlenden (technischen) Grundwissen des Betroffenen;[2040] insbesondere welches Wissen über eine Person aufgrund der Verknüpfungs- und Verwendungsmöglichkeit einzelner Daten generiert werden kann, ist für den einzelnen – auch technisch versierten – Betroffenen vielfach nur unzureichend absehbar.[2041]

Zurückzuführen ist die mangelnde Kalkulierbarkeit der Folgen einer Verarbeitung personenbezogener Daten zudem darauf, dass die mit der Verarbeitung verknüpften Risiken zumeist (lediglich) Risiken potentieller Art sind – ob und ggf. in welchem Ausmaß die Datenverarbeitung tatsächlich negative Konsequenzen für den Betroffenen hat, ist somit nicht klar voraussehbar und zumeist von mehreren Faktoren abhängig.[2042] Verstärkend kommt hinzu, dass die möglichen (negativen) Folgen in der Regel nicht direkt, sondern unter Umständen erst zu einem weit späteren Zeitpunkt eintreten (können). Schließlich wird die Abwägung vom Betroffenen erkannter Risiken zudem durch den Umstand erschwert, dass es sich bei den möglichen negativen Folgen in der Regel um nicht-monetäre Kosten handelt, bei denen *per se* eine gewisse Bewertungsunschärfe besteht.[2043]

2039 *Prantl*, DuD 2016, 347 (349). Für eine Stärkung entsprechender Kompetenzen i.S.e. (staatlichen) „Datenschutzerziehung" durch Etablierung eines „Datenschutzkompetenzfachs" *Scheurer*, Spielerisch selbstbestimmt, S. 222 ff.

2040 *Hermstrüwer*, Informationelle Selbstgefährdung, S. 237. Vgl. hierzu ausf. oben, Kap. 2, B. II. 2. a. bb.

2041 *Acquisti/Grossklags* in: Acquisti, Digital privacy S. 368; *Acquisti/Grossklags*, IEEE Security & Privacy 2005, 24 (27); *Buchner*, Informationelle Selbstbestimmung im Privatrecht, S. 106 f.; *Hermstrüwer*, Informationelle Selbstgefährdung, S. 98 f.

2042 Vgl. hierzu ausf. oben, Kap. 4, A. II. 2.

2043 *Acquisti/Grossklags* in: Acquisti, Digital privacy S. 368. *Hermstrüwer*, Informationelle Selbstgefährdung, S. 44 spricht daher von *„diffuse*[n] *Risiken"*.

Die Vornahme einer realistischen Risikoprognose erscheint damit für den durchschnittlichen Betroffenen – auch soweit er die Informationsangaben inhaltlich erfassen kann – kaum möglich.

b. Rationalitätsdefizite

In der vorliegenden Arbeit wurde bereits herausgearbeitet, dass dem Betroffenen eine zutreffende Risikobewertung überdies aufgrund bestimmter Rationalitätsdefizite erschwert wird.[2044] Im Folgenden ist auf diese Phänomene kognitiver Verzerrungen (*cognitive bias*) zurückzukommen und zu untersuchen, ob und inwieweit sich diese Rationalitätsdefizite auch auf Informationserteilung nach Art. 12 ff. DS-GVO auswirken.

aa. Cognitive bias

Dem klassischen, insbesondere im Bereich wirtschaftlicher Untersuchungen zur Anwendung kommenden Entscheidungsfindungsmodell liegt die Annahme des *homo oeconomicus*[2045] zugrunde – eines streng rational handelnden Menschen, der ausschließlich nach wirtschaftlichen Gesichtspunkten handelt und im Sinne der größtmöglichen Nutzenmaximierung entscheidet.[2046]

Untersuchungen der Psychologie, Soziologie und der Neurowissenschaften zeigen indes, dass der Mensch innerhalb seines Entscheidungsprozesses *de facto* gerade kein rein rationales Denk- bzw. Handlungsmuster verfolgt.[2047] Entscheidend geprägt wird die Entscheidung des Einzelnen vielmehr auch und gerade von emotionalen Effekten. Darüber hinaus entstehen auf rationaler Ebene Wahrnehmungsverzerrungen, (*cognitive bias*), die eine irrationale Entscheidung des Betroffenen begünstigen. Hierbei handelt es sich zwar grundsätzlich um ein allgemeines, bei allen menschlichen

---

2044 Vgl. oben, Kap. 3, B. II. 2. a. cc sowie Kap. 5, B. I. 4. c. bb.

2045 Umfassend hierzu *Hacker*, Verhaltensökonomik und Normativität, S. 29 ff.

2046 S. hierzu ausf. *Jungermann/Pfister/Fischer*, Die Psychologie der Entscheidung, S. 205; *Renn*, Das Risikoparadox, S. 160; *Renn/Schweizer/Dreyer/Klinke*, Risiko, S. 38; *Tversky/Kahneman*, Science 1981, 453 (453); *Wüstehube*, Rationalität und Hermeneutik, S. 118.

2047 S. hierzu allg. *Acquisti/Grossklags* in: Acquisti, Digital privacy S. 364; *Wüstehube*, Rationalität und Hermeneutik, S. 123 f. Grundlegend *Hacker*, Verhaltensökonomik und Normativität, S. 42 ff.

Entscheidungen auftretendes Phänomen, je nach Entscheidungssituation bzw. -Gegenstand kommt es aber zu einer Kumulation solcher kognitiver Verzerrungen und damit zu einer in besonderer Weise verzerrten Entscheidungsfindung – im Einzelfall bis hin zu einer irrationalen, entgegen den eigenen Grundinteressen erfolgenden Entscheidung des Einzelnen.

bb. Cognitive bias bei der Risikobewertung einer Datenverarbeitung

Eine solche Häufung bestimmter kognitiver Verzerrungseffekte lässt sich auch im Falle der Risikobewertung einer Verarbeitung personenbezogener Daten beobachten.

(1) Availability heuristic

Zurückführen lässt sich die Fehleranfälligkeit der Risikobewertung in erster Linie auf die mangelnde Greifbarkeit der mit der Verarbeitung möglicherweise verbundenen negativen Folgen.[2048] Da die menschliche Risikobewertung auch und gerade von der emotionalen Verfügbarkeit möglicher negativer Folgen geprägt ist, hängt das Ausmaß des vom Einzelnen gefühlten Risikos in besonderer Weise von der Existenz mentaler Vorstellungsbilder ab, welche das Risiko für den Einzelnen erlebbar machen.[2049] Konkret bedeutet dies, dass mögliche negative Folgen vor allem dann vom Einzelnen wahrgenommen werden, wenn und soweit diese Folgen einfach visualisierbar sind. Je plastischer solche mentalen Vorstellungsbilder sind und je leichter der Einzelne sich das jeweilige Ereignis infolge dessen vorstellen bzw. aus seinem Gedächtnis abrufen kann, umso deutlicher wird das Risiko vom Einzelnen wahrgenommen (sog. *„Verfügbarkeitseffekt" bzw." availability heuristic"*).[2050] Mangelt es dagegen an der Verfügbarkeit solcher mentaler Vorstellungsbilder führt dies im Regelfall zu einer Unterschätzung des jeweiligen Risikos.[2051] Die Unschärfe bzw. Unsicherheit hinsichtlich der aus der Verarbeitung personenbezogener Daten resultieren-

---

2048 Vgl. hierzu schon oben, Kap. 4, A. II. 2.

2049 *Hertwig/Erev*, Trends in Cognitive Science 2009, 517 (518).

2050 S. hierzu ausf. *Jungermann/Pfister/Fischer*, Die Psychologie der Entscheidung, S. 173; *Hacker*, Verhaltensökonomik und Normativität, S. 93 ff.; *Kahneman*, Schnelles Denken, langsames Denken, S. 174 ff.; *Renn*, Das Risikoparadox, S. 184 f.

2051 *Hertwig/Erev*, Trends in Cognitive Science 2009, 517 (518).

der Risiken und das hierdurch bedingte Fehlen entsprechender exemplarischer Vorstellungsbilder in diesem Bereich führt somit zu einer prinzipiellen Fehlbewertung der mit der Datenverarbeitung verbundenen Risiken auf Seiten des Betroffenen.[2052]

(2) Unrealistic optimism

Verstärkt wird diese potentielle Fehlgewichtung der mit einer Datenverarbeitung verbundenen Risiken durch die tendenzielle Neigung des Menschen, die Wahrscheinlichkeit zu unterschätzen, selbst Subjekt eines schädigenden Ereignisses zu werden.[2053] Der Einzelne unterliegt tendenziell dem Trugbild einer überoptimistischen Grundhaltung (sog. *„unrealistic optimism effect“*) und hieraus folgend der Gefahr, entsprechende Risiken unzureichend zu gewichten.[2054]

Im Kontext der datenschutzrechtlichen Einwilligung tritt hinzu, dass der Betroffene aufgrund der ausführlichen – und damit vermeintlich auch aussagekräftige – Informationsangaben des Verantwortlichen Gefahr läuft, die eigene Kontrollmöglichkeit bzgl. dieser Datenverarbeitung zu überschätzen.[2055] Während die Pflicht des Verantwortlichen zur Bereitstellung ausführlicher Informationen im Rahmen der Einwilligungseinholung somit in objektiver Hinsicht die Gefahr birgt, die vom Betroffenen vorzunehmende Risikoprognose infolge eines *information overload* zu erschweren, gibt diese Informationsfülle dem Betroffenen subjektiv das Gefühl einer (zumindest in dieser Form) real nicht existierenden eigenen Kontrollmöglichkeit der entsprechenden Datenverarbeitung. Auch vor diesem Hintergrund stellt sich die Pflicht zur Bereitstellung umfangreicher Einzelinformationen nach Art. 12 ff. DS-GVO somit als wenig überzeugend dar, um

---

2052 So auch *Acquisti/Grossklags*, IEEE Security & Privacy 2005, 24 (24); *Hermstrüwer*, Informationelle Selbstgefährdung, S. 277 ff.

2053 Vgl. hierzu bereits oben, Kap. 2, B. II. 2. a. cc.

2054 S. hierzu auch *Acquisti/Grossklags* in: Acquisti, Digital privacy S. 372; *Hacker*, Verhaltensökonomik und Normativität, S. 87 ff.; *Metzger*, AcP 2016, 818 (830); *Renn*, Das Risikoparadox, S. 189 f. sowie allg. zum Phänomen des *overconfidence Jungermann/Pfister/Fischer*, Die Psychologie der Entscheidung, S. 189.

2055 *Hermstrüwer*, Informationelle Selbstgefährdung, S. 309; *Kahneman*, Schnelles Denken, langsames Denken, S. 320. S. zu diesem Phänomen allg. *Jungermann/Pfister/Fischer*, Die Psychologie der Entscheidung, S. 193; *Lindstädt*, Beschränkte Rationalität, S. 267.

das Problem der Abgabe einer datenschutzrechtlichen Einwilligung ohne hinreichend informierte Grundlage abzufangen.

(3) Zeitabhängigkeit, Datenaggregation und peanuts effect

Die möglichen negativen Folgen einer Verarbeitung personenbezogener Daten liegen für den von der Datenverarbeitung Betroffenen zumeist in ferner Zukunft.[2056] Da Gefahren vom Einzelnen klassischerweise als umso geringer gewertet werden, je weiter sie in der Zukunft liegen,[2057] trägt diese Zeitabhängigkeit zu einer generellen Unterbewertung im Rahmen der Risikoprognose bei.

Daneben muss der Betroffene im Einzelfall stets nur über die Einwilligung in eine Verarbeitung einzelner oder zumindest überschaubarer Informationsbruchstücke entscheiden. Das eigentliche Gefahrenpotential – insbesondere mit Blick auf Analysetools im Bereich von Big Data – ergibt sich aus der vielfachen Verwendungs- und Verknüpfungsmöglichkeit dieser Einzelinformationen.[2058] Studien belegen, dass die Möglichkeit der Informationsgewinnung anhand einzelner Informationsbruchstücke durch den hiervon Betroffenen in elementarer Weise unterschätzt wird.[2059] Angesichts dessen liegt die Annahme nahe, dass solchen Einzelangaben – von Seiten des Betroffenen[2060] – regelmäßig keine besondere Bedeutung beige-

---

2056 Vgl. hierzu oben, Kap. 4, A. II. 2.

2057 *Acquisti/Grossklags* in: Acquisti, Digital privacy S. 372; *Hermstrüwer*, Informationelle Selbstgefährdung, S. 298 f. S. allg. zur Zeitabhängigkeit im Rahmen der Risikobewertung *Jungermann/Pfister/Fischer*, Die Psychologie der Entscheidung, S. 86. Zu den Auswirkungen dieser Zeitspanne zwischen Abgabe der Einwilligung und Eintritt möglicher negativer Folgen auf voluntativer Ebene s. unten, Kap. 6, A. II. 2. b.

2058 Vgl. hierzu ausf. oben, Kap. 4, A. II. 2.

2059 So beschreiben *Acquisti/Grossklags*, IEEE Security & Privacy 2005, 24 (30), dass etwa 70% der Teilnehmer einer entsprechenden (US-amerikanischen) Studie, die Wahrscheinlichkeit einer Identifikation anhand dreier Identifikationsparameter (Geburtsdatum, Geschlecht sowie Postleitzahl) für geringer als 50% ein – tatsächlich aber ließen sich dagegen ca. 87 % der US-Bürger allein anhand dieser drei Datenangaben identifizieren.

2060 Dagegen besteht seit dem Grundsatzurteil des BVerfG zur Volkszählung die (nationale) datenschutzrechtliche Grundannahme, dass es aufgrund der Verknüpfungsmöglichkeiten einzelner personenbezogener Daten keine *„belanglosen"* Daten gibt, vgl. BVerfGE 65, 1 (45) – *Volkszählung*. Eine Annahme, welche durch die modernen Formen der Datenverarbeitung, insb. Verfahren im Zuge von Big Data, eine besondere Bedeutung erhält.

messen wird. Die Folgen einer Datenaggregation werden vom Betroffenen daher typischerweise untergewichtet.[2061]

Zu beachten ist darüber hinaus, dass der Betroffene in der jeweiligen Situation zwar nur über die Einwilligung zu einer einzelnen Datenerhebung entscheidet, sich diese Einzelentscheidungen im Ergebnis aber zu einer Vielzahl an Verarbeitungen summieren. Folge dieser Einwilligungskaskade ist das Auftreten eines Phänomens, welches als sog. *„peanuts effect"* bekannt ist: Nach diesem Phänomen werden Verluste vom Einzelnen weniger stark gewichtet, soweit sie nicht auf einmal, sondern in kleinen Schritten eintreten. Hieraus resultiert, dass der Einzelne ein insgesamt höheres Risiko einzugehen bereit ist, wenn und soweit sich dieses Risiko aus einzelnen Entscheidungen zusammensetzt.[2062] Es kommt also zu einer strukturellen Untergewichtung der Gefahr eines Summationsschadens aufgrund einer Kumulation dieser Einzelrisiken.

cc. Cognitive bias durch äußere Darstellungen – Opt-Out als Framing

Einen besonderen, vom Betroffenen zumeist aber nicht bewusst wahrgenommenen Einfluss hat zudem die äußere Darstellung der entsprechenden Information bzw. der Entscheidungssituation.[2063] In diesem Kontext zu beobachten ist das (bereits ausführlich behandelte)[2064] Phänomen, dass der Einzelne dazu neigt, eine bereits vorgeschlagene Option als Referenzpunkt zu begreifen.[2065] Bei einer Entscheidung tendiert der Einzelne mithin dazu, sich im Falle einer solchen vorgegebenen „Standardoption" für diese zu entscheiden[2066] – die Standardoption dient dem Entscheidungsträger als kognitiver Anker (sog. *„anchoring effect"*)[2067] bzw. als (Referenz-)Rahmen (sog. *„frame"*)[2068]. Es ist davon auszugehen, dass zahlreiche der bisher

---

2061 So auch die Folgerung von *Hermstrüwer*, Informationelle Selbstgefährdung, S. 289 f.

2062 *Hermstrüwer*, Informationelle Selbstgefährdung, S. 291 f.; *Renn*, Das Risikoparadox, S. 255.

2063 *Hacker*, Verhaltensökonomik und Normativität, S. 101.

2064 Vgl. oben, Kap. 5, B. I. 4. c. bb.

2065 Vgl. hierzu ausf. schon oben, Kap. 5, B. I. 4. c.

2066 *Acquisti/Grossklags*, IEEE Security & Privacy 2005, 24 (27); *Renn*, Das Risikoparadox, S. 191 sowie 213 ff.

2067 *Hermstrüwer*, Informationelle Selbstgefährdung, S. 183

2068 *Kahneman*, Schnelles Denken, langsames Denken, S. 448 ff.; *Johnson/Goldstein*, Science (302) 2003, 1338 (1338 ff.).

erteilten Einwilligungen – auch und gerade im Online Bereich – diesem *Framing*-Effekt in Verbindung mit der vielfach gängigen Praxis der Einwilligungseinholung im Wege des *Opt-Out*-Verfahrens[2069] zuzuschreiben sind.[2070]

Die von der DS-GVO statuierte Pflicht zur Gestaltung der Einwilligungseinholung im Wege des *Opt-In*-Verfahrens stellt sich im Zuge dessen als eine nicht zu unterschätzende Umkehr zur bisherigen Einwilligungspraxis im Datenschutzrecht dar.[2071] Durch die Unzulässigkeit entsprechender *Opt-Out*-Lösungen wird zum einen verhindert, dass Betroffene ihre Einwilligung aus Unachtsamkeit unbemerkt, oder aufgrund einer Entscheidungsaversion abgeben. Zum anderen resultiert aus dieser Umkehr, dass – dem *Framing*-Effekt entsprechend – die Verweigerung der Einwilligung als Referenzpunkt empfunden wird[2072] mit der Folge, dass die Wahrscheinlichkeit einer Einwilligungserteilung insgesamt sinkt. Hiervon unbenommen verbleiben dem Verantwortlichen weitere Möglichkeiten, durch die Ausgestaltung der Einwilligungseinholung subliminal auf die Entscheidungsfindung des Betroffenen Einfluss zu nehmen.[2073] Im Ergebnis ist aber anzunehmen, dass die Einwilligungseinholung im Wege des *Opt-In* (jedenfalls) zu einer erhöhten Auseinandersetzung des Betroffenen mit dem Für und Wider einer Verarbeitung ihn betreffender Daten motiviert.[2074] Aus datenschutzrechtlicher Perspektive ist dieses Erwirken einer erhöhten Aufmerksamkeit des Betroffenen als positiver Effekt grundsätzlich zu begrüßen.

c. Zwischenergebnis Kognitive Elemente

Die Pflicht zur Einwilligungseinholung im Wege des *Opt-In*-Verfahrens stärkt die Wahrung der Interessen des Betroffenen, insoweit diese Pflicht

---

2069 Also bspw. in dem der Betroffene ein bereits vorangekreuztes Kästchen auskreuzen musste, um seine Einwilligung in die beabsichtigte Datenverarbeitung zu verweigern

2070 Vgl. hierzu ausf. und unter Anführung entsprechender empirischer Studien oben, Kap. 5, B. I. 4. c. bb.

2071 Vgl. oben, Kap. 2, B. II. 2. b.

2072 Vgl. ausf. oben, Kap. 5, B. I. 4. c. bb.

2073 Zur grundsätzlichen Möglichkeit der Einflussnahme in eine Entscheidung durch entspr. äußere Darstellung vgl. oben, Kap. 5, B. I. 4. c. bb (1) (c) (aa).

2074 *Hacker*, Verhaltensökonomik und Normativität, S. 489. Vgl. ausf. auch oben, Kap. 5, B. I. 4. c. bb.

die Sichtbarkeit der Einwilligungserteilung erhöht und den Betroffenen zu einer eingehenderen Auseinandersetzung mit der beabsichtigten Verarbeitung ihn betreffender Daten animiert. Ein Gesamtblick auf die Informationsgrundlage des Betroffenen bei Entscheidung über die Erteilung einer datenschutzrechtlichen Einwilligung zeigt dagegen, dass von einer tatsächlichen Informiertheit des Betroffenen auch unter der Rechtslage der DS-GVO nicht gesprochen werden kann – zumindest, soweit man unter dieser Informiertheit nicht die Kenntnis der vom Verantwortlichen bereitzustellenden Einzelinformationen gem. Art. 13 f. DS-GVO versteht, sondern ein tatsächliches Erfassen von Ausmaß und Tragweite der Datenverarbeitung.

aa. Unzusammenhängende Vielzahl von Einzelinformationen

Die nach Art. 13 f. DS-GVO bereitzustellenden Angaben, unter anderem also Name und Kontaktdaten des Verantwortlichen, Dauer und Zweck der Verarbeitung, bestehende Betroffenenrechte sowie eine ggf. geplante Übermittlung der Daten an Dritte,[2075] sind zwar Grundvoraussetzung dafür, dass der Betroffene sich einen Überblick über die jeweilige Datenverarbeitung verschaffen kann,[2076] reichen für sich genommen aber nicht aus, um dem Betroffenen die tatsächliche Reichweite und Wirkung der Verarbeitung zu veranschaulichen.

Zurückgeführt werden kann diese unzureichende Wirkungsentfaltung der Informationspflicht zum einen auf die wesensimmanenten Unschärfen der mit der Verarbeitung personenbezogener Daten verknüpften Risiken.[2077] Diese Unschärfen resultieren auch und gerade aus dem Umstand, dass es sich beim Datenschutzrecht um ein dem Vorsorgeprinzip zuzuordnendes Risikorecht handelt, welches die Aufgabe hat, Gefahren abzuwenden, die (jedenfalls teilweise) nicht klar empirisch belegbar sind:[2078] Abzuwägen sind stets unkonkrete, zum Teil nicht klar zu definierende Risiken, ohne dass eine genaue Ermittlung der Wahrscheinlichkeit eines aufgrund dieser Risiken erfolgenden Schadenseitritts möglich ist. Zum anderen ist der dem Verantwortlichen auferlegte umfangreiche Informationskatalog insofern nicht zielführend, als diese umfangreichen Einzelinformationen

---

2075 Vgl. hierzu ausf. oben, Kap. 5, A. II.

2076 Vgl. zu dieser Schlussfolgerung oben, Kap. 5, A. II. 4 b.

2077 Zum Verhältnis zwischen Unschärfe der Risiken und Informiertheit des Betroffenen vgl. auch *Metzger*, AcP 2016, 818 (830).

2078 Vgl. hierzu näher oben, Kap. 4, A. II. 2. e.

beim Betroffenen bestehende Rationalitätsdefizite nicht auszuräumen oder zumindest abzuschwächen vermögen. So besteht aufgrund der Vielzahl an Einzelinformationen vielmehr sogar das Risiko eines *information overload* beim Betroffenen, welcher zu einer Erkenntnishemmung des Betroffenen beitragen und das eigentliches Ziel – die Aufklärung des Betroffenen – konterkarieren kann.

bb. Unterstützende Visualisierung als ergänzende Pflicht

Die grundlegende Ambivalenz zwischen einer unterkomplexen und daher unzureichenden Informationserteilung einerseits und einer Überreizung des Betroffenen durch eine zu umfangreiche Informationsbereitstellung andererseits, kann – zumindest in gewisser Weise – als der datenschutzrechtlichen Einwilligung immanente Schwäche eingestuft werden.[2079] Zu hinterfragen ist aber, ob im Zuge des Erlasses der DS-GVO nicht die Gelegenheit vertan wurde, das grundsätzliche Spannungsverhältnis zwischen Informationserteilung und kognitiver Aufnahmekapazität des Einzelnen (jedenfalls) abzufedern.

So hätte insbesondere die Möglichkeit bestanden, die Ergänzung der Informationserteilung durch standardisierte Bildsymbole, welche die gewünschte Datenerhebung blickpunktartig visualisieren, als echte Rechtspflicht auszugestalten. Denn gerade eine solche – wenn auch grob vereinfachte – visuelle Darstellung von Umfang, Ausmaß und Risikopotential, bspw. im Rahmen einer „Datenschutzampel“,[2080] würde dem Einzelnen zumindest eine erste Orientierung bieten und die Vergleichbarkeit verschiedener Optionen bzw. Angebote ermöglichen.[2081] Eine solche begleitende Symbolpflicht hätte dabei nicht nur das Potential, die (wissensbasierte) Entscheidungsgrundlage des Betroffenen zu stärken, sondern auch, den Wettbewerb datenschutzfreundlicher Angebote zu befördern. Die Ausgestaltung der unterstützenden Symbolisierung der Informationen als lediglich fakultative Ergänzung im Zuge des Erlasses der DS-GVO ist daher nicht nur als vertane Gelegenheit zu qualifizieren, die Möglichkeiten des

2079 In diesem Sinne auch *Acquisti/Grossklags* in: Acquisti, Digital privacy S. 367.

2080 So der vielfach geäußerte Vorschlag vor Erlass der DS-GVO, vgl. oben, Kap. 2, B. II. 2. a.

2081 *Specht*, GRUR Int. 2017, 1040 (1042). Ähnlich auch *Hacker*, ZfPW 2019, 148 (196) der in diesem Rahmen vorschlägt, jeweils problematische Klauseln mithilfe von Methoden des maschinellen Lernens automatisiert hervorzuheben.

Betroffenen im Rahmen der informationelle Selbstbestimmung mit Blick auf die heutige datenschutzrechtliche Realität besser abzusichern, sondern auch als vergebene Chance, Anreize für innovative und zukunftsweisende datenschutzfreundliche Technikgestaltungen zu schaffen.

2. Voluntative Elemente

Auf voluntativer Ebene bildet die Freiwilligkeit das zentrale Element der datenschutzrechtlichen Einwilligung. In Blick genommen ist insoweit insbesondere, ob und inwieweit die Zustimmung zu einer Verarbeitung personenbezogener Daten auf einem freien Entschluss des Betroffenen fußt und daher als autonome Entscheidung verstanden werden kann.[2082]

a. Fallgruppen typischer Freiwilligkeitsgefährdungen

Bei näherer Betrachtung der Motivationslage des Betroffenen im Kontext datenschutzrechtlicher Einwilligungen zeigt sich, dass in bestimmten Konstellationen typischerweise Effekte auftreten (können), welche die Entscheidung des Betroffenen in einer freiwilligkeitsgefährdenden Weise beeinflussen. Vereinendes Element dieser Konstellationen ist, dass durch tatsächliche Gegebenheiten eine Lage entsteht, durch die sich für die betroffene Person eine Art faktischer Zwang zur Einwilligungserteilung entwickelt. So wird die Freiwilligkeit der Entscheidung der betroffenen Person insbesondere dann in Frage gestellt, wenn die Einwilligung in die Verarbeitung personenbezogener Daten von einer, für die betroffene Person unabdingbaren oder jedenfalls relevanten, Leistung abhängig gemacht wird oder im Verhältnis der betroffenen Person zu dem datenschutzrechtlich Verantwortlichen aufgrund eines disparaten Machtverhältnisses eine gestörte Vertragsparität besteht.[2083]

2082 Vgl. oben, Kap. 2, B. II. 1.

2083 Vgl. zu beiden Fallgruppen, ihrer Bedeutung für die datenschutzrechtliche Einwilligung allg. und der hieraus folgenden Kritik derselben oben Kap. 2, B. II. 3.

aa. Freiwilligkeitsvoraussetzungen der DS-GVO

Im Zuge des Erlasses der DS-GVO wurden diese, typischerweise freiwilligkeitsgefährdenden Konstellationen insoweit berücksichtigt, als sich in den entscheidenden Bestimmungen der DS-GVO hinsichtlich der Voraussetzungen einer wirksamen Einwilligung Regelungen finden, welche die autonome Entscheidung des Betroffenen in solchen Fällen faktischer Zwangswirkungen schützen sollen.

So soll nach ErwGr 43 S. 1 DS-GVO die Einwilligung in Fällen eines starken Machtungleichgewichts zwischen datenschutzrechtlich Verantwortlichem und Betroffenem keine gültige Rechtsgrundlage liefern, wenn im Einzelfall aufgrund der strukturellen Unterlegenheit der betroffenen Person von einer Unfreiwilligkeit der Einwilligung auszugehen ist.[2084] Nach ErwGr 42 S. 5 DS-GVO ist darüber hinaus zu berücksichtigen, ob und inwieweit für den Betroffenen eventuelle Nachteile mit der Verweigerung der Einwilligung verknüpft sind.[2085] Gleichsam als „Kernstück" der DS-GVO zur Sicherung der Freiwilligkeit der Einwilligung des Betroffenen gilt darüber hinaus das Koppelungsverbot in Art. 7 Abs. 4 DS-GVO, welches einer Einwilligung dann ihre Wirksamkeit absprechen soll, wenn und soweit der Betroffene durch eine Koppelung von Leistungserbringung und Einwilligungserteilung im Wege einer *take-it-or-leave-it*-Situation zur Abgabe einer datenschutzrechtlichen Einwilligung gedrängt wird.[2086]

bb. Vergleich zur bisherigen Rechtslage

Die DS-GVO greift mit den Bestimmungen zum Machtungleichgewicht, zum Nachteils- und insbesondere zum Koppelungsverbot somit häufig bemängelte Schwächen[2087] der datenschutzrechtlichen Einwilligung auf. Der europäische Gesetzgeber hat die Neuregelung des Datenschutzrechts mithin (begrüßenswerterweise) zum Anlass genommen, sich mit der bestehenden Kritik am Rechtsinstitut der datenschutzrechtlichen Einwilligung und insbesondere deren Anwendung in der Praxis auseinanderzuset-

---

2084 Vgl. ausf. zum Kriterium des Machtungleichgewichts oben, Kap. 3, B. II. 3. b.
2085 Vgl. ausf. zum Nachteilsverbot oben, Kap. 3, B. II. 3. c.
2086 Vgl. ausf. zum Koppelungsverbot oben, Kap. 3, B. II. 3. A sowie Kap. 5, C.
2087 Vgl. oben, Kap. 3, B. II. 3. b.

zen.[2088] Zu hinterfragen bleibt indes, ob und inwieweit diese Kodifizierungen realiter zu einer Stärkung der Freiwilligkeit der Einwilligung des Betroffenen beitragen oder – im Ergebnis – lediglich schon bisher (national) bestehende Standards und Abwägungskriterien im Rahmen der Freiwilligkeitsprüfung der datenschutzrechtlichen Einwilligung wiederholen.

(1) Fallgruppen nach dem BDSG a.F.

Schon nach bisheriger Rechtslage unter der DS-RL und dem diese umsetzenden BDSG a.F. war es – auch wenn Art. 2 lit. h DS-RL lediglich eine *„ohne Zwang"* abgegebene Einwilligung vorsah und demzufolge § 4a Abs. 1 S. 1 BDSG a.F. das Bestehen einer *„freien Entscheidung"* des Betroffenen nach § 4a Abs. 1 S. 1 BDSG a.F. forderte – allgemein anerkannt, dass die Einwilligung in bestimmten Konstellationen typischerweise strukturellen Freiwilligkeitsdefiziten ausgesetzt ist.[2089] Auf nationaler Ebene wurde daher angenommen, dass der Einwilligung die Freiwilligkeit in bestimmten Fällen regelmäßig fehlen könne.[2090] Als freiwilligkeitsgefährdende Fallgruppen galten auch hier Fälle der gestörten Vertragsparität[2091], insbesondere aufgrund wirtschaftlicher oder sozialer Schwäche,[2092] das in Aussicht stellen von Nachteilen bei Verweigerung der Einwilligung[2093] sowie das Abhängigmachen einer (für den Betroffenen essentiellen) Leistungserbringung (bzw. eines Vertragsschlusses) von der Einwilligung in

2088 I.d.S. auch *Albrecht* in: Simitis/Hornung/Spiecker gen. Döhmann, DSGVO, Einf. zu Art. 6 Rn. 4.

2089 Vgl. *Buchner*, Informationelle Selbstbestimmung im Privatrecht, S. 103 ff. Zur Kritik an der datenschutzrechtlichen Einwilligung unter Rechtslage des BDSG a.F. auch oben, Kap. 3, B. II.

2090 *Lindner*, Die datenschutzrechtliche Einwilligung, S. 153.

2091 *Funke*, Dogmatik und Voraussetzungen der Einwilligung, S. 239 ff.; *Lindner*, Die datenschutzrechtliche Einwilligung, S. 153; *Rogosch*, Die Einwilligung im Datenschutzrecht, S. 90 ff.. Speziell für das Verhältnis von Arbeitnehmer und Arbeitgeber *Bizer*, DuD 2007, 350 (351); *Gierschmann* in: Gierschmann, BDSG, § 4a Rn. 32 f.; *Simitis* in: Simitis, BDSG 2014, § 4a Rn. 62.

2092 BVerfG MMR 2007, 93 (93) – *Schweigepflichtentbindung*; BGH NJW 2008, 3055 (3056) – *Payback*.

2093 Die Art. 29-Datenschutzgruppe formuliert insoweit fast parallel zum Wortlaut der DS-GVO *„Die Einwilligung einer Person, die nicht die Möglichkeit hatte, eine echte Wahl zu treffen* [...], *ist ungültig.* [...] *Eine gültige Einwilligung bedeutet in diesem Zusammenhang, dass* [der Betroffene] *die realistische Möglichkeit zur Verweigerung der Einwilligung* [...] *haben muss, ohne dass ihm dadurch Nachteile entstehen"*, vgl. *Art. 29-Datenschutzgruppe*, WP 114 S. 13.

eine (im Verhältnis zur Leistung) sachfremde Verarbeitung personenbezogener Daten.[2094]

(2) Vergleich

Durch Art. 7 Abs. 4 DS-GVO sowie ErwGr 43 S. 1 DS-GVO und S. 5 DS-GVO wurden somit (lediglich) tendenziell faktischen Zwang aufweisende Einwilligungssituationen aufgegriffen, welche zuvor bereits als Fallgruppen freiwilligkeitsgefährdender Einwilligungskonstellationen (national) anerkannt waren.

Die Kodifizierung dieser Fallgruppen bewirkt zwar eine erhöhte Transparenz und kann damit ggf. zu einer (kollektiven) Bewusstseinsstärkung beitragen, ob hiermit tatsächlich auch substantielle Veränderungen in materieller Hinsicht verbunden sind, ist aber zu bezweifeln. Denn – wie schon nach bisheriger Rechtslage – bilden weder das Kriterium des Machtungleichgewichts noch das Nachteilsverbot absolute Schranken der Einwilligungsmöglichkeit.[2095] Auch das Koppelungsverbot zielt – nach überzeugender Lesart – nicht auf ein absolut wirkendes Einwilligungsverbot ab.[2096] Wie schon nach alter (nationaler) Rechtslage[2097] ist die Freiwilligkeit somit anhand einer Prüfung aller Umstände des Einzelfalls zu bewerten, wobei die Fallgruppen freiwilligkeitsgefährdender Einwilligungssituationen lediglich als (indeterminierte) Orientierungspunkte dienen können. Im Ergebnis lässt sich daher – allein mit Blick auf die in der DS-GVO

2094 *Buchner*, Informationelle Selbstbestimmung im Privatrecht, S. 107 f.; *Funke*, Dogmatik und Voraussetzungen der Einwilligung, S. 254 ff.; *Rogosch*, Die Einwilligung im Datenschutzrecht, S. 80 ff.; *Simitis* in: Simitis, BDSG 2014, § 4a Rn. 62.
BVerfG MMR 2007, 93 (93) – *Schweigepflichtentbindung*; *Bizer*, DuD 2007, 350 (351); *Gierschmann*, in: Gierschmann, BDSG, § 4a Rn. 31; *Kramer* in: Auernhammer, BDSG 1993, § 4a Rn. 8; *Simitis* in: Simitis, BDSG 2014, § 4a Rn. 62; *Taeger* in: Taeger/Gabel, BDSG 2013, § 4a Rn. 55 ff.

2095 I.d.S. auch *Funke*, Dogmatik und Voraussetzungen der Einwilligung, S. 273. Vgl. zur Wirkung des Kriteriums des Machtungleichgewichts oben, Kap. 3, B. II. 3. b. Zum Nachteilsverbot Kap. 3, B. II. 3. c.

2096 Vgl. zu Voraussetzungen und Wirkung des Koppelungsverbots Kap. 3, B. II. 3. a sowie Kap. 5, C.

2097 Vgl. oben, Kap. 2, B. II. 3.b.

normierten Freiwilligkeitskriterien[2098] – allenfalls ein gradueller Unterschied zur bisherigen (nationalen) Rechtslage (unter Berücksichtigung der einschlägigen Rechtsprechung) feststellen.[2099] Ob durch die DS-GVO eine tatsächliche Stärkung der autonomen Entscheidung des Betroffenen bewirkt wird, kann daher berechtigterweise bezweifelt werden, bedenkt man, dass die Berücksichtigung gerade jener Fallgruppen tendenzieller Unfreiwilligkeit auch bisher nicht dazu beitragen konnte, die gegenüber der datenschutzrechtlichen Einwilligung vorgebrachte Kritik zu entkräften.[2100]

b. Privacy paradox

Weitestgehend unberücksichtigt lässt die DS-GVO zudem strukturelle Defizite, welche sich im Rahmen der Einwilligungsentscheidung des Betroffenen regelmäßig auf voluntativer Seite feststellen lassen.

Ähnlich den Rationalitätsdefiziten auf kognitiver Ebene hinsichtlich der Informationsverarbeitung zeigen sich im voluntativen Bereich der Entscheidungsfindung Phänomene, welche die Motivationslage des Betroffenen (auch entgegen dessen eigentlicher Grundpräferenz) einseitig zugunsten einer Zustimmung zur Verarbeitung personenbezogener Daten verschieben. So ist vielfach zu beobachten, dass Betroffene zwar bekunden, um die Achtung ihrer Privatsphäre (allgemein) besorgt zu sein, in konkreten Entscheidungssituationen aber freigiebig ihre Einwilligung in die Datenverarbeitung erteilen und infolgedessen auf den Schutz sie betreffender persönlicher Informationen verzichten (sog. *privacy paradox*).[2101]

2098 Nicht gesagt ist hiermit, dass eine Änderung der Rechtslage in der Praxis in jedem Fall ausgeschlossen ist. Insbesondere durch den weiten Auslegungsspielraum der Bestimmungen zur Freiwilligkeit wäre es der Rspr. (jedenfalls theoretisch) grds. möglich, durch eine strengere Bewertung der Freiwilligkeit der Einwilligung eine tatsächliche Abkehr zur bisherigen Rechtslage herbeizuführen.

2099 In der Tendenz ähnlich *Art. 29-Datenschutzgruppe*, WP259 rev.01S. 5, jedenfalls davon ausgehend, das *„Grundkonzept der Einwilligung bleibt dem Konzept aus Richtlinie 95/46/EG“* – also der dem BDSG a.F. zugrundeliegenden DS-RL – *„ähnlich“*.

2100 Ebenso *Jöns*, Daten als Handelsware, S. 63.

2101 S. hierzu umfassend und mit entsprechenden Nachweisen zu (empirischen) Studien *Hermstrüwer*, Informationelle Selbstgefährdung, S. 231 ff. Auf das Bestehen eines *privacy paradox* ebenfalls hinweisend *Acquisti*, IEE Security & Privacy 2009, 82 (82 f.); *Metzger*, AcP 2016, 818 (830). Ausf. zu Begriff, Geschichte

aa. Besonderheiten personenbezogener Daten

Eine Erklärung für diese Differenz zwischen grundsätzlich bekundeter Präferenz und tatsächlichem Entscheidungsverhalten wäre, dass der Wunsch des Einzelnen nach Privatheit bzw. Datenschutz *de facto* geringer ist, als vom Betroffenen (in Umfragen) angegeben, oder jedenfalls im Vergleich zu den mit der Einwilligung ggf. im jeweiligen Einzelfall verbundenen Vorteilen im Rahmen einer (rationalen)[2102] Entscheidungsfindung zurücktritt. Der datenschutzrechtlichen Einwilligung liegen aber – insbesondere aufgrund der besonderen Merkmale personenbezogener Daten – wesensimmanente Charakteristika zugrunde, welche zumindest die Annahme nahelegen, dass dem Betroffenen eine Entscheidung zugunsten seiner Privatheit auch bei Unterstellung einer grundsätzlichen Privatheitspräferenz erschwert wird.

Bereits mit Blick auf die Schwächen einer tatsächlich rationalen Entscheidungsfindung hinsichtlich einer Verarbeitung personenbezogener Daten wurde festgestellt, dass das Auseinanderfallen zwischen der akuten Entscheidungssituation und den mit der Datenverarbeitung verbundenen Risiken in einer nicht absehbaren Zukunft zu einer Wahrnehmungsverzerrung i.S.e. Untergewichtung ebenjener Risiken führt.[2103] Die bestehende Zeitspanne zwischen der Entscheidung und möglicher negativer Konsequenzen führt darüber hinaus zudem zu einer emotionalen Bewertung dieser möglichen negativen Folgen als weniger unangenehm.[2104] Es kommt mithin auch zu einer Einschränkung der Fähigkeit zur Selbstkontrolle auf voluntativer Ebene, da mit der Einwilligung verbundene direkt erfahrbare Vorteile stärker gewichtet werden als ggf. zu erwartende Nachteile – und dies unabhängig von ihrer prinzipiellen inhaltlichen Gewichtung durch den Betroffenen (sog. „*fast food*-Effekt").[2105]

Erschwerend tritt hinzu, dass die (Weiter-)Gabe personenbezogener Daten für die betroffene Person nicht (direkt) fühlbar ist. Anders als bei der Zurverfügungstellung materieller Güter entsteht (aufgrund der fehlenden

---

und psychologischem Hintergrund des *privacy paradox Dienlin* in: Specht-Riemschneider, Datenrecht in der Digitalisierung S. 307 ff.

2102 Zu den Einschränkungen aufgrund kognitiver Verzerrungen i.R. rationaler Entscheidungssituationen bzgl. der Abgabe einer datenschutzrechtlichen Einwilligung vgl. oben, Kap. 6, A. II. 1.

2103 Vgl. oben, Kap. 6, A. II. 1. b. bb. (3).

2104 *Jungermann/Pfister/Fischer*, Die Psychologie der Entscheidung, S. 86.

2105 *Metzger*, AcP 2016, 818 (831). S. hierzu auch *Hermstrüwer*, Informationelle Selbstgefährdung, S. 296.

Exklusivität und Rivalität (personenbezogener) Daten) durch die Datenerhebung durch Dritte kein für den Betroffenen unmittelbar wahrnehmbarer Verlust. Bedeutung hat dieser Umstand auch und gerade für den Bereich datenfinanzierter Angebote: Denn da der Betroffene, anders als bei der Entrichtung eines monetären Entgelts, durch die (auf seiner Einwilligung fußende) Datenverarbeitung keinen (unmittelbar erfahrbaren) materiellen Verlust erleidet, wird die entsprechende Einwilligung zumeist nicht als Werttransfer wahrgenommen.[2106] Der Nutzer nimmt die angebotene Leistung somit regelmäßig als „kostenlos" wahr und präferiert ein mit personenbezogenen Daten finanziertes Leistungsangebot daher auch dann, wenn die Kosten dieses Angebots im Ergebnis höher sind, als diejenigen Kosten eines vergleichbaren Angebots, welchem eine monetäre Entgeltfinanzierung zugrunde liegt (sog. *„free effect"*).[2107]

bb. Spieltheoretische Erklärung

Betrachtet man die Interessenlage zwischen dem Einwilligenden als von der Verarbeitung Betroffenen und dem Verantwortlichen als privaten Datenverarbeiter lässt sich die, unabhängig der eigentlichen Privatheitspräferenz des Betroffenen bestehende Tendenz hin zur Erteilung der datenschutzrechtlichen Einwilligung auch anhand eines spieltheoretischen Modells erklären. So kann die Einwilligungssituation im Verhältnis zwischen Einwilligendem und Datenverarbeiter, insbesondere im Bereich datenfinanzierter Angebote, nach der Ansicht von *Warner* und *Sloan* als asymmetrisches Feiglingsspiel verstanden werden (sog. *„One-Sided Chicken"*).[2108]

Gegenstand des klassischen Feiglingsspiel stellen zwei aufeinander zufahrende Autofahrer dar. Beide haben in dieser Situation nun die Möglichkeit Auszuweichen (A) oder Weiterzufahren (W). Beide präferieren – um nicht selbst der „Feigling" zu sein – dass der jeweils andere sich für das Ausweichen entscheidet, während sie selbst weiterfahren (WA). Beiderseitiges Ausweichen (AA) (i.S.e. „Unentschieden) wird von beiden gegenüber einem eigenen Ausweichen in Kombination mit einer Weiterfahrt des jeweils anderen (AW) präferiert. Eine Kollision wollen beide in jedem Fall vermeiden, wodurch eine Weiterfahrt beider Parteien (WW) die niedrigste

2106 *Hermstrüwer*, Informationelle Selbstgefährdung, S. 262.

2107 *Schweitzer* in: Körber/Kühling, Regulierung - Wettbewerb - Innovation S. 275 f.

2108 *Warner/Sloan*, Vand J Ent L & Prac 2012, 49(62 ff.). Hiermit auseinandersetzend auch *Hermstrüwer*, Informationelle Selbstgefährdung, S. 170 ff.

Präferenz erhält. Für die vorliegende Betrachtung entscheidend ist dabei, dass beide Parteien die gleichen (Auswahl-)Möglichkeiten haben und eine gleichgelagerte Präferenzverteilung aufweisen.[2109]

Überträgt man dieses spieltheoretische Modell auf die Entscheidungssituation im Falle einer datenschutzrechtlichen Einwilligung, lässt sich feststellen, dass in dieser Konstellation eine asymmetrische Präferenzlage der Parteien gegeben ist. Als Ausweichen (A) sei dabei für den Betroffenen die Erteilung der Einwilligung anzusehen, für das Weiterfahren (W) die Verweigerung; für den Verantwortlichen stellt spiegelbildlich die Erhöhung datenschutzrechtlicher Standards entsprechend den Präferenzen des Betroffenen (bzw. die Minimierung seiner Datenerhebung) ein Ausweichen (A) dar, die Beibehaltung niedriger Datenschutzstandards bzw. das Abhängigmachen der Leistungserbringung von einer weitreichenden Einwilligung in eine Datenverarbeitung das Weiterfahren (W).

Während der Betroffene – entsprechend der Situation im klassischen Feiglingsspiel – weiterhin eine Präferenzverteilung von WA/AA/AW/WW aufweist,[2110] ergibt sich nach Ansicht von *Warner* und *Sloan* für den Verantwortlichen in dieser Konstellation eine abweichende Verteilung. Seine erste Präferenz bleibt zwar das eigene Weiterfahren in Kombination mit dem Ausweichen des Betroffenen (WA) (ergo. die Einwilligung in eine umfassende Verarbeitung personenbezogener Daten durch die betroffene Person), seine zweite Präferenz ist im Unterschied zum klassischen Feiglingsspiel aber nicht auf ein beiderseitiges Ausweichen (AA), sondern auf eine Kollision (WW) gerichtet. Der Datenverarbeiter behält also lieber seine niedrigen Datenschutzstandards bzw. seine Forderung einer umfassenden Einwilligungserklärung bei, als seine Praxis zugunsten der Einwilligung eines einzelnen Betroffenen zu ändern, da er davon ausgeht, dass diese Strategie insgesamt zu einer Maximierung seiner Datenerhebung führt.[2111] Da der Betroffene eine solche Kollision (WW) weiterhin in je-

2109 Die Präferenzverteilung ist damit auf beiden Seite (WA/AA/AW/WW).

2110 *Warner/Sloan*, Vand J Ent L & Prac 2012, 49 (62 f.).

2111 *Warner/Sloan*, Vand J Ent L & Prac 2012, 49 (62). Als Gründe hierfür werden insb. die (technologische) Standardisierung genannt, welche es ausschließe, dass der Datenverarbeiter auf die Privatheitspräferenzen einzelner Nutzer eingehe sowie die Gesamtzahl an Nutzern (und damit an „Spielmöglichkeiten“) für den Datenverarbeiter genannt (vgl. *Warner/Sloan*, Vand J Ent L & Prac 2012, 49 (63 f.). I. Erg. mangelt es somit schlicht am Interesse des Datenverarbeiter bzgl. der einzelnen Einwilligung des Nutzers. Voraussetzung hierfür ist natürlich, dass diese Strategie für den Datenverarbeiter zu einer insgesamt hinreichenden Anzahl an Einwilligungen führt. Würden alle Nutzer (zeitgleich) dem Fall vermeiden möchte, führt diese Präferenzverteilung stets zu einem Ausweichen des Betroffenen bei Weiterfahrt des Datenverarbeiters (AW): Der Nutzer willigt (umfassend) in die Verarbeitung ihn betreffender personenbezogener Daten (trotz niedrigem Datenschutzstandard) ein.[2112]

Folge ist eine strukturelle Verhandlungsunterlegenheit des Betroffenen, dessen potentielle Möglichkeit die datenschutzrechtliche Einwilligung zu verweigern, keine hinreichende Motivation für den Verantwortlichen darstellt, die eigene Datenschutzpraxis zu ändern. Im Ergebnis liegt die Entscheidung über den datenschutzrechtlichen Standard somit weitestgehend einseitig in den Händen des Datenverarbeiters, der – auch und gerade im Bereich datenfinanzierter Modelle – mit Rekurs auf die datenschutzrechtliche Einwilligung Umfang und Ausmaß der Datenverarbeitung faktisch einseitig bestimmen kann.[2113]

c. Zwischenergebnis: Voluntative Elemente

Nimmt man die Motivlage des Betroffenen bei seiner Entscheidungsfindung im Rahmen der Einwilligungserteilung in den Blick, so lässt sich nicht feststellen, dass die DS-GVO zu einer substantiellen Stärkung der Freiwilligkeit der datenschutzrechtlichen Einwilligung beiträgt. Hieran vermag auch die – jedenfalls vordergründig – verschärfte Profilierung des Freiwilligkeitserfordernisses durch Statuierung eines Koppelungsverbots nach Art. 7 Abs. 4 DS-GVO sowie die Erwähnung einer (tendenziellen) Unwirksamkeit der Einwilligung bei Machtungleichgewichts oder drohender Nachteile nichts zu ändern.

Zwar ist davon auszugehen, dass in den durch die DS-GVO normierten Fallgruppen defizitärer Einwilligungssituationen tatsächlich eine erhöhte Gefährdung für den Betroffenen besteht, aufgrund eines faktischen Zwangs eine Einwilligung entgegen seiner eigenen Präferenz zu erteilen.

---

im Rahmen eines kooperativen Akts ihre Einwilligung verweigern, könnte sich die Präferenz des Datenverarbeiters somit verschieben. Zur (Un-)Möglichkeit eines solchen kooperativen Verhalten aller Betroffenen s. unten, Kap. 6, B. I. 1. b. aa.

2112 *Warner/Sloan*, Vand J Ent L & Prac 2012, 49 (62). Zustimmend *Hermstrüwer*, Informationelle Selbstgefährdung, S. 172.

2113 In diesem Sinne auch *Schweitzer* in: Körber/Kühling, Regulierung - Wettbewerb - Innovation S. 283 davon ausgehend, das *„Einwilligungsmodell führ*[e] *zu einer einseitigen Bestimmung des „Datenpreises“ durch datensammelnde Unternehmen*“.

Ob mit der Normierung dieser Fallgruppen auch ein erhöhter Schutz betroffener Personen in solchen Situationen verbunden ist, ist aber zumindest zu bezweifeln. Dies gilt auch und gerade angesichts des Umstands, dass diese Fallgruppen (auf nationaler Ebene) schon vor Erlass der DS-GVO anerkannt waren, ohne dass die bestehenden Schwächen der Einwilligung überwunden werden konnten. Unberücksichtigt bleiben daneben auch strukturelle Freiwilligkeitsdefizite, die sich aus der Eigenart personenbezogener Daten einerseits sowie dem Verhältnis von Betroffenem und Datenverarbeiter andererseits (auch und gerade im Bereich datenfinanzierter Angebote) ergeben.

3. Zusammenspiel mit anderen Vorschriften der DS-GVO

Nach all dem liegt es nahe, anzunehmen, dass die der Einwilligung zuzuordnenden Normen[2114] dem Einzelnen im Ergebnis weder eine tatsächlich informierte, risikoorientierte Entscheidung im geforderten Sinne ermöglichen, die den Betroffenen in der Lage versetzt, Risiken und Ausmaß der beabsichtigten Datenverarbeitung angemessen zu überblicken, noch eine Einwilligungssituation schaffen, in der der Einzelne davor geschützt ist, durch faktische Zwänge einer Datenverarbeitung auch entgegen seiner eigentlichen Präferenz zuzustimmen. Nicht ausgeschlossen ist indes, dass die der Einwilligung anzulastenden Schwächen durch andere, innerhalb der DS-GVO bestehende Mechanismen zum Schutz personenbezogener Daten abgefedert werden (können). Wäre dies der Fall, könnte die autonome Entscheidung des Betroffenen als Ausdruck informationeller Selbstbestimmung jedenfalls in einem Zusammenspiel dieser Schutzmechanismen gegenüber der bisherigen Rechtslage eine Stärkung erfahren (haben).

a. AGB-Prüfung

Besonders nahe liegt die Annahme einer solchen schutzentfaltenden Wirkung zugunsten der betroffenen Person für die bereits im Kontext datenfinanzierter Geschäftsmodelle angesprochene[2115] AGB-rechtliche Überprüfung von Datenschutzerklärungen. Wird die Einwilligung formularmäßig

---

2114 Art. 6 Abs. 1 lit. a, 7 DS-GVO i.V.m. Art. 4 Nr. 11 DS-GVO (unter entspr. Berücksichtigung der ErwGr 32, 42 und 43 DS-GVO.

2115 Vgl. oben, Kap. 6, A. I. 2. c. cc.

i.S.d. § 305 Abs. 1 BGB[2116] eingeholt, ist eine solche AGB-rechtliche Überprüfung der Einwilligungserklärung prinzipiell eröffnet.[2117]

aa. Potential der AGB-Prüfung

Einer – auch inhaltlichen – Prüfung vorformulierter Einwilligungserklärungen gegenüber Verbrauchern auf eine eventuelle Missbräuchlichkeit wird dabei insbesondere vor dem Hintergrund, dass der Betroffene umfangreiche Datenschutzerklärungen zumeist nicht liest,[2118] Bedeutung beigemessen. So beseitige eine AGB-Prüfung entsprechender Erklärungen zwar nicht die Informationsasymmetrie an und für sich, mildere aber deren mögliche negative Folgen und senke in diesem Sinne die (Transaktions-)Kosten des Betroffenen.[2119]

Ob diese grundsätzliche Möglichkeit, vorformulierte Einwilligungs- bzw. „Datenschutzerklärungen" von Unternehmern einer AGB-Prüfung zu unterziehen zu einem erhöhten Schutz der selbstbestimmten Preisgabe personenbezogener Daten beitragen kann, ist indes von mehreren Faktoren abhängig: So ist zu bedenken, dass die – wenn auch auf datenschutzrechtliche Bestimmungen beschränkte – bisherige AGB-rechtliche Überprüfung vorformulierter Einwilligungserklärungen den Vorwurf mangelnder Selbstbestimmung im Rahmen datenschutzrechtlicher Einwilligungen nicht entkräften konnte.[2120] Auch wenn eine Beschränkung auf das Datenschutzrecht als alleinigem Prüfungsmaßstab i.S.d. § 307 Abs. 2 S. 1 BGB (anders als bisher vom BGH angenommen)[2121] wohl unter der DS-GVO nicht mehr aufrechtzuerhalten ist,[2122] sodass die inhaltliche Angemessenheitskontrolle im Ergebnis einen größeren Anwendungsbereich und damit eine erhöhte Prüfungstiefe bekommt, hängt die Effektivität dieses Schutzmechanismusses doch weitestgehend davon ab, welcher Angemessenheitsmaßstab im Einzelfall an die vereinbarte Datenverarbeitung angelegt wird. Hier mangelt es – zumindest bisher – an rechtssicheren und klaren Kriteri-

---

2116 Bzw. der dieser Norm zugrundeliegenden Art. 3 Klausel-RL.

2117 Vgl. oben, Kap. 6, A. I. 2. c. cc (1).

2118 Zu dieser fehlenden Kenntnisnahme entspr. Erklärungen durch betroffene Personen vgl. oben, Kap. 2, B. II. 2. b. sowie Kap. 5, B. I. 4. c. bb.

2119 So bspw. *Metzger*, AcP 2016, 818 (842)

2120 S. zu dieser Kritik unter Geltung des BDSG a.F. oben, Kap. 2, B. II. 2. b.

2121 Vgl. die beiden Grundsatzentscheidungen BGH NJW 2008, 3055 – *Payback* sowie BGH NJW 2010, 864 – *Happy Digits*.

2122 Vgl. hierzu oben, Kap. 6, A. I. 2. c. cc.

en. Abzuwarten bleibt insbesondere, ob und in welchem Umfang eine solche Überprüfung tatsächlich über die bereits durch die DS-GVO gestellten Anforderungen an eine wirksame Einwilligung – also insbesondere die Anforderungen im Rahmen der Transparenz- und Informationspflichten[2123] – hinausgeht.[2124] Im Falle von Einwilligungserklärungen, welche zugleich als vertragscharakteristische (Gegen-)Leistung fungieren, tritt hinzu, dass (zum jetzigen Zeitpunkt) weitestgehend unklar ist, ob und inwieweit diese einer inhaltlichen Prüfung überhaupt zugänglich oder aber aufgrund ihrer Qualifizierung als Hauptleistung eines gegenseitigen Vertrags einer solchen inhaltlichen AGB-Prüfung entzogen sind.[2125] Im Ergebnis kann daher zumindest bezweifelt werden, dass die Implementierung der AGB-Prüfung zu einer Überwindung der einwilligungsimmanenten Schwächen im Datenschutzrecht führen kann. Ausschlaggebend hierfür wird in erster Linie der Prüfungsmaßstab sein, den der EuGH für eine solche AGB-Prüfung aufstellen wird.

bb. AGB-Prüfung und informationelle Selbstbestimmung

Sollte es im Zuge der Anwendung der DS-GVO tatsächlich zu einer Neuausrichtung im Rahmen der (richterlichen) Überprüfung vorformulierter Einwilligungserklärungen i.S.e. AGB-Prüfung kommen und sollte diese Überprüfung tatsächlich zu einer Zunahme der Unwirksamkeitserklärung entsprechender Einwilligungserklärungen führen, ist zudem zu bedenken, dass hiermit im Ergebnis vor allem ein Mechanismus geschaffen wäre, die Einholung weitreichender bzw. objektiv unangemessener Datenverarbeitungsbefugnisse i.R.v. vorformulierten Erklärungen zu unterbinden. Die Bewertung einer Verarbeitung personenbezogener Daten anhand objektiver Kriterien und die hiermit (wohl) einhergehende Begrenzung des Umfangs solcher Datenverarbeitungen zielt damit zwar auf den Schutz personenbezogener Daten ab – dies ist aber nicht in jedem Fall gleichzusetzen mit einer Stärkung des informationellen Selbstbestimmungsrechts des Betroffenen. Denn Kern dieses Selbstbestimmungsrechts ist die autonome

---

2123 Vgl. zum Transparenzgebot oben, Kap. 3, B. II. 1. b sowie zu den Informationspflichten oben, Kap. 3, B. II. 1. a sowie ausf. oben, Kap. 5, A.

2124 Zu den nunmehr vom BGH aufgestellten Anforderungen im Falle der Einwilligung in Direktwerbung BGH K&R 2018, 245; hierzu auch *Eckhardt*, K&R 2018, 310.

2125 Vgl. hierzu ausf. oben, Kap. 6, A. I. 2. c. cc (1).

Entscheidung des Einzelnen, eine Verarbeitung ihn betreffender personenbezogener Daten nach eigenem Belieben zuzulassen, gerade ohne dass diese Entscheidung (durch staatliche Stellen) einer Angemessenheitsprüfung bzw. einer Bewertung nach objektivierter Interessenlage unterzogen wird.[2126]

b. Sonstige Datenschutzgrundsätze der DS-GVO

In der DS-GVO finden sich neben den originären Einwilligungsnormen im Kontext des Schutzes betroffener Personen bzw. auf sie bezogener personenbezogener Daten verschiedentliche Grundsätze und Mechanismen, welche dazu beitragen sollen, den Umfang der Erhebung und Verarbeitung personenbezogener Daten zu begrenzen. Zu nennen sind hier insbesondere der Grundsatz der Datenminimierung nach Art. 5 Abs. 1 lit. c DS-GVO und die dem Verantwortlichen nach Art. 25 Abs. 2 DS-GVO obliegende Pflicht, *„geeignete technische und organisatorische Maßnahmen* [zu implementieren], *die sicherstellen, dass durch Voreinstellung nur personenbezogene Daten, deren Verarbeitung für den jeweiligen bestimmten Verarbeitungszweck erforderlich ist, verarbeitet werden*“ (sog. *privacy by defualt*). Während ersterer als die DS-GVO durchziehenden Grundsatz ein allgemeines Prinzip der Datensparsamkeit postuliert,[2127] könnte insbesondere letzterer, als Konkretisierung dieses Grundsatzes, zu einer Abschwächung der Effekte kognitiver Wahrnehmungsverzerrungen beitragen. Denn die Pflicht zur datenschutzfreundlichen Voreinstellung trägt – parallel zur *Opt-In*-Pflicht i.R.d. Einwilligungseinholung[2128] – dazu bei, dass umfangreiche Datenerhebungen und -verarbeitungen nicht allein durch Trägheits- oder Framingeffekte auf Seiten des Betroffenen legitimiert werden.[2129]

2126 Vgl. oben, Kap. 4, B. S. zu den Auswirkungen einer Bewertung datenschutzrechtliche Einwilligung anhand eines objektiven Maßstabs auch unten, Kap. 6, B. I. 2.

2127 S. zu diesem Prinzip der Datenminimierung *Frenzel* in: Paal/Pauly, DS-GVO, Art. 5 Rn. 34 ff.; *Herbst* in: Kühling/Buchner, DS-GVO, Art. 5 Rn. 55 ff.; *Voigt* in: Taeger/Gabel, DSGVO, Art. 5 Rn. 27 ff.

2128 Vgl. hierzu oben, Kap. 3, B. II 1. e. (cc) sowie. Kap. 5, B.

2129 Prinzipiell ähnlich *Metzger*, AcP 2016, 818 (831). Grundsätzlich zu den Vorgaben des Art. 25 Abs. 2 DS-GVO im Einzelnen *Hartung* in: Kühling/Buchner, DS-GVO, Art. 25 Rn. 24 ff; *Lang* in: Taeger/Gabel, DSGVO, Art. 25 Rn. 57 ff.

c. Verstärkte Vollzugsmöglichkeiten

In rechtspraktischer Hinsicht könnte auch eine verstärkte Durchschlagskraft datenschutzrechtlicher Regelungen zu einem erhöhten Schutz der informationellen Selbstbestimmung beitragen. Datenschutzrechtliche Regelungen wurden bisher von datenverarbeitenden Unternehmen oft nur unzureichend wahrgenommen, Verstöße gegen datenschutzrechtliche Normen wurden vergleichsweise milde sanktioniert oder konnten überhaupt nicht geahndet werden, bspw. weil auf den datenverarbeitende Privaten das jeweilige nationale Datenschutzrecht (räumlich) nicht anwendbar war. Im Bereich des Datenschutzrechts konnte somit ein (teilweises) Vollzugsdefizit festgestellt werden.[2130]

Ob dieses Defizit durch die im Zuge der DS-GVO stark erhöhten Sanktionen,[2131] die neuen Regelungen für eine konsequentere Durchsetzung datenschutzrechtlicher Regelungen[2132] sowie den ausgeweiteten räumlichen Anwendungsbereich i.S.d. Marktortprinzips[2133] behoben werden konnte, bleibt abzuwarten. Feststellen lässt sich zum jetzigen Zeitpunkt zumindest ein erhöhtes Bewusstsein für datenschutzrechtliche Bestimmungen – sowohl auf Seiten der Verantwortlichen als auch auf der Seite potentiell Betroffener. Dies eröffnet nicht nur die Chance auf verstärkte Beachtung datenschutzrechtlicher Regelungen durch Verantwortliche und einen umsichtige(re)n Umgang Betroffener mit personenbezogenen Daten, sondern auch die Chance auf eine verstärkte Nachfrage nach datenschutzfreundlichen Innovationen. In jedem Fall ist zu erwarten, dass das Datenschutzrecht durch die unionale Harmonisierung sowie das nicht unerhebliche mediale bzw. gesellschaftliche Interesse an der DS-GVO in der Rechtspraxis eine stärkere Beachtung finden wird.[2134]

4. Zwischenergebnis betroffene Person

Insgesamt dürfte die DS-GVO somit die in sie gesetzten Erwartungen, die Position des Betroffenen im Rahmen der datenschutzrechtlichen Einwilligung verbessern und infolge dessen sein Recht auf informationelle Selbst-

2130 *Dix*, ZEuP 2017, 1 (4); *Härting*, BB 2010, 839 (842).
2131 Vgl. oben, Kap. 3, A. II. 3.
2132 S. hierzu *Bergt* in: Kühling/Buchner, DS-GVO, Vor. Art. 77 bis 84 Rn. 1 ff.
2133 Vgl. oben, Kap. 3, A. II. 1.
2134 So auch *Hacker*, ZfPW 2019, 148 (150).

bestimmung im Kontext der Datenverarbeitung zu stärken, allenfalls teilweise zu erfüllen. Zwar lassen sich in einigen Bereichen – so insb. bei der Implementierung einer *Opt-In*-Pflicht im Rahmen der Einwilligungseinholung sowie der allg. Pflicht zur Vornahme datenschutzfreundlicher Voreinstellungen – Mechanismen finden, welche bestehenden kognitiven Verzerrungen und Trägheitseffekten entgegenwirken. Auch besteht zumindest die Möglichkeit, dass mit der Neufassung des Datenschutzrechts auf europäischer Ebene eine Stärkung des kollektiven Datenschutzbewusstseins sowie ein verstärkter Vollzug datenschutzrechtlicher Regelungen verbunden ist; die Kernvoraussetzungen der datenschutzrechtlichen Einwilligung selbst weisen dagegen im praktischen Ergebnis allenfalls geringfügige Änderungen auf. Angesichts dessen mag bezweifelt werden, dass es der Einwilligungslösung der DS-GVO gelingt, dem Betroffenen eine tatsächlich informierte und freie und daher selbstbestimmte Entscheidung hinsichtlich der Verarbeitung ihn betreffender personenbezogener Daten zu ermöglichen und in diesem Sinne die bestehende Kritik an der datenschutzrechtlichen Einwilligungspraxis zu überwinden.

III. Ergebnis

Während die in der DS-GVO normierten Pflichten für den datenschutzrechtlich Verantwortlichen somit zu einem Mehraufwand führen und die noch unklaren Voraussetzungen einer wirksamen datenschutzrechtlichen Einwilligung (jedenfalls während der Übergangsphase) aufgrund der bestehenden Rechtsunsicherheit ein stetes Haftungsrisiko bergen, führt diese Mehrbelastung des Verantwortlichen nicht zu der erwünschten Stärkung der Rechte des Betroffenen. Im Rahmen der datenschutzrechtlichen Einwilligung ist vielmehr zu konstatieren, dass es im Zuge des Erlasses der DS-GVO nicht gelungen ist, eine tatsächliche Sicherung der freien und informierten Entscheidung des Einzelnen im Kontext datenschutzrechtlicher Praxis zu bewirken.[2135]

2135 In der Tendenz ähnlich *Schneider* in: Körber/Kühling, Regulierung - Wettbewerb - Innovation S. 126.

B. Alternativkonzept

Angesichts der nach wie vor bestehenden Defizite der datenschutzrechtlichen Einwilligung für die informationelle Selbstbestimmung und der nicht unerheblichen Rechtsunsicherheit für den Verantwortlichen bei Einholung derselben ist zu hinterfragen, ob und inwieweit die Einwilligung (auch) zukünftig als Primat der Rechtfertigung einer Datenverarbeitung angesehen werden sollte.

I. (Inhaltliche) Beschränkung der Einwilligungsmöglichkeit

Da eine Datenverarbeitung auf Grundlage einer Einwilligung allein aufgrund des zustimmenden Willens des Betroffenen gerechtfertigt wird,[2136] wäre anzudenken, diese rechtliche Legitimation (gänzlich) zu versagen, wenn und soweit festgestellt wird, dass aufgrund struktureller Defizite erhebliche Zweifel daran bestehen, ob ein entsprechender Wille des Betroffenen tatsächlich vorliegt.

1. (Teil-)Ausschluss der Einwilligung

Das weitreichendste Konzept läge darin, die Einwilligung als Rechtfertigungsgrundlage einer Verarbeitung personenbezogener Daten vollständig abzuschaffen. Datenverarbeitungen wären dann nur zulässig, wenn und soweit sie sich auf eine gesetzliche Verarbeitungsgrundlage stützen ließen.[2137] Abgeschwächt hierzu käme ein sektorspezifischer Teilausschluss der Einwilligungsmöglichkeit für solche Anwendungsfelder in Betracht, in denen typischerweise ein strukturelles Freiwilligkeitsdefizit anzutreffen ist

---

2136 Vgl. hierzu oben, Kap. 2, B. II. 1.

2137 In diesem Sinne etwa *Krohm/Müller-Peltzer*, ZD 2017, 551 (552) darüber nachdenkend, die Einwilligung als Verarbeitungsgrundlage auf den Bereich der Verarbeitung besonderer Kategorien personenbezogener Daten zu beschränken; die Realisierung einer derartigen Beschränkung aber selbst angesichts der primärrechtlichen Verankerung der Einwilligung in Art. 8 Abs. 2 S. 1 GRCh bezweifelnd. S. zu dieser Frage der Unvereinbarkeit mit europäischem Primärrecht unten, Kap. 6, B. I. 1. b. bb Daneben aufgeworfen, i. Erg. aber (ebenfalls) verneinend *Radlanski*, Die Einwilligung in der datenschutzrechtlichen Realität, S. 220 f.

– also etwa im Bereich des Beschäftigten- oder Gesundheitsdatenschutzes.[2138]

a. Vorwurf des Paternalismus

Eine Verkleinerung des Anwendungsbereichs der Einwilligung wird vielfach das Argument einer abzulehnenden (staatlichen) Bevormundung des Einzelnen entgegengehalten.[2139] (Nur) die Einwilligung ermögliche eine Selbstbestimmung im informationellen Bereich der Persönlichkeitsentfaltung.[2140] Die Begrenzung der datenschutzrechtlichen Einwilligung stelle eine Entmündigung des Betroffenen dar,[2141] die das Recht auf informationelle Selbstbestimmung (unzulässig) beschneide.[2142] Ein solcher Paternalismus[2143] von staatlicher Seite sei zu unterlassen, Vorrang komme stets dem Selbstschutz des Betroffenen zu.[2144]

Zudem läge in einer solchen Streichung der datenschutzrechtlichen Einwilligung als Verarbeitungsgrundlage ein elementarer Wertungswiderspruch zum traditionellen Verständnis des informationellen Selbstbestimmungsrechts: Danach soll der Einzelne, zumindest prinzipiell, selbst(-bestimmt) *„über die Preisgabe und Verwendung seiner persönlichen Daten“*[2145] entscheiden. Eine solche Entscheidung wäre für den Einzelnen bei Fortfall der Einwilligungsmöglichkeit aber gerade ausgeschlossen.[2146] Der

2138 S. hierzu *Radlanski*, Die Einwilligung in der datenschutzrechtlichen Realität, S. 219 ff.

2139 So bspw. *Buchner*, Informationelle Selbstbestimmung im Privatrecht, S. 113 f.; *Maisch*, Informationelle Selbstbestimmung in Netzwerken, S. 299; *Metzger*, AcP 2016, 818 (829 ff.); *Rogosch*, Die Einwilligung im Datenschutzrecht, S. 106 f. Ähnlich *Spindler*, GRUR-Beilage 2014, 101 (103).

2140 *Härting*, BB 2012, 459 (463); *Selk*, DANA 2016, 59 (60).

2141 *Bull*, NJW 2006, 1617 (1619); *Bull*, NVwZ 2011, 257 (258); *Hoffmnann-Riem* in: Offene Rechtswissenschaft, S. 513; *Weichert*, NJW 2001, 1463 (1467).

2142 Gola/Schomerus, BDSG 2015, § 4a, Rn. 24; *„verfassungsrechtliche Bedenken“* äußernd *Grimm*, JZ 2013, 585 (588); *Spindler*, GRUR-Beilage 2014, 101 (101).

2143 Grds. zum Begriff des Paternalismus allg. s. *Hacker*, Verhaltensökonomik und Normativität, S. 211 ff.; *Hermstrüwer*, Informationelle Selbstgefährdung, S. 263 ff; *Ohly*, Volenti non fit iniuria, S. 73 f; speziell zum „Datenpaternalismus“ in der DS-GVO *Krönke*, Der Staat 2016, 319 (324 ff.)

2144 *Hoffmann-Riem*, AöR 1998, 513 (533 ff.); *Metzger*, AcP 2016, 818 (829 ff.). Ähnlich *Buchner*, DuD 2010, 39 (43).

2145 BVerfGE 65, 1 (95).

2146 Zu den Vorbehalten hinsichtlich eines Einwilligungsausschlusses (auch) aus verfassungsrechtlicher Perspektive s. auch *Grimm*, JZ 2013, 585 (588); *Hoffm-*

Ausschluss der Einwilligung verfehle somit demzufolge sein eigentliches Schutzziel: Die Absicherung der freien, selbstbestimmten Entscheidung des Betroffenen.[2147]

b. Stellungnahme

Die vorgebrachten Argumente verfangen – wie nachfolgend aufzuzeigen sein wird – in der vorliegenden Konstellation allerdings nur bedingt.

aa. Rechtfertigung einer Schmälerung des Anwendungsbereichs datenschutzrechtlicher Einwilligungen

Unzweifelhaft ist die datenschutzrechtliche Einwilligung als Ausdruck personaler Selbstbestimmung primärrechtlich (und grundrechtlich) verankert.[2148] Eine (ersatzlose) Streichung der Einwilligung im Datenschutzrecht sähe sich damit in der Tat schwerwiegenden (verfassungs-)rechtlichen Bedenken ausgesetzt.[2149] Anlässlich der vorliegend festgestellten Defizite datenschutzrechtlicher Einwilligungen sowie mit Blick auf weitergehende Auswirkungen der (einwilligungsbasierten) Datenverarbeitung kann aber (zumindest) hinterfragt werden, ob das Argument des Paternalismus im Falle einer Schmälerung des Anwendungsbereichs datenschutzrechtlicher Einwilligungen den Kern der Problematik (teilweise) verkennt.

(1) Schutz der betroffenen Person

So bedürfte es einer (erneuten bzw. aktualisierten) grundsätzlichen Auseinandersetzung mit der Frage, ob und inwieweit die datenschutzrechtliche Einwilligung – insbesondere mit Blick auf die heutige datenschutzrechtliche Realität – tatsächlich (noch) als Instrument informationeller

---

nann-Riem in: Offene Rechtswissenschaft, S. 513; *Spindler*, GRUR-Beilage 2014, 101 (101).

2147 Gegen einen Ausschluss der Einwilligung *Bull*, NVwZ 2011, 257 (258); *Bull*, NJW 2006, 1617 (1619); Gola/Schomerus, BDSG 2015, § 4a, Rn. 24; *Metzger*, AcP 2016, 818 (829 f.); *Spindler*, GRUR-Beilage 2014, 101 (103); *Weichert*, NJW 2001, 1463 (1467).

2148 Vgl. oben, Kap. 4, B. bb.

2149 Vgl. hierzu auch oben, Kap. 6, B. I. 1. b. bb.

Selbstbestimmung verstanden werden kann.[2150] Denn soweit der Betroffene nicht in der Lage ist, Ausmaß und mögliche Folgen der jeweiligen Datenverarbeitung zu überblicken und bzw. oder aufgrund eines Bestehens struktureller Freiwilligkeitsdefizite *de facto* keine tatsächlich autonome, seinen Präferenzen entsprechende Entscheidung treffen kann, ist die (pauschale) Berufung auf eine vermeintliche Verwirklichung informationeller Selbstbestimmung durch eine entsprechende Einwilligungserklärung entscheidend verkürzt.

Die Einwilligung dient im Bereich des Datenschutzrechts zwar (rechtsdogmatisch) als Instrument personaler, informationeller Selbstbestimmung. Wenn und soweit die Einwilligung aber aufgrund realer Bedingungen systematischen Strukturdefiziten unterliegt, verfangen die Einwände eines unzulässigen Schutzes des privatautonomen Menschen vor sich selbst nicht.[2151] Überdies ist angesichts der gelebten Praxis zu hinterfragen, ob der Rekurs auf das Recht auf informationeller Selbstbestimmung jedenfalls für diejenigen Konstellationen verfehlt ist, in denen der einzelne Betroffene personenbezogene Daten als Entgeltersatz zur Verfügung stellt. Denn wenn und soweit der Einzelne mit der Datenpreisgabe (allein) ökonomische Interessen verfolgt, ist die Einwilligung verstärkt als Instrument wirtschaftlicher Verwertung zu begreifen und verliert zunehmend ihre Funktion als Sicherungsinstrument persönlichkeitsrechtlicher Entfaltung. Ein starres Festhalten am Bild der datenschutzrechtlichen Einwilligung als Ausdruck personaler Selbstbestimmung birgt daher die Gefahr einer Verkennung der datenschutzrechtlichen Realität und damit letztlich auch das Risiko eines unzureichenden Schutzes potentiell Betroffener. Hieraus folgt, dass eine Schmälerung des Anwendungsbereichs der Einwilligung jedenfalls nicht pauschal als unzulässiger Eingriff in das Recht des Einzelnen auf informationelle Selbstbestimmung zu werten ist.[2152]

2150 Tendenziell ähnlich mit Blick auf die neuen (technischen) Möglichkeiten des IOT *Hacker*, ZfPW 2019, 148 (195 f.); bezogen auf den Bereich „Dienst gegen Daten" *Schweitzer* in: Regulierung - Wettbewerb - Innovation, S. 278 sowie allg. für den Online-Bereich *Engeler/Marosi*, CR 2019, 707 (713).

2151 *Bäcker*, Der Staat 2012, 91 (105 ff.); *Worms/Gusy*, DuD 2012, 92 (98); auf das Informationsdefizit des Betroffenen abstellend *Streinz/Michl*, Euzw 2011, 384 (385).

2152 Die Fokussierung auf die Einwilligung im Bereich des Datenschutzes ebenfalls krit. betrachtend *Engeler*, ZD 2018, 55 (60).

(2) Schutz Dritter

Die Verarbeitung personenbezogener Daten einer Person hat bei näherer Untersuchung auch Auswirkungen auf (unbeteiligte) Dritte. Eine Begrenzung der Legitimierung personenbezogener Datenverarbeitungen könnte daher zudem als (notwendiger) Schutz Dritter zu rechtfertigen sein.[2153]

(a) Mehrrelationalität von Daten

Die Auswirkung einer Datenverarbeitung auf Dritte resultiert regelmäßig schon aus der Mehrrelationalität von Daten. So beziehen sich Daten zumeist auf mehrere Personen, bspw. auf Arbeitnehmer und Arbeitgeber, Arzt und Patient, Kind und Sorgeberechtigte(r) oder Eheleute untereinander;[2154] haben sowohl Objekt als auch Autor,[2155] oder treffen über die (ursprünglich) betroffene Person hinaus auch Aussagen über Dritte, so etwa auch und gerade im Falle (besonders sensibler) genetischer Daten.[2156] Bereits das BVerfG qualifizierte das Recht auf informationelle Selbstbestimmung daher als Kommunikationsgrundrecht, welches dem Einzelnen *„nicht ein Recht im Sinne einer absoluten, uneinschränkbaren Herrschaft über „seine" Daten"* gibt, da *„Information, auch soweit sie personenbezogen ist,* [...] *ein Abbild sozialer Realität dar*[stellt], *das nicht ausschließlich dem Betroffenen allein zugeordnet werden kann"*.[2157]

Die Mehrrelationalität personenbezogener Daten und die mit ihr verbundene Schwierigkeit, Daten einer einzelnen Person zuzuordnen, wird zwar im Rahmen der Diskussion um ein Eigentumsrecht an Daten ange-

---

2153 So im Kern auch *Sandfuchs*, Privatheit wider Willen?, S. 141 ff. Grds. zu Rechten Dritter als Grenzen der individuellen Dispositionsbefugnis i.R.d. (zivilrechtlichen) Einwilligung *Ohly*, Volenti non fit iniuria, S. 100 ff. sowie S. 411 ff. Allg. zu der Einschränkbarkeit unionaler Grundrechte aufgrund entgegenstehender (Grund-)Rechte Dritter bzw. Belangen der Allgemeinheit oben, Kap. 4, B. II. 3. c. bb. (2) (b).

2154 So auch *Dix*, ZEuP 2017, 1 (3); *Jöns*, Daten als Handelsware, S. 228.

2155 *Roßnagel/Pfitzmann/Garstka*, Modernisierungsgutachten DSR, S. 37 f.; krit. hierzu aber *Unseld*, Die Kommerzialisierung personenbezogener Daten S. 59 ff.

2156 *Sandfuchs*, Privatheit wider Willen?, S. 44; *Weichert*, DuD 2019, 149 (150).

2157 BVerfGE 65, 1 (43 f.) – *Volkszählung*.

sprochen,[2158] im genuin datenschutzrechtlichen Kontext aber kaum (tiefgreifend) behandelt.[2159] Dementsprechend ist auch der Fokus datenschutzrechtlicher Regelungen stets auf das bipolare Verhältnis zwischen Betroffenem und Verantwortlichen gerichtet,[2160] ohne hinreichend zu berücksichtigen, dass aufgrund der Mehrrelationalität der Daten regelmäßig eine Mehrheit von Personen „betroffen" ist.[2161] Weitestgehend unbeachtet bleibt diese Mehrrelationalität auch und gerade in der datenschutzrechtlichen Einwilligungspraxis.[2162] So wird vielfach lediglich die Einwilligung eines (einzigen) Betroffenen eingeholt, obwohl die entsprechenden Daten einen darüber hinausgehenden Personenbezug zu (weiteren) Dritten aufweisen.[2163] Die Entscheidung einer Person, eine Verarbeitung personenbezogener Daten zu erlauben, kann somit (wenn und soweit diese Daten eine Mehrrelationalität aufweisen) auch das informationelle Selbstbestimmungsrecht Dritter tangieren.

2158 So bspw. *Dix*, ZEuP 2017, 1 (3); *Funke*, Dogmatik und Voraussetzungen der Einwilligung, S. 57; *Jöns*, Daten als Handelsware, S. 228 ff.; *Roßnagel/Pfitzmann/Garstka*, Modernisierungsgutachten DSR, S. 38.

2159 Auf diese Mehrrelationalität im genuin datenschutzrechtlichen Kontext eingehend aber *Schwichtenberg*, Datenschutz in drei Strufen, S. 115 ff.;

2160 *Hermstrüwer*, Informationelle Selbstgefährdung, S. 161; *Paal*, ZEuP 2016, 591 (610).

2161 Dies gilt nicht nur für die von der DS-GVO festgesetzte Begriffsbestimmung für *„personenbezogene Daten"* bzw. die *„betroffene Person"* in Art. 4 Nr. 1 DS-GVO, welche dem Wortlaut nach (jedenfalls im Grundsatz) von einer (exklusiven) Zuordnung personenbezogener Daten zu einer singulären betroffenen Person ausgeht, sondern durchzieht die DS-GVO im Wesentlichen als grundlegendes Prinzip, so etwa im Bereich der Betroffenenrechte, welche ebenfalls im Grundsatz von einer Zuordnung personenbezogener Daten zu jeweils (lediglich) einer betroffenen Person ausgehen (*Schwichtenberg*, Datenschutz in drei Strufen, S. 115 f.). Der Annahme einer solchen (prinzipiellen) Fokussierung der DS-GVO auf das Zwei-Personen-Verhältnis von Verantwortlichem und Betroffenen steht nicht entgegen, dass die DS-GVO auch den Fall einer Mehrheit betroffener Personen erfasst (vgl. hierzu *Klar/Kühling* in: Kühling/Buchner, DS-GVO, Art. 4 Rn. 16). Beispielhaft zum Problem des Drittbezugs für den besonders sensiblen Bereich der Verarbeitung genetischer Daten im Kontext der Genealogie *Weichert*, DuD 2019, 149 (150 f.).

2162 Zu dem (rechtstheoretisch bestehenden) Erfordernis einer Einwilligungseinholung bei allen Betroffenen, soweit die Datenverarbeitung nicht auf gesetzlicher Grundlage möglich ist, *Jöns*, Daten als Handelsware, S. 229; *Schwichtenberg*, Datenschutz in drei Strufen, S. 117.

2163 S. hierzu aber AG Bad Hersfeld, DuD 2017, 584 die Weitergabe personenbezogener Daten Dritter als deliktische Handlungen klassifizierend.

(b) Personenbezogene Daten als öffentliches Gut in Zeiten von Big Data

Externe Effekte für Dritte entstehen zudem durch die technologischen Möglichkeiten der automatisierten Datenverarbeitung. Denn insbesondere durch Anwendungen im Bereich von Big Data lassen sich aufgrund des umfassenden Datenpools und mithilfe des Einsatzes datenabgleichender Analyseverfahren auch Rückschlüsse auf das Verhalten solcher Personen ziehen, die selbst keine oder nur wenige Daten preisgegeben haben.[2164]

Exemplarisch lässt sich eine solche Externalität der Preisgabe personenbezogener Daten am Beispiel des sozialen Netzwerks *Facebook* aufzeigen: So lassen sich mithilfe der von den einzelnen Nutzern bereitgestellten Daten[2165] nicht nur belastbare Aussagen über ethnische Zugehörigkeit, Geschlecht, sexuelle Orientierung, politische Einstellung, Religion, möglichen Drogenkonsum oder Intelligenz des jeweiligen datenbereitstellenden Nutzers treffen.[2166] Vielmehr ermöglichen diese Daten auch eine Aussage über deren jeweilige Freunde, bspw. hinsichtlich derer sexueller Orientierung[2167] – und zwar unabhängig davon, ob diese Freunde selbst entsprechende Informationen preisgegeben haben. Die Freigiebigkeit eines Nutzers hinsichtlich ihn betreffender personenbezogener Daten hat somit auch Effekte auf die Privatheit anderer Nutzer.

Aufgrund dieser Wirkweise moderner Big Data-Verfahren und ihrer Aussagekraft auch hinsichtlich (unbeteiligter) Personen wird die (kollektive) Privatheit daher teilweise als öffentliches Gut qualifiziert.[2168] Zuzustimmen ist dieser Aussage jedenfalls insoweit, als die Entscheidung des Einzelnen über die Preisgabe ihn betreffender Daten angesichts des Potentials datenbasierter Analyseverfahren auch externe Effekte auf Dritte zeigt bzw. zeigen kann.

2164 *Hermstrüwer*, Informationelle Selbstgefährdung, S. 163; *Jöns*, Daten als Handelsware, S. 175; *Sandfuchs*, Privatheit wider Willen?, S. 44; *Schweitzer* in: Regulierung - Wettbewerb - Innovation, S. 282.

2165 In dem behandelten Beispiel namentlich des *Like*-Buttons.

2166 S. hierzu ausf. *Kosinski/Stillwell/Graepel*, PNAS 2013, 5802 (5802 ff.).

2167 *Jernigan/Mistree*, Gaydar: Facebook friendships expose sexual orientation. S. hierzu auch *Hermstrüwer*, Informationelle Selbstgefährdung, S. 164; *Sandfuchs*, Privatheit wider Willen?, S. 22.

2168 So *Hermstrüwer*, Informationelle Selbstgefährdung, S. 165 f. Zur Frage, ob und unter welchen Voraussetzungen Nutzer zum Schutze eines solchen öffentlichen Guts kooperieren *Hermstrüwer*, Informationelle Selbstgefährdung, S. 179 ff.

Verstärkt wird dieser Effekt unzureichender (Selbst-)Schutzmöglichkeiten durch die stetige Zunahme der Menge an gesammelten Daten. Denn je mehr Daten insgesamt preisgegeben werden, umso kleiner ist die Möglichkeit des Einzelnen, sich einer datengenerierten Informationsgewinnung durch Big Data-Verfahren zu entziehen.[2169] Der Verweis auf die Möglichkeit des informationellen Selbstschutzes greift daher zu kurz.[2170] Es lässt sich im Gegensatz dazu vielmehr eine Tendenz der Erosion kollektiver Privatheit erkennen, welche letztlich neben der Bedeutung für die informationelle Selbstbestimmung des Einzelnen auch gesamtgesellschaftliche Relevanz erlangt.[2171]

(c) Folgerungen

Wenn und soweit die Einwilligung des Einzelnen in eine Verarbeitung ihn betreffender personenbezogener Daten zugleich eine Auswirkung auf die Privatheit anderer Personen entfaltet – sei es, weil aufgrund der Mehrrelationalität der Daten auch ein (in der Einwilligungssituation nicht hinreichend berücksichtigter) Personenbezug zu diesen dritten Personen gegeben ist, sei es, da die erhobenen Daten vom Verantwortlichen i.R.v. Big Data-Analysen (auch) genutzt werden, um Informationen über Dritte zu generieren – muss diese (potentiell) drittbelastende Wirkung der Einwilli-

2169 Grund hierfür ist neben der Möglichkeit, bei hinreichend großem Datenpool aus Daten einer Person auch Informationen hinsichtlich dritter Personen zu schließen auch ein zunehmender *Unraveling*-Effekt, welcher zu einem zunehmenden Einwilligungsdruck für den Einzelnen führt, je mehr andere Personen bereits in die Preisgabe personenbezogener Daten eingewilligt haben, s. zu diesem Effekt ausf. *Hermstrüwer*, Informationelle Selbstgefährdung, S. 187 ff.

2170 So aber tendenziell *Hoffmann-Riem*, AöR 1998, 513 (533 ff.). Ähnlich dagegen *Schneider* in: Regulierung - Wettbewerb - Innovation,, S. 121 f.

2171 Hingewiesen wird in diesem Zusammenhang insb. auf Möglichkeiten, mithilfe datenbasierter Verfahren und Prozesse auf den kollektiven Meinungsprozess einzuwirken (*Martini*, Blackbox Algorithmus, S. 64 f.; *Wandtke*, MMR 2017, 6 (6)) und die hiermit verbundenen Risikopotentiale für demokratische Strukturen und Einrichtungen (*Graf v. Westphalen*, IWRZ 2018, 9 (9)). Für das Erfordernis einer gesamtgesellschaftlichen Lösung daher *Hoffmann-Riem*, AöR 1998, 513 (523). Zur Einschränkbarkeit der (zivilrechtlichen) Einwilligung aufgrund entgegenstehender Allgemeininteressen *Ohly*, Volenti non fit iniuria, S. 101 ff. sowie S. 411 ff.

gungserteilung hinreichende Berücksichtigung finden.[2172] Denn die Einwilligung des Einzelnen tangiert in einem solchen Fall zugleich die informationelle Selbstbestimmung (unbeteiligter) Dritter, ohne dass diese Dritten in die Entscheidung mit eingebunden werden oder diese Datenverarbeitung wahrnehmen (können).[2173]

Infolge dessen ist (jedenfalls grundsätzlich) auch die Frage nach einer möglichen Beschränkung einwilligungsbasierter Datenverarbeitungen aufgrund überwiegender Schutzinteressen Dritter aufgeworfen, denn die Selbstbestimmung des Einzelnen findet ihre Grenze(n) dort, wo sie mit der Selbstbestimmung Anderer kollidiert.[2174] Eine Begrenzung der Einwilligungsmöglichkeit wäre in einem solchen Fall gerade kein paternalistisch bevormundender Schutz des Betroffenen vor sich selbst, sondern vielmehr ein (ggf. sogar grundrechtlich gebotener) Schutz der informationellen Selbstbestimmung Dritter.

bb. Praktische Umsetzbarkeit

Einem solchen (Komplett-)Ausschluss der Einwilligung als Verarbeitungsgrundlage könnte es indes an Praktikabilität mangeln. Die Einwilligung legitimiert als einzige Verarbeitungsgrundlage eine prinzipiell unbegrenzte Datenverarbeitung zu jedweden Zwecken.[2175] Folge eines Ausschlusses der Einwilligung wäre somit ein massiver Verlust an Flexibilität im datenverarbeitenden Kontext sowie das Erfordernis der Schaffung umfangreicher und daher im Ergebnis kaum überschaubarer gesetzlicher Verarbeitungsgrundlagen.

Neben der fehlenden Praktikabilität wäre ein solcher Ausschluss der Einwilligung darüber hinaus kaum mit dem europäischen Primärrecht vereinbar.[2176] Die Einwilligung ist in Art. 8 Abs. 2 S. 1 GRCh explizit als mögliche Grundlage einer Verarbeitung personenbezogener Daten verankert.[2177] Jedenfalls ein vollständiger Ausschluss der Einwilligung als daten-

---

2172 Diesen Aspekt nicht hinreichend berücksichtigend *Krönke*, Der Staat 2016, 319 (338).

2173 *Sandfuchs*, Privatheit wider Willen?, S. 44.

2174 So grundsätzlich auch *Hermstrüwer*, Informationelle Selbstgefährdung, S. 197. In der Kernaussage ähnlich *Schneider* in: Regulierung - Wettbewerb - Innovation, S. 122.

2175 Vgl. oben, Kap. 6, A. I. 1. e.

2176 Zum relevanten unionalen Primärrecht s. ausf. oben, Kap. 4, B. II.

2177 Zu Art. 8 GRCh s. ausf. oben, Kap. 4, B. II. 3. C. bb.

schutzrechtliches Instrument dürfte damit *de lege lata* an dieser primärrechtlichen Verankerung scheitern.[2178]

2. Objektivierte Interessensprüfung

Eine anderer Vorschlag geht dahin, die Bewertung (der Freiwilligkeit) einer Einwilligung (auch) anhand eines objektiven Maßstabes vorzunehmen. Eine Datenverarbeitung könnte in diesem Fall nur dann durch eine Einwilligung legitimiert werden, wenn und soweit für den Betroffenen ein (objektives) Interesse an der jeweiligen Verarbeitung ihn betreffender personenbezogener Daten festzustellen ist.[2179]

Im Ergebnis ist ein solches Abstellen auf eine objektivierte Interessensbewertung abzulehnen.[2180] Zwar mag im Regelfall durchaus der Verdacht nahe liegen, dass die Freiwilligkeit der Einwilligung in Zweifel zu ziehen ist, wenn die Datenverarbeitung offensichtlich den (objektiven) Interessen des Betroffenen widerspricht.[2181] Dies ist aber keineswegs immer der Fall. Die Argumentation, solche Einzelfälle könnten unberücksichtigt bleiben, da jedenfalls in der Mehrheit aller Einwilligungsfälle Freiwilligkeit und Eigeninteresse korrelierten, überzeugt dabei nicht. Ebenso wenig wie der Hinweis, eine Versagung vom Betroffenen gewünschter, seinen Interessen nicht widersprechenden Datenverarbeitungen stelle gegenüber unfreiwilligen Einwilligungen das kleinere Übel dar.[2182] Beide Argumente verkennen gerade den Kern des informationellen Selbstbestimmungsrechts, welcher sich nicht im bloßen Schutz vor möglichen Datenerhebungen und der hiermit verbundenen Informationsgewinnung erschöpft, sondern vielmehr auf die autonome und selbstbestimmte Gestaltung der Datenpreisga-

---

2178 Ähnlich *Krohm/Müller-Peltzer*, ZD 2017, 551 (552).

2179 Für diesen Vorschlag *Radlanski*, Die Einwilligung in der datenschutzrechtlichen Realität, S. 215 ff.; in der Tendenz prinzipiell auch *Buchner/Kühling* in: Kühling/Buchner, DS-GVO, Art. 7 Rn. 54.

2180 Nur am Rande sei darüber hinaus die Frage aufgeworfen, inwieweit der Einwilligung bei einer solchen Konstruktion ein eigener Anwendungsspielraum verbliebe. Denn eine Datenverarbeitung, welche (jedenfalls auch) den Interessen des Betroffenen dient, wird – jedenfalls i.R.e. Verarbeitung durch private Stellen – regelmäßig unter Art. 6 Abs. 1 lit. f DS-GVO subsumierbar sein (zur Möglichkeit für öff. Stellen, sich auf Art. 6 Abs. 1 lit. f DS-GVO zu berufen s. etwa *Albers/Veit* in: BeckOK DSR, Art. 6 Rn. 46).

2181 *Buchner/Kühling* in: Kühling/Buchner, DS-GVO, Art. 6 Rn. 54.

2182 So beide Argumente anführend aber *Radlanski*, Die Einwilligung in der datenschutzrechtlichen Realität, S. 216 f.

be als Ausdruck personeller Selbstentfaltung gerichtet ist. Der Rekurs auf einen objektiven Maßstab und das hiermit verbundene Außer-Acht-Lassen der subjektiven Empfindungen des Einzelnen steht daher gerade im Gegensatz zu grundrechtlichen Wertungen im Rahmen informationeller Selbstbestimmung.

Einem Abstellen auf das vermeintliche Vorliegen oder Fehlen eines solchen objektiven Interesses läge zudem die Tendenz inne, Werte- und Moralvorstellungen der Mehrheit pauschal zu übernehmen. Weder der (gesellschaftlichen) Mehrheit, noch dem Staat kommt jedoch die Rolle zu, darüber zu bestimmen, welche Ziele und Interessen der Einzelne zu verfolgen hat. In letzter Konsequenz trägt ein solcher (von staatlicher Seite vorgegebener bzw. kontrollfähiger) Maßstab mithin stets das Risiko in sich, (missliebige) Abweichungen von der Norm unter Berufung auf einen (vermeintlichen) Betroffenenschutz pauschal als unzulässig zu erklären.[2183]

3. Schlussfolgerungen

Im Ergebnis ist angesichts der dem informationellen Selbstbestimmungsrecht zugrundeliegenden Wertungen *de lege lata* sowie unter Berücksichtigung rechtspraktischer Überlegungen ein (Teil-)Ausschluss der Legitimierungswirkung einer datenschutzrechtlichen Einwilligung allenfalls im Rahmen einer umfassenden Neubestimmung des Datenschutzrechts möglich. Eine Beschränkung der Einwilligungsmöglichkeit auf Konstellationen, in denen sich ein objektives Interesse des Betroffenen an der Datenverarbeitung feststellen lässt stellt in diesem Rahmen keine vorzugswürdige Alternative dar.

II. Neuordnung der Legitimationsgrundlagen

Zu hinterfragen bleibt, ob aufgrund der Feststellung, dass auch die verschärften bzw. konkretisierten Anforderungen der DS-GVO an eine informierte und freie Einwilligung des Betroffenen nicht zu einem autonomen Umgang des Einzelnen mit ihn betreffenden personenbezogenen Daten führen, eine grundsätzliche Neupositionierung der Einwilligung im datenschutzrechtlichen Gefüge vorgenommen werden sollte.

2183 Vgl. hierzu auch die oben behandelte (tendenziell) parallele Problematik bzgl. Art. 1 GG als allg. Einwilligungsschranke (Kap. 4, B. I. 2. c. bb. (2)).

1. Bisherige Rechtslage: Alternativität der Verarbeitungsgrundlagen

Nach geltender Rechtslage stellen die Verarbeitungsgrundlagen nach Art. 6 Abs. 1 DS-GVO gleichwertige Legitimationsgrundlagen einer Verarbeitung personenbezogener Daten dar. Ein Stufenverhältnis in dem Sinne, dass eine der Verarbeitungsgrundlagen des Art. 6 Abs. 1 lit. a bis f DS-GVO einen (prinzipiellen) Vorrang vor einer anderen Verarbeitungsgrundlage beanspruchen könnte, besteht damit nach Rechtslage unter der DS-GVO gerade nicht.[2184] Der Verantwortliche kann eine datenschutzrechtliche Einwilligung daher grundsätzlich „vorsorglich" einholen, also auch wenn und soweit er die Datenverarbeitung ebenso auf eine der gesetzlichen Verarbeitungsgrundlagen nach Art. 6 Abs. 1 lit. b bis f DS-GVO stützen könnte.[2185] Inwieweit zudem die Möglichkeit besteht, eine (zunächst) einwilligungsbasierte Datenverarbeitung auf eine parallel einschlägige, gesetzliche Legitimationsgrundlage zu stützen, sollte sich die Einwilligung als unwirksam erweisen oder vom Betroffenen widerrufen worden sein, wird dagegen (auch) unter der DS-GVO nicht einheitlich beantwortet.[2186]

2184 *Funke*, Dogmatik und Voraussetzungen der Einwilligung, S. 112; *Kramer* in: Auernhammer, DSGVO/BDSG, Art 6 DS-GVO Rn. 12; *Klement* in: Simitis/Hornung/Spiecker gen. Döhmann, DSGVO, Art. 7 Rn. 34; *Reimer* in: Sydow, DS-GVO, Art. 6 Rn. 8; *Remmertz*, GRUR-Prax 2018, 254 (254); *Schulz* in: Gola, DS-GVO, Art. 6 Rn. 10. So im Grundsatz auch *Schantz* in: Simitis/Hornung/Spiecker gen. Döhmann, DSGVO, Art. 6 Abs. 1 Rn. 12; *Schätzle*, PinG 2017, 203 (203); *Uecker*, ZD 2019, 248 (248).

2185 So grds. *Albers/Veit* in: BeckOK DSR, Art. 6 Rn. 18; *Buchner/Petri* in: Kühling/Buchner, DS-GVO, Art. 6 Rn. 22; *Schantz* in: Simitis/Hornung/Spiecker gen. Döhmann, DSGVO, Art. 6 Abs. 1 Rn. 12; *Schätzle*, PinG 2017, 203 (203). In diesem Kontext zu beachten indes die Forderung der Art. 29-Datenschutzgruppe an den Verantwortlichen, vor Beginn einer Datenerhebung über die Wahl der Verarbeitungsgrundlage zu entscheiden und dem Betroffenen diese Wahl mitzuteilen; zugleich aber (wohl) annehmend ein Wechsel der gewählten Rechtsgrundlage sei möglich, wenn und soweit dieser Wechsel der Verarbeitungsgrundlage den Informationsanforderungen nach Art. 13 f. DS-GVO entspreche (vgl. *Art. 29-Datenschutzgruppe*, WP259 rev.01 S. 27).

2186 S. zu den vertretenen Meinungen im Folgenden, Kap. 6, B. II. 2.

2. Klassischer Vorschlag: Exklusivität der Einwilligung (als primärer Verarbeitungsgrundlage)

Unter der Rechtslage des BDSG a.F. wurde vielfach vorgeschlagen, eine differenzierte Betrachtung des Verhältnisses der Einwilligung zu den gesetzlichen Rechtfertigungsgrundlagen vorzunehmen. So wurde etwa vertreten, der Verantwortliche könne, soweit er die Datenverarbeitung auf die Einwilligung stützte, nicht auf alternativ bestehende, gesetzliche Verarbeitungsgrundlagen zurückgreifen, wenn und soweit der Betroffene diese Einwilligung verweigere oder widerrufe.[2187] Andere wollten den Verantwortlichen im Falle eines parallelen Bestehens von Einwilligungsmöglichkeit und gesetzlicher Legitimationsgrundlage (zumindest) verpflichten, den Betroffenen darüber zu informieren, dass die Datenverarbeitung im Falle der Einwilligungsverweigerung alternativ auf eine andere Verarbeitungsgrundlage gestützt werden könne.[2188] Auch unter der DS-GVO wird ein solches „Exklusivitätsverhältnis“ der Einwilligung im obigen Sinne vereinzelt angenommen[2189] bzw. eine entsprechende Hinweispflicht vorausgesetzt[2190].[2191]

2187 *Scholz/Sokol* in: Simitis, BDSG, § 4 Rn. 6.

2188 *Däubler* in: Däubler/Klebbe/Wedde/Weichert, BDSG, § 4a Rn. 6a.

2189 *Buchner/Kühling* in: Kühling/Buchner, DS-GVO, Art. 7 Rn. 17 f.; *Engeler*, ZD 2018, 55 (58); *Uecker*, ZD 2019, 248 (249). Die Vorzüge eines solchen Exklusivitätsverhältnis bei Wahl der Einwilligung als Rechtsgrundlage jedenfalls ansprechend *Frenzel* in: Paal/Pauly, DS-GVO, Art. 7 Rn. 17a.

2190 *Schantz* in: *Schantz/Wolff*, Das neue Datenschutzrecht, Rn. 475; *Tinnefeld/Conrad*, ZD 2018, 391 (392). (Wohl) ein ähnliches Verständnis vertretend da jedenfalls einen „*stillschweigend*[en]“ Wechsel zu einer anderen Verarbeitungsgrundlage im Falle des Widerrufs ausschließend auch *Art. 29-Datenschutzgruppe*, WP259 rev.01 S. 26 ff. Zu beachten ist diese Positionierung der Art. 29-Datenschutzgruppe (trotz der weit überwiegenden und inhaltlich überzeugenden Gegenmeinung) auch und gerade, da die Leitlinien – auch wenn sie keine echte Bindungswirkung entfalten – verstärkt als Orientierungshilfe für die Rspr. dienen. Für die datenschutzrechtliche Praxis bleibt daher auch und gerade abzuwarten, wie sich der EuGH zu dieser Frage positionieren wird (vgl. hierzu auch *Lutz* in: Datenrecht in der Digitalisierung, S. 227).

2191 Die überwiegende Meinung spricht sich indes – aufgrund des insoweit klaren Wortlauts überzeugend – gegen ein solches Exklusivverhältnis der Einwilligung aus, vgl. *Klement* in: Simitis/Hornung/Spiecker gen. Döhmann, DSGVO, Art. 7 Rn. 34; *Kramer* in: Auernhammer, DSGVO/BDSG, Art 6 DS-GVO Rn. 11 f. *Schulz* in: Gola, DS-GVO, Art. 7 Rn. 11; *Stemmer* in: BeckOK DSR, Art. 7 DS-GVO Rn. 90; *Taeger* in: Taeger/Gabel, DSGVO, Art. 6 Rn. 41. Eine solche Wertung lässt sich auch und gerade Art. 17 Abs. 1 lit. b DS-GVO entnehmen der besagt, dass personenbezogene Daten im Falle eines Widerrufs

Ziel dieser Vorschläge ist, zu verhindern, dass der Betroffene durch das Einholen der Einwilligung von einer rein von seinem Willen abhängenden Datenverarbeitung ausgeht, obwohl diese Datenverarbeitung tatsächlich auch ohne bzw. entgegen seinem Willen aufgrund einer gesetzlichen Rechtfertigung möglich ist. Diesen Vorschlägen immanent ist dabei die Tendenz, die Einwilligung – wenn auch nur implizit – als die zentrale Maxime des Datenschutzrechts und daher als besonders erwünschte, primäre Verarbeitungsgrundlage zu qualifizieren.[2192]

3. Alternativer Vorschlag: Subsidiarität der Einwilligung

Mit Blick auf die der datenschutzrechtlichen Einwilligung immanenten Schwächen ist indes zu hinterfragen, ob und inwieweit die Einwilligung tatsächlich als primäre Grundlage der Verarbeitung personenbezogener Daten herangezogen werden, oder nicht vielmehr im Gegensatz hierzu, einer (uferlosen) einwilligungsbasierten Datenverarbeitung in der Praxis entgegengewirkt werden sollte.

Eine solche Verringerung einwilligungsbasierter Datenverarbeitungen könnte insbesondere durch ein Exklusivverhältnis der Einwilligung und der gesetzlichen Rechtfertigungen untereinander im Sinne einer Subsidiarität der Einwilligungslösung erreicht werden. *De facto* würde eine solche Subsidiarität bedeuten, dass eine Verarbeitung personenbezogener Daten nur dann durch eine Einwilligung legitimiert werden könnte, wenn und

---

der Einwilligung des Betroffenen dann nicht zu löschen sind, wenn und soweit sich der Verantwortliche hinsichtlich der Verarbeitung dieser Daten auf das Bestehen einer gesetzlichen Verarbeitungsgrundlage stützen kann (so auch *Dix* in: Simitis/Hornung/Spiecker gen. Döhmann, DSGVO, Art. 17 Rn. 12; *Herbst* in: Kühling/Buchner, DS-GVO, Art. 17 Rn. 24; *Kamann/Braun* in: Ehmann/Selmayr, DS-GVO, Art. 17 Rn. 25; *Meents/Hinzpeter* in: Taeger/Gabel, DSGVO, Art. 17 Rn. 37; *Nolte/Werkmeister* in: Gola, DS-GVO, Art. 17 Rn. 15; *Peuker* in: Sydow, DS-GVO, Art. 17 Rn. 18; *Remmertz*, GRUR-Prax 2018, 254 (254); *Worms* in: BeckOK DSR, Art. 17 Rn. 36).

2192 So explizit der Vorschlag aus einem Gutachten im Jahr 2001, vgl. *Roßnagel/Pfitzmann/Garstka*, Modernisierungsgutachten DSR, S. 72; ebenso *Buchner*, Informationelle Selbstbestimmung im Privatrecht, S. 108 f. sowie 173 f. Die Einwilligung (auch) innerhalb der DS-GVO zum *„zentralen Gestaltungsinstrument“* erklärend *Sydow* in: Sydow, DS-GVO, Einl. Rn. 74 und als *„Nukleus des künftigen Datenschuldrechts“* betitelnd *Sattler*, JZ 2017, 1036 (1039).

soweit die Datenverarbeitung nicht bereits von einer gesetzlichen Verarbeitungsgrundlage nach Art. 6 Abs. 1 lit. b bis f DS-GVO erfasst wäre.[2193]

a. Vorzüge

Vorteil einer solchen Subsidiaritätslösung wäre zunächst (ebenfalls)[2194], dass in Situationen, in denen die Datenverarbeitung bereits aufgrund einer gesetzlichen Rechtfertigungsgrundlage gestattet ist, bei der betroffenen Person durch eine (zusätzliche) Bitte um die Einwilligung nicht der (falsche) Eindruck erweckt wird, die Entscheidung über die Verarbeitung läge in der Entscheidungsmacht der betroffenen Person.[2195]

Überdies ist anzunehmen, dass die Begrenzung der einwilligungsbasierten Verarbeitung personenbezogener Daten auf solche Situationen, in denen keine gesetzliche Verarbeitungsgrundlage einschlägig ist, zu einer insgesamt (weit) geringeren Anzahl an datenschutzrechtlichen Einwilligungsersuchen führen würde. Ausgeschlossen wäre insbesondere die bisher gängige Praxis der „vorsorglichen" Einwilligungseinholung trotz Einschlägigkeit gesetzlicher Verarbeitungsgrundlagen.[2196] Der Einzelne sähe sich daher einer vergleichsweise gering(er)en Anzahl an Einwilligungsersuchen ausgesetzt. Da die vorliegend festgestellten Defizite der datenschutzrechtlichen Einwilligung – so insbesondere die Gefahr eines *information overload*, Phänomene der rationalen Apathie sowie das Gefühl einer vermeintlichen (Un-)Freiwilligkeit[2197] – auch und gerade auf die bloße Anzahl an Einwilligungssituationen zurückzuführen ist, mit denen der Einzelne ständig konfrontiert ist, könnte bereits eine solche Verringerung dieser Einwilligungs-

---

2193 S. zu diesem Vorschlag auch *Menzel*, DuD 2008, 400 (404 f.); *Radlanski*, Die Einwilligung in der datenschutzrechtlichen Realität, S. 204 ff; *Schulz* in: Gola, DS-GVO, Art. 6 Rn. 23; *Taeger* in: Taeger/Gabel, DSGVO, Art. 6 Rn. 43. Ähnlich für Einwilligungen im Beschäftigungsverhältnis *Art. 29-Datenschutzgruppe*, WP 48 S. 27 f. Eine solche Subsidiarität der Einwilligung kategorisch ablehnend *Buchner*, Informationelle Selbstbestimmung im Privatrecht, S. 253 ff.; ähnlich *Sattler*, JZ 2017, 1036 (1045).

2194 Insofern zeigt der Vorschlag parallelen zum bereits dargestellen Vorschlag (Kap. 6, B. II. 2) auf.

2195 *Menzel*, DuD 2008, 400 (404).

2196 Krit. zu dieser Praxis der vorsorglichen Einwilligungseinholung und der damit verbundenen Flut an Einwilligungsersuchen auch und gerade im Zuge des Erlasses der DS-GVO *Giesen*, NVwZ 2019, 1711 (1715).

2197 Vgl. zu diesen verschiedenen Phänomenen im Kontext datenschutzrechtlicher Einwilligungen oben, Kap. 6, A. II.

situationen einen wesentlichen Beitrag zur Stärkung der selbstbestimmten Entscheidung des Betroffenen leisten: Denn zum einen wäre es für den Betroffenen nicht mehr allein aufgrund der Vielzahl an mit den Einwilligungsersuchen einhergehenden Informationsangaben schlicht unmöglich, die jeweiligen datenschutzrechtlichen Informationen überhaupt zur Kenntnis zu nehmen.[2198] Zum anderen würde durch eine Verringerung der absoluten Anzahl an Einwilligungsersuchen vermieden, dass die betroffene Person die Einwilligungserteilung als Routine ohne eigene Entscheidungssubstanz wahrnimmt – dies insbesondere, da all jene Einwilligungssituationen wegfielen, in welchen die Daten (auch für den Betroffenen) offensichtlich aufgrund gesetzlicher Legitimation verarbeitet werden dürfen,[2199] und die zusätzliche Einholung der Einwilligung dem Betroffenen daher in besonderer Weise das Gefühl vermittelt, die datenschutzrechtliche Einwilligung stelle keine autonome Entscheidung im eigentlichen Sinn dar, bei welcher dem Einwilligenden tatsächlich eine eigene Entscheidungsgewalt zukomme.[2200]

Anders als ein (Teil)Ausschluss der Einwilligung führt der vorliegende Vorschlag, die Einwilligung als gegenüber den gesetzlich verankerten Rechtfertigungsgrundlagen nachrangig zu qualifizieren, überdies zu keiner (inhaltlichen) Beschränkung der datenschutzrechtlichen Einwilligung im eigentlichen Sinn. Die grundlegende Möglichkeit, eine Verarbeitung sie betreffender personenbezogener Daten durch eine hierauf gerichtete Einwilligung zu legitimieren, wird der betroffenen Person durch die Annahme einer Subsidiarität der Einwilligung gerade nicht versagt. Vielmehr ist die Einwilligung in die Datenverarbeitung auch unter Annahme eines solchen Subsidiaritätsverhältnisses in all jenen Konstellationen möglich, in denen die Datenverarbeitung tatsächlich (allein) vom Willen des Betroffenen abhängt und daher als genuiner Ausdruck informationeller Selbstbestimmung dient. Ausgeschlossen werden nur jene Konstellationen, in denen die Einwilligung realiter gerade nicht nötig ist, um die jeweilige Verarbeitung zu legitimieren, da bereits eine gesetzliche Rechtfertigung besteht. In einer solchen Situation kommt einer Einwilligung *de facto* keine eigene materielle Substanz zu.

2198 Zu dieser (bisher anzutreffenden) fehlenden Kenntnisnahme vgl. oben, Kap. 2, B. II. 2.

2199 So etwa im Falle der Erforderlichkeit der Daten für die Leistungserfüllung nach Art. 6 Abs. 1 lit. b DS-GVO, also bspw. hinsichtlich der Adresse des Betroffenen im Bereich des Online-Versands.

2200 Zur „*Einwilligungsmüdigkeit*" der Betroffenen auch *Engeler/Marosi*, CR 2019, 707 (708 sowie 713).

Im Ergebnis scheiden also lediglich Einwilligungen aus, die dem Betroffenen (fälschlicherweise) eine autonome Entscheidungsmöglichkeit vorspiegeln, obwohl eine solche Entscheidungsmöglichkeit tatsächlich nicht gegeben ist. Alle anderen Einwilligungen, bei denen dem Betroffenen eine wirkliche Entscheidungsmacht zukommt und die daher tatsächlich zur (informationellen) Selbstbestimmung des Einzelnen beitragen, bleiben demgegenüber erhalten. Die Subsidiarität der Einwilligung stellt daher gegenüber einem Ausschluss der Einwilligung ein weitaus weniger paternalistisches Vorgehen dar und stände weit weniger im Widerspruch zu Art. 8 Abs. 2 S. 1 GRCh als ein pauschaler Einwilligungsausschluss.

b. (Praktische) Umsetzbarkeit

Eines Subsidiaritätsverständnisses der Einwilligung könnte de *lege lata* Art. 6 Abs. 1 DS-GVO entgegenstehen, welcher sowohl hinsichtlich seines Wortlauts als auch mit Blick auf die (systematische) Verortung der Einwilligung an erster Stelle gerade nicht auf eine solche Nachrangigkeit der Einwilligung abzielt.[2201] In rechtspraktischer Hinsicht lassen sich gegen eine solche Subsidiarität der Einwilligung zudem nicht unwesentliche Umsetzungsschwierigkeiten anführen: Verantwortliche greifen auch und gerade aufgrund der bestehenden Rechtsunsicherheit hinsichtlich Voraussetzungen und Reichweite der gesetzlichen Verarbeitungsgrundlagen vielfach auf die Einwilligung als Legitimationsmöglichkeit zurück.[2202] Die bereits bestehende Rechtsunsicherheit, die wesentliche Bereiche des Daten(schutz)rechts kennzeichnet und eine nicht unerhebliche Belastung für datenschutzrechtlich Verantwortliche darstellt, würde durch die Annahme einer Subsidiarität der Einwilligung eine (zusätzliche) Verschärfung erfahren: Denn entweder müssten sich Verantwortliche auch in Fällen bestehender (Rest-)Unsicherheit auf eine gesetzliche Rechtfertigung stützen, oder vor Einholung einer entsprechenden Einwilligung eine umfassende Prüfung vornehmen, ob und inwieweit ggf. bereits eine gesetzliche Verarbeitungsgrundlage greift. Unterliegt der Verantwortliche hierbei einer Fehleinschätzung, ist zudem die Frage aufgeworfen, welche Rechtsfolgen an eine solche Fehleinschätzung geknüpft werden sollten.

2201 Vgl. oben, Kap. 6, B. II. 1.

2202 *Buchner/Kühling* in: Kühling/Buchner, DS-GVO, Art. 7 Rn. 17; *Klement* in: Simitis/Hornung/Spiecker gen. Döhmann, DSGVO, Art. 7 Rn. 34

Insbesondere im Falle der Einholung einer Einwilligung trotz Einschlägigkeit einer gesetzlichen Verarbeitungsgrundlage wäre zu klären, ob und inwieweit die jeweilige Datenverarbeitung dann als rechtswidrig zu beurteilen sein soll. Aufgrund der zum Teil unklaren Reichweiten der gesetzlichen Verarbeitungsgrundlagen erscheint eine pauschale Bewertung einer einwilligungsbasierten Datenverarbeitung als rechtswidrig in solchen Fällen als (zu) starke Belastung des Verantwortlichen.[2203] Bei nicht hinreichend substantiellen Folgen wäre dagegen der Anreiz für Datenverarbeitende zu groß, weiterhin pauschal auf die Einwilligung als Legitimationsgrundlage zurückzugreifen. Bei (lediglicher) Versagung eines Rückgriffs auf gesetzliche Verarbeitungsgrundlagen im Falle einer Verweigerung bzw. eines Widerrufs der Einwilligung durch den Betroffenen wäre letztlich gegenüber dem klassischen Vorschlag[2204] kein Mehrwert erzielt. Die praktische (Un-)Umsetzbarkeit eines Subsidiaritätsverhältnisses wird mithin insbesondere durch die bestehende Rechtsunsicherheit im Rahmen der gesetzlichen Verarbeitungsgrundlagen beeinflusst. Letztlich wäre daher im Zuge einer solchen Neuordnung des Verhältnisses der Verarbeitungsgrundlagen untereinander zugleich die Frage nach einer Neuausrichtung des Daten(schutz)rechts in seiner Gesamtheit aufgeworfen.[2205]

2203 Diese grundlegende Problematik fehlender (Rechts-)Klarheit der gesetzlichen Verarbeitungsgrundlagen (nach der Rechtslage unter der BDSG a.F.) hervorhebend *Buchner*, Informationelle Selbstbestimmung im Privatrecht, S. 254 f.

2204 Vgl. zu diesem Vorschlag oben, Kap. 6, B. II. 2.

2205 In letzter Konsequenz ist in diesem Kontext ein ganzes Feld an datenschutzrechtlichen Diskussionspunkten angesprochen (welche auch im Zuge der Neuordnung des Datenschutzrechts im Kontext der Verhandlungen über den Erlass der DS-GVO erneut verstärkt behandelt wurden): So wurde bzgl. der Unschärfe der gesetzlichen Verarbeitungsgrundlagen bspw. vielfach auch das Prinzip des allumfassenden und technikneutralen Ansatzes der DSG-VO („*One-Size-fits-All*") kritisiert (So etwa *Schulz* in: Gola, DS-GVO, Art 6 Rn 5 f.; *Veil*, NVwZ 2018, 686 (692 f.)). Einer Konkretisierung der gesetzlichen Verarbeitungsgrundlagen immanent ist dagegen stets das Risiko einer Rechtszersplitterung infolge unüberschaubarer Einzelfallregelungen (*Buchner*, Informationelle Selbstbestimmung im Privatrecht, S. 256). Angesichts dieses nur schwer auflösbaren Spannungsverhältnisses gewinnt damit die Diskussion, welche den Grundsatz des Verbots mit Erlaubnisvorbehalt insgesamt infrage stellt (*Giesen*, NVwZ 2019, 1711 (1712 ff.); *Härting*, BB 2012, 459 (463); *Krönke*, Der Staat 2016, 319 (347 f.); *Veil*, NVwZ 2018, 686 (688 f. sowie 695)) bzw. die fehlende Orientierung des Datenschutzrechts an konkreten Risiken bemängelt (vgl. *Radlanski*, Die Einwilligung in der datenschutzrechtlichen Realität, S. 196 ff.) (verstärkt) an Relevanz. i. Erg. wirft die Frage nach der (möglichen zukünftigen) Stellung der Einwilligung im Datenschutzrecht eine ganze Reihe an Folgefragen auf, welche elementare Grundsätze des bisherigen Verständnis-

4. Schlussfolgerungen

Im Ergebnis könnte die Bestimmung eines Subsidiaritätsverhältnisses der Einwilligung nach den obigen Ausführungen zu einer Stärkung der autonomen Entscheidung des Einzelnen im datenschutzrechtlichen Kontext beitragen. Denn durch die Beschränkung des Anwendungsbereichs der Einwilligung auf Fälle, in denen die Datenverarbeitung tatsächlich allein vom Willen des Betroffenen abhängt, wäre sichergestellt, dass die Einwilligung vom Einzelnen – jedenfalls grundsätzlich – als Ausdruck autonomer Willensentschließung verstanden wird – und nicht lediglich als reflexartige Handlung ohne eigenen Entscheidungswert. Verbunden hiermit wäre das Potential einer grundsätzlichen Bewusstseinsstärkung der Entscheidung. Überdies würde eine solche Nachrangigkeit der Einwilligung zu einer Abnahme einwilligungsbasierter Datenverarbeitungen in der Praxis führen. Der Einzelne wäre folglich mit einer insgesamt geringeren Zahl an Einwilligungsersuchen konfrontiert. Diese (faktischen) Verkleinerung des Anwendungsbereichs der Einwilligung würde die bestehenden Rationalitätsdefizite im Kontext der datenschutzrechtlichen Einwilligung, insbesondere die Gefahr eines *information overload*, wesentlich abschwächen.

Eine inhaltliche bzw. materielle Beschränkung der Einwilligungsmöglichkeit wäre dagegen mit einer solchen Subsidiarität nicht verbunden. Die Einwilligung bliebe als Verarbeitungsgrundlage vielmehr in all jenen Bereichen erhalten, in denen die Datenverarbeitung realiter durch den zustimmenden Willen des Betroffenen gerechtfertigt wird. Unabhängig der Diskussion um die (zukünftige) Bedeutung der Einwilligung als Instrument autonomer Selbstbestimmung wäre eine solche Neuordnung der Einwilligung als subsidiäre Verarbeitungsgrundlage daher gerade nicht dem Vorwurf einer paternalistischen Beschränkung des Rechts auf informationelle Selbstbestimmung ausgesetzt.

---

ses des Daten(schutz)rechts berühren und letztlich die Überzeugungskraft der (auch und gerade auf nationaler Ebene) weitverbreiteten herrschaftsrechtlichen Konzeption des Datenschutzes anzweifeln lassen (ausf. und krit. zu dieser herrschaftsrechtlichen Konzeption *Marsch*, Das europäische Datenschutzgrundrecht, S. 99 ff.; in diesem Zusammenhang insb. auch auf das bisherige Verständnis der datenschutzrechtlichen Einwilligung als *„zentrale Rolle"* abstellend (S. 102)) . Diesen Folgen kann vorliegend aufgrund ihres Umfangs nicht im Einzelnen nachgegangen werden; die diesbezüglichen Entwicklungen bleiben aber mit Spannung abzuwarten.

III. Weitere Instrumentarien

Eine zusätzliche Stärkung der kognitiven und voluntativen Voraussetzungen der datenschutzrechtlichen Einwilligung ließe sich zudem über die Implementierung weiterer Instrumentarien erreichen.

1. Informiertheit

Als informationsstärkendes Element im kognitiven Bereich ließe zunächst eine den Informationstext begleitende, graphischen Visualisierung der Informationsangaben anführen.[2206] Eine solche graphische Symbolisierung könnte bspw. in Form einer „Datenschutz-Ampel" wesentliche Risikofaktoren bzw. deren Vorliegen im Rahmen der jeweiligen Datenverarbeitung schlaglichtartig darstellen und dem Betroffenen einen (groben) Überblick auch bei geringem zeitlichen Aufwand ermöglichen.[2207] Als Bewertungskriterien böten sich dabei insbesondere jene Verarbeitungsmerkmale an, welche im Sinne der Risikoprognose zu einer erhöhten Gefährdungslage des Betroffenen beitragen:[2208] also etwa Art und Reichweite der Datenverarbeitung, der Grad des Persönlichkeitsbezugs sowie die Auswirkungen möglicher negativer Folgen.[2209] Diese, unter der DS-GVO bereits als fakultative Möglichkeit existierende,[2210] ergänzenden Symbolisierung sollte *de lege ferrenda* daher als obligatorische Verpflichtung ausgestaltet werden.

Angedacht werden könnte zudem eine (visuell) abgestufte Informationserteilung, bei welcher die wichtigsten Informationen kurz und prägnant dargestellt würden und weitergehende Informationen – bspw. durch ent-

---

2206 Grundlegend zur Verstärkung der Verständlichkeit von Informationen durch visuelle Elemente *Hacker*, Verhaltensökonomik und Normativität, S. 464 f.

2207 Vgl. hierzu ausf. schon oben, Kap. 2, B. II. 1. A sowie Kap. 6, A. II. 1. c. bb. Andere Möglichkeiten der Umsetzung einer solchen graphischen Informationsdarstellung wären neben der Schaffung einer „Datenschutz-Ampel" etwa eine Veranschaulichung der Information durch Comics, Schaubilder oder Ablaufdiagramme, *Heckmann/Paschke* in: Ehmann/Selmayr, DS-GVO, Art. 12 Rn. 20; ausf. und mit ausdifferenzierten Beispielen auch *Schröder* in: Specht-Riemschneider, Datenrecht in der Digitalisierung S. 349 ff. sowie *Specht-Riemenschneider/Bienemann* in: Specht-Riemschneider, Datenrecht in der Digitalisierung S. 338 ff. S. zu Möglichkeiten visueller Unterstützung unter Geltung der DS-GVO *Art. 29-Datenschutzgruppe*, WP 260 rev.01 S. 30 ff.

2208 Ausf. zu Risiken für den Betroffenen s. Kap. 4, A. II. 2

2209 Risiken nach Ansicht des EuGH, vgl. oben, Kap. 4, B. II. 3. c. bb.

2210 Vgl. oben, Kap. 3, B. II. 1. b. bb. Sowie Kap. 6, A. II. 1. c. bb.

sprechende Reiter – zunächst verborgen wären.[2211] Ziel einer solchen Informationsverteilung auf mehrere Ebenen ist, dem Betroffenen eine wenigzeitintensive (Erst-)Erfassung der wichtigsten Informationen zu ermöglichen ohne ihn bereits im Vorhinein durch die bloße Menge an Einzelinformationen von einer Kenntnisnahme abzuschrecken.[2212]

Vermehrt wird darüber hinaus auf die Möglichkeit verwiesen, die (intrinsische) Motivation des Betroffenen an der Auseinandersetzung mit der bereitgestellten Information durch eine Implementierung gamifizierter[2213] Komponenten i.R.d. Einwilligungskontextes zu verstärken.[2214] So wird bspw. vorgeschlagen, für das Anklicken einzelner Reiter des Informationstextes jeweils Punkte zu vergeben, welche sich zu einem Gesamtscore zusammensetzen bzw. Abzeichen zu generieren, die der Betroffene bei Aufruf weitergehender Informationen oder der Beantwortung informationsbezogener Kontrollfragen erhält.[2215] Ziel ist es, durch diese Implementierung gamifizierter Elemente den grundsätzlich motivationsfördernden Effekt des menschlichen Spieltriebs zu nutzen, um den Betroffenen zu einer eingehende(re)n Auseinandersetzung mit den jeweils bereitgestellten Informationen anzuregen. Tatsächlich lässt sich eine allgemein motivationsfördernde Wirkung durch den Einsatz von Gamification feststellen.[2216] Insbesondere kann der Einzelne durch die Integration spielerischer Elemente dazu angehalten werden, sich mit ggf. unattraktiven Themengebieten intensiver zu beschäftigen.[2217] Die Implementierung gamifizierter Komponenten in den Prozess der Informationserteilung könnte daher – insbesondere in Verbindung mit einer generellen Verringerung der (Gesamt-)Anzahl an Einwilligungssituationen mit denen der Betroffene insgesamt kon-

---

2211 So bspw. *Art. 29-Datenschutzgruppe*, WP 260 rev.01 S. 22 ff.; *Klement* in: Simitis/Hornung/Spiecker gen. Döhmann, DSGVO, Art. 7 Rn. 74; *Pollmann/Kipker*, DuD 2016, 378 (379); ablehnend dagegen *Ernst*, ZD 2017, 110 (113).

2212 Ausf. zu den Vor- und Nachteilen solcher gestuften Informationsangaben allg. *Hacker*, Verhaltensökonomik und Normativität, S. 454 ff.

2213 S. grds. zum Begriff *„Gamification"* *Scheurer*, Spielerisch selbstbestimmt, S. 29 ff.

2214 *Heckmann/Paschke* in: Ehmann/Selmayr, DS-GVO, Art. 12 Rn. 20; *Scheurer*, Spielerisch selbstbestimmt, S. 306 ff.

2215 S. zu diesem Gestaltungsbeispiel ausf. *Scheurer*, Spielerisch selbstbestimmt, S. 308 ff; in Anlehnung an *Zichermann/Cunningham*, Gamification by Design, S. 112 ff.

2216 S. hierzu ausf. *Zichermann/Cunningham*, Gamification by Design, S. 15 ff.

2217 *Ernst/Seich*, WRP 2013, 1437 (1437); *Heckmann/Paschke* in: Ehmann/Selmayr, DS-GVO, Art. 12 Rn. 20.

frontiert wird[2218] – zu einer verstärkten Auseinandersetzung des Betroffenen mit den bereitgestellten Informationen und mithin zu einer verstärkten Informiertheit des Einzelnen bei Abgabe einer datenschutzrechtlichen Einwilligung führen.

2. Freiwilligkeit

Im Hinblick auf die voluntative Komponente der datenschutzrechtlichen Einwilligung ist darüber nachzudenken, ob und inwieweit Fällen, in denen typischerweise eine strukturelle Gefährdung für die Freiwilligkeit der Entscheidung des Einzelnen festgestellt werden kann, durch (weitere) Schutzmaßnahmen begegnet werden kann.

a. Zeitliche Entkoppelung von Vertragsschluss und Einwilligung

So lässt sich eine strukturelle Gefährdung tatsächlicher Freiwilligkeit regelmäßig dann feststellen, wenn das Ersuchen der Einwilligung zeitgleich (oder unmittelbar vorgelagert) mit der Entscheidung über den Abschluss eines Vertrags erfolgt – so etwa bei Abschluss einer Versicherung, der Aufnahme eines Kredits oder bei Abschluss eines Behandlungs- oder Arbeitsvertrags.[2219] Wenn und soweit sich die Datenverarbeitung in diesen Fällen als vom Vertragszweck losgelöst darstellt und daher nicht über Art. 6 Abs. 1 lit. b DS-GVO[2220] legitimiert werden kann, wäre eine zeitliche

---

2218 Ohne eine solche Verringerung der Gesamtanzahl könnte eine solche Gamifizierung der Informationserteilung dagegen ihre Wirkung verfehlen, da der Einzelne mit einer solchen Masse an Einwilligungen und mit diesen einhergehenden Informationen konfrontiert wäre, dass eine Erfassung der Informationen (auch) i.R.e. spielerischen Vorgehens schlichtweg nicht leistbar wäre; dies zumal, da davon auszugehen ist, dass eine derartige spielerische Erschließung der entsprechenden Informationen i.d.R. mit einem zeitlichen Mehraufwand verbunden ist.

2219 Explizit nicht von dieser Konstellation umfasst ist der Bereich datenfinanzierter Angebote, bei welchen die Einwilligung gerade die (Gegen-)Leistung des Betroffenen i.R.d. Vertragsverhältnisses darstellt. Vgl. zu dieser Fallgruppe, auch bzgl. der in diesem Kontext aufgeworfenen Problematik zweifelhafter Freiwilligkeit oben, Kap. 6, A. I. 2.

2220 Bzw. ggf. über eine andere gesetzliche Verarbeitungsgrundlage.

Entkoppelung von Vertragsschluss und Einwilligungserteilung ein gangbarer Weg, um eine faktische Zwangslage des Betroffenen zu vermeiden.[2221]

Hiermit wäre zum einen sichergestellt, dass eine klare Abgrenzung dahingehend erfolgt, welche Datenverarbeitung im Kontext des Vertrags auf gesetzlicher Grundlage gerechtfertigt ist und welche – hiervon grundsätzlich entkoppelt – durch die entsprechende Einwilligung legitimiert werden soll.[2222] Zum anderen würde eine solche zeitliche Entzerrung auch verhindern, dass der Betroffene seine Einwilligung nur erteilt, weil er (un-)zutreffend annimmt, der Vertragsschluss komme nur im Falle einer Einwilligung in die Datenverarbeitung in Betracht. In diesem Sinne würde eine solche Entkoppelung von Einwilligung und Vertragsschluss in zeitlicher Hinsicht dazu führen, dass datenverarbeitende Private im Rahmen ihrer Angebotsplanung eine mögliche Verweigerung der Einwilligung stärker als bisher berücksichtigen müssten. Die zeitliche Entkoppelung könnte damit im Ergebnis (sogar) einen – gegenüber einem absolut verstandenen Koppelungsverbot i.S.d. Art. 7 Abs. 4 DS-GVO stärkeren – Freiwilligkeitsschutz in dem Sinne entfalten, als die Anordnung einer zeitlich nachfolgenden Einwilligung eine (unzulässige)[2223] Abhängigmachung des Vertragsschlusses von einer Einwilligungserteilung weitestgehend verhindern könnte.

b. Beschränkung der zeitlichen Wirksamkeit

Darüber hinaus wäre zudem eine zeitliche Begrenzung der Wirksamkeitsperiode einer datenschutzrechtlichen Einwilligung zu erwägen.[2224] Für eine solche zeitliche Beschränkung der Wirksamkeit i.S.e. „Verfallsdatums" werden in diesem Zusammenhang verschiedene Gestaltungsmög-

---

2221 Hierfür *Radlanski*, Die Einwilligung in der datenschutzrechtlichen Realität, S. 233 f.

2222 Dieses Erfordernis herausstreichend *Art. 29-Datenschutzgruppe*, WP259 rev.01 S. 27 f.

2223 Für die auch in diesem Fall weiterhin bestehende Möglichkeit der Bestimmung der Einwilligung als (Gegen-)Leistung eines Datenaustauschvertrags i.R. datenfinanzierter Angebote vgl. oben, Kap. 6, A. I. 2. d. bb. (1).

2224 S. hierzu ausf. *Rogosch*, Die Einwilligung im Datenschutzrecht, S. 146 ff. Einer solchen zeitlichen Beschränkungsmöglichkeit der Einwilligung tendenziell positiv gegenüberstehend auch *Stemmer* in: BeckOK DSR, Art. 7 Rn. 85; dagegen *Schulz* in: Gola, DS-GVO, Art. 7 Rn. 58. Zur Beschränkung der zeitlichen Gültigkeit einer Einwilligung *de lege lata Schneider*, K&R 2019, 8 (12).

lichkeiten diskutiert, etwa eine zeitliche Begrenzung der Einwilligungswirkung mit Verlängerungsoption,[2225] oder die Implementierung einer Pflicht des Verantwortlichen, den Betroffenen in regelmäßigen Abständen auf das Bestehen der Einwilligung und die Möglichkeit eines Widerrufs hinzuweisen.[2226]

Unabhängig der genauen Gestaltung im Einzelnen ließe sich durch eine grundsätzliche Wirksamkeitsbeschränkung der Einwilligung in zeitlicher Hinsicht sicherstellen, dass eine Datenverarbeitung nicht auf eine weit in der Vergangenheit liegende, ggf. nicht mehr den (aktuellen) Präferenzen des Betroffenen entsprechende Einwilligung gestützt wird. Durch einen entsprechenden Hinweis auf die Möglichkeit einer Verlängerung der zeitlich befristeten Einwilligung[2227] würde der Einzelne überdies dazu angehalten, sich (erneut) mit der jeweiligen Datenverarbeitung auseinanderzusetzen. Eine solche erneute Auseinandersetzung erscheint auch und gerade sinnvoll, da der Einzelne – nicht zuletzt angesichts der Vielzahl an datenschutzrechtlichen Einwilligungserklärungen – zumeist nicht (mehr) weiß, wer welche ihn betreffenden Daten (auf Grundlage einer Einwilligung) verarbeitet. Gerade aber das Wissen über solche Verarbeitungstätigkeiten sieht das BVerfG als Voraussetzung für die Verwirklichung informationeller Selbstbestimmung an.[2228] Darüber hinaus könnte das Erfordernis einer erneuten, nachgelagerten Willensbetätigung einen Schutz für Betroffene in Fällen entfalten, in welchen die Einwilligung aufgrund einer (vermeintlichen) Zwangslage erklärt wird: Denn eine solche faktische Zwangslage ist dann ggf. durch Zeitablauf nicht mehr gegeben, sodass der Betroffene seine Einwilligung (jedenfalls nachgelagert) allein anhand seiner eigenen Präferenz verlängern oder verweigern kann.

Ein ähnliches Ergebnis lässt sich *de lege lata* bereits durch eine Kombination von Betroffenenrechten erzielen[2229]: Nach Art. 15 DS-GVO hat der Betroffene ein Recht auf Auskunft darüber, welche Daten im Einzelnen beim jeweiligen Verantwortlichen gespeichert sind.[2230] Soweit die Verarbeitung

---

2225 So *Art. 29-Datenschutzgruppe*, WP259 rev.01 S. 20; ebenso *Spindler* in: Verhandlungen des 69. Deutschen Juristentages F 109.

2226 *Hermstrüwer*, Informationelle Selbstgefährdung, S. 307.

2227 Bzw. durch Hinweis auf die Möglichkeit eines Widerspruchs der automatischen Verlängerung einer zeitlich unbefristeten Einwilligung.

2228 BVerfG 65, 1 (43) – *Volkszählung*.

2229 Dies hervorhebend *Schulz* in: Gola, DS-GVO, Art. 7 Rn. 58.

2230 S. zum Auskunftsrecht allg. *Bäcker* in: Kühling/Buchner, DS-GVO, Art. 15 Rn. 1 ff.; *Dix* in: Simitis/Hornung/Spiecker gen. Döhmann, DSGVO, Art 15 Rn. 1 ff.; *Paal* in: Paal/Pauly, DS-GVO, Art. 15 Rn. 1 ff.

dieser Daten auf einer Einwilligung beruht, kann der Betroffene diese Einwilligung jederzeit nach Art. 7 Abs. 3 DS-GVO widerrufen.[2231] Im Falle eines solchen Widerrufs sind die Daten darüber hinaus (regelmäßig) gem. Art. 17 Abs. 1 lit. b DS-GVO vom Verantwortlichen zu löschen.[2232] Die Wirksamkeitsspanne der Einwilligung sowie einer auf dieser basierenden Datenverarbeitung hängt somit bereits nach geltendem Recht (im Grundsatz) vom Willen des Betroffenen ab. Im Unterschied zum vorliegenden Vorschlag muss der Einzelne *de lege lata* aber proaktiv tätig werden. Ein solches eigenmotiviertes Vorgehen scheitert regelmäßig zum einen an den mit einem solchen Vorgehen verbundenen (Transaktions-)Kosten für den Betroffenen,[2233] zum anderen ist ein proaktives Tätigwerden für den Betroffenen nicht möglich, soweit ihm bereits die Kenntnis über entsprechende (einwilligungsbasierte) Datenverarbeitungen fehlt. In solchen Fällen, in welchen der Betroffene schon keine Kenntnis vom Bestehen einer Verarbeitung ihn betreffender Daten beim jeweiligen Verantwortlichen hat, greift insbesondere auch das Auskunftsrecht nach Art. 15 DS-GVO nicht.

Eine grundsätzliche Beschränkung der Wirksamkeit der Einwilligung in zeitlicher Hinsicht würde für den Betroffenen zu einer wesentlichen Aufwandsverringerung führen: Der Betroffene müsste nicht selbst erforschen, wem er welche Einwilligung (in u.U. weit zurückliegender Vergangenheit) erteilt hat, sondern würde an das Bestehen solcher Einwilligungen in regelmäßigen Abständen erinnert. Versagt der Betroffene – jedenfalls für einen Teil der Verarbeitungen – seine Einwilligung für die Zukunft, würde sich dies zugleich auf die Gefahr einer unüberschaubaren und vom Betroffenen unbemerkten Aggregation personenbezogener Daten auswirken, da eine solche Datenaggregation auch und gerade auf die Sammlung von (kleinen) Datensätzen über eine lange Zeitspanne zurückzuführen ist. Insgesamt würde eine Beschränkung der (zeitlichen) Wirksamkeitsdauer der Einwilligung somit – unabhängig der Gestaltung im Einzelfall – zu einer grundsätzlichen Stärkung der autonomen Entscheidung des Einzelnen über die Verarbeitung ihn betreffender Daten führen.

2231 Vgl. zum datenschutzrechtlichen Widerruf ausf. oben, Kap. 3, B. II. 3. e.

2232 Vgl. zum Recht auf Löschung nach Art. 17 Abs. 1 lit. b auch oben, Kap. 3, A. II. 2.

2233 Hierzu grundlegend *Hacker*, Verhaltensökonomik und Normativität, S. 532 ff.

IV. Ergebnis

Eine umfassende Informiertheit und Freiwilligkeit des Einzelnen ist (auch) im Kontext datenschutzrechtlicher Einwilligungen nicht gewährleistbar. Auswirkungen und Folgen einer Handlung sind stets nicht restlos vorhersehbar, die Entscheidung des Einzelnen regelmäßig durch externe Faktoren beeinflusst. Überschreiten die Unsicherheiten und äußeren Einflüsse aber ein bestimmtes Maß bzw. stellen sich diese als strukturelle und systemimmanente Defizite dar, muss ein Weg gefunden werden, diese Defizite abzuschwächen, wenn die Einwilligung als Instrument tatsächlicher informationeller Selbstbestimmung erhalten werden soll. Eine Überwindung der herausgearbeiteten Defizite datenschutzrechtlicher Einwilligungen ließe sich hierbei wirkungsvoll nur über eine (grundlegende) Neuausrichtung der datenschutzrechtlichen Einwilligung erzielen.

Der in diesem Kontext vorgebrachte, pauschale Verweis auf die Funktion der Einwilligung als Instrument informationeller Selbstbestimmung als Argument gegen eine eventuelle Eingrenzung der Einwilligungsmöglichkeit ist, jedenfalls für gewisse Konstellationen, verfehlt: Denn wenn und soweit die Einwilligung aufgrund systematischer Strukturdefizite vom Betroffenen weder in Kenntnis der Sachlage, noch freiwillig erteilt wurde, lässt diese fehlende Informiertheit und Freiwilligkeit jedenfalls erhebliche Zweifel an der Einwilligung als Ausdruck personaler Selbstbestimmung aufkommen. Ein Bewertungswandel könnte zudem angesichts der zunehmenden Funktion der (datenschutzrechtlichen) Einwilligung als wirtschaftliches Verwertungsinstrument vorzunehmen sein. Eine Rechtfertigung der Beschränkung des Anwendungsbereichs datenschutzrechtlicher Einwilligungen käme überdies zum Schutze Dritter in Betracht. Denn auch (unbeteiligte) Dritte werden regelmäßig durch die (einwilligungsbasierte) Verarbeitung personenbezogener Daten betroffen.

Vorliegend wird im Ergebnis jedenfalls eine Neuausrichtung der Einwilligung im Verhältnis der Verarbeitungsgrundlagen vorgeschlagen. Bereits ein solches Verständnis der datenschutzrechtlichen Einwilligung würde eine Stärkung des informationellen (Selbst-)Schutzes des Einzelnen bewirken. Angedacht wird in diesem Kontext, die Einwilligung als zu den gesetzlichen Verarbeitungsgrundlagen subsidiär zu qualifizieren. Damit wäre zum einen sichergestellt, dass die Verarbeitung personenbezogener Daten im Falle der Einwilligungseinholung tatsächlich (allein) vom Willen des Betroffenen abhängt, zum anderen wäre hiermit eine Verringerung an Einwilligungssituationen in ihrer Gesamtheit erreicht. Beide Effekte würden sich positiv sowohl auf die Schwächen der Einwilligung im kognitiven als auch um voluntativen Bereich auswirken – gerade ohne die Möglichkeiten datenverarbeitender Verfahren insgesamt zu verringern.

Flankierend käme die Implementierung weiterer Instrumentarien in Betracht. So könnten insbesondere eine symbolgestützte Informationsdarstellung bzw. eine Anreicherung der Informationserteilung mit gamifizierten Elementen zu einer erhöhten Kenntnisnahme dieser Informationen durch den Einzelnen beitragen. Positive Effekte ließen sich darüber hinaus erzielen durch eine zeitliche Entzerrung der Einwilligung mit einem ggf. daneben erfolgenden Vertragsschluss, sowie über eine generelle zeitliche Begrenzung der Wirksamkeit datenschutzrechtlicher Einwilligungen.

Kapitel 7: Schlussbetrachtung

Ziel dieser Arbeit war die Bewertung der datenschutzrechtlichen Einwilligung nach der DS-GVO. Im Fokus dieser Bewertung lag insbesondere die Frage nach der Praxistauglichkeit der Einwilligung als Rechtfertigungsgrundlage einer Datenverarbeitung durch Private. Daneben sollte die in dieser Arbeit vorgenommene Untersuchung auch und gerade erhellen, ob und inwieweit die Einwilligung als Rechtsinstrument (weiterhin) geeignet ist, der betroffenen Person die Kontrolle über sie betreffende Datenverarbeitungen zu ermöglichen. Im Ergebnis überzeugt die durch die DS-GVO vorgenommene Regelungssystematik hinsichtlich beider Fragestellungen nur bedingt.

Bei Betrachtung der zivilrechtlichen Einwilligung als allgemeiner Rechtsfigur ist die Einwilligung – entsprechend der von *Ohly* entwickelten Stufenleiter[2234] – als Gestattung unterster Stufe zu klassifizieren. Die Einwilligung lässt die Rechtswidrigkeit eines Eingriffs durch den zustimmenden Willen des Rechtsinhabers entfallen („*volenti non fit iniuria*").[2235] Im persönlichkeitsrechtlichen Bereich kommt der Einwilligung über diesen (bloßen) Ausschluss der Rechtswidrigkeit hinaus verstärkt die Funktion eines Dispositionsinstruments zu. Der Rechtsinhaber „verfügt" durch Einräumung einer „Dürfensposition" über solche Rechte, welche nach der Rechtsordnung (grundsätzlich) unübertragbar und daher keiner Disposition auf höherer Stufe zugänglich sind.[2236] Bereits bei Betrachtung der allgemeinen zivilrechtlichen Einwilligung lässt sich somit eine verfügungsähnliche und zum Teil wirtschaftlich geprägte Funktion der Einwilligung im Bereich der Persönlichkeitsrechte erkennen, welche durch die fortschreitende Kommerzialisierung persönlichkeitsrechtlicher Positionen vermehrt an Bedeutung gewinnt. Zugleich weisen Persönlichkeitsrechte aufgrund ihrer untrennbaren Verknüpfung mit dem jeweiligen Träger eine besondere Sensibilität auf, die auch im Rahmen der Einwilligung zu berücksichti-

---

2234 *Ohly*, Volenti non fit iniuria, S. 141 ff.

2235 *Kohte*, AcP 1985, 105 (110).

2236 *Dasch*, Die Einwilligung zum Eingriff in das Recht am eigenen Bild, S. 35; *Götting*, Persönlichkeitsrechte als Vermögensrechte, S. 142; *Helle*, Besondere Persönlichkeitsrechte im Privatrecht, S. 103.

gen ist.[2237] Bereits für die allgemeine zivilrechtliche Einwilligung zeigt sich mithin eine komplexe Gemengelage, in deren Folge die Einwilligung – auch und gerade durch ihre vielfältige Verwendung insbesondere im persönlichkeitsrechtlichen Bereich – zum Teil sehr unterschiedliche Funktionen erfüllen soll.

Diese Entwicklung hin zu einer (verstärkten) wirtschaftlichen Verwertung originär persönlichkeitsrechtlicher Positionen ist auch im Datenschutzrecht feststellbar. Exemplarisch und besonders evident nachzuverfolgen ist diese wirtschaftliche Verwertung personenbezogener Daten im Kontext datenfinanzierter Geschäftsmodelle, welche nachgerade auf einer solchen Verwertung basieren und hierfür (jedenfalls bisher) zumeist auf die datenschutzrechtliche Einwilligung als Verarbeitungsgrundlage zurückgreifen.[2238] Durch die fortschreitende Technologisierung und das Potential datenbasierter Informationsgenerierung durch moderne Big Data-Verfahren ist auch abseits solcher datenfinanzierter Geschäftsmodelle ein erheblicher Bedeutungszuwachs des Daten(schutz)rechts für privatwirtschaftlich Tätige festzustellen.[2239] Daten(schutz)rechtliche Regelungen lassen sich angesichts dieser Entwicklung nicht mehr allein als Recht des Persönlichkeitsschutzes – also einem (bloßen) Schutzrecht für Daten – begreifen, sondern vermehrt als Datenrecht, welches neben dieser Schutzfunktion eine immer größere wirtschaftliche Komponente gewinnt.[2240]

Die Regelungen der DS-GVO zur datenschutzrechtlichen Einwilligung berücksichtigen diese ökonomischen Implikationen nur bedingt. Feststellen lässt sich, dass die DS-GVO zwar die Problematiken datenintensiver Geschäftsfelder aufgreift, die bestehende Konfliktpunkte der Datenwirtschaft mit datenschutzrechtlichen (Grund-)Prinzipien aber keiner alltagspraktikablen Lösung zuführt. Zu beobachten ist diese mangelnde Impulskraft auch und gerade mit Blick auf die Kernvoraussetzungen der Einwilligung. Die DS-GVO stellt das Erfordernis einer informierten Einwilligung auf,[2241] äußert sich indes weder zum genauen Umfang der Informationspflicht im Rahmen der Einwilligung,[2242] noch zu der komplexen Frage, ob und inwieweit eine alle relevanten Aspekte umfassende Informationserteilung das Entstehen eines *information overload* zu vermeiden vermag. Beson-

2237 *Götting*, Persönlichkeitsrechte als Vermögensrechte, S: 132 f.

2238 *Metzger*, AcP 2016, 818 (834); *Langhanke*, Daten als Leistung, S. 110.

2239 So bereits *Büllesbach*, RDV 1997, 239 (239); *Ohrtmann/Schwiering*, NJW 2014, 2984 (2984).

2240 *Schneider* in: Körber/Kühling, Regulierung - Wettbewerb - Innovation S. 113 f.

2241 Vgl. Art. 4 Nr. 11 DS-GVO.

2242 *Stemmer* in: BeckOK DSR, Art. 7 DS-GVO Rn 53

ders schwach zeigt sich der im Gesetzgebungsprozess erzielte Kompromiss zudem bei den Voraussetzungen einer freiwilligen Einwilligung: Als mögliche Konstellationen struktureller Freiwilligkeitsgefährdungen genannt sind in der DS-GVO zwar das Bestehen eines Machtungleichgewichts[2243], das In-Aussicht-Stellen von Nachteilen[2244] sowie ein Abhängigmachen eines Vertragsschlusses von der Einwilligung in eine Datenverarbeitung[2245]. Ob und unter welchen Voraussetzungen die Einwilligung in diesen Konstellationen tatsächlich als unfreiwillig zu werten und daher als unwirksam zu beurteilen ist, lässt sich aber belastbar stets nur für den jeweiligen Einzelfall bestimmen.[2246] Insbesondere zu der Frage, ob dem Koppelungsverbot eine strikte und absolute Wirkung zuzuerkennen ist, werden in der Literatur bisher verschiedene Standpunkte vertreten.[2247]

Richtigerweise ist das Koppelungsverbot als lediglich relativ wirkender Einwilligungsausschluss zu verstehen. Eine Koppelung von Leistungserbringung bzw. Vertragsschluss und Einwilligung ist also nicht *per se* ausgeschlossen. Auch und gerade auf die Einwilligung gestützte datenfinanzierte Angebote lassen sich daher unter der DS-GVO (weiterhin) datenschutzkonform verwirklichen.[2248] Durch die unklare (und zum Teil unübersichtliche) Regelungssystematik der DS-GVO verbleibt für datenverarbeitende Private aber eine nicht unerhebliche Rechtsunsicherheit hinsichtlich der genauen Voraussetzungen einer wirksamen datenschutzrechtlichen Einwilligung bestehen.[2249] Diese Rechtsunsicherheit lässt sich nicht pauschal durch den Rückgriff auf die gesetzlichen Verarbeitungsgrundlagen der DS-GVO – insbesondere also Art. 6 Abs. 1 lit. b DS-GVO und Art. 6 Abs. 1 lit. f DS-GVO – vermeiden. Denn zum einen lassen sich die beabsichtigten Datenverarbeitungen regelmäßig nicht (vollumfänglich) auf diese gesetzli-

---

2243 Vgl. ErwGr 43 S. 1 DS-GVO.

2244 Vgl. ErwGr 42 S. 5 DS-GVO.

2245 Vgl. Art 7 Abs. 4 DS-GVO sowie ErwGr 43 S. 2 Var. 2 DS-GVO.

2246 *Buchner/Kühling* in: Kühling/Buchner, DS-GVO, Art. 7 Rn. 41.

2247 Für eine solche strikte und absolute Wirkung etwa *Dammann*, ZD 2016, 307 (311); *Gierschmann*, ZD 2016, 51 (54); für eine lediglich relative Wirkung dagegen *Buchner/Kühling* in: Kühling/Buchner, DS-GVO, Art. 7 Rn. 46; *Frenzel* in: Paal/Pauly, DS-GVO, Art. 7 Rn. 18; *Gola*, K&R 2017, 145 (147); *Heckmann/Paschke* in: Ehmann/Selmayr, DS-GVO, Art. 7 Rn. 95 ff. Eine relative Wirkung annehmend, eine Koppelung gleichwohl nur in Ausnahmefällen für möglich haltend *Art. 29-Datenschutzgruppe*, WP259 rev.01, S. 10.

2248 *Krohm/Müller-Peltzer*, ZD 2017, 551 (553); *Specht*, GRUR Int. 2017, 1040 (10429).

2249 *Haberl/Volbers* in: Specht-Riemschneider, Datenrecht in der Digitalisierung S. 823.

chen Verarbeitungsgrundlagen stützen,[2250] zum anderen zeichnen sich die gesetzlichen Rechtfertigungen ebenfalls durch eine gewisse Unschärfe aus, sodass auch der alternative Rekurs auf die gesetzlichen Verarbeitungsgrundlagen an der bestehenden Rechtsunsicherheit nichts zu ändern vermag.[2251] Dieses Ergebnis ist nicht zuletzt angesichts des verstärkten Haftungs- und Sanktionsrisikos datenschutzrechtlich Verantwortlicher zu bemängeln und lässt grundsätzliche Zweifel darüber aufkommen, ob und inwieweit es gelungen ist, durch die DS-GVO ein zukunftsweisendes datenschutzrechtliches Regelungssystem zu etablieren.[2252]

Verstärkt wird dieser Vorbehalt mit Blick auf die betroffene Person. Die Einwilligung – nach traditionellem Verständnis Kernelement der Datenverarbeitung im privaten Bereich[2253] und Ausdruck personeller Selbstbestimmung[2254] – verbleibt auch unter dem Regime der Verordnung eine zentrale Rechtfertigungsgrundlage.[2255] Anliegen bei Erlass der DS-GVO war dabei auch und gerade die Stärkung einer informierten und freiwilligen Entscheidung der betroffenen Person zur Überwindung bisheriger Defizite der datenschutzrechtlichen Einwilligung auf kognitiver und voluntativer Ebene. Bei näherer Betrachtung des materiell-rechtlichen Gehalts der in der DS-GVO getroffenen Regelung zeigt sich dagegen – gemessen an den teilweise geäußerten Erwartungen[2256] – ein ernüchterndes Bild.[2257] Weder die Regelungen zur Informationspflicht, noch die freiwilligkeitsakzentuierenden Normen können die in der datenschutzrechtlichen Realität festzustellenden Strukturdefizite der Einwilligung überwinden.[2258] Nicht hinreichend berücksichtigt wurden insbesondere verhaltensökonomische Erkenntnisse, welche die Divergenz zwischen bekundeter Privatheitspräfe-

---

2250 *DSK*, Kurzpapier Nr. 3 S. 2; *Taeger* in: Taeger/Gabel, DSGVO, Art. 6 Rn. 102.

2251 *Schweitzer* in: Körber/Kühling, Regulierung - Wettbewerb - Innovation S. 282. Eine Rechtfertigung der Datenverarbeitung durch *Facebook* auf Grundlage des Art. 6 Abs. 1 lit. b DS-GVO bzw. Art. 6 Abs. 1 lit. f DS-GVO ablehnend bspw. BKartA, B6-22/16, BeckRS 2019, 4895 (Rn. 671 ff. sowie 727 ff.).

2252 So insb. *Härting*, ITRB 2016, 36 (36 ff.).

2253 *Buchner*, DuD 2010, 39 (40).

2254 *Bäcker*, Der Staat 2012, 91 (105); *Dreier* in: Dreier, GG, Art. 2 I Rn. 90. Ähnlich mit Blick auf die Wertungen der GrCh *Taeger* in: Taeger/Gabel, DSGVO, Art. 7 Rn. 24 ff sowie (i. Erg.) auch *Wagner*, Der Datenschutz in der Europäischen Union, S. 132 ff.

2255 *Albrecht*, CR 2016, 88 (91).

2256 Vgl. bspw. *Dammann*, ZD 2016, 307 (307 f.).

2257 *Kühling/Sackmann*, NVwZ 2018, 681 (681).

2258 Ähnlich *Schneider* in: Körber/Kühling, Regulierung - Wettbewerb - Innovation S. 126 f.

renz und tatsächlicher Einwilligungspraxis (*privacy paradox*) (jedenfalls teilweise) erklären. Die DS-GVO reiht sich mithin in die bisherige Gesetzgebung im datenschutzrechtlichen Bereich ein: Es erfolgt eine (weitere) unzureichende Konkretisierung der Voraussetzungen von Informiertheit und Freiwilligkeit, ohne dass diese Konkretisierung zu einer reellen Stärkung der autonomen Entscheidung des Betroffenen führt.[2259] Die DS-GVO verfehlt insoweit ihr Ziel, der betroffenen Person *„die Kontrolle über ihre eigenen Daten"*[2260] zu geben. Die „Verschärfungen" der Einwilligungsanforderungen bleiben im Kern ohne substantielle Wirkung.[2261]

Abfedern ließen sich diese strukturellen Schwächen der Einwilligung – jedenfalls *de lege ferrenda*[2262] – durch die Implementierung verschiedener Mechanismen. Zu nennen sind hierbei die Förderung tatsächlicher Informiertheit durch eine verpflichtende symbolgestützte Informationserteilung[2263] sowie die Integration spielbasierte Aufklärungselemente in den Informationsprozess (*Gamification*)[2264]. Zur Verstärkung der Freiwilligkeit der Einwilligung wäre darüber hinaus insbesondere[2265] über eine prinzipielle zeitliche Beschränkung der Wirksamkeit datenschutzrechtlicher Einwilligungen nachzudenken.[2266] Vorgeschlagen wird in der hiesigen Untersuchung überdies eine Neuordnung der Einwilligung im bestehenden Regelungsgefüge i.S.e. Stufenverhältnisses zwischen der datenschutzrechtlichen Einwilligung und den gesetzlichen Verarbeitungsgrundlagen. Durch

---

2259 Eine solche Stärkung der freien und informierten Entscheidung zeichnet sich auch nicht durch die verstäkte Verzahnung von Datenschutzrecht und AGB-Recht ab. Denn i. Erg. entsteht durch die AGB-rechtliche Überprüfbarkeit keine wesentliche, über die datenschutzrechtlichen Voraussetzungen hinausgehende Schutzwirkung für die Autonomie der betroffenen Person.

2260 ErwGr 2 S. 2 DS-GVO.

2261 Ob und inwieweit sonstige Schutzmechanismen jedenfalls eine partielle Stärkung der Interessen der betroffenen Person bewirken und insbesondere dem im Datenschutzrecht anzutreffenden Vollzugsdefizit entgegenwirken bleibt abzuwarten.

2262 Eine solche symbolgestützte Informationserteilung ist bereits unter der DS-GVO *de lege lata* möglich, aber nicht verpflichtend.

2263 *Specht-Riemenschneider/Bienemann* in: Specht-Riemschneider, Datenrecht in der Digitalisierung S. 338 ff.

2264 *Scheurer*, Spielerisch selbstbestimmt, S. 306 ff.

2265 Anzudenken wäre zudem eine Entkoppelung von Vertragsschluss und Einwilligung in zeitlicher Hinsicht i.S.e. nachgelagerten Einwilligungseinholung.

2266 *Hennemann*, ZUM 2017, 544 (5488 ff.); *Hermstrüwer*, Informationelle Selbstgefährdung, S. 307 ff.

die hierdurch geschaffene Subsidiarität der Einwilligung ließen sich wesentliche Strukturdefizite der Einwilligung jedenfalls abschwächen.[2267]

Angesichts der nach wie vor bestehenden Defizite der datenschutzrechtlichen Einwilligung hinsichtlich der Gewährleistung informationeller Selbstbestimmung des Betroffenen und der nicht unerheblichen Rechtsunsicherheit für den Verantwortlichen bei Einholung derselben ist indes zu hinterfragen, ob und inwieweit die Einwilligung (auch) zukünftig als Primat der Rechtfertigung einer Datenverarbeitung angesehen werden sollte.[2268] Die in dieser Arbeit gewonnenen Erkenntnisse stellen insoweit die (bisherige) Fokussierung auf die datenschutzrechtliche Einwilligung als Verarbeitungsgrundlage im privatwirtschaftlichen Bereich grundsätzlich infrage. Die primärrechtliche Verankerung der Einwilligung in Art. 8 Abs. 2 S. 1 GRCh sowie ihre durch die DS-GVO geschaffene Funktion und Ausgestaltung stellen indes eine – jedenfalls für die nächste Zeit – unumgängliche Rechtswirklichkeit dar.[2269] Mit einer erneuten Novellierung des Datenschutzrechts ist in absehbarer Zeit nicht zu rechnen.[2270]

Für die Entwicklung eines tatsächlich zukunftsfähigen und innovationsoffenen Datenschutzrechts wäre allerdings eine grundsätzliche Neujustierung des daten(schutz)rechtlichen Grundverständnisses vorzunehmen. Hierfür spricht nicht nur die zunehmende Entwicklung des Datenschutzrechts als originärem Schutzrecht an Daten hin zu einem Datenwirtschafts- bzw. Datenverkehrsrecht, sondern auch die Tatsache, dass der verengende Fokus auf das bipolare Verhältnis zwischen Betroffenem und Verantwortlichem tatsächliche Gegebenheiten verkennt.[2271] Erforderlich wäre überdies eine aktualisierte Auseinandersetzung mit dem Schutzgut datenschutzrechtlicher Regelungen[2272] sowie den Risikopotentialen (privater) Datenverarbeitungen. Denn nicht nur die Normen, auch die im datenschutzrechtlichen Bereich apostrophierten Risiken sind von einer gewissen inhaltlichen Unschärfe gekennzeichnet: Während vielfach pauschal auf Risiken einer Verarbeitung personenbezogener Daten hingewiesen wird, mangelt es insoweit an einem empirisch gestützten Nachweis.[2273] Durch die komplexe und unsichere Informationsumgebung ist die Einwilligung zu-

---

2267 *Menzel*, DuD 2008, 400 (404).

2268 *Engeler/Marosi*, CR 2019, 707 (713); *Radlanski*, Die Einwilligung in der datenschutzrechtlichen Realität, S. 382.

2269 *Scheurer*, Spielerisch selbstbestimmt, S. 24.

2270 *Schneider* in: Körber/Kühling, Regulierung - Wettbewerb - Innovation S. 128.

2271 *Sandfuchs*, Privatheit wider Willen?, S. 44.

2272 *Bull*, JZ 2017, 797 (805 f.).

2273 *Hermstrüwer*, Informationelle Selbstgefährdung, S. 45 f.

dem immer weniger geeignet, dem Einzelnen einen autonomen Datenumgang zu ermöglichen.[2274] Langfristig zu fordern ist daher eine Loslösung vom verengenden Fokus auf die datenschutzrechtliche Einwilligung und eine Neubesinnung auf die Kernaufgabe des Daten(schutz)rechts: Die Realisierung eines angemessenen Ausgleichs zwischen den Interessen an einer Nutzung der Potentiale der Datenökonomie und dem Schutz natürlicher Personen vor den möglichen negativen Folgen dieser Datenverarbeitung.

2274 Die Einwilligung als „schlechtestes Rechtsinstrument zur Sicherstellung informationeller Selbstbestimmung" bezeichnend etwa *Veil*, NVwZ 2018, 686 (688); zustimmend *Uecker*, ZD 2019, 248 (249).

Literaturverzeichnis

Acquisti, Alessandro, Nudging Privacy, IEE Security & Privacy 2009, S. 82–85.

ders./Grossklags, Jens, Privacy and Rationality in decision making, IEEE Security & Privacy 2005, S. 24–30.

dies., What Can Behavioral Economics Teach Us about Privacy? in: Acquisti, Alessandro (Hrsg.), Digital privacy, New York, 2008, S. 363–377.

Adam, Jürgen/ Schmidt, Karsten/Schumacher, Jörg, Nulla poena sine culpa - Was besagt das verfassungsrechtliche Schuldprinzip?, NStZ 2017, S. 7–13.

Ahlberg, Hartwig/Götting, Horst-Peter, BeckOK Urheberrecht, 16. Ed. (Stand: 01.04.2017), München 2017 (zitiert als: Bearb. in: Beck OK UrhR).

Ahrens, Claus, Die Verwertung persönlichkeitsrechtlicher Positionen: Ansatz einer Systembildung, Würzburg 2002.

Albers, Marion, Informationelle Selbstbestimmung, Baden-Baden 2005.

Albrecht, Jan Philipp, Finger weg von unseren Daten!: Wie wir entmündigt und ausgenommen werden, München 2014.

ders., Das neue EU-Datenschutzrecht – von der Richtlinie zur Verordnung, CR 2016, S. 88–98.

ders./Jotzo, Florian, Das neue Datenschutzrecht der EU: Grundlagen, Gesetzgebungsverfahren, Synopse, Baden-Baden 2017.

Aldenhoff, Christian, Legitimation von Datenverarbeitung via AGB? in: Sobala, Felix; Raabe, Lea; Kelsch, Jakob; Hennig, Martin; Edeler, Lukas; Aldenhoff, Christian (Hrsg.), Digitalität und Privatheit, Bielefeld, 2019, S. 37–62.

Amelung, Knut, Die Einwilligung in die Beeinträchtigung eines Grundrechtsgutes: Eine Untersuchung im Grenzbereich von Grundrechts- und Strafrechtsdogmatik,
Berlin 1981.

Auernhammer, Herbert, Bundesdatenschutzgesetz: Kommentar, 3. Aufl., Köln 1993 (zitiert als: Bearb. in: Auernhammer, BDSG 1993).

ders./Esser, Martin/Kramer, Philipp/Lewinski, Kai von, Datenschutz-Grundverordnung, Bundesdatenschutzgesetz und Nebengesetze: Kommentar, 6. Aufl., Köln 2018
(zitiert als: Bearb. in: Auernhammer, DSGVO/BDSG).

Auer-Reinsdorff, Astrid/Conrad, Isabell, Handbuch IT- und Datenschutzrecht, 2. Aufl., München 2016 (zitiert als: Bearb. in: Auer-Reinsdorff/Conrad, Handbuch IT- und Datenschutzrecht).

Bach, Ivo, Neue Richtlinien zum Verbrauchsgüterkauf und zu Verbraucherverträgen über digitale Inhalte 2019, S. 1705–1711.

Bäcker, Matthias, Grundrechtlicher Informationsschutz gegen Private, Der Staat 2012, S. 91–116.

Baeriswyl, Bruno, Data Mining und Data Warehousing: Kundendaten als Ware oder geschütztes Gut?, RDV 2000, S. 6–11.

Bakos, Yannis/ Marotta-Wurgler, Florencia/Trossen, David R., Does Anyone Read the Fine Print?, The Journal of Legal Studies 2014, S. 1–35.

Bamberger, Georg/Roth, Herbert/Hau, Wolfgang/Poseck, Roman, BeckOK BGB, 52. Ed. (01.11.2019), München 2019 (zitiert als: Bearb. in: BeckOK BGB).

Baston-Vogt, Marion, Der sachliche Schutzbereich des zivilrechtlichen allgemeinen Persönlichkeitsrechts, Tübingen 1997.

Baum, Gerhart, Wacht auf, es geht um die Menschenwürde, DuD 2013, S. 583–584.

Beck, Ulrich, Risikogesellschaft: Auf dem Weg in eine andere Moderne, 23. Aufl., Frankfurt am Main 2016.

Beck, Wolfgang, Freundschaft im Dienst sozialer Netzwerke, ZRP 2019, S. 112–115.

Behm, Frank, Datenschutzrechtliche Anforderungen an das Scoringverfahren unter Einbeziehung von Geodaten, RDV 2010, S. 61–72.

Beisenherz, Gerhard/Tinnefeld, Marie-Theres, Aspekte der Einwilligung, DuD 2011, S. 110–115.

Benda, Ernst, Privatsphäre und Persönlichkeitsprofil in: Leibholz, Gerhard (Hrsg.), Menschenwürde und freiheitliche Rechtsordnung, Tübingen, 1974, S. 23–44.

Benkard, Georg/Asendorf, Claus Dietrich, Patentgesetz, Gebrauchsmustergesetz, Patentkostengesetz, 11. Aufl., München 2015 (zitiert als: Bearb. in: Benkard, PatG).

Bergt, Matthias, Verhaltensregeln als Mittel zur Beseitigung der Rechtsunsicherheit in der Datenschutz-Grundverordnung, CR 2016, S. 670–678.

Beuthien, Volker, Was ist vermögenswert, die Persönlichkeit oder ihr Image? Begriffliche Unstimmigkeiten in den Marlene-Dietrich-Urteilen, NJW 2003, S. 1220–1222.

Bidler, Margarita/ Steudner, Tobias/ Schumann, Jan H./Widjaja, Thomas, Kundenwahrnehmungen und Kundenverhalten beim Bezahlen von digitalen Dienstleistungen mit personenbezogenen Daten in: Specht-Riemenschneider, Louisa; Werry, Nikola; Werry, Susanne (Hrsg.), Datenrecht in der Digitalisierung, Berlin, 2019, S. 283–284.

Bizer, Johann, Sieben Goldene Regeln des Datenschutzes, DuD 2007, S. 350–356.

Blankenagel, Alexander, Gentechnologie und Menschenwürde, KJ 1987, S. 379–393.

Bleckmann, Albert, Probleme der Auslegung von EWG-Richtlinien, RIW 1987, S. 929–935.

Böhning, Björn, Datenschutz – Die Debatte muss geführt werden, ZD 2013, S. 421–422.

Bolsinger, Harald J., Wo bleibt die digitale Dividende für Europas Konsumenten?, DuD 2016, S. 382–385.

Borgmaier, Arndt/Grohmann, Alexander, Smart Services und Internet der Dinge: Geschäftsmodelle, Umsetzung und best practices : Industrie 4.0, Internet of things (ioT), machine-to-machine, big data, Augented reality technologie, München Mai 2017.

Born, Tobias, Bonitätsprüfungen im Online-Handel Scorewert-basierte automatisierte Entscheidung über das Angebot von Zahlungsmöglichkeiten, ZD 2015, S. 66–72.

Braunsfeld, Frank/Richter, Ulrich, Bonitätsbeurteilung mittels DV-gestützter Verfahren, CR 1996, S. 775–779.

Bräutigam, Peter, Das Nutzungsverhältnis bei sozialen Netzwerken - Zivilrechtlicher Austausch von IT-Leistungen gegen personenbezogene Daten, MMR 2012, S. 635–641.

Breinlinger, Astrid, Datenschutzrechtliche Probleme bei Kunden- und Verbraucherbefragungen zu Marketingzwecken, RDV 1997, S. 247–253.

Breinlinger, Astrid/Scheuing, Sachiko, Der Vorschlag für eine EU-Datenschutzverordnung und die Folgen für Verarbeitung und Nutzung von Daten für werbliche Zwecke, RDV 2012, S. 64–71.

Brisch, Klaus M./Laue, Philip, Anmerkung zum BGH Urteil vom 16.07.2008 - VIII ZR 348/06, CR 2008, S. 724–726.

Britz, Gabriele, Freie Entfaltung durch Selbstdarstellung: Eine Rekonstruktion des allgemeinen Persönlichkeitsrechts aus Art. 2 I GG, Tübingen 2007.

dies., Europäisierung des grundrechtlichen Datenschutzes?, EuGRZ 2009, S. 1–11.

dies., Informationelle Selbstbestimmung zwischen rechtswissenschaftlicher Grundsatzkritik und Beharren des Bundesverfassungsgerichts in: Hoffmann-Riem, Wolfgang (Hrsg.), Offene Rechtswissenschaft, Tübingen, 2010, S. 562–596.

Brox, Hans/Walker, Wolf-Dietrich, Allgemeiner Teil des BGB, 40. Aufl., München 2016.

Buchholz, Birgit/Wangler, Leo, Digitalisierung und neue Geschäftsmodelle in: Wittpahl, Volker (Hrsg.), Digitalisierung, Berlin, 2017, S. 177–183.

Buchner, Benedikt, Informationelle Selbstbestimmung im Privatrecht, Tübingen 2006.

ders., Die Einwillligung im Datenschutzrecht, DuD 2010, S. 39–43.

ders., Grundsätze und Rechtmäßigkeit der Datenverarbeitung unter der DS-GVO, DuD 2016, S. 155–161.

ders./Kühling, Jürgen, Die Einwilligung in der Datenschutzordnung 2018, DuD 2017, S. 544–548.

Buck, Carsten, Über die Auslegungsmethoden des Gerichtshofs der Europäischen Gemeinschaft, Frankfurt am Main, Wien u.a. 1998.

Buerstedde, Wolfgang, Juristische Methodik des Europäischen Gemeinschaftsrechts: Ein Leitfaden, Baden-Baden 2006.

Bull, Hans Peter, Entscheidungsfragen in Sachen Datenschutz, ZRP 1975, S. 7–13.

ders., Zweifelsfragen um die informationelle Selbstbestimmung - Datenschutz als Datenaskese?, NJW 2006, S. 1617–1624.

ders., Informationelle Selbstbestimmung - Vision oder Illusion?: Datenschutz im Spannungsverhältnis von Freiheit und Sicherheit, Tübingen 2009.

ders., Persönlichkeitsschutz im Internet: Reformeifer mit neuen Ansätzen, NVwZ 2011, S. 257–263.

ders., Sinn und Unsinn des Datenschutzes: Persönlichkeitsrecht und Kommunikationsfreiheit in der digitalen Gesellschaft, Tübingen 2015.

ders., Hat die "informationelle Selbstbestimmung" eine Zukunft? in: Stiftung Datenschutz (Hrsg.), Zukunft der informationellen Selbstbestimmung, Berlin, 2016,
S. 13–22.

ders., Fehlentwicklungen im Datenschutz am Beispiel der Videoüberwachung, JZ 2017, S. 797–852.

Büllesbach, Alfred, Datenschutz und Datensicherheit als Qualitäts- und Wettbewerbsfaktor, RDV 1997, S. 239–244.

Burgkardt, Felix, Grundrechtlicher Datenschutz zwischen Grundgesetz und Europarecht, Hamburg 2013.

Buschbacher, Florian, Wertschöpfung mit Big Data Analytics, C&M Review - Sonderheft 1 2016, S. 41–45.

Büscher, Wolfgang/Dittmer, Stefan/Schiwy, Peter, Gewerblicher Rechtsschutz, Urheberrecht, Medienrecht: Kommentar, 3. Aufl., Köln 2015 (zitiert als: Bearb. in: Büscher/Dittmer/Schiwy, GewRS/UrhR/MedienR).

Bußmann, Kurt, Name, Firma, Marke: Band 2, Berlin 1937.

Buxel, Holger, Die sieben Kernprobleme des Online-Profiling aus Nutzerperspektive, DuD 2001, S. 579–583.

Calliess, Christian/Ruffert, Matthias, EUV/AEUV: Kommentar, 5. Aufl., München 2016 (zitiert als: Bearb. in: Calliess/Ruffert, EUV/AEUV).

Canaris, Claus-Wilhelm, Grundrechte und Privatrecht, AcP 1984, S. 201–246.

Caspar, Johannes, Soziale Netzwerke – Endstation informationelle Selbstbestimmung?, DuD 2013, S. 767–771.

Chen, Hsinchun/ Chiang Roger H. L./*Storey, Veda C.*, Buisness Intelligence and Analytics: Form Big Data to Big Impact, MIS Quarterly 2012, S. 1165–1188.

Cimiano, Philipp/Herlitz, Carsten, „Smart Wohnen!“, NZM 2016, S. 409–417.

Coll, Sami, Big data, Big Problems? in: Epiney, Astrid; Nüesch, Daniela; Weber, Rolf H. (Hrsg.), Big Data und Datenschutzrecht, Zürich, Basel, Genf, 2016, S. 23–33.

Cording, Clemens/Roth, Gerhard, Zivilrechtliche Verantwortlichkeit und Neurobiologie - ein Widerspruch?, NJW 2015, S. 26–31.

Culik, Nicolai/Döpke, Christian, Zweckbindungsgrundsatz gegen unkontrollierten Einsatz von Big Data-Anwendungen, ZD 2017, S. 226–230.

Dammann, Ulrich, Erfolge und Defizite der EU-Datenschutzgrundverordnung, ZD 2016, S. 307–314.

ders./Simitis, Spiros, EG-Datenschutzrichtlinie: Kommentar, Baden-Baden 1997 (zitiert als: Dammann/Simitis, EG-DSRL).

Dasch, Norbert, Die Einwilligung zum Eingriff in das Recht am eigenen Bild, München 1990.

Däubler, Wolfgang/Klebe, Thomas/Wedde, Peter/Weichert, Thilo, Bundesdatenschutzgesetz: Kompaktkommentar zum BDSG, 5. Aufl., Frankfurt am Main 2016 (zitiert als: Bearb. in: Däubler/Klebbe/Wedde/Weichert, BDSG).

Detlefsen, Grischa, Grenzen der Freiheit - Bedingungen des Handelns - Perspektive des Schuldprinzips: Konsequenzen neurowissenschaftlicher Forschung für das Strafrecht, Berlin 2006.

Deutsch, Erwin/Ahrens, Hans-Jürgen, Deliktsrecht: Unerlaubte Handlungen, Schadensersatz, Schmerzensgeld, 6. Aufl., München 2014.

Dewenter, Ralf/Lüth, Hendrik, Big Data: Eine ökonomische Perspektive in: Körber, Torsten; Immenga, Ulrich (Hrsg.), Daten und Wettbewerb in der digitalen Ökonomie, Baden-Baden, 2017, S. 9–29.

ders./Rösch, Jürgen, Einführung in die neue Ökonomie der Medienmärkte: Eine wettbewerbsökonomische Betrachtung aus Sicht der Theorie der zweiseitigen Märkte, Wiesbaden 2015.

Diaz-Morales, Roberto, Cross-Device Tracking: Matching Devices and Cookies in: Cui, Peng (Hrsg.), 15th IEEE International Conference on Data Mining workshop, Piscataway, NJ, 2015, S. 1699–1704.

Diederichsen, Uwe, Das Recht zum Besitz aus Schuldverhältnissen, Hamburg 1965.

Dienlin, Tobias, Das Privacy Paradox aus psychologischer Perspektive in: Specht-Riemenschneider, Louisa; Werry, Nikola; Werry, Susanne (Hrsg.), Datenrecht in der Digitalisierung, Berlin, 2019, S. 285–304.

Dieterich, Thomas, Canvas Fingerprinting - Rechtliche Anforderungen an neue Methoden der Nutzerprofilerstellung, ZD 2015, S. 199–204.

Dix, Alexander, Daten als Bezahlung - Zum Verhältnis zwischen Zivilrecht und Datenschutzrecht, ZEuP 2017, S. 1–5.

Donos, Pelopidas Konstantinos, Datenschutz: Prinzipien und Ziele ; unter besonderer Berücksichtigung der Entwicklung der Kommunikations- und Systemtheorie, Baden-Baden 1998.

Drackert, Stefan, Die Risiken der Verarbeitung personenbezogener Daten: Eine Untersuchung zu den Grundlagen des Datenschutzrechts, Berlin 2014.

Drechsler, Stefan, Der EuGH auf dem Weg zu einer Dogmatik der Wirtschaftsgrundrechte? – Anmerkung zum Urteil des EuGH vom 30. Juni 2016 in der Rechtssache Lidl (EUGH Aktenzeichen C-134/15), EuR 2016, S. 691–706.

Dreher, Eduard, Die Willensfreiheit: Ein zentrales Problem mit vielen Seiten, München 1987.

Dreier, Horst/Bauer, Hartmut, Grundgesetz: Kommentar, 3. Aufl., Tübingen 2013 (zitiert als: Bearb. in: Dreier, GG).

ders./Schulze, Gernot, Urheberrechtsgesetz: Verwertungsgesellschaftenrecht, Kunsturhebergesetz : Kommentar, 6. Aufl., München 2018 (zitiert als: Bearb. in: Dreier/Schulze, UrhG).

Dürig, Günter, Der Grundrechtssatz von der Menschenwürde, AöR 1956, S. 117–157.

Eckhardt, Jens, Datenschutz im Direktmarketing nach dem BDSG – Quo vadis, CR, S. 337–344.

ders., EU-DatenschutzVO – Ein Schreckensgespenst oder Fortschritt?, CR 2012, S. 195–203.

ders., Neuausrichtung der Einwilligung in Werbung?, K&R 2018, S. 310–313.

Ehlers, Dirk, Europäische Grundrechte und Grundfreiheiten, 3. Aufl., Berlin 2009 (zitiert als: Bearb. in: Ehlers, Europäische Grundrechte und Grundfreiheiten).

Ehmann, Eugen/Helfrich, Marcus, EG-Datenschutzrichtlinie: Kurzkommentar, Köln 1999 (zitiert als: Ehmann/Helfrich, EG-DS-RL).

ders./Selmayr, Martin, DS-GVO: Datenschutz-Grundverordnung: Kommentar, 2. Aufl., München, [Wien] 2018 (zitiert als: Bearb. in: Ehmann/Selmayr, DS-GVO).

Eichenhofer, Johannes, Privatheit im Internet als Vertrauensschutz, Der Staat 2016, S. 41–67.

Eidenmüller, Horst, Liberaler Paternalismus, JZ 2011, S. 814–821.

Elixmann, Robert, Datenschutz und Suchmaschinen: Neue Impulse für einen Datenschutz im Internet, Berlin 2012.

Engeler/Malte, Das überschätzte Kopplungsverbot, ZD 2018, S. 55–62.

ders./Marosi, Johannes, Starke Einwilligung, schwacher Datenschutz?, CR 2019, S. 707–713.

Engisch, Karl/Kaufmann, Arthur, Die Einheit der Rechtsordnung: Mit einem Geleitwort zum Neudruck von Arthur Kaufmann, Darmstadt 1987.

Enzmann, Matthias/Roßnagel, Alexander, Realisierter Datenschutz für den Einkauf im Internet, CR 2002, S. 141–150.

Epping, Volker/Hillgruber, Christian, BeckOK Grundgesetz, 36. Ed. (Stand 15.02.2018), München 2018 (zitiert als: Berab. in: BeckOK GG).

Ernst, Stefan, Die Einwilligung nach der Datenschutzgrundverordnung, ZD 2017, S. 110–114.

ders./Seicht, Dirk, Bestimmung des Kaufpreises durch Spiel - Glücksspielelemente im Werberecht, WRP 2013, S. 1437–1440.

Eschholz, Stefanie, Big Data-Scoring unter dem Einfluss der Datenschutz-Grundverordnung, DuD 2017, S. 180–185.

Ettig, Diana, Nichts geht mehr? – Das Online-Marketing nach Wirksamwerden der DSGVO, K&R 2018, S. 669–675.

Fassbender, Bardo, Der einheitliche Gesetzesvorbehalt der EU-Grundrechtecharta und seine Bedeutung für die deutsche Rechtsordnung, NVwZ 2010, S. 1049–1054.

Faust, Sebastian/ Spittka, Jan/Wybitul, Tim, Milliardenbußgelder nach der DS-GVO?, ZD 2016, S. 120–125.

Ferraro, Francesca/Carmona, Jesús, Grundrechte in der Europäischen Union: Die Rolle der Charta nach dem Vertrag von Lissabon : eingehende Analyse, Straßburg April 2015.

Flume, Werner, Allgemeiner Teil des Bürgerlichen Rechts (Enzyklopädie der Rechts- und Staatswissenschaften, Berlin 1979.

Forgó, Nikolaus/Helfrich, Marcus/Schneider, Jochen, Betrieblicher Datenschutz: Rechtshandbuch, 2. Aufl., München 2017 (zitiert als: Verf. in: Forgó/Helfrich/Schneider, Betrieblicher DS).

Forkel, Hans, Gebundene Rechtsübertragungen Band I: E. Beitr. zu den Verfügungsgeschäften über Patent-, Muster-, Urheber- und Persönlichkeitsrechte, Köln 1977.

ders., Zur dinglichen Wirkung einfacher Lizenzen, NJW 1983, S. 1764–1768.

ders., Zur Zulässigkeit beschränkter Übertragungen des Namensrechtes, NJW 1993, S. 3181–3183.

Forst, Gerrit, Beschäftigtendatenschutz im Kommissionsvorschlag einer EU-Datenschutzverordnung, NZA 2012, S. 364–367.

Franck, Johannes, Smart Grids und Datenschutz: Verarbeitung von Energiedaten in intelligenten Stromnetzen aus datenschutzrechtlicher Perspektive, Berlin 2015.

Freitag, Andreas, Die Kommerzialisierung von Darbietung und Persönlichkeit des ausübenden Künstlers, Baden-Baden 1993.

Frenz, Walter, Europäische Grundrechte, Berlin 2009.

Funke, Michael, Dogmatik und Voraussetzungen der Einwilligung: Unter besonderer berucksichtigung der Datenschutz-Grundverordnung, Baden-Baden 2017.

Galetzka, Christian, Web-Analytics/Retargeting und automatisierte Einzelfallentscheidung, K&R 2018, S. 675–680.

Geiger, Andreas, Die Einwilligung in die Verarbeitung von persönlichen Daten als Ausübung des Rechts auf informationelle Selbstbestimmung, NVwZ 1989, S. 35–38.

ders., Verfassungsfragen zur polizeilichen Anwendung der Video-Überwachungstechnologie bei der Straftatbekämpfung, Berlin 1994.

Geiger, Rudolf/Khan, Daniel-Erasmus/Kotzur, Markus, EUV AEUV: Kommentar, 6. Aufl. 2017 (zitiert als: Geiger/Khan/Kotzur, EUV/AEUV).

Geminn, Christian L., Das Smart Home als Herausforderung für das Datenschutzrecht, DuD 2016, S. 575–580.

Gersdorf, Hubertus/Paal, Boris P., BeckOK Informations- und Medienrecht, 19. Ed. (Stand 01.02.2018), München 2018 (zitiert als: Bearb. in: BeckOK Informations- und Medienrecht).

Gierschmann, Sibylle, Systematischer Praxiskommentar Datenschutzrecht: Datenschutz aus Unternehmersicht, Berlin 2014 (zitiert als: Bearb. in: Gierschmann, BDSG).

dies., Was „bringt" deutschen Unternehmen die DS-GVO?, ZD 2016, S. 51–55.

dies./Schlender, Katharina/Stentzel, Rainer/Veil, Winfried, Kommentar Datenschutz-Grundverordnung, Köln 2018 (zitiert als: Bearb. in: Gierschmann, DS-GVO).

Giesen, Thomas, Das Grundrecht auf Datenverarbeitung, JZ 2007, S. 918–927.

ders., Euphorie ist kein Prinzip des Rechtsstaates in: Stiftung Datenschutz (Hrsg.), Zukunft der informationellen Selbstbestimmung, Berlin, 2016, S. 23–47.

ders., Totaler Datenschutz in der EU: freiheitswidrig, bürokratisch und erfolglos!, NVwZ 2019, S. 1711–1718.

Göbel, Alfred A., Die Einwilligung im Strafrecht als Ausprägung des Selbstbestimmungsrechts, Frankfurt am Main 1992.

Gola, Peter, Datenschutz-Grundverordnung: Kommentar, Frechen 2017 (zitiert als: Bearbeiter in: Gola, DS-GVO 2017).

ders., Neues Recht - neue Fragen: Einige aktuelle Interpretationsfragen zur DSGVO, K&R 2017, S. 145–149.

ders./Eichler, Carolyn, Datenschutz-Grundverordnung VO (EU) 2016/679: Kommentar, 2. Aufl., München 2018 (zitiert als: Bearb. in: Gola, DS-GVO).

ders./ Pötters, Stephan/Wronka, Georg, Handbuch Arbeitnehmerdatenschutz: Unter Berücksichtigung der Datenschutz-Grundverordnung (DS-GVO), 7. Aufl., Frechen 2016.

ders./Schomerus, Rudolf, Bundesdatenschutzgesetz: Kommentar, 12. Aufl., München 2015 (zitiert als: Gola/Schomerus, BDSG 2015).

Golland, Alexander, Das Koppelungsverbot in der Datenschutz-Grundverordnung, MMR 2018, S. 130–135.

Götting, Horst-Peter, Persönlichkeitsrechte als Vermögensrechte, Tübingen 1995.

dass., Die Vererblichkeit der vermögenswerten Bestandteile des Persönlichkeitsrechts - ein Meilenstein in der Rechtsprechung des BGH, NJW 2001, S. 585–587.

Grabenwarter, Christoph, European Convention on Human Rights: Commentary, München 2014.

Graf von Westphalen, Friedrich, Nutzungsbedingungen von Facebook - Kollision mit europäischem und deutschem AGB-Recht, VuR 2017, S. 323–332.

ders., Datenvertragsrecht - disruptive Technik - disruptives Recht, IWRZ 2018, S. 9–21.

ders./Wendehorst, Christiane, Hergabe personenbezogener Daten für digitale Inhalte - Gegenleistung, bereitzustellendes Material oder Zwangsbeitrag zum Datenbinnenmarkt?, BB 2016, S. 2179–2187.

Grapentin, Sabine, Anmerkung zum BGH, Urteil vom 16.7.2008 - VIII ZR 348/06 - "Payback", MMR 2008, S. 731–737.

Griesinger, Marcel/Oberlin, Jutta, Die Einwilligungserklärung nach der neuen Datenschutzgrundverordnung (DS-GVO), CB 2017, S. 481–484.

Grimm, Dieter, Der Datenschutz vor einer Neuorientierung, JZ 2013, S. 585–636.

Groeben, Hans von der/Schwarze, Jürgen/Hatje, Armin, Europäisches Unionsrecht: Vertrag über die Europäische Union - Vertrag über die Arbeitsweise der Europäischen Union - Charta der Grundrechte der Europäischen Union, 7. Aufl., Baden-Baden 2015 (zitiert als: Bearb. in: Groeben/Schwarze/Hatje, Europäisches Unionsrecht I).

Guckelberger, Annette, Veröffentlichung der Leistungsempfänger von EU-Subventionen und unionsgrundrechtlicher Datenschutz, EuZW 2011, S. 126–130.

Günther, Hans-Ludwig, Strafrechtswidrigkeit und Strafunrechtsausschluß: Studien zur Rechtswidrigkeit als Straftatmerkmal und zur Funktion der Rechtfertigungsgründe im Strafrecht, Köln 1983.

Günther, Vera, Auf den Spuren der Verbraucher, HORIZONT 2016, S. 50–52.

Gurlit, Elke, Verfassungsrechtliche Rahmenbedingungen des Datenschutzes, NJW 2010, S. 1035–1041.

Gysin, Daniel, "des war echt zu geil" - Die mediale Inszenierung eines Ausflugs in einem sozialen Netzwerk in: Bedijs, Kristina; Heyder, Karoline Henriette (Hrsg.), Sprache und Personen im Web 2.0, Berlin, 2012, S. 21–36.

Haase, Martin, Die Einwilligung im Datenschutzrecht – Einschränkung der Freiheit des Einzelnen durch die überzogene Forderung nach Freiwilligkeit, InTer 2019,
S. 113–118.

Haberl, Anton/Volbers, Lorenz, Digitale Geschäftsmodelle - Datenbasierte Chancen und Risiken für Unternehmen in: Specht-Riemenschneider, Louisa; Werry, Nikola; Werry, Susanne (Hrsg.), Datenrecht in der Digitalisierung, Berlin, 2019, S. 821–841.

Hacker, Philipp, Verhaltensökonomik und Normativität: Die Grenzen des Informationsmodells im Privatrecht und seine Alternativen, Tübingen 2017.

ders., Daten als Gegenleistung: Rechtsgeschäfte im Spannungsfeld von DS-GVO und allgemeinem Vertragsrecht, ZfPW 2019, S. 148–197.

Haedicke, Maximilian, Patentrecht, 2. Aufl., Köln 2012.

ders../Timmann, Henrik, Handbuch des Patentrechts, München 2012 (zitiert als: Bearb. in: Haedicke/Timmann, PatG).

Hager, Günter, Rechtsmethoden in Europa, Tübingen 2009.

Hanloser, Stefan, "opt-in" im Datenschutzrecht und Wettbewerbsrecht, CR 2008, S. 713–718.

Härting, Niko, Datenschutz im Internet - Gesetzgeberischer Handlungsbedarf, BB 2010, S. 839–844.

ders., Datenschutz zwischen Transparenz und Einwilligung, CR 2011, S. 169–175.

ders., Starke Behörden, schwaches Recht - der neue EU-Datenschutzentwurf, BB 2012, S. 459–466.

ders., Datenschutz-Grundverordnung, Köln 2016.

ders., Datenschutz-Grundverordnung, ITRB 2016, S. 36–40.

ders., Digital Goods und Datenschutz - Daten sparen oder monetarisieren?, CR 2016, S. 735–740.

ders., Kopplungsverbot nach der DSGVO, ITRB 2017, S. 42–44.

Heidemann, Martin, „Big Brother" - Die modernen Superstars als „Reformer" der Verfassung, ZRP 2002, S. 44.

Heinrich, Anett/ Kempa, Heiko/ Kerbusch, Jochen/Spitzner, Eike-Christian, Datenökonomie und digitale Effizienz – Die Reduktion und Abstraktion von Daten in der vernetzten Welt in: Wittpahl, Volker (Hrsg.), Digitalisierung, Berlin, 2017, S. 51–59.

Heinzke, Phillippe/Engel, Lennart, Datenverarbeitung zur Vertragserfüllung – Anforderungen und Grenzen, ZD 2020, S. 189–194.

Heißl, Gregor, Können juristische Personen in ihrem Grundrecht auf Datenschutz verletzt sein?, EuR 2017, S. 561–571.

Helle, Jürgen, Besondere Persönlichkeitsrechte im Privatrecht: Das Recht am eigenen Bild, das Recht am gesprochenen Wort und der Schutz des geschriebenen Wortes, Tübingen 1991.

Hennemann, Moritz, Interaktion und Partizipation - Dimensionen systemischer Bindung im Vertragsrecht (*erscheint demnächst*).

ders., Personalisierte Medienangebote im Datenschutz- und Vertragsrecht, ZUM 2017, S. 544–552.

Henssler, Martin/Krüger, Wolfgang, Münchener Kommentar zum Bürgerlichen Gesetzbuch Band 4: Schuldrecht, Besonderer Teil II: [§§ 535 - 630 : HeizkostenV, BetriebskostenV, EFZG, TzBfG, KSchG], 7. Aufl., München 2016 (zitiert als: Bearb. in: MüKo BGB).

Hermstrüwer, Yoan, Informationelle Selbstgefährdung: Zur rechtsfunktionalen, spieltheoretischen und empirischen Rationalität der datenschutzrechtlichen Einwilligung und des Rechts auf informationelle Selbstbestimmung, Tübingen 2016.

Hertwig, Ralph/Erev Ido, The description-experience gap in risky choice, Trends in Cognitive Science 2009, S. 517–523.

Heun, Werner, Die grundgesetzliche Autonomie des Einzelnen im Lichte der Neurowissenschaften, JZ 2005, S. 853–904.

Heydt, Ruben von der, Perspektivität von Freiheit und Determinismus: Zugleich eine philosophische Untersuchung zur Objektivierbarkeit des Strafrechts vor dem Hintergrund neurowissenschaftlicher Forschung, Berlin 2018.

Hilf, Meinhard/Hörmann, Saskia, Der Grundrechtsschutz von Unternehmen im europäischen Verfassungsverbund, NJW 2003, S. 1–9.

Hillenbrand-Beck, Renate/Greß, Sebastian, Datengewinnung im Internet, DuD 2001, S. 389–394.

Hillenkamp, Thomas, "Freie Willensbestimmung" und Gesetz, JZ 2015, S. 391–401.

Hinrichs, Ulrike, „Big Brother" und die Menschenwürde, NJW 2000, S. 2173–2176.

Hintz, Elke/Winterberg, Michael, „Big Brother" - Die modernen Superstars als „Reformer" der Verfassung, ZRP 2001, S. 293–297.

Hoeren, Thomas, Rechtliche Grundlagen des Schufa-Scoring-Verfahrens, RDV 2007, S. 93–99.

Hoffmann, Jochen/Schneider, Stephan, Preisdiskriminierung bei Dienstleistungsbuchungen im Internet, EuZW 2015, S. 47–52.

Hoffmann-Riem, Wolfgang, Informationelle Selbstbestimmung in der Informationsgesellschaft - Auf dem Weg zu einem neuen Konzept des Datenschutzes -, AöR 1998, S. 513–540.

ders., Informationelle Selbstbestimmung in der Informationsgesellschaft in: Hoffmann-Riem, Wolfgang (Hrsg.), Offene Rechtswissenschaft, Tübingen, 2010, S. 499–523.

Höfling, Wolfram, Menschenwürde und gute Sitten, NJW 1983, S. 1582–1585.

Holznagel, Bernd, Das Grundrecht auf informationelle Selbstbestimmung in: Pieroth, Bodo (Hrsg.), Verfassungsrecht und soziale Wirklichkeit in Wechselwirkung, Berlin, 2000, S. 29–44.

ders., Europäischer Datenschutz in: Schulze, Reiner; Zuleeg, Manfred; Kadelbach, Stefan; Beljin, Saša (Hrsg.), Europarecht, Baden-Baden, 2015, S. 2265–2289.

Hornung, Gerrit, Eine Datenschutz-Grundverordnung für Europa?, ZD 2012, S. 99–106.

Hrube, Mandy, BVerfG: Zur Meinungsfreiheit der Inhalteanbieter bei Prüfung eines Unterlassungsanspruchs gegen Suchmaschinenbetreiber – Recht auf Vergessen II, CR 2020, S. R5.

Hubmann, Heinrich, Das Persönlichkeitsrecht, 2. Aufl., Köln 1967.

Huster, Stefan, Individuelle Menschenwürde oder öffentliche Ordnung? Ein Diskussionsbeitrag anlässlich „Big Brother", NJW 2000, S. 3477–3479.

Hüttenrauch, geb. Krämer Bettina, Targeting Using Augmented Data in Database Marketing: Decision Factors for Evaluating External Sources, Wiesbaden 2016.

Iraschko-Luscher, Stephanie, Einwilligung - ein stumpfes Schwert des Datenschutzes, DuD 2006, S. 706–710.

Jandt, Silke, Smart Health, DuD 2016, S. 571–574.

Jarass, Hans D., Das allgemeine Persönlichkeitsrecht im Grundgesetz, NJW 1989, S. 857–862.

ders., Zum Verhältnis von Grundrechtecharta und sonstigem Recht, EuR 2013, S. 29–45.

ders., Charta der Grundrechte der Europäischen Union: Unter Einbeziehung der vom EuGH entwickelten Grundrechte, der Grundrechtsregelungen der Verträge und der EMRK : Kommentar, 3. Aufl., München 2016 (zitiert als: Bearb. in: Jarass, GRCh).

ders., Die Bedeutung der Unionsgrundrechte unter Privaten, ZEuP 2017, S. 310–334.

ders../Pieroth, Bodo, Grundgesetz für die Bundesrepublik Deutschland: Kommentar, 12. Aufl., München 2012 (zitiert als: Bearb. in: Jarass/Pieroth, GG).

Jauernig, Othmar, Bürgerliches Gesetzbuch: Kommentar, 16. Aufl., München 2015 (zitiert als: Bearbeiter in: Jauerning, BGB).

Johnson, Eric J./Goldstein, Daniel, Do Defaults Save Lives?, Science (302) 2003, S. 1338–1339.

ders./ Hershey, John/ Meszaros, Jacqueline/Kunreuther, Howard, Framing, Probability Disortions, and Insurance Decisions, Journal of Risk and Uncertainty 1993, S. 35–51.

Jöns, Johanna, Daten als Handelsware: Zur verfassungskonformen Ausgestaltung des Datenrechts nach dem Vorbild des Immaterialgüterrechts, Baden-Baden 2019.

Jung, Aeryung, Grundrechtsschutz auf europäischer Ebene - am Beispiel des personenbezogenen Datenschutzes, Hamburg 2016.

Jungermann, Helmut/ Pfister, Hans-Rüdiger/Fischer, Katrin, Die Psychologie der Entscheidung: Eine Einführung, 2. Aufl., Heidelberg 2005.

Kahneman, Daniel, Schnelles Denken, langsames Denken, 24. Aufl., München 2012.

ders./ Knetsch, Jack L./Thaler, Richard H., Anomalies, Journal of Economic Perspectives 1991, S. 193–206.

ders./Tversky, Amos, Choices, Values, and Framnes, American Psychologist 1984, S. 341–350.

Kamp, Meike/Rost, Martin, Kritik an der Einwilligung, DuD 2013, S. 80–84.

Kamps, Michael/Schneider, Florian, Transparenz als Herausforderung: Die Informations- und Meldepflichten der DSGVO aus Unternehmenssicht, K&R-Beilage 2017, S. 24–29.

Karg, Moritz/Kühn, Ulrich, Datenschutzrechtlicher Rahmen für "Device Fingerprinting" - Das klammheimliche Ende der Anonymität im Internet, ZD 2014, S. 285–290.

Katko Peter/Babaei-Beigi, Ayda, Accountability statt Einwilligung? Führt Big Data zum Paradigmenwechsel im Datenschutz?, MMR 2014, S. 360–364.

Kilian, Wolfgang, Subventionstransparenz und Datenschutz, NJW 2011, S. 1325–1328.

Kipker, Dennis-Kenji/Voskamp, Friederike, Datenschutz in sozialen Netzwerken nach der Datenschutzgrundverordnung, DuD 2012, S. 737–742.

Kirchhof, Paul, Unterschiedliche Rechtswidrigkeiten in einer einheitlichen Rechtsordnung: [Vortrag 14. Februar 1978], Heidelberg 1978.

Klar, Manuel, Die extraterritoriale Wirkung des neuen europäischen Datenschutzrechts, DuD 2017, S. 533–537.

Klass, Nadine, Die zivilrechtliche Einwilligung als Instrument zur Disposition über Persönlichkeitsrechte, AfP 2005, S. 507–518.

Klein, Karsten, Zur datenschutzrechtlichen Relevanz des Scorings von Kreditrisiken, BKR 2003, S. 488–491.

Klippel, Diethelm, Der zivilrechtliche Schutz des Namens: Eine historische und dogmatische Untersuchung, Paderborn, München 1985.

Kloepfer, Michael, Informationsrecht, München 2002.

Knyrim, Rainer, Datenschutz-Grundverordnung: Praxishandbuch, Wien 2016 (zitiert als: Bearb. in: Knyrim, DS-GVO).

Koch, Christian, Scoring-Systeme in der Kreditwirtschaft, MMR 1998, S. 458–462.

Kohler, Josef, Das Autorrecht: : eine zivilistische Abhandlung, Jena 1880.

Köhntopp, Marit/Köhntopp, Kristian, Datenspuren im Internet, CR 2000, S. 248–257.

Kohte, Wolfhard, Die rechtfertigende Einwilligung, AcP 1985, S. 105–161.

Körber, Torsten, „Ist Wissen Marktmacht?" Überlegungen zum Verhältnis von Datenschutz, „Datenmacht" und Kartellrecht – Teil 1, NZKart, S. 303–310.

Kosinski, Michal/ Stillwell, David/Graepel, Thore, Private traits and attributes are predictable from digital records of human behavior, PNAS 2013, S. 5802–5805.

Krämer, Walter, Die Rechtmäßigkeit der Nutzung von Scorewerten, NJW 2020, S. 497–502.

Kramp, Thorsten/ van Kranenburg, Rob/Lange, Sebastian, Introduction to the Internet of Things in: Bassi, Alessandro; Bauer, Martin; Fiedler, Martin; Kramp, Thorsten; van Kranenburg, Rob; Lange, Sebastian; Meissner, Stefan (Hrsg.), Enabling Things to Talk, Berlin, 2013, S. 1–10.

Kraßer, Rudolf, Verpflichtung und Verfügung im Immaterialgüterrecht, GRUR Int 1973, S. 230–238.

ders., Die Wirkung der einfachen Patentlizenz, GRUR Int 1983, S. 537–547.

Krauß, Christoph/ Pape, Thilo von/ *Robrahn, Rasmus/Zelle, Daniel*, Selbstdatenschutz im vernetzten Fahrzeug, DuD 2017, S. 217–222.

Krohm, Niclas, Abschied vom Schriftformgebot der Einwilligung, ZD 2016, S. 368–373.

ders./Müller-Peltzer, Philipp, Auswirkung des Koppelungsverbots auf die Praxistauglichkeit der Einwilligung, ZD 2017, S. 551–556.

Krönke, Christoph, Datenpaternalismus, Der Staat 2016, S. 319–351.

Krüger, Philipp-L., Datensouveränität und Digitalisierung, ZRP 2016, S. 190–192.

Krüger, Wolfgang, Münchener Kommentar zur Zivilprozessordnung: Mit Gerichtsverfassungsgesetz und Nebengesetzen, 5. Aufl., München 2016 (zitiert als: Bearb. in: MüKo ZPO).

Kugelmann, Dieter, Datenfinanzierte Internetangebote, DuD 2016, S. 566–570.

Kühling, Jürgen, Der Fall der Vorratsdatenspeicherungsrichtlinie und der Aufstieg des EuGH zum Grunrechtsgericht, NVwZ 2014, S. 681–685.

ders., Die Europäisierung des Datenschutzrechts: Gefährdung deutscher Grundrechtsstandards?, Baden-Baden 2014.

ders., Datenschutz und die Rolle des Rechts in: Stiftung Datenschutz (Hrsg.), Zukunft der informationellen Selbstbestimmung, Berlin, 2016, S. 49–62.

ders., Das „Recht auf Vergessenwerden" vor dem BVerfG – November(r)evolution für die Grundrechtsarchitektur im Mehrebenensystem, NJW 2020, S. 275–280.

ders./Buchner, Benedikt, Datenschutz-Grundverordnung/BDSG: Kommentar, 2. Aufl., München 2018 (zitiert als: Bearb. in: Kühling/Buchner, DS-GVO).

ders./Martini, Mario, Die Datenschutz-Grundverordnung: Revolution oder Evolution im europäischen und deutschen Datenschutzrecht?, EuZW 2016, S. 448–454.

ders./Sackmann, Florian, Datenschutzordnung 2018 - nach der Reform ist vor der Reform?!, NVwZ 2018, S. 681–686.

ders./ Sivridis, Anastosios/ Schwuchow, Mathis/Burghardt, Thorben, Das datenschutzrechtliche Vollzugsdefizit im Bereich der Telemedien - ein Schreckensbericht, DuD 2009, S. 335–342.

Kuntz, Wolfgang, Bekämpfung der Cyberkriminalität in Bayern, ZD-Aktuell 2015, S. 4484.

Kurz, Constanze/Rieger, Frank, Die Datenfresser: Wie Internetfirmen und Staat sich unsere persönlichen Daten einverleiben und wie wir die Kontrolle darüber zurückerlangen, Frankfurt am Main 2011.

Kutscha, Martin, Grundrechtlicher Persönlichkeitsschutz bei der Nutzung des Internet, DuD 2011, S. 461–464.

Ladeur, Karl-Heinz, Datenschutz - vom Abwehrrecht zur planerischen Optimierung von Wissensnetzwerken, DuD 2000, S. 12–19.

Lang, Sonja/Peintinger, Stefan, Die wirksame Einwilligung im Datenschutzrecht unter Berücksichtigung des Vorschlags für eine Verordnung des Europäischen Parlaments und des Rates zum Schutz natürlicher Personen bei der Verarbeitung personenbezogener Daten und zum freien Datenverkehr (DS-GVO) vom 25. Januar 2012, ELR 2013, S. 206–215.

Langhanke, Carmen, Daten als Leistung: Eine rechtsvergleichende Untersuchung zu Deutschland, Österreich und der Schweiz, Tübingen 2018.

dies./Schmidt-Kessel, Martin, Consumer Data as Consideration, EuCML 2015, S. 218–223.

Larenz, Karl, Lehrbuch des Schuldrechts: Zweiter Band besonderer Teil, München 1981.

Laue, Philip/ Nink, Judith/Kremer, Sascha, Das neue Datenschutzrecht in der betrieblichen Praxis, Baden-Baden 2016.

Lehner, Franz, Preis- und Wertermittlung für Daten und Informationen in: Specht-Riemenschneider, Louisa; Werry, Nikola; Werry, Susanne (Hrsg.), Datenrecht in der Digitalisierung, Berlin, 2019, S. 469–470.

Leipold, Dieter, BGB I: Einführung und Allgemeiner Teil: Ein Lehrbuch mit Fällen und Kontrollfragen, 8. Aufl., Tübingen 2015.

Lenaerts, Koen, Die EU-Grundrechtecharta: Anwendbarkeit und Auslegung, EuR 2012, S. 3–18.

Lepping, Joachim/Palzkill, Matthias, Die Chance der digitalen Souveränität in: Wittpahl, Volker (Hrsg.), Digitalisierung, Berlin, 2017, S. 17–25.

Leucker, Franziska, Die zehn Märchen der Datenschutzreform, PinG 2015, S. 195–202.

Leutheusser-Schnarrenberger, Sabine, Verantwortung der Internet-Giganten - Algorithmen und Selbstbestimmung in: Stiftung Datenschutz (Hrsg.), Zukunft der informationellen Selbstbestimmung, Berlin, 2016, S. 63–74.

Lewinski, Kai von, Zwischen rationaler Apathie und rationaler Hysterie, PinG 2013, S. 12–17.

ders., Die Matrix des Datenschutzes: Besichtigung und Ordnung eines Begriffsfeldes, Tübingen 2014.

ders., Die Matrix des Datenschutzes als Kristallkugel - Vorhersage über die zukünftige Bedeutung der informationellen Selbstbestimmung in: Stiftung Datenschutz (Hrsg.), Zukunft der informationellen Selbstbestimmung, Berlin, 2016, S. 75–82.

ders., Die Matrix des Datenschutzes als Kristallkugel - Vorhersage über die zukünftige Bedeutung der informationellen Selbstbestimmung in: Stiftung Datenschutz (Hrsg.), Zukunft der informationellen Selbstbestimmung, Berlin, 2016, S. 75–82.

ders./Herrmann, Christoph, Vorrang des europäischen Datenschutzrechts gegenüber Verbraucherschutz- und AGB-Recht, PinG 2017, S. 165–172.

Linardatos, Dimitrios, Daten als Gegenleistung im Vertrag mit Blick auf die Richtlinie über digitale Inhalte in: Specht-Riemenschneider, Louisa; Werry, Nikola; Werry, Susanne (Hrsg.), Datenrecht in der Digitalisierung, Berlin, 2019, S. 506–599.

Linckelmann, Karl, Die Schadensersatzpflicht aus unerlaubter Handlung nach dem Bürgerlichen Gesetzbuch für das deutsche Reich, Berlin 1898.

Lindner, Eric, Die datenschutzrechtliche Einwilligung nach §§ 4 Abs. 1, 4a BDSG - ein zukunftsfähiges Institut?, Hamburg 2013.

Lindstädt, Hagen, Beschränkte Rationalität: Entscheidungsverhalten und Organisationsgestaltung bei beschränkter Informationsverarbeitungskapazität, München 2006.

Link, Jörg, Handbuch Database-Marketing, 2. Aufl., Ettlingen 1997 (zitiert als: Verf. in: Link, HB Database-Marketing).

Loewenheim, Ulrich/Leistner, Matthias/Ohly, Ansgar, Schricker/Loewenheim, Urheberrecht: Kommentar, 5. Aufl., München 2017 (zitiert als: Bearb. in: Schriecker/Loewenheim, UrhR).

Lorenz, Bernd, Einwilligungserklärungen im Fotorecht, K&R 2916, S. 450–456.

Louven, Sebastian, Marktmacht durch Daten: Eine Analyse aus rechtswissenschaftlicher Perspektive in: Specht-Riemenschneider, Louisa; Werry, Nikola; Werry, Susanne (Hrsg.), Datenrecht in der Digitalisierung, Berlin, 2019, S. 779–820.

Ludwigs, Markus/Sikora Patrick, Der Vorrang des Unionsrechts unter Kontollvorbehalt des BVerfG, EWS 2016, S. 121–131.

Luf, Gerhard, Willensfreiheit in rechtsphilosophischer Perspektive in: Stompe, Thomas; Schanda, Hans (Hrsg.), Der freie Wille und die Schuldfähigkeit, Berlin, 2013,
S. 101–110.

Lutz, Marina, Datenschutz im Onlinemarketing in: Specht-Riemenschneider, Louisa; Werry, Nikola; Werry, Susanne (Hrsg.), Datenrecht in der Digitalisierung, Berlin, 2019, S. 203–250.

Mähring, Matthias, Das Recht auf informationelle Selbstbestimmung im europäischen Gemeinschaftsrecht, EuR 1991, S. 369–375.

Maisch, Michael Marc, Informationelle Selbstbestimmung in Netzwerken: Rechtsrahmen, Gefährdungslagen und Schutzkonzepte am Beispiel von Cloud Computing und Facebook, Berlin 2015.

Mankowski, Peter, Verändert die Neurobiologie die rechtliche Sicht auf Willenserklärungen?, AcP 2011, S. 153–195.

Margraf, Marian, Datenschutz und -sicherheit in einer zunehmend vernetzten Welt, DuD 2017, S. 21–23.

Markl, Volker, Technische Einführung in: Hoeren, Thomas (Hrsg.), Big Data und Recht, München, 2014, S. 3–10.

Marsch, Nikolaus, Das europäische Datenschutzgrundrecht: Grundlagen, Dimensionen, Verflechtungen, Tübingen 2018.

Martini, Mario, Blackbox Algorithmus –: Grundfragen einer Regulierung Künstlicher Intelligenz, Berlin, Heidelberg 2019.

Masing, Johannes, Herausforderungen des Datenschutzes, NJW 2012, S. 2305–2311.

Maunz, Theodor/Dürig, Günter/Herzog, Roman, Grundgesetz: Kommentar, 82. EL, München 2017 (zitiert als: Bearb. in: Maunz/Dürig, GG).

Maurer, Jörg, Die Prinzipien der Abstraktion, Kausalität und Trennung, insbesondere bei Verfügungen, Frankfurt am Main 2003.

McDonald, Aleecia/Cranor, Lorrie Faith, The Cost of Reading Privacy Policies, I/S: A Journal of Law and Policy for the Information Society 2008, S. 543–569.

McGuire, Mary-Rose, Die Lizenz: Eine Einordnung in die Systemzusammenhänge des BGB und des Zivilprozessrechts, Tübingen 2012.

Medicus, Dieter/Petersen, Jens, Allgemeiner Teil des BGB, 11. Auflage, Heidelberg 2016.

Meier, Philippe, Le défi de Big Data dans les relations entre privés in: Epiney, Astrid; Nüesch, Daniela; Weber, Rolf H. (Hrsg.), Big Data und Datenschutzrecht, Zürich, Basel, Genf, 2016, S. 47–94.

Menzel, Hans-Joachim, Datenschutzrechtliche Einwilligung, DuD 2008, S. 400–408.

Merkel, Reinhard, Handlungsfreiheit, Willensfreiheit und strafrechtliche Schuld in: Lampe, Ernst-Joachim; Pauen, Michael; Roth, Gerhard (Hrsg.), Willensfreiheit und rechtliche Ordnung, Frankfurt am Main, 2008, S. 332–370.

Merten, Detlef/Papier, Hans-Jürgen, Handbuch der Grundrechte II: Grundrechte in Deutschland - Allgemeine Lehren. - I, Heidelberg 2006 (zitiert als: Bearb. in Marten/Papier, HB der Grundrechte II).

dies., Grundrechte in Deutschland Band III: Allgemeine Lehren II, Heidelberg 2009 (zitiert als: Bearb. in: Merten/Papier, HB der Grundrechte III).

dies., Handbuch der Grundrechte VI/2: Europäische Grundrechte II Universelle Menschenrechte, Heidelberg 2009 (zitiert als: Bearb. in: Merten/Papier, HB der Grundrechte IV/2).

dies., Handbuch der Grundrechte IV: Einzelgrundrechte I, Heidelberg 2011 (zitiert als: Bearb. in: Merten/Papier, HB der Grundrechte IV).

dies., Handbuch der Grundrechte V: Grundrechte in Deutschland - Einzelgrundrechte II, Heidelberg 2013 (zitiert als: Bearb. in: Merten/Papier, HB der Grundrechte V).

Metzger, Axel, Dienst gegen Daten, AcP 2016, S. 818–865.

ders., Verträge über digitale Inhalte und digitale Dienstleistungen: Neuer BGB-Vertragstypus oder punktuelle Reform?, JZ 2019, S. 577–632.

Meyer, Jürgen/Bernsdorff, Norbert, Charta der Grundrechte der Europäischen Union, 4. Aufl., Baden-Baden 2014 (zitiert als: Bearb. in: Meyer, GRCh).

Meyer-Ladewig, Jens/Nettesheim, Martin/Raumer, Stefan von, EMRK: Europäische Menschenrechtskonvention : Handkommentar, 4. Aufl., Baden-Baden, Wien, Basel 2017 (zitiert als: Bearb. in: Meyer-Ladewig/Nettesheim/von Raumer, EMRK).

Michl, Walther, Das Verhältnis zwischen Art. 7 und Art. 8 GRCh, DuD 2017, S. 349–353.

Miller, Akiva A., What we do worry about when we worry about price differentiation, Journal of Technology Law and Policy 2014, S. 41–104.

Möhrke-Sobolewski, Christine/Klas, Benedikt, Datenschutzkonformes Webtracking, ITRB 2016, S. 182–185.

Möller, Jan/Florax, Björn-Christoph, Datenschutzrechtliche Unbedenklichkeit des Scoring von Kreditrisiken?, NJW 2003, S. 2724–2726.

Möllers, Christoph, Willensfreiheit durch Verfassungsrecht in: Lampe, Ernst-Joachim; Pauen, Michael; Roth, Gerhard (Hrsg.), Willensfreiheit und rechtliche Ordnung, Frankfurt am Main, 2008, S. 250–275.

Moos, Flemming, Unzulässiger Handel mit Persönlichkeitsprofilen? Erstellung und Vermarktung kommerzieller Datenbanken mit Personenbezug, MMR 2006, S. 718–723.

ders./Rothkegel, Tobias, Nutzung von Scoring-Diensten im Online-Versandhandel, ZD 2016, S. 561–568.

dies., Setzen von Cookies erfordert aktive Einwilligung des Internetnutzers - Planet 49 (Anm. zum Urteil EuGH C-637/17), MMR 2019, S. 732–740.

Muckel, Stefan, „Recht auf Vergessen II“, JA 2020, S. 237–239.

Müller, Friedrich/Christensen, Ralph, Juristische Methodik Band II: Europarecht, 2. Aufl., Berlin 2007.

Müller-Glöge, Rudi/Preis, Ulrich/Schmidt, Ingrid, Erfurter Kommentar zum Arbeitsrecht, 20. Aufl., München 2020 (zitiert als: Bearb. in: Erfurter Kommentar zum Arbeitsrecht).

Nebel, Maxi, Schutz der Persönlichkeit – Privatheit oder Selbstbestimmung? Verfassungsrechtliche Zielsetzungen im deutschen und europäischen Recht, ZD 2015, S. 517–522.

Neuner, Jörg, Natürlicher und freier Wille, AcP 2018, S. 1–31.

Nord, Jantina/Manzel, Martin, „Datenschutzerklärungen” – misslungene Erlaubnisklauseln zur Datennutzung „Happy-Digits” und die bedenklichen Folgen im E-Commerce, NJW 2010, S. 3756–3758.

Ochs, Carsten, BIG DATA - little privacy? Eine soziologische Bestandsaufnahme in: Richter, Philipp (Hrsg.), Privatheit, Öffentlichkeit und demokratische Willensbildung in Zeiten von Big Data, Baden-Baden, 2015, S. 169–186.

Ohly, Ansgar, "Volenti non fit iniuria": Die Einwilligung im Privatrecht, Tübingen 2002.

ders., Zwölf Thesen zur Einwilligung im Internet, GRUR 2012, S. 983–992.

ders./Sosnitza, Olaf, Gesetz gegen den unlauteren Wettbewerb: Mit Preisangabenverordnung ; Kommentar, 7. Aufl., München 2016.

Ohrtmann, Jan-Peter/Schwiering, Sebastian, Big Data und Datenschutz - Rechtliche Herausforderungen und Lösungsansätze, NJW 2014, S. 2984–2989.

Olshausen, Henning v., Menschenwürde im Grundgesetz: Wertabsolutismus oder Selbstbestimmung?, NJW 1982, S. 2221–2224.

Ordemann, Hans-Joachim/Schomerus, Rudolf, Bundesdatenschutzgesetz: Kommentar, 2., überarb. und erw. Aufl., München 1978 (zitiert als: Ordermann/Schomerus, BDSG 1977).

ders./Schomerus, Rudolf/Gola, Peter, Bundesdatenschutzgesetz (BDSG): Kommentar, 5. Aufl., München 1992 (zitiert als: Schomerus/Gola, BDSG 1990).

O'Reilly, Charles A., Individuals and Information Overload in Organizations: Is More Necessarily Better?, Academy of Management Journal 1980, S. 684–696.

Oskamp, Stuart, Overconfidence in Case-Study Judgments, Journal of Consulting Psychology 1965, S. 261-165.

Ott, Stephan, Datenschutzrechtliche Zulässigkeit von Webtracking?, K&R 2009, S. 308–313.

Paal, Boris P., Daten und Kartellrecht, NZKart, S. 157–158.

ders., Anmerkung zu BGH JZ 2014, 1002, JZ 2014, S. 1006–1009.

ders., Online-Suchmaschinen – Persönlichkeitsrechts- und Datenschutz, ZEuP 2016, S. 591–628.

ders., Missbrauchstatbestand und Algorithmic Pricing, GRUR 2019, S. 43–53.

ders./Pauly, Daniel A., Datenschutz-Grundverordnung, Bundesdatenschutzgesetz, 2. Auflage, München 2018 (zitiert als: Bearb. in: Paal/Pauly, DS-GVO).

Paefgen, Franziska, Der von Art. 8 EMRK gewährleistete Schutz vor staatlichen Eingriffen in die Persönlichkeitsrechte im Internet, Heidelberg 2017.

Palandt, Ottr, Bürgerliches Gesetzbuch: Kommentar, 76. Aufl., 2017 (zitiert als: Bearb. in: Palandt).

Pauen, Michael, Freiheit, Schuld und Strafe in: Lampe, Ernst-Joachim; Pauen, Michael; Roth, Gerhard (Hrsg.), Willensfreiheit und rechtliche Ordnung, Frankfurt am Main, 2008, S. 41–71.

ders./Roth, Gerhard, Freiheit, Schuld und Verantwortung: Grundzüge einer naturalistischen Theorie der Willensfreiheit, Frankfurt am Main 2008.

Peifer, Karl-Nikolaus, Individualität im Zivilrecht: Der Schutz persönlicher, gegenständlicher und wettbewerblicher Individualität im Persönlichkeitsrecht, Immaterialgüterrecht und Recht der Unternehmen, Tübingen 2001.

ders., Eigenheit oder Eigentum - Was schützt das Persönlichkeitsrecht?, GRUR 2002, S. 495–500.

ders., Persönlichkeitsrechte im 21. Jahrhundert - Systematik und Herausforderungen, JZ 2013, S. 853–904.

Petri, Thomas Bernhard, Datenschutzrechtliche Einwilligung im Massengeschäftsverkehr, RDV 2007, S. 153–158.

ders., Big Data und Datenschutz in Europa in: Epiney, Astrid; Nüesch, Daniela; Weber, Rolf H. (Hrsg.), Big Data und Datenschutzrecht, Zürich, Basel, Genf, 2016,
S. 35–45.

ders., Das Scoringverfahren der SCHUFA, DuD 2001, S. 290–291.

Piltz, Carlo, Die Datenschutz-Grundverordnung, K&R 2016, S. 557–567.

ders., Die Datenschutz-Grundverordnung, K&R 2016, S. 629–636.

Plath, Kai-Uwe, DSGVO/BDSG, 3. Aufl., Verlag Dr. Otto Schmidt KG, Köln 2018 (zitiert als: Bearb. in: Plath, DSGVO/BDSG).

ders./Grages, Jan-Michael, „Let's Stay in Touch" – Direktwerbung unter der DSGVO, CR 2018, S. 770–782.

Podlech, Adalbert/Pfeifer, Michael, Die informationelle Selbstbestimmung im Spannungsverhältnis zu modernen Werbestrategien, RDV 1998, S. 139–154.

Pollmann, Maren/Kipker, Dennis-Kenji, Informierte Einwilligung in der Online-Welt, DuD 2016, S. 378–381.

Pötters, Stephan, Primärrechtliche Vorgaben für eine Reform des Datenschutzrechts, RDV 2015, S. 10–16.

Prantl, Heribert, Weltweiter Datenschutz und zukünftiger Schutz der Grundrechte, DuD 2016, S. 347–353.

Raabe, Oliver/Weis, Eva, Datenschutz im "SmartHome", RDV 2014, S. 231–240.

Radlanski, Philip, Das Konzept der Einwilligung in der datenschutzrechtlichen Realität, Tübingen 2016.

Rank-Haedler, Alisa, Daten als Leistungsgegenstand: Vertragsrechtliche Typisierung in: Specht-Riemenschneider, Louisa; Werry, Nikola; Werry, Susanne (Hrsg.), Datenrecht in der Digitalisierung, Berlin, 2019, S. 471–488.

Raue, Nenjamin, Meinungsfreiheit in sozialen Netzwerken, JZ 2018, S. 961–970.

Reding, Viviane, Sieben Grundbausteine der europäischen Datenschutzreform, ZD 2012, S. 195–198.

Reinelt, Ekkehart, Entscheidungsfreiheit und Recht - Determinismus contra Indeterminismus, NJW 2004, S. 2792–2794.

Renn, Ortwin, Das Risikoparadox: Warum wir uns vor dem Falschen fürchten, 3. Aufl., Frankfurt am Main 2014.

ders./ Schweizer, Pia-Johanna/ Dreyer, Marion/Klinke, Andreas, Risiko: Über den gesellschaftlichen Umgang mit Unsicherheit, München 2007.

Rennertz, Frank, DSGVO ante portas: Aktuelle Brennpunkte im Online-Marketing, GRUR-Prax 2018, S. 254–256.

Resch, Reinhard, Die Einwilligung des Geschädigten, Wien 1997.

Richter, Philipp, Big Data, Statistik und die Datenschutz-Grundverordnung, DuD 2016, S. 581–586.

Riesenhuber, Karl, Europäische Methodenlehre: Handbuch für Ausbildung und Praxis, 3. Aufl., Berlin u.a. 2015 (zitiert als: Bearb. in: Riesenhuber, Europ. Methodenlehre).

Robrecht, Bettina, EU-Datenschutzgrundverordnung: Transparenzgewinn oder Information-Overkill, Edewecht 2015.

dies., Gesellschaftlicher Wandel und Digitalisierung - Herausforderung für Unternehmen in: Stiftung Datenschutz (Hrsg.), Zukunft der informationellen Selbstbestimmung, Berlin, 2016, S. 83–92.

Rogall-Grothe, Cornelia, Ein neues Datenschutzrecht für Europa, ZRP 2012, S. 193–196.

Rogosch, Patricia, Die Einwilligung im Datenschutzrecht, Baden-Baden 2013.

Rosenberger, Michael, Determinismus und Freiheit: Das Subjekt als Teilnehmer, Darmstadt op. 2006.

Rosener, Wolfgang, Die Einwilligung in Heileingriffe: Ein Beitrag zur Rechtsgeschäftslehre, Berlin 1965.

Rosenkranz, Frank, Eigenverantwortung und Verbraucherschutz bei Verträgen über digitale Inhalte, GPR 2018, S. 28–37.

Rösler, Frank, Was verraten die Libet-Experimente über den "freien Willen"? - Leider nicht sehr viel in: Lampe, Ernst-Joachim; Pauen, Michael; Roth, Gerhard (Hrsg.), Willensfreiheit und rechtliche Ordnung, Frankfurt am Main, 2008, S. 140–164.

Roßnagel, Alexander, Datenschutz beim Online-Einkauf: Herausforderungen, Konzepte, Lösungen, Wiesbaden 2002.

ders., Datenschutz in einem informatisierten Alltag: Gutachten im Auftrag der Friedrich-Ebert-Stiftung, Berlin 2007.

ders., Die Novellen zum Datenschutzrecht – Scoring und Adresshandel, NJW 2009, S. 2716–2722.

ders., Wie zukunftsfähig ist die Datenschutz-Grundverordnung?, DuD 2016, S. 561–565.

ders., Europäische Datenschutz-Grundverordnung: Vorrang des Unionsrechts - Anwendbarkeit des nationalen Rechts, Baden-Baden 2017 (zitiert als: Bearb. in: Roßnagel, DS-GVO).

ders./Abel, Ralf Bernd, Handbuch Datenschutzrecht: Die neuen Grundlagen für Wirtschaft und Verwaltung, München 2003.

ders./ Geminn, Christian Ludwig/ Jandt, Silke/Richter, Philipp, Datenschutzrecht 2016 - "smart" genug für die Zukunft?: Ubiquitous Computing und Big Data als Herausforderungen des Datenschutzrechts, Kassel 2016.

ders./ Nebel, Maxi/Richter, Philipp, Was bleibt vom Europäischen Datenschutzrecht? Überlegungen zum Ratsentwurf der DS-GVO, ZD 2015, S. 455–460.

ders./ Pfitzmann, Andreas/Garstka, Hansjürgen, Modernisierung des Datenschutzrechts: Gutachten im Auftrag des Bundesministeriums des Innern, Berlin 2001.

ders./ Richter, Philipp/Nebel, Maxi, Besserer Internetdatenschutz für Europa, ZD 2013, S. 103–108.

Roth, Gerhard, Die Perspektive der Hirnforschung: Schuld und Verantwortung, BIUZ 2016, S. 177–183.

ders./ Lück, Monika/Strüber, Daniel, "Freier Wille" und Schuld von Gewaltstraftätern aus Sicht der Hirnforschung und Neuropsychologie, NK 2006, S. 55–59.

Roth, Wolf-Henning, Europäische Verfassung und europäische Methodenlehre, RabelsZ 2011, S. 787–844.

Röttgen, Charlotte, Rechtspositionen an Daten: Die Rechtslage im europäischen Rechtsraum in: Specht-Riemenschneider, Louisa; Werry, Nikola; Werry, Susanne (Hrsg.), Datenrecht in der Digitalisierung, Berlin, 2019, S. 371–407.

Rüdiger, Benjamin, Smart Home - intelligentes Wohnen ohne Privatsphäre?, RDV 2014, S. 253–258.

Säcker, Franz Jürgen, Berliner Kommentar zum Telekommunikationsgesetz, 3., überarb. Aufl., Frankfurt am Main 2012 (zitiert als: Bearb. in: Säcker, TKG).

ders., Münchener Kommentar zum Bürgerlichen Gesetzbuch, 7. Auflage, München 2015 (zitiert als: Bearbeiter in: MüKo BGB).

Sandfuchs, Barbara, Privatheit wider Willen?: Verhinderung informationeller Preisgabe im Internet nach deutschem und US-amerikanischem Verfassungsrecht, Tübingen

Sasse, Thorsten, Die Grundrechtsberechtigung juristischer Personen durch die unternehmerische Freiheit gemäß Art. 16 der Europäischen Grundrechtecharta, EuR 2012, S. 628–654.

Sattler, Andreas, Personenbezogene Daten als Leistungsgegenstand, JZ 2017, S. 1036–1046.

Schaar, Peter, Persönlichkeitsprofile im Internet, DuD 2001, S. 383–388.

ders., Datenschutz ohne Zukunft? in: Stiftung Datenschutz (Hrsg.), Zukunft der informationellen Selbstbestimmung, Berlin, 2016, S. 93–102.

Schack, Haimo, Götting, Horst-Peter: Persönlichkeitsrechte als Vermögensrechte, AcP 1995, S. 594–600.

ders., Anmerkung zum BGH Urt. v. 1.12.1999 - I ZR 49/97 (KG) -Marlene Dietrich-, JZ 2000, S. 1056–1062.

ders., Urheber- und Urhebervertragsrecht, 6. Aufl., Tübingen 2013.

Schaffland, Hans-Jürgen/Wiltfang, Noeme/Holthaus, Gabriele/Schaffland, Astrid, Bundesdatenschutzgesetz (BDSG): Kommentar, Berlin 1977 (zitiert als: Schaffland/Wiltfang, BDSG).

Schafft, Thomas/Ruoff, Andreas, Nutzung personenbezogener Daten für Werbezwecke zwischen Einwilligung und Vertragserfüllung, CR 2006, S. 499–504.

Schantz, Peter, Die Datenschutz-Grundverordnung, NJW 2016, S. 1841–1847.

ders./Wolff, Heinrich Amadeus, Das neue Datenschutzrecht: Datenschutz-Grundverordnung und Bundesdatenschutzgesetz in der Praxis, München 2017.

Schapper, Claus Henning/Dauer, Peter, Die Entwicklung der Datenschutzaufsicht im nicht-öffentlichen Bereich (I), RDV 1987, S. 169–177.

Schätzle, Daniel, Zum Kopplungsverbot der Datenschutz-Grundverordnung, PinG 2017, S. 203–208.

Schäufele, Fabia, Profiling zwischen sozialer Praxis und technischer Prägung, Wiesbaden 2017.

Schenke, Wolf, Die Einwilligung des Verletzten im Zivilrecht unter besonderer Berücksichtigung ihrer Bedeutung bei Persönlichkeitsrechtsverletzungen, Erlangen-Nürnberg 1965.

Scheuch, Brian, BVerfG: Recht auf Vergessenwerden bei Online-Pressearchiven, ITRB 2020, S. 1.

Scheurer, Martin, Spielerisch selbstbestimmt: Rechtskonforme Einwilligungserklärungen in Zeiten ubiquitärer Digitalisierung, Berlin 2019.

Schiemann, Anja, Kann es einen freien Willen geben? - Risiken und Nebenwirkungen der Hirnforschung für das deutsche Strafrecht, NJW 2004, S. 2056–2059.

Schimansky, Herbert/Bunte, Hermann-Josef/Lwowski, Hans-Jürgen, Bankrechts-Handbuch Band II, 5. Aufl., München 2017 (zitiert als: Verf. in: Bankrechts HB Bd II).

Schirmbacher, Martin, Onlinemarketing nach der DSGVO - ein Annäherungsversuch, ITRB 2016, S. 274–280.

Schleipfer, Stefan, Datenschutzkonformes Webtracking nach Wegfall des TMG, ZD 2017, S. 460–466.

Schmidt, Nicole, Das Payback-Urteil des BGH, DuD 2009, S. 107–109.

Schmidt, Walter, Die bedrohte Entscheidungsfreiheit, JZ 1974, S. 241-.

Schmidt-Kessel, Martin/ Erler, Katharina/ Grimm, Anna/Kramme, Malte, Die Richtlinienvorschläge der Kommission zu Digitalen Inhaltenund Online-Handel– Teil 1, GPR 2016, S. 2–8.

ders./Grimm, Anna, Unentgeltlich oder entgeltlich? - Der vertragliche Austausch von digitalen Inhalten gegen personenbezogene Daten, ZfPW 2017, S. 84–108.

Schmitt Glaeser, Walter, Big Brother is watching you- Menschenwürde bei RTL 2, ZRP 2000, S. 395–402.

Schneider, Jens-Peter, Innovationsoffene Regulierung datenbasierter Dienste in der Informationsgesellschaft. Datenschutz, Regulierung, Wettbewerb in: Körber, Torsten, LL.M.; Kühling, Jürgen, LL.M. (Hrsg.), Regulierung - Wettbewerb - Innovation, Baden-Baden, 2017, S. 113–141.

Schneider, Jochen, Datenschutz: Nach der EU-Datenschutz-Grundverordnung, München 2017.

ders./Härting, Niko, Warum wir ein neues BDSG brauchen Kritischer Beitrag zum BDSG und dessen Defiziten, ZD 2011, S. 63–68.

dies., Wird der Datenschutz nun endlich internettauglich?, ZD 2012, S. 199–203.

dies., Datenschutz in Europa, CR 2014, S. 306–312.

Schneider, Nadine, Geltungsdauer einer Einwilligung in die Werbeansprache, K&R 2019, S. 8–13.

Schockenhoff, Eberhard, Der freie Wille – ein problemgeschichtlicher Abriss in: Stompe, Thomas; Schanda, Hans (Hrsg.), Der freie Wille und die Schuldfähigkeit, Berlin, 2013, S. 3–14.

Scholz, Rupert, Wie lange bis "Solange III"?, NJW 1990, S. 941–946.

Schomerus, Rudolf, Das informationelle Selbstbestimmungsrecht in neueren Datenschutzgesetzentwürfen, RDV 1986, S. 61–66.

Schønberg, Søren/Frick, Karin, Finishing, refining, polishing: on the use of travaux préparatoires as an aid to the interpretation of Community legislation, E.L.Rev. 2003, S. 149–171.

Schopenhauer, Arthur, Die Welt als Wille und Vorstellung, Band II, [Nachdr.], Frankfurt am Main 2004.

Schramm, Julia, Im Zeitalter von Post-Privacy in: Stiftung Datenschutz (Hrsg.), Zukunft der informationellen Selbstbestimmung, Berlin, 2016, S. 103–110.

Schrems, Max, Kämpf um deine Daten, Wien 2014.

Schröder, Kay, Potentiale der Informationsvisualisierung im Datenschutz - eine kommunikationswissenschaftliche Betrachtung in: Specht-Riemenschneider, Louisa; Werry, Nikola; Werry, Susanne (Hrsg.), Datenrecht in der Digitalisierung, Berlin, 2019, S. 345–360.

Schubert, Claudia/Säcker, Franz Jürgen, Münchener Kommentar zum Bürgerlichen Gesetzbuch, 8. Aufl., München 2018 (zitiert als: Bearb. in: MüKo BGB).

Schulte, Rainer/Moufang, Rainer, Patentgesetz mit Europäischem Patentübereinkommen: Kommentar auf der Grundlage der deutschen und europäischen Rechtsprechung, 9., vollst. überarb. und erw. Aufl., Köln 2014 (zitiert als: Bearbeiter in: Schulte, PatG).

Schulze, Götz, Die Naturalobligation: Rechtsfigur und Instrument des Rechtsverkehrs einst und heute - zugleich Grundlegung einer zivilrechtlichen Forderungslehre, Tübingen 2012.

Schulze, Reiner, Die Digitale-Inhalte-Richtlinie – Innovation und Kontinuität im europäischen Vertragsrecht, ZEuP, S. 695–723.

ders., Nomos Kommentar: Bürgerliches Gesetzbuch, 9. Aufl., Baden-Baden 2017 (zitiert als: Bearbeiter in: NomosKommentar BGB).

ders./Zuleeg, Manfred/Kadelbach, Stefan/Beljin, Saša, Europarecht: Handbuch für die deutsche Rechtspraxis, 3. Aufl., Baden-Baden 2015 (zitiert als: Verf. in: Schulze/Zuleeg/Kadelbach, Europarecht).

Schur, Wolfgang, Die Bedeutung der Willensfreiheit für das heutige deutsche Privatrecht in: Lampe, Ernst-Joachim; Pauen, Michael; Roth, Gerhard (Hrsg.), Willensfreiheit und rechtliche Ordnung, Frankfurt am Main, 2008, S. 226–249.

Schürmann, Kathrin, Das Kopplungsverbot nach DSGVO: Eine unüberwindbare Hürde?, DSB 2018, S. 159–160.

Schuster, Michael/Simon, Jürgen, Unzulässige Übermittlung des Negativmerkmals eines Bürgen durch Kreditinstitut, NJW 1980, S. 1287–1289.

Schwartmann, Rolf, Ausgelagert und ausverkauft - Rechtsschutz nach der Datenschutz-Grundverordnung, RDV 2012, S. 55–60.

Schwarze, Jürgen, Der Grundrechtsschutz für Unternehmen in der Europäischen Grundrechtecharta, EuZW 2001, S. 517–524.

ders., Das wirtschaftsverfassungsrechtliche Konzept des Verfassungsentwurfs des Europäischen Konvents - zugleich eine Untersuchung der Grundprobleme des europäischen Wirtschaftsrechts, EuZW 2004, S. 135–140.

Schweitzer, Heike, Neue Machtlagen in der digitalen Welt? Das Beispiel unentgeltlicher Leistungen in: Körber, Torsten, LL.M.; Kühling, Jürgen, LL.M. (Hrsg.), Regulierung - Wettbewerb - Innovation, Baden-Baden, 2017, S. 269–306.

Schweizer, Rainer J., Die Rechtsprechung des Europäischen Gerichtshofes für Menschenrechte zum Persönlichkeits- und Datenschutz, DuD 2009, S. 462–468.

Schwichtenberg, Simon, Datenschutz in drei Stufen: Ein Auslegungsmodell am Beispiel des vernetzten Automobils, Weisbaden 2018.

Seemann, Michael, Informationelle und andere Selbstbestimmung - Wie das Internet unsere Freiheiten umsortiert in: Stiftung Datenschutz (Hrsg.), Zukunft der informationellen Selbstbestimmung, Berlin, 2016, S. 127–135.

Selk, Robert, EU-DS-GVO: Neue Anforderungen an die Einwilligung?, DANA 2016, S. 59–62.

Selmayr, Martin, Nach PRISM: Endet jetzt die Ambivalenz der deutschen Position zum EU-Datenschutz?, ZD 2013, S. 525–526.

Siemen, Birte, Datenschutz als europäisches Grundrecht, Berlin 2011.

Simitis, Spiros, Reviewing Privacy in an Information Society, 135. U. Pa. L. Rev., S. 707-920.

ders., Datenschutz - Rückschritt oder Neubeginn?, NJW 1998, S. 2473–2479.

ders., Auf dem Weg zu einem neuen Datenschutzkonzept - Die zweite Novellierungstufe des BDSG, DuD 2000, S. 714–725.

ders., Bundesdatenschutzgesetz: Kommentar, 8. Aufl., Baden-Baden 2014 (zitiert als: Bearbeiter in: Simitis, BDSG 2014).

ders./Hornung, Gerrit/Spiecker Döhmann, Indra, Datenschutzrecht: DSGVO mit BDSG, Baden-Baden 2019 (zitiert als: Bearb. in: Simitis/Hornung/Spiecker gen. Döhmann, DSGVO).

Simo, Hervais, Big Data: Opportunities and Privacy Challenges in: Richter, Philipp (Hrsg.), Privatheit, Öffentlichkeit und demokratische Willensbildung in Zeiten von Big Data, Baden-Baden, 2015, S. 13–44.

Singer, Wolf, Ein neues Menschenbild?: Gespräche über Hirnforschung, Frankfurt am Main 2003.

ders., Wann und warum erscheinen uns Entscheidungen als frei? in: Stompe, Thomas; Schanda, Hans (Hrsg.), Der freie Wille und die Schuldfähigkeit, Berlin, 2013,
S. 15–36.

Singleton, Solveig, Privacy as Censorship, Cato Policy Analysis 1998, S. 1–32.

Specht, Louisa, Das Verhältnis möglicher Datenrechte zum Datenschutzrecht, GRUR Int. 2017, S. 1040–1047.

dies., Daten als Gegenleistung - Verlangt die Digitalisierung nach einem neuen Vertragstypus?, JZ 2017, S. 763–770.

Specht-Riemenschneider, Louisa/Bienemann, Linda, Informationsvermittlung durch standardisierte Bildsymbole in: Specht-Riemenschneider, Louisa; Werry, Nikola; Werry, Susanne (Hrsg.), Datenrecht in der Digitalisierung, Berlin, 2019, S. 324–344.

Spelge, Karin, Der Beschäftigtendatenschutz nach Wirksamwerden der Datenschutz-Grundverordnung (DS-GVO), DuD 2016, S. 755–781.

Spiecker genannt Döhmann, Indra, Datenschutzrecht im Internet in der Kollision in: Stiftung Datenschutz (Hrsg.), Zukunft der informationellen Selbstbestimmung, Berlin, 2016, S. 137–149.

dies./Eisenbarth, Markus, Kommt das „ Volkszählungsurteil " nun durch den EuGH? – Der Europäische Datenschutz nach Inkrafttreten des Vertrags von Lissabon, JZ 2011, S. 169–177.

Spielmann, Dean, Die Entscheidungen des Europäischen Gerichtshofs für Menschenrechte und des Europäischen Gerichtshofs, IWRZ 2017, S. 147–154.

Spindler, Gerald, Persönlichkeitsschutz im Internet - Anforderungen und Grenzen einer Regulierung, Verhandlungen des 69. Deutschen Juristentages, Band I Gutachten, München, 2012, S. F 1-F 136.

ders., Datenschutz- und Persönlichkeitsrechte im Internet, GRUR-Beilage 2014, S. 101–108.

ders., Die neue EU-Datenschutz-Grundverordnung, DB 2016, S. 937–947.

ders./Sein, Karin, Die endgültige Richtlinie über Verträge über digitale Inhalte und Dienstleistungen, MMR 2019, S. 415–420.

dies., Die Richtlinie über Verträge über digitale Inhalte, MMR 2019, S. 488-493.

Staudenmayer, Dirk, Auf dem Weg zum digitalen Privatrecht – Verträge über digitale Inhalte, NJW 2019, S. 2497–2501.

ders., Die Richtlinien zu den digitalen Verträgen, ZEuP 2019, S. 663–694.

Stelljes, Harald, Stärkung des Beschäftigtendatenschutzes durch die Datenschutz-Grundverordnung?, DuD 2016, S. 787–791.

Stinner, Julia, Informationelle Selbstbestimmung und Grenzen rechtlicher Regulierung in: Stiftung Datenschutz (Hrsg.), Zukunft der informationellen Selbstbestimmung, Berlin, 2016, S. 151–157.

Stoffels, Markus, Schranken der Inhaltskontrolle, JZ 2001, S. 843–849.

Strahilevitz, Lior, Reputation Nation: Law in an Era of Ubiquitous Personal Information, 102. Nw. U. Law Review 2008, S. 1667–1738.

Streinz, Rudolf/Kruis, Tobias/Michl, Walther, EUV/AEUV: Vertrag über die Europäische Union und Vertrag über die Arbeitsweise der Europäischen Union, 2. Aufl., München, München 2012 (zitiert als: Bearb. in: Streinz, EUV/AEUV).

ders./Michl, Walther, Die Drittwirkung des europäischen Datenschutzgrundrechts (Art. 8 GRCh) im deutschen Privatrecht, Euzw 2011, S. 384–388.

Stroulia, Eleni, Smart Services Across the Real and Virtual Worlds in: Chignell, Mark; Cordy, James; Ng, Joanna; Yesha, Yelena (Hrsg.), The smart internet, Berlin, 2010, S. 178-196.

Sturm, Gerd, Probleme des Verzichts auf Grundrechte in: Leibholz, Gerhard (Hrsg.), Menschenwürde und freiheitliche Rechtsordnung, Tübingen, 1974, S. 173–198.

Suchomel, Jan-Ulf, Partielle Disponibilität der Würde des Menschen, Berlin 2010.

Sydow, Gernot, Europäische Datenschutzgrundverordnung: Handkommentar, 2. Auflage, Baden-Baden 2018 (zitiert als: Bearb. in: Sydow, DS-GVO).

Taeger, Jürgen, Kundenprofile im Internet, K&R 2003, S. 220–227.

ders., Kundenprofile im Internet, K&R 2003, S. 220–227.

ders., Scoring in Deutschland nach der EU-Datenschutzgrundverordnung, ZRP 2016, S. 72–75.

ders./Gabel, Detlev, Kommentar: Kommentar zum BDSG und zu den Datenschutzvorschriften des TKG und TMG, 2. Aufl., Frankfurt am Main 2013 (zitiert als: Bearbeiter in: Taeger/Gabel, BDSG 2013).

dies., DSGVO - BDSG: Kommentar, 3. Aufl., Frankfurt am Main 2019 (zitiert als: Bearb. in: Taeger/Gabel, DSGVO).

Taeger, Jürgen/Schweda, Sebastian, Die gemeinsam mit anderen Erklärungen erteilte Einwilligung, ZD 2020, S. 124–129.

Thiele, Alexander, Die Integrationsidentität des Art. 23 Abs. 1 GG als (einzige) Grenze des Vorrangs des Europarechts, EuR 2017, S. 367–381.

Tinnefeld, Marie-Theres/Conrad, Isabell, Die selbstbestimmte Einwilligung im europäischen Recht, ZD 2018, S. 391–398.

Trepte, Sabine, Die Zukunft der informationellen Selbstbestimmung - Kontrolle oder Kommunikation? in: Stiftung Datenschutz (Hrsg.), Zukunft der informationellen Selbstbestimmung, Berlin, 2016, S. 159–170.

Tversky, Amos/Kahneman, Daniel, The Framing of Decision and the Psychology of Choice, Science 1981, S. 453–458.

Uecker, Philip, Die Einwilligung im Datenschutzrecht und ihre Alternativen, ZD 2019, S. 248–251.

Ulrici, Bernhard, Geschäftsähnliche Handlungen, NJW 2003, S. 2053–2056.

Unseld, Florian, Die Kommerzialisierung personenbezogener Daten, München 2010.

ders., Die Übertragbarkeit von Persönlichkeitsrechten, GRUR 2011, S. 982–988.

Urban, Jennifer M./ Hoofnagle, Chris Jay/Li, Su, Mobile Phones and Privacy, BLCT Research Paper 2012.

Urbaniok, Frank/ Hardegger, Judith/ Rossegger, Astrid/Endrass, Jérôme, Neurobiologischer Determinismus :Fragwürdige Schlussfolgerungenüber menschlicheEntscheidungsmöglichkeiten undforensische Schuldfähigkeit, ZNeuropsychol 2009,
S. 179–191.

van Raay, Anne/Meyer-van Raay, Oliver, Opt-in, Opt-out und (k)ein Ende der Diskussion, VuR 2009, S. 103–110.

Veil, Winfried, DS-GVO: Risikobasierter Ansatz statt rigides Verbotsprinzip, ZD 2015, S. 347–353.

ders., Die Datenschutz-Grundverordnung: des Kaisers neue Kleider, NVwZ 2018, S. 686–696.

Voigt, Paul, Gesprächsaufzeichnung im Servicecallcenter – Opt-In oder Opt-Out?, DuD 2008, S. 780–784.

Vorwerk, Volkert/Wolf, Christian, BeckOK ZPO, 34. Ed. (01.09.2019), München 201ß (zitiert als: Bearb. in: BeckOK ZPO).

Voßhoff, Andrea/Hermerschmidt, Sven, Rote Linien eingehalten? Zur Verabschiedung der Datenschutz-Grundverordnung, DANA 2016, S. 68–69.

Wagner, Edgar, Datenschutz bei Kundenkarten, DuD 2010, S. 30–33.

Wagner, Gerhard/Eidenmüller, Horst, In der Falle der Algorithmen? Abschöpfen von Konsumentenrent, Ausnutzen von Verhaltensanomalien und Manipulation von Präferenzen: Die Regulierung der dunklen Seite personalisierter Transaktionen, ZfPW 2019, S. 220–246.

Wagner, Lorin-Johannes, Der Datenschutz in der Europäischen Union, Wien 2015.

Walliser, Bernard, Cognitive Economics, Berlin, Heidelberg 2008.

Walter, Sven, Illusion freier Wille?: Grenzen einer empirischen Annäherung an ein philosophisches Problem, Stuttgart 2016.

Wandtke, Artur, Die Kommerzialisierung der Kunst und die Entwicklung des Urheberrechts im Lichte der Immaterialgüterrechtslehre von Josef Kohler, GRUR 1995, S. 385–392.

Wandtke, Artur-Axel, Ökonomischer Wert von persönlichen Daten, MMR 2017, S. 6-12.

Warner, Richard/Sloan, Robert H., Behavioral Advertising: From One-Sided Chicken to Informational Norms, Vand J Ent L & Prac 2012, S. 49–84.

Weber, Rolf H., Big Data: Herausforderungen für das Datenschutzrecht in: Epiney, Astrid; Nüesch, Daniela; Weber, Rolf H. (Hrsg.), Big Data und Datenschutzrecht, Zürich, Basel, Genf, 2016, S. 1–22.

Weichert, Thilo, Die Ökonomisierung des Rechts auf informationelle Selbsbestimmung, NJW 2001, S. 1463–1469.

ders., Anmerkung zum Urteil des OLG München, VuR 2006, S. 449–453.

ders., Genetische Genealogie und Datenschutz, DuD 2019, S. 149–153.

Weidner-Braun, Ruth, Der Schutz der Privatsphäre und des Rechts auf informationelle Selbstbestimmung: Am Beispiel des personenbezogenen Datenverkehrs im WWW nach deutschem öffentlichen Recht, Berlin 2012.

Weinmann, Conrad, Die Rechtsnatur der Lizenz, Bern 1996.

Wendehorst, Christiane/Graf von Westphalen, Friedrich, Das Verhältnis zwischen Datenschutz-Grundverordnung und AGB-Recht, NJW 2016, S. 3745–3750.

Wiesner, Elisabeth, Datenschutzrechtliche Einwilligung zur Werbung: Opt-out ausreichend?, DuD 2007, S. 604–607.

Wilmer, Stefan, Wearables und Datenschutz - Gesetze von gestern für die Technik von morgen?, K&R 2016, S. 382–389.

Wimmer, Klaus, Die Bedeutung des zustimmenden Willens und anderer positiver Stellungnahmen des Berechtigten sowie die Wirkung seiner Täuschung bei ausgewählten strafrechtlichen Deliktsdefinitionen, Heidelberg 1980.

Wittig, Petra, Die datenschutzrechtliche Problematik der Anfertigung von Persönlichkeitsprofilen zu Marketingzwecken, RDV 2000, S. 59–62.

Wittpahl, Volker, Digitalisierung: Bildung | Technik | Innovation, Berlin 2017 (zitiert als: Verf. in: Wittpahl, Digitalisierung).

Wolff, Heinrich Amadeus/Brink, Stefan, BeckOK Datenschutzrecht, 31. Ed. (Stand: 01.02.2020), München 2020 (zitiert als: Bearb. in: BeckOK DSR).

Wollenschläger, Ferdinand, Budgetöffentlichkeit im Zeitalter der Informationsgesellschaft, AöR 2010, S. 363–403.

ders., Konturen in der Charta-Rechtsprechung des EuGH, EuZW 2015, S. 285–288.

Worms, Christoph/Gusy, Christoph, Verfassung und Datenschutz, DuD 2012, S. 92–99.

Wuermeling, Ulrich, Scoring von Kreditrisiken, NJW 2002, S. 3508–3510.

Wüstehube, Axel, Rationalität und Hermeneutik: Diskursethik, pragmatischer Idealismus, philosophische Hermeneutik, Würzburg 1998.

Wybitul, Tim, EU-Datenschutz_Grundverordnung in der Praxis - Was ändert sich durch das neue Datenschutzrecht?, BB 2016, S. 1077–1081.

ders., Handbuch EU-Datenschutz-Grundverordnung, Frankfurt 2017 (zitiert als: Verf. in: Wybitul, HB EU-DS-GVO).

Zander-Hayat, Helga/ Reisch, Lucia A./Steffen, Christine, Personalisierte Preise - Eine verbraucherpolitische EInordnung, VuR 2016, S. 403–410.

Zech, Herbert, „Industrie 4.0“ – Rechtsrahmen für eine Datenwirtschaft im digitalen Binnenmarkt, GRUR 2015, S. 1151–1160.

ders., "Industrie 4.0" - Rechtsrahmen für eine Datenwirtschaft im digitalen Binnenmarkt in: Körber, Torsten; Immenga, Ulrich (Hrsg.), Daten und Wettbewerb in der digitalen Ökonomie, Baden-Baden, 2017, S. 31–58.

Zichermann, Gabe/Cunningham, Christopher, Gamification by design: Implementing game mechanics in web and mobile apps, Newton 2011.

Ziegenhorn, Gero/Heckel, Katharina von, Datenverarbeitung durch Private nach der europäischen Datenschutzreform, NVwZ 2016, S. 1585–1591.

Zimmer, M., Die Datensteuer: Ein Modell zur Besteuerung der Verarbeitung personenbezogener Daten, zur Stärkung allgemeiner Persönlichkeitsrechte, Norderstedt 2010.

Zitelmann, Ernst, Ausschluß der Widerrechtlichkeit, AcP 1906.

Sonstige Materialien

Nachfolgend aufgeführte Internetquellen wurden zuletzt am 17.04.2020 auf ihre Abrufbarkeit überprüft.

Analysys Mason, Report for Ofcom - Online data economy value chain - 27.2.2014, abrufbar unter: https://www.ofcom.org.uk/research-and-data/internet-and-on-demand-research/online-data-economy-value-chain.

Artikel-29-Datenschutzgruppe, Arbeitspapier über eine gemeinsame Auslegung des Artikels 26 Absatz 1 der Richtlinie 95/46/EG vom 25.10.1995: WP 114, abrufbar unter: https://datenschutz.hessen.de/sites/datenschutz.hessen.de/files/wp114_de.pdf.

–, Leitlinien für Transparenz gemäß der Verordnung 2016/679 - angenommen am 29.11.2017: WP 260 rev.01, abrufbar unter: https://www.ldi.nrw.de/mainmenu_Service/submenu_Links/Inhalt2/Artikel-29-Gruppe/wp260rev01_de.pdf.

–, Leitlinien in Bezug auf die Einwilligung gemäß Verordnung 2016/679 - angenommen am 10. 04.2018: WP259 rev.01, abrufbar unter: https://ec.europa.eu/newsroom/article29/item-detail.cfm?item_id=623051.

–, Stellungnahme 15/2011 zur Definition von Einwilligung - angenommen am 13.7.2011: WP 187, abrufbar unter: https://datenschutz.hessen.de/sites/datenschutz.hessen.de/files/wp187_de.pdf.

–, Stellungnahme 8/2001 zur Verarbeitung personenbezogener Daten von Beschäftigten - angenommen am 13.09.2001: WP 48, abrufbar unter: https://ec.europa.eu/newsroom/article29/news.cfm?item_type=1307.

BITKOM, Big Data im Praxiseinsatz – Szenarien, Beispiele, Effekte 2012, abrufbar unter: https://www.bitkom.org/noindex/Publikationen/2012/Leitfaden/Leitfaden-Big-Data-im-Praxiseinsatz-Szenarien-Beispiele-Effekte/BITKOM-LF-big-data-2012-online1.pdf.

BMWi, Impulse für die Digitalisierung der deutschen Wirtschaft: Digitale Agenda des BMWi 2015, abrufbar unter: https://www.bmwi.de/Redaktion/DE/Publikationen/Digitale-Welt/impulse-digitalisierung-deutsche-wirtschaft.pdf?__blob=publicationFile&v=7.

Bundesverband der digitalen Wirtschaft, Data Economy: Datenwertschöpfung und Qualität von Daten 2018, abrufbar unter: https://www.bvdw.org/fileadmin/bvdw/upload/publikationen/data_economy/BVDW_Datenwertschoepfung_2018.pdf.

CMA, The commercial use of consumer data: Report on the CMA's call of information 2015, abrufbar unter: https://www.gov.uk/government/uploads/system/uploads/attachment_data/file/435817/The_commercial_use_of_consumer_data.pdf.

Computerworld, Amazon charging different prices on some DVDs: Computerworld vom 5.9.2000, abrufbar unter: https://www.computerworld.com/article/2597093/retail-it/amazon-charging-different-prices-on-some-dvds.html.

Datenschutzkonferenz, Kurzpapier Nr. 3 vom 17.12.2018: Verarbeitung personenbezogener Daten für Werbung, abrufbar unter: https://stiftungdatenschutz.org/dsgvo-info/kurzpapiere/.

Die Zeit, Lobby Plag - Wer schreibt die Gesetze? 08/2013 vom 14.2.2013, abrufbar unter: https://www.zeit.de/2013/08/LobbyPlag-EU-Datenschutzverordnungen.

DotEcon, The Commercial Use of Consumer Data - A research report for the CMA: DotEcon with Analysys Mason, June 2015 2015, abrufbar unter: http://www.dotecon.com/assets/images/The_Commercial_Use_of_Consumer_Data_-_DotEcon_and_Analysys_Mason.pdf.

Düsseldorfer Kreis, Beschluss der Aufsichtsbehörden für den Datenschutz im nichtöffentlichen Bereich vom 13./14.09.2016, abrufbar unter: https://www.datenschutz-mv.de/static/DS/Dateien/Duesseldorfer_Kreis/Alteinwilligung.pdf.

Europäische Kommission, EU Data Protection Reform: What benefits for businesses in Europe? Factsheet vom Januar 2016, abrufbar unter: https://ec.europa.eu/info/publications_de?field_publication_type_tid_selective=137&field_core_nal_countries_tid_selective=All&field_core_departments_target_id_selective=All.

–, Fragen und Antworten – Datenschutzreform: Factsheet vom 21.12.2015, abrufbar unter: https://ec.europa.eu/commission/presscorner/detail/de/MEMO_15_6385.

–, Mitteliung der Kommission an das Europäische Parlament, den Rat, den Europäischen Wirtschafts- und Sozialausschuss und den Ausschuss der Regionen vom 25.01.2012: Der Schutz der Privatsphäre in einer vernetzten Welt Ein europäischer Datenschutzrahmen für das 21. Jahrhundert KOM(2012) 9 endg., abrufbar unter: http://ec.europa.eu/transparency/regdoc/rep/1/2012/DE/1-2012-9-DE-F1-1.Pdf.

–, Mitteliung der Kommission an das Europäische Parlament, den Rat, den Europäischen Wirtschafts- und Sozialausschuss und den Ausschuss der Regionen vom 4.11.2010: Gesamtkonzept für den Datenschutz in der Europäischen Union KOM(2010) 609 endg., abrufbar unter: https://ec.europa.eu/transparency/regdoc/?fuseaction=list&coteId=1&year=2010&number=609&version=ALL&language=de.

–, Pressemittleiung vom 15.06.2015: Justizminister unterstützen Kommissionsvorschlag über neue Datenschutzbestimmungen zur Stärkung des Digitalen Binnenmarkts, abrufbar unter: https://ec.europa.eu/commission/presscorner/detail/de/IP_15_5176.

–, Commission Staff Working Paper SEC (2012) 73 final: Executive Summary of the Impact Assessment 2012, abrufbar unter: http://ec.europa.eu/justice/data-protection/document/review2012/sec_2012_73_en.pdf.

Europäische Union (Consent), Final Report: Publishable Summary 2008, abrufbar unter: https://cordis.europa.eu/project/id/244643/reporting/de.

Europäischer Datenschutzausschuss, Guidelines 2/2019 on the processing of personal data under Article 6(1)(b) GDPR in the context of the provision of online services to data subjects vom 9.04.2019, abrufbar unter: https://edpb.europa.eu/our-work-tools/public-consultations/2019/guidelines-22019-processing-personal-data-under-article-61b_en.

European University Institute, To Say What the Law of the EU Is: Methods of Interpretation and the European Court of Justice: EUI Working Paper AEL 2013/9, abrufbar unter: http://cadmus.eui.eu/bitstream/handle/1814/28339/AEL_2013_09_DL.pdf?sequence=1&isAllowed=y.

Federal Trade Commission, Protecting Consumer Privacy in an Era of Rapid Change: A Proposed Framework fpr Buisnesses and Policymakers A Preliminary FTC Staff Report 2010, abrufbar unter: https://www.ftc.gov/reports/preliminary-ftc-staff-report-protecting-consumer-privacy-era-rapid-change-proposed-framework.

–, Cross-Device-Tracking: An FTC Staff Report 2017, abrufbar unter: https://www.ftc.gov/reports/cross-device-tracking-federal-trade-commission-staff-report-january-2017.

First Monday, Gaydar: Facebook friendships expose sexual orientation 2009, abrufbar unter: https://firstmonday.org/article/view/2611/2302.

Hessischer Datenschutzbeauftragter, Tätigkeitsbericht gem. § 14 des Hessischen Datenschutzgesetzes vom 29. 03.1972: Drs. 7/1495, abrufbar unter: https://www.zaftda.de/tb-bundeslaender/hessen/landesdatenschutzbeauftragter-2.

IBM, The FOUR V's of Big Data, abrufbar unter: http://www.ibmbigdatahub.com/infographic/four-vs-big-data.

Konferenz der Datenschutzbeauftragten, Ein modernes Datenschutzrecht für das 21. Jahrhundert: Eckpunkte der Konferenz vom 18. März 2010, abrufbar unter: www.datenschutz-berlin.de.

–, Orientierungshilfe der Aufsichtsbehörden für Anbieter von Telemedien: Stand März 2019, abrufbar unter: https://www.datenschutzkonferenz-online.de/media/oh/20190405_oh_tmg.pdf.

Landesbeauftragte für Datenschutz und Informationsfreiheit Nordrhein-Westfalen, 17. Datenschutz- und Informationsfreiheitsbericht (Berichtzeitraum 01.01.2003 - 31.12.2004) 2005, abrufbar unter: https://www.ldi.nrw.de/mainmenu_Service/submenu_Berichte/Inhalt/17_DIB/17__Datenschutz-_und_Informationsfreiheitsbericht.pdf.

Michael Waidner, Web-Tracking-Report 2014: SIT Technical reports 2014, abrufbar unter: https://www.sit.fraunhofer.de/fileadmin/dokumente/studien_und_technical_reports/Web_Tracking_Report_2014.pdf.

OnlineMarketing.de, 8 Prognosen für den digitalen Handel 2018, abrufbar unter: https://onlinemarketing.de/unternehmensnews/8-prognosen-digitaler-handel-2018.

Unabhängigen Landeszentrum für Datenschutz Schleswig-Holstein, Scoringsysteme zur Beurteilung der Kreditwürdigkeit - Chancen und Risiken für Verbraucher -: Forschungsprojekt 2005, abrufbar unter: https://www.datenschutzzentrum.de/scoring/2005-studie-scoringsysteme-uld-bmvel.pdf.

–, Verbraucher-Scoring: Wie bewertet mich die Wirtschaft? 2010, abrufbar unter: https://www.datenschutzzentrum.de/uploads/blauereihe/blauereihe-scoring.pdf.

vormals META Group (Gartner), 3D Data Management: Controlling Data Volume, Velocity, and Variety 2001, abrufbar unter: https://www.bibsonomy.org/bibtex/742811cb00b303261f79a98e9b80bf49.

Waidner, Chancen durch Big Data und die Frage des Privatsphäreschutzes: Begleitpapier Bürgerdialog 2015.

Ward/Barker, Undefined By Data: A Survey of Big Data Definitions 2013, abrufbar unter: https://arxiv.org/abs/1309.5821.

FSC
www.fsc.org
MIX
Papier | Fördert gute Waldnutzung
FSC® C083411

Kolibri 360 GmbH
Ferdinand-Jühlke-Straße 7
99095 Erfurt, Deutschland
produktsicherheit@kolibri360.de